A Nulidade do Plano Urbanístico

A Nulidade do Plano Urbanístico

Contributo para a compreensão das relações
de compatibilidade e de conformidade
à luz de um novo princípio da legalidade

Mário Tavares da Silva
Subinspetor Geral da Inspeção-Geral de Finanças
(centro de competências do controlo da administração local autárquica)
Ex-Subinspetor-Geral da extinta Inspeção-Geral da Administração Local

A NULIDADE DO PLANO URBANÍSTICO
Contributo para a compreensão das relações
de compatibilidade e de conformidade
à luz de um novo princípio da legalidade
AUTOR
Mário Tavares da Silva
EDITOR
EDIÇÕES ALMEDINA, S.A.
Rua Fernandes Tomás, nºs 76-80
3000-167 Coimbra
Tel.: 239 851 904 · Fax: 239 851 901
www.almedina.net · editora@almedina.net
DESIGN DE CAPA
FBA.
PRÉ-IMPRESSÃO
EDIÇÕES ALMEDINA, S.A.
IMPRESSÃO E ACABAMENTO
DPS - DIGITAL PRINTING SERVICES, LDA
Agosto, 2013
DEPÓSITO LEGAL
363556/13

Apesar do cuidado e rigor colocados na elaboração da presente obra, devem os diplomas legais dela constantes ser sempre objecto de confirmação com as publicações oficiais.
Toda a reprodução desta obra, por fotocópia ou outro qualquer processo, sem prévia autorização escrita do Editor, é ilícita e passível de procedimento judicial contra o infractor.

 GRUPOALMEDINA

BIBLIOTECA NACIONAL DE PORTUGAL – CATALOGAÇÃO NA PUBLICAÇÃO
A NULIDADE DO PLANO URBANÍSTICO: Contributo para a compreensão das relações de compatibilidade e de conformidade à luz de um novo princípio da legalidade – (Monografias)
SILVA, Mário Tavares da
ISBN 978-972-40-5165-9
CDU 349

RESUMO

A presente investigação centra-se nos complexos problemas associados às relações entre planos urbanísticos e inerentes obrigações de compatibilidade e de conformidade, uma vez que o legislador nacional previu, no respectivo regime de invalidades, a nulidade do plano urbanístico sempre que o mesmo se revele incompatível ou desconforme com outro plano urbanístico com o qual, legalmente, o devesse ser.

Assim, e numa primeira fase do trabalho, procurou-se descodificar o sentido dogmático das exigências de compatibilidade e de conformidade na teoria geral do direito administrativo, suportando-nos, em especial, na construção do princípio da legalidade administrativa teorizada por Charles Eisenmann.

Empreendemos, depois, uma viagem pela doutrina francesa e portuguesa, posterior a Charles Eisenmann, procurando compreender se a construção então proposta se mantém ainda actual.

Procurámos, seguidamente, através de um estudo de direito comparado, conhecer um pouco melhor o regime de planeamento urbanístico de outros ordenamentos jurídicos, em especial a tipologia de planos, relações existentes entre eles e eventuais invalidades associadas à inobservância das obrigações que sobre os diferentes planos urbanísticos possam existir. Nesta fase, demonstrar-se-á que os diferentes ordenamentos jurídicos – urbanísticos analisados recorrem, em larga medida, para enquadrar e disciplinar as relações entre planos às linhas de força contidas no pensamento teorizado por Charles Eisenmann no âmbito mais vasto do princípio da legalidade.

Não obstante a constatação anterior, o certo é que a jurisprudência nacional se mantém fortemente resistente à utilização do instituto da nulidade do plano urbanístico por incompatibilidade ou desconformidade com outro plano urbanístico, facto que nos leva, num momento seguinte, a procurar uma nova abordagem dogmática para o problema.

Para empreendermos essa tarefa, procurar-se-á reconduzir o problema aos cânones da «nova ciência do direito administrativo» («Neue Verwaltungsrechtswissenschaft»), opção que aliada à demonstração de uma crise real do «principio da legalidade administrativa» (tal qual CHARLES EISENMANN o teorizou) e a uma nova concepção de plano urbanístico enquanto instrumento de implementação e de prossecução de políticas públicas, nos permitirá não só traçar um novo entendimento para a nulidade do plano por incompatibilidade e desconformidade como construir, ainda que em linhas muito embrionárias, um novo princípio da legalidade administrativa.

Palavras-Chave: plano urbanístico; relações de compatibilidade; relações de conformidade; princípio da legalidade administrativa; nulidade do plano urbanístico; nova ciência do direito administrativo.

RÉSUMÉ

La présente recherche est centrée sur les problèmes complexes associés aux relations entre plans d'urbanisme et inhérents aux obligations de compatibilité et de conformité, étant donné que le législateur national a prévu au niveau de leur régime d'invalidité la nullité du plan d'urbanisme lorsque celui-ci se montre incompatible ou non-conforme à un autre plan d'urbanisme par rapport auquel il devrait-être compatible ou conforme.

Dès lors, dans une première partie de l'exposition nous avons cherché à procéder à une décodification du sens dogmatique et des exigences de compatibilité et de conformité dans la théorie générale du droit administratif en nous appuyant, en particulier, sur la construction du principe de légalité administrative théorisée par CHARLES EISENMANN.

Nous avons alors entrepris un voyage au sein de la doctrine française et portugaise, postérieure à CHARLES EISENMANN, en cherchant notamment à comprendre si la construction proposée est toujours d'actualité.

Lors de l'étape suivante, par le biais d'une étude de droit comparé, nous avons cherché à mieux cerner le régime de planification urbanistique d'autres ordres juridiques, en particulier en ce qui concerne la typologie des plans d'urbanisme, les relations existantes entre eux et d'éventuelles invalidités pouvant être associées à l'inobservance par les plans d'obligations pouvant exister. Au cours de cette phase, nous démontrerons que les divers ordres juridico-urbanistiques analysés afin d'encadrer et discipliner les rapports entre les plans urbanistique ont recours, dans une large mesure, aux idées-force contenues dans la pensée théorique de CHARLES EISENMANN, notamment au sein du cadre plus vaste correspondant au principe de légalité.

Nonobstant le constat précédent, force est de noter que la jurisprudence nationale se maintient fortement résistante à l'utilisation de la figure de la nullité du plan d'urbanisme pour incompatibilité ou non-conformité avec un autre plan urbanistique, ce qui nous engagera à rechercher un nouvel abordage dogmatique pour ce problème.

Afin de mener cette tâche, nous chercherons à reconduire la question aux cannons de la «nouvelle science administrative» («Neue Verwaltungsrechtswissenschaft»), option qui alliée à la démonstration d'une réelle crise du «principe de légalité administrative» (tel que théorisé par CHARLES EISENMANN) ainsi qu'à une nouvelle conception du plan d'urbanisme en tant qu'instrument d'implémentation et de poursuite de politiques publiques, ce qui nous permettra non seulement de tracer une nouvelle approche de la nullité du plan pour incompatibilité ou non-conformité mais aussi de construire, ne serait-ce qu'à travers des lignes très embryonnaires, un nouveau principe de légalité administrative.

Mots-Clés: plan d'urbanisme; relations de compatibilité; relations de conformité; principe de légalité administrative; nullité du plan d'urbanisme; nouvelle science administrative.

À Ana Paula, *minha mulher*

NOTA PRÉVIA

O presente texto corresponde, com pequenas alterações, à dissertação de mestrado, em Ciências Jurídico-Políticas, apresentada na Faculdade de Direito da Universidade de Lisboa em junho de 2011 e discutida em provas públicas realizadas em 16 de maio de 2012, perante um júri presidido pelo senhor professor doutor Vasco Pereira da Silva e integrado pelos senhores professores doutores David Duarte, José Renato Gonçalves e Cláudio Monteiro.

Impõe-se uma sentida palavra de agradecimento ao senhor professor doutor Vasco Pereira da Silva, que muito me honrou ao aceitar o encargo de orientar este trabalho, por todas as sugestões, pistas de reflexão e diversos incentivos de leitura que me foi dando ao longo da sua elaboração.

O seu papel foi absolutamente decisivo em todo o meu percurso de mestrado, em particular pelo interesse que, desde cedo, em mim despertou no âmbito do seminário da parte letiva do programa quanto às questões verdadeiramente apaixonantes que se suscitam no quadro do direito administrativo sem fronteiras.

Sem a sua motivação e capacidade de tornar o direito administrativo como algo de verdadeiramente mágico e de se afirmar como permanente fonte de reflexão, tudo teria sido bem diferente.

Aos demais membros do júri presto o meu agradecimento público, em particular ao arguente, professor doutor Cláudio Monteiro, pelas observações de fino recorte com que me honrou e a cuja altura procurei estar, ciente, é certo, de que o caminho se faz caminhando e que a verdadeira aprendizagem se faz, sem vacilar, pela vida fora.

Aos meus queridos amigos (e eles sabem a quem me refiro) que me acompanharam desde o primeiro momento nesta minha caminhada, em particular aqueles que permitem que a minha vida possa continuar a ter a luz e a harmonia necessárias para me sentir genuinamente feliz comigo próprio e com aqueles que me brindam com a sua sincera amizade.

Em especial, ao mestre Manuel da Silva Gomes, doutor João Miranda e doutor Rui Guerra da Fonseca, meus queridos amigos, pelas muitas conversas e profícuas sugestões de leitura.

Ao professor doutor João Ferrão pela sabedoria, argúcia e inteligência com que enfrentou a exigente pasta do ordenamento do território e cidades e com quem tive a feliz oportunidade de trabalhar e, mais importante ainda, de crescer, pessoal e profissionalmente.

Também uma palavra de amizade e de sincero reconhecimento ao professor doutor Fernando Alves Correia e às minhas duas queridas amigas, professora doutora Fernanda Paula Oliveira e mestre Dulce Lopes por me fazerem sair de Lisboa, nos idos de 2005, para assistir, na bela cidade de Coimbra, logo pelas muitas manhãs de sábado, às suas estimulantes aulas do curso de pós graduação em Direito do Ordenamento do Território, do Urbanismo e do Ambiente.

Finalmente, uma palavra para os primeiros.

Aos meus pais, por me ensinarem o caminho da perseverança mas também o sentido da generosidade.

Mais do que os muitos livros lidos para escrever esta tese, foram os valores que recebi que permitiram perceber que na vida nada se consegue sem trabalho, por muito que muitos digam o contrário.

À minha irmã, pela presença, mesmo quando ausente.

Ao meu querido André, pela paciência...

E por fim, à minha linda mulher, farol sempre presente na minha vida.

Sem ela, este escrito não teria sido possível, pois recordo, apenas, o quão difícil foi conciliar a sua redação com o ano, imensamente feliz refira-se, do nascimento do nosso filho Martim.

Pelos muitos momentos em que não pude estar presente e em que soube precisares de mim, aqui fica o meu público agradecimento e o meu amor que, melhor do que ninguém, sabes ser eterno.

Lisboa, 27 de maio de 2013.

MÁRIO TAVARES DA SILVA
marioruisilva@igf.min-financas.pt

PREFÁCIO

O Mestre Mário Tavares da Silva foi meu estudante nas aulas de Mestrado em Direito Administrativo, na Faculdade de Direito da Universidade de Lisboa, no ano letivo de 2008/2009. Na parte escolar do Mestrado, Mário Tavares da Silva revelou notáveis qualidades, tanto científicas como humanas.

O relatório que apresentou, no final, sobre «O Rótulo Ecológico Comunitário (REC) e o Eco-management and Audit Scheme. Ensaio sobre a sua Qualificação jus-administrativa», viria a obter uma das classificações mais elevadas, por mim atribuídas nesse ano, e encontra-se publicado num e-book do Instituto de Ciências Jurídico-Políticas (VASCO PEREIRA DA SILVA/INGO WOLFGANG SARLET, «Direito Público sem Fronteiras», http://www.icjp.pt/publicacoes/1/733).

O livro agora publicado, que tem como título, «A Nulidade do Plano Urbanístico», corresponde, no essencial, ao texto da dissertação de Mestrado, elaborada sob a minha orientação e discutida em provas públicas na Faculdade de Direito da Universidade de Lisboa, em 16 de Maio de 2012, tendo obtido a classificação de dezassete valores. Nele, o autor procede a um tratamento exaustivo do problema da invalidade do plano urbanístico, conjugando as perspetivas do Direito Administrativo geral com as especificidades do Direito do Urbanismo.

Trata-se de um trabalho ambicioso e muito bem estruturado, que procura equacionar os principais problemas da invalidade no domínio do Direito Urbanístico. Ora, sendo a teoria da invalidade administrativa uma das questões mais importantes e atualmente mais necessitadas de elaboração dogmática, as considerações efetuadas a propósito do plano urbanístico constituem uma excelente oportunidade para repensar a problemática do Direito Administrativo geral, desta forma contribuindo para a sua renovação científica.

É tal a importância e atualidade do tema quanto a qualidade científica do texto em questão, que tenho a honra e o gosto de fazer a apresentação da presente obra, assim como de recomendar vivamente a sua leitura.

Lisboa, 7 de Maio de 2013.

VASCO PEREIRA DA SILVA
Professor Catedrático da Faculdade de Direito da Universidade de Lisboa
Professor Catedrático Convidado da Universidade Católica Portuguesa

Introdução

§ 1º PRELIMINARES

1.1. A escolha do tema – razões de natureza geral

Ao iniciar uma investigação desta natureza, a primeira tentação que nos percorre o espírito é a de identificarmos e caracterizarmos de modo assertivo a matéria-prima que nos há-de permitir traçar, solidamente, o nosso caminho e, desse modo, caldeando as diferentes opções com que nos possamos deparar, avançar, sem tibiezas, nas vias do conhecimento, ousando propor, no final da linha, algo de novo e de dogmaticamente estimulante aos que depois de nós queiram e possam, uma vez mais, reflectir, num contínuo processo de aprendizagem que a todos, necessariamente, aproveita.

Quer queiramos quer não, é esta a singular nobreza do conhecimento que, dia após dia, a todos nos move e que, a cada passo, nos faz avançar um pouco mais, por muito pouco que seja.

Ousemos, pois, avançar, um pouco mais é certo, nas vias do conhecimento.

No nosso firmamento jurídico, as temáticas associadas ao ordenamento do território e ao urbanismo conquistaram, nas duas últimas décadas uma significativa e crescente importância para os decisores políticos e, bem assim, para a comunidade técnica e científica em geral, muito provavelmente devido ao facto de muitas das decisões com impacto, directo ou indirecto no território, pressuporem um lúcido e esclarecido manuseamento do *instrumentarium* típico dessa, ainda relativamente jovem, área do saber, pelo menos enquanto disciplina autónoma tratada nos curricula universitários[1].

---

[1] Diogo Freitas do Amaral, na nota prévia à publicação dos Sumários de Direito do Urbanismo, relativos às lições proferidas aos alunos do 5º Ano da licenciatura em Direito, na Facul-

A NULIDADE DO PLANO URBANÍSTICO

Por outro lado, não tem sido igualmente tarefa fácil na doutrina especializada nesta área do saber, a identificação de um critério suficientemente

dade de Direito da Universidade de Lisboa, no ano lectivo de 1992/93, referia que as primeiras lições teóricas dadas numa Faculdade de Direito portuguesa em matéria de Direito do Urbanismo teriam sido as que ele próprio proferira, no longínquo ano de 1970/71, no quadro mais geral da cadeira de Direito Administrativo do 2º ano da licenciatura em Direito. Ainda segundo o emérito académico, dessas mesmas lições teriam sido publicados "sumários", sob o título "Ordenamento do Território, urbanismo e habitação", dos quais, aliás, se encontra um exemplar para consulta na Biblioteca da referida Faculdade. Acrescentava, por fim, que os "Sumários" de "Direito do Urbanismo" que então se decidira a divulgar correspondiam às lições dadas ao 5º ano da licenciatura em Direito, no âmbito da primeira disciplina autónoma de Direito do Urbanismo regida em Portugal no currículo da licenciatura em Direito, retomando, consequentemente, a tradição que então havia sido iniciada 20 anos antes. Cfr. DIOGO FREITAS DO AMARAL, "Direito do Urbanismo (Sumários)", 1993. No âmbito da coordenação de um curso especial sobre Direito do Urbanismo, promovido pelo Instituto Nacional de Administração entre 1 de Fevereiro e 13 de Abril de 1988, o mesmo autor referia que o "...*Direito do Urbanismo é, sem dúvida alguma, um dos mais recentes ramos do Direito que se reveste de maior importância prática na vida das sociedades modernas. E, no entanto, as Universidades portuguesas não foram capazes, por si sós, de produzir obras doutrinais de tomo nesta matéria, ao contrário do que tem sucedido em todos os outros países europeus. Bem andou, pois, o INA ao tomar a iniciativa de programar e promover a organização de um curso especial de Direito do Urbanismo, em que participaram numerosos especialistas nacionais e estrangeiros, universitários ou práticos com experiência de administração. O curso realizou-se e foi um êxito.*" Cfr. DIOGO FREITAS DO AMARAL, "Direito do Urbanismo", Instituto Nacional de Administração, 1989, 1ª Edição, pp. 13-14. Nesta última obra, JOÃO FRAÚSTO DA SILVA referia que o "...*Direito do Urbanismo é um dos ramos do Direito ainda não estudados de forma autónoma, nas nossas Faculdades, e que também não tem tido um tratamento adequado na doutrina. Por outro lado, as questões do urbanismo têm de ser equacionadas em termos sociais em estreita ligação com a Administração Central e Local*". Cfr. JOÃO FRAÚSTO DA SILVA, "Direito do Urbanismo", Instituto Nacional..., pp. 11-12. Na Faculdade de Direito da Universidade de Coimbra, a autonomização científica e curricular da disciplina de Direito do Urbanismo surge pela mão de FERNANDO ALVES CORREIA, conceituado professor da referida Faculdade. Segundo refere, a disciplina de Direito do Urbanismo vinha sendo então leccionada, como cadeira facultativa, desde o ano lectivo de 1992/1993, destinada aos alunos inscritos nas opções A (Jurídico – Forense) e C (Jurídico – Económicas) do 5º Ano. Para a opção do autor contribuíram decisivamente, segundo o mesmo faz questão de enfatizar, as suas "...*preferências pessoais, sem dúvida legítimas e insindicáveis*". Justificava, então, o autor, a sua proposta de autonomização da disciplina de Direito do Urbanismo como disciplina a leccionar no 5º ano, no âmbito da disciplina de Direito Administrativo II, referindo que "...*a cadeira de Direito Administrativo do 5º Ano, porque reservada aos alunos que pretendem um contacto mais aprofundado com a ciência do direito administrativo, deve ter como objectivo um tratamento, de preferência aprofundado, especializado e minucioso, de temas de direito administrativo não abordados nas duas disciplinas anteriores, procurando fornecer, desse modo, uma formação complementar no domínio*

§ 1º PRELIMINARES

estruturado e juridicamente suportado, capaz de diferenciar o que pertence ao domínio do direito do ordenamento do território e o que se inscreve no domínio do direito do urbanismo. Têm sido, neste ponto, muitas as propostas apresentadas pela nossa doutrina, explicitando, entre outros aspectos, a génese dos próprios conceitos ou mesmo os critérios distintivos[2] entre as referidas áreas do saber[3].

daquela área do saber jurídico...", pelo que, acrescentava mais à frente "*...tendo em conta a índole e os objectivos da disciplina de Direito Administrativo do 5º Ano, inserida numa das "vertentes" de especialização fornecidas aos alunos do último ano da licenciatura, parece-nos preferível a opção por um tipo de programa que privilegie uma formação especializada e pormenorizada do estudante numa "área" ou num sector específico do direito administrativo, que se revele particularmente útil na sua futura vida profissional...*". Ora "*...entre as "áreas jurídicas" que integram o direito administrativo especial, uma que, devido à sua actualidade e importância, vem sendo, nos últimos anos, objecto de atenção crescente, tanto nos países da União Europeia, como entre nós: o Direito do Urbanismo*". Sobre este ponto, e contendo, integralmente, o Relatório sobre o Programa, os Conteúdos e os Métodos de Ensino da disciplina de Direito Administrativo do 5º Ano, apresentando em Julho de 1996, ver o estudo sintético sobre o Direito do Urbanismo em Portugal, solicitado por HENRI JACQUOT a FERNANDO ALVES CORREIA, em FERNANDO ALVES CORREIA "Estudos de Direito do Urbanismo", Livraria Almedina, Coimbra, Maio, 1997, pp. 11-23. Fazendo uma síntese das grandes linhas da reforma do Direito do Urbanismo, introduzidas pelo Decreto-Lei nº 69/90, de 2 de Março, ver FERNANDO ALVES CORREIA, "As grandes linhas da recente reforma do Direito do Urbanismo Português", Edições Almedina, Coimbra, Outubro, 1993. Ainda do mesmo autor, e reflectindo sobre o alcance da revisão operada ao Regime Jurídico dos Instrumentos de Gestão Territorial (RJIGT) pelo Decreto-Lei nº 310/2003, de 10 de Dezembro, ver FERNANDO ALVES CORREIA, "O Direito do Urbanismo em Portugal", *in* Revista de Legislação e de Jurisprudência, Ano 135º, nº 3937, Março/Abril, 2006, pp. 196-235. Também com interesse, por constituir uma boa ferramenta de consulta quanto ao sentido e alcance das novidades legislativas introduzidas pelo referido diploma legal, ver os comentários de ANTÓNIO DUARTE ALMEIDA/CLÁUDIO MONTEIRO/GONÇALO CAPITÃO/ JORGE GONÇALVES/ LUCIANO MARCOS/MANUEL JORGE GOES/PEDRO SIZA VIEIRA, "Legislação Fundamental de Direito do Urbanismo", Anotada e Comentada, Volume I, Edições Lex, 1994, pp. 125-250 e, ainda, de LUÍS PERESTRELO OLIVEIRA, "Planos Municipais de Ordenamento do Território", Decreto-Lei nº 69/90, de 2 de Março, Anotado, Edições Livraria Almedina, 1991.

[2] FERNANDO ALVES CORREIA refere, a este propósito, a existência de quatro critérios doutrinariamente discutidos. Para o autor, os referidos quatro critérios, relativos, a saber, ao âmbito territorial de aplicação, à contraposição direito – política, aos instrumentos jurídicos e, ainda, à eficácia jurídica das normas, revelam-se todos aceitáveis, uma vez que traduzem características recorrentes do direito do ordenamento do território e do urbanismo. No entanto, afiguram-se-lhe criticáveis, atento o facto de todos eles se procurarem assumir com uma natureza essencialista. Nesta linha de raciocínio, o autor opta por renunciar à indagação de um critério essencialista definidor de cada um daqueles direitos, tarefa que aliás no seu entender se revelaria de

Simultaneamente, constata-se que a comunidade jurídica tem vindo a assistir, com relativa serenidade dogmática, a uma crescente complexificação das questões suscitadas nos processos de elaboração, interpretação e aplicação

concretização quase impossível, optando antes por desvendar as notas recorrentes de cada uma das referidas disciplinas jurídicas. Nesta medida, uma das notas passíveis de identificação que o autor entende destacar é a de que o ordenamento do território dispõe de uma maior amplitude de fins relativamente aos que são prosseguidos pelo direito do urbanismo. Cfr. FERNANDO ALVES CORREIA, "Manual de Direito do Urbanismo", Volume I, Edições Almedina, Julho, 2008, 4ª Edição, pp. 72-99. Neste ponto, o autor terá alterado a sua posição, uma vez que não obstante reconhecer na sua obra "O Plano Urbanístico e o Princípio da Igualdade" que as "...*relações entre estas duas disciplinas jurídicas são tão íntimas que os seus contornos são praticamente imperceptíveis...*", Cfr. FERNANDO ALVES CORREIA, "O Plano Urbanístico e o Princípio da Igualdade", Livraria Almedina, Coimbra, 1989, p. 72, "... *o autor acaba por se abalançar a propor um critério...*" (*a expressão não é nossa, antes sim da autoria de* DIOGO FREITAS DO AMARAL, *no âmbito da apreciação da dissertação de doutoramento do (então) Licenciado* FERNANDO ALVES CORREIA. Cfr. DIOGO FREITAS DO AMARAL *Versão escrita da intervenção oral efectuada, na Faculdade de Direito da Universidade de Coimbra, em 5 de Novembro de 1990, publicada na Revista da Faculdade de Direito da Universidade de Lisboa, Volume XXXII, 1991, pp. 91-105*), advogando pois que as normas de ordenamento do território apenas seriam directamente vinculativas para os municípios, ao passo que as normas de urbanismo sê-lo-iam quer para estes últimos, quer para os particulares. Tratava-se, pois, segundo percebemos a ideia do autor, de um critério essencialista relativo à eficácia jurídica das normas, ainda que assumindo "... *valor meramente tendencial...*", Cfr. FERNANDO ALVES CORREIA, "O Plano Urbanístico...", p. 73. Apostado num novo paradigma de urbanismo, etiquetado de urbanismo qualitativo, com ênfase colocada nos aspectos relativos ao ambiente urbano ou ecologia urbana, contenção da expansão urbanística e nas operações de renovação ou de reabilitação urbana, ver FERNANDO ALVES CORREIA, "O Direito do Ordenamento do Território e o Direito do Urbanismo em Portugal: Os grandes desafios do futuro", in *Scientia Iuridica*, Revista de Direito Comparado, Português e Brasileiro, Edições Universidade do Minho/Livraria Cruz (Braga), Tomo LVI, nº 309, Janeiro/Março 2007, pp. 64-67. Para FERNANDA PAULA OLIVEIRA, o critério de distinção entre direito do ordenamento do território e direito do urbanismo não pode ser um critério unitário mas sim um critério misto que combine os objectivos prosseguidos (*mais amplos no ordenamento do território do que no urbanismo*), a eficácia jurídica dos respectivos instrumentos (*directamente vinculativos para as entidades públicas e particulares, no caso dos instrumentos de urbanismo e, apenas para as entidades públicas, no caso dos instrumentos de ordenamento do território*) e, ainda, o respectivo conteúdo (*simples directivas, opções, orientações ou estratégias no caso dos instrumentos de ordenamento do território ou, ao invés, verdadeiras normas de ocupação dos solos, no caso dos instrumentos de urbanismo*); Cfr. FERNANDA PAULA OLIVEIRA, "Direito do Ordenamento do Território", Cadernos do CEDOUA, Coimbra Almedina, 2002, pp. 17-27. Em estudo mais recente, a autora advoga que, em sentido lato, o ordenamento do território traduz a aplicação ao solo de todas as políticas públicas, designadamente económico-sociais, urbanísticas e ambientais, com o escopo de localizar, organizar e gerir de forma correcta as actividades humanas e de por essa via, alcançar

§ 1º PRELIMINARES

de significativa parte da legislação relativa a essas duas áreas do saber, remediando, como pode, as insuficiências do sistema.

É neste quadro de crescente complexidade dos institutos associados às duas referidas áreas do saber que, no nosso entender, se situam os funda-

um desenvolvimento regional harmonioso e equilibrado, donde, conclui, todos os poderes públicos sectoriais estão incumbidos, em maior ou menor medida, de ordenar o território. A autora refere então que o objecto do ordenamento do território mais não é do que promover a distribuição óptima das actividades no espaço regional, contrariando assim todos aqueles que, como FERREIRA MENDES, defendem que o ordenamento do território só terá sentido e resultados práticos ao nível dos grandes espaços com características próprias, numa clara alusão às regiões administrativas. Cfr. FERNANDA PAULA OLIVEIRA, "Portugal: Território e Ordenamento", Almedina, Fevereiro, 2009, pp. 9 e ss. Ver, ainda, com especial interesse, FERREIRA MENDES, "O Ordenamento do Território e a Construção da Sociedade do Futuro", Discurso proferido na Sessão de abertura do 2º Curso de Pós-Graduação em Ordenamento do Território e Planeamento Ambiental, Faculdade de Ciências e Tecnologia (FCT), Monte da Caparica, Outubro, 1991, p. 13. DIOGO FREITAS DO AMARAL opta pelo critério do objecto, fazendo assentar a distinção material entre ordenamento do território e urbanismo na ideia de que as normas de ordenamento do território visariam assegurar, no quadro geográfico nacional, a melhor estrutura das implantações humanas com o objectivo de conseguir um desenvolvimento harmónico das diferentes regiões do país. Ao invés, as normas de direito do urbanismo visariam garantir, no quadro de uma determinada orientação em matéria de ordenamento do território, a melhor organização e expansão de cada aglomerado profissional. Cfr. DIOGO FREITAS DO AMARAL, *no âmbito da apreciação da dissertação de doutoramento do (então) Licenciado* FERNANDO ALVES CORREIA, *Versão escrita da intervenção oral ... Coimbra, em 5 de Novembro de 1990, publicada na Revista da Faculdade de Direito da Universidade de Lisboa (FDUL), Volume XXXII, 1991*, pp. 91-105. Sem pretensão de exaustividade, diríamos que outros importantes contributos para a compreensão do âmbito material de cada uma das "disciplinas" nos são dados por OSVALDO GOMES, "Direito do Urbanismo (Alguns apontamentos), *in* Direito Administrativo, Revista de Actualidade e Crítica, Edições Centelha Promoção do Livro – S.A.R.L., Janeiro/Fevereiro, 1980, pp. 23-34. Ainda, e sufragando a posição expendida por PAREJO ALFONSO quanto ao sistema instituído pela Constituição Espanhola de 1978 de que o ordenamento do território se referiria a "magnitudes supra--locais", de preferência regionais ao passo que o urbanismo se reportaria à "magnitude local", ANTÓNIO DUARTE ALMEIDA/CLÁUDIO MONTEIRO..., pp. 135-138. Uma proposta igualmente interessante para a clarificação da matéria resulta das construções avançadas no sempre muito útil Dicionário Jurídico da Administração Pública. Assim, para uma aproximação ao Direito do Urbanismo como conjunto de regras sobre a edificação dos solos e a sua infra-estruturação, ver ANTÓNIO CORDEIRO, Urbanismo (Direito do), *in* Dicionário Jurídico da Administração Pública, Direcção de JOSÉ PEDRO FERNANDES, Edição Gráfica do Areeiro, Maio, 1996, pp. 570-573 e, para uma aproximação, bem mais ousada, de Ordenamento do Território enquanto procura, no quadro geográfico de um país, de uma melhor repartição dos homens em função dos recursos naturais e das actividades económicas, ver JOSÉ FERNANDO NUNES BARATA, *in* Dicionário

mentos da escolha para a presente dissertação de um tema inscrito na esfera relativa ao direito do urbanismo e, portanto, numa dessas duas referidas áreas, como é o que se relaciona com a invalidade do plano urbanístico na sua forma

Jurídico da Administração Pública, Direcção de JOSÉ PEDRO FERNANDES, Edição Gráfica do Areeiro, Outubro, 1998, pp. 263-297. JOSÉ FERNANDO DOS REIS CONDESSO, "Ordenamento do Território, Administração e Políticas Públicas, Direito Administrativo e Desenvolvimento Regional", Edições do Instituto Superior de Ciências Sociais e Políticas (ISCSP), Universidade Técnica de Lisboa, 2004, pp. 39-69. RUI MANUEL AMARO ALVES refere-se ao ordenamento do território como tratando-se de um neologismo, cujo significado etimológico tem que ver com todas as temáticas que dizem respeito à evolução, concepção e gestão da organização do território, sendo possível sintetizar a sua análise através de duas visões distintas. Uma visão retrospectiva, assente em conhecimentos actuais e na sua previsível evolução e, por outro lado, numa visão prospectiva, virada pois para a sua evolução no futuro com base nos conhecimentos actuais dos factores que hoje a influenciam e na pesquisa dos que, nesse mesmo futuro para que se encontra direccionada, poderão vir a influenciá-la, ver RUI MANUEL AMARO ALVES, "Políticas de Planeamento e Ordenamento do Território no Estado Português", Edição da Fundação Calouste Gulbenkian, Fundação para a Ciência e a Tecnologia do Ministério da Ciência, Tecnologia e Ensino Superior, Setembro, 2007, pp. 48-54. Para uma refrescante abordagem do ordenamento do território erigido como Direito da Política de Ordenamento do Território, ver MARIA DA GLÓRIA GARCIA, "Direito das Políticas Públicas", Edições Almedina, Março, 2009, pp. 181-201 e, ainda da mesma autora, a intervenção com o título "Constituição e Ordenamento do Território", apresentada no Encontro Anual da AD URBEM, em 12 de Dezembro de 2008, publicada, entretanto, em FERNANDO GONÇALVES, JOÃO FERREIRA BENTO & ZÉLIA PINHEIRO (coordenação), ACTAS DO ENCONTRO ANUAL DA AD URBEM, 12 Dez. 2008, Os Dez Anos da Lei de Bases da Política de Ordenamento do Território e de Urbanismo, Génese e Evolução do Sistema de Gestão Territorial, 1998-2008, Edição da Direcção-Geral do Ordenamento do Território e Desenvolvimento Urbano e AD URBEM, 2010, pp. 23-32. Partindo da ideia de que o urbanismo traduz *"...o palco privilegiado de muitas das políticas públicas do Estado intervencionista actual..."* e advogando a existência de uma perspectiva relacional no direito do urbanismo como modo de compensar, por um lado, a natureza centralizada do planeamento e, por outro, a sucessiva dependência da actividade urbanística dos controlos administrativos prévios, designadamente a licença municipal, ver LUIS CABRAL DE MONCADA, *in* "A relação jurídica administrativa – para um novo paradigma de compreensão da actividade, da organização e do contencioso administrativos", Coimbra Editora, Novembro, 2009, pp. 645-769. Definindo o ordenamento do território como sendo a *"...disciplina que visa genericamente encontrar a utilização óptima do espaço em função das várias espécies de necessidades da comunidade humana que devem ser satisfeitas, designadamente, as económicas, sociais, culturais e ecológicas..."*, NUNO SALGADO advoga como critério distintivo entre essa disciplina e a do urbanismo o critério que se relaciona com a eficácia jurídica das respectivas normas, ver NUNO SALGADO, "Ordenamento do Território e Urbanismo", *in* Textos de Direito do Ambiente, Centro de Estudos Judiciários, Escola Tipográfica do Instituto Padre António de Oliveira, 1994, pp. 149-161. Considerando o direito do urbanismo como um prolongamento e

§ 1º PRELIMINARES

mais gravosa, ou seja de nulidade. É, inegavelmente, e disso temos plena consciência, uma escolha que comporta riscos, obrigando-nos a uma compreensão

desenvolvimento do ordenamento do território, LUIS FILIPE COLAÇO ANTUNES advoga ainda assim o primado do direito do ordenamento do território, não obstante serem disciplinas científicas de proximidade e de vizinhança. O autor, ciente de que *omnis definitio periculosa est*, considera que o direito urbanístico corresponde, essencialmente, ao conjunto de normas e institutos jurídicos que, no quadro das directivas e orientações definidas pelo direito do ordenamento do território, se destinam a promover o desenvolvimento e a conservação cultural da urbe; Ver LUÍS FILIPE COLAÇO ANTUNES, "Direito Urbanístico – Um outro paradigma: a planificação modesto – situacional", Edições Almedina, Coimbra, Abril, 2002, pp. 68-74. Enquadrando (*a par do direito administrativo do ambiente, direito administrativo do risco, direito administrativo da regulação, direito administrativo privado e do direito administrativo do e-government*) o direito do ordenamento do território e o direito do urbanismo no complexo (*e ainda muito pouco explorado entre nós*) painel legal respeitante ao Novo Direito Administrativo (NDA) e, como tal, sinalizando a incontornável necessidade de proceder a novos e arrojados arranjos na dogmática jus – administrativa de alguns dos mais importantes e significativos institutos do direito administrativo, ver o inquietante texto de SUZANA TAVARES DA SILVA, Um Novo Direito Administrativo?, Imprensa da Universidade de Coimbra, Maio, 2010, pp. 39-46. Advogando, com base na mais recente doutrina jus-publicista italiana, um urbanismo pós-vinculístico, SUZANA TAVARES DA SILVA sustenta que "...*o ordenamento do território assente num sistema de planos que culmina com instrumentos municipais vinculativos dos particulares não constitui hoje a forma mais adequada de gerir o ordenamento do território, devendo este modelo, estruturado sobre uma dogmática autista, começar a ser complementado e em certa medida superado por instrumentos mais dinâmicos, capazes de dar uma resposta mais eficiente e eficaz aos desafios que lhe são lançados quer pela abertura à internormatividade, quer pela assimilação dos novos princípios fundamentais aí gerados, maxime o princípio da sustentabilidade, quer ainda pela exigência de diálogo permanente entre as diversas políticas com incidência territorial...*", ver SUZANA TAVARES DA SILVA, "A "linha maginot" da sustentabilidade financeira. Perigo, risco, responsabilidade e compensação de sacrifícios: uma revisão da dogmática a pretexto da gestão do litoral", *in* Revista CEDOUA, Edições CEDOUA, Faculdade de Direito da Universidade de Coimbra (FDUC), nº 23, Ano XII, 1.09, Setembro, 2010, pp. 29-49. Da mesma autora e na mesma linha de defesa de um modelo de urbanismo pós-vinculístico no domínio da reabilitação urbana, ver SUZANA TAVARES DA SILVA, "O novo direito do urbanismo: o despontar do "urbanismo pós-vinculístico" no domínio da reabilitação urbana, *in* Revista de Direito Público e Regulação, Edições do Centro de Estudos de Direito Público e Regulação (CEDIPRE), FDUC, nº 1, Maio, 2009, pp. 109-121. Segundo a autora, e socorrendo-se de EMANUELE BOSCOLO, o modelo de urbanismo pós-vinculístico designa o conjunto de esquemas operativos destinados a estimular a comparticipação dos proprietários no desenho territorial, fazendo coincidir com formas de utilidade pública a prossecução de interesses individuais, permitindo, então, por essa via, substituir as tradicionais indemnizações e compensações da planificação e da execução dos planos por novos esquemas de perequação. Ver, também, com especial interesse sobre esse ponto e outros relativos ao denominado urba-

esclarecida, sistemática, juridicamente arrumada e dogmaticamente iluminada, de todo o edifício legal, tarefa que, confessamos, nem sempre se nos apresenta facilitada, sobretudo se considerarmos que o legislador, em especial num domínio como é o do direito do urbanismo, nem sempre logra apresentar as suas construções de modo juridicamente claro e inteligível.

nismo pós-vinculístico, EMANUELE BOSCOLO, "Il superamento del modello pianificatorio tradizionale", *in* Amministrare, nº 3, 2008, pp. 324-367.

[3] Cfr. FERNANDA PAULA OLIVEIRA apresenta uma breve resenha histórica relativa ao nascimento da expressão ordenamento do território, situando-o nos anos 20 do século passado, no Reino Unido e na Alemanha, como consequência da necessidade de limitar o desenvolvimento das cidades que se pretendia ordenado e unitário, dentro do respectivo âmbito territorial, ver FERNANDA PAULA OLIVEIRA, "Direito do Ordenamento do Território...", pp. 9 e ss. Da mesma autora, também com interesse neste ponto, ver a já referida obra "Portugal: Território...", pp. 7 e ss. Ainda quanto à génese do conceito de «ordenamento do território», a autora refere ter sido a partir da IIª Grande Guerra Mundial, concretamente a partir da década de 60 e 70 que, cientificamente, o conceito de «ordenamento do território» se começou a delinear. Não obstante, a primeira utilização oficial do termo «ordenamento do território» remonta, segundo nos refere FERNANDO ALVES CORREIA, ao ano de 1950, por força das palavras então proferidas pelo Ministro da Reconstrução e do Urbanismo, CLAUDIUS PETIT que, na comunicação oficial que então efectuou ao Conselho de Ministros, intitulada *"Pour un plan national d' aménagement du territoire"*, o definiu como correspondendo *"...à procura, no quadro geográfico de França, de uma melhor repartição dos homens em função dos recursos naturais e das actividades económicas..."*, ver FERNANDO ALVES CORREIA, "O Plano Urbanístico...", p. 64 e, ainda, "Manual de Direito...", pp. 73. FERNANDO ALVES CORREIA adere a uma concepção ampla de Direito do Urbanismo entendendo-o como *"...o conjunto de normas e de institutos respeitantes à ocupação, uso e transformação do solo, isto é, ao complexo das intervenções e das formas de utilização deste bem..."*, ver "Manual de Direito...", pp. 64. O mesmo autor utiliza ainda a ideia de *«urbanismo como um espaço de condomínio de interesses estaduais, regionais e locais»*, *in* Manual de Direito...", pp. 142-145. Pensamos, no entanto, que a ideia de condomínio de interesses é, com inegável vantagem e propriedade, perfeitamente aplicável ao «ordenamento do território». Também sobre a génese do conceito de «ordenamento do território» ver ainda, com especial interesse, DIOGO FREITAS DO AMARAL, num artigo muito esclarecedor que, então, inaugurou uma das mais emblemáticas publicações nacionais sobre as questões de ordenamento do território» e de «urbanismo», ver DIOGO FREITAS DO AMARAL, "Ordenamento do Território, Urbanismo e Ambiente: Objecto, Autonomia e Distinções", *in* Revista Jurídica do Urbanismo e do Ambiente (RJUA), Livraria Almedina, Coimbra, nº 1, Junho, 1994, pp. 11-22. Neste artigo, o referido autor advoga uma concepção restrita de Direito do Urbanismo, circunscrevendo-o apenas ao *"...sistema das normas jurídicas que, no quadro de um conjunto de orientações em matéria de Ordenamento do Território, disciplinam a actuação da Administração Pública e dos particulares com vista a obter uma ordenação racional das cidades e da sua expansão..."*, ver DIOGO FREITAS DO AMARAL, "Ordenamento do Território, Urbanismo..., p. 17. MARIA DA GLÓRIA GARCIA refere-se a um desenvolvimento crescente de uma normação da vida urbana e, sob

§ 1º PRELIMINARES

Esta relativa falta de lucidez legislativa e de clarividência na produção das leis em geral impõe-nos hoje, mais do que nunca, em especial em áreas do saber cujas variáveis se apresentam povoadas de incertezas e de riscos (*nem sempre divisados, na maior parte dos casos, pelo legislador*) no quase sempre sofrido processo de criação normativa, uma nova e redobrada atenção aos clássicos institutos do direito administrativo geral.

uma distinta perspectiva, advoga que a tendência para a juridicização da vida urbana decorre, paradoxalmente, do pensamento global a que o mundo dos dias de hoje nos obriga. Ainda no mesmo escrito, a autora sustenta uma natureza eminentemente nacional do direito do urbanismo, sugerindo a necessidade de garantir a interdisciplinaridade do Direito do Urbanismo e a colaboração entre juristas e outros cientistas, ver MARIA DA GLÓRIA GARCIA, "O Direito do Urbanismo entre a liberdade individual e a política urbana", *in* RJUA, Livraria Almedina, Coimbra, nº 13, Junho, 2000, pp. 97-113. A propósito do termo «urbanismo» se apresentar associado, em vários preceitos constitucionais, ao lado do termo «ordenamento do território» MARIA DA GLÓRIA GARCIA refere uma «*decisiva e explícita entrada do urbanismo na Constituição*» *in* "Direito do Urbanismo", Relatório, Edições Lex, Lisboa, 1999, p. 49. Advogando que "*...o Direito do Urbanismo integra essencialmente o conjunto de normas e princípios jurídicos que disciplinam a actuação da Administração e dos particulares com vista ao correcto ordenamento da ocupação, utilização e transformação dos solos para fins urbanísticos...*", tratando-se "*...inquestionavelmente de um ramo especial do Direito Administrativo...*", ver CLÁUDIO MONTEIRO, "O Embargo e a Demolição no Direito do Urbanismo", policopiado, Faculdade de Direito da Universidade de Lisboa, 1995, pp. 5-10. Entendendo o Direito do Urbanismo enquanto conjunto de "*...regras sobre a edificação dos solos e sobre a sua infra-estruturação...*", ver ANTÓNIO CORDEIRO, "Protecção de terceiros em face de decisões urbanísticas", Edições Almedina, Coimbra, 1995, pp. 22-23. Aderindo a uma concepção amplíssima de Direito do Urbanismo, temos SOFIA DE SEQUEIRA GALVÃO. É, aliás, disso bem demonstrativo, a seguinte passagem de um dos seus escritos em que a autora refere que tudo o "*...que tem expressão territorial, tudo o que incide ou se repercute no território é objecto de uma interligação problemática que requer a adequada interligação jurídica. Se perguntarmos quem a confere, a resposta não permite dúvidas – o Direito do Urbanismo, evidentemente...*", ver SOFIA DE SEQUEIRA GALVÃO, "Sobre o objecto e o sentido do Direito do Urbanismo", *in* RJUA, Livraria Almedina, Coimbra, nº 17, Junho, 2002, p. 80.

A NULIDADE DO PLANO URBANÍSTICO

Por outro lado, afigura-se-nos absolutamente consensual que, a uma situação de desordem[4] nos processos de criação normativa[5], se soma a existência de múltiplos riscos[6] em áreas que o legislador, porque incapaz de prever todas as

[4] Em nosso entender, a desordem normativa no âmbito do direito do urbanismo português é fortemente induzida e potenciada não apenas pela multiplicidade de diplomas legais e regulamentares produzidos pelos diferentes "actores" no processo de planeamento como resulta, ainda, em larga medida, da ausência de uma desejada (e desejável em nosso entender) medida de codificação legislativa. Note-se que o problema não é de agora. Leia-se (*com plena validade no direito do urbanismo dos dias de hoje*) o que escreve MARIA DA GLÓRIA GARCIA quando, ao percorrer historicamente a produção da legislação urbanística (*o que aliás faz magistralmente desde as Ordenações Filipinas, Livro I, Título LVIII, n.º s 22 e ss até pelo menos ao início da década de 70 do século passado, data em que DIOGO FREITAS DO AMARAL profere as primeiras lições teóricas, dadas numa Faculdade de Direito portuguesa, em matéria de Direito do Urbanismo*) refere que "...*fruto de uma evolução de séculos, a que não presidiu uma ideia de unidade, as normas sobre ordenamento do território, urbanismo e habitação são este emaranhado legislativo (sublinhado nosso) que percorremos...*" e em que se terá embrenhado DIOGO FREITAS DO AMARAL no longínquo ano de 1970/1971. Ver MARIA DA GLÓRIA GARCIA, "Com um passo à frente: Estado de Direito, Direitos do Ordenamento do Território, do Urbanismo e da Habitação e Direito do Ambiente", *in* Estudos em Homenagem ao Professor Doutor DIOGO FREITAS DO AMARAL, Comissão Organizadora AUGUSTO DE ATHAYDE/JOÃO CAUPERS/MARIA DA GLÓRIA GARCIA, Edições Almedina, Coimbra, Novembro, 2010, pp. 25-61.
[5] Num interessante conjunto de reflexões doutrinárias dedicadas ao fenómeno de uma assertivamente designada "desordem normativa", YVES GAUDEMET, refere, magistralmente, que da desordem que é, para o direito, uma patologia, pode nascer uma nova ordem. Ver esta intervenção em YVES GAUDEMET, "Le désordre normatif, Propos introductifs", *in* Revue du Droit Public, Edições Librairie Génerale de Droit et de Jurisprudence (LGDJ), Paris, n.º 1, Janeiro/ Fevereiro, 2006, pp. 43-44. YVES GAUDEMET avança mais ainda, num outro texto apresentado sobre esse mesmo tema, dizendo que "...*a lei é concebida e praticada como um elemento – entre outros – de exercício permanente de comunicação, de gestão pública ou de marketing político...*". Para o autor, e não obstante "...*a lei ser, por natureza, um acto político, exprimindo e formalizando as arbitragens e as escolhas da representação política, a hierarquia dos valores, das prioridades nacionais...essas escolhas não se reduzem ao debate político do momento... sendo função da lei inscrevê-las no Direito, com a clareza e a solenidade que merecem*". Prossegue o autor referindo que "...*a lei é a transcrição normativa dos valores da ordem social, da sua combinação e hierarquia...sendo exactamente por isso que ela é um acto político no sentido mais elevado do termo*". Ora segundo o autor não é isso que sucede actualmente no universo da produção normativa, em que "...*a lei é reduzida ao nível do debate público, valendo como argumento de uns contra outros...transformando-se num instrumento político em lugar de se afirmar como um acto de razão*". O autor vai mais longe ainda afirmando, de modo impressivo que, por tudo isto, "...*a lei «administrativa» se apresenta sem estatuto de princípio, descritiva, tributária de exigências sociológicas ou administrativas imediatas, numa espécie de fenómeno de moda ou de imitação...*" em que "... *é a contingência que prevalece: «é preciso fazer um texto...», não porque seja juridicamente necessário, mas porque se crê politicamente oportuno ou porque a administração assim o reclama. Não é mais o direito que justifica*

§ 1º PRELIMINARES

situações potencialmente enquadráveis na norma, simplesmente não logrou fazê-lo. O plano urbanístico, enquanto modo específico de um novo *agere* administrativo, vive e debate-se com esse drama.

a norma, mas os objectivos incertos da «gestão pública». Os textos exprimem, o melhor possível, um programa político, uma escolha da administração; e não um comando, como aliás deve ser o caso da lei". Ver YVES GAUDEMET, "La loi administrative", *in* Revue du Droit Public, Edições LGDJ, Paris, nº 1, Janeiro/Fevereiro, 2006, pp. 65-84. Referindo, como um dos factores responsáveis por uma já incontornável «crise da lei» («crise de la loi»), a mediocridade da qualidade formal dos textos legislativos, ver JACQUELINE MORAND-DEVILLER, "Droit Administratif – Cours, Thèmes de Réflexion, Commentaires d'Arrêts Avec Corrigés", Montchrestien, Edições LGDJ, Lextenso Éditions, Paris, 11ª Edição, 2009, p. 303. EDUARDO GARCÍA DE ENTERRÍA produz uma interessante reflexão em que refere que a *"...velha ideia de uma sociedade livre, movendo-se no quadro de uns quantos Códigos e Leis, claros, concisos e tendencialmente estáveis que deixavam à liberdade do cidadão todo um amplo espaço da vida social, deste modo enquadrada com precisão e rigor, deu lugar à actual situação em que a sociedade nos aparece inundada por uma maré incontida de Leis e de Regulamentos, não apenas não estáveis, como também em estado de perpétua ebulição e em mutação frenética...",* ver EDUARDO GARCÍA DE ENTERRÍA, "Justicia y seguridad jurídica en un mundo de leyes desbocadas", Cuadernos Civitas, Thomson Civitas, Reimpressão, 2006, p. 47. Num excelente artigo de JUAN CANO BUESO em que o autor reflecte sobre a importância do *Consejo Consultivo de Andalucía* no «Estado de Autonomias» espanhol, o autor desenvolve paralelamente uma reflexão bem mais profunda, revelando-se céptico relativamente às possibilidades de construir uma teoria da legislação. Por outro lado, perspectiva a por si designada **«legisprudência»** como uma colecção, mais ou menos sistematizada, de directivas e de regras convencionais destinadas a criar normas legais mais eficientes. JUAN CANO BUESO entende que, sob as actuais condições do Estado Social, as ideias de separação de poderes e da lei construída sob a forma de normas gerais e abstractas já não revelam ser as mais adequadas, pelo que advoga, em seu lugar, a introdução da ideia do «direito útil» («nützliches Recht»). Na realidade, tal parece-lhe ser o mais adequado à realidade legislativa actual em que a processo da produção de lei ocorre, frequentemente, fora do Parlamento, com base na negociação e na participação. Ver JUAN CANO BUESO, Die Bedeutung der Konsultativen Organe Spaniens für die Qualität der Rechtssetzung – Verfassungsrechtliche Probleme, die die Qualität der Normen beeinflussen, *in* Zeitschrift für öffentliches Recht (ZFOR), Austrian Journal of Public and International Law, Edições Springer Wien New York, Band 63, Heft 1, 2008, pp. 1-27. Em Portugal as expressões *"Fúria legislativa"... "inflação legislativa"... leis produzidas "em grupo de trabalho à porta fechada"... "leis com gralhas, erros gramaticais e remissões para normas inexistentes"... "leis distantes da realidade"... "más leis" responsáveis pela "lentidão da justiça"...eis alguns dos epítetos que os actos legislativos produzidos no nosso país vêm merecendo"...,* ver OSVALDO DE CASTRO, "Legislação no Século XXI". Uma perspectiva parlamentar, *in* Legislação, Cadernos de Ciência e de Legislação, Edições do INA, nº 50, Outubro/Dezembro, 2009, pp. 161-168. Ainda em Portugal, e numa excelente intervenção de JOAQUIM FREITAS ROCHA, o autor refere-se, no contexto das patologias normativas, *"...que o fenómeno que reconhecemos como corrosão do poder legislativo clássico, numa certa perspectiva, é induzido pelos impulsos pós-modernos da desestadualização,*

A NULIDADE DO PLANO URBANÍSTICO

No entanto, não constitui nossa intenção, ao escrever estas notas introdutórias, conferir ao direito do urbanismo predicados jurídico – dogmáticos dife-

desracionalização e desabstracção da lei..." apontando, como factores de incerteza, a explosão legal de normas (expressão cuja autoria é aliás atribuída a GUNTHER TEUBNER), a ambiguidade no conteúdo das normas e, por fim, a própria tecnicização. Ver JOAQUIM FREITAS ROCHA, "Direito Pós-Moderno, patologias normativas e proteção da confiança", texto apresentado ao III Encontro de Professores de Direito Público, Faculdade de Direito da Universidade do Porto, dias 29/30 de Janeiro de 2010, acessível on-line em http://encontrosdireitopublico.blogspot.com. Note-se que a má qualidade das leis não é um problema de agora. Na realidade, nos anos 80, VINÍCIO RIBEIRO escrevia, no contexto da análise das concepções (então) hodiernas de legalidade e, concretamente, as experienciadas pelo mundo ocidental que se legisla "*...por dá cá aquela palha, donde resulta que, em certos sectores do direito...se alcance uma instabilidade assustadora...*", ver VINÍCIO RIBEIRO, "O Estado de Direito e o Princípio da Legalidade na Administração", Coimbra Editora, 2ª Edição, 1981, p. 71. Dezasseis anos depois, mais concretamente em 1996, escrevia LUIS CABRAL DE MONCADA, no contexto das considerações finais de uma pequena mas brilhante reflexão relativa à legalidade legislativa que "*...a inflação legislativa corrompe a própria lei, desfigura a Administração e os juízes e, pior do que isso, pode dissolver a dogmática jurídica na vulgata política e sociológica.*" LUIS CABRAL DE MONCADA, "«Rule of law», procedimento normativo e legalidade; uma perspectiva comparada", Edições da "SPB, Editores e Livreiros, Lda.", 1996. O mesmo autor, no seu ensaio sobre a lei, refere, assertivamente que de "*...instrumento racional a lei passa a instrumento estratégico e tecnológico...*" em que "*...legisla-se por legislar e não por imperativo racional ou ético...*" de tal sorte que o autor considera mesmo estarmos "*...nos antípodas daquela situação em que a lei se cosia com as convições sociais dominantes e apresentava um conteúdo perene justamente porque assim era e em que o cidadão podia ter uma noção, aproximada que fosse, do bloco legislativo que o regia, consolidando os valores de segurança e previsibilidade que eram e são indispensáveis a uma actividade regular...*". Como faz questão de rematar "*...já não temos lei, temos leis...*", ver LUIS CABRAL DE MONCADA, "Ensaio sobre a Lei", Edições Coimbra Editora, Setembro, 2002, pp. 89-90. Bem mais recentemente, o mesmo autor refere que "*...a tecnicização da lei afasta-a do clássico trabalho parlamentar e governamental. Se o fenómeno da especialização da feitura da lei no interior do parlamento é bem conhecido, ele não é menos nítido no interior da Administração. A preparação técnica da lei por gabinetes especializados (e o veredicto do Ministério das Finanças, confirmado sempre nas leis orgânicas dos sucessivos governos), reforça a componente técnica da lei em detrimento da política e contribui para o «calão» tecnocrático que empesta hoje o material legislativo mais simples. Tal componente transmite-se obviamente à linguagem utilizada. A breve trecho, a lei é apenas para especialistas e o cidadão comum não conhece a legislação que o governa porque a não pode conhecer, não tendo o menor acesso ao respectivo conteúdo...*", ver LUIS CABRAL DE MONCADA, Introdução. "Os princípios gerais de direito administrativo. Seu conteúdo, Tipologia e Alcance", *in* Estudos em Homenagem ao Professor Doutor DIOGO FREITAS DO AMARAL, Comissão Organizadora AUGUSTO DE ATHAYDE/JOÃO CAUPERS/MARIA DA GLÓRIA GARCIA, Edições Almedina, Coimbra, Novembro, 2010, pp. 661-717.

[6] Admitindo a existência e a relevância de riscos tecnológicos e de riscos naturais no Direito do Urbanismo, FERNANDO ALVES CORREIA, "Risco e Direito do Urbanismo", *in* Revista

§ 1º PRELIMINARES

rentes daqueles que, por exemplo, se divisam numa área com ele intimamente conexa, como sucede com o direito do ambiente, onde as questões associadas

de Legislação e de Jurisprudência, Ano 138º, nº 3955, Março/Abril, 2009, pp. 199-218 (trabalho também publicado em Estudos em Homenagem ao Professor Doutor DIOGO FREITAS DO AMARAL..., pp. 1109-1142). Ainda de FERNANDO ALVES CORREIA e aludindo à importância dos planos regionais de ordenamento do território na fixação de disposições atinentes à zona costeira, em especial através de zonas de risco, ver FERNANDO ALVES CORREIA, "Linhas Gerais do Ordenamento e Gestão da Zona Costeira em Portugal", *in* Revista de Legislação e de Jurisprudência, Ano 138º, nº 3956, Maio/Junho, 2009, pp. 252-267. Aplicando as categorias do risco, perigo e da responsabilidade civil ao domínio da gestão do litoral, SUZANA TAVARES DA SILVA, "A "linha maginot" da sustentabilidade...", pp. 29-49. Reflectindo sobre o modo como os diversos instrumentos de gestão territorial, no caso o PROT – Centro, têm encarado e tratado normativamente as questões relativas ao risco, ver ALEXANDRE OLIVEIRA TAVARES, "A gestão territorial dos riscos naturais e tecnológicos e o ordenamento do território. A perspectiva a partir do Plano Regional de Ordenamento do Território – Centro", *in* Revista CEDOUA, Edições CEDOUA, Faculdade de Direito da Universidade de Coimbra (FDUC), nº 22, Ano XI, 2.08, 2008, pp. 59-73. Aludindo à importância do Mandato de Genebra (na sequência da experiência da Década Internacional para a Redução das Catástrofes Naturais – IDNDR) e, ainda, no plano da implementação da Estratégia "Um Mundo Seguro no Século XXI: redução de catástrofes e riscos", como traduzindo, de forma expressa, a ligação entre a problemática dos riscos e o planeamento físico e económico do território, ver «A "Tirania" do Território», Dossier, *in* Revista CEDOUA, Edições CEDOUA, Faculdade de Direito da Universidade de Coimbra (FDUC), nº 22, Ano XI, 2.08, 2008, pp. 163-170. Reflectindo, no contexto da adopção da Directiva nº 2007/60/CE, de 23 de Outubro, relativa à avaliação e gestão dos riscos de inundação e advogando, simultaneamente, que a *"...consideração do risco, no âmbito do procedimento de planeamento, é extremamente importante..."*, uma vez que *"...permite actuar simultaneamente sobre a vulnerabilidade-quando, por exemplo, não permite a edificação ou quando estabelece condicionamentos à mesma – e sobre a perigosidade – quando evita a impermeabilização de certos riscos..."*, ver «O risco de inundação em Portugal», Dossier, *in* Revista CEDOUA, Edições CEDOUA, Faculdade de Direito da Universidade de Coimbra (FDUC), nº 20, Ano X, 2.07, 2007, pp. 167-179. Desenvolvendo uma estimulante reflexão no âmbito dos riscos associados à erosão costeira, CARLA AMADO GOMES/HELOÍSA OLIVEIRA advogam que o *"...combate contra o risco é feito de várias e longas guerras, que demandam estratégias permanentemente actualizáveis..."*, sendo que, no caso particular da gestão dinâmica dos riscos litorais, serão os POOCs, enquanto *"...mecanismos jurídicos mais vocacionados..."* a promover a referida gestão *"...apoiados, a montante, em relatórios de avaliações ambientais estratégicas e, a jusante, em observatórios de base científica..."*, ver CARLA AMADO GOMES/HELOÍSA OLIVEIRA, "E um dia a falésia veio abaixo...Risco de erosão da orla costeira, prevenção e responsabilização" (artigo escrito em Novembro de 2010) *in* Revista CEDOUA, Edições CEDOUA, Faculdade de Direito da Universidade de Coimbra (FDUC), nº 24, Ano XII, 2.09, 2009, pp. 15-36. Analisando a problemática da integração dos riscos no ordenamento do território em geral e, no âmbito do planeamento territorial em

ao risco assumem proporções bem mais preocupantes. Pretendemos, antes de mais, e como aliás já antes o disséramos, justificar as razões da escolha de um

especial, FERNANDA PAULA OLIVEIRA advoga que, muitas das exigências legais quanto a essa necessidade de integração têm, como destinatárias, as entidades planificadoras, funcionando, em regra, como uma clara limitação à ampla discricionariedade de planeamento de que aquelas dispõem, designadamente em matéria de zonamento do espaço; Ver FERNANDA PAULA OLIVEIRA, "Protecção Civil e Ordenamento do Território – A necessária consideração dos riscos no planeamento territorial", *in* Cadernos Municipais Electrónicos, Edição Fundação Res Publica, nº 3, Abril, 2010, pp. 65-82. Da mesma autora, veja-se a recensão da obra de SCIRA MENONI que, sintetizando, procura, a partir do conceito chave de «riscos territoriais», não tanto introduzir a relevância do risco no plano urbanístico mas sim compreender de que modo pode a planificação fornecer indicações e instrumentos úteis em ordem a reduzir e/ou mitigar os níveis de riscos crescentes a que estão expostas as colectividades humanas procurando ainda, afinal, fornecer modos de tutela a utilizar para tornar o território menos vulnerável; Ver FERNANDA PAULA OLIVEIRA, recensão à obra de SCIRA MENONI, Pianificazione e Incerteza. Elementi per la valutazione e la gestione dei rischi territoriali, Edições Franco Angeli, Itália, Milão, 1997, *in* Revista CEDOUA, Edições CEDOUA, Faculdade de Direito da Universidade de Coimbra (FDUC), nº 11, Ano VI, 1.03, Julho, 2003, pp. 129-134. Na doutrina espanhola e advogando a existência de riscos no direito urbanístico, ver MARTÍN BASSOLS COMA, "La problemática de los riesgos en el derecho urbanístico", *in* Revista de Derecho Urbanístico y Medio Ambiente, Ano nº 44, nº 255, Janeiro/Fevereiro, 2010, pp. 11-38. Veja-se, ainda, o excelente artigo de ANDRÉS MOLINA GIMÉNEZ, "La disciplina territorial del riesgo de inundaciones en el ordenamiento jurídico español", *in* Revista Aranzadi de derecho ambiental, nº 18, 2010, pp. 39-72. Ver a excelente reflexão de GORDON WALKER sobre a importância do planeamento territorial na minimização do risco de ocorrência de acidentes perigosos, GORDON WALKER, "Risk, Land Use Planning and Major Accident Hazards", *in* Planning and Environmental Protection – a review of law and policy, Chris Miller (edited by), Edições Hart Publishing, Oxford, Portland Oregon, 2001, pp. 69-89. Em geral, e sobre uma (eventual) responsabilidade do Estado pela existência de riscos tecnológicos ver WOLFGANG KÖCK, "Risikovorsorge als Staatsaufgabe", *in* Archiv des öffentlichen Rechts, Edições J.C.B. MOHR (PAUL SIEBECK) Tübingen, 121. Band, Heft 1, Março, 1996, pp. 1-23. Neste artigo, o autor, suportando-se nas reflexões de ERNST FORSTHOFF sobre a *Technische Realisation,* procede a uma análise da relação entre o Estado e a tecnologia numa perspectiva de ciência política, sinalizando, em especial atentos os riscos tecnológicos envolvidos, as dificuldades encontradas no processo de determinação do interesse público a prosseguir. Interessante também neste artigo é a proposta que o autor nos oferece quanto às possibilidades, modalidades e inerentes limitações no processo de transferência da gestão do risco para os "actores" privados. Para uma clara diferenciação dogmática entre risco e perigo ver, entre nós, FARIA COSTA, "Perigo em Direito Penal", Coimbra Editora, 1992. JOÃO LOUREIRO, "Da sociedade técnica de massas à sociedade de risco: prevenção, precaução e tecnociência – algumas questões juspublicísticas", *in* Estudos em Homenagem ao Professor Doutor ROGÉRIO EHRHARDT SOARES, Boletim da FDUC, *Studia Iuridica*, nº 61, Ad Honorem – 1, Universidade de Coimbra, Edições Coimbra Editora,

tema nesta área do direito e fazê-lo, simultaneamente, situando o direito do urbanismo no contexto da sociedade de risco em que nos movemos e, ainda, no contexto mais geral de um "novo direito administrativo" que, paulatinamente, vai emergindo e trilhando o seu caminho dogmático.

2001, pp. 797-891. CARLA AMADO GOMES, "Risco e modificação do acto autorizativo concretizador de deveres de protecção do ambiente", Coimbra Editora, 2007, pp. 223-421. Concretamente sobre a gestão do risco tecnológico e o direito à segurança dos cidadãos, CARLA AMADO GOMES, "Estado Social e concretização de direitos fundamentais na era tecnológica: algumas verdades inconvenientes", *in Scientia Iuridica*, Revista de Direito Comparado, Português e Brasileiro, Edições Universidade do Minho/Livraria Cruz (Braga), Tomo LVII, nº 315, Julho/Setembro 2008, pp. 409-426. Referindo-se ainda que somos chegados a uma sociedade multirisco, CARLA AMADO GOMES propõe-nos a conformação da decisão sobre o risco assente na observância dos princípios da legalidade, da participação, da proporcionalidade, da motivação, da adaptabilidade e da supervisão, Cfr. CARLA AMADO GOMES, "Le Risque, cet inconnu", *in* Revista da Faculdade de Direito da Universidade de Lisboa, Edições Coimbra Editora, Volume XLIII, nº 1, 2002, pp. 283-312. Debruçando-se sobre a complexa temática associada à regulação do risco e à existência de um alegado «risco» da regulação, concretamente no âmbito dos organismos geneticamente modificados, MARIA EDUARDA GONÇALVES refere que a "*...omnipresença do risco na sociedade contemporânea configura em certo sentido a outra face do seu progresso...*" circunstância tanto mais preocupante porquanto "*...associados, directa ou indirectamente, ao desenvolvimento tecnológico e industrial, os novos riscos geram particular inquietação numa sociedade que, paradoxalmente, nunca terá sido tão segura*", *in* DIOGO FREITAS DO AMARAL, CARLOS FERREIRA DE ALMEIDA e MARTA TAVARES DE ALMEIDA (Coordenação), "Estudos Comemorativos...", pp. 441-471. Na doutrina alemã, JAECKEL, "Gefahrenabwehrrecht und Risikodogmatik", Edições MOHR SIEBECK, Tübingen, 2010, pp. 49 e ss. e, ainda, WOLFGANG HOFFMANN-RIEM, "Ökologisch orientiertes Verwaltungsverfahrensrecht – Vorklärungen", *in* Archiv des öffentlichen Rechts, Edições J.C.B. MOHR (PAUL SIEBECK) Tübingen, 119. Band, Heft 4, Dezember, 1994, pp. 590-626. Neste artigo, WOLFGANG HOFFMANN-RIEM faz uma pequena viagem da sociedade industrial – Industriegesellschaft – até à sociedade de risco – Risikogesellschaft, notando uma crescente complexidade quer nas "constelações de risco" existentes, quer nos interesses por elas afectados quer, ainda, nas medidas a adoptar pelos decisores políticos para fazer face a essa nova realidade. Situando a sua análise no complexo domínio ambiental, o autor advoga que uma das respostas possíveis a estes novos desafios poderá passar, não por uma redução da referida complexidade mas sim por uma utilização da mesma como "força motora" na produção de uma decisão que, sobretudo, faça justiça aos interesses co-envolvidos e assegure a necessária aceitação por parte dos respectivos destinatários. Já na doutrina francesa, e questionando uma eventual impotência do direito perante riscos naturais, YVES JÉGOUZO, "Risque naturel: l'impuissance du droit", *in* L'Actualité Juridique Droit Administratif (AJDA), Edições Dalloz, nº 10, Março, 2010, p. 521. Ainda sobre a problemática do risco em geral, na sua estreita relação com o direito administrativo clássico, ver CAMILE BROYELLE, "Le risque en droit administratif «classique» (fin du XIXe, milieu do XXe siècle)", *in* Revue du Droit Public, Edições LGDJ, Paris, nº 6, Novembro/Dezem-

1.2. A escolha do tema – razões de natureza específica

Quanto às razões de natureza específica, diríamos, em **primeiro lugar**, que tal se deve à nossa especial "simpatia dogmática" por uma área do direito ainda relativamente jovem (*pelo menos, e tomando por boas as notas que fomos dando,*

bro, 2008, pp. 1513-1524. Com interesse para a compreensão da relação entre o Direito, o risco e o contributo dado nos processos de decisão pelos peritos (*na perspectiva do conhecimento valioso que estes detém*), ver ÉRIC NAIM-GESBERT, "Droit, expertise et société du risque", *in* Revue du Droit Public, Edições LGDJ, Paris, nº 1, Janeiro/Fevereiro, 2007, pp. 33-50. Ver, ainda, o interessante artigo de EMMANUEL DROZ. De acordo com o autor, e tendo por pano de fundo a Lei Bachelot de 30 de Julho de 2003, verifica-se que constituiu uma vontade clara do legislador, em matéria de maiores riscos tecnológicos, harmonizar o direito de uso, ocupação e transformação do solo na proximidade de estabelecimentos industriais classificados com a respectiva necessidade de delimitação e intensidade desses mesmos riscos industriais. Paralelamente, refere o autor, o legislador entendeu associar, de forma clara, todas as partes que devem ser consideradas no processo de elaboração desse novo dispositivo dado este pode afectar, de modo significativo, o património e os interesses dos habitantes que vivem nas proximidades. Considerando este difícil cenário, o autor procura apresentar a sua proposta no sentido de assegurar a conciliação dos diferentes objectivos da referida lei, tarefa difícil dado que os mesmos se apresentam, ainda que parcialmente, como antinómicos, ver EMMANUEL DROZ, "Risques technologiques: comment concilier rigueur scientifique et concertation?", *in* AJDA, Edições Dalloz, nº 12, Março, 2006, p. 641-647. Partindo da célebre fórmula de PIERRE MENDÈS-FRANCE, de que governar é prever, JEAN-MARIE PONTIER advoga que, em matéria de prevenção de riscos, tal previsão é muito mais complexa, sugerindo, consequentemente, que os governantes separem, de forma clara, o provável do improvável, navegando por entre as incertezas científicas e o pulsar das populações que, na maior parte dos casos, tem muito pouco que ver com a realidade do risco; Ver JEAN-MARIE PONTIER, "La puissance publique et la prévention des risques" *in* AJDA, Edições Dalloz, nº 33, Outubro, 2003, p. 1752-1761. Numa perspectiva da relação do risco com o exercício da actividade política e com o direito, e advogando quer a necessidade de um novo paradigma político e jurídico quer a necessidade de um recentramento do poder político estadual no contexto de uma ética global, ver o "desassossegado" texto de MARIA GLÓRIA GARCIA, "Sociedade de risco, política e direito", *in* "Direito das Políticas...", pp. 227-252. Este brilhante escrito foi inicialmente publicado em DIOGO FREITAS DO AMARAL, CARLOS FERREIRA DE ALMEIDA e MARTA TAVARES DE ALMEIDA (Coordenação), "Estudos Comemorativos dos 10 Anos da Faculdade de Direito da Universidade Nova de Lisboa", Volume I, Edições Almedina, Julho, 2008, pp. 111-135. Entrando no *"sono da princesa da fábula"* a que o velho Mestre de Coimbra ROGÉRIO EHRHARDT SOARES aludiu há mais de quarenta anos, recuperamos aqui, porque mais do que nunca actuais, as angústias e perplexidades que então o apoquentavam quando, reflectindo sobre a sociedade moderna e a construção do Estado, referia que *"...excepcionalmente grave é um outro fenómeno que reclama a maior ponderação dos juristas. Os elementos de calculabilidade e tecnicização de comportamentos, tão influentes na mundividência da organização industrial, com o seu apelo às figuras de planificação e modulação, com o seu esforço de «concentração no resultado», mesmo que seja à*

§ 1º PRELIMINARES

trata-se de um direito que, no nosso firmamento jurídico e enquanto parte integrante e autónoma dos curricula dos cursos de Direito, terá atingido, há relativamente pouco tempo, a sua "maioridade")[7]. Em **segundo lugar**, e como já antes fizemos questão de sinalizar, por se tratar de um tema inscrito na emergente área do "novo direito administrativo", portador, como tal, de institutos jurídicos específicos (*diria, sem pecar por excesso, de natureza "exótica"*[8]) e que, por essa singular razão, constitui um "laboratório"[9] privilegiado para repensar uma significativa parte

custa duma «primitivização», tendem a conduzir a uma representação da sociedade como uma empresa monstro em que os vários elementos, fundamentalmente intermutáveis, estão sujeitos a uma rigorosa lógica de eficiência de acordo com princípios rigidamente fixados. A ânsia de domínio sempre mal contida no direito encontra aí a simpatia acolhedora para uma nova dimensão totalitária. O direito derrama-se sobre sectores até hoje subordinados a outros quadros normativos, cuja estabilidade interna e equilíbrio relativo ficam assim gravemente prejudicados...", ver ROGÉRIO EHRHARDT SOARES, "Direito público e sociedade técnica", Edições Tenacitas, Coimbra, Janeiro, 2008, p. 154. Reflectindo sobre as bases teóricas do risco, NIKLAS LUHMANN advoga que a mudança para uma orientação voltada para as consequências, com a simultânea e problemática obrigação de representação do futuro perpassa, mais ou menos, todo o direito; ver NIKLAS LUHMANN, "Sociologia del riesgo", Universidad Iberoamericana y Triana Editores, México, 1998, p. 104 e ss. Por fim, ULRICH BECK, referindo-se ao risco como sendo o "vulcão" em que vive a actual civilização humana, considera que o conceito de risco se encontra intimamente conectado com o conceito de "modernização reflexiva", apresentando-se como uma via sistemática para lidar com os perigos e com as incertezas induzidas e introduzidas pela própria modernização. Para BECK, os riscos são consequências que estão relacionadas com a força ameaçadora da modernização e com o próprio fenómeno de globalização da incerteza. Os riscos são pois, numa única ideia, politicamente reflexivos. Cfr. ULRICH BECK, "Risk Society, Towards a New Modernity", tradução do alemão "Risikogesellschaft: Auf dem Weg in eine andere Moderne", Edição SAGE Publications, Ltd., reprinted, 2009, pp. 17 e ss.

[7] Referindo-se à "*...recentemente adquirida maioridade do ordenamento jurídico-urbanístico português...*" ver FERNANDO ALVES CORREIA, Problemas actuais do Direito do Urbanismo em Portugal, *in* Revista CEDOUA, Edições CEDOUA, Faculdade de Direito da Universidade de Coimbra (FDUC), nº 2, Ano I, 2.98, 1998, pp. 9-32.

[8] Veja-se, por exemplo, os contratos para planeamento, o valor jurídico atribuído pelo legislador aos actos interlocutórios do procedimento administrativo, a natureza jurídica da decisão final global vinculativa emitida no âmbito da conferência de serviços, os conhecidos mas ainda enigmáticos Programas de Acção Territorial (PAT) ou, ainda, a previsão legal de uma "ficção jurídica" quanto à admissão de uma comunicação prévia nos casos da mesma, dentro de um determinado prazo, não ser expressamente rejeitada.

[9] Também no contexto dos contratos urbanísticos, se confirma "*...a vocação do Direito do Urbanismo para constituir um "laboratório de experimentação" de novos institutos do Direito Administrativo...*"; Ver nota prévia de JORGE ANDRÉ ALVES CORREIA, "Contratos Urbanísticos – Concertação,

A NULIDADE DO PLANO URBANÍSTICO

(e talvez a mais estimulante) da dogmática jus-administrativa, como sejam os princípios gerais da actuação administrativa (*com destaque para o princípio da legalidade*[10]), as formas de actuação administrativa, a própria concepção de

Contratação e Neocontratualismo no Direito do Urbanismo", Edições Livraria Almedina, Setembro, 2009, p. 7. Fazendo uso da mesma ideia no contexto do Direito Administrativo do Ambiente, Vasco Pereira da Silva refere que o mesmo *"...tem funcionado como uma espécie de "laboratório" do Direito Administrativo, «obrigando à reavaliação e ao reequacionamento de conceitos tradicionais e à criação de noções e estruturas novas para realidades novas..."* facto que segundo o autor *"...faz do tratamento dogmático das questões do ambiente algo de comparável às «Américas», ao «Novo Mundo» do Direito e, em especial, do Direito Administrativo..."*; Ver Vasco Pereira da Silva, "Direito salpicado de azul e verde", *in* Estudos em Homenagem ao Prof. Doutor Armando M. Marques Guedes, Coordenação do Prof. Doutor Jorge Miranda, Edição da Faculdade de Direito da Universidade de Lisboa, Coimbra Editora, Setembro, 2004, pp. 839-876. Também do mesmo autor, e sinalizando que o Direito do Urbanismo serve, de forma paradigmática, para ilustrar as transformações operadas na dogmática do Direito Administrativo, em especial, as que tem que ver com a multilateralidade das relações jurídico-administrativas, alargamento da protecção jurídica subjectiva aos terceiros, durabilidade das relações jurídico-administrativas com o inerente faseamento da actividade administrativa e a crise de distinção entre actuações genéricas e individuais que teriam, aliás, no plano, o seu principal caso de estudo; Ver Vasco Pereira da Silva "Em busca do acto administrativo perdido", Colecção Teses, Edições Almedina, Fevereiro, 2003, pp. 130-135. Não se surpreendendo que o direito do ordenamento do território, o ambiente e o urbanismo venham sendo palco da experimentação de instrumentos jurídicos e, em particular, divisando a necessidade crescente de um novo paradigma de direito, ligado estreitamente à gestão, a uma renovada forma da Administração Pública exercer a sua acção de governar e de administrar, Maria da Glória Garcia alude a *"...um direito de instituições, identificado pelas entidades sociais a que pertencem; um direito de desigualdades a partir de disparidades e diferenças em presença; um direito de múltiplos interesses que têm de ser reconhecidos juridicamente e obter uma satisfação unitária; um direito de negociação e de equilíbrio, que aceita prioridades numa área em troca de prioridades em outra área; um direito estratégico, a pensar em fins e no modo de os alcançar de modo eficiente; um direito moldado a partir da compreensão do risco e da capacidade de lidar com a incerteza; um direito maleável, que adaptativamente acompanha a evolução das previsões; um direito que avalia custos e benefícios e integra os resultados nas suas determinações, aceitando contracenar com a economia; um direito que não dispensa os dados da sociologia para melhor se situar socialmente; enfim, um direito que se reforça eticamente para não perder a função condutora que o caracteriza."*; Ver Maria da Glória Garcia, Reflexões sobre o Direito do Ordenamento do Território, do Urbanismo e do Ambiente", *in* Território e Ambiente Urbano, nº 44, Junho, 2010, pp. 1-4.

[10] Actualmente com a sua sede legal no nº 2 do artigo 266º da CRP e no artigo 3º do Código do Procedimento Administrativo.

§ 1º PRELIMINARES

discricionariedade administrativa e, no caso do objecto da nossa investigação, o próprio regime de nulidade[11] do plano urbanístico.

Em **terceiro lugar**, porque a compreensão de grande parte dos institutos do actual direito do urbanismo, incluindo o que se relaciona com o regime de invalidade dos planos, exige o seu enquadramento na dinâmica típica dos novos modelos jurídicos de concretização de políticas públicas[12].

Em **quarto lugar**, pela singular razão de que o direito do urbanismo é também, e ainda, direito administrativo de risco, dado que as opções materiais contidas nos diferentes planos urbanísticos com vista à ocupação, uso e transformação do solo, assentam em juízos de prognose, mais ou menos fiáveis e que, por esse mesmo motivo, podem ou não minimizar as probabilidades de "erupção do vulcão" a que alude ULRICH BECK[13].

Em **quinto lugar**, porque o direito do urbanismo é, a par do direito do ambiente, uma das áreas com maior comprometimento com uma pluralidade de

---

[11] Numa brilhante intervenção, a que tive aliás a oportunidade de assistir, ANDRÉ SALGADO DE MATOS refere que nos "*...ramos conexos dos direitos do ordenamento do território, do urbanismo e do ambiente...*" a "*...agitação ad terrorem da desprotecção ambiental e de uma expansão urbana irracional, desarmónica e descontrolada levaram à transformação da nulidade no verdadeiro desvalor normal dos actos administrativos ilegais, no que representa uma verdadeira inversão sectorial do sistema de invalidade do direito administrativo geral...*"; Ver ANDRÉ SALGADO DE MATOS, "Algumas observações críticas acerca dos actuais quadros legais e doutrinais da invalidade do acto administrativo", *in* Cadernos de Justiça Administrativa, nº 82, Julho/Agosto, 2010, pp. 58-59. Referindo que, no direito do urbanismo, o sistema da anulabilidade como regra e da nulidade como excepção, apenas se mantém de modo nominal, ver ANDRÉ FOLQUE, "O Regime Jurídico da Urbanização e da Edificação e sua articulação com os planos municipais de ordenamento do território", *in* XXVIII Congresso Nacional da Associação dos Técnicos de Administração Autárquica (ATAM), Torres Vedras, 2008, p. 10, acedido, *on-line*, via site da ATAM, www.atam.pt, em 1 de Dezembro de 2010, p. 10.

[12] Na realidade, "*...um dos grandes problemas do plano, do ponto de vista do seu estudo no direito administrativo, é o da indissociabilidade entre o planeamento político e o planeamento administrativo, dificuldade agravada pela circunstância de, ao nível estadual, todos os planos sectoriais terem que se fundar nas grandes opções do plano, aprovadas por acto legislativo. A isto acresce que a discricionariedade de planeamento, comportando uma compatibilização para-primária de interesses públicos e privados, aproxima-se muito da formulação de escolhas político-legislativas...*"; Ver MARCELO DE REBELO DE SOUSA e ANDRÉ SALGADO DE MATOS, "Direito Administrativo Geral, Introdução e Princípios Fundamentais", Tomo I, Publicações Dom Quixote, 1ª Edição, Outubro, 2004, pp. 374-375.

[13] Cfr. ULRICH BECK, "Risk Society, Towards a New...", pp. 17 e ss.

fontes de direito[14] facto que, se bem entendido, como aliás já antes deixámos claro, potencia uma autêntica "desordem normativa"[15], em que o Estado não é mais a única fonte de direito administrativo, antes sim concorrendo, nem sempre de forma articulada e harmoniosa, com uma plêiade de novos "criadores normativos", internos e externos aos limites jurídicos do seu território. É, aliás, para nós sintomático, e disso tentaremos dar prova nesta investigação, que a existência de uma normação autónoma, por exemplo, de natureza comunitária (originária ou derivada)[16] determina, inexoravelmente, uma forte limitação e compressão na discricionariedade de planeamento de que os entes normativos internos dispõem quando pretendem tomar determinadas opções quanto à ocupação, uso e transformação do solo.

Em **sexto lugar**, porque não existe entre nós, pelo menos de forma dogmaticamente reflectida e aprofundada, qualquer estudo sobre a invalidade do plano urbanístico, em geral e, muito menos, sobre a nulidade do plano urbanístico em especial, e das relações de compatibilidade e de conformidade em que o legislador fez assentar esse regime.

---

[14] PAULO OTERO sinaliza precisamente o urbanismo como um dos domínios onde ocorre um fenómeno de transmutação e de diversidade das fontes de Direito Administrativo. Para o autor, a incidência vinculativa do Direito Comunitário encontra-se hoje especialmente visível nesse domínio, ver PAULO OTERO, "Legalidade e Administração Pública, (o Sentido da Vinculação Administrativa à Juridicidade)", Edições Almedina, Maio, 2003, pp. 464-470. Desempenhando um papel central e dinamizador no novo sistema de fontes de direito estão os tribunais. Ver sobre este ponto, SABINO CASSESE, "I Tribunale di Babele. I giudici alla ricerca di un nuovo ordine globale", Saggine, Donzelli Editore, Roma, 2009.

[15] Referindo-se, no contexto do direito urbanístico espanhol à existência de "avatares" de legislação urbanística que terão sido os responsáveis pela produção de uma massa normativa de difícil compreensão e aplicação, sempre em mutação; Ver MARC PUCHALT RUIZ, "Los nuevos paradigmas del urbanismo europeo", in Revista de Derecho Urbanístico y Medio Ambiente, Ano nº 43, nº 247, Janeiro, 2009, pp. 49-66. Fazendo o contraponto e advogando a necessidade de desenvolver um outro paradigma assente num urbanismo simplificado e de melhor qualidade, ver FRANCISCO JAVIER ENÉRIZ OLAECHEA, "Algo en qué pensar, por un urbanismo más simplificado y de calidad", in Revista de Derecho Urbanístico y Medio Ambiente, Ano nº 44, nº 259, Julho/Agosto, 2010, pp. 13-16.

[16] Reflectindo sobre a plêiade de instrumentos de natureza diversa de que os Estados Europeus dispõem para a prossecução das suas atribuições e competências em matéria de ordenamento do território e de urbanismo, ver FERNANDA PAULA OLIVEIRA, "Leis, decretos e afins urbanísticos no contexto europeu", in Revista de Estudos Urbanos e Regionais "Sociedade e Território", Edições Afrontamento, Porto, números 37/38, Junho, 2004, pp. 148-155.

§ 1º PRELIMINARES

Em **sétimo lugar**, porque se impõe compreender as razões (*principalmente as de direito, porque de direito se trata a presente investigação*) pelas quais, em regra, a nossa jurisdição administrativa não se "aventura" em análises e subsequentes pronúncias quanto à legalidade interna dos planos ou, no que à nossa investigação respeita, porque razões "resiste", herculeamente refira-se, a produzir apreciações quanto ao cumprimento das **exigências de compatibilidade e de conformidade** entre os diversos planos urbanísticos, com isso se subtraindo a declará-los nulos, respectivamente por incompatibilidade ou desconformidade com outros planos com os quais devessem ser compatíveis ou conformes[17].

Em **oitavo lugar** porque a actividade de planeamento urbanístico se insere no complexo quadro de relações jurídicas multilaterais[18], constituindo uma das

---

[17] Basta, a este propósito, lembrar a cuidadosa mas assertiva intervenção de FERNANDO ALVES CORREIA quando, falando sobre as dificuldades existentes no nosso sistema de gestão territorial, refere o facto do mesmo se compor de múltiplos planos de ordenamento e de urbanismo, facto que, por si só, provoca dificuldades na sua articulação. Como aliás faz questão de deixar claro o autor, em Portugal existem mesmo situações em que sobre uma mesma parcela do território, se encontram cinco ou seis planos vigentes e diferentes, o que denota bem a dificuldade da respectiva articulação entre eles, mesmo que a lei estabeleça vários princípios tais como o da hierarquia, da compatibilidade ou mesmo da conformidade. Ver FERNANDO ALVES CORREIA, "Table ronde. Le contenu des plans et documents d'urbanisme: convergences et divergences nationales", *in* "Le contenu des plans d'urbanisme et d'aménagement dans les pays d'Europe de l'Ouest", Colloque biennal de l'Association Internationale de Droit de l'urbanisme, 23/24 de Setembro de 2005, Genève-Lausanne, Les Cahiers du Groupement de recherche sur les institutions et le droit de l'aménagement, de l'urbanisme et de l'habitat (GRIDAUH), Série Droit Comparé, nº 15, 2006, pp. 127-141

[18] Associando a estas relações jurídicas multilaterais, expressão pela qual opta nos seus escritos, a prática de actos administrativos com eficácia múltipla (ou de "eficácia em relação a terceiros"), ver VASCO PEREIRA DA SILVA, "O Contencioso Administrativo no Divã da Psicanálise – Ensaio sobre as acções no novo processo administrativo", Edições Almedina, 2ª Edição, Março, 2009, pp. 334-335. Ainda relativamente à opção pela expressão "relações jurídicas multilaterais" e não "relações jurídicas poligonais" (*sobretudo porque a ideia de poligonalidade convoca uma figura geométrica em que a ligação entre os seus diferentes pontos apresenta um carácter fechado*), o referido autor opta, apoiando-se em escritos de NORBERT ACHTERBERG, pela denominação de relação jurídica multilateral, na medida em que esta ideia permite descrever melhor um relacionamento entre sujeitos que pode apresentar não apenas múltiplas configurações como ser pautado por uma lógica de flexibilidade; Ver VASCO PEREIRA DA SILVA, "Verde cor de direito", Lições de Direito do Ambiente, Livraria Almedina, Fevereiro, 2002, pp. 106-108. Em sentido diferente, e apoiando-se numa proposta de RUDOLF STEINBERG, vertida em "Komplexe Verwaltungsverfahren zwischen Verwaltungseffizienz und Rechtsschutzauftrag", *in* Die öffentliche Ver-

mais representativas manifestações de um novo modo de *agere* administrativo e, como tal, enquadráveis no conceito de *"administração infra – estrutural"*[19], "marca de água" do denominado *"Estado Pós-Social"*.

waltung, 1982, pp. 619 e ss., JOSÉ JOAQUIM GOMES CANOTILHO prefere a expressão de relações jurídicas poligonais ou multipolares, enquanto relações que contém uma programação legal relativamente ténue, uma complexidade de situações e tarefa de avaliação de riscos apelativos de conhecimentos técnico-científicos, uma pluralização e interpenetração de interesses públicos e privados e, por fim, a atribuição de legitimidade de intervenção aos interessados no acto procedimental praticado pela administração; Ver JOSÉ JOAQUIM GOMES CANOTILHO, "Relações Jurídicas Poligonais, Ponderação Ecológica de Bens e controlo judicial preventivo", *in* RJUA, Livraria Almedina, Coimbra, nº 1, Junho, 1994, pp. 55-66. LUÍS FILIPE COLAÇO ANTUNES, no contexto de uma reflexão sobre a fragmentação do direito administrativo, refere-se à "... *substituição de um único interesse público fixado na lei por uma pluralidade de interesses públicos discricionariamente fixados segundo a ponderação jurídica subjectiva de pressões dominante"*; Ver LUÍS FILIPE COLAÇO ANTUNES, "A Fragmentação do Direito Administrativo: do mito da caverna à utopia da vivenda", *in* RJUA, Livraria Almedina, Coimbra, nº 5/6, Junho/Dezembro, 1996, pp. 293-299. Aplicando a ideia de múltiplos e diferenciados interesses públicos no contexto do direito do urbanismo e falando, concretamente, na existência de um "...*complexo procedimento urbanístico que deve revelar-se apto a veicular os pontos de vista de toda a multidão dos interessados na decisão urbanística..."* ver, entre nós, LUIS CABRAL DE MONCADA *in* "A relação jurídica administrativa – para um novo...", p. 649. Na doutrina estrangeira, PIERRE MOOR refere que no quadro legal actual não existe "... *um interesse público urbanístico uno e indivisível que se possa extrair directamente da lei e contrapor aos interesses privados dos cidadãos..."* porquanto "...*aquele interesse é o resultado da ponderação de um conjunto díspar de interesses fragmentados, distintos não apenas na sua materialidade como também na sua titularidade"*; Ver PIERRE MOOR, La mise en oeuvre du droit de l'aménagement du territoire, *in* (HEINZ AEMISEGGER/ALFRED KUTTLER/PIERRE MOOR/ALEXANDER RUCH), Kommentar zum Bundesgesetz über die Raumplannung – Commentaire de la Loi Fédérale sur l'aménagement du territoire, edições Zurich, nº 101, 1999, pp. 84-99.

[19] Na linha de pensamento de HEIKO FABER, de acordo com o qual é a multilateralidade da Administração de infra-estruturas que a distingue da Administração Agressiva ("Eingriffsverwaltung") e da Administração Prestadora de serviços ("Leistungsverwaltung"), VASCO PEREIRA DA SILVA refere que a "...*relação jurídica multilateral constitui assim a modalidade de relação jurídica, típica da Administração de infra-estruturas, adequada para explicar os vínculos jurídicos que se estabelecem entre todos os intervenientes das complexas relações administrativas modernas"*, pelo que, e não obstante a sinalização que o autor faz da diversidade de qualificações existentes na tradução de um novo modelo de administração pública material, tais como sejam a administração *"prospectiva"* de JEAN RIVERO, a *"pré-figurativa"* de MARIO NIGRO, a *"planificadora"* de INGO VON MUENCH, a de *"carácter constitutivo ou planificador"* de WINFRIED BROHM, ou mesmo a proposta de uma «*moderna Administração social constitutiva*» que nos oferece CARL SCHMITT GLAESER, VASCO PEREIRA DA SILVA opta, ao longo da sua obra, pela expressão proposta por HEIKO FABER de administração *"infra-estrutural"*; Ver VASCO PEREIRA DA SILVA "Em busca do acto administrativo...", pp. 122 e

Em **nono lugar**, porque a temática da invalidade do plano (*pelo menos no que respeita à nulidade que iremos tratar*) assume uma importância fundamental no modo como perspectivamos dogmaticamente o **princípio da legalidade administrativa**, pelo menos se não nos limitarmos a encarar o plano urbanístico como um modo do *agere* administrativo mas também, e acima de tudo, como instrumento de implementação e de prossecução de políticas públicas.

Em **décimo lugar** porque consideramos que o direito do urbanismo é um autêntico "direito público de excepção"[20]. Na realidade, não revela ser tarefa simples, por um lado, compreender os efeitos dos interesses em jogo e, por outro, ensaiar uma compreensão do direito do urbanismo numa dimensão exclusivamente jurídica[21]. Basta pensar o quão irrazoável seria advogarmos que o surto da não muito recente borbulha imobiliária em Espanha nada teve que ver com o direito do urbanismo, quer o entendamos como causa quer o perspectivemos como ferramenta[22]. Por outro lado, a contratação, a organização, a competência, as avaliações, a inderrogabilidade singular dos regulamentos e mesmo a aplicação dita normal de diversos tipos penais não parecem funcionar relativamente à actividade urbanística do mesmo modo que o fazem em termos gerais[23].

Em **décimo primeiro lugar**, porque um eficaz funcionamento do instituto da nulidade do plano urbanístico e da apreciação das relações de compatibilidade e conformidade em que o legislador assenta o respectivo regime, pressuporiam a existência de um sistema de gestão territorial a funcionar de modo perfeito ou seja, sem a exposição, preocupante em nosso entender, aos sucessivos "retalhos cosméticos"[24] a que os planos urbanísticos, em especial os

---

ss. Referindo-se a uma transição do Estado liberal sob a égide da "rule ou law" para o Estado social e, mais recentemente, aludindo a um Estado Ambiental (Estado de precaução e de desenvolvimento sustentável), ver, por todos, CHRISTIAN CALLIESS, "Gewährleistung von Freiheit und Sicherheit im Lichte unterschiedlicher Staats-und Verfassungsverständnisse", *in* Deutsches Verwaltungsblatt, 2003, pp. 1096-1105.

[20] JULIO TEJEDOR BIELSA, "Reflexiones sobre el estado de lo urbanístico – entre la anomalía y la excepción", *in* Revista de Administración Pública (RAP), n⁰ 181, Madrid, Janeiro/Abril, 2010, pp. 83-133.

[21] JULIO TEJEDOR BIELSA, "Reflexiones sobre el...", p. 95.

[22] JULIO TEJEDOR BIELSA, "Reflexiones sobre el...", p. 95.

[23] JULIO TEJEDOR BIELSA, "Reflexiones sobre el...", pp. 95-96.

[24] Vejam-se os exemplos associados ao procedimento tendente a concretizar alterações simplificadas nos PMOT (*artigo 97⁰-B do RJIGT*), as sucessivas suspensões de PMOT com a inerente adopção de medidas preventivas (*nos termos da alínea b) do n⁰ 2 e n⁰ 8, ambos do artigo 100⁰ e n⁰ 2 do*

planos municipais de ordenamento do território, são sistematicamente sujeitos, quer por via do accionamento de um qualquer procedimento de dinâmica quer por via de um qualquer regime legal de excepção, factos que, em nosso entender, podem levar não só a uma absoluta descaracterização do plano tal qual ele foi inicialmente pensado e aprovado, como à própria fragilização da sua "economia e substância global".

Em **décimo segundo lugar**, porque também nós nos inscrevemos entre aqueles que entendem que o ordenamento do território e o urbanismo ocupam um papel central na prossecução e optimização do princípio constitucional da igualdade, consagrado no artigo 13º da nossa Lei Fundamental[25]. Na realidade, o quadro legal e regulamentar que há-de guiar todo o edifício legislativo em matéria de ordenamento do território e do urbanismo cumprirá tanto melhor essa função, quanto maior for a inspiração de pendor humanista e personalista que o suporte. São pois avisadas, prudentes e cautelosas as linhas que então escrevia FAUSTO DE QUADROS, no âmbito da comunicação com que brindou os presentes no Instituto Nacional de Administração no longínquo ano de 1988 quando, em jeito de conclusões, referia *"...que o Direito do Urbanismo que urge criar e aplicar em Portugal terá de ser inspirado por uma forte filosofia personalista e humanista: isto é, deverá tomar o Homem e o seu Bem-Estar como centro das suas preocupações e razão de ser da sua existência..."* promovendo um tratamento dos *"...cidadãos entre si, e os portugueses com os estrangeiros, em pé de igualdade e deverá, também, tentar conseguir o equilíbrio ideal entre o estímulo à criatividade e à iniciativa dos cidadãos e das autarquias, por um lado, e a sua disciplina e o seu enquadramento*

---

artigo 107º, ambos os normativos do RJIGT) e início do procedimento de dinâmica que ao caso seja entendido aplicável para permitir, em muitos casos refira-se, a concretização de projectos de construção de equipamentos que, de outro modo, o plano não consentiria ou, ainda, uma última situação relacionada com os tão propalados regimes de excepção (PIN e reconhecimentos de interesse público para construção de determinado tipo de equipamentos em ecossistemas como a Reserva Ecológica Nacional) que funcionam, na maior parte dos casos, como autênticos mecanismos derrogatórios das opções materiais inscritas nos PMOT.

[25] Terá sido esta preocupação que, entre outras, terá seguramente motivado, entre nós, FERNANDO ALVES CORREIA na escrita da sua obra "O Plano Urbanístico e o Princípio da Igualdade". Na vizinha Espanha, LUCIANO PAREJO ALFONSO em comentário notável à nova Lei do Solo, elege a questão da igualdade dos cidadãos como questão chave no novo regime básico do solo; Ver LUCIANO PAREJO ALFONSO, "Condiciones básicas de igualdad de los ciudadanos y régimen básico del suelo en la Ley de Suelo", *in* Ciudad y Territorio – Estudios Territoriales, Vol. XXXIX, nº 152/153, Verão/Outono, 2007, Edição do Ministério da Habitação, pp. 311-360.

jurídicos, por outro"[26]. Ora estas palavras, não obstante os mais de vinte anos que entretanto decorreram e o quadro legislativo que nesse espaço temporal veio a ser aprovado, mantêm, na sua essência, plena actualidade. É esta quase despercebida constatação que torna os assuntos ligados ao ordenamento do território e ao urbanismo como assuntos verdadeiramente apaixonantes.

Por último, mas talvez não menos importante que as razões anteriormente apresentadas, a minha própria experiência de vida profissional que, felizmente, me tem trazido nesta peculiar "estrada do conhecimento" que, confesso, me esforço todos os dias com gosto em percorrer um pouco mais.

---

[26] FAUSTO DE QUADROS, "Princípios fundamentais de Direito Constitucional e de Direito Administrativo em matéria de Direito do Urbanismo", *in* "Direito do Urbanismo", Instituto Nacional..., pp. 269-299.

§ 2º DELIMITAÇÃO DO OBJECTO DE INVESTIGAÇÃO

2.1. Delimitação positiva

Como já antes deixámos antever, e não obstante o inegável interesse jurídico e dogmático que tal investigação pudesse vir a revestir, a verdade é que se nos revela objectivamente incomportável realizar, nos estreitos limites de uma dissertação de mestrado, a análise dos problemas relativos a todas[27] as situações de invalidade dos planos urbanísticos, ou seja, a análise de todas as situações potencialmente cominadas com uma invalidade regra (anulabilidade) e, bem assim, de todas as demais situações potencialmente cominadas com nulidade que não aquelas sobre as quais nos centraremos no âmbito do presente trabalho e que se confinam, de acordo com os precisos limites impostos pelo legislador, ao âmbito das denominadas relações de compatibilidade e de conformidade.

Por conseguinte, iremos nesta investigação centrar apenas a nossa atenção num dos vícios de legalidade interna, uma vez que neste bloco de vícios, a doutrina francesa[28] tem encaixado, de forma consensual, as situações de vio-

---

[27] Tratar a invalidade do plano, genérica e amplamente considerada, pressuporia, sem mais, que fossem identificadas e cientificamente investigadas todas as situações passíveis de se enquadrarem naquilo que a doutrina francesa há muito qualifica como de ilegalidade interna e de ilegalidade externa (nesta última enquadrando-se todas as situações de incompetência, de vício de forma e de vícios nos próprios procedimentos de dinâmica dos planos).

[28] Na doutrina francesa, em que aliás terão sido pela primeira vez referidas as relações de compatibilidade e de conformidade no contexto muito preciso do princípio da legalidade, sugere-se, ainda que datado, para uma panorâmica global da invalidade do plano de ocupação de solos (POS), a tese de Nicolas Chauvin, "L'Illégalité du Plan d'Occupation des

lação directa de uma regra de direito material (*convocando aqui as complexas questões associadas à compatibilidade e à conformidade*), as situações de erro de direito, as situações de erro manifesto de apreciação e, ainda, as situações de desvio de poder. Optamos pela análise das relações de compatibilidade e de

Sols", Edição LITEC, Paris, 1996. O autor divide a primeira parte da sua obra, dedicada às causas de ilegalidade do POS, em dois títulos, sendo que no primeiro trata das situações de (i) legalidade externa (*distinguido aqui, num primeiro bloco, os vícios de incompetência e de forma e, num segundo bloco, os vícios de procedimento*) e, no segundo, as situações de (i) legalidade interna (*nestas se compreendendo quer as situações de violação directa de uma regra de direito, aqui sendo então analisadas as relações de conformidade e de compatibilidade, as situações de erro de direito, as situações de erro manifesto de apreciação e, finalmente, as situações de desvio de poder*). Sobre a obra de NICOLAS CHAUVIN, veja-se a recensão feita por FERNANDA PAULA OLIVEIRA de que, em jeito de conclusão, resulta impressivo o trecho em que a autora, referindo-se ao controlo contencioso exercido pelos tribunais relativamente às opções e escolhas materiais inscritas pelas entidades locais nos próprios planos urbanísticos, afirma que "...*em Portugal, ainda estamos longe deste estádio de evolução do direito do urbanismo, mas parece-nos também que não faltará muito tempo para que as questões de controlo das próprias opções urbanísticas neles definidas comecem a surgir com uma frequência cada vez mais crescente nos nossos tribunais administrativos. Estes terão de estar preparados para essa tarefa...*", ver FERNANDA PAULA OLIVEIRA, recensão à obra de NICOLAS CHAUVIN, L'Illégalité du Plan d'Occupation des Sols", Edição LITEC, Paris, 1996, *in* Revista CEDOUA, Edições CEDOUA, Faculdade de Direito da Universidade de Coimbra (FDUC), nº 7, Ano IV, 1.01, Março, 2001, pp. 123-129. Tratando, profusamente, a matéria relativa aos vícios susceptíveis de afectar a legalidade dos actos administrativos, em geral, no direito francês, e advogando também uma distinção entre ilegalidade externa (*nestas o autor insere os vícios de incompetência, vícios de procedimento e vícios de forma*) e de ilegalidade interna (*nesta o autor insere a ilegalidade em razão do conteúdo do acto, a ilegalidade em razão dos motivos do acto, nesta última integrando as situações decorrentes de erro de direito, erro na qualificação jurídica dos factos e erro de facto* e, ainda, uma terceira modalidade de ilegalidade interna respeitante às situações de ilegalidade em razão dos fins do acto, aqui referindo-se às situações de desvio de poder; Ver RENÉ CHAPUS, "Droit administratif général", Edições Montchrestien, Tomo I, 15ª Edição, 2001, pp. 1019-1055. Aplicada ao domínio do direito do urbanismo, veja-se, com especial interesse na problemática das relações de conformidade e aludindo a uma conformidade institucional e a uma conformidade material, a tese de dissertação de mestrado (*ainda que elaborada na vigência do Decreto-Lei nº 69/90, de 2 de Março*), policopiada, apresentada na Faculdade de Direito da Universidade de Lisboa por MÁRIO LAMEIRAS MARQUES, sob a orientação de PAULO OTERO, em Abril de 1999, intitulada "Legalidade e conformidade dos planos urbanísticos (Ensaio sobre a relação institucional dos planos urbanísticos)". Ver, ainda, com especial interesse no que respeita às relações entre planos e respectivos critérios de compatibilidade e de conformidade o estudo (*ainda que produzido antes da entrada em vigor da LBPOTU*), de JOÃO MIRANDA, "As relações entre planos territoriais – alguns problemas", *in* Revista Jurídica (separata), dedicada ao tema "Ordenamento do Território", Edições da

conformidade, dado que é sobre as mesmas que o legislador faz assentar, de forma clara, o regime da invalidade dos planos na sua modalidade mais grave, cominando com nulidade um determinado instrumento de gestão territorial, nas situações em que o mesmo se revele incompatível ou desconforme com outro (s) com o (s) qual/quais devesse ser compatível ou conforme[29].

Para o efeito, a presente investigação tem como "norma crítica" de análise ou, se se preferir, como ponto de partida para as nossas reflexões, o já referido n.º 1 do artigo 102.º do Regime Jurídico dos Instrumentos de Gestão Territorial (RJIGT)[30], em articulação com a própria Lei de Bases da Política de Ordenamento do Território e do Urbanismo (LBPOTU)[31] e, obviamente,

---

Associação Académica da Faculdade de Direito de Lisboa, Nova Série, nº 22, Março, 1998, pp. 95-138. Já sob a égide da LBPOTU e do RJIGT, ver FERNANDO ALVES CORREIA, "Manual de Direito...", pp. 388 e 496 e ss.

[29]

CAPÍTULO III
Violação dos instrumentos de gestão territorial

ARTIGO 101º
Princípio geral
1 – **A compatibilidade ou conformidade entre os diversos instrumentos de gestão territorial é condição da respectiva validade.**
2 – A conformidade dos actos praticados com os instrumentos de gestão territorial aplicáveis é condição da respectiva validade.

ARTIGO 102º
Invalidade dos planos
1 – **São nulos os planos elaborados e aprovados em violação de qualquer instrumento de gestão territorial com o qual devessem ser compatíveis ou conformes.**
2 – Salvo menção expressa em contrário, acompanhada da necessária comunicação do dever de indemnizar, a declaração de nulidade não prejudica os efeitos dos actos administrativos entretanto praticados com base no plano.

[30] Aprovado pelo Decreto-Lei nº 380/99, de 22 de Setembro que aprova o Regime Jurídico dos Instrumentos de Gestão Territorial (RJIGT), na redacção que lhe foi dada pelo Decreto-Lei nº 53/2000, de 7 de Abril, Decreto-Lei nº 310/2003, de 10 de Dezembro, Lei nº 58/2005, de 29 de Dezembro, Lei nº 56/2007, de 31 de Agosto e objecto de rectificação pela Declaração de Rectificação nº 104/2007, de 6 de Novembro, Decreto-Lei nº 316/2007, de 19 de Setembro, Decreto-Lei nº 46/2009, de 20 de Fevereiro. O Decreto-Lei nº 316/2007, de 19 de Setembro veio, posteriormente, a ser alterado pelo Decreto-Lei nº 181/2009, de 7 de Agosto.

[31] Aprovada pela Lei nº 48/98, de 11 de Agosto, alterada pela Lei nº 54/2007, de 31 de Agosto (LBPOTU). Vide, sobre a génese da LBPOTU, a intervenção de JOÃO CRAVINHO, sob o título "Génese da Lei de Bases da Política de Ordenamento do Território e de Urbanismo", apresentada no Encontro Anual da AD URBEM..., pp. 13-20. Com base na experiência dos últimos

porque é ele o nosso referencial axiológico primeiro e último, com o texto constitucional.

2.1.1. Instrumentos de gestão territorial[32]

A "norma crítica" contida no nº 1 do artigo 102º do RJIGT parte da afirmação que o legislador faz do artigo (nº 1 do artigo 101º do RJIGT) que imediatamente a antecede e do qual se retira que a compatibilidade ou conformidade

---

anos, o autor revela-se desiludido quanto àquele que, no seu entendimento, teria constituído o principal desígnio a concretizar pela LBPOTU (em especial através do desenvolvimento de sucessivos PNPOT) que corresponderia à valorização de Portugal no âmbito europeu.

[32] A epígrafe do Capítulo III refere-se à violação "...*dos instrumentos de gestão territorial*", expressão também acolhida pelo nº 1 do artigo 101º do RJIGT que alude à "...*compatibilidade ou conformidade entre os diversos instrumentos de gestão territorial...*". No entanto, o legislador vem depois, no âmbito da norma de estatuição a que corresponde o nº 1 do artigo 102º, referir que "...*são nulos os **planos** elaborados e aprovados...*". Aliás o legislador fá-lo noutros normativos quer do RJIGT quer da própria LBPOTU, vide, por exemplo, artigos 23º a 25º do RJIGT, dado que o legislador se refere, nas epígrafes dos artigos 23º e 24º, a uma "...***relação entre os instrumentos de âmbito...***" ao passo que, na epígrafe do artigo 25º, já se refere a uma "*actualização de planos*" ou mesmo a situação em que o legislador refere, nos termos do nº 3 do artigo 9º da LBPOTU a expressão "***instrumentos de política sectorial***" para no artigo imediatamente subsequente falar em "planos sectoriais" (alínea a) do nº 2 do artigo 10º) ou, ainda numa outra situação, refere que "...***são instrumentos de política sectorial os planos com incidência territorial da responsabilidade dos diversos sectores da administração central...***" (nº3 do artigo 9º da LBPOTU) para logo na alínea b) do nº 2 do artigo 2º do RJIGT utilizar a expressão "***planos sectoriais com incidência territorial***". No caso concreto de que agora nos ocupamos, verifica-se que a falta de cuidado e de rigor na utilização dos conceitos começa, desde logo, no próprio texto constitucional. Se bem atentarmos, por exemplo, ao que dispõe a alínea a) do nº 2 do artigo 65º (relativo à habitação e urbanismo), facilmente se perceberá que aí se encontram referidos **planos de ordenamento geral do território** como forma de programar e de executar a política de habitação constitucionalmente prevista, quando a LBPOTU, na composição do sistema de gestão territorial que prevê nos termos do nº 3 do artigo 7º e, ainda, artigos 8º e 9º, a esses planos não faz qualquer referência. Note-se, por exemplo, na anotação VI produzida ao artigo 65º da CRP que aí se refere, numa tentativa deliberada de aproveitamento da expressão constitucional que, os **planos de ordenamento geral do território** são, desde logo, os planos globalmente definidores dos usos e destinos do território, neles se incluindo o **plano nacional de ordenamento do território** (quando a LBPOTU, nos termos da alínea a) do nº 1 do artigo 9º refere Programa Nacional da Política de Ordenamento do Território). Nesta mesma anotação, refere-se ainda, como exemplos dos alegados planos de ordenamento geral do território, os planos municipais de ordenamento do território e os planos de urbanização, o que se torna redundante dado

§ 2º DELIMITAÇÃO DO OBJECTO DE INVESTIGAÇÃO

entre os diversos instrumentos de gestão territorial se apresenta como condição da respectiva validade.

que estes últimos são uma das categorias possíveis daqueles (vide alínea b) do nº 2 do artigo 9º da LBPOTU). Ver José Joaquim Gomes Canotilho/Vital Moreira, *in* Constituição da República Portuguesa – Anotada, 4ª Edição revista, volume I, Coimbra Editora, Janeiro, 2007, pp. 832-840. Esta falta de rigor na utilização dos conceitos de direito é um dos problemas que poderíamos, com relativa facilidade, reconduzir a problemática mais vasta da "desordem normativa" a que, num contexto mais geral a que já antes tivemos oportunidade de nos referir, alude Yves Gaudemet, "Le désordre normatif...", pp. 43-44. Na nossa opinião, os instrumentos de gestão territorial são que os que encontram previstos no âmbito do sistema de gestão territorial, tal qual o legislador da LBPOTU o desenhou (nº3 do artigo 7º e artigos 8º e 9º da LBPOTU). Na mesma linha de entendimento, ainda que sugerindo, por se lhe afigurar mais rigorosa, a substituição da expressão "instrumentos de gestão territorial" por "instrumentos de planeamento territorial", ver Fernando Alves Correia, "Manual de Direito...", p. 345 e ss. Deste modo, apenas são instrumentos de gestão territorial os planos que expressamente o legislador previu como fazendo parte do sistema de gestão territorial, havendo, necessariamente, outros planos que não assumem a natureza de instrumentos de gestão territorial. Sobre a dificuldade em alcançar um conceito de plano que seja comum às diferentes manifestações normativas ou, ao invés, se tal noção unitária deve ser recusada, ver Fernando Alves Correia, "Manual de Direito...", pp. 361 e ss. Nessas páginas da sua obra, o autor, para além de sintetizar de forma breve os esforços da doutrina jurídica alemã na procura de um conceito unitário de plano administrativo, advoga que *"...a procura de um conceito capaz de abarcar os vários tipos de planos não nos pode fazer perder de vista as particularidades da planificação urbanística em relação à restante planificação administrativa..."* dado que aquela terá tido, nos últimos anos, *"...um desenvolvimento e um aperfeiçoamento jurídicos muito superiores aos conseguidos por outras formas de planificação, nomeadamente a económica-social..."*. Também do mesmo autor, mas agora já circunscrito aos planos territoriais e advogando uma perspectiva fisiológica desses planos, o autor refere que tais planos prosseguem funções de inventariação da realidade/situação existente, conformação do território, conformação do direito de propriedade do solo e gestão do território, ver Fernando Alves Correia, "Manual de Direito...", pp. 363-369. Ver também a posição do mesmo autor sobre a necessidade de diferenciação clara entre a planificação territorial e a planificação económica, Fernando Alves Correia, "Manual de Direito...", pp. 352-354. Ver o interessante estudo sobre planos e planificação económica e social, Cristina Queiroz, "O plano na ordem jurídica", publicado em dois capítulos, *in* Revista da Faculdade de Direito da Universidade de Lisboa, Edições Coimbra Editora, Volume XXX, 1989, pp. 253-290 (Capítulo I) e Revista da Faculdade de Direito da Universidade de Lisboa, Edições Coimbra Editora, Volume XXXI, 1990, pp. 263-311. Admitindo, a par dos planos previstos e tipificados na LBPOTU e no RJIGT, a existência de outras figuras planificatórias de natureza territorial, inclusivamente algumas delas que não são expressamente designadas como planos e, consequentemente, falando numa espécie de

Ora tal significa, numa interpretação puramente literal da norma, e considerando que o sistema de gestão territorial[33] é composto por uma rede com-

"planificação sem planos" (*expressão que designará então o conjunto de figuras jurídicas de natureza planificatória que, não obstante a sua natureza planificadora, não são designados pela lei como planos*), ver PAULA MORAIS, "Planificação sem planos", Colecção Estudos do CEDOUA, Coimbra, Almedina, 2006. Salientando a importância que assumem o "plano" e o "programa" no quadro do sistema de planeamento e advogando que os "*...planos e os programas são dois instrumentos de excelência no seio do sistema de planeamento do território, dos quais o Estado pode fazer uso*", ver RUI MANUEL AMARO ALVES, "Políticas de Planeamento e Ordenamento...", pp. 91-93;

[33] Sobre a actual caracterização do sistema de gestão territorial ver a intervenção de FERNANDA PAULA OLIVEIRA sob o título "Sistema de Gestão Territorial", apresentada no Encontro Anual da AD URBEM..., pp. 73-81. Nesta intervenção, a autora apresenta uma visão crítica do sistema, destacando algumas dificuldades no respectivo funcionamento, tais como a necessidade de regionalização que terá sido determinante para que de um sistema assente em três níveis (nacional, regional e municipal) se passasse a ter um sistema assente em dois níveis, uma vez que o nível regional permanece, no quadro legislativo actual, na responsabilidade do Estado. Refere, ainda, a necessidade de se ponderar legislativamente a atribuição de eficácia vinculativa aos Planos Regionais de Ordenamento do Território (PROT), uma vez que apenas os Planos Municipais de Ordenamento do Território (PMOT) e os Planos Especiais de Ordenamento do Território (PEOT) se apresentam portadores de eficácia plurisubjectiva. Por outro lado, sugere igualmente a necessidade de repensar as funções do PDM, de modo a evitar que ele funcione como "repositório" de todos os outros interesses supra-municipais e que se pretendam vinculativos para os particulares, as dificuldades relativas à existência de uma tipologia aberta no que respeita aos planos sectoriais (*a que acrescerá ainda a necessidade, não obstante a sua reconhecida superioridade hierárquica face aos PMOT, de transpor sempre as suas prescrições, pelo menos as que se pretendam vinculativas, para um nível de planeamento municipal*), a necessidade de repensar os conteúdos prescritivos dos PEOT, dado que os mesmos, em lugar de estabelecerem regimes de salvaguarda, se têm limitado, em muitas situações, a classificar e a qualificar os solos e, finalmente, não esgotando todas as críticas apresentadas, a urgente necessidade de criar condições legais para que a tipicidade dos instrumentos de gestão territorial, inicialmente querida e prevista pelo legislador da lei de bases, não seja sistematicamente esquecida e estiolada com a criação de novos instrumentos de gestão territorial sem que os mesmos sejam reconduzidos à tipicidade do sistema. Ainda da mesma autora e reflectindo sobre as recentes alterações introduzidas no RJIGT em geral e, em especial, no próprio sistema de gestão territorial ver, FERNANDA PAULA OLIVEIRA, "Direito do Urbanismo. Do planeamento à gestão", Centro de Estudos Jurídicos do Minho (CEJUR), Colecção Estudos Regionais e Locais, Coimbra Editora, Março, 2010, pp. 9-93. Considerando que no ordenamento jurídico português, o sistema de gestão territorial assenta na «inter-acção coordenada em três âmbitos», ver VASCO PEREIRA DA SILVA, "Verde cor...", p. 182. Partindo de um modelo de urbanismo, de natureza estratégica, pragmática e de oportunidades, ANTÓNIO FONSECA FERREIRA propõe um novo modelo de sistema de gestão territorial, assente numa maior flexibilidade, preferencialmente estratégico

§ 2º DELIMITAÇÃO DO OBJECTO DE INVESTIGAÇÃO

plexa mas fechada de planos[34], que se deve entender a norma de invalidade dos planos como relativa a todos os instrumentos de gestão territorial previstos na LBPOTU e, em desenvolvimento desta, no próprio RJIGT.

Desta forma, são três os âmbitos em que se movem os instrumentos de gestão territorial potencialmente enquadráveis na norma. *Primo*, o âmbito nacional, *secundo*, o âmbito regional e, *tertio*, o âmbito municipal.

Em linha com a referida classificação, e como instrumentos de gestão territorial enquadrados no âmbito nacional, devemos referir, em primeiro lugar, o Programa Nacional da Política de Ordenamento do Território (PNPOT)[35], os

---

e orientador, menos restritivo e comportando um tríplice nivelamento: planos estratégicos, planos de estrutura e urbanismo operacional. Ver ANTÓNIO FONSECA FERREIRA, "Paradoxos do planeamento urbanístico em Portugal", *in* Revista de Estudos Urbanos e Regionais "Sociedade e Território", Edições Afrontamento, Porto, números 37/38, Junho, 2004, pp. 23-26.

[34] FERNANDA PAULA OLIVEIRA, "Direito do Urbanismo e do Ambiente", Estudos compilados, Edições Quid Juris, Sociedade Editora, Lisboa, 2010, p. 81.

[35] Aprovado pela Lei nº 58/2007, de 4 de Setembro, rectificada pelas Declarações de Rectificação nº 80-A/2007, de 7 de Setembro e nº 103-A/2007, de 2 de Novembro. O PNPOT é qualificado pela alínea a) do nº 1 do artigo 9º da LBPOTU como um instrumento de desenvolvimento territorial. Segundo o disposto no artigo 26º do RJIGT, o PNPOT estabelece as grandes opções com relevância para a organização do território nacional, consubstancia o quadro de referência a considerar na elaboração dos demais instrumentos de gestão territorial e constitui um instrumento de cooperação com os demais Estados membros para a organização do território da União Europeia, visando, entre outros objectivos (artigo 27º do RJIGT), a definição do quadro unitário para o desenvolvimento territorial, integrado, harmonioso e sustentável do País, tendo em conta a identidade própria das suas diversas parcelas e a sua inserção no espaço da União Europeia, a garantia da coesão territorial do País, através de uma atenuação das assimetrias regionais e igualdade de oportunidades, a tradução espacial das estratégias de desenvolvimento económico e social, uma articulação das políticas sectoriais com incidência na organização do território, uma melhor racionalização do povoamento, da implantação de equipamentos estruturantes e a definição das redes, o estabelecimento de parâmetros de acesso às funções urbanas e às formas de mobilidade e uma definição dos princípios orientadores da disciplina de ocupação do território. O PNPOT é aprovado por lei da Assembleia da República, cabendo ao Governo o desenvolvimento e a concretização do respectivo programa de acção (artigo 34º do RJIGT). Sobre a importância do PNPOT como um instrumento de reforço da harmonia e da coerência do sistema de gestão territorial, ver "O PNPOT e os novos desafios do ordenamento do território – ciclo de colóquios: o Direito do Urbanismo do Séc. XXI", Edições Almedina, Janeiro, 2009. Reflectindo sobre a governança e a normação infra-constitucional, MARIA DA GLÓRIA GARCIA perspectiva, relacionalmente, o PNPOT com os múltiplos documentos estratégicos com os quais tal Programa se deve articular. Para a autora, resulta dessa articulação que a concretização dos objectivos definidos no PNPOT, bem como o desenvolvimento das

A NULIDADE DO PLANO URBANÍSTICO

Planos Sectoriais (PS)[36] e os Planos Especiais de Ordenamento do Território (PEOT)[37].

respectivas dinâmicas de acção, exigirão o exercício de governança, em particular de governança local, uma vez que, no entendimento da autora, os diplomas com os quais o PNPOT se deve articular demandam interpretações abertas, negociações, compromissos, protocolos ou mesmo declarações de intenção; Ver MARIA DA GLÓRIA GARCIA, "Governança local, política e direito. Em especial, a acção sobre o ambiente, ordenamento do território e do urbanismo", *in* Revista do Ministério Público, Ano n.º 28, n.º 112, Outubro/Dezembro, 2007, pp. 5-21. Sobre as ambições e preocupações do PNPOT ver MANUEL LOPES PORTO, "O Ordenamento do Território num mundo de exigência crescente – das ambições do PNPOT à contradição de investimentos em vias de concretização", Edições Almedina, Outubro, 2008. Para um balanço e uma visão do futuro, ver a interessante intervenção de JORGE GASPAR, sob o título de "Âmbito Nacional: o território", apresentada no Encontro Anual da AD URBEM..., pp. 143-154. FERNANDO ALVES CORREIA refere que "...*a circunscrição das disposições do PNPOT ao estabelecimento das grandes opções e orientações quanto ao ordenamento do território não se fundamenta unicamente em razões técnicas, dada a dificuldade, se não mesmo impossibilidade, de, a nível nacional, se definirem normas concretas e detalhadas sobre a ocupação, uso e transformação do solo. Baseia-se também em razões jurídico-constitucionais, relacionadas com a repartição constitucional de atribuições e competências entre o Estado, as Regiões Autónomas dos Açores e da Madeira e as autarquias locais, em especial os municípios, ínsita no artigo 65º, nº 4, da Lei Fundamental, e decorrente dos princípios constitucionais da autonomia política – administrativa das regiões autónomas e da autonomia e da descentralização administrativa das autarquias locais (cfr. os artigos 6º, 225º a 234º e 235º a 243º da Constituição)*", FERNANDO ALVES CORREIA, "Manual de Direito...", p. 507. Reflectindo sobre a relação do PNPOT com o processo de urbanização e o sistema urbano em Portugal, ver FERNANDA PAULA OLIVEIRA, "O Programa Nacional da Política de Ordenamento do Território (PNPOT), o processo de urbanização e o sistema urbano em Portugal", *in* "O PNPOT e os novos...", pp. 153-185. Ver, também, relativamente aos estudos de base à elaboração do PNPOT, o relatório intitulado "Constatação das principais implicações da Política de Ordenamento do Território na organização jurídico-administrativa nacional e comunitária" produzido para a DGOTDU, em 2003, pela equipa de apoio jurídico da FDUC no âmbito do processo de elaboração do PNPOT.

[36] Os PS, designados nos termos do n.º 3 do artigo 9º da LBPOTU como sendo instrumentos de política sectorial, constituem instrumentos de programação ou de concretização das diversas políticas com incidência na organização do território (nº1 do artigo 35º do RJIGT), sendo que o legislador considera que para efeitos do quadro legal instituído pelo RJIGT, se devem ter como sectoriais os planos, programas e estratégias de desenvolvimento respeitantes aos diversos sectores da administração central (*nomeadamente nos domínios dos transportes, das comunicações, da energia e dos recursos geológicos, da educação e da formação, da cultura, da saúde, da habitação, do turismo, da agricultura, do comércio, da indústria, das florestas e do ambiente*), os planos de ordenamento sectorial e os regimes territoriais definidos ao abrigo de lei especial e, ainda, as decisões sobre a localização e a realização de grandes empreendimentos públicos com inci-

dência territorial (nº2 do artigo 35º do RJIGT), sendo aprovados por resolução do Conselho de Ministros, salvo norma especial que determine a sua aprovação por decreto-lei ou decreto regulamentar (artigo 41º do RJIGT). Sobre a integração das políticas sectoriais no sistema de gestão territorial, ver, com especial interesse, a intervenção de José Luis Cunha, sob o título "Planos sectoriais ou políticas marginais? A integração das políticas sectoriais no sistema de gestão territorial", apresentada no Encontro Anual da AD URBEM..., pp. 165-178. Dando alguns exemplos de planos sectoriais (PS), ver Fernando Alves Correia, "Manual de Direito...", nota 44, p. 370-373.

[37] Os PEOT (*designados nos termos do nº 4 do artigo 9º da LBPOTU, como instrumentos de natureza especial*) apresentam-se como instrumentos de natureza regulamentar elaborados pela administração central (nº1 do artigo 42º do RJIGT)), assumindo-se, simultaneamente, como um meio supletivo de intervenção do Governo, com vista à prossecução de objectivos de interesse nacional com repercussão espacial, estabelecendo regimes de salvaguarda de recursos e valores naturais e assegurando a permanência dos sistemas indispensáveis à utilização sustentável do território (nº2 do artigo 42º do RJIGT). Integram a tipologia de PEOT, os planos de ordenamento de áreas protegidas (POAP), os planos de ordenamento de albufeiras de águas públicas (POAAP), os planos de ordenamento da orla costeira (POOC), os planos de ordenamento dos estuários (POE) nº 3 do artigo 42º do RJIGT (*a categoria de POE foi aditada ao RJIGT por força do disposto no nº 3 do artigo 98º da Lei nº 58/2005, conhecida como Lei da Água e, posteriormente, pelo Decreto-Lei nº 316/2007, de 19 de Setembro*) e, ainda, do artigo 22º da Lei da Água que prevê qual o escopo desses planos. O regime particular deste tipo de planos foi remetido pela Lei da Água para regulamentação específica, o que veio a ocorrer através do Decreto-Lei nº 129/2008, de 21 de Julho, diploma legal este de que constam, de forma clara, as regras relativas ao âmbito de intervenção, aos objectivos e aos procedimentos específicos de aprovação desta categoria de PEOT. Uma última nota é a que se relaciona com a inclusão (ou não) na categoria dos PEOT, dos planos de ordenamento dos parques arqueológicos (POPA), dado que os mesmos aparecem referidos no nº 7 do artigo 75º da Lei nº 107/2001, de 10 de Setembro (Lei do Património Cultural) e no artigo 6º do Decreto-Lei nº 131/2002, de 11 de Maio (Estabelece a forma de criação e gestão de parques arqueológicos) como sendo portadores de uma natureza especial. Inicialmente, a doutrina tendeu a considerar que a melhor solução teria sido o legislador reconduzi-los, pelo menos atentas as suas características, à categoria aberta dos planos sectoriais. Não foi isso que sucedeu, tendo o legislador qualificado, no âmbito da predita legislação relativa ao património cultural, como PEOT. Deste modo, e não obstante o princípio da tipicidade (artigo 33º da LBPOTU), Fernando Alves Correia conclui ser possível, sem risco de inconstitucionalidade orgânica (atento o facto da Lei do Património Cultural ser também, à semelhança da LBPOTU, uma lei de bases), enquadrar os POPA na categoria de PEOT, sendo que estes últimos passarão a integrar não quatro (como se prevê no artigo 33º da LBPOTU e no nº 3 do artigo 42º do RJIGT) mas sim cinco categorias. Neste ponto, e não tendo dúvidas quanto à solução a adoptar, diríamos que, não obstante estarmos de acordo quanto à apreciação da constitucionalidade produzida pelo autor, nos parecer que a

A NULIDADE DO PLANO URBANÍSTICO

No âmbito regional, temos os Planos Regionais de Ordenamento do Território (PROT)[38] e, finalmente, no âmbito municipal, os Planos Intermunicipais

qualificação dos POPA terá que, necessariamente, ser reconduzida ao âmbito dos PS e não ao dos PEOT, atento o facto de em 2007, não ter sido intenção do legislador integrar tais POPA na categoria de PEOT, contrariamente ao que decidiu fazer relativamente aos POE. Sobre este ponto ver, concretamente, FERNANDO ALVES CORREIA, "Manual de Direito...", pp. 374-375. FERNANDA PAULA OLIVEIRA, "Direito do Urbanismo. Do planeamento..." pp. 30-31, nota 23 e, ainda, FERNANDO PAU-PRETO, com uma intervenção sob o título "Planos de ordenamento de parque arqueológico, o parente pobre dos planos especiais de ordenamento do território", apresentada no Encontro Anual da AD URBEM..., pp. 179-184. Produzindo uma apreciação crítica quanto aos problemas de tipicidade e estado da arte relativamente aos PEOT, ver FERNANDA PAULA OLIVEIRA, "Planos especiais de ordenamento do território: tipicidade e estado da arte", in Revista CEDOUA, Edições CEDOUA, Faculdade de Direito da Universidade de Coimbra (FDUC), nº 17, Ano IX, 1.06, Março, 2007, pp. 71-81. Também com interesse na problemática dos PEOT, ver DULCE LOPES, "Planos especiais de ordenamento do território – regime e experiência portugueses em matéria de coordenação, execução e perequação", in Revista CEDOUA, Edições CEDOUA, Faculdade de Direito da Universidade de Coimbra (FDUC), nº 17, Ano IX, 1.06, Março, 2007, pp. 83-93.

[38] Os PROT, designados nos termos da alínea b) do nº 1 do artigo 9º da LBPOTU como instrumentos de desenvolvimento territorial, têm por escopo a definição da estratégia regional de desenvolvimento territorial, integrando, para o efeito, as opções estabelecidas a nível nacional e devendo considerar ainda as estratégias municipais de desenvolvimento local. Nessa medida, o PROT assume-se como o quadro de referência para a elaboração dos planos municipais de ordenamento do território. A lei comete as competências relativas aos PROT às Comissões de Coordenação e Desenvolvimento Regional (CCDR), sendo que a estas assiste ainda a possibilidade de propor ao Governo que o PROT seja estruturado em unidades de planeamento correspondentes a espaços sub-regionais integrados na respectiva área de actuação susceptíveis de elaboração e aprovação faseadas (artigo 51º do RJIGT). Entre outros admissíveis, o PROT prossegue objectivos de promoção do desenvolvimento, no âmbito regional, das opções constantes do PNPOT e dos PS, de tradução, em termos espaciais, dos grandes objectivos de desenvolvimento económico e social sustentável, formulados no plano de desenvolvimento regional, de ponderação das medidas tendentes à atenuação das assimetrias de desenvolvimento intra-regionais e, por fim, de se constituir como uma base à adequada formulação da estratégia nacional de ordenamento territorial e de quadro de referência para a elaboração de PEOT, PIOT e PMOT (artigo 52º do RJIGT). A elaboração dos PROT compete à CCDR territorialmente competente, sendo determinada por resolução do Conselho de Ministros (artigo 55º do RJIGT), entidade esta que também dispõe de competência para a sua aprovação final (artigo 59º do RJIGT). Fazendo um ponto da situação sobre o estado de aprovação dos diferentes PROT, ver FERNANDA PAULA OLIVEIRA, "Direito do Urbanismo. Do planeamento...", p. 40; TERESA SÁ MARQUES, com uma intervenção sob o título "Planos Regionais de Ordenamento do Território: um balanço preliminar", apresentada no Encontro Anual da AD URBEM..., pp. 187-197.

§ 2º DELIMITAÇÃO DO OBJECTO DE INVESTIGAÇÃO

de Ordenamento do Território (PIOT)[39] e os Planos Municipais de Ordenamento do Território (PMOT)[40], sendo que apenas estes últimos, juntamente

Reflectindo sobre o enquadramento dos PROT na teoria constitucional das fontes de direito, ver PEDRO LOMBA, "Dilemas existenciais" do Direito do Urbanismo (Comentário ao Acórdão do Supremo Tribunal Administrativo de 19 de Março de 1998)", *in* Revista Jurídica, Edições da Associação Académica da Faculdade de Direito de Lisboa, Nova Série, nº 23, Novembro, 1999, pp. 395-402. Sobre as alterações introduzidas na disciplina jurídica dos PROT pelo Decreto-Lei nº 69/90, de 2 de Março, ver FERNANDO ALVES CORREIA, "As grandes linhas...", pp. 19-30; Ainda do mesmo autor, e dando nota dos PROT elaborados e aprovados ao abrigo do Decreto-Lei nº 176-A/88, de 18 de Maio e, ainda, dos elaborados e aprovados ao abrigo do RJIGT, ver FERNANDO ALVES CORREIA, "Manual de Direito...", nota 51, pp. 377-378; Concluindo que os PROT se traduziam então, à luz do Decreto-Lei nº 69/90, de 2 de Março, como "...*os instrumentos de Ordenamento do Território mais poderosos para prosseguir uma correcta localização das actividades e um desenvolvimento equilibrado e sustentável no território português...*", ver ANTÓNIO JOSÉ DOS SANTOS LOPES DE BRITO, "A protecção do ambiente e os planos regionais de ordenamento do território", Edições Almedina, Coimbra, 1997, pp. 264-266.

[39] Os PIOT podem abranger a totalidade ou apenas parte das áreas territoriais pertencentes a dois ou mais municípios vizinhos, assumindo-se como instrumentos de desenvolvimento territorial destinados a assegurar a articulação entre os PROT e os PMOT, no caso de áreas territoriais que, pela interdependência dos seus elementos estruturantes, necessitam de uma coordenação integrada (artigo 60º nº 1 e nº 2 do RJIGT). Entre outros admissíveis, os PIOT prosseguem alguns importantes objectivos tais como promover a articulação das estratégias de desenvolvimento económico e social dos municípios envolvidos (*designadamente em domínios tão diversificados como o são os relativos à estratégia intermunicipal de protecção da natureza, à garantia da qualidade ambiental, à coordenação da incidência intermunicipal dos projectos de redes, equipamentos, infra-estruturas e distribuição das actividades industriais, turísticas, comerciais e de serviços constantes do PNPOT, dos PROT e dos PS que, ao caso, se revelem aplicáveis*), o estabelecimento de objectivos, a médio e a longo prazo, de racionalização do povoamento, a definição de objectivos em matéria de acesso a equipamentos e serviços públicos (artigo 61º do RJIGT). Os PIOT são aprovados por deliberação das assembleias municipais interessadas, quando se trate de municípios associados para o efeito ou, se esse for o caso, por deliberação da assembleia intermunicipal, após audição de todas as assembleias municipais envolvidas (artigo 67º do RJIGT).

[40] Os PMOT constituem instrumentos de natureza regulamentar (alínea b) do artigo 8º da LBPOTU), aprovados pelos municípios, tendo por escopo estabelecer o regime de uso do solo, definindo modelos de evolução previsível da ocupação humana e da organização de redes e sistemas urbanos e, na escala adequada, parâmetros de aproveitamento do solo e de garantia da qualidade ambiental (artigo 69º do RJIGT). Entre outros admissíveis, os PMOT prosseguem importante objectivos, tais como o de traduzir, no âmbito local, o quadro de desenvolvimento do território estabelecido nos instrumentos de natureza estratégica de âmbito nacional e regional, expressar territorialmente a estratégia de desenvolvimento local, garantir a articulação das políticas sectoriais com incidência local, assumir-se como planos de base para uma gestão

com os PEOT, possuem eficácia relativamente aos particulares, para lá da circunstância óbvia de todos os instrumentos de gestão territorial, sem excepção, vincularem as entidades públicas.

A nossa investigação far-se-á, pois, considerando a plêiade de todos os instrumentos de gestão territorial que identificámos previamente[41] como estando

programada do território municipal, definir a estrutura ecológica municipal, apresentar os princípios e as regras de garantia da qualidade ambiental e da preservação do património cultural, os princípios e os critérios subjacentes a opções de localização de infra-estruturas, equipamentos, serviços e funções, os critérios de localização e distribuição das actividades industriais, turísticas, comerciais e de serviços, os parâmetros de uso do solo, os parâmetros de uso e fruição do espaço público e, bem assim, outros indicadores relevantes para a elaboração dos demais instrumentos de gestão territorial (artigo 70º do RJIGT). Os PMOT, nos termos do nº 1 do artigo 79º do RJIGT, são aprovados pela assembleia municipal, mediante proposta apresentada pela câmara municipal. Dentro da tipicidade dos PMOT (*que são qualificados nos termos das alíneas a), b) e c) do nº 2 do artigo 9º da LBPOTU como instrumentos de planeamento territorial*) integram o respectivo tipo o Plano Director Municipal (PDM), o Plano de Urbanização (PU) e o Plano de Pormenor (PP), tal como resulta do disposto nas alíneas a), b) e c) do nº 2 do artigo 9º da LBPOTU e da alínea b) do nº 4 do artigo 2º do RJIGT. Conforme disposto no nº 2 do artigo 11º da LBPOTU e no nº 2 do artigo 3º do RJIGT, os PMOT vinculam quer as entidades públicas quer os particulares, tendo o PDM, PU e PP, a sua regulamentação específica quanto ao objecto, conteúdos material e documental, nos artigos 84º a 86º (PDM), artigos 87º a 89º (PU) e, por fim, artigos 90º a 92ºB, quanto ao PP, prevendo, ainda, o legislador, quanto a esta última categoria de PMOT, modalidades específicas (tais como o Plano de Intervenção no Espaço Rural ou PIER, Plano de Pormenor de Reabilitação Urbana ou PPRU e, ainda, Plano de Pormenor de Salvaguarda ou PPS, todos com regulamentação específica no artigo 91º-A do RJIGT). No contexto da reforma operada em 2007, ver, quanto aos instrumentos de planeamento territorial, FERNANDA PAULA OLIVEIRA, "O planeamento de nível municipal: a reforma de 2007", *in* Actas das I Jornadas Luso-Espanholas de Urbanismo, co-organizado por CEDOUA/FDUC/APDU (Associação Portuguesa de Direito do Urbanismo)/AEDU (Asociación Española de Derecho Urbanístico/REDU (Revista Española de Derecho Urbanístico), coordenação FERNANDO ALVES CORREIA, Edições Almedina, Maio, 2009, pp. 39-77.

[41] Devemos ainda considerar que, para além dessa plêiade de instrumentos de gestão territorial legalmente tipificados, existem outros instrumentos, uns de natureza política – económica (*planos de desenvolvimento regional, o QREN 2007/2013 – aprovado pela Resolução do Conselho de Ministros nº 86/2007, de 3 de Julho -, os incentivos à localização de actividades e população*), outros de natureza política física (*espacial ou territorial*) tais como o Esquema de Desenvolvimento do Espaço Comunitário (EDEC) e outros, ainda, congregando aspectos de uma e de outra. O documento em que se consubstancia o EDEC, aprovado em Maio de 1999, em Potsdam, pelo Conselho de Ministros responsável pelo ordenamento do território dos Estados-Membros da União Europeia define, à escala da União Europeia, objectivos políticos e princípios gerais de desenvolvimento espacial, tendentes a assegurar um desenvolvimento sustentável equili-

§ 2º DELIMITAÇÃO DO OBJECTO DE INVESTIGAÇÃO

tipificados pelo legislador na composição do sistema de gestão territorial, procurando-se, no entanto, conferir um enfoque especial às relações entre PMOT e PEOT e às relações entre PMOT e PROT e PMOT e PS.

brado do território europeu e respeitador da sua diversidade. O EDEC reforça a necessidade de existência de uma política de coesão económica e social, de incorporação da componente territorial nas políticas sectoriais da União Europeia e, simultaneamente, de reforço da componente ordenamento nas políticas de cada país. De certo modo, a existência de documentos como o EDEC demonstra, essencialmente, que o ordenamento do território, tradicionalmente considerado como integrando o leque de competências dos Estados-Membros, também sofreu e continua a sofrer as fortes influências de âmbito comunitário europeu. Fala-se já a este propósito de uma europeização do território, com inegáveis repercussões no âmbito da cooperação transfronteiriça de que o EDEC, o documento Europa 2000 e o documento Europa 2000+, Cooperação para o desenvolvimento espacial do território europeu constituem bons exemplos. Na realidade, trata-se de documentos que não obstante desprovidos de eficácia vinculativa, têm ainda assim vindo a assumir, paulatinamente, uma importância decisiva nos diferentes Estados-Membros. Deve, ainda, no âmbito supramunicipal, ser destacada a Agenda Territorial da União Europeia (*adoptada em Leipzig, em 2007, durante a Presidência Alemã*) documento claramente direccionado para uma Europa mais competitiva e mais sustentável, na diversidade das suas regiões. A adopção da Agenda Territorial da União Europeia em Maio de 2007 foi contemporânea da adopção da Carta de Leipzig sobre Cidades Europeias Sustentáveis, pelos Ministros da União Europeia responsáveis pelo desenvolvimento urbano. Nessa medida, os dois documentos são complementares, reconhecendo mutuamente a interdependência das políticas de desenvolvimento territorial e de desenvolvimento urbano na prossecução da Estratégia de Lisboa (*competitividade territorial da União Europeia no contexto da globalização*) e da Estratégia de Gotemburgo (*sustentabilidade territorial da União Europeia*). A elaboração e a implementação dos dois documentos envolvem os Estados-Membros, a Comissão Europeia e os representantes dos interesses territoriais mais significativos (*designadamente, CoR e Eurocities*) que constituem, no seu todo, uma rede de mais de 45 entidades. Sobre o EDEC em geral, ver FERNANDA PAULA OLIVEIRA, "Leis, decretos...", p. 149 e, em especial enquanto referência fundamental na tarefa de tradução espacial das estratégias de desenvolvimento económico e social assumidas pelo PNPOT, ver o tópico relativo à vertente económica do princípio da sustentabilidade em FERNANDA PAULA OLIVEIRA, "Portugal: Território...", pp. 44-45. Ainda relativamente ao influxo do direito europeu da planificação no domínio do ordenamento do território e de urbanismo, FRANCIS HAUMONT refere que o mesmo pode ser perspectivado de duas maneiras. Deste modo, aquele que tem que ver com a planificação operada pelas próprias autoridades europeias e aquele que resulta das medidas de planificação impostas aos Estados-Membros através do próprio direito europeu derivado; Ver FRANCIS HAUMONT, "Droit Européen de l' Aménagement du Territoire et de l' Urbanisme", Edições Bruylant, Bruxelas, 2007. Nesta mesma obra, o autor trata da génese do EDEC, esquema cuja negociação levou sensivelmente 10 anos, ou seja, desde 1989 a 1999. O EDEC, segundo nos explica então o autor, dirige-se ao conjunto de actores implicados no desenvolvimento espacial aos níveis europeu, nacional, regional e local e

2.1.2. Relações de compatibilidade e de conformidade

Como já antes referimos, o legislador faz erigir o regime de invalidade mais grave (*ou, pelo menos, parte desse regime porquanto pode haver nulidade por outros fundamentos*) dos instrumentos de gestão territorial na existência de incompatibilidades ou de desconformidades que entre eles possam ocorrer[42].

procura prosseguir três importantes objectivos: por um lado, implementar um sistema urbano policêntrico e equilibrado, por outro lado promover modelos de transporte e de comunicações integrados, capazes de por si só favorecerem um acesso equivalente às infra-estruturas e ao saber no conjunto do território da União e, por fim, o desenvolvimento e a preservação da natureza e do património cultural; Ver FRANCIS HAUMONT, "Droit Européen de...", pp. 43-53. JOÃO FERRÃO refere que terá sido sobretudo o longo processo de cerca de 10 anos de preparação técnica e de debate político que precedeu e viabilizou a aprovação, em 1999, do EDEC, pelos Ministros da União Europeia responsáveis pelo Ordenamento do Território e Desenvolvimento Regional que terá influenciado a concepção e as práticas de ordenamento do território, introduzindo, por um lado, uma visão mais estratégica e prospectiva e, por outro, definindo novas prioridades e produzindo um novo léxico que, progressivamente, têm vindo a ser apropriados, voluntariamente, pelos diversos Estados-Membros. Ainda segundo o mesmo autor, o processo de preparação do EDEC permitiu actualizar e enriquecer a filiação "planeamento regional" e, mais do que isso, alterar a relação entre ambos os domínios: de dimensão instrumental e implícita do planeamento do desenvolvimento regional, o ordenamento do território ganha (ou procura ganhar) força e legitimidade para se afirmar como o elemento central de coordenação das diferentes políticas de natureza ou com impacte territorial a partir de uma visão espacial construída colaborativamente por diversos actores, públicos, privados e representativos da sociedade civil; Ver JOÃO FERRÃO, "Uma visão política da evolução da Política de Ordenamento do Território, *in* Socialismo no Século XXI, Lisboa, Esfera do Caos, pp. 62-71, 2010. De acordo com JOSÉ ALFREDO DOS SANTOS JÚNIOR, o EDEC caracteriza-se pela informalidade do processo intergovernamental que lhe deu origem, pela natureza meramente indicativa das orientações propostas e, ainda, pela valorização dos mecanismos de construção de consensos em torno de visões estratégicas de desenvolvimento, ver JOSÉ ALFREDO DOS SANTOS JÚNIOR, "Entre as Metáforas Espaciais e a Realidade: a União Europeia possui competência em matéria de Ordenamento?", *in* O Urbanismo, o Ordenamento do Território e os Tribunais, Edições Almedina, Coimbra, Dezembro, 2010, pp. 815-899. Fora do contexto dos instrumentos de âmbito supramunicipal mas ainda com significativa importância na política pública de ordenamento do território, afigura-se-nos decisiva a inclusão no Tratado de Lisboa, em Dezembro de 2007, da coesão territorial como terceiro pilar da coesão, a par da coesão económica e social. Esta coesão territorial é objectivamente perspectivada como um requisito decisivo para fazer face aos desafios territoriais e combinar crescimento económico e coesão social nas regiões e entre as diversas regiões, no espaço europeu, traduzindo-se num processo dinâmico, permanente e de intensa cooperação entre todos os actores regionais envolvidos.

[42] Note-se que a nulidade de instrumento de gestão territorial, por "desconformidade" com outro com o qual devesse ser conforme, apenas foi introduzida no âmbito da revisão do RJIGT

§ 2º DELIMITAÇÃO DO OBJECTO DE INVESTIGAÇÃO

Ou seja, o legislador construiu um sistema em que para se saber se existe ou não a aludida nulidade de plano se tem que, previamente, saber que tipo de relações é que existem e se estabelecem entre os diversos instrumentos de gestão territorial e, num segundo momento, se essas mesmas relações foram ou não observadas.

Ora sobre isto, e como mais à frente nesta investigação tentaremos demonstrar, o legislador é tudo menos claro.

Deste modo, sobre o quadro legislativo proposto, procuraremos, e sem nunca perder de vista o que dispõe a nossa Lei Fundamental em matéria de atribuição de competências na área do ordenamento do território e do urbanismo, compreender essas relações no âmbito das normas que quer a LBPOTU quer o RJIGT prevêem para disciplinar ou, pelo menos, para tentar disciplinar as quase sempre tensas e friccionais relações[43] entre os diversos instrumentos

---

operada em 2007, por força do Decreto-Lei nº 316/2007, de 19 de Setembro, dado que até então, a solução delineada pelo legislador passava, apenas e tão-só, por fulminar com nulidade os planos elaborados e aprovados em violação de qualquer outro instrumento de gestão territorial com o qual devessem ser "compatíveis" (nº 1 do artigo 101º e nº 1 do artigo 102º, ambos do RJIGT, na sua redacção inicial). Sobre a matéria e sugerindo, ainda que implicitamente, uma eventual alteração legislativa, escrevia então FERNANDO ALVES CORREIA, na 2ª Edição do seu Manual de Direito do Urbanismo que "...o artigo 101º, nº 1, do Decreto-Lei nº 380/99 determina que a "compatibilidade entre os diversos instrumentos de gestão territorial é condição da respectiva validade" (a norma devia referir, como dissemos, "a compatibilidade ou a conformidade"). E o artigo 102º, nº 1, do mesmo diploma estatui que "são nulos os planos elaborados e aprovados em violação de qualquer instrumento de gestão territorial com o qual devessem ser compatíveis" (ou "conformes", acrescentámos nós)."; Ver FERNANDO ALVES CORREIA, "Manual de Direito do Urbanismo", Volume I, Edições Almedina, Outubro, 2004, 2ª Edição (revista e aumentada), p. 503. Do mesmo autor, ver também "As grandes linhas...", pp. 20-23. Também no mesmo sentido, FERNANDA PAULA OLIVEIRA, "Direito do Ordenamento do Território...", p. 89.

[43] Sobre a complexidade da análise das relações de compatibilidade (e, acrescentamos agora nós, de "conformidade", dado que o texto da autora é produzido em 2001 e, como tal, ao abrigo do RJIGT na sua versão inicial de 1999), é aliás bem impressiva a tirada final de FERNANDA PAULA OLIVEIRA quando, em jeito de súmula relativamente à intrincada teia de relações possíveis entre os instrumentos de gestão territorial, conclui que a "...única (sublinhado nosso) consequência negativa que pode resultar de toda esta teia de relações...é a de que, por vezes, pode tornar-se mais complicado determinar quando é que um plano é nulo por violação de outro com o qual devesse ser compatível (e "conforme" acrescentamos nós dada a alteração introduzida ao RJIGT em 2007), nos termos do artigo 102º, nº 1 do Decreto-Lei nº 380/99", ver FERNANDA PAULA OLIVEIRA, "Direito do Ordenamento do Território...", p. 103. A autora mantém actualmente a posição então assumida, ver FERNANDA PAULA OLIVEIRA, "Direito do Urbanismo. Do planeamento..." p. 69. Reflectindo sobre a complexidade

de gestão territorial. Teremos, pois, necessariamente em conta e em especial, o que dispõe o artigo 10º da LBPOTU e os artigos 23º a 25º do RJIGT.

Por outro lado, e não obstante ter existido, na legislação urbanística anterior[44] à agora LBPOTU e RJIGT, uma utilização expressa das ideias de "conformidade" e de "desconformidade", a verdade é que no actual quadro legal, o "legislador urbanístico" nada nos adianta sobre o que se deva então entender sobre as relações de compatibilidade e de conformidade, o que cria desde logo dificuldades adicionais ao intérprete e aplicador da norma, para mais se considerarmos que é sobre esses conceitos que o legislador ergue depois o edifício (ou parte dele) da invalidade na sua forma mais gravosa. No entanto, tal facto não tem sido impeditivo a que a doutrina tenha, desde muito cedo, envidado esforços no sentido de enquadrar e compreender essas relações, em especial socorrendo-se da construção proposta por CHARLES EISENMANN[45],

---

aplicativa dos princípios da compatibilidade e da conformidade e aludindo à necessidade de se efectuar uma *"...ponderada análise das disposições dos vários planos urbanísticos em confronto, bem como de uma avaliação cuidada do grau de precisão dos planos urbanísticos de carácter superior..."*, ver FERNANDO ALVES CORREIA, "O Plano Urbanístico...", nota 53, p. 197.

[44] FERNANDO ALVES CORREIA, "O Plano Urbanístico...", nota 53, pp. 194-195. Advoga o autor que o nosso legislador de então utilizaria, por vezes, os conceitos de conformidade – desconformidade como sinónimos dos conceitos de compatibilidade – incompatibilidade, como aliás, exemplificando, sucedia com o disposto no artigo 12º, números 1 e 2 do Decreto-Lei nº 176-A/88, de 18 de Maio. Clarifica ainda que, não obstante estes "conceitos imprecisos-tipo" ou "conceitos imprecisos em sentido estrito" (*esta última para utilizar uma expressão de ROGÉRIO EHRHARDT SOARES na p. 62 dos seus apontamentos dados no Curso de Direito na Universidade do Porto*) apesar de apresentarem contornos difíceis de determinar, não podem, de modo algum, ser considerados como sinónimos. Advogando que a tradição na nossa legislação de Direito do Urbanismo tem sido a de utilizar os conceitos de conformidade e de compatibilidade como sinónimos e servindo-se do mesmo exemplo dado por FERNANDO ALVES CORREIA, ver JOÃO MIRANDA, "As relações ...", p. 121. Ainda deste último autor, e tratando a problemática das relações entre os diversos instrumentos de gestão territorial, ver JOÃO MIRANDA, "A dinâmica jurídica do planeamento territorial (a alteração, a revisão e a suspensão dos planos)", Edições Coimbra Editora, Setembro, 2002, pp. 156-163. Também com interesse, ver FERNANDO CONDESSO, "Direito do Urbanismo (Noções Fundamentais), Edições Quid Juris, Lisboa, 1999, pp. 233-236.

[45] CHARLES EISENMANN, "Le Droit Administratif et le principe de legalité", *in* Études et Documents – Conseil d' État (EDCE), Paris, Imprimerie Nationale, fasc.11, 1957, pp. 25-40. Para uma abordagem crítica da construção de CHARLES EISENMANN vide, na doutrina portuguesa, ANDRÉ GONÇALVES PEREIRA, "Erro e ilegalidade no acto administrativo", Edições Ática, 22, Colecção Jurídica Portuguesa, Abril, 1962, pp. 19-75. RUI MACHETE, "Contencioso Administrativo", *in* Dicionário Jurídico da Administração Pública, Volume II, Coimbra Editora, 1990,

§ 2º DELIMITAÇÃO DO OBJECTO DE INVESTIGAÇÃO

no âmbito da temática mais alargada da submissão da acção administrativa à lei e que, refira-se, se traduziu no contributo mais significativo para enquadrar doutrinariamente o princípio da legalidade administrativa no direito francês. Segundo CHARLES EISENMANN, o critério da conformidade seria mais exigente que o critério da compatibilidade, uma vez que o critério da compatibilidade teria como principal escopo a delimitação negativa da acção da administração, bastando-lhe a existência de uma não contradição, ao passo que o critério da conformidade assumiria já a virtualidade de impor uma obrigação positiva da Administração, sendo que esta encontraria na lei quer o respectivo fundamento quer a definição do respectivo conteúdo e do fim a prosseguir. Ainda segundo o mesmo autor, a conformidade poderia ser entendida num duplo sentido: um de natureza material ou física e que consistiria então numa reprodução pura e simples, ponto por ponto, outro de natureza lógica ou racional, "mais subtil, menos literal" e em que se considera o laço que une uma realização concreta a "um tipo ideal, geral, abstracto", desse modo se afastando toda a possibilidade de reprodução, pura e simples[46].

<hr>

pp. 693-798 (também publicado *in* Estudos de Direito Público e Ciência Política, Edições Minerva, Fundação Oliveira Martins, Centro de Estudos Administrativos, Lisboa, 1991, pp. 183-333). SÉRVULO CORREIA, "Legalidade e autonomia contratual nos contratos administrativos", Colecção Teses, Edições Almedina, Coimbra, 1987, pp. 58-63. Sobre a obra em geral do grande mestre francês, ver com especial interesse, NICOLAS CHIFFLOT, "Le droit administratif de CHARLES EISENMANN", Nouvelle Bibliothèque de Thèses, Edições DALLOZ, Paris, 2009. Sobre a importância de CHARLES EISENMANN no pensamento e desenvolvimento do direito administrativo, são impressivas as palavras de GEORGES VEDEL quando "confirmou", na mais bela homenagem prestada ao grande mestre francês, as palavras premonitórias que o também grande mestre austríaco HANS KELSEN havia proferido no prefácio, meio século antes (1928) quando, o então jovem mestre CHARLES EISENMANN defendeu, brilhantemente, uma tese sob o tema "A justiça constitucional e o Tribunal Constitucional austríaco". Dizia então GEORGES VEDEL que CHARLES EISENMANN se assumira, efectivamente, como *"...um mestre do pensamento para muitos juristas, cuja influência, na sua área de especialidade, é comparável àquela de que desfrutou RAYMOND ARON ou mesmo de um KARL POPPER noutros domínios..."*; Consultar, quanto ao referido prefácio, HANS KELSEN, "La justice constitutionnelle et la Haute cour constitutionnelle d'Autriche", «Prefácio», LGDJ, Paris, 1928, reeditada, Paris, Economica, Aix-en-Provence, PUAM, 1986, p. XI. No que respeita às impressivas palavras de GEORGES VEDEL, ver GEORGES VEDEL, "Les bases constitutionnelles du droit administratif", *in* PAUL AMSELEK (dir.) "La Pensée de CHARLES EISENMANN", Paris, Economica, Aix-en-Provence, PUAM, 1986, pp. 134-135.
[46] CHARLES EISENMANN, "Le Droit Administratif et le...", pp. 30-31.

Para o imediato[47] e no que importa nesta fase da investigação, assumiremos, e apenas como ponto de partida para a nossa posterior reflexão, a posição que maioritariamente vem sendo defendida pela doutrina quanto ao significado que as relações de compatibilidade e de conformidade no âmbito das relações entre instrumentos de gestão territorial. Pelo que enquanto a relação de conformidade exclui qualquer diferença entre os elementos de comparação, a relação de compatibilidade exige somente que não haja contradição entre eles[48]. Dito de outro modo, na conformidade teremos uma relação hierárquica mais rigorosa e estreita entre os diversos instrumentos de gestão territorial e na compatibilidade teremos uma relação hierárquica menos exigente e menos apertada[49] entre esses mesmos instrumentos de gestão territorial.

2.1.3. Nulidade

Como já antes fomos sinalizando, a invalidade dos planos de que nos iremos ocupar na presente investigação é, apenas e tão só, a que se relaciona com a nulidade como consequência da existência de situações de incompatibilidade e/ou de desconformidade nas relações entre determinado instrumento de gestão territorial com outro com o qual devesse ser compatível ou conforme, pelo que não constitui escopo deste trabalho analisar as situações de invalidade traduzidas noutros desvalores jurídicos, em especial outras situações de nulidade e outras situações juridicamente enquadráveis como simples invalidades regra.

Atenta a jurisprudência francesa, diríamos que apenas nos interessa uma das situações potencialmente enquadráveis no âmbito mais vasto da "legalidade interna" do plano mas que a não esgota, uma vez que às situações de incompatibilidade e de desconformidade que iremos analisar, reconduzidas pela referida jurisprudência à violação de regra material de direito, se devem

---

[47] Faremos, quando abordarmos mais à frente nesta investigação a temática das relações de compatibilidade e de conformidade numa perspectiva de direito comparado, uma análise cuidada e necessariamente crítica, sobre o tratamento que a doutrina e a jurisprudência em Portugal têm dado quanto à concretização das relações de compatibilidade e de conformidade.
[48] FERNANDO ALVES CORREIA, "Manual de Direito...", p. 506. Referindo a mesma ideia e citando agora WILLIAM COULET, "La notion de compatibilité dans le droit de l' urbanisme", in AJDA, Edições Dalloz, n° 6, Junho, 1976, pp. 291 e ss., ver FERNANDO ALVES CORREIA, "O Plano Urbanístico...", nota 53, p. 195. No mesmo sentido, FERNANDA PAULA OLIVEIRA, "Direito do Urbanismo", 2ª Edição, reimpressão, Coimbra, 2004, p. 47.
[49] FERNANDO ALVES CORREIA, "Manual de Direito...", p. 498.

ainda acrescentar, nos termos da mesma jurisprudência, as situações de erro de direito («erreur *de droit*»), de erro manifesto de apreciação («erreur manifeste d'appréciation») e de desvio de poder («détournement de pouvoir»)[50].

2.2. Delimitação negativa
Como já vai implícito pela delimitação positiva que antes apresentámos, e não obstante o indesmentível interesse que pudesse revestir a análise do contencioso dos planos urbanísticos, não iremos nesta investigação aflorar essa matéria.

De igual modo, também não se fará ao longo deste trabalho, senão no quadro de mera indicação de linhas gerais, qualquer abordagem sobre outros desvalores jurídicos, em especial, os que se relacionem com outras situações de nulidade do plano urbanístico (que não as que o legislador faça erigir sobre as relações de compatibilidade e de conformidade) e situações de invalidade regra ou anulabilidade.

[50] NICOLAS CHAUVIN, "L'illegalite du Plan d'Occupation...". pp. 441-450.

§ 3º SEQUÊNCIA

Produzidas que estão as nossas considerações introdutórias e delimitada que se encontra a matéria-prima sobre a qual nos iremos debruçar, é-nos possível agora entrar, tranquilamente, na análise dos problemas relativos à nulidade do plano urbanístico por incompatibilidade ou desconformidade com outro instrumento de gestão territorial com o qual devesse ser compatível ou conforme.

Deste modo, faremos, seguidamente, um enquadramento histórico quanto à génese das relações de compatibilidade e de conformidade no âmbito da teoria geral do direito administrativo, tentando perceber em que contexto é que surgiram, com que significado e escopo jurídicos se apresentaram inicialmente, quais as diferentes e, sobretudo, as mais importantes posições doutrinárias expendidas (em especial, entre nós), sobre a matéria em geral e, em especial, no contexto mais específico do princípio da legalidade. O importante nesta parte da investigação será perceber qual o "ambiente jurídico normativo" em que nasceram as relações de compatibilidade e de conformidade e de que modo é que doutrina (em especial a francesa dado que é aí que, como se verá já de seguida, tudo começa) tem, desde há algumas décadas a esta parte, enquadrado dogmaticamente a questão.

Numa segunda parte do nosso *iter* expositivo, far-se-á um breve relance de direito comparado sobre vários ordenamentos jurídicos no que concerne à problemática das relações de compatibilidade e de conformidade no âmbito dos planos urbanísticos, dando especial ênfase ao ordenamento jurídico – urbanístico francês em que aliás o nosso tem, progressivamente e em larga medida, apoiado o seu desenvolvimento e aperfeiçoamento. Na análise dos diferentes ordenamentos jurídicos, procurar-se-á traçar uma breve caracterização do respectivo sistema de gestão territorial, o seu funcionamento, a natureza das relações entre os diferentes planos urbanísticos e os respectivos princípios que as regem e, caso os haja, quais os eventuais desvalores jurídicos previstos para os planos urbanísticos que não observem essas relações. O importante neste momento será perceber de que modo é que os diferentes sistemas jurídicos têm tratado as relações entre planos e se o têm feito por recurso às figuras de compatibilidade e de conformidade ou, ao invés, se dispõe de outros modelos relacionais entre os diversos tipos de planos. Procurar-se-á, necessariamente, indagar quais os vícios assacados ao eventual incumprimento dessas obrigações, caso elas se encontrem expressamente previstas nesses ordenamentos jurídicos. Não sendo esse o caso, daremos ainda assim nota do eventual tratamento jurídico ao nível dos vícios emergentes da violação do quadro legal que disciplina as relações entre os diversos planos urbanísticos.

Numa terceira parte desta investigação procuraremos, com recurso a algumas interessantes decisões jurisprudenciais, demonstrar a incapacidade, senão mesmo a insuficiência, do regime de nulidade de planos urbanísticos que constitui o objecto da presente investigação em assegurar, de modo eficaz, aquele que seria o seu escopo principal, ou seja, um efectivo controlo judicial das opções materiais inscritas nos diversos instrumentos de gestão territorial face a outras opções inscritas noutros instrumentos de gestão territorial com os quais aquelas primeiras devam ser compatíveis ou conformes. É para nós absolutamente decisivo compreender, neste ponto da investigação, as razões pelas quais o regime de nulidade em presença não tem funcionado, não demonstrando possuir virtualidades jurídicas suficientes para garantir o objectivo que terá estado presente na mente do legislador quando o criou.

Na realidade, as propostas que têm vindo a ser apresentadas pela doutrina jus-urbanística amparam-se, como iremos ter oportunidade de verificar, num modelo assente em relações de "compatibilidade e de conformidade" dos planos como suporte para a eventual formulação de um juízo de nulidade.

No entanto, tais propostas revelam ser apenas sofisticadas construções jurídicas, porquanto aquilo a que temos vindo a assistir é a uma situação de total ineficácia no funcionamento do regime legal da nulidade que, em boa verdade, pouca ou (passe agora a redundância) quase "nula" utilidade têm demonstrado, pelo menos se tivermos em consideração as decisões jurisprudenciais produzidas sobre a matéria. Nesta nossa análise, procurar-se-á demonstrar o quão resistente se têm mostrado os nossos tribunais em produzir apreciações de fundo quanto a eventuais situações de incompatibilidade e/

§ 3º SEQUÊNCIA

ou de desconformidade[51] e, bem assim, a formular, quando necessário, um juízo invalidante do plano na sua modalidade de nulidade, circunstância que, em nosso entender, reforça o entendimento de que o regime de nulidade em estudo e, bem assim, as "lógicas de compatibilidade e de conformidade" em que assenta, se encontram totalmente desadequados face a este novo modo de *agere* administrativo em que se traduz o plano urbanístico.

Numa quarta e última parte da nossa investigação, e após ter sido demonstrado na anterior a "nula" aplicação jurisprudencial do regime de nulidade do plano urbanístico por incompatibilidades ou desconformidades, procuraremos perceber quais as razões que estão na génese desse problema. Nesta parte da nossa investigação, tentaremos demonstrar que as dificuldades evidenciadas, quer pela doutrina quer, em especial, pela jurisprudência, numa "aplicação útil" do regime da nulidade do plano com base nas incompatibilidades e desconformidades de um instrumento de gestão territorial com outro com qual aquele devesse ser compatível ou conforme resulta, em primeira linha, da dificuldade a que temos assistido em enfrentar o problema no quadro da «nova ciência do direito administrativo» («Neue Verwaltungsrechtswissenschaft»), de que, para nós, o direito do urbanismo é uma das mais importantes e intrigantes manifestações.

Assim e num primeiro momento desta última parte do nosso trabalho, demonstraremos que o princípio da legalidade, tal qual o analisaremos na viagem que empreenderemos na parte I desta tese, não serve de forma adequada as novas e complexas questões suscitadas pelo direito do urbanismo, não habilitando, em nosso entender, a uma compreensão dogmaticamente sustentada do regime de nulidade objecto desta investigação.

Este nosso desígnio será enquadrado por três novos pressupostos dogmáticos.

Em primeiro lugar, a necessidade de enquadrar, como referimos antes, o direito do urbanismo e a compreensão de institutos como o relativo à nulidade do plano desenhado pelo legislador no âmbito dogmaticamente mais desafiante da «Neue Verwaltungsrechtswissenschaft».

---

[51] Reflectindo, genericamente, sobre a violação das disposições de planos por outros planos e aludindo à matéria relativa ao controlo jurisdicional sobre tal situação, NUNO SALGADO refere que "...*não detectámos ainda qualquer aresto do STA que sobre ela se tenha debruçado directamente...*", ver NUNO SALGADO, "Vantagens e inconvenientes da codificação global da legislação do urbanismo", *in* "Actas do Ciclo de Colóquios: O Direito do Urbanismo do Século XXI – Um Código de Urbanismo para Portugal?", Edições Livraria Almedina, Coimbra, Março, 2003, p. 111.

A NULIDADE DO PLANO URBANÍSTICO

Um segunda demonstração que procuraremos fazer é a da existência de uma profunda crise do princípio da legalidade, sugerindo-se uma releitura dogmática desse princípio ancilar da actuação administrativa com base nos problemas emergentes no domínio do direito do urbanismo e propondo-se, a final, que o mesmo deve ser então perspectivado não já como mero exercício de subsunção dos factos (no caso dos planos urbanísticos) ao "bloco de legalidade"[52] mas, antes, como resultado do somatório de uma pluralidade de elementos normativos de legitimação que não apenas os que resultam do quadro mais amplo fornecido pelo princípio da juridicidade.

Procurar-se-á, por último, demonstrar que a forma dogmaticamente mais compensadora de compreender e, eventualmente, ajustar (ou propor mesmo uma alternativa, como é aliás nosso propósito) o regime de nulidade do plano com os fundamentos antes referidos passa, forçosamente, pelo esforço que a doutrina e a jurisprudência terão que doravante envidar para olhar e compreender esse problema, não à luz dos tradicionais cânones do direito administrativo mas sim de acordo com uma nova concepção do plano urbanístico que passa por considerá-lo, simultaneamente, como um instrumento de implementação e de prossecução de políticas públicas.

---

[52] A paternidade da expressão «bloco de legalidade» ou «bloco legal» é atribuída a MAURICE HAURIOU, com a especificidade de tal expressão ter sido vulgarizada ainda antes da I Grande Guerra Mundial, coincidindo pois como uma etapa de desenvolvimento do Direito Francês em que se acolhia, sem quaisquer reservas, o princípio da natureza totalmente executiva da administração relativamente à lei dimanada do Parlamento. O «bloco de legalidade» seria então marcado pela heterogeneidade mas, incontestavelmente, subordinado pela lei, sendo certo que numa fase inicial, a expressão era essencialmente utilizada para efeitos de aplicação da precedência de lei. A este propósito são pois impressivas as palavras do autor quando refere que "... no que se relaciona com o excesso de poder, há como que uma assimilação à matéria relativa à violação de lei da violação de todos os regulamentos administrativos..." ou seja, todos aqueles regulamentos a que a administração deve a mesma obediência que às leis. O mesmo autor esclarece ainda que essa "...assimilação não modifica o valor dos regulamentos em face dos cidadãos..." mas que já será muito que "...em face da administração eles sejam anexados ao bloco legal". MAURICE HAURIOU, Précis de Droit Administratif et de Droit Public, Paris, 1924, pp. 61-62. Também referindo-se à paternidade da expressão "bloco de legalidade" (bloc légal), DIOGO FREITAS DO AMARAL escreve que MAURICE HAURIOU preferia tal expressão à expressão «legalidade» porquanto aquela significava todo o conjunto de normas que vão para além da simples lei positiva ordinária; Ver DIOGO FREITAS DO AMARAL, "O princípio da legalidade", in Estudos de Direito Público e Matérias Afins, Volume I, Edições Almedina, Julho, 2004, pp. 77-95 (artigo originariamente publicado na Enciclopédia Polis, nº 3, 1985, col. 976 e ss.).

§ 3ª SEQUÊNCIA

Estamos convencidos que a assunção do plano urbanístico como consubstanciando um instrumento de implementação e de prossecução de políticas públicas, permitirá a sua desancoragem da exclusiva "gramática"[53] dos regulamentos administrativos, elevando-o a um patamar mais facilmente compaginável com um emergente novo direito administrativo. Note-se que não constitui nosso propósito que os planos urbanísticos deixem de ser percepcionados como regulamentos administrativos, antes sim demonstrar que o não são exclusivamente, apresentando-se, na maior parte dos casos, como autênticos veículos de concretização de políticas públicas.

No momento seguinte, procuraremos, a partir das três linhas de força já referidas no ponto anterior, demonstrar a insuficiência do princípio da hierarquia enquanto modelo eficaz para disciplinar as tensões entre os diversos instrumentos de gestão territorial, propondo, a final, um novo modelo explicativo para o enquadramento dessas relações.

Ousaremos, por fim, dar algumas notas para um possível esboço de um novo princípio da legalidade administrativa.

Ou não tivesse sido por aí que todo este trabalho se iniciou.

---

[53] Ver Suzana Tavares da Silva, "Um Novo Direito..." p. 40.

PARTE I

Da Compatibilidade e da Conformidade
no Contexto da Teoria Geral do Direito Administrativo

§ 1º A PROPOSTA DOGMÁTICA DE CHARLES EISENMANN

1.1. A compatibilidade e a conformidade no contexto específico do princípio da legalidade

Como já antes sinalizámos, os critérios de compatibilidade e de conformidade foram inicialmente pensados e trabalhados por CHARLES EISENMANN. No seu "Curso de Direito Administrativo", CHARLES EISENMANN refere que antes de se poder empreender a análise das regras que disciplinam os diferentes pontos da regulamentação jurídica, se deveria colocar e examinar uma questão de carácter mais global e que respeitava, em primeira linha, aos actos tomados como realidades totais, ou seja, devíamos, no seu entendimento, indagar sobre a acção normativa da Administração[54] considerada no seu todo. O autor

---

[54] CHARLES EISENMANN elabora uma concepção jurídica da Administração, confundindo «Administração» e o «Direito». Deste modo, para o autor a organização da Administração constitui um modo de organização no processo de criação e de aplicação do direito, não sendo pois possível, segundo o referido autor, dissociar, racionalmente, o problema da organização da Administração do problema da organização da criação e da aplicação do direito. Organizar a Administração é, para o «legislador» prever um certo modo de criação e de aplicação do direito. As «competências», os «poderes», as «faculdades» ou mesmo as «prerrogativas» que são atribuídas à Administração mais não servem do que permitir a prossecução de certos objectivos, executar certas missões ou mesmo assegurar determinadas funções. Este ponto de vista, intimamente conectado com o fim da própria acção da Administração, domina e caracteriza todo o direito administrativo, exercendo não só uma influência decisiva sobre a teoria da acção da Administração como igualmente sobre a teoria da organização da Administração que é o outro grande domínio do sistema de direito administrativo. A organização é, pois, para CHARLES EISENMANN, perspectivada com vista à acção (*"en vue de l'action"*). Para o autor, se não se considerar o conjunto da organização da Administração e se não se tiver presente, no nosso

questionava então se a acção normativa de todos os órgãos administrativos não deveria obedecer a um princípio de natureza geral, ou seja, a um princípio que funcionasse como um referencial de validade para todo e qualquer acto normativo de todo e qualquer órgão administrativo, de tal sorte que servisse como uma espécie de «lei fundamental» para o exercício da referida acção normativa[55]. Esse princípio situaria os actos administrativos, definindo as condições gerais da acção normativa, da sua regularidade e, por conseguinte, da sua eficácia e do seu próprio resultado jurídico[56]. A opinião geral, prossegue o autor, para não dizer unânime iria, pois, no sentido afirmativo, uma vez que, na realidade, tal princípio ou «lei fundamental» existiria mesmo, consubstanciando-se no princípio da legalidade ou princípio da legalidade dos actos jurídicos (*em termos clássicos*), da acção normativa e dos actos normativos da Administração[57]. O princípio da legalidade equivaleria então à «lei fundamental» da Administração, de toda a acção dos órgãos administrativos, funcionando, simultaneamente, como um princípio geral fundamental do direito administrativo, pois que, como acrescentava CHARLES EISENMANN, os órgãos administrativos e a própria Administração não seriam criados com outro objectivo que não fosse a prossecução ou o desenvolvimento de uma dada acção ou determinadas funções ou, ainda, do preenchimento de determinadas tarefas[58]. CHARLES EISENMANN considerava ainda que a ideia de que o princípio da legalidade se tratava de um princípio geral e fundamental da

---

espírito, a ideia da finalidade da acção da Administração, não se logrará realizar plenamente uma análise. Cfr. CHARLES EISENMANN, "Cours de Droit Administratif", Tomo II, Edições LGDJ, Paris, 1983, p. 527. A «crise do direito administrativo» é, para CHARLES EISENMANN, sobretudo uma crise intelectual. Não uma crise de direito positivo. As dificuldades de que sofreria o direito administrativo afectariam em especial o seu conhecimento científico, sendo que tais dificuldades científicas radicariam, segundo CHARLES EISENMANN, na dualidade da «Administração» e do direito. Para CHARLES EISENMANN, a concepção que ele qualifica como dominante na doutrina apresenta a organização da Administração independente dos dados próprios fornecidos pelo direito, ou seja, a Administração seria um conjunto de órgãos distintos do direito, dotados de uma existência real. A Administração seria uma instituição ou uma actividade que pré-existiria às regras do próprio direito, traduzindo-se num fenómeno institucional ou material, anterior e distinto aos dados propriamente jurídicos. A Administração pré-existiria ao direito sendo que este a ela se aplicaria; Ver NICOLAS CHIFFLOT, "Le droit administratif...", pp. 62-63.

[55] CHARLES EISENMANN, "Cours de Droit...", p. 527.
[56] CHARLES EISENMANN, "Cours de Droit...", p. 527.
[57] CHARLES EISENMANN, "Cours de Droit...", p. 527.
[58] CHARLES EISENMANN, "Cours de Droit...", p. 527.

acção administrativa e, por consequência, do próprio Direito Administrativo, aparecia de modo particularmente claro em certos tratados ou manuais de direito administrativo[59]. É a partir destas premissas que CHARLES EISENMANN se interroga sobre em que é que afinal se traduz o princípio da legalidade, o que é que tal princípio postula, o que é que significa ou, para traduzir tudo numa única ideia, qual seria exactamente a regra a que corresponderia aquilo a que nós, comummente, denominamos como princípio da legalidade[60]. O autor reconhece que os diversos doutrinadores que, até então, se haviam debruçado sobre o estudo do princípio da legalidade se limitavam a dar a sua opinião, sem que sinalizassem as posições divergentes, denotando, desde logo, que não dialogavam entre si, facto que levava a que tais monólogos não fossem convergentes entre si, antes sim paralelos[61]. Esta sua constatação impele-o a afirmar que a aparente concordância das fórmulas utilizadas pelos diversos autores oculta, no entanto, radicais divergências de que, nota, nem sempre os próprios autores tomam a devida consciência[62]. Assim, e no que ao princípio da legalidade respeitava, o autor considerava que existia efectivamente um problema de definição do que se devia entender por tal princípio, pelo que, na sua opinião, se impunha analisar e decidir a questão sobre se o princípio da legalidade seria ou não a tal «lei fundamental» da acção da Administração[63].

Para CHARLES EISENMANN, o princípio da legalidade significava, apenas e tão só, que as acções e os actos administrativos devem ser legais, sendo que dizer que devem ser legais, equivalia para o autor o mesmo que dizer que eles não deviam ser ilegais, ou seja, contrários às leis[64]. Para o autor, o contrário de ser contrário é estar de acordo ou conforme, pelo que advogar que os actos administrativos devem ser legais é o mesmo que dizer que eles devem estar de acordo ou conformes com as leis[65]. Mas, interrogava-se então o autor, se assim era, qual seria então a dificuldade em teorizar de forma minimamente segura o referido princípio[66]?

---

[59] CHARLES EISENMANN, "Cours de Droit...", p. 527.
[60] CHARLES EISENMANN, "Cours de Droit...", p. 528.
[61] CHARLES EISENMANN, "Cours de Droit...", p. 528.
[62] CHARLES EISENMANN, "Le Droit Administratif et le...", p. 25.
[63] CHARLES EISENMANN, "Cours de Droit...", p. 528.
[64] CHARLES EISENMANN, "Cours de Droit...", p. 528.
[65] CHARLES EISENMANN, "Cours de Droit...", p. 528.
[66] CHARLES EISENMANN, "Cours de Droit...", p. 528.

A NULIDADE DO PLANO URBANÍSTICO

Segundo ele, duas razões concorreriam para essa dificuldade[67]. Em primeiro lugar, o facto de alguns autores sustentarem que não seria suficiente defender que o princípio da legalidade postulasse que os actos administrativos estivessem de harmonia com as leis[68]. Esta é uma concepção muito limitada, uma vez que ao referir que os actos administrativos devam ser conformes à legalidade, não pode esta legalidade ser entendida como compreendendo apenas as leis ou a legislação[69]. Na realidade, refere CHARLES EISENMANN, a legalidade corresponde a um conjunto de regras muito mais vasto e heterogéneo[70], aliás nisto se distinguindo da posição de outros autores[71]. À primeira

---

[67] CHARLES EISENMANN, "Cours de Droit...", p. 528.

[68] CHARLES EISENMANN, "Cours de Droit...", p. 528.

[69] CHARLES EISENMANN, "Cours de Droit...", pp. 528-529.

[70] CHARLES EISENMANN, "Cours de Droit...", p. 529.

[71] CHARLES EISENMANN refere, a este propósito, as posições de ANDRÉ DE LAUBADÈRE e de GEORGES VEDEL. Para ANDRÉ DE LAUBADÈRE, o princípio da legalidade traduz o dever que impende sobre as entidades administrativas, nas decisões que têm que tomar, de se conformar à lei ou, para se ser mais preciso, à legalidade, entendida esta como correspondendo a um conjunto de regras de direito, no qual as leis formais se assumem, sem qualquer dúvida, como o elemento mais importante. Segundo ANDRÉ DE LAUBADÈRE, a legalidade administrativa corresponde ao conjunto de todas as regras que limitam a Administração, ou seja, o resultado de todas as regras gerais de direito que se impõem à Administração, tendo essas regras proveniência nas mais diversas fontes de direito que, o autor, identifica como sendo as leis constitucionais, as leis ordinárias, os tratados internacionais e os regulamentos (como fontes escritas de direito) e, o costume e a jurisprudência, como fontes não escritas, a que acresceriam os princípios gerais de direito; Ver CHARLES EISENMANN, "Cours de Droit...", p. 529. Para CHARLES EISENMANN, a posição de GEORGES VEDEL vai mais longe, na medida em que confere à legalidade um conteúdo mais amplo, integrando outros elementos, como aliás resulta de um texto escrito por GEORGES VEDEL, intitulado «La soumission de l'Administration à la loi», publicado na Revista Egípcia "Al Ouanoun Wal Iqtisad", 22º ano, Cairo, em que o autor refere que a legalidade não compreende apenas as regras de direito ou apenas as regras gerais que propõe ANDRÉ DE LAUBADÈRE. Para GEORGES VEDEL, a essas regras de direito devem, ainda, juntar-se todas as normas que ligam a Administração aos particulares, ou seja, relativas a actos administrativos individuais (ou decisões administrativas) e normas sobre contratos. Deste modo, GEORGES VEDEL entende a legalidade como sendo o conjunto de normas que liga a Administração aos particulares e que, como tal, aquela deve respeitar, uma vez que revestem carácter obrigatório para essa mesma Administração. Portanto, a legalidade englobaria para GEORGES VEDEL, tanto as normas gerais ou regras de direito como as normas particulares, quer unilaterais quer contratuais, correspondendo, em síntese, à totalidade do direito que se encontre em vigor num determinado momento para a Administração, ver CHARLES EISENMANN, "Cours de Droit...", p. 529. É igualmente importante compreender

razão indicada, relativa a uma divergência sobre o sentido do «termo de referência» acrescia, segundo o autor, uma segunda ordem de dificuldades e

a contextualização de que GEORGES VEDEL parte para a sua construção do princípio da legalidade. Deste modo, GEORGES VEDEL começa por definir o «regime administrativo». Fá-lo recorrendo, precisamente, a quatro princípios que são exclusivamente aplicáveis à Administração. Esses princípios são constitutivos do regime administrativo, referindo-se ao contencioso da Administração e à separação das autoridades administrativas e judiciárias (*impondo que se determine quais as matérias relativamente às quais os tribunais judiciais deviam ser incompetentes e que defina a competência do juiz administrativo e, bem assim, o campo de aplicação do direito administrativo*), aos actos da Administração (*por via do qual se reconhece à Administração a prerrogativa de tomar decisões de natureza executória, ou seja, de praticar e emitir unilateralmente actos jurídicos produtores de efeitos, sem necessidade do consentimento dos particulares aos quais as obrigações emergentes de tais actos se dirigem*), ao princípio da legalidade a que se submete toda a acção da Administração e à responsabilidade desta mesma Administração, princípio este em virtude do qual as pessoas públicas devem reparar os prejuízos que hajam causado, seja em razão da violação ou inobservância do quadro legal que os tenha ocasionado seja em razão de quaisquer outros elementos; Ver GEORGES VEDEL, "Droit Administratif", Paris, PUF, 3ª edição, colecção «Thémis», 1968, pp. 57-59; Estes princípios são definidos por GEORGES VEDEL de acordo com o objecto da sua aplicação, uma vez que se aplicariam especificamente à organização e à acção da Administração, caracterizando juridicamente a sua situação. Tais princípios são exteriores à própria Administração, com todo o grau de indeterminação que esta vicissitude autoriza, ver NICOLAS CHIFFLOT, "Le droit administratif...", pp. 62-63. Segundo GEORGES VEDEL, o «princípio da legalidade» repousaria sob um absurdo, uma vez que ele mais não seria do que uma «estranha tautologia». Na realidade, para GEORGES VEDEL, como aliás sucede com a grande maioria dos autores dos nossos dias, o «princípio da legalidade» seria o princípio que afirmaria a obrigação que recaíria sobre a Administração de «respeitar o direito». Ora «dizendo-se» «o direito», tais autores entendem que se trata de todos os tipos ou categorias de regras de direito, qualquer que seja a sua fonte e o seu nível hierárquico e não apenas as leis e regras administrativas. Neste pressuposto, cumpriria pois saber se se poderia ou não considerar o princípio da legalidade como um verdadeiro princípio globalmente caracterizador da situação jurídica da Administração, ou seja do bloco inteiro dos agentes administrativos ou se não teríamos antes como resultado uma «tautologia indeterminada». Marcado por um absurdo jurídico, o princípio da legalidade não se apresentaria pois como um elemento característico do regime administrativo, tendo um valor heurístico praticamente nulo, ver GEORGES VEDEL, "Droit Administratif", pp. 174-175. Reflectindo sobre o contributo dado por GEORGES VEDEL para o Direito Administrativo, ver PIERRE DELVOLVÉ, "L' Apport du Doyen Vedel au droit administratif", *in* RFDA, 2002, pp. 222-231. Reflectindo sobre a controvérsia respeitante aos fundamentos do direito administrativo, tão acaloradamente personificada pelos grandes mestres CHARLES EISENMANN e GEORGES VEDEL, ver EMMANUEL BREEN, "Le Doyen Vedel et CHARLES EISENMANN: une controverse sur les fondements du droit administratif", *in* RFDA, 24ºAno, nº 2, Março/Abril, 2002, pp. 232-243.

de motivos que, desde logo, procurou ilustrar com as posições doutrinárias assumidas por ANDRÉ DE LAUBADÈRE[72] e LOUIS ROLLAND[73]. O que CHARLES EISENMANN não aceita na posição assumida por ANDRÉ DE LAUBADÈRE não é tanto o facto da terminologia usada pelo autor, até porque, como desde logo reconhece, é bastante comum e corrente[74]. Tem sim que ver com o facto do próprio autor admitir que a relação dos actos administrativos com as leis não assuma a mesma natureza, consoante se estivesse perante decisões individuais ou perante decisões regulamentares[75]. Porque se assim é, prossegue o autor, se as duas máximas não se deixarem reconduzir à unidade, a uma noção comum que as una e domine, ficaremos com o problema de como perspectivar então o princípio da legalidade como uma «lei fundamental» da «função administrativa», da actividade administrativa globalmente considerada e, especialmente,

---

[72] ANDRÉ DE LAUBADÈRE, no seu tratado de Direito Administrativo, atribui ao princípio da legalidade duas noções diferentes para duas categorias de actos. Assim, e ensaiando a definição do princípio, ANDRÉ DE LAUBADÈRE refere que o mesmo respeita a todas as actividades das autoridades administrativas, sendo que um primeiro universo de situações estaria relacionado com as decisões administrativas individuais, significando aqui o princípio da legalidade que todas as medidas particulares devem ser conformes às regras gerais pré-estabelecidas e, um segundo universo de situações, relativo aos actos administrativos regulamentares sendo que, neste caso, o princípio da legalidade apenas imporia que tais actos devessem ter um fundamento legal. Deste modo, para ANDRÉ DE LAUBADÈRE, o princípio da legalidade não designaria apenas um único e mesmo princípio, mas sim dois princípios diferentes, sendo que um se imporia convocar quanto aos actos com conteúdo de decisão, isto é, de normas individuais e, um segundo, quanto aos actos com conteúdo de normas gerais ou de regras de direito. Para os primeiros, o princípio da legalidade significaria que tais decisões ou normas devessem ser conformes às regras gerais pré-estabelecidas, ao passo que quanto aos segundos, o princípio da legalidade apenas quereria significar que eles devessem ter um fundamento legal para a sua prática e não devessem violar a lei. ANDRÉ DE LAUBADÈRE admite pois que se possam designar sob a mesma expressão («princípio da legalidade») dois princípios diferentes e válidos, cada um deles, apenas para uma parte dos actos administrativos, para uma única categoria. Ou sintetizando, o mesmo termo recobriria dois princípios, ver ANDRÉ DE LAUBADÈRE/JEAN-CLAUDE VENEZIA/ YVES GAUDEMET, Traité de Droit Administratif, 9ª Edição, I, Paris, 1984.

[73] Das noções gerais de LOUIS ROLLAND sobre a temática da «superioridade da lei», CHARLES EISENMANN salienta o seguinte trecho: *"...desde o dia em que eles encontrem a lei na sua actividade, os indivíduos, quaisquer que eles sejam, devem obedecer às suas prescrições, sejam as que impõem sejam as que defendam»*. LOUIS ROLLAND, "Nótions Générales sur la supériorité de la loi", *apud* CHARLES EISENMANN, "Cours de Droit...", p. 530.

[74] CHARLES EISENMANN, "Cours de Droit...", p. 531.

[75] CHARLES EISENMANN, "Cours de Droit...", p. 531.

da actividade normativa da Administração[76]. A unidade do regime seria, como desde logo o autor faz questão de avançar, meramente ilusória[77].

Já no que se relaciona com a posição assumida por LOUIS ROLLAND, CHARLES EISENMANN refere que as prescrições para que aponta o autor visam, aparente e formalmente, duas hipóteses[78]. Por um lado, a lei que impõe e, por outro, a lei que defende[79]. Ora para CHARLES EISENMANN, trata-se, apenas e tão-só, de uma única hipótese, pois a lei impõe uma determinada actuação, a prática de um determinado acto (*ou de um acto positivo*) ou, ao invés, a lei impõe que não se faça algo, que não se pratique um determinado acto, traduzindo-se pois, neste caso, como uma espécie de prescrição legal de abstenção[80]. Ora se assim é, CHARLES EISENMANN questiona-se então se todas as regras terão a natureza de imposições ou se todas elas serão imperativas[81]. Neste ponto, CHARLES EISENMANN acrescenta que existem leis que permitem, que habilitam ou que, pura e simplesmente, conferem claros poderes[82]. Neste sentido, seria pois necessário compreender como é que o princípio da legalidade ou, na terminologia de LOUIS ROLLAND, princípio da «superioridade da lei», se relaciona com tais leis[83]. Esta seria também para CHARLES EISENMANN uma questão fundamental[84].

Na construção apresentada por CHARLES EISENMANN, assume também importância a questão relativa aos termos da relação de legalidade. Estes correspondem, por um lado, à ideia de «termo determinado» e, por outro, à ideia de «termo determinador», tendo aquele uma decisiva importância, uma vez que a relação de legalidade se concretiza no âmbito da prática de actos administrativos ao passo que o «termo determinador» funciona como um «termo de referência», dado que é ele que fornecerá o modelo com base no qual se fará o confronto e a comparação do «termo determinado»[85]. O «termo determinador» mais não é, afinal, do que o conjunto das regras às

---

[76] CHARLES EISENMANN, "Cours de Droit...", p. 531.
[77] CHARLES EISENMANN, "Cours de Droit...", p. 531.
[78] CHARLES EISENMANN, "Cours de Droit...", p. 530.
[79] CHARLES EISENMANN, "Cours de Droit...", p. 530.
[80] CHARLES EISENMANN, "Cours de Droit...", p. 530.
[81] CHARLES EISENMANN, "Cours de Droit...", p. 530.
[82] CHARLES EISENMANN, "Cours de Droit...", p. 530.
[83] CHARLES EISENMANN, "Cours de Droit...", p. 530.
[84] CHARLES EISENMANN, "Cours de Droit...", p. 530.
[85] CHARLES EISENMANN, "Cours de Droit...", p. 532.

quais o acto administrativo se deve conformar, às quais a Administração deve obedecer e conformar a sua acção e que André de Laubadère traduzia como «legalidade»[86]. No que se relaciona com a natureza da relação de legalidade, Charles Eisenmann propõe que a compreensão do relacionamento entre a actividade administrativa e a lei se enquadre com recurso a duas expressões, a saber a *«não contrariedade» e «conformidade», ou a «contrariedade» e «não conformidade»*[87]. Para Charles Eisenmann, a ideia de «contrariedade», tendo natureza positiva, tem prioridade sobre a ideia de «não contrariedade»[88], dado que esta mais não é do que a negação da primeira, pressupondo-a, lógica e temporalmente. No âmbito da «não contrariedade» (que também designa como «compatibilidade»), o autor considera que o acto submetido a essa relação mais não é do que aquilo que ele designa como *«acte normateur»*[89], facto que, segundo a nossa melhor doutrina, quer tão-só significar que o acto submetido à relação de «não contrariedade» é o próprio comando jurídico que, como tal, tanto pode assumir as características da generalidade e da abstracção (*situação em que pode perfeitamente corresponder a uma norma regulamentar*) como de concreteza (*situação em que equivalerá a um acto administrativo*)[90]. Charles Eisenmann entende que um *«acte normateur»* é contrário à lei sempre que uma sua qualquer característica ou traço distintivo se revele contrário a uma prescrição ou, mais amplamente, a uma disposição legislativa[91]. Neste ponto, o autor recorda o dualismo essencial do *«acte normateur»*, notando que ele é, essencialmente, operação por um lado e, por outro, objecto uma vez que também é resultado ou produto dessa operação[92]. Deste modo, a «contrariedade», ou seja o desacordo com a regulamentação legislativa pode, consequentemente, encontrar-se seja na operação de edição das normas, seja nas próprias normas editadas[93]. Nas próprias normas, por exemplo, o autor refere uma disposição regulamentar contrária a uma disposição legislativa, em que aquela venha impor uma determinada obrigação ao universo de destinatários a que se dirige

---

[86] Charles Eisenmann, "Cours de Droit...", p. 532.
[87] Charles Eisenmann, "Cours de Droit...", p. 535.
[88] Charles Eisenmann, "Cours de Droit...", p. 536.
[89] Charles Eisenmann, "Cours de Droit...", p. 536.
[90] Sérvulo Correia, "Legalidade e...", nota 96, p. 58.
[91] Charles Eisenmann, "Cours de Droit...", p. 536.
[92] Charles Eisenmann, "Cours de Droit...", p. 536.
[93] Charles Eisenmann, "Cours de Droit...", p. 536.

PARTE I – §1º A PROPOSTA DOGMÁTICA DE CHARLES EISENMANN

quando a fórmula utilizada pela lei não a prevê[94]. Nas situações de «contrariedade» no âmbito da operação de edição de normas, CHARLES EISENMANN refere, a título de exemplo, o caso da entidade administrativa que edita as normas não ser a entidade legalmente competente para o efeito ou porque a lei não lhe atribui esse poder ou, ainda, porque o acto praticado não se inscreve nas suas atribuições ou poderes legais[95]. Refere, ainda, a situação em que não obstante ser legalmente competente para editar as normas, a entidade administrativa não tenha agido de acordo com o que a regulamentação legislativa lhe impõe para a respectiva edição[96]. Tal sucede, por exemplo, quando a entidade não abre um inquérito, não publicita um aviso ou não comunica a sua publicitação ao interessado ou, como o autor remata em jeito de síntese, sempre que o procedimento e as formas tenham sido ilegais[97]. Do exposto, o autor conclui, quanto a este ponto que, a ilegalidade, pode ser ilegalidade de normas ou ilegalidade da operação (ou «opérationnelle»), donde, para CHARLES EISENMANN, um «*acte normateur*» poder ser perfeitamente legal ou seja, não exibir qualquer «contrariedade» entre si e a lei se as normas não se revelarem contrárias a qualquer regra legislativa relativa ao fundo dos actos ou, segunda hipótese, se a operação através da qual eles foram editados não se revelar contrária a qualquer regra legislativa sobre o respectivo procedimento de elaboração[98].

No que respeita à «conformidade», CHARLES EISENMANN entende que o facto de um «*acte normateur*» ser conforme à lei não traduz simplesmente a ideia de ausência de conflito, de inexistência de antagonismo ou mesmo de choque entre o acto e a lei, antes evidencia sim uma ideia de similitude, de reprodução, de tal sorte que se possa dizer que a conformidade exige que os actos administrativos devem ser conformes a uma regulamentação legal, que eles devem ser modelados sobre essa mesma regulamentação ou praticados segundo e de acordo com ela[99]. Não significa apenas que um acto não deva conflituar em nada com a regulamentação legislativa ou com nenhum dos seus elementos ou nenhuma das suas disposições[100]. Exige, sobretudo, que os actos

---

[94] CHARLES EISENMANN, "Cours de Droit...", p. 536.
[95] CHARLES EISENMANN, "Cours de Droit...", p. 536.
[96] CHARLES EISENMANN, "Cours de Droit...", pp. 536-537.
[97] CHARLES EISENMANN, "Cours de Droit...", pp. 536-537.
[98] CHARLES EISENMANN, "Cours de Droit...", p. 537.
[99] CHARLES EISENMANN, "Cours de Droit...", p. 537.
[100] CHARLES EISENMANN, "Cours de Droit...", p. 537.

sejam praticados de acordo com uma determinada regulamentação legislativa e que, por ela, sejam modelados[101]. Nestes termos, o autor evidencia, uma vez mais, a necessidade de pensar no dualismo em que assenta, por um lado, a operação e, por outro, as normas, exigindo, por conseguinte, que a operação se desenvolva conformemente ao esquema procedimental fixado pela lei, que nela participem os sujeitos que a lei preveja e, mais importante, que sejam efectuadas cada uma das operações que a lei prevê[102]. Paralelamente, CHARLES EISENMANN exige que as normas editadas sejam modeladas de acordo com as regras ou com uma regra legislativa, exemplificando com as decisões de imposição no âmbito das leis fiscais, as decisões de progressão ou de promoção de funcionários de uma determinada categoria ou categorias de acordo com as regras que fixam as respectivas condições[103]. Sintetizando, o autor refere que a Administração conforma a sua acção às leis, age conformemente com as leis ou conforma-se com as leis se ela seguir o que prescrevem as disposições, se ela as executar ou aplicar[104]. Para o autor, a ideia de conformidade em análise não é uma ideia original do direito, exprimindo antes a acepção corrente na linguagem comum das palavras de que, apenas a título exemplificativo, se referem as expressões «conforme a», «conformar-se», «conformemente a» e «conformidade»[105].

Para CHARLES EISENMANN um determinado objecto diz-se «conforme» a um primeiro objecto quando com ele se assemelhe ou quando com ele se pareça, num sentido estritamente comparatístico, típico do discurso científico[106]. Dito de outro modo, um determinado objecto será conforme a um primeiro objecto quando se apresente como uma imagem ou quando seja decalcado ou modelado sobre o primeiro, feito de acordo com ele e, exclusivamente, à sua imagem[107]. Deste modo, o primeiro objecto será o modelo, o tipo, o arquétipo ou o protótipo do objecto que se lhe segue[108], sendo que caberá a este último replicá-lo, na sua mais profunda essência. Na sua construção jurídica, CHARLES EISENMANN advoga ainda que a ideia de «similitude» ou de «correspondência

---

[101] CHARLES EISENMANN, "Cours de Droit...", p. 537.
[102] CHARLES EISENMANN, "Cours de Droit...", p. 537.
[103] CHARLES EISENMANN, "Cours de Droit...", p. 537.
[104] CHARLES EISENMANN, "Cours de Droit...", p. 537.
[105] CHARLES EISENMANN, "Cours de Droit...", p. 537.
[106] CHARLES EISENMANN, "Cours de Droit...", p. 537.
[107] CHARLES EISENMANN, "Cours de Droit...", p. 538.
[108] CHARLES EISENMANN, "Cours de Droit...", p. 538.

reprodutiva» entre dois objectos se pode perfeitamente equacionar em duas séries de hipóteses que constituem, por assim dizer, duas variantes da relação de conformidade, uma mais avançada, outra menos total[109]. Assim, a «relação de conformidade» pode consistir, sob uma qualquer forma, numa pura e simples reprodução, "ponto por ponto" do objecto A em objecto B ou, como simplesmente refere o autor, cópia de um original, capaz de traduzir a identidade funcional desse mesmo original, assumindo pois, em última linha, a natureza de uma «conformidade material ou física» ou, como sintetiza o autor, a forma mais simples e perfeita da relação de conformidade[110]. Ombreando com esta primeira variante de conformidade, CHARLES EISENMANN refere existir ainda uma segunda, mais subtil e menos literal como, desde logo, faz questão de sinalizar na sua obra e que opta por denominar de «conformidade lógica ou racional»[111]. Esta variante de «conformidade» é aquela que se divisa entre um objecto (no sentido mais amplo e neutro do termo) e um tipo ideal, geral, abstracto em que aquele constitui uma concreta realização deste último[112]. O autor exemplifica o seu raciocínio dizendo que, numa decisão individual, uma proposição relativa ao indivíduo (no sentido lógico da palavra, sob pena de não se limitar aos simples seres vivos) é conforme a uma decisão colectiva, a uma proposição geral relativa a uma classe ou categoria de que o indivíduo faça parte e, como tal, prossegue o autor, a conduta adoptada por uma pessoa numa determinada conjuntura é conforme à regra da moral que prescreve precisamente que, quando tal conjuntura, abstractamente descrita, se verifica, os homens ou a tal categoria de homens, devem adoptar tal conduta, também ela abstractamente descrita[113]. Nesta segunda variante da «relação de conformidade», o autor considera que A funciona como um modelo para B e que B se constrói depois sobre tal modelo[114]. Não obstante, B não reproduz pura e simplesmente A, dado que A é abstracto ao passo que B é concreto[115]. Tal é, segundo CHARLES EISENMANN, a relação que se exprime nas frases ou expressões tais como «conformar-se com as ordens, a uma vontade, a uma

---

[109] CHARLES EISENMANN, "Cours de Droit...", p. 538.
[110] CHARLES EISENMANN, "Cours de Droit...", p. 538.
[111] CHARLES EISENMANN, "Cours de Droit...", p. 538.
[112] CHARLES EISENMANN, "Cours de Droit...", p. 538.
[113] CHARLES EISENMANN, "Cours de Droit...", p. 538.
[114] CHARLES EISENMANN, "Cours de Droit...", p. 538.
[115] CHARLES EISENMANN, "Cours de Droit...", p. 538.

regra ou a uma lei»[116]. A conduta do sujeito realiza concretamente a prescrição, a qual não só prevê como também impõe algo, pelo que o sujeito age do modo que tal norma prevê e impõe, decalcando a sua conduta sob uma regra, uma máxima ou, como simplesmente refere o autor, um preceito[117]. CHARLES EISENMANN considera ainda que existem determinadas situações em que a «conformidade» e a «compatibilidade» se confundem porquanto, refere, apenas uma conduta (ou mesmo um objecto) «conforme» é «compatível», ao passo que todas as outras são não «conformes» e «contrárias»[118]. Aliás, segundo o autor, esta ideia pode ser aplicada quer ao acto considerado globalmente sob todos os seus aspectos, isto é em todos os seus elementos, quer a um aspecto ou elemento determinado[119]. O mesmo equivalia dizer que a coincidência das duas relações poderia ser geral e, como tal, total e completa (se existir a regulamentação modelo para todos os pontos) ou, ao invés, ser especial ou limitada se a regulamentação modelo não trouxer a análise de todos os pontos mas, apenas e tão só, de alguns[120]. Por outro lado, haverá situações em que, segundo o autor, não se verificará a coincidência das duas relações, como, por exemplo, quando ocorra a ausência de qualquer regulamentação modelo para o acto considerado, devendo também aqui distinguir--se, tal como sucedera com a hipótese inversa, a ausência total e a ausência parcial ou «lacuna»[121]. Nesta situação, CHARLES EISENMANN entende que se pode perfeitamente falar em compatibilidade ou em incompatibilidade mas já não será admissível falar-se em conformidade ou em não – conformidade, uma vez que falta o "desenho do próprio modelo"[122]. Acrescenta ainda o autor que se pode falar em «compatibilidade», uma vez que esta noção é passível de ser aplicada à relação entre um acto administrativo e o conjunto da legislação, mesmo que não se encontre no seio desta última nenhuma regra relativa a tal acto[123]. Para o autor, a apreciação da compatibilidade ou da incompatibilidade deve ser realizada com a «legislação» tomada em bloco e não, apenas, com a regulamentação que, dentro daquela, respeita ao acto, ao passo que a «con-

---

[116] CHARLES EISENMANN, "Cours de Droit...", p. 538.
[117] CHARLES EISENMANN, "Cours de Droit...", p. 538.
[118] CHARLES EISENMANN, "Cours de Droit...", p. 539.
[119] CHARLES EISENMANN, "Cours de Droit...", p. 539.
[120] CHARLES EISENMANN, "Cours de Droit...", p. 539.
[121] CHARLES EISENMANN, "Cours de Droit...", p. 539.
[122] CHARLES EISENMANN, "Cours de Droit...", p. 539.
[123] CHARLES EISENMANN, "Cours de Droit...", p. 539.

formidade» traduz uma relação positiva entre dois objectos perfeitamente individualizados, ou seja o acto administrativo não é conforme à legislação globalmente considerada mas sim a uma regra ou regulamentação legislativa determinada que a ele respeite[124]. A «conformidade» é, como sintetiza o autor, uma regularidade positiva[125].

O autor advoga ainda que se situação existe em que, inequivocamente, se divisa uma não contrariedade, ou compatibilidade de um acto, é aquela situação em que não existe qualquer regra legislativa destinada a disciplinar tal acto ou em que existe uma total ausência de regulamentação[126]. Nestes casos, o autor questiona como é que se poderá colocar em crise a questão da irregularidade se não existe qualquer regra ou parâmetro que possa ser desrespeitado[127]. Para CHARLES EISENMANN, o «vácuo legislativo» ou «le vacuum législatif» é a garantia de existência de compatibilidade ou de ausência de conflito, pelo que as situações em que se conseguirá garantir a ausência de contrariedade entre actos administrativos e a lei serão, certamente, aquelas que resultarão do facto do legislador não ter editado nenhuma lei[128].

Contrariamente, já não se poderá falar de conformidade, porque lá onde não existe uma regulamentação modelo, não se pode suscitar a questão do objecto modelado, parecido, semelhante ou, numa única palavra, conforme[129]. Deste modo, nestes casos de vácuo legislativo, nenhum acto e nenhum objecto pode ser conforme ou não conforme[130].

Sintetizando pois a construção quanto aos conceitos que vimos analisando de acordo com CHARLES EISENMANN, dir-se-ia que a «relação de conformidade» tem natureza positiva ao passo que a «relação de compatibilidade» assume natureza negativa (ainda que a palavra compatibilidade seja positiva, é a ideia que exprime que é negativa), donde ser possível concluir que a exigência de uma relação de conformidade vai mais longe, é mais rigorosa e mais forte que a exigência de uma simples relação de compatibilidade[131].

---

[124] CHARLES EISENMANN, "Cours de Droit...", p. 539.
[125] CHARLES EISENMANN, "Cours de Droit...", p. 539.
[126] CHARLES EISENMANN, "Cours de Droit...", p. 539.
[127] CHARLES EISENMANN, "Cours de Droit...", p. 539.
[128] CHARLES EISENMANN, "Cours de Droit...", p. 539.
[129] CHARLES EISENMANN, "Cours de Droit...", pp. 539-540.
[130] CHARLES EISENMANN, "Cours de Droit...", p. 540.
[131] CHARLES EISENMANN, "Cours de Droit...", p. 540.

Recuperando, pois, em jeito de síntese, as palavras de CHARLES EISENMANN num dos seus mais afamados escritos sobre a matéria que aqui nos ocupa,[132] diríamos que existe compatibilidade quando a regra não contradiz, não fere ou não viola qualquer disposição da lei e que existe conformidade quando a regra se limita a reproduzir, ponto por ponto, ou a realizar, concretamente, a norma superior.

Para CHARLES EISENMANN, estas seriam as duas relações que, aprioristicamente, e como natural ponto de partida, se poderiam estabelecer entre a categoria dos actos e a lei ou, como também prefere dizer o autor, entre a acção administrativa e as regras legislativas ou, se ainda quisermos abreviadamente simplificar, entre a acção administrativa e a legislação[133].

A posição de CHARLES EISENMANN quanto ao entendimento a conferir ao princípio da legalidade constitui, pois, o ponto de partida das nossas reflexões sobre o sentido interpretativo possível para as denominadas relações de compatibilidade e de conformidade na teoria geral do direito administrativo e, depois, no âmbito mais específico da temática dos planos urbanísticos. No entanto, e como se referiu, CHARLES EISENMANN constitui, apenas e tão só, um ponto de partida, pois como veremos com o desenrolar da nossa investigação, o fenómeno de "importação" de tais relações de compatibilidade e de conformidade para o direito do urbanismo francês[134] não é isento de reparos,

---

[132] CHARLES EISENMANN, "Le Droit Administratif et le...", p. 25.

[133] Cfr. CHARLES EISENMANN, "Cours de Droit...", p. 540.

[134] Note-se que, historicamente, é com o acórdão SIEUR ADAM de 22 de Fevereiro de 1974 (Conseil d' État, SIEUR ADAM et autres, communes de *Bernolsheim et Mommenheim*) que o exame da compatibilidade encontra verdadeiramente o seu lugar no direito do urbanismo francês. No caso tratava-se de uma apreciação da compatibilidade entre uma declaração de utilidade pública e um esquema director («schéma directeur»). O próprio acórdão e, bem assim, todos os comentários que o mesmo viria a suscitar, trazem algumas respostas mas, sobretudo, colocam novas questões sobre a noção de compatibilidade. Decidido em plenário, o acórdão SIEUR ADAM é um acórdão de princípio. O comissário do governo afirmou então, no que aliás foi acompanhado pelo juiz, que o carácter restritivo dos esquemas directores teria posto termo ao debate sobre a força jurídica destes últimos, concluindo-se que o esquema director não seria um simples documento prospectivo ou uma medida de ordem interior, antes sim um verdadeiro acto regulamentar com um verdadeiro conteúdo normativo. O acórdão viria assim confirmar que a utilização do termo «compatível» pela lei (concretamente o artigo 12º do Código do Urbanismo e da Habitação) não se mostra inocente, tendo o juiz interpretado tal termo como instituindo uma relação específica, diferente da conformidade, uma vez que a declaração de utilidade pública seria legal, mesmo que, afastando-se do que se previa no esquema director, ela não se pudesse ter como conforme. Ficou patente, neste primeiro grande acórdão que o

o mesmo sucedendo com a "importação" que o nosso direito do urbanismo terá depois operado do direito do urbanismo francês.

1.2. As relações de compatibilidade e de conformidade depois de CHARLES EISENMANN – enquadramento no princípio da legalidade

1.2.1. A doutrina francesa

Analisada que está a génese das relações de compatibilidade e de conformidade e situado que está o problema da sua compreensão a um nível dogmaticamente mais exigente como é o que se relaciona com o princípio da legalidade administrativa, cumpre agora perceber, ainda que em traços muito gerais, de que forma é que o contributo de CHARLES EISENMANN influenciou alguma da mais reputada doutrina francesa e, também, alguns dos nossos mais renomados administrativistas no que à concepção do princípio da legalidade diz respeito.

Deste modo, e sem prejuízo de outros contributos que obviamente aqui podemos deixar, pelo menos, sinalizados[135], referiríamos em primeiro lugar,

---

Conseil d'État esgrimiu uma concepção muito flexível de compatibilidade, definindo-a como pressupondo o respeito pelas opções fundamentais e a destinação geral dos solos prevista pelo esquema director, manutenção dos espaços arborizados e respeito pela protecção dos sítios. Ver NICOLAS CHAUVIN, "L'illegalite du Plan d'Occupation...", pp. 119-120 e, concretamente sobre o Acórdão e respectivas anotações, ver nota de rodapé nº 3, p. 120 da referida obra de NICOLAS CHAUVIN. Ver também sobre o Acórdão SIEUR ADAM, FLORENCE NICOUD, "Du Contentieux administratif de l'urbanisme – Étude visant à preciser la fonction du contentieux de l'urbanisme dans l'évolution du droit du contentieux administratif général", Edições Collection du Centre de Recherches Administratives, Université Paul Cézanne-Aix Marseille III – Faculté de Droit et de Science Politique, Aix-en-Provence Cedex 1, 2006, p. 132 (nota nº 609).

[135] Sobre a noção de legalidade ver, em especial, A.-G. CHLOROS, "Essai sur l'origine et la fonction de la légalité", Mélanges en l'honneur de PAUL ROUBIER, Paris, Edições Librairies Dalloz et Sirey, Tomo I, 1961, pp. 123-144. Em virtude de tal princípio, «a actividade administrativa deve ser conforme ao direito». Ver, também neste sentido, MICHEL TABET, "Le juge administratif et la légalité", *in* La Revue Administrative, (R.A.), numéro spécial, 5 ("Les juridictions administratives dans le monde"), 1999, pp. 67-88. JEAN RIVERO, "Le juge administratif: gardien de la légalité administrative ou gardien administratif de la légalité?", *in* Mélanges offerts à MARCEL WALINE, Tomo II, 1974, pp. 701-717. GUSTAVE PEISER, "Le développement de l'application du principe de légalité dans la jurisprudence du Conseil d'État", Mélanges RENÉ CHAPUS, 1992, p. 517. SERGE VELLEY, "Les origines du principe de légalité en droit public français", Thèse, Paris X Nanterre, 1988. DANIEL LABETOULLE, "Principe de légalité et principe de sécurité", L'État de Droit, Mélanges en l'honneur de GUY BRAIBANT, Edições Dalloz, 1997, pp. 403-412. JACQUES CHEVALLIER, "La dimension symbolique du principe de légalité", *in* "Figures de la légalité", Coordenação CHARLES-ALBERT MORAND, Éditions Publisud, Paris, 1992, pp. 55-90.

Yves Gaudemet. O emérito professor de direito público da Faculdade de Direito de Paris II (Universidade de Panthéon-Assas), começa por referir, no capítulo que dedica ao princípio da legalidade que as autoridades administrativas devem, no exercício da sua actividade, conformar-se à lei ou, mais exactamente, à legalidade, sendo que esta noção de legalidade é, para o autor, uma noção bem mais ampla do que aquela que normalmente temos presente quando nos referimos à lei[136]. Para Yves Gaudemet, o princípio da legalidade constitui uma limitação no exercício do poder administrativo, formando a base do direito administrativo[137]. Por outro lado, a jurisdição administrativa, à qual aliás incumbe velar pelo escrupuloso cumprimento do princípio da legalidade, tem, progressivamente, aperfeiçoado as respectivas sanções para a sua violação, ou seja, os meios postos à disposição dos particulares para controlar a observância da lei pela Administração[138]. Politicamente, Yves Gaudemet entende que a teoria da legalidade traduz o palco de um permanente conflito entre dois grandes interesses[139]. Por um lado, a exigência de garantias em benefício dos particulares como factor indutor de um desenvolvimento da legalidade a um nível extremo e, inversamente, o desejo do poder administrativo em dispor de uma certa liberdade de acção[140]. Como refere o autor, é preciso evitar por sua vez o despotismo da administração e o seu automatismo[141]. Quando ensaia a análise do princípio da legalidade, Yves Gaudemet fá-lo considerando desde logo que a legalidade é uma relação entre as regras limitativas e as actividades administrativas que tais regras visam limitar, pelo que para o autor as questões a resolver prendem-se, *prima facie*, com a identificação de quais as regras limitativas (fontes da legalidade) e de que formas podem os actos da Administração violar a legalidade (modalidades de ilegalidade)[142]. Um outro autor que no seu "Direito Administrativo" trata a questão das relações de compatibilidade e de conformidade ao nível do enquadramento

---

Danièle Loschak, "Le principe de légalité: mythes et mystifications", *in* AJDA, Edições Dalloz, nº 9, Setembro, 1981, pp. 387-392.
[136] Yves Gaudemet, "Droit Administratif", Edições LGDJ, Lextenso Éditions, Paris, 19ª Edição, 2010, p. 95-110.
[137] Yves Gaudemet, "Droit Administratif", Edições LGDJ..., p. 95.
[138] Yves Gaudemet, "Droit Administratif", Edições LGDJ..., p. 95.
[139] Yves Gaudemet, "Droit Administratif", Edições LGDJ..., p. 95.
[140] Yves Gaudemet, "Droit Administratif", Edições LGDJ..., p. 95.
[141] Yves Gaudemet, "Droit Administratif", Edições LGDJ..., p. 95.
[142] Yves Gaudemet, "Droit Administratif", Edições LGDJ..., p. 97.

PARTE I – § 1º A PROPOSTA DOGMÁTICA DE CHARLES EISENMANN

dogmático do princípio da legalidade é JEAN-MICHEL DE FORGES[143]. Também para ele, a Administração não pode funcionar de modo arbitrário[144]. Ela deve sim respeitar o direito, ou seja, o conjunto de regras que formam o "bloco de legalidade" (*«bloc de légalité»*), sendo que é esta dimensão que constitui a verdadeira substância do princípio da legalidade[145]. Para o autor, o princípio da legalidade é uma incontornável característica do Estado de Direito, significando que as autoridades administrativas não apenas devem agir do modo mais racional possível como, sobretudo, que devem fazê-lo de acordo com aquele que lhes pareça ser o interesse geral[146]. É, no entanto, quando procede à análise do conteúdo do princípio da legalidade e, mais concretamente, à análise da exigência de respeito pela hierarquia das regras de direito que JEAN-MICHEL DE FORGES se refere, concretamente, às denominadas relações de compatibilidade e de conformidade[147]. Na realidade, o autor, reflectindo sobre a natureza essencialmente formal da hierarquia das normas, advoga que, em princípio, a autoridade de uma norma jurídica depende do lugar que o seu autor ocupa na hierarquia das autoridades públicas e, subsidiariamente, da maior ou menor solenidade que presidiu à sua elaboração[148]. No entanto, o autor reconhece que este princípio deve ser objecto de alguns esclarecimentos, uma vez que as noções de autoridade inferior ou de autoridade superior nem sempre se revelam suficientemente precisas[149]. É exactamente numa dessas precisões que o autor esclarece que dizer-se simplesmente que a autoridade inferior não pode contrariar as decisões tomadas pela autoridade superior não é, por si só, suficiente, tudo dependendo afinal das exigências feitas pela lei e pela jurisprudência[150]. Em certos casos, prossegue o autor, a lei ou a jurisprudência podem exigir uma relação de estrita conformidade, o que equivale na prática a privar a autoridade inferior de toda a margem de apreciação[151]. Noutros casos, apenas se exige uma relação de compatibilidade, o que equivale a conferir-

---

[143] JEAN-MICHEL DE FORGES, "Droit Administratif", Collection Premier Cycle, Edições PUF, 4ª Edição, Julho, 1998, pp. 215-270.
[144] JEAN-MICHEL DE FORGES, "Droit Administratif"..., p. 217.
[145] JEAN-MICHEL DE FORGES, "Droit Administratif"..., p. 217.
[146] JEAN-MICHEL DE FORGES, "Droit Administratif"..., p. 215.
[147] JEAN-MICHEL DE FORGES, "Droit Administratif"..., pp. 245-247.
[148] JEAN-MICHEL DE FORGES, "Droit Administratif"..., p. 246.
[149] JEAN-MICHEL DE FORGES, "Droit Administratif"..., p. 246.
[150] JEAN-MICHEL DE FORGES, "Droit Administratif"..., p. 247.
[151] JEAN-MICHEL DE FORGES, "Droit Administratif"..., p. 247.

-se uma certa margem de manobra à autoridade inferior, nos exactos limites impostos pelos textos legais superiores ou pela jurisprudência[152].

Reflectindo também sobre a limitação pelo direito por via do princípio da legalidade, PROSPER WEIL e DOMINIQUE POUYAUD esclarecem que a acção administrativa não é livre, sendo sim limitada pela obrigação de respeitar certas regras de direito[153]. Este é pois, segundo os referidos autores, o sentido mais profundo do princípio da legalidade, uma das peças chave do direito administrativo[154]. Para se desvendar o seu conteúdo, é necessário identificar quais as actividades limitadas, quais as regras que as limitam e qual o grau dessa limitação[155]. Para os autores, o **elemento limitado** é o próprio campo de aplicação do princípio da legalidade, dado que este apenas recobrirá, principalmente, a acção dos órgãos administrativos e, acessoriamente, a acção administrativa das pessoas não públicas[156]. Os autores prevêem depois um **elemento limitativo** que corresponde, na construção que propõem, às fontes da legalidade[157]. Neste âmbito, certas fontes seriam exteriores à própria Administração, impondo-se a todas as autoridades administrativas, sem que alguma delas detivesse o poder de as revogar ou modificar (situação de limitação externa)[158]. Integram este universo o bloco de constitucionalidade composto pelos artigos da Constituição e do seu preâmbulo, a Declaração dos Direitos do Homem e do Cidadão de 1789, os princípios político-sociais proclamados pelo Preâmbulo de 1946 como sendo particularmente necessários aos dias de hoje, princípios fundamentais reconhecidos pelas leis da República, a Carta do Ambiente, os tratados internacionais, os actos de direito comunitário derivado e, ainda, a lei e os princípios gerais de direito, tais como o da igualdade dos cidadãos perante os poderes públicos ou perante os encargos públicos[159]. Nas situações de limitação interna, os autores referem a existência de regras editadas pela própria Administração e, como tal, limitadoras da sua acção em

---

[152] JEAN-MICHEL DE FORGES, "Droit Administratif"..., p. 247.
[153] PROSPER WEIL e DOMINIQUE POUYAUD, "Que sais-je? Le droit administratif", Edições da Presses Universitaires de France (PUF), 22ª Edição, 2ª tiragem, Outubro, 2009, pp. 78-88.
[154] PROSPER WEIL e DOMINIQUE POUYAUD, "Que sais-je?...", p. 78.
[155] PROSPER WEIL e DOMINIQUE POUYAUD, "Que sais-je?...", p. 78.
[156] PROSPER WEIL e DOMINIQUE POUYAUD, "Que sais-je?...", p. 78.
[157] PROSPER WEIL e DOMINIQUE POUYAUD, "Que sais-je?...", p. 83.
[158] PROSPER WEIL e DOMINIQUE POUYAUD, "Que sais-je?...", p. 83.
[159] PROSPER WEIL e DOMINIQUE POUYAUD, "Que sais-je?...", pp. 83-85.

PARTE I – § 1º A PROPOSTA DOGMÁTICA DE CHARLES EISENMANN

virtude do princípio da hierarquia das normas[160]. Deste modo, prosseguem os autores, nenhuma autoridade administrativa pode derrogar, através de acto individual, uma regra geral editada pela autoridade competente. Esta subordinação do acto individual à regra geral constitui uma garantia fundamental de segurança para os particulares[161]. Por outro lado, entre dois actos da mesma natureza (regulamentar ou individual), aquele que for praticado por uma autoridade subordinada encontra-se sempre ligado à decisão tomada pela autoridade superior[162]. Entre dois actos da mesma natureza emanados por uma mesma autoridade, o acto menos solene deve respeitar as disposições do acto praticado sob a forma mais solene (por exemplo, o decreto do Conseil d'État impõe-se ao decreto simples)[163].

Prosper Weil e Dominique Pouyaud terminam a sua análise relativa ao princípio da legalidade clarificando o que no seu entendimento corresponderá à relação de legalidade[164]. Deste modo, explicitam que a relação entre a regra de direito e a acção administrativa é mais ou menos estreita, oscilando entre uma noção mínima (relação de compatibilidade) e uma noção máxima (relação de conformidade). Na medida em que a regra de direito deixe uma margem de liberdade à administração, poder-se-á falar em poder discricionário ao passo que quando a regra de direito dita a conduta a adoptar, se deverá falar em competência vinculada[165]. A maior parte das decisões encerram aspectos de poder discricionário e de competência vinculada, pelo que segundo os autores em análise, a acção administrativa é limitada sobre certos pontos e livre noutros[166]. O grau de liberdade deixado à Administração decorre geralmente do texto que lhe confira um determinado poder e que, simultaneamente, preveja as condições mais ou menos estritas para o respectivo exercício[167]. É pois perfeitamente possível que tenhamos situações em que um juiz, na sua interpretação do texto da lei, entenda ser mais vinculado um poder que a lei tenha outorgado com ampla discricionariedade e amplie uma

---

[160] Prosper Weil e Dominique Pouyaud, "Que sais-je?...", p. 86.
[161] Prosper Weil e Dominique Pouyaud, "Que sais-je?...", p. 86.
[162] Prosper Weil e Dominique Pouyaud, "Que sais-je?...", p. 86.
[163] Prosper Weil e Dominique Pouyaud, "Que sais-je?...", p. 86.
[164] Prosper Weil e Dominique Pouyaud, "Que sais-je?...", p. 87.
[165] Prosper Weil e Dominique Pouyaud, "Que sais-je?...", p. 87.
[166] Prosper Weil e Dominique Pouyaud, "Que sais-je?...", pp. 87-88.
[167] Prosper Weil e Dominique Pouyaud, "Que sais-je?...", p. 88.

competência que o texto tenha previsto como fortemente vinculada[168]. Como referem os autores, a dosagem entre o poder discricionário e a competência vinculada afigura-se de extrema importância, uma vez que oferece a medida exacta da liberdade da administração, permitindo o ponto de equilíbrio entre o automatismo absoluto e a pura arbitrariedade[169]. Por outro lado, determina igualmente os direitos dos particulares, os quais podem ou não, considerando o caso concreto, exigir da Administração uma conduta ou uma abstenção[170]. Finalmente, é importante porque permite a fixação dos poderes no âmbito do controlo judicial, pelo que na medida em que haja competência vinculada, a acção da Administração assume-se como um problema de legalidade relativamente à qual o juiz pode e deve exercer o seu controlo[171]. Tratando-se, inversamente, do exercício de poderes discricionários, a acção da Administração já não interessará tanto para o domínio da legalidade (para o que é lícito ou não) mas sim para o domínio da oportunidade (o que é oportuno ou não), estando, como tal, subtraído ao controlo judicial[172].

JACQUELINE MORAND-DEVILLER tece também importantes considerações sobre o entendimento a conferir ao princípio da legalidade, fornecendo um precioso contributo sobre o "estado da arte" na doutrina francesa relativamente a tal instituto[173]. Para a autora e conceituada professora da Universidade de Paris I, o direito ou a legalidade impõe-se quer à Administração quer aos particulares[174]. A submissão da Administração ao direito domina toda a teoria dos actos administrativos[175]. As fontes do direito são igualmente numerosas, diversificadas e hierarquizadas, sendo perfeitamente possível traçar uma distinção entre, por um lado, as regras escritas exteriores à Administração, na cúpula das quais se situa a Constituição enquanto norma suprema, seguida pelo seu Preâmbulo, depois pelos tratados e leis em sentido estrito e, por outro lado, as regras "criadas" pelo juiz, o qual interpreta e desvela o direito

---

[168] PROSPER WEIL e DOMINIQUE POUYAUD, "Que sais-je?...", p. 88.
[169] PROSPER WEIL e DOMINIQUE POUYAUD, "Que sais-je?...", p. 88.
[170] PROSPER WEIL e DOMINIQUE POUYAUD, "Que sais-je?...", p. 88.
[171] PROSPER WEIL e DOMINIQUE POUYAUD, "Que sais-je?...", p. 88.
[172] PROSPER WEIL e DOMINIQUE POUYAUD, "Que sais-je?...", p. 88.
[173] JACQUELINE MORAND-DEVILLER, "Droit Administratif – Cours...", pp. 273-368.
[174] JACQUELINE MORAND-DEVILLER, "Droit Administratif – Cours...", p. 274.
[175] JACQUELINE MORAND-DEVILLER, "Droit Administratif – Cours...", p. 274.

através de uma jurisprudência[176] em que, de acordo com a ilustrativa expressão utilizada pela autora, a "mais bela flor" radicará então nos princípios gerais de direito[177] e, finalmente, as regras que a própria Administração impõe a ela mesma, quer por via de regulamentos, quer por via de decisões individuais ou mesmo de contratos[178]. A necessidade de submissão da Administração à legalidade conhece, indubitavelmente, uma certa flexibilidade na aplicação que se faz do próprio princípio da legalidade, razão pela qual a jurisprudência, com a finalidade de delimitar concretamente o âmbito do controlo judicial, ensaiou uma distinção capital entre o poder discricionário e a competência vinculada, de modo a que quando a Administração disponha de uma certa margem de discricionariedade para tomar as suas decisões, o juiz não exercerá mais do que um controlo restrito, ao passo que exercerá um controlo normal quando a competência seja vinculada. É, no entanto, na parte dedicada à obrigação de legalidade e à necessidade da sua flexibilização que a autora

---

[176] Recordando que a jurisprudência significa etimologicamente a «prudência do direito» ou a ciência do direito ou, simplificando, a procura prudente do «bom direito», JACQUELINE MORAND-DEVILLER refere, expressamente, a existência de uma "função normativa" da jurisprudência, salientando, simultaneamente, o papel que o juiz administrativo tem no processo de «enriquecimento do direito» e, mais importante ainda, na sua mais nobre função de o "revelar"; Ver JACQUELINE MORAND-DEVILLER, "Droit Administratif – Cours...", pp. 307-308.

[177] JACQUELINE MORAND-DEVILLER define os princípios gerais de direito (PGD) como tratando-se de princípios não escritos, não expressamente formulados nos textos legais mas que, uma vez retirados pelo juiz no exercício da sua função e por ele consagrados, se impõem à Administração na prossecução das suas diversas actividades, assumindo-se como uma nova e essencial fonte de direito da legalidade. A autora propõe uma classificação que distingue, num primeiro grupo, os PGD que traduzem e exprimem a tradição política liberal dos direitos do Homem e do cidadão, num segundo grupo, os princípios essenciais ao funcionamento da justiça e da protecção dos particulares e, por fim, um terceiro grupo, incluindo os princípios de equidade económica e social. Ver JACQUELINE MORAND-DEVILLER, "Droit Administratif – Cours...", pp. 309-311.

[178] JACQUELINE MORAND-DEVILLER, "Droit Administratif – Cours...", p. 274.

tece algumas considerações sobre o exercício do poder discricionário[179] e de competências vinculadas[180].

Sobre o preciso conteúdo da obrigação de legalidade, Jacqueline Morand-Deviller refere-se também à existência de relações de compatibilidade e de conformidade[181]. A autora advoga que a obrigação de legalidade requer uma relação de conformidade entre as normas, de não contrariedade entre elas, sendo que, em hipóteses muito limitadas, uma relação mais ligeira de compatibilidade poder-se-á revelar suficiente, exemplificando, aliás com o que ocorre na relação entre os planos locais de urbanismo (PLU) e os esquemas de ordenamento e de urbanismo (SDAU) [182]. Para a autora, a ideia de compa-

[179] Para a autora existe poder discricionário quando a Administração dispõe de uma certa liberdade de acção (agir ou não agir), e de decisão (escolha entre várias soluções legalmente possíveis). Trata-se, pois, de uma competência modulável, graduada de acordo com uma escala de discricionariedade. A discricionariedade não constitui um limite à legalidade, impondo-se apenas quando os textos legais sejam «mudos», lacónicos ou imponham condições gerais sem conferir à Administração a possibilidade ou o cuidado de adaptar o seu comportamento e as suas decisões a uma dada situação da vida que será impossível, senão mesmo perigoso, disciplinar e resolver num quadro de regras muito rígido. Por outro lado, o «poder discricionário» não deve ser confundido com «poder arbitrário», uma vez que a margem de liberdade que é outorgada à Administração, apenas lhe confere a possibilidade de escolher de entre medidas e/ou comportamentos legalmente admissíveis. A escolha da Administração exerce-se pois num quadro de conformidade com a legalidade. No âmbito do controlo judicial da discricionariedade, Jacqueline Morand-Deviller refere-se a uma «criatividade pretoriana», para lembrar que terá sido a revelação dos princípios gerais de direito aliada às novas e imaginativas técnicas de controlo judicial, tais como o erro manifesto e o «bilan» (balanceamento) de interesses que figurarão nos anais da história como uma das mais notáveis criações do Conseil d'État entre 1945 e 1970, período que neste domínio terá sido especialmente fecundo em termos jurisprudenciais, ver Jacqueline Morand-Deviller, "Droit Administratif – Cours...", pp. 320-321.

[180] Para Jacqueline Morand-Deviller, a competência será vinculada quando a Administração se encontra, por um lado, obrigada a agir e, por outro, a agir num determinado sentido, ou seja, sem possibilidade de apreciação ou de escolha. Para a autora, a vinculação é aquela que resulta dos textos legais, pelo que quando os textos sobre os quais se funda a decisão administrativa se revelam precisos, a actuação/comportamento da Administração não é livre. Na realidade, a Administração não terá nem a escolha da decisão, nem os meios para a alcançar, nem o momento em que a decisão deve ser tomada. No entanto, situações existirão em que a competência se apresentará parcialmente vinculada por textos dispondo de maneira muito geral ou impondo uma obrigação de resultado e deixando à Administração os meios para a atingir. Jacqueline Morand-Deviller, "Droit Administratif – Cours...", pp. 318-332.

[181] Jacqueline Morand-Deviller, "Droit Administratif – Cours...", p. 320.

[182] Jacqueline Morand-Deviller, "Droit Administratif – Cours...", p. 320.

PARTE I – § 1º A PROPOSTA DOGMÁTICA DE CHARLES EISENMANN

tibilidade desempenha um importante papel nas relações a estabelecer entre as normas nacionais e o direito comunitário[183].

Também DIDIER TRUCHET, à semelhança de outros autores, advoga que o princípio da legalidade traduz a evidência de que a Administração deve agir sempre de modo conforme às regras que se lhe aplicam[184]. Trata-se de um princípio em virtude do qual toda a actividade, pública ou mesmo privada, deve, num determinado Estado, conformar-se ao direito que se encontre em vigor nesse mesmo Estado e no preciso momento em que a referida actividade é exercida[185]. De acordo com o autor, o princípio implica, necessariamente, a existência de órgãos jurisdicionais, encarregues pois de definir o direito e de restabelecer a legalidade eventualmente violada[186]. Na prática, para o autor, tal princípio assume-se, inegavelmente, como o elemento constitutivo essencial daquele a que nós hoje não hesitamos em qualificar como sendo o «Estado de Direito»[187]. A legalidade não se refere, apenas e tão só, à lei formal votada pelo Parlamento, mas a todas as regras que se apliquem num determinado caso a uma autoridade administrativa[188]. Importante na construção de DIDIER TRUCHET é a proposta de uma dupla dimensão que o autor afirma caracterizar o princípio da legalidade[189]. Deste modo, entende que ele deve ser perspectivado num sentido estático, respeitando nesta dimensão à pirâmide de regras que impendem sobre a Administração no momento de agir, variando, necessariamente, o número e a natureza dessas regras em função dos diferentes quadros de acção a empreender pelos órgãos administrativos e, ainda, num sentido dinâmico, aqui se reportando à relação (de simples compatibilidade ou de estrita conformidade) que a acção deve estabelecer com as regras, sendo que, nuns casos, como nota o autor, tais regras ditam à Administração a conduta que ela deverá adoptar e, noutros, lhe fornece uma escolha entre múltiplas soluções igualmente legais[190].

---

[183] JACQUELINE MORAND-DEVILLER, "Droit Administratif – Cours...", p. 320.

[184] DIDIER TRUCHET, "Droit Administratif", Thémis Droit, sous la direction de CATHERINE LABRUSSE-RIOU et DIDIER TRUCHET, Edições PUF, Paris, 2ª Edição, Agosto, 2009, pp. 74-75.

[185] DIDIER TRUCHET, "Droit Administratif", Thémis Droit, sous..., p. 74.

[186] DIDIER TRUCHET, "Droit Administratif", Thémis Droit, sous..., p. 74.

[187] DIDIER TRUCHET, "Droit Administratif", Thémis Droit, sous..., p. 74.

[188] DIDIER TRUCHET, "Droit Administratif", Thémis Droit, sous..., pp. 74-75.

[189] DIDIER TRUCHET, "Droit Administratif", Thémis Droit, sous..., p. 75.

[190] DIDIER TRUCHET, "Droit Administratif", Thémis Droit, sous..., p. 75.

A NULIDADE DO PLANO URBANÍSTICO

GUY BRAIBANT e BERNARD STIRN definem igualmente o princípio da legalidade como correspondendo à submissão da administração ao direito[191]. Para os autores, tal princípio compõe-se de dois elementos[192]. Por um lado, a obrigação de conformidade à lei e, por outro, a obrigação de tomar a (s) iniciativa (s) que se revelar (em) adequada (s) para assegurar o cumprimento da lei[193]. Para os referidos autores, a obrigação de conformidade tem natureza negativa, impondo à Administração que apenas adopte as medidas que não sejam contrárias à lei, uma vez que a Administração deve, na sua acção quotidiana, respeitar a legalidade[194]. Na densificação da dimensão de conformidade, os autores clarificam ainda que a legalidade se constitui por um conjunto de obrigações, de faculdades e de interdições[195]. No entanto, essa definição não é exclusiva do direito administrativo, uma vez que o direito globalmente considerado se reduz sempre a três elementos: ao dever, ao poder e à ausência deste[196]. Se devemos fazer algo, então isso será uma obrigação, se podemos fazer algo, já será uma faculdade e se não podemos fazer qualquer coisa, então teremos uma interdição[197]. A obrigação de conformidade é, segundo os autores, não só o aspecto melhor conhecido e o mais estudado do princípio da legalidade como também o melhor aplicado e melhor sancionado no âmbito do sistema francês[198].

Já quanto ao segundo elemento caracterizador do princípio da legalidade, relativo à obrigação de iniciativa, GUY BRAIBANT e BERNARD STIRN consideram-no menos rigoroso e menos eficiente[199]. Alegam os autores que não é suficiente respeitar as regras apresentadas pela lei[200], impondo-se, ainda, adoptar as iniciativas para a aplicar ou seja, criar as condições necessárias para que a lei não fique por executar[201]. A lei não poderá ser aplicada positivamente sem

---

[191] GUY BRAIBANT/BERNARD STIRN, "Le droit administratif français", Edições Presses de Sciences Po et Dalloz, 7ª edição revista e actualizada, 2005, pp. 231-233.
[192] GUY BRAIBANT/BERNARD STIRN, "Le droit administratif français"..., p. 231.
[193] GUY BRAIBANT/BERNARD STIRN, "Le droit administratif français"..., p. 231.
[194] GUY BRAIBANT/BERNARD STIRN, "Le droit administratif français"..., p. 232.
[195] GUY BRAIBANT/BERNARD STIRN, "Le droit administratif français"..., p. 232.
[196] GUY BRAIBANT/BERNARD STIRN, "Le droit administratif français"..., p. 232.
[197] GUY BRAIBANT/BERNARD STIRN, "Le droit administratif français"..., p. 232.
[198] GUY BRAIBANT/BERNARD STIRN, "Le droit administratif français"..., p. 232.
[199] GUY BRAIBANT/BERNARD STIRN, "Le droit administratif français"..., p. 233.
[200] GUY BRAIBANT/BERNARD STIRN, "Le droit administratif français"..., p. 233.
[201] GUY BRAIBANT/BERNARD STIRN, "Le droit administratif français"..., p. 233.

que um certo número de medidas jurídicas e materiais de execução permitam que ela possa entrar no mundo da realidade[202].

René Chapus, professor emérito da Universidade Panthéon-Assas (Paris II), enquadra o estudo do princípio da legalidade no contexto do tratamento dado no capítulo I da quinta parte do seu manual de direito administrativo ao regime dos actos administrativos[203]. O autor começa por referir que o princípio da legalidade é aquele em virtude do qual a actividade administrativa deve ser conforme ao direito, assumindo-se pois como princípio essencial à efectividade do «Estado de Direito»[204]. Segundo René Chapus, o princípio da legalidade encerra uma obrigação de conformidade, entendendo o autor que o significado da exigência desta obrigação de conformidade imposta a uma norma inferior tem um conteúdo variável, uma vez que se encontra dependente do grau de completude e de precisão da norma superior[205]. De tal sorte que as possibilidades de «inovação» do criador da norma hierarquicamente inferior podem ser ou reforçadas ou enfraquecidas, consoante a norma superior tenha menor ou maior grau de precisão[206]. Afirmar-se que a relação entre duas normas deve ser uma relação de conformidade da norma inferior à norma superior, não significa mais do que evidenciar que a primeira norma deve ser, necessariamente, uma cópia conforme à segunda[207]. Como refere René Chapus, de um modo geral, conformar-se com a norma superior significa que nada deve ser feito em contradição com essa norma, sendo que é esta obrigação de não contradição que é designada, muito frequentemente, como sendo uma obrigação de conformidade[208]. Se prosseguirmos atentamente a leitura da obra de René Chapus, iremos verificar que o autor apenas volta a reflectir sobre as relações de compatibilidade no âmbito da secção segunda do capítulo I da quinta parte do manual, quando aborda, concretamente, a temática relativa ao âmbito do controlo judicial, secção em que trata quer da matéria respeitante à discricionariedade quer da relativa às modalidades de controlo judicial, um controlo dito normal e um mais restrito[209]. Deste modo,

---

[202] Guy Braibant/Bernard Stirn, "Le droit administratif français"..., p. 233.
[203] René Chapus, "Droit administratif général"..., pp. 1009-1090.
[204] René Chapus, "Droit administratif général"..., p. 1009.
[205] René Chapus, "Droit administratif général"..., p. 1011.
[206] René Chapus, "Droit administratif général"..., p. 1011.
[207] René Chapus, "Droit administratif général"..., p. 1011.
[208] René Chapus, "Droit administratif général"..., pp. 1011-1012.
[209] René Chapus, "Droit administratif général"..., pp. 1055-1090.

o autor, após efectuar a análise do controlo judicial dito normal e do controlo judicial mais restrito, procede à análise do controlo judicial das relações de compatibilidade na parte concretamente destinada às modalidades particulares de controlo[210]. O autor considera que, em regra, uma das condições de legalidade de uma norma subordinada é, precisamente, a sua não contrariedade com as normas superiores ou, numa ideia mais simples, a primeira norma deve ser conforme com as segundas[211]. No entanto, este entendimento pode ser diferente em virtude da lei ou da jurisprudência, de tal modo que para que possa ser legal uma norma inferior, será suficiente que tal norma seja compatível com a norma superior ou, pelo menos, que com ela não seja incompatível[212]. Numa certa medida, isto quer apenas e tão-somente significar que a norma inferior pode ser diferente daquilo que deveria ser para se considerar conforme com a norma superior e que pode mesmo, também em certa medida, ser contrária à norma superior[213]. Como seria de esperar, não é sem alguma dose de subjectividade nem de considerações de oportunidade que se poderá apreciar, com relativa segurança, o limite para além do qual a diferença se transmuta em ruptura e a contrariedade em contradição[214]. René Chapus entende, igualmente, que a suficiência de uma relação de compatibilidade resulta da legislação respeitante a certas decisões relevantes em direito do urbanismo e do ordenamento do território, exemplificando, ainda a coberto da legislação anterior, a existência de uma suposta relação entre o esquema director («schéma directeur») que define as orientações fundamentais a médio e longo prazo e os planos de ocupação dos solos («Plan d'occupation des sols» ou POS), afirmando que estes se consideravam então como válidos desde que com aqueles fossem compatíveis[215].

Jacques Chevallier, numa profunda reflexão que desenvolve sobre vários dos actuais temas da ciência administrativa, refere que o Estado de Direito implica, principalmente, a submissão da Administração ao Direito, devendo aquela respeitar as normas superiores, uma vez que estas constituem o quadro,

---

[210] René Chapus, "Droit administratif général"..., pp. 1082-1085.

[211] René Chapus, "Droit administratif général"..., p. 1082.

[212] René Chapus, "Droit administratif général"..., p. 1082.

[213] René Chapus, "Droit administratif général"..., p. 1082.

[214] René Chapus, "Droit administratif général"..., p. 1082.

[215] René Chapus, "Droit administratif général"..., p. 1083.

o fundamento e os limites da sua acção[216]. Essa submissão ao Direito deve ser garantida pela existência de um controlo jurisdicional independente[217]. As linhas de força do pensamento do autor são as que melhor correspondem à essência do princípio da legalidade. JACQUES CHEVALLIER, na reflexão que empreende quanto à caracterização do princípio da legalidade no âmbito do Estado Liberal[218], advoga que a delimitação das funções administrativas e o papel que a Administração então desenvolvia era limitado por força de um "jogo de freios", de "resistências" de natureza diversa[219]. Deste modo, sinaliza quatro ordens de "resistências" no processo de limitação da acção administrativa do Estado Liberal: de natureza económica, política, ideológica e jurídica. É na "resistência" de natureza jurídica que encaixa o princípio da legalidade, advogando que o direito seria para a Administração um limite, pelo menos a dois títulos[220]. Assim, o autor, a um limite de fundo correspondente ao princípio da liberdade de comércio e de indústria, faz ainda acrescer um limite formal a que corresponderia o princípio da legalidade, segundo o qual a Administração, inserida que estava numa ordem jurídica hierarquizada, devia, sob o necessário controlo judicial, respeitar a lei[221]. JACQUES CHEVALLIER reflecte também nestes escritos de ciência administrativa sobre o poder administrativo no contexto do Estado de Direito, sinalizando a ideia de subordinação jurídica como respectiva marca distintiva[222]. Segundo o autor, a ideia de Estado de Direito significa que a Administração se encontra submetida a um conjunto de regras, exteriores e superiores, que se lhe impõem, de modo constringente e que constituem, simultaneamente, o quadro, o fundamento e os limites da sua acção[223]. É, segundo o entendimento do autor, o princípio da legalidade entendido em sentido amplo[224]. A Administração apenas pode agir se, para tal, estiver legalmente habilitada, cabendo às respectivas regras jurídicas habilitantes da sua acção circunscrever o exacto campo de actuação

---

[216] JACQUES CHEVALLIER, "Science Administrative", Thémis Droit et Science Politique, sous la direction de CATHERINE LABRUSSE-RIOU et DIDIER TRUCHET, Edições PUF, Paris, 4ª Edição, Outubro, 2007, p. 14.

[217] JACQUES CHEVALLIER, "Science Administrative"…, p. 14.

[218] JACQUES CHEVALLIER, "Science Administrative"…, pp. 149-160.

[219] JACQUES CHEVALLIER, "Science Administrative"…, pp. 155-156.

[220] JACQUES CHEVALLIER, "Science Administrative"…, pp. 155-156.

[221] JACQUES CHEVALLIER, "Science Administrative"…, pp. 155-156.

[222] JACQUES CHEVALLIER, "Science Administrative"…, pp. 251-254.

[223] JACQUES CHEVALLIER, "Science Administrative"…, p. 251.

[224] JACQUES CHEVALLIER, "Science Administrative"…, p. 251.

em que ela é autorizada a movimentar-se[225]. As regras fixam os objectivos a atingir e os meios de que a Administração pode dispor para esse efeito[226]. É curioso notar que na construção proposta por JACQUES CHEVALLIER apenas se detecta uma alusão à ideia de conformidade quando o autor, reflectindo sobre a necessidade de se garantir a existência, em Estado de Direito[227], de um

---

[225] JACQUES CHEVALLIER, "Science Administrative"..., p. 251.

[226] JACQUES CHEVALLIER, "Science Administrative"..., p. 251.

[227] Segundo JACQUES CHEVALLIER, as proclamações solenes não só se revelam elas próprias insuficientes para atestar a existência de um genuíno «Estado de Direito», como não terão (nem têm) nunca como efeito colocar a Administração sob um estado de completa subordinação jurídica. O autor defende, inclusivamente, que a aplicação dos textos legais não pode ser considerada como uma função «mecânica» e «passiva», dado que ela cria, inevitavelmente, uma margem de manobra, uma faculdade de apreciação. À semelhança dos ensinamentos de HANS KELSEN, também JACQUES CHEVALLIER entende que todos os órgãos administrativos encarregues de aplicar o direito dispõem, na medida em que é necessário estabelecer o sentido das normas que tenham por missão aplicar, de um poder de interpretação que, acrescenta, não se traduz apenas na existência de uma «doutrina administrativa» radicada nas múltiplas circulares com base nas quais a administração central estrutura e formula as suas interpretações. Por outro lado, o direito não é apenas um limite para a Administração mas, paralelamente, um instrumento de acção. Inserida numa ordem jurídica hierarquizada, a Administração é, por sua vez, vinculada por regras e, simultaneamente, criadora, ela própria, de regras. É a Administração que se encontra incumbida, a partir dos «standards» estabelecidos pelo legislador, de conferir um conteúdo concreto à regra jurídica. Sucede que os «pontos fracos» da legalidade e, sobretudo, os amplos poderes de apreciação deixados à Administração pelos textos legais tornaram, incomensuravelmente, mais difícil o exercício do controlo judicial. De tal modo que o juiz, obrigado que se encontra a seguir a Administração no terreno dos factos, terá sido (e ainda é) igualmente "forçado" a inflectir a concepção tradicional relativa ao controlo de legalidade. Sintetizando as ideias quanto a este ponto, JACQUES CHEVALLIER adianta que a ordem jurídica não oferece à Administração os genuínos traços de um verdadeiro e obrigatório quadro normativo, de hetero-limitação propriamente dita. Pelo menos tal não tem sucedido desde que é a própria Administração a dispor de um direito de participar e de dar o seu contributo, progressivamente com maior expressão refira-se, nos próprios processos de produção de regras jurídicas. De acordo com o autor, esta constatação é tanto mais significativa quanto concluamos que é a própria hierarquia das normas que dissimula a posição proeminente adquirida pela Administração no coração do dispositivo de criação de direito. A Administração não se encontra pois numa relação de exterioridade com o direito, participando sim de forma activa no processo de produção de normas jurídicas. O princípio da legalidade aparece, pois, como uma disciplina a seguir, um quadro de coerência a respeitar e um princípio unificador de toda a acção administrativa. Por conseguinte, o Estado de Direito de que nos fala JACQUES CHEVALLIER aparece como uma «referência puramente simbólica que dissimula a perpetuação da omnipotência administrativa»; Ver JACQUES CHEVALLIER, "Science Administrative"..., pp. 253-254.

PARTE I – §1º A PROPOSTA DOGMÁTICA DE CHARLES EISENMANN

controlo jurisdicional, refere que este se destina a verificar a conformidade dos actos administrativos às normas que habilitam à sua prática[228]. Para o autor é absolutamente decisivo garantir o controlo da actividade administrativa através de um juiz independente (*ordinário ou de jurisdição especializada*), dado que tal controlo constitui uma dimensão essencial do próprio conceito de Estado de Direito[229]. O autor acrescenta ainda que é precisamente do controlo judicial que dependem quer o respeito pelo princípio da hierarquia das normas quer a efectividade da submissão da Administração ao direito. Como metaforicamente (*e brilhantemente diga-se*) sugere JACQUES CHEVALLIER, a Administração aparece agora encerrada numa verdadeira "grilheta jurídica" da qual não se pode evadir[230]. A acção da Administração mais não será do que a «aplicação» de normas superiores, das quais ela transcreve, "docilmente", as suas determinações[231].

MARIE-CHRISTINE ROUAULT define legalidade como conjunto complexo de normas que constituem as fontes de direito, designado pelos vocábulos «bloco de legalidade» ou «hierarquia de normas»[232]. Para a autora, a legalidade é a qualidade daquilo que é conforme ao direito, entendido este amplamente[233]. A noção exprime a regra segundo a qual a Administração deve agir conformemente ao direito, traduzindo o princípio três tipos de obrigações para a Administração[234]. Por um lado, a Administração deve respeitar a hierarquia das normas jurídicas[235]. Em segundo lugar, a sua liberdade de acção ou de abstenção é limitada[236]. Em terceiro lugar, o poder discricionário conferido às autoridades administrativas é também limitado[237]. Em princípio, prossegue a autora, a norma inferior deve ser conforme à norma superior, o que não significa que a deva copiar mas tão só que não a possa contradizer ou contrariar[238].

---

[228] JACQUES CHEVALLIER, "Science Administrative"..., p. 251.

[229] JACQUES CHEVALLIER, "Science Administrative"..., p. 251.

[230] JACQUES CHEVALLIER, "Science Administrative"..., p. 251.

[231] JACQUES CHEVALLIER, "Science Administrative"..., p. 252.

[232] MARIE-CHRISTINE ROUAULT, "Droit Administratif", Gualino Éditeur, EJA, Paris, 2005, p. 137.

[233] MARIE-CHRISTINE ROUAULT, "Droit Administratif"..., p. 137.

[234] MARIE-CHRISTINE ROUAULT, "Droit Administratif"..., pp. 137-138.

[235] MARIE-CHRISTINE ROUAULT, "Droit Administratif"..., p. 138.

[236] MARIE-CHRISTINE ROUAULT, "Droit Administratif"..., p. 138.

[237] MARIE-CHRISTINE ROUAULT, "Droit Administratif"..., p. 138.

[238] MARIE-CHRISTINE ROUAULT, "Droit Administratif"..., p. 138.

A NULIDADE DO PLANO URBANÍSTICO

Tal como JEAN-MICHEL DE FORGES, também MARIE-CHRISTINE ROUAULT reflectindo sobre a necessidade de respeito pela hierarquia das normas, advoga que, em princípio, a autoridade de uma norma jurídica depende do lugar que o seu autor ocupa na hierarquia das autoridades públicas e, subsidiariamente, da maior ou menor solenidade que presidiu à sua elaboração[239].

PIERRE MOOR, na reflexão que desenvolve no âmbito da teoria da legalidade, considera o princípio da legalidade como a essência do direito público[240]. O autor, quando inicia a análise da "teoria do princípio da legalidade" (título que aliás o autor confessa preferir) refere que, pelo menos, existem "dois princípios da legalidade"[241]. O "primeiro princípio da legalidade" seria então o princípio da supremacia da lei que o autor resume de maneira "militar", referindo que toda e qualquer iniciativa do "soldado" deve conformar-se com as instruções do "cabo", do mesmo modo que a iniciativa do "cabo" deve ser conforme com as instruções do "tenente" e da mesma forma que a iniciativa deste último deve ser conforme com as instruções do "general"[242]. Outros dirão, numa análise mais fina que se poderá, ainda, distinguir entre, por um lado, a hierarquia das normas, correspondendo esta ao edifício piramidal do conjunto da ordem jurídica e, por outro, a supremacia da lei em sentido estrito, correspondendo à relação das actividades concretas das normas[243]. Já quanto ao "segundo princípio da legalidade" é, segundo advoga o autor, a própria base legal[244]. É ainda mais constringente que o anterior, mais "militar" que o primeiro, dado que o "soldado" não poderá aqui tomar qualquer iniciativa que não lhe haja sido prescrita pelo "cabo", do mesmo modo que o "cabo" não poderá adoptar qualquer iniciativa que não lhe haja sido prescrita pelo "tenente" e, este último, pelo seu "general"[245]. O princípio da legalidade é a própria estrutura do direito público do mesmo modo que a autonomia da vontade é a estrutura do direito privado[246]. Deste modo, a comparação entre ambos limita-se a registar que cada um deles é fundamental no seu respectivo domí-

---

[239] MARIE-CHRISTINE ROUAULT, "Droit Administratif"..., p. 138.

[240] PIERRE MOOR, "Introduction à la théorie de la légalité", *in* Figures de la..., pp. 11-28.

[241] PIERRE MOOR, "Introduction à la théorie de la légalité", *in* Figures de la..., p. 12.

[242] PIERRE MOOR, "Introduction à la théorie de la légalité", *in* Figures de la..., p. 12.

[243] PIERRE MOOR, "Introduction à la théorie de la légalité", *in* Figures de la..., p. 12.

[244] PIERRE MOOR, "Introduction à la théorie de la légalité", *in* Figures de la..., p. 12.

[245] PIERRE MOOR, "Introduction à la théorie de la légalité", *in* Figures de la..., p. 12.

[246] PIERRE MOOR, "Introduction à la théorie de la légalité", *in* Figures de la..., p. 12.

nio porque, no mais, eles têm natureza exactamente oposta[247]. O princípio da legalidade no direito público repousa então sobre uma limitação, na medida em que a liberdade outorgada à Administração constitui uma derrogação ao próprio princípio da legalidade[248]. Ao invés, a autonomia da vontade repousa sobre a liberdade, dado que toda a restrição que seja imposta aos indivíduos constitui uma derrogação a tal princípio[249]. O direito público é pois a imagem inversa do direito privado[250]. No entanto, ele não é apenas a obrigação necessária para assegurar a limitação dos poderes do Estado, antes tendo também uma vocação muito mais abrangente, dado que consubstancia também a liberdade de que o próprio Estado precisa para responder, desejavelmente com êxito refira-se, ao que a própria sociedade lhe exige[251]. É igualmente interessante a análise que PIERRE MOOR faz do "edifício administrativo moderno"[252] e

---

[247] PIERRE MOOR, "Introduction à la théorie de la légalité", *in* Figures de la..., p. 12.

[248] PIERRE MOOR, "Introduction à la théorie de la légalité", *in* Figures de la..., p. 12.

[249] PIERRE MOOR, "Introduction à la théorie de la légalité", *in* Figures de la..., p. 12.

[250] PIERRE MOOR, "Introduction à la théorie de la légalité", *in* Figures de la..., p. 12.

[251] PIERRE MOOR, "Introduction à la théorie de la légalité", *in* Figures de la..., p. 13.

[252] PIERRE MOOR refere, a este propósito, que o direito administrativo clássico era composto por uma multiplicidade de relações bipolares e pontuais que funcionariam de modo totalmente independente umas das outras, o que até não se lhe afigurava paradoxal se considerássemos que o direito público foi concebido como excepção, derrogação ou, simplesmente, como uma realidade descontínua. Na análise que faz do edifício administrativo moderno, o autor sinaliza a emergência de uma nova noção, não jurídica, para proceder à análise das actividades do Estado e que corresponde às políticas públicas, por ele definidas como traduzindo o conjunto de medidas decididas em função da necessidade de relacionar um conjunto de factos com um conjunto de objectivos. Os factos formam um conjunto, não sendo compreensíveis isolada e pontualmente, antes sim no contexto das relações recíprocas em que se inserem. Os objectivos formam igualmente um conjunto. Eles não são estranhos e neutros uns relativamente aos outros, antes se apresentando de forma combinada. Na realidade, reitera o autor, eles devem ser combinados, porquanto sendo paralelos, divergentes e mesmo contraditórios, eles constituem «autênticos paralelogramas de forças», de que emergem os mais diversos resultados, sendo que um deles é simplesmente a inércia do próprio sistema. Quanto às medidas, o autor refere que elas mais não são do que a tradução político-administrativa dos objectivos dos quais, aliás, retiram toda a sua racionalidade. O conjunto das medidas constitui, por sua vez, um «paralelograma de forças», em que o resultado não corresponde, necessariamente, àquele que delineia o sistema de objectivos. PIERRE MOOR acrescenta que a lógica de uma política pública não é de forma alguma a lógica de uma norma, uma vez que não utiliza a relação dedutiva e previsível do geral para o concreto, do abstracto para o concreto. Ela não isola da realidade os elementos pertinentes e repetitivos necessários à aplicação normativa. Antes se integra sim, num sistema de redes, em contextos variáveis no tempo e no espaço e, precisamente, para os fazer variar.

A NULIDADE DO PLANO URBANÍSTICO

É esta a lógica da política pública que dirige a acção, integrando o aleatório, gerindo a franja de imprevisibilidade que existe em toda e qualquer acção. As fases na articulação do processo não são pois a adopção da medida, seguida de execução e finalmente de verificação, antes sim escolha do sistema de factos, escolha do sistema de objectivos, escolha do sistema de medidas e, por fim, mas não menos importante, avaliação. Certamente que entre as medidas adoptadas haverá algumas de natureza jurídica, mas haverá seguramente outras que não revestem essa natureza, tais como as negociações ou informações. Neste quadro geral, PIERRE MOOR questiona-se então porque razão as políticas públicas terão ocupado o lugar da execução das normas. O autor avança então com uma resposta que, no mínimo, diríamos ser esclarecedora. Afirma que a razão do sucedido tem que ver com o facto de à ilusão das fontes ilimitadas e da abundância generalizável, ilusão na qual terá vivido o Estado no século XIX, sucedeu a tomada de consciência do "Estado de Penúria". Penúria de ordem, de espaço, de ambiente, de matérias-primas, traduzindo a existência crescente de conflitos de interesses e de valores. Na medida em que uma certa consensualidade deve ser preservada, o Estado não pode apenas satisfazer-se com a garantia de repetição do direito, ou seja de uma ordem jurídica ou mesmo social pré-existente. É preciso, contrariamente, prever e antecipar, pelo menos sob dois pontos de vista. Por um lado, materialmente, assegurando a gestão de recursos e, por outro, socialmente, garantindo a gestão dos conflitos. Como magistralmente ilustra o autor, são dois pontos de vista mas, na realidade, trata-se apenas de um único "teatro" em que "o mundo inteiro se encontra em cena". Não há um exterior (sociedade civil) e um interior (o Estado), não há "espectadores" críticos, todos são "actores". Este é o fenómeno que o autor designa como sendo a «compenetração (ou interpenetração) do Estado e da sociedade». PIERRE MOOR sintetiza a evolução administrativa recorrendo a três palavras: planificação, coordenação e organização, advogando, por conseguinte, tratarem-se de facetas da mesma realidade. Sobre as características da gestão administrativa actual, o autor evidencia, por um lado, a circunstância da Administração se ter tornado multipolar, contrariamente à bipolaridade que marcara a relação administrativa clássica. Como explica o autor, a maior parte das atribuições públicas exigem, não apenas constantes relações recíprocas entre diversas subdivisões administrativas mas, também, um tecido relacional com o ambiente. Ora isto não equivale a gerar uma multiplicidade atomizada de indivíduos, antes sim a presença contínua de grupos de pressão ou de coligações difusas de interesses. Uma outra característica da gestão administrativa actual prende-se com a importância crescente das actividades que, para que possam ser decididas, devem ser objecto de balanceamento de interesses opostos, tanto públicos como particulares. Não se trata aqui apenas de actividades públicas mas, também, de actividades privadas, desde que estas se encontrem disciplinadas por uma qualquer decisão administrativa (seja, exemplificativamente, uma autorização ou a atribuição de uma subvenção). O autor prossegue, explicitando que a inserção de toda e qualquer medida no ciclo torna indispensável a apreciação da sua compatibilidade. Finalmente, o autor evidencia a existência de uma consequência perversa para a legalidade, resultante em larga medida de uma dupla impotência. Por um lado, e a título meramente exemplificativo, o autor refere que a multiplicação de regras de direito para satisfazer, ao mesmo tempo, o princípio da legalidade e a necessidade de acções diferenciadas, não repetitivas provocou

do projecto de uma próxima viagem que o princípio da legalidade terá que empreender[253]. SIMOME GOYARD-FABRE advoga que a legalidade nada mais

um claro enfraquecimento do prestígio da lei como modo de regulação social. Uma segunda ordem de impotências é a que se conecta com o problema da inflação legislativa que, segundo o autor, não simbolizando qualquer imperialismo jurídico traduz, todavia, a angústia perante a complexidade e a impotência, sentimento este ao qual o direito tenta responder através de múltiplas previsões normativas, reproduzindo assim o comportamento daqueles "pintores" que, "esquizofrénicos", não consideram o seu quadro uma obras acabada mesmo quando ele está completamente repleto de figuras, Ver PIERRE MOOR," "Introduction à la théorie de la légalité", *in* Figures de la..., pp. 20-25.

[253] Sobre essa desejável viagem, o autor começa por referir que as características da actuação administrativa actual permitem percepcionar que o sistema de legalidade, enquanto estrutura auto-limitativa do poder político passou de moda. É hoje incontestável que o Estado dispõe de uma panóplia muito mais diversificada de alternativas, sentindo-se tentado a inventariar e a classificar a realidade. No entanto, essa tentação comporta alguns riscos como, simplesmente, o deixar escapar-se alguma coisa. Para PIERRE MOOR, toda a classificação requer a definição de um critério único que permita dividir a realidade de tal modo que todos os objectos que a integram possam ser "guardados no armário" mas que o "conteúdo de cada gaveta" seja homogéneo. É isto que o princípio da legalidade torna possível, decalcando os processos institucionais dos órgãos do Estado sobre o processo lógico da norma jurídica e levando-nos, por este modo, a concluir que existirá apenas um único critério. O autor propõe então a seguinte classificação. Numa primeira categoria integraria então as normas jurídicas clássicas e respectiva execução. Uma segunda categoria integraria as decisões com conteúdo imediatamente individual e concreto, pouco importando que tivessem natureza unilateral ou negocial. Nesta segunda categoria, o autor esclarece que a lei não pode oferecer mais do que disposições directrizes ou de normas-programa e, ainda, prever as formas por via das quais as decisões podem vir a ser tomadas. A lei tem pois uma densidade normativa reduzida, constituindo, sobretudo, uma listagem de argumentos gerais a avaliar em cada caso concreto. Este fenómeno aparece sobretudo no domínio do ordenamento do território. A terceira categoria compreende os meios pelos quais a Administração procura influenciar o comportamento autónomo dos indivíduos, sem que para o efeito disponha de quaisquer outros instrumentos. Estão neste caso, por exemplo, a informação, a publicidade ou mesmo os contactos informais. Finalmente, uma última categoria que corresponderá aos processos de organização tais como o ordenamento das diversas fases procedimentais, as articulações institucionais no interior do próprio aparelho do Estado e as correlações com o exterior. É nesta última categoria que o sistema de legalidade atinge a perfeição pela identidade da estrutura entre o processo institucional e a lógica da norma jurídica, de tal sorte que a "organização" pode mesmo ser arrumada dentro da mesma gaveta em que terá sido arrumada a natureza do próprio acto. Esta conjugação não existe, actualmente, para uma grande parte dos actos de natureza estatal, para os quais aliás encontramos na legislação e prática, todos os tipos de procedimentos ou, simplesmente, a ausência de procedimentos. É, pois, preciso descobrir a «caixa negra» e instaurar em seu torno o espaço público que o sistema

é do que a conformidade à lei, sendo pois incontestável que os fundamentos atribuídos à lei decorrem do modo de conceber a legalidade[254]. Para a autora, o sentido da legalidade implica, necessariamente, a referência a uma ideia de sistema, no qual a teoria constitucional procede a uma ordenação de todas as regras de direito, no âmbito da Constituição do Estado, num todo ligado de forma mais geométrica a que normalmente chamamos de «ordem jurídica» e que se caracteriza pela sua homogeneidade e unidade lógica[255]. A doutrina constitucionalista corresponde, segundo a autora, a uma fonte de racionalização da ordem jurídica, pelo que advoga que uma "superlegalidade constitucional" traduz a ideia de que a Constituição se assume como a chave da lei e da regularidade das decisões de direito, tornando inteligíveis os seus princípios básicos e o próprio sistema jurídico do Estado[256]. Dito de outro modo, ela permite pensar o sistema de direito segundo as categorias da razão[257]. Para a autora, a doutrina constitucionalista procura estabelecer um modelo positivo de normatividade jurídica, em que uma das principais características é o reconhecimento, na regra de direito (*esta entendida aqui pela autora como indo desde o texto constitucional originário até ao regulamento administrativo*), de existência de força operatória[258]. Cada nível da pirâmide jurídica traduz um dever-ser[259]. A lei é um comando em que o enunciado, carregado de obrigatoriedade, deve dar lugar à execução[260]. De facto, a lei faz apenas e tão só referência ao que é devido, a um comportamento que se apresenta como modelo, em razão da sua exemplaridade[261]. Impõe-se, deste modo, como um cânone de comportamento, pelo que a sua inobservância acarreta uma sanção[262]. A lei, enunciando o que deve ser, apresenta-se como algo que dá a medida da acção, ou seja, é a própria norma[263]. No entanto, a concepção formal da legalidade que retorna classicamente à racionalidade constitucional

---

de legalidade colocou no seu devido lugar por via do recurso às normas jurídicas. Pierre Moor, "Introduction à la théorie de la légalité", *in* Figures de la..., pp. 25-28.

[254] Simone Goyard-Fabre, "Les fondements de la légalité", *in* Figures de la..., pp. 29-54.

[255] Simone Goyard-Fabre, "Les fondements de la légalité", *in* Figures de la..., pp. 32-34.

[256] Simone Goyard-Fabre, "Les fondements de la légalité", *in* Figures de la..., pp. 34-36.

[257] Simone Goyard-Fabre, "Les fondements de la légalité", *in* Figures de la..., pp. 34-36.

[258] Simone Goyard-Fabre, "Les fondements de la légalité", *in* Figures de la..., pp. 36-37.

[259] Simone Goyard-Fabre, "Les fondements de la légalité", *in* Figures de la..., pp. 36-37.

[260] Simone Goyard-Fabre, "Les fondements de la légalité", *in* Figures de la..., pp. 36-37.

[261] Simone Goyard-Fabre, "Les fondements de la légalité", *in* Figures de la..., pp. 36-37.

[262] Simone Goyard-Fabre, "Les fondements de la légalité", *in* Figures de la..., pp. 36-37.

[263] Simone Goyard-Fabre, "Les fondements de la légalité", *in* Figures de la..., pp. 36-37.

encontra-se hoje ameaçada por uma outra concepção de direito que releva menos da lógica do que da prática, tudo se passando como se na legislação o facto tendesse a rivalizar com o direito, como se o fundamento da legalidade tivesse passado da razão à experiência[264]. Na proposta que nos apresenta, SIMOME GOYARD-FABRE vai mesmo mais longe, advogando que se encontra em curso uma alteração das próprias fundações da legalidade, num quadro de proliferação de leis, muitas delas inúteis[265]. Considera que, face às novas formas da lei, a legalidade obedece a duas lógicas distintas que, por vezes, se sobrepõem e que, por vezes, se contradizem[266]. Por um lado, a existência de uma lógica racional do constitucionalismo que continua a fornecer ao Estado os quadros do direito por que deve reger a sua acção e, uma segunda lógica, de natureza empírica[267]. A autora faz questão de concluir no seu interessante escrito que o princípio da legalidade não será compreensível senão por via de um julgamento reflexivo que permita pensar e compreender o universal no particular, pelo que nas suas exclusões e nos seus requisitos fundamentais, o pensamento da lei não se alcança se não por via da sua inscrição no contexto de um humanismo jurídico[268].

É que, como SIMOME GOYARD-FABRE alude, "...*nós não temos outras leis que não aquelas que merecemos...*"[269].

Um outro contributo que nos pareceu interessante ficar aqui sinalizado, desde logo pela profundidade da reflexão que nele se desenvolve é o de JACQUES CHEVALLIER[270]. Para este autor, o princípio da legalidade é uma peça chave da arquitectura jurídica e política de um Estado, traduzindo a ideia de que o direito se apresenta como uma ordem estruturada e hierarquizada, compondo-se de níveis sobrepostos e de níveis subordinados uns aos outros[271]. Deste modo, as normas jurídicas inferiores apenas serão válidas sob a condição de satisfazerem, no âmbito da sua edição e do seu conteúdo, as determinações inscritas noutras normas, de nível superior, sendo que os mecanismos de regulação especializados estão exactamente previstos para verificar essa

---

[264] SIMONE GOYARD-FABRE, "Les fondements de la légalité", *in* Figures de la..., pp. 38-40.
[265] SIMONE GOYARD-FABRE, "Les fondements de la légalité", *in* Figures de la..., pp. 38-40.
[266] SIMONE GOYARD-FABRE, "Les fondements de la légalité", *in* Figures de la..., pp. 38-40.
[267] SIMONE GOYARD-FABRE, "Les fondements de la légalité", *in* Figures de la..., pp. 38-40.
[268] SIMONE GOYARD-FABRE, "Les fondements de la légalité", *in* Figures de la..., p. 52.
[269] SIMONE GOYARD-FABRE, "Les fondements de la légalité", *in* Figures de la..., p. 52.
[270] JACQUES CHEVALLIER, "La dimension symbolique du...", *in* Figures de la..., pp. 55-90.
[271] JACQUES CHEVALLIER, "La dimension symbolique du...", *in* Figures de la..., p. 55.

conformidade e para eliminar, quando se revele necessário, as normas indevidamente criadas[272].

Simbolizando uma espécie de *"polícia interno da ordem jurídica"*, o princípio da legalidade rege ainda as condições para a emissão das normas e define os respectivos termos da sua articulação[273]. Garante de uma ordem institucional liberal e democrática, o princípio da legalidade disciplina assim o poder do Estado e assegura a limitação dos poderes dos diversos governantes[274]. Não tem pois uma função unicamente instrumental, antes tocando numa "ordem de crenças" e convertendo-se, por essa razão, num objecto de significativo investimento simbólico[275]. Esta dimensão simbólica é, aliás, decisiva para que possamos fazer aparecer e compreender o jogo de significações que ele acomoda[276]. Esta dimensão simbólica não é obviamente exclusiva do princípio da legalidade, impregnando antes o direito na sua globalidade[277]. Para JACQUES CHEVALLIER, a norma jurídica não é mais um simples dispositivo técnico de enquadramento das relações sociais[278]. Veiculando um conjunto de representações, de valores, de imagens, a norma jurídica participa plenamente no sistema de referências simbólicas sobre o qual repousa a ordem social[279]. Esta impregnação assume-se como a condição da sua própria eficácia, em que o direito retira a sua força obrigatória, não tanto das obrigações que impõe mas sim da própria adesão dos sujeitos[280]. Para JACQUES CHEVALLIER, o desafio simbólico torna-se particularmente importante com a "entrada em cena" do princípio da legalidade, na medida em que toca nas próprias bases fundacionais da ordem jurídica[281]. Como faz questão de explicar, o princípio da legalidade é, na sua origem, indissociável da simbólica da lei, sobre a qual ele se construiu e que ele próprio depois voltou a alimentar[282]. Para o autor, a hierarquia das normas repousa sobre uma crença profundamente ancorada no bem fundado da lei, auréola de privilégio do sagrado e a coberto de qual-

---

[272] JACQUES CHEVALLIER, "La dimension symbolique du...", *in* Figures de la..., p. 55.
[273] JACQUES CHEVALLIER, "La dimension symbolique du...", *in* Figures de la..., p. 55.
[274] JACQUES CHEVALLIER, "La dimension symbolique du...", *in* Figures de la..., p. 55.
[275] JACQUES CHEVALLIER, "La dimension symbolique du...", *in* Figures de la..., p. 55.
[276] JACQUES CHEVALLIER, "La dimension symbolique du...", *in* Figures de la..., p. 56.
[277] JACQUES CHEVALLIER, "La dimension symbolique du...", *in* Figures de la..., p. 56.
[278] JACQUES CHEVALLIER, "La dimension symbolique du...", *in* Figures de la..., p. 56.
[279] JACQUES CHEVALLIER, "La dimension symbolique du...", *in* Figures de la..., p. 56.
[280] JACQUES CHEVALLIER, "La dimension symbolique du...", *in* Figures de la..., p. 56.
[281] JACQUES CHEVALLIER, "La dimension symbolique du...", *in* Figures de la..., p. 56.
[282] JACQUES CHEVALLIER, "La dimension symbolique du...", *in* Figures de la..., p. 56.

PARTE I – § 1º A PROPOSTA DOGMÁTICA DE CHARLES EISENMANN

quer contestação[283]. Por outro lado, o lugar conferido à Lei na construção da ordem jurídica reforça a ideia da sua superioridade ontológica[284]. Finalmente, e quanto a uma alegada «crise do princípio da legalidade», o autor reafirma que esta não pode ser mais analisada e reflectida sem que se faça qualquer referência ao seu substrato simbólico[285]. Reflexo das rápidas transformações e dos impactos que as mesmas provocam na ordem jurídica, a crise do princípio da legalidade exprime também o retorno das crenças que tradicionalmente gravitavam em torno da Lei, pelo que se imporá, segundo o autor, compensar esse *déficit* simbólico, sob pena de se comprometer a eficácia do próprio direito[286]. Importante na posição assumida pelo autor é a ideia de que o princípio da legalidade se fundará então sobre uma representação idealizada da lei que, pelo seu próprio poder evocativo e, bem assim, pelas ressonâncias que desse poder dimanam, apresenta todos os aspectos de um autêntico "mito"[287]. O "mito da lei" encarna pois a premissa fundadora e o ponto de apoio de todo o sistema simbólico, caracterizado pela "fetichização" do direito e pela não realização do fenómeno do poder[288].

Das diversas posições até aqui analisadas resulta para nós, de forma objectivamente segura, que o enquadramento dogmático das relações de compatibilidade e de conformidade nasce acoplada ao tratamento dogmático que CHARLES EISENMANN confere ao princípio da legalidade. Esta constatação é tanto mais importante se tivermos presente que alguns dos contributos dogmáticos que, após CHARLES EISENMANN, vieram a ser dados pela doutrina no domínio do princípio da legalidade, terem continuado a convocar, uns de forma expressa, outros de forma implícita, as lógicas discursivas sustentadas nas ideias de compatibilidade e de conformidade propostas pelo referido autor.

Deste modo, e como tivemos oportunidade de ver, temos posições doutrinárias com os mais diversos sentidos.

Umas acoplando as ideias de legalidade às relações de hierarquia de normas, outras divisando apenas a legalidade numa lógica de estrita conformidade com o bloco de legalidade e outras, ainda, vendo a legalidade como compatibilidade e conformidade, mas sem preocupações de maior quanto à

---

[283] JACQUES CHEVALLIER, "La dimension symbolique du...", *in* Figures de la..., p. 56.
[284] JACQUES CHEVALLIER, "La dimension symbolique du...", *in* Figures de la..., p. 56.
[285] JACQUES CHEVALLIER, "La dimension symbolique du...", *in* Figures de la..., p. 56.
[286] JACQUES CHEVALLIER, "La dimension symbolique du...", *in* Figures de la..., p. 56.
[287] JACQUES CHEVALLIER, "La dimension symbolique du...", *in* Figures de la..., p. 57.
[288] JACQUES CHEVALLIER, "La dimension symbolique du...", *in* Figures de la..., p. 57.

necessidade de ajustamento da proposta de CHARLES EISENMANN ao actual tecido normativo e às diversas relações entre as fontes de direito.

Esta viagem prévia fornece-nos também um rico e poderoso *instrumentarium* com base no qual iremos depois, em sede de análise das relações de compatibilidade e de conformidade no domínio dos planos urbanísticos, perceber melhor de que modo é que uma alegada "importação" de tais lógicas para o domínio do direito do urbanismo se coaduna, ou não, com o sentido da proposta de CHARLES EISENMANN, ou seja, perceber, em primeira linha, se do que efectivamente se trata nas relações entre planos urbanísticos é de aferir as compatibilidades e as conformidades de que nos fala o emérito autor no contexto do princípio da legalidade ou, ao invés, se se trata de uma realidade jurídica totalmente distinta ou, ainda, numa terceira hipótese, de uma aplicação matizada ou atípica da construção do autor.

Numa palavra, diríamos pois que para nós é absolutamente decisivo numa investigação desta natureza perceber se a compatibilidade e conformidade a que o legislador se refere no domínio dos planos urbanísticos correspondem ou têm alguma coisa que ver, ainda que indirectamente, com a compatibilidade e a conformidade a que alude CHARLES EISENMANN no contexto mais geral do princípio da legalidade.

Ou se, ao invés, se trata de realidade juridicamente distinta e, em caso afirmativo, qual o modo de equacionarmos tais relações, em especial no contexto mais geral do princípio da legalidade.

1.2.2. A compatibilidade e a conformidade na doutrina administrativa portuguesa

No contexto mais global da teoria geral do direito administrativo e, em especial, no que se relaciona com o tratamento dogmático conferido pela nossa doutrina às relações de compatibilidade e de conformidade no âmbito mais específico do princípio da legalidade, referiríamos, em primeira linha, a proposta que nos oferece ANDRÉ GONÇALVES PEREIRA, na sua brilhante, e já por nós antes referida, tese de dissertação para doutoramento em Direito, em Ciências Político-Económicas na Faculdade de Direito da Universidade de Lisboa, intitulada "Erro e Ilegalidade no Acto Administrativo".

O autor dedica importantes e significativas páginas da sua obra ao enquadramento do princípio da legalidade na administração[289]. Deste modo, para

---

[289] ANDRÉ GONÇALVES PEREIRA, "Erro e ilegalidade no acto...", pp. 19-75.

o autor, o princípio da legalidade na administração mais não seria do que a expressão, por recurso a um juízo categórico e necessário, de acordo com a qual a administração se encontraria submetida à lei[290]. No entendimento de ANDRÉ GONÇALVES PEREIRA, a doutrina havia dedicado pouca reflexão a esta ideia, demonstrando maior preocupação em dela retirar consequências, quer fosse ao nível da administração activa quer fosse no plano do processo contencioso[291]. ANDRÉ GONÇALVES PEREIRA considera que o elemento que suscita maiores dificuldades é o do significado a atribuir ao termo «submissão»[292].

---

[290] ANDRÉ GONÇALVES PEREIRA, "Erro e ilegalidade no acto...", p. 19.

[291] ANDRÉ GONÇALVES PEREIRA, "Erro e ilegalidade no acto...", p. 19.

[292] ANDRÉ GONÇALVES PEREIRA, "Erro e ilegalidade no acto...", pp. 20-31. Segundo o autor, a controvérsia doutrinária relativa à natureza da submissão da administração à lei pode sintetizar--se na divergência entre as seguintes concepções. Por um lado, a **concepção restritiva do princípio da legalidade**, filiada numa reacção contra a caracterização da administração como actividade ou função executiva (provavelmente, a remontar temporalmente aos escritos de SANTI-ROMANO, *in* "Principi di Diritto Amministrativo", 1912) e advogando que a finalidade da acção administrativa não seria a execução da lei mas a realização do interesse público. Seria, pois, para a prossecução deste fim que a administração seria dotada de iniciativa, convolando a sua actividade em algo de muito mais substancial do que uma mera tarefa de execução. De acordo com esta concepção, a administração disporia da sua esfera própria de acção em que, tal como os particulares, estaria apenas limitada pelo dever jurídico de não violar a lei. Uma segunda concepção, dita **ampliativa do princípio da legalidade**, filiar-se-ia na clássica análise de ZANOBINI, de acordo com a qual a diferença entre a posição do indivíduo e da Administração perante a lei consistiria no facto desta última representar para o indivíduo uma vontade transcendente e para a Administração uma vontade imanente. Como faz questão de sintetizar as suas ideias, os indivíduos ou as pessoas jurídicas privadas dispõem de vontade própria, podendo escolher determinados fins a prosseguir, cabendo apenas à lei traçar os limites da sua actividade, vedar-lhes o uso de certos meios ou a prossecução de certos fins. Ora não seria isto que se passaria com a Administração, dado que ao passo que a lei corresponderia à vontade do Estado na definição dos seus fins e meios a utilizar, a Administração traduziria o Estado em acção, a prosseguir esses fins e a utilizar esses meios. ANDRÉ GONÇALVES PEREIRA refere, ainda, uma terceira concepção dominada pelas denominadas **posições ecléticas**, de que o principal precursor seria GARRIDO FALLA, com o volume I da sua obra "Tratado de Derecho Administrativo", publicado em 1958. Estas posições ecléticas seriam impostas por três ordens de considerações. Em primeiro lugar a ideia de que a actividade da administração não seria homogénea, uma vez que incluiria casos em que a lei imporia uma acção em execução da lei e outros em que seriam conferidas à administração faculdades de gestão rigorosamente menos determinadas. Em segundo lugar, refere o autor que não obstante a multiplicação das normas que regulam detalhadamente a acção administrativa, nunca seria passível de total eliminação a iniciativa que é, no fundo, a consequência do dever de prossecução do interesse público. Por

O autor parte, no âmbito da análise que produz relativa à complexidade aparente e complexidade real do princípio da legalidade, da formulação de um

último, esta iniciativa implicaria a concessão à administração de faculdades discricionárias. Para ANDRÉ GONÇALVES PEREIRA a construção de GARRIDO FALLA padeceria de três defeitos graves. Por um lado, tenderia apenas a fazer ver que há sectores de actividade administrativa menos estreitamente regulados por lei que outros. Em segundo lugar, porque ao ressuscitar a velha antinomia entre legalidade e discricionariedade, a posição de GARRIDO FALLA evidenciava desconhecer a natureza real do poder discricionário, de tal sorte que esquecia mesmo que a natureza de poder da administração era inseparável da legalidade. Na realidade, quando considera que na situação em que o fim do poder seja vinculado, a discricionariedade opera dentro dos limites do conteúdo e do objecto do acto administrativo, GARRIDO FALLA está, com excepção da vinculação quanto ao fim, a tomar uma importante zona do exercício do poder discricionário como subtraída ao princípio da legalidade. Ora segundo ANDRÉ GONÇALVES PEREIRA, mesmo nas situações em que a actividade discricionária da administração se apresentasse como totalmente livre, excepto quanto ao fim, ainda assim tal não poderia constituir qualquer excepção ao princípio da legalidade, uma vez que é a lei que concede o poder e estabelece a discricionariedade. Uma última concepção que ANDRÉ GONÇALVES PEREIRA trata na sua obra é a da autoria de ERNST FORSTHOFF, no seu "Tratado de Derecho Administrativo", publicado em 1958 que, como faz questão de realçar, se apresenta, ela sim (não obstante não se assumir como tal), como uma solução eclética para a descrição das relações entre a Administração e a lei. Para ERNST FORSTHOFF, o princípio da legalidade surgido no Estado de Direito burguês como forma de defesa da sociedade burguesa, mais não seria do que a submissão da Administração à lei (em sentido formal), votada pelo Parlamento, representante da burguesia. No entanto, e fruto da transformação posterior da estrutura da Administração, todo o quadro referido sofre profundas alterações. Assim, em consequência da tendência para a hipertrofia das funções do Estado, a Administração que até aí fora essencialmente garantia da ordem, convola-se em prestadora de serviços, emergindo uma nova forma de acção da Administração («Gestaltende Verwaltung», expressão alemã traduzida entre nós pelo emérito Professor ROGÉRIO EHRHARDT SOARES como correspondendo à «administração constitutiva»), não passível de ser descrita ou compreendida pelos métodos tradicionais da ciência do Direito Administrativo. Segundo ERNST FORSTHOFF, a administração constitutiva trabalharia em condições que escapariam, em absoluto, à técnica da garantia da liberdade e do controlo jurídico produzida pelo Estado de Direito burguês. Na realidade, como refere ERNST FORSTHOFF, tal técnica partia, em princípio, da ideia de que a existência do indivíduo é autónoma, e que o indivíduo se defrontava também autonomamente com a administração. Donde, prossegue, o desfasamento então verificado entre a Administração e o Direito Administrativo provém da evolução deste último e do facto do Direito Constitucional não ter acompanhado a evolução daquela, verificando-se, como tal, a necessidade de dar resposta às relações do indivíduo com a Administração, preferencialmente de uma forma adequada a um Estado de Direito. Essa forma teria, segundo ERNST FORSTHOFF, de levar em consideração a estrutura dualista do Direito Administrativo moderno, abrangendo, por um lado, a administração tradicional e, por outro, a administração constitutiva, uma vez que

PARTE I - § 1º A PROPOSTA DOGMÁTICA DE CHARLES EISENMANN

juízo categórico traduzido na ideia de que a acção da Administração está submetida à lei, decompondo-se, pois, este seu juízo em três elementos nucleares: um primeiro relativo à acção da administração, um segundo concernente à ideia de «submissão» e, um terceiro, respeitante à lei[293].

É precisamente no que respeita ao segundo termo do juízo que o autor equaciona algumas reflexões importantes sobre os conceitos de compatibilidade e de conformidade[294].

Fá-lo, sobretudo, ensaiando uma recuperação dos conceitos originariamente propostos por CHARLES EISENMANN, e associando a cada uma das concepções (restritiva e ampliativa) uma regra sobre as relações que devem, entre si, manter a acção administrativa e a lei[295]. Deste modo, à regra de compatibilidade corresponderia a concepção restritiva e à regra da conformidade corresponderia a concepção ampliativa[296]. Para ANDRÉ GONÇALVES PEREIRA, a regra da compatibilidade ou da não-contrariedade implicaria, necessariamente, que a acção da Administração não devesse contrariar a lei, uma vez que esta seria superior à vontade daquela e a ela se imporia, sendo que seria precisamente por essa razão que os actos que a contrariassem, se devessem

a resolução desse dualismo científico seria tarefa ainda por realizar pela moderna ciência do direito administrativo. A construção proposta por ERNST FORSTHOFF representa, pois, no entendimento de ANDRÉ GONÇALVES PEREIRA, uma verdadeira solução eclética para o significado do princípio da legalidade na Administração, uma vez que à distinção entre administração tradicional e administração constitutiva corresponderiam dois sentidos diferentes do princípio da submissão da Administração à lei, tomado quanto àquela no seu sentido ampliativo e, quanto a esta, no seu sentido restritivo. Para ANDRÉ GONÇALVES PEREIRA é também com recurso a uma solução dualista que se deve tentar compreender as relações entre a actividade administrativa e a lei, com a diferença de que essa solução terá de ser na origem substancialmente distinta da proposta por ERNST FORSTHOFF, embora dela se aproxime no que respeita às consequências. Parece, no entanto, ainda que de modo algo subliminar, resultar uma aproximação ou especial simpatia do autor à concepção ampliativa do princípio da legalidade, tanto mais que é o próprio que, com algumas reservas, o afirma logo no início da redacção da Secção II (ob. cit. p. 33). Uma última linha de posições analisada por ANDRÉ GONÇALVES PEREIRA na sua obra é a que integra certas concepções que traduzem, ainda que com fundamentos distintos, a negação, mais ou menos clara, do princípio da legalidade. Refere-se a este propósito, em especial, à concepção defendida pelo nacional-socialismo alemão.

[293] ANDRÉ GONÇALVES PEREIRA, "Erro e ilegalidade no acto...", p. 33.
[294] ANDRÉ GONÇALVES PEREIRA, "Erro e ilegalidade no acto...", pp. 37-40.
[295] ANDRÉ GONÇALVES PEREIRA, "Erro e ilegalidade no acto...", p. 38.
[296] ANDRÉ GONÇALVES PEREIRA, "Erro e ilegalidade no acto...", p. 38.

cominar com a nulidade ou com a anulabilidade[297]. O autor considera que esta seria uma regra negativa, dado que não imporia à Administração o conteúdo de determinados actos, antes delimitando-o negativamente e estabelecendo os fins que não pudessem ser prosseguidos ou mesmo os meios que não pudessem ser utilizados[298]. Na opinião do autor, (aliás em linha com a posição maioritária) mais exigente seria então a regra da conformidade, uma vez que esta implicaria que apenas se devesse ter como legal a acção da Administração que encontrasse nas prescrições legais a sua própria razão de ser, a definição do seu conteúdo e do exacto fim a prosseguir[299]. Como faz questão de explicar, *"...a própria linguagem corrente exprime pelo termo conformidade a ideia de reprodução, embora não forçosamente servil..."*[300]. Sintetizando a sua ideia, ANDRÉ GONÇALVES PEREIRA refere que as duas regras, da compatibilidade e da conformidade, correspondem a dois tipos absolutamente diversos da actuação da administração, pelo que, se vigorar a regra da compatibilidade, a Administração poderá praticar todos os actos, excepto aqueles que sejam por lei proibidos[301] (quer o comportamento concretamente adoptado pela Administração esteja ou não previsto na regulamentação legislativa)[302]. Ao invés, se prevalecer a regra da conformidade, isso significará que a Administração só poderá praticar os actos que se encontrem previstos na lei e nos termos em que o estejam, pelo que se a lei não previu ou desenhou, ainda que em traços muito largos ou materialmente difusos, um esquema abstracto para o acto, então a Administração não poderá agir[303]. Na síntese da sua construção, o autor, partindo dos três elementos em que decompõe o seu juízo categórico, apresenta-nos um conjunto de combinações possíveis entre os diversos termos do juízo, magistralmente condensados, após pertinentes reflexões, num quadro de representação gráfica do princípio da legalidade na Administração[304].

---

[297] ANDRÉ GONÇALVES PEREIRA, "Erro e ilegalidade no acto...", p. 38.

[298] ANDRÉ GONÇALVES PEREIRA, "Erro e ilegalidade no acto...", p. 38.

[299] ANDRÉ GONÇALVES PEREIRA, "Erro e ilegalidade no acto...", p. 38.

[300] ANDRÉ GONÇALVES PEREIRA, "Erro e ilegalidade no acto...", p. 39.

[301] Donde, como o próprio autor reconhece, é a regra da compatibilidade que vale para definir a situação do particular perante a lei, Ver ANDRÉ GONÇALVES PEREIRA, "Erro e ilegalidade no acto...", p. 40.

[302] ANDRÉ GONÇALVES PEREIRA, "Erro e ilegalidade no acto...", p. 39.

[303] ANDRÉ GONÇALVES PEREIRA, "Erro e ilegalidade no acto...", p. 40.

[304] ANDRÉ GONÇALVES PEREIRA, "Erro e ilegalidade no acto...", p. 51. Deste quadro resulta, por exemplo, que nas relações entre os regulamentos e a lei em sentido formal vale a regra da compatibilidade, ao passo que nas relações entre os actos administrativos e a lei em sentido material

Outro dos autores que aqui gostaríamos de referir pelo contributo que nos legou sobre a matéria aqui em análise é Sérvulo Correia[305]. Para este autor, e contanto que seja ultrapassada a especificidade da terminologia, pode encontrar-se na construção doutrinária de Charles Eisenmann e nos resultados que da aplicação da mesma terão advindo no seio do ordenamento jurídico francês, os mesmos problemas de fundo que nos revela o exame de quaisquer outros sistemas jurídicos e muitas das dificuldades que em cada um deles se suscita quando se procura fazer corresponder a realidade aos arquétipos de legalidade[306]. Sérvulo Correia refere pois nesse sentido que, não obstante ter sido elaborada ainda durante a vigência da Constituição de 1946, a construção teórica de Charles Eisenmann se lhe afigurava como a mais adequada para enquadrar dogmaticamente o princípio da legalidade no direito administrativo francês[307].

O autor, alinhando aliás pelo mesmo diapasão doutrinário de Rui Machete, entende que o princípio da compatibilidade não se afasta da ideia de preferência ou de precedência de lei ao passo que a conformidade equivaleria à reserva de lei[308]. Dados os diferentes conteúdos que o princípio da legalidade poderia encerrar de acordo com os sectores da ordem jurídica a que preside, Sérvulo Correia advogava então a existência, em Estado de Direito contemporâneo, de um princípio da legalidade de natureza polissémica, caracterizando-o como o princípio disciplinador das relações firmadas entra as normas jurídicas e o desempenho da função administrativa, e desdobrando-o, ainda, nos princípios da precedência de lei e da reserva de lei, em que o primeiro (também designado como princípio da preferência de lei, ou da compatibilidade ou da não contradição) traduziria a ideia de que os actos da Administração não deveriam contrariar as normas legais que lhes fossem aplicáveis e, o segundo, também designado de princípio da conformidade,

---

vale uma regra de conformidade. Já no complexo domínio dos contratos administrativos, o autor entendia que o princípio da legalidade é, consoante a fase da vida do contrato, regido por uma regra de compatibilidade ou por uma regra de conformidade com a lei em sentido material.

[305] Sérvulo Correia, "Legalidade e...", pp. 58-64.

[306] Sérvulo Correia, "Legalidade e...", p. 63.

[307] Sérvulo Correia, "Legalidade e...", pp. 58-64.

[308] Rui Machete, "Contencioso Administrativo", *in* Dicionário..., p. 719 e Sérvulo Correia, "Legalidade e...", p. 63.

postulando uma exigência de que a prática de um acto pela Administração correspondesse à prévia estatuição de uma norma jurídica[309].

Para SÉRVULO CORREIA a conformidade ou reserva de lei poderia ainda, por sua vez, desdobrar-se nos conceitos de legalidade formal e de legalidade material ou substancial[310], pressupondo a primeira que a operação de emissão do acto se desenrolasse em conformidade com o esquema processual fixado pela norma (*esquema processual esse em que o autor inclui os poderes de produção normativa que essa mesma norma tenha atribuído*) e, a segunda, que o conteúdo do acto fosse modelado pela norma[311]. SÉRVULO CORREIA advoga, em linha aliás com CHARLES EISENMANN, que a conformidade pode consistir numa reprodução pura e simples do modelo normativo ou, apenas, na existência

---

[309] SÉRVULO CORREIA, "Legalidade e...", pp. 755-756.

[310] O autor critica a posição de CHARLES EISENMANN quanto a uma alegada ausência de interesse na utilização da ideia de conformidade quanto ao fundo (legalidade substancial) para aferir do relacionamento entre normas gerais e abstractas, ainda que pertencentes a diferentes categorias juridicamente hierarquizadas. Segundo CHARLES EISENMANN, mesmo nas situações em que o regulamento tem natureza executiva, muitas das suas normas teriam de ser diferentes das da lei executada, sob pena de inutilidade do segundo, sendo que seria esta circunstância que ditaria que o princípio da legalidade, na acepção de conformidade quanto ao fundo, se visse excluída no que aos actos regulamentares dissesse respeito. Ora para SÉRVULO CORREIA, seria inaceitável a referida posição doutrinária que circunscrevia a problemática da legalidade dos regulamentos à sua compatibilidade com normas jurídicas contidas em diploma de valor hierárquico superior e à sua legalidade formal. Como faz questão de esclarecer SÉRVULO CORREIA, se apenas fosse possível detectar uma relação de conformidade entre a previsão e a estatuição da norma geral e abstracta e os pressupostos e o conteúdo do acto concreto, mas já não entre duas normas de grau diverso, não revestiria qualquer utilidade a distinção entre normas regulamentares independentes e de normas regulamentares de execução. Na realidade, o que caracteriza a norma regulamentar de execução não é a repetição integral do preceito da lei formal mas a existência entre ambas de uma concreta relação de derivação lógica, em que o facto da norma regulamentar executiva ser enquadrada por uma pré-determinação legislativa que lhe vincula o conteúdo não significa, de forma alguma, a existência de uma identidade rigorosa de teores/conteúdos. Terá que haver sim um nexo lógico do qual se retirará o carácter secundário ou derivado da norma regulamentar, por via da sua função interpretativa ou particularizadora da norma legal. Será então neste nexo lógico que radica, no entender do autor, a essência da conformidade entre a norma regulamentar de execução e a norma legislativa executada. SÉRVULO CORREIA, "Legalidade e...", pp. 58-64, em linha, aliás, com o entendimento defendido por LORENZA CARLASSARE, "Regolamenti dell'Esecutivo e Principio di Legalità", Pádua, 1966, pp. 115-116 e, ainda, entre nós, por AFONSO QUEIRÓ, "Lições de Direito Administrativo", lições policopiadas, Volume I, Coimbra, 1976, pp. 66-69 e pp. 420-427.

[311] SÉRVULO CORREIA, "Legalidade e...", pp. 755-756.

PARTE I – §1º A PROPOSTA DOGMÁTICA DE CHARLES EISENMANN

entre ambos de uma relação funcional de realização concretizante, entendida esta, como logo clarifica o autor, como directa relação de derivação lógica[312].

RUI MACHETE é outro dos autores que sobre o assunto teceu algumas considerações.

Para este autor, o esforço conceptual desenvolvido por CHARLES EISENMANN no sentido de criar instrumentos de análise mais depurados do princípio da legalidade revela-se meritório, tendo representado um incontornável progresso em relação aos esquemas conceptuais que até então vinham sendo utilizados pela doutrina francesa[313]. No entanto, questiona-se RUI MACHETE, em que medida é que esse contributo traria de facto algo de inovatório face às noções de preferência de lei e de reserva de lei tão familiares à dogmática alemã[314]. Como já antes referimos, aquando da análise que fizemos da proposta avançada por SÉRVULO CORREIA, RUI MACHETE entende que o que CHARLES EISENMANN designa como correspondendo ao princípio da compatibilidade mais não é, afinal, do que um corolário da preferência de lei ao passo que a ideia de conformidade equivaleria a uma reserva de lei generalizada[315]. No entendimento de RUI MACHETE, afigurar-se-ia preferível a opção de LORENZA CARLASSARE, dado que, no confronto com a proposta de CHARLES EISENMANN, recorreria a uma terminologia mais clara[316]. Na realidade, a autora italiana, na apreciação que faz da construção de CHARLES EISENMANN, observa que a conformidade substancial da actividade da Administração à lei se perspectiva, exclusivamente do lado do Executivo, como vínculo e limite necessário à sua acção, olvidando uma outra dimensão igualmente importante que é a da sua operatividade como vínculo para o próprio Legislador[317]. Ora é precisamente esta restrição do ângulo visual que, na perspectiva de LORENZA CARLASSARE, no que é acompanhada por RUI MACHETE, inutiliza uma possível distinção entre conformidade e não contrariedade, pelo menos no que tange à matéria de fundo dos actos[318].

---

[312] SÉRVULO CORREIA, "Legalidade e...", pp. 755-756.

[313] RUI MACHETE, "Contencioso Administrativo", *in* Dicionário..., p. 719.

[314] RUI MACHETE, "Contencioso Administrativo", *in* Dicionário..., p. 719.

[315] RUI MACHETE, "Contencioso Administrativo", *in* Dicionário..., p. 719.

[316] RUI MACHETE, "Contencioso Administrativo", *in* Dicionário..., p. 719.

[317] RUI MACHETE, "Contencioso Administrativo", *in* Dicionário..., p. 719.

[318] RUI MACHETE, "Contencioso Administrativo", *in* Dicionário..., p. 719.

Pelo que, refere LORENZA CARLASSARE, se a lei prevê e regula determinado acto, não agir *contra legem* mais não significa do que agir em conformidade[319]. O que no entendimento de RUI MACHETE se divisa como mais importante na construção proposta pela autora italiana é o esforço que a mesma empreende no sentido de apurar se o Legislador é ou não obrigado a desenhar uma disciplina abstracta da actividade administrativa e, em caso afirmativo, qual o grau de determinação a que deve descer[320]. Por conseguinte, paralelamente com a não contrariedade, interessaria sobretudo distinguir a legalidade formal da legalidade substancial, sendo que apenas a primeira reclamaria sempre uma base legal para o seu exercício, contrastando com a segunda que exigiria já uma lei portadora da disciplina da matéria a que se referiria o poder outorgado[321].

MARCELO DE REBELO DE SOUSA e ANDRÉ SALGADO DE MATOS advogam a existência de uma dupla dimensão do princípio da legalidade, atento o simples facto deste implicar, sempre, uma ideia de subordinação jurídica[322]. Assim, pela primeira veda-se à administração que contrarie o direito vigente, que em caso de conflito, preferirá ao acto de administração em causa – preferência de lei – e, pela segunda, exige-se que a actuação administrativa, mesmo que não contrária ao direito, encontre o seu fundamento numa norma jurídica, à qual estará reservada a função primária das actuações administrativas possíveis – reserva de lei[323]. Por seu turno, esta reserva de lei irradia os seus efeitos de dois diferentes modos, na medida em que exprime, por um lado, a necessária anterioridade do fundamento jurídico – normativo da actuação administrativa, constituindo-se, por esta via, como precedência de lei e, por outro, expressando a necessidade desse fundamento jurídico – normativo possuir um grau de pormenorização suficiente para permitir a antecipação adequada da actuação administrativa em causa, constituindo-se, deste modo, como reserva de densificação normativa[324].

---

[319] LORENZA CARLASSARE, "Regolamenti...", pp. 115-116, *apud.* RUI MACHETE, "Contencioso Administrativo", *in* Dicionário..., p. 719.

[320] RUI MACHETE, "Contencioso Administrativo", *in* Dicionário..., p. 720.

[321] RUI MACHETE, "Contencioso Administrativo", *in* Dicionário..., p. 720.

[322] MARCELO DE REBELO DE SOUSA e ANDRÉ SALGADO DE MATOS, "Direito Administrativo Geral, Introdução e Princípios Fundamentais", Tomo I..., pp. 153-176.

[323] MARCELO DE REBELO DE SOUSA e ANDRÉ SALGADO DE MATOS, "Direito Administrativo Geral, Introdução e Princípios Fundamentais", Tomo I..., p. 153.

[324] MARCELO DE REBELO DE SOUSA e ANDRÉ SALGADO DE MATOS, "Direito Administrativo Geral, Introdução e Princípios Fundamentais", Tomo I..., p. 153.

PARTE I – § 1º A PROPOSTA DOGMÁTICA DE CHARLES EISENMANN

É, no entanto, quando analisam os fundamentos da preferência de lei que, os supra citados autores, se referem a um denominado **princípio de conformidade normativa vertical** que, no seu entendimento, traduzirá precisamente a ideia de que a preferência de lei exorbita actualmente do âmbito da legalidade em sentido estrito[325]. Há também alusão, ainda que de modo implícito, a uma regra de conformidade quando analisam os problemas colocados à preferência de lei. Referem os autores que, nos casos em que a Administração seja colocada perante normas conflituantes no interior do bloco de legalidade e não saiba que conduta adoptar, se afigurará pouco consentânea e adequada a possibilidade de ser a própria administração a efectivar essa preferência, desaplicando para o efeito a norma desconforme[326].

Uma outra alusão na doutrina portuguesa às ideias de conformidade e de compatibilidade é que nos oferece Maria Luísa Duarte quando refere que num primeiro momento da evolução do princípio da legalidade, a vinculação da Administração à lei se ter traduzido tão – somente no princípio da preferência de lei, sendo como tal suficiente que a actividade administrativa não a contrariasse[327]. A esta ideia associa a autora a regra da conformidade[328]. Prossegue depois a autora, referindo que com o aprofundamento do modelo constitucional do Estado Liberal, se terá então operado uma extensão do princípio da legalidade a toda a Administração Pública, tanto na vertente autoritária (*administração agressiva*) como na dimensão constitutiva ou prestacional (*administração prestacional*) [329].

---

[325] Marcelo de Rebelo de Sousa e André Salgado de Matos, "Direito Administrativo Geral, Introdução e Princípios Fundamentais", Tomo I..., p. 158. Basta pensar, como logo exemplificam os autores, nos regulamentos administrativos os quais, integrando agora o bloco de legalidade, vêm precisamente evidenciar a nota de intangibilidade de determinados actos da própria administração.

[326] Marcelo de Rebelo de Sousa e André Salgado de Matos, "Direito Administrativo Geral, Introdução e Princípios Fundamentais", Tomo I..., p. 159. Referem como estando neste universo de situações, as relações entre a Constituição e a lei ou entre esta e o regulamento. Também, com especial acuidade, referem ainda as situações de relação entre o direito comunitário, por um lado, e lei e regulamento por outro.

[327] Maria Luisa Duarte, "A discricionariedade administrativa e os conceitos jurídicos indeterminados (contributo para uma análise da extensão do princípio da legalidade)", *in* Boletim do Ministério da Justiça, nº 370, Novembro, 1987, pp. 35-74.

[328] Maria Luisa Duarte, "A discricionariedade administrativa...", p. 40.

[329] Maria Luisa Duarte, "A discricionariedade administrativa...", pp. 40-41.

Maria Luísa Duarte conclui então que a actividade administrativa reclamaria sempre a existência de um fundamento legal, donde que aquela devesse ser não apenas lícita mas legal, ideia esta que consubstanciaria a reserva de lei e à qual a autora opta por associar uma regra de compatibilidade[330].

Um dos contributos mais importantes da nova vaga de pensamento jus--administrativista no que respeita ao tratamento dogmático (e sobretudo prático) do princípio da legalidade administrativa é o que nos oferece Paulo Otero[331]. O autor refere que a ideia de que o sentido de toda a legalidade se assume como unívoco e claro, habilitando sempre a Administração a decidir qual o caminho a seguir num propósito de actuação administrativa conforme ao estatuído pelas normas apresenta-se, num cada vez maior número de sectores, como pura ilusão ou mito[332]. Alegar-se que a legalidade deve servir de padrão de conformidade da conduta administrativa, traçando uma fronteira clara entre o que é devido e o que é proibido, entre o que é permitido e o que o não é, não é tarefa fácil, uma vez que, inevitavelmente, pressuporá, a montante, que se responda à questão prévia de qual seja o sentido emergente da normatividade que permite extrair um padrão de conduta vinculativo para a Administração Pública[333].

Na realidade, e tal como esclarece Paulo Otero, à existência de zonas interpretativas de incerteza positiva e zonas de certeza negativa, adicionam--se hoje, no que designaríamos como sendo um "cocktail dogmaticamente explosivo", e em número cada vez maior, zonas intermédias ou cinzentas, em que se afigura tudo menos linear, extrair da legalidade um sentido único ou mesmo um sentido não contraditório e, consequentemente, um padrão indiscutível de conduta administrativa[334].

Destarte, a ideia do que seja efectivamente a conformidade normativa do agir da Administração Pública torna-se numa realidade nem sempre fácil de aferir, propiciando aos tribunais, a jusante da norma administrativa habilitante,

---

[330] Maria Luisa Duarte, "A discricionariedade administrativa...", p. 41.

[331] Paulo Otero, "Legalidade e Administração...", pp. 957-1081. Pela profundidade de análise e pela actualidade das matérias e dos institutos jurídicos com que o autor, aqui e ali, faz tergiversar o princípio da legalidade, a obra de Paulo Otero constitui em meu entender, inegavelmente, um dos mais apelativos pontos de partida para muitas outras lucubrações e investigações jurídicas.

[332] Paulo Otero, "Legalidade e Administração...", p. 960.

[333] Paulo Otero, "Legalidade e Administração...", pp. 960-961.

[334] Paulo Otero, "Legalidade e Administração...", p. 961.

PARTE I - § 1º A PROPOSTA DOGMÁTICA DE CHARLES EISENMANN

um acréscimo de protagonismo no que respeita à tarefa de definição de qual seja o sentido último da lei[335].

Às dificuldades sinalizadas pelo autor na tarefa de determinação do sentido da legalidade como padrão de conformidade da actuação administrativa somam-se, ainda, as dificuldades na tarefa de apuramento dos concretos efeitos decorrentes da desconformidade no contexto do ordenamento jurídico[336]. A existência de uma diversidade de estatutos jurídicos[337] para os efeitos resultantes da existência de uma desconformidade da actuação administrativa sinaliza não só que a ilegalidade emergente da violação do padrão de referência normativa não é toda igual como traduz, ainda, a existência de uma ordem jurídica cujas fronteiras entre certos efeitos da desconformidade e da conformidade ao *agere* administrativo são fluídas[338].

Um dos últimos pontos a merecer a atenção do autor é o que se relaciona com a intervenção dos tribunais, através do controlo da conformidade da actividade administrativa e, caso tal se justifique, da consequente expurgação do ordenamento jurídico dos actos anuláveis/nulos/inexistentes, desse

---

[335] PAULO OTERO, "Legalidade e Administração...", p. 961.

[336] PAULO OTERO, "Legalidade e Administração...", p. 962.

[337] PAULO OTERO refere que é a própria ordem jurídica que cria graus distintos de desvalor jurídico para a violação da legalidade, denotando, por essa via, que nem toda a desconformidade da actuação administrativa face à lei tem o mesmo sancionamento ou igual gravidade no universo do sistema jurídico. Elenca, a este propósito, alguns grupos de situações: num primeiro universo de situações, coloca as desconformidades geradoras de ilegalidade que são toleráveis, reconhecendo-lhes a ordem jurídica a susceptibilidade de produzirem todos os efeitos jurídicos como se os respectivos actos fossem válidos e, salvo se forem revogados ou anulados judicialmente dentro de certo prazo, o simples decurso do tempo permite que se tornem inatacáveis. Num segundo grupo, refere as situações de desconformidade cuja ilegalidade gerada é intolerável, negando a ordem jurídica a tais actos a produção de quaisquer efeitos jurídicos, sem prejuízo de, por decurso do tempo, se poder reconhecer, ancorada em exigências de tutela de confiança e de segurança jurídicas, a produção de alguns efeitos jurídicos a meras situações de facto que, entretanto, se hajam criado à sombra de tais actos. Por fim, refere as desconformidades em que a gravidade da ilegalidade é tida em termos tais que a ordem jurídica recusa a aceitação de qualquer configuração jurídica mínima a esses actos e aos seus pretendidos efeitos, sendo ambos, por conseguinte, banidos do mundo do direito. PAULO OTERO, "Legalidade e Administração...", p. 963.

[338] PAULO OTERO, "Legalidade e Administração...", p. 963. É aliás esta a linha de raciocínio que leva o autor a considerar que o regime jurídico dos efeitos dos actos da Administração Pública anuláveis se encontra bem mais próximo do regime dos efeitos dos actos válidos do que, verdadeiramente, do regime dos actos nulos e inexistentes.

modo se garantindo a vinculação da Administração Pública à juridicidade[339]. No entanto, como PAULO OTERO logo faz questão de explicitar, nem sempre a simples intervenção anulatória dos tribunais é suficiente, carecendo ainda que a jusante dessa declaração, se faça sentir um vigoroso e eficaz sistema de execução de sentenças anulatórias[340]. Ora essa execução, como todos aliás bem sabemos, repousa nas mãos da própria Administração, o que leva o autor a dizer que de muito pouco servirá alegar-se a subordinação da Administração Pública à lei se, tendo sido dado provimento a uma acção de impugnação de validade de uma dada actuação administrativa ilegal, essa mesma Administração Pública não reconstituir a situação que existiria se o acto não tivesse sido anulado ou declarado nulo ou mesmo inexistente[341].

Desta breve viagem pelas mais significativas reflexões doutrinárias que, entre nós, foram apresentadas sobre o princípio da legalidade administrativa e uma assumida utilização dos conceitos de compatibilidade e/ou de conformidade, resultam algumas notas impressivas que, em jeito de síntese, aqui deixaríamos.

Em primeiro lugar, e do que nos foi dado compreender, existem apenas algumas alusões pela doutrina administrativa nacional à construção proposta por CHARLES EISENMANN, como sucede com as reflexões de RUI MACHETE, ANDRÉ GONÇALVES PEREIRA e SÉRVULO CORREIA.

Em segundo lugar, a doutrina maioritária[342] ou não alude pura e simplesmente, pelo menos de forma expressa, aos referidos conceitos de compa-

---

[339] PAULO OTERO, "Legalidade e Administração...", p. 964.

[340] PAULO OTERO, "Legalidade e Administração...", p. 964.

[341] PAULO OTERO, "Legalidade e Administração...", p. 965. O autor considera mesmo que a efectiva subordinação da Administração Pública à lei joga decisivamente um importante papel na fase de execução de sentenças dos Tribunais Administrativos, de tal sorte que haverá mesmo situações de inexecução ilícita do dever constitucional de executar tais sentenças.

[342] Entre os outros autores, igualmente importantes na doutrina mas que não referenciámos por economia global do objecto da presente investigação estão, por exemplo, ROGÉRIO EHRHARDT SOARES, "Interesse público, legalidade e mérito", Coimbra MCMLV, pp. 43-98. Também do mesmo autor, ver ROGÉRIO EHRHARDT SOARES, "Princípio da legalidade e administração constitutiva", in Boletim da Faculdade de Direito da Universidade de Coimbra, Vol. LVII, 1981, pp. 169-191. Neste brilhante escrito que corresponde aliás à lição proferida em 31 de Março de 1981, na Semana Jurídica Portuguesa, em Santiago de Compostela, o autor reconhece (p. 191) que a Administração está, mesmo onde parece que lhe é reconhecida uma liberdade, subordinada ao direito, sendo que tal subordinação não constituiria um *"...voto pio, uma seráfica intenção..."*, pois haverá de se continuar a confiar no juiz para averiguar do modo como o agente cumpriu

PARTE I - § 1º A PROPOSTA DOGMÁTICA DE CHARLES EISENMANN

tibilidade e de conformidade quando trata dogmaticamente o princípio da legalidade ou, quando o faz, entende que o que CHARLES EISENMANN designa

o seu dever. José CARLOS MOREIRA, "O Princípio da Legalidade na Administração", Coimbra Editora Limitada, 1950, pp. 1-28 (*este artigo foi inicialmente publicado na Separata do Boletim da Faculdade de Direito da Universidade de Coimbra, Vol. XXV, 1949, pp. 385-408*). VINÍCIO RIBEIRO, "O Estado de Direito e o Princípio...". LUIS CABRAL DE MONCADA, "«Rule of law», procedimento normativo e legalidade...", pp. 27-50. MARIA JOÃO ESTORNINHO, "Princípio da legalidade e contratos da administração", *in* Boletim do Ministério da Justiça, nº 368, Julho, 1987, pp. 79-122. DIOGO FREITAS DO AMARAL, "Curso de Direito Administrativo", colaboração de LINO TORGAL, Volume II, Reimpressão, Edições Almedina, Abril, 2002, pp. 40-60. PEDRO MACHETE refere o princípio democrático e o princípio do Estado de Direito como sendo os dois principais fundamentos da exigência de conformidade da administração com a lei; Ver PEDRO MACHETE, "Estado de Direito Democrático e Administração Paritária", Colecção Teses, Edições Almedina, Maio, 2007, pp. 423-430. Também do mesmo autor, ver PEDRO MACHETE, "A subordinação da Administração Pública ao Direito e a Dogmática do Direito Administrativo no âmbito do Estado de Direito Democrático", *in* Estudos em Homenagem ao Professor Doutor DIOGO FREITAS DO AMARAL..., pp. 191-238. JOSÉ JOAQUIM GOMES CANOTILHO *in "Direito Constitucional e Teoria da Constituição"*, Edições Almedina, 7ª Edição (4ª reimpressão), 2003, p. 256. Também para este autor, o princípio da legalidade da administração, enquanto subprincípio concretizador do princípio do Estado de Direito, postula dois princípios fundamentais: o princípio da supremacia ou prevalência da lei (*«Vorrang des Gesetzes»*) e o princípio da reserva de lei (*«Vorbehalt des Gesetzes»*), sendo que o primeiro significa que a lei, deliberada e aprovada pelo Parlamento, tem superioridade e preferência relativamente a actos da Administração (tais como regulamentos, actos administrativos, actos pararegulamentares ou mesmo actos administrativos gerais como circulares e instruções) e, o segundo, advoga que as restrições aos direitos liberdades e garantias só possam ser feitas por lei ou mediante autorização desta, devendo o regime jurídico de determinadas matérias (artigos 164º e 165º da Lei Fundamental) ser confiado prioritariamente à assembleia representativa. ANTÓNIO FRANCISCO DE SOUSA alinha também pelo mesmo diapasão, apresentando no entanto o princípio da legalidade como princípio da juridicidade (dada a submissão da Administração ao Direito tomado como um todo, incluindo não apenas uma autorização formal e expressa da lei escrita, mas também normas e princípios), Ver ANTÓNIO FRANCISCO DE SOUSA, Direito Administrativo, Edições Prefácio (Edição de Livros e Revistas, Lda.), Fevereiro, 2009, pp. 315-325. Estas páginas, aliás, seguem de perto o texto intitulado "Paradigmas Fundamentais da Administração Pública" que o autor publicou, em 2006, na Revista da Faculdade de Direito da Universidade do Porto, Edições Coimbra Editora, Ano III, pp. 137-183. A uma denominada "convolação" do princípio da legalidade pelo princípio da juridicidade que o autor diz perfilhar, aderem muitos outros que, tal como o autor advoga, entendem que as vinculações da Administração estão de acordo com muitas heterodeterminantes retiradas de princípios gerais da actividade da Administração. Ver, por exemplo, JOSÉ CARLOS VIEIRA DE ANDRADE, "Introdução ao Direito Administrativo", Sumários das lições de Direito Administrativo I (1ª turma), policopiadas, Coimbra, 2009/2010, p. 34, quando, referindo-se aos poderes

A NULIDADE DO PLANO URBANÍSTICO

como correspondendo ao princípio da compatibilidade mais não é, afinal, do que um corolário da preferência de lei[343] e que o que o referido autor pretendeu significar com a ideia de conformidade mais não terá sido do que a reserva de lei[344].

de plena jurisdição (apreciação, anulação e condenação) cometidos ao poder judicial, afirma que este último *"...pode (e deve) controlar, quer a legalidade (em sentido estrito, de conformidade às normas escritas de valor legislativo), quer a juridicidade (no sentido de conformidade ao Direito, incluindo os princípios jurídicos fundamentais) da actividade administrativa".* MARIA JOÃO ESTORNINHO refere também que existe *"...cada vez mais uma tendência para falar num «princípio de juridicidade», em vez do tradicional princípio da legalidade, para descrever as relações entre a Administração Pública e o Direito..."* sinalizando uma adesão a essa convolação quando acrescenta, mais à frente, que na sua opinião *"...o conteúdo do princípio da legalidade ou da juridicidade..."*, Ver MARIA JOÃO ESTORNINHO, A Fuga para o Direito Privado, Contributo para o Estudo da Actividade de Direito Privado da Administração Pública, Colecção Teses, Edições Almedina, Agosto, 1999, pp. 186-187. Contra, no plano puramente conceptual, MARIA DA GLÓRIA GARCIA, "Da Justiça Administrativa em Portugal, Sua origem e evolução", Universidade Católica Editora, Lisboa, 1994.

[343] Ou, na expressão de DIOGO FREITAS DO AMARAL, **legalidade-limite**, consistente na ideia de que nenhum acto de categoria inferior à lei pode contrariar o bloco de legalidade, sob pena de ilegalidade; Ver DIOGO FREITAS DO AMARAL, Curso de Direito Administrativo, colaboração de LINO TORGAL, Volume II..." p. 50. Segundo MARCELO REBELO DE SOUSA, a legalidade–limite mais não era do que o velho princípio da legalidade em sentido externo, traduzindo uma maior autonomia administrativa em matéria de actuação relacionada com a satisfação dos direitos económicos, sociais e culturais; Ver MARCELO REBELO DE SOUSA, Lições de Direito Administrativo, Vol. I, Edições Lex, Lisboa, Abril, 1999, pp. 81-89.

[344] Ou, na expressão de DIOGO FREITAS DO AMARAL, **legalidade-fundamento**, consistente na ideia de que nenhum acto de categoria inferior à lei pode ser praticado sem fundamento no bloco de legalidade; Ver DIOGO FREITAS DO AMARAL, Curso de Direito Administrativo, colaboração de LINO TORGAL, Volume II..." p. 50. De acordo com MARCELO REBELO DE SOUSA, a legalidade – fundamento mais não era do que o princípio da legalidade em sentido interno, valendo apenas, num primeiro momento do Estado Pós-Liberal, para a Administração Agressiva. No contexto da actual Administração infra-estrutural, entende este autor que o princípio da legalidade em sentido interno ou legalidade – fundamento se aplicaria a toda a actividade da Administração Pública, por decorrência do disposto no nº 8 do artigo 112º da Lei Fundamental, dado que aí se exige que todo e qualquer regulamento administrativo, tenha ele conteúdo agressivo ou marcadamente prestacional, se funde na lei. Ora como refere o autor, se isto sucede no âmbito da actuação mais relevante da Administração Pública, deve defender-se que essa mesma exigência de lei – fundamento valha para as demais manifestações do agir administrativo; Ver MARCELO REBELO DE SOUSA, Lições de Direito Administrativo...", pp. 85-86. No mesmo sentido da doutrina maximalista (*precisamente por preconizar a extensão do princípio da legalidade, na sua dimensão de reserva de lei, também à administração prestadora*) ver BERNARDO DINIZ DE AYALA, "O (défice de) controlo judicial da margem de livre decisão administra-

PARTE I - § 1º A PROPOSTA DOGMÁTICA DE CHARLES EISENMANN

Chegados a este ponto do roteiro de investigação a que inicialmente nos propusemos, traçámos já um quadro dogmaticamente sustentado sobre a

tiva (Considerações sobre a reserva de administração, as componentes, os limites e os vícios típicos da margem de livre decisão administrativa)", Edições Lex, Lisboa, 1995, pp. 70-81. João Caupers, Introdução ao Direito Administrativo, 6ª Edição, Âncora Editora, Outubro, 2001, pp. 48-51. Diogo Freitas do Amaral, Legalidade (Princípio da), Polis, III, 1985, col. 987-ss. Mário Esteves de Oliveira, Direito Administrativo, Volume I, Coimbra, 1980, pp. 294-ss. Diogo Freitas do Amaral, Curso de Direito Administrativo, colaboração de Lino Torgal, Volume II..." p. 60. José Figueiredo Dias e Fernanda Paula Oliveira, Direito Administrativo, Edições do Centro de Estudos de Formação Autárquica (CEFA), 2ª Edição, reimpressão, Coimbra, 2004, pp. 93-100. José Carlos Vieira de Andrade, "Introdução ao Direito Administrativo", Sumários das...", pp. 31-33. Ainda no mesmo sentido e preconizando uma reserva total de norma jurídica no campo dos actos administrativos e, como tal, advogando que a lei constituirá sempre o fundamento da actuação individual e concreta da administração, seja esta agressiva ou constitutiva, ver Sérvulo Correia, "Legalidade e...", p. 298 e também pp. 208-209 (em nota). Sobre a posição efectivamente assumida por Sérvulo Correia, explica-nos Bernardo Diniz de Ayala, de forma documentalmente convincente (*até porque também nós, no âmbito do presente trabalho, chegámos a essa conclusão*) que Sérvulo Correia sempre defendeu a reserva total de norma jurídica, pelo que teria sido alegadamente precipitada a crítica que, em tempos, Diogo Freitas do Amaral lhe havia dirigido, imputando-lhe a defesa de uma posição que ele, objectivamente, nunca defendera (*ou seja, a posição de que o princípio da legalidade – fundamento valeria apenas no domínio da administração agressiva e já não no da administração prestadora*); Sobre este ponto ver Bernardo Diniz de Ayala, "O (défice de) controlo...", p. 71 (em particular, nota 125). Não obstante o aludido equívoco e a indevida imputação terem já sido esclarecidos e, consequentemente, ultrapassados pelo próprio Diogo Freitas do Amaral (*ver "Apreciação da Dissertação de Doutoramento do Licenciado J. M. Sérvulo Correia", in Diogo Freitas do Amaral, Estudos de Direito Público e Matérias Afins, Volume II, Edições Almedina, Julho, 2004, p. 341 – artigo originariamente publicado na Revista da Faculdade de Direito da Universidade de Lisboa, vol. XXIX, Lisboa, 1988, pp. 159-ss*) a verdade é que é agora Marcelo Rebelo de Sousa a dirigir, exactamente, a mesma crítica a Sérvulo Correia, na nossa opinião, reitera-se, sem qualquer razão de ser; Ver Marcelo Rebelo de Sousa, Lições de Direito Administrativo...", p. 85, ponto 6.11. Alegando que o princípio democrático permite explicar não apenas a sujeição da administração prestacional à reserva de lei, mas igualmente a extensão desta a todas as restantes esferas da administração, Marcelo de Rebelo de Sousa e André Salgado de Matos defendem a existência de uma precedência total de lei, no sentido de precedência de uma norma democrática – representativamente legitimada e suficientemente densificada; Ver Marcelo de Rebelo de Sousa e André Salgado de Matos, "Direito Administrativo Geral, Introdução e Princípios Fundamentais", Tomo I...", pp. 167-171. Inclinando-se, aparentemente, para o alargamento da reserva de lei à administração prestacional, Maria João Estorninho refere, ainda assim, que uma eventual resposta para esta questão não se afigura fácil, não se podendo "...*sequer colocar em termos de uma dicotomia*

génese dos conceitos de compatibilidade e de conformidade no contexto mais abrangente da teoria geral do direito administrativo francês e no contexto mais específico do princípio da legalidade administrativa, tal qual este último foi inicialmente delineado por CHARLES EISENMANN. Após a análise da origem dos conceitos, percorremos a doutrina francesa, no sentido de perceber de que modo a mesma, ao longo das décadas que se seguiram, acompanhou (e em que termos) ou não a construção proposta pelo emérito autor. Procurámos, seguidamente, fazer o mesmo exercício por entre a nossa mais reputada doutrina, identificando quais os autores que, de modo crítico, reflectiram sobre os escritos de CHARLES EISENMANN relativos ao principio da legalidade para pensarem e construírem as suas próprias propostas de entendimento do princípio da legalidade administrativa no nosso direito administrativo.

---

rígida, uma vez que as alternativas são muito mais complexas...”, de tal sorte que remata dizendo que *“...o que é importante é ter presente, desde já, a necessidade de ultrapassar as dicotomias tradicionais, uma vez que as fronteiras entre essas diferentes «zonas» já não passam por fórmulas com as de «liberdade e da propriedade», ou as da «administração agressiva» e da «administração prestadora de serviços»...”*. MARIA JOÃO ESTORNINHO, A Fuga para o Direito Privado...”, pp. 182-185.

PARTE II

Da Compatibilidade e da Conformidade no Contexto do Direito do Urbanismo

§ 1º ASPECTOS PRELIMINARES

Nesta fase da investigação urge perceber de que modo é que os dois conceitos em análise (compatibilidade e conformidade), teorizados que foram, inicialmente, por alguma doutrina, no domínio do princípio da legalidade administrativa, aparecem agora como que "enxertados" no domínio de um regime tão específico e complexo como é o das relações entre instrumentos de gestão territorial e produzindo, concretamente, refracções jurídicas significativas no não menos complexo domínio que o legislador reserva ao tratamento da invalidade do plano na sua modalidade mais gravosa de nulidade.

Faremos, para este efeito, uma breve viagem pelo direito comparado, tentando, em linhas gerais, perceber no âmbito dos ordenamentos jurídicos que selecionámos, o funcionamento do respectivo sistema de gestão territorial, as respectivas relações entre os diversos instrumentos de gestão territorial que os caracterizem (*ou seja, se também existe algo análogo às nossas relações de compatibilidade ou conformidade ou se, ao invés, existe um qualquer modelo de relações que não o que entre nós vigora*) e, mais importante ainda, a natureza das cominações legais (*caso as haja*), em matéria de invalidade, para a eventual violação da obrigação de compatibilidade e de conformidade ou, sendo esse o caso, de outras de natureza análoga que o ordenamento jurídico em causa preveja.

Percorreremos, ainda, no final desta parte, as diversas concepções doutrinárias que entre nós se foram alinhando sobre as relações entre planos, de forma a compreender a utilidade e a importância que esse modelo relacional em que o legislador faz assentar o regime de nulidade reveste numa perspectiva global do funcionamento do sistema de gestão territorial.

§ 2º DIREITOS ESTRANGEIROS

2.1. Direito Alemão

Na Alemanha, o «direito do urbanismo» faz parte integrante do «direito da construção («Baurecht») em sentido lato». O «direito da construção em sentido amplo» agrupa, pois, o conjunto das regras relativas à edificação das construções, compreendendo quer o «direito público da construção» («Öffentliches Baurecht»)[345], quer o direito privado da construção («privaten Baurecht»)[346].

---

[345] As mais importantes fontes de «direito público da construção» («Öffentliches Baurecht»), no que concerne ao «direito do urbanismo» («Städtebaurecht»), são o Código do Urbanismo (Baugesetzbuch – BauGB, v. 23.09.2004, BGBl. I S.1565 e v. 17.03.2009, BGBl. I S.556) e o Regulamento Federal Relativo à Utilização dos Solos Urbanizáveis (Baunutzungsverordnung BauNVO, v 23.01.1990, BGBl. I S.132 e 22.04.1993 BGBl. I S.466). Para um comentário das duas importantes fontes referidas, ver HENNING JÄDE/FRANZ DIRNBERGER/JOSEF WEIß, Baugesetzbuch (BauGB), Baunutzungsverordnung (BauNVO), Context Kommentar, Edições Richard Boorberg Verlag, 6ª Edição, 2010, respectivamente, pp. 1-1138 e pp. 1139-1270. No que respeita às fontes necessárias ao cumprimento das exigências em matéria de fiscalização da construção de obras particulares, prevêem-se, ainda, os regulamentos de polícia de construção («Bauordnungen») dos Länder. Ver, com desenvolvimento, sobre as competências legislativas dos Länder, o «direito do ordenamento da construção material» («Materielles Bauordnungsrecht») e, ainda, sobre o «direito do ordenamento da construção formal» («Formelles Bauordnungsrecht»), ver WERNER HOPPE/CHRISTIAN BÖNKER/SUSAN GROTEFELS, Studium und Praxis, Öffentliches Baurecht, Raumordnungsrecht, Städtebaurecht, Bauordnungsrecht, Edições Verlag C.H. Beck München, 4ª Edição, 2010, respectivamente pp. 20, 430-447 e 448-488.

[346] Referindo-se a uma classificação tripartida dentro do «direito público da construção» («Öffentliches Baurecht»), integrando, por um lado, o «direito do planeamento do território» («Raumplanungsrecht»), o «direito do planeamento da construção» («Bauplanungsrecht») e,

A ideia de «ordenamento do território» («Raumordnung»)[347] apela a uma planificação de conjunto, que ultrapassa o quadro estritamente local[348], exprimindo as suas representações e interesses e, sobretudo, associando-as às

ainda, o «direito do ordenamento da construção» («Bauordnungsrecht»), ver WERNER HOPPE/ CHRISTIAN BÖNKER/SUSAN GROTEFELS, "Studium und Praxis, Öffentliches Baurecht...", pp. 1-3. Defendendo, apenas, a existência de duas categorias integradas dentro do «direito público da construção» («Öffentliches Baurecht»): «direito do planeamento da construção» («Bauplanungsrecht») o qual, aliás, opta por reconduzir ao «direito do urbanismo» («Städtebaurecht») e, uma segunda categoria, correspondendo ao «direito do ordenamento da construção» («Bauordnungsrecht»), ver MATTHIAS ROSSI, "Vue d'ensemble du droit de l'urbanisme allemand", Groupement de recherche sur les institutions et le droit de l'aménagement, de l'urbanisme et de l'habitat (GRIDAUH), 2009, Droit Comparé, pp. 773-829. Ainda de acordo com este autor, o «direito público da construção» («Öffentliches Baurecht») é constituído pelas regras de direito relativas à legalidade, limites, organização e incentivos à utilização do solo para fins de construção, em especial para uma utilização adequada da habitação ao seu fim (ou uma alteração substancial do mesmo) ou, em certos casos, para a respectiva demolição de certas construções. De acordo com a Grundgesetz für die Bundesrepublik Deutschland (Constituição da República Federal da Alemanha – GG, in Jornal Oficial Federal, Bundesgesetzblatt – BGBl, Parte III, classificação número 100-1, com a última alteração de 29 de Julho de 2009, in Jornal Oficial Federal (BGBl) Parte I. p. 2248) a competência legislativa no âmbito do «direito público da construção» («Öffentliches Baurecht») é repartida entre a Federação («Bund») e os Länder, sendo que o «direito do urbanismo» («Städtebaurecht») é de competência federal. Os Länder conservam a faculdade de editar as regras relativas ao «direito do ordenamento da construção» («Bauordnungsrecht»). MATTHIAS ROSSI acrescenta, finalmente, que o «direito do urbanismo» («Städtebaurecht») editado pelo legislador federal prossegue a finalidade de um ordenado desenvolvimento urbano, sendo disso mesmo reflexo o próprio Baugesetzbuch (BauGB).

[347] Como explica JOÃO FERRÃO, a comparação dos conceitos de «território» e, por maioria de razão, de «ordenamento do território» utilizados em diferentes países confronta-se com dificuldades de natureza linguístico-cultural, pelo que se impõe prudência quanto às ilações que se possam retirar para efeitos da realização de estudos de âmbito nacional ou mesmo transnacional. O autor, recordando os ensinamentos de ANDREAS FALUDI e JOHN FRIEDMANN, refere alguns exemplos. Assim ordenamento do território equivale em França à ideia de «aménagement du territoire», de «Raumordnung» na Alemanha, de «ruimtelijke ordening» na Holanda, de «pianificazione territoriale» (Itália) ou, ainda, à ideia de «land use planning» ou «spatial planning» no Reino Unido. Ver JOÃO FERRÃO, "As condições sociais de funcionamento da Política Pública de Ordenamento do Território", Programa de Investigação apresentado no âmbito das Provas de Habilitação para o exercício de funções de coordenação científica na Faculdade de Letras da Universidade de Lisboa (policopiado).

[348] Referindo-se ao conceito alemão de «ordenamento do território» («Raumordnung»), ANJA BOTHE entende que o mesmo dirá sempre respeito a um planeamento supra-local, apenas vinculativo de entidades públicas.

PARTE II – § 2º DIREITOS ESTRANGEIROS

planificações de maior detalhe que, em concreto, se revelem necessárias para a sua execução.

O «ordenamento do território» corresponde pois à tarefa de pôr em ordem o território, principalmente procurando formas de ocupação física do mesmo[349], existindo, do ponto de vista dos instrumentos que se encontram legalmente previstos para o efeito, uma espécie de continuidade[350] entre o «direito do ordenamento do território» («Raumordnungsrecht») e o «direito do urbanismo» («Städtebaurecht»[351])[352].

Ver ANJA BOTHE, na intervenção intitulada "Flexibilização e privatização no planeamento urbanístico alemão: da lei de bases à lei federal do ordenamento do território (1965-2008)", apresentada no Encontro Anual da AD URBEM..., p. 124.

[349] GÉRARD MARCOU, "Les cadres institutionnels de l'aménagement du territoire et des politiques de développement spatial", in Akademie für Raumforschung und Landesplanung/DATAR, Conditions institutionnelles d'une politique européenne de développement spatial, sobre a direcção de GÉRARD MARCOU et SIEDENTOPF, Hanovre, 1994, p. 1.

[350] Como refere JEAN-PIERRE LEBRETON, a Alemanha distingue o ordenamento do território do urbanismo mas, simultaneamente, articula-os. Ver JEAN-PIERRE LEBRETON, "La planification spatiale en Europe", texto apresentado ao Colégio de Ordenamento, Urbanismo, Habitação e Mobilidade, em 05.02.2009, acessível no site do GRIDAUH (www.gridauh.fr).

[351] O termo «Städtebaurecht» que, literalmente, mais se aproxima da ideia de «direito da construção das cidades», tem sido reconduzido à ideia de «direito do urbanismo» justamente porque o urbanismo alemão não está limitado à disciplina da construção, aplicando-se dentro e fora das cidades. Ver ANJA BOTHE, na intervenção intitulada "Flexibilização e...", pp. 121-133.

[352] Sobre este ponto, refira-se que a doutrina alemã faz questão de evidenciar que o "Código do Urbanismo" não corresponde literalmente à tradução de «Baugesetzbuch», uma vez que esta expressão está mais próxima da ideia de "Código da Construção". Esta tradução permite ter uma perspectiva mais precisa do seu conteúdo, uma vez que se relaciona com os problemas de ocupação do solo por construções, matéria que releva em princípio do «direito do urbanismo» («Städtebaurecht»). Ora estas diferenças terminológicas mostram que na Alemanha o «direito do urbanismo» não se conseguiu claramente demarcar do «direito da construção». Sobre este ponto ver CARL-HEINZ DAVID, "Le droit de l'urbanisme en Allemagne", in Annuaire français du droit de l'urbanisme et de l'habitat (AFDUH), Edições Dalloz-Sirey, 1998, pp. 399-433. Temos pois que a regulação do urbanismo («Städtebau») foi objecto do Código do Urbanismo (BauGB) e que este passou a coexistir, a um nível federal, com a lei (federal) de ordenamento do território (ROG). ANJA BOTHE refere, a propósito da distinção terminológica entre «direito do urbanismo» (Städtebaurecht) e «direito do ordenamento do território» («Raumordnungsrecht») que o primeiro, aliás como sucede também com o «direito dos solos» («Bodenrecht») se repercute directamente na ordenação do próprio solo ao passo que o segundo regula, tão somente, a actividade administrativa enquanto acção concertada e hierarquicamente superior às restantes formas de planeamento. É, aliás, esta posição da autora que a leva a defender que

A esta constatação não é estranho o modo complexo mas simultaneamente funcional, como o legislador alemão erigiu o sistema de planificação territorial. Esta circunstância é explicada, em grande medida, pela estrutura federal do país e pela repartição de competências a ela associadas[353].

a função primacial do «ordenamento do território» («Raumordnung») é a de concertar e de coordenar a resolução dos problemas territoriais, alargando o seu âmbito a outras matérias, mas sem que isso traduza uma qualquer substituição das outras formas de planeamento, em especial as que são corporizadas pelos planos sectoriais. Ver ANJA BOTHE, na intervenção intitulada "Flexibilização e...", p. 123. Defendendo que no âmbito do «Öffentliches Baurecht» se deverá distinguir o «direito do urbanismo» («Städtebaurecht») e o «direito das construções» («Bauordnungsrecht»), ver ULRICH BATTIS, "Die Deutschen Erfahrungen mit der Kodifizierung des Baurechts", in "Actas do Ciclo de Colóquios...", pp. 167-174.

[353] Como refere GERD TUROWSKI, a estrutura federal do sistema de planeamento territorial do Estado alemão, ao apresentar-se com os seus três níveis competenciais, a saber Estado federal («Bund»), Estados federados («Länder») e municípios («Gemeinden») revela-se absolutamente decisiva para o bom funcionamento do sistema de planeamento territorial. Segundo o mesmo autor, a distribuição da competência e das funções entre os três referidos níveis de decisão traduz-se na existência de um sistema de distintos níveis de planeamento, quer a nível legal, quer organizacional quer ainda substancial. No entanto, o facto de se revelarem legal, organizacional e substancialmente claros (mas diferentes) é compensado, de modo decisivo, pela circunstância de todos (níveis decisórios e planos que os caracterizam) funcionarem e de todos estarem interligados por um denominado «princípio de contra-corrente» («Gegenstromprinzip») previsto no §1, Abs.3, ROG. O autor esclarece ainda que o nível de planeamento federal se limita, essencialmente, ao desenvolvimento dos princípios rectores ou das linhas gerais quanto ao planeamento territorial dos níveis inferiores, "fornecendo" as bases legais para o planeamento territorial de cada um dos Estados Federados e, ainda, as especificações a considerar pelo planeamento sectorial. Por seu lado, o planeamento de cada um dos Estados Federados dá uma forma concreta aos princípios gerais fixados pelo Estado Federal, ao passo que no nível local os objectivos finais a prosseguir pelos municípios se desenvolvem em estreita articulação com as linhas e princípios gerais federais e com as especificações criadas pelo próprio Länder em que se insiram. É, pois, da responsabilidade das entidades públicas locais regular a ocupação, uso e transformação do solo para construção ou para outras finalidades que exigam um maior nível de pormenorização nessa afectação. As decisões tomadas pelo nível local (municípios) sobre qual a utilização efectiva a dar aos solos estão fortemente conectadas e imbuídas das finalidades contidas quer nas prescrições do Estado Federal quer nas prescrições dos Länder. Ver GERD TUROWSKI, "Raumplanung (Gesamtplanung)", in "Handwörterbuch der Raumordnung", hrsg, Akademie Für Raumordnung und Landesplanung, 4ª Edição, Hannover, 2005, pp. 898-ss. Sobre a «colaboração entre a Federação e os Länder» («Zusammenarbeit von Bund und Ländern»), ver HANS-JOACHIM KOCH/REINHARD HENDLER, Baurecht, Raumordnungs-und Landesplanungsrecht, Edições Richard Boorberg Verlag, 5ª Edição, 2009, p. 126. Para a compreensão das relações estabelecidas entre a Federação e os Länder, convirá

PARTE II – § 2º DIREITOS ESTRANGEIROS

Os Länder são os principais "actores" no domínio da planificação territorial supra-local[354], estando obrigados a seguir os regulamentos produzidos pela

sempre recordar a existência de um princípio constitucional não escrito que aponta, precisamente, para a necessidade de garantir uma frutuosa cooperação entre os dois níveis decisionais referidos, invocando-se a ideia de «lealdade dos Länder perante o Estado Federal». Por essa ideia, exige-se respeito mútuo e a visão do Estado Federal como um todo, em que se integram, de forma harmoniosa, todos os Länder e a própria Federação. Este princípio é utilizado em casos de conflito que não possam ser resolvidos pelo recurso às normas da própria GG. Sobre o «princípio da lealdade dos Länder perante o Estado Federal» ou também designado por "Pflicht zum bundesfreundlichen Verhalten", ver HARTMUT BAUER, *"Die Bundestreue, zugleich ein Beitrag zur Dogmatik des Bundesstaatsrechts und zur Rechtsverhältnislehre"*, Edições J.C.B. MOHR (PAUL SIEBECK), Tübingen, 1992. Sobre o «princípio de contra-corrente» («Gegenstromprinzip») previsto no §1, Abs.3, ROG, ver HANS-JOACHIM KOCH/REINHARD HENDLER, Baurecht...", pp. 38-40. WERNER HOPPE/CHRISTIAN BÖNKER/SUSAN GROTEFELS, "Studium und Praxis, Öffentliches Baurecht...", pp. 43-44. No sistema de planeamento territorial alemão, é importante ter-se presente que é o próprio «Gegenstromprinzip» a assumir-se como ideia forte na prossecução dos objectivos associados a um desenvolvimento sustentável do território. Na realidade, o referido princípio encerra uma dupla dimensão: por um lado, o desenvolvimento, o ordenamento e a preservação de determinadas parcelas do território devem ser inseridas e ponderadas de acordo com as circunstâncias e exigências do território no seu conjunto. Por outro lado, o desenvolvimento, o ordenamento e a preservação do conjunto do território, devem também considerar e tomar em conta o contexto e as exigências de determinadas parcelas do território («Teilgebiete»). Este princípio é, em grande medida, concretizado pela existência de outros deveres, tais como a obrigação de observar os objectivos (§4, Abs.1, ROG), a obrigação de os tomar em consideração (§4, Abs.2, ROG) e a obrigação de os desenvolver (§4 Abs.2 Satz 1 ROG). O princípio da contra-corrente deve, pois, garantir que as autoridades planificadoras procurem e se assegurem que os seus planos estão de acordo uns com os outros. Ver MATTHIAS ROSSI, "Vue d'ensemble du droit de l'urbanisme allemand...", pp. 785-786. Ainda sobre o princípio da contra-corrente ver ANTÓNIO FRANCISCO DE SOUSA, *in tradução* do original alemão HANS JULIUS WOLFF/OTTO BACHOF/ROLF STOBER, Verwaltungsrecht, Vol. I (Direito Administrativo, Vol. I), Edição da Fundação Calouste Gulbenkian, Serviço de Educação e Bolsas, 11ª Edição, revista (1999), Impressão, 2006, p. 590.

[354] Em bom rigor, o ordenamento do território opera, essencialmente, dentro dos Länder («Raumordnung in den Ländern»), pelo que incluirá os «planos de ordenamento do território dos Länder» («Landesweite Raumordnungspläne») e os «planos regionais» («Regionalpläne»). É seguramente esta a razão pela qual não é legalmente possível estabelecer um plano de ordenamento do território que abranja todo o território alemão. Um outro aspecto importante que aqui gostaríamos de dar nota, prende-se com a circunstância da Federação não participar na planificação regional senão, apenas e tão-só, na exacta medida em que estabelece o quadro jurídico do ordenamento do território, assim influenciando a planificação ao nível do próprio Länder. Numa situação excepcional, o legislador do Länder pode permitir que, em solo loca-

Federação. No entanto podem desenvolver, através de leis e de regulamentos próprios, o quadro legal e regulamentar que a Federação lhes impõe[355].

Deste modo e desvendando agora um pouco melhor a «anatomia»[356] do «sistema de planeamento territorial» («Das system der Raumplanung»[357]) alemão, diríamos que o mesmo comporta uma «planificação de conjunto» («Räumliche Gesamtplanung»)[358] e uma «planificação sectorial» («Räumliche Fachplanung»)[359].

Dentro da «planificação de conjunto» («Räumliche Gesamtplanung»), temos universos de planos distintos: por um lado, um primeiro que integra os «planos de ordenamento do território» («Raumordnungsplanung») e, um segundo, integrando os «planos urbanísticos locais» («Städtebauliche

---

lizado em zonas de aglomeração populacional, possa um «plano regional» («Regionalpläne») aprovado pelas «comunidades regionais planificadoras» («regionalen Planungsgemeinschaften») ter, simultaneamente, a função de um «Regionale Flächennutzungspläne», nos termos do disposto no §8, Abs.4, ROG em articulação com o §204 do Baugesetzbuch (BauGB). Ver Matthias Rossi, "Vue d'ensemble du droit de l'urbanisme allemand...", p. 781.

[355] É disso exemplo, o facto dos Estados federados disporem dos seus próprios «planos de ordenamento do território» («Landesweite Raumordnungspläne»). Ver Hans-Joachim Koch/ Reinhard Hendler, "Baurecht...", pp. 63-115.

[356] Para utilizar a feliz expressão de Jean-Pierre Lebreton, ver Jean-Pierre Lebreton "La planification spatiale en Europe...", p. 2.

[357] Hans-Joachim Koch/Reinhard Hendler, "Baurecht...", pp. 37-39. Seguindo, na sua essência, a mesma proposta de sistemática, ver Werner Hoppe/Christian Bönker/Susan Grotefels, "Studium und Praxis, Öffentliches Baurecht...", pp. 4-5.

[358] Será, aliás, por esta razão que, segundo Matthias Rossi, o termo «planeamento territorial» é utilizado não apenas com relação à planificação de conjunto («Räumliche Gesamtplanung») mas também à planificação sectorial («Räumliche Fachplanung»). Pelo o que a planificação supra local de conjunto é definida pelo termo «ordenamento do território» («Raumordnung»). Ver Matthias Rossi, "Allemagne, Vue d'ensemble sur la planification spatiale", Rapport National, Allemagne, in "Le contenu des plans d'urbanisme et d'aménagement dans les pays d'Europe de l'Ouest", Colloque biennal de l'Association Internationale de Droit de l'urbanisme, 23/24 de Setembro de 2005, Genève-Lausanne, Les Cahiers du Groupement de recherche sur les institutions et le droit de l'aménagement, de l'urbanisme et de l'habitat (GRIDAUH), Série Droit Comparé, nº 15, 2006, pp. 153-169. Sobre a planificação de conjunto («Räumliche Gesamtplanung»), Ver Werner Hoppe/Christian Bönker/Susan Grotefels, "Studium und Praxis, Öffentliches Baurecht...", pp. 1-2.

[359] Ver Hans-Joachim Koch/Reinhard Hendler, "Baurecht...", pp. 37-39. Na proposta deste autor a «Räumliche Fachplanung» compreende, ainda, a «Planfeststellungen» («einschließlich Plangenehmigungen»), a «Schutzgebietsfestsetzungen» («Nutzungsregelungen») e, por fim, a «Sonstige räumliche Fachplanungen».

PARTE II - § 2º DIREITOS ESTRANGEIROS

Planung» ou «Bauleitplanung»). Os «planos de ordenamento do território» («Raumordnungsplanung») integram, por sua vez, os «planos de ordenamento do território da Federação» («Bundesraumordnungs Planung»), os «planos de ordenamento do território dos Länder» («Hochstufige Landesplanung» no sentido de planeamento supra regional ou planificação superior[360]) e, por fim, os «planos regionais de ordenamento do território» («Regionaler Raumordnungsplanung»).

Os «planos urbanísticos locais»[361] («Städtebauliche Planung» ou «Bauleitpläne»[362]) incluem, por sua vez, os «planos preliminares de zonamen-

---

[360] Sobre este ponto, convém esclarecer que nos Länder a planificação de que estes estão incumbidos na prossecução das suas competências no domínio do ordenamento do território é realizada em duas etapas. Uma primeira correspondendo à planificação de conjunto do território do próprio Länder, ou seja a tal planificação de nível superior («Hochstufige Landesplanung») e, uma segunda, concretizada no referido «plano regional de ordenamento do território» («Regionaler Raumordnungsplanung»). Ver MATTHIAS ROSSI, "Allemagne, Vue d'ensemble sur la planification spatiale", Rapport National, Allemagne..., pp. 153-169. HANS--JOACHIM KOCH/REINHARD HENDLER, "Baurecht...", pp. 37-39.

[361] Sobre o denominado «Prinzip der Zweistufigkeit der Bauleitplanung» ou «princípio do duplo nível de planeamento urbanístico municipal» ver PETER RUNKEL, "Das Gebot der Entwicklung der Bebauungspläne aus dem Flächennutzungsplan", in Zeitschrift für deutsches und internationales Baurecht (ZfBR), 1999, pp. 298-ss. Mais recentemente, sobre o mesmo princípio, ver WERNER HOPPE/CHRISTIAN BÖNKER/SUSAN GROTEFELS, "Studium und Praxis, Öffentliches Baurecht...", pp. 78-81.

[362] Cfr. §1 Abs.2 BauGB. Relativamente à «aprovação do Flächennutzungsplan» («Genehmigung des Flächennutzungsplan») e à «adopção, aprovação e entrada em vigor do Bebauungspläne» («Beschluss, Genehmigung und Inkrafttreten des Bebauungsplans»), ver, respectivamente, o disposto em §6 BauGB e §10 BauGB. O «Bebauungsplan» é aprovado sob a forma de regulamento municipal («Satzung»), nos termos do §10, Satz 1 BauGB. Concernente à forma como se articulam o «Flächennutzungsplan» e o «Bebauungsplan» para a eficácia na prossecução dos objectivos cometidos ao planeamento urbanístico local («Städtebauliche Planung»), ver HANS-JOACHIM KOCH/REINHARD HENDLER, "Baurecht...", pp. 188-196. Relativamente ao conteúdo do «Flächennutzungsplan» e do «Bebauungsplan», ver HENNING JÄDE/FRANZ DIRNBERGER/JOSEF WEIß, "Baugesetzbuch (BauGB), Baunutzungsverordnung (BauNVO)...", respectivamente pp. 126-135 e pp. 152-186. Justificando o reduzido papel que a planificação regulamentar assume na Alemanha, JEAN-PIERRE LEBRETON refere que o «Flächennutzungsplan» fixa as escolhas que devem ser observadas por todas as entidades públicas, incluindo o próprio município, não contendo como tal regras oponíveis aos particulares ao passo que o «Bebauungsplan» é dotado de eficácia plurisubjectiva, sendo, como tal oponível, não só relativamente às entidades públicas como em relação aos particulares (o «Bebauungsplan» não se aplica a toda a área do município mas, apenas e tão só, a determinadas áreas previamente fixadas), ver JEAN-

to»[363] («Flächennutzungsplan» ou «vorbereitender Bauleitplan»)[364] e os «planos vinculativos do uso do solo[365]» («Bebauungsplanes» ou «verbindlicher Bauleitplan»)[366]. Em princípio, o «Flächennutzungsplan» é hierarquicamente

-PIERRE LEBRETON "La planification spatiale en Europe...", p. 3. Talvez pela simples razão de se aplicar a todo o território do município, o «Flächennutzungsplan» será a figura materialmente mais próxima do nosso «plano director municipal», estando sujeito, na maior parte dos Länder, a um controlo de legalidade por parte do ministério responsável pelo planeamento territorial. Já o «Bebauungsplan», sendo apenas aplicável a uma pequena parte do território municipal pode, com relativa segurança, ser aproximado da figura do nosso «plano de pormenor».

[363] Tradução proposta por ANJA BOTHE, na intervenção intitulada "Flexibilização e...", p. 125 (nota nº 31), ainda que, depois, a autora os compare com os "nossos" PDM.

[364] JORGE ANDRÉ ALVES CORREIA refere-se a «plano de utilização de zonas» ou «plano de zonamento», in JORGE ANDRÉ ALVES CORREIA, "Contratos Urbanísticos – Concertação...", p. 126. FERNANDO ALVES CORREIA opta pela tradução de «plano de utilização de superfícies», in FERNANDO ALVES CORREIA, "Manual de Direito...", pp. 474-475, nota nº 149. No mesmo sentido de FERNANDO ALVES CORREIA, ver GÉRARD MARCOU/HENRI JACQUOT, "Présentation – Le droit de l'aménagement du territoire et de l'urbanisme en Allemagne, Loi sur l'aménagement du territoire et Code de Urbanisme", in Les Cahiers du Groupement de recherche sur les institutions et le droit de l'aménagement, de l'urbanisme et de l'habitat (GRIDAUH), Série Droit Comparé, nº 8, 2003, pp. 5-30. HANS-CHRISTIAN KAST refere-se à ideia de «plano director de urbanismo preparatório», reconhecendo mais à frente que, literalmente, se trata de um verdadeiro «plano de utilização de superfícies», in Traduction, MATTHIAS ROSSI, "Vue d'ensemble du droit de l'urbanisme allemand...", pp. 781-786. Traduzindo como «plano de utilização de solos», ver ANTÓNIO FRANCISCO DE SOUSA, in tradução do original alemão HANS JULIUS WOLFF/OTTO BACHOF/ROLF STOBER, Verwaltungsrecht, Vol. I..., p. 595.

[365] Tradução proposta por ANJA BOTHE, na intervenção intitulada "Flexibilização e...", p. 125 (nota nº 33), ainda que, depois, a autora os compare com os "nossos" «planos de pormenor».

[366] Fazendo equivaler esta figura aos nossos «planos de pormenor», ver ANTÓNIO FRANCISCO DE SOUSA, in tradução do original alemão HANS JULIUS WOLFF/OTTO BACHOF/ROLF STOBER, Verwaltungsrecht, Vol. I..., p. 595. Traduzindo-o como «plano de urbanização» ou «plano de utilização do solo com fins de edificação», ver JORGE ANDRÉ ALVES CORREIA, "Contratos Urbanísticos – Concertação...", pp. 126-127. FERNANDO ALVES CORREIA opta pela tradução de «planos de urbanização», in FERNANDO ALVES CORREIA, "Manual de Direito...", pp. 474-475, nota nº 149. Em sentido diverso, e optando pela tradução de «Bebauungsplan» como correspondendo à ideia de «plano de construção» ou «plano de construtibilidade», ver GÉRARD MARCOU/HENRI JACQUOT, "Présentation – Le droit de l'aménagement du territoire et de l'urbanisme en Allemagne...", p. 26. HANS-CHRISTIAN KAST refere-se à ideia de «plano director de urbanismo», reconhecendo mais à frente que, literalmente, se trata de um verdadeiro, «plano de construção», in Traduction, MATTHIAS ROSSI, "Vue d'ensemble du droit de l'urbanisme allemand...", pp. 781-787. Ver também HENNING JÄDE/FRANZ DIRNBERGER/JOSEF WEIß quanto à tripartição da figura do «Bebauungsplan» (Cfr. §30 BauGB) em (*e seguindo obviamente aqui*

PARTE II – § 2º DIREITOS ESTRANGEIROS

superior ao «Bebauungsplan», referindo-se a este propósito a ideia de que a situação mais frequente e desejável se traduza num imperativo de desenvolvimento do «Bebauungsplan» a partir das linhas de orientação definidas pelo «Flächennutzungsplan»[367]. Este último, por sua vez, deve adaptar as suas previsões aos objectivos de ordenamento do território e de planificação do Länder fixados nos níveis respeitantes ao «Hochstufige Landesplanung» e à «Regionaler Raumordnungsplanung»[368].

---

a tradução de «Bebauungsplan» como plano vinculativo do uso do solo) 1) «plano vinculativo do uso do solo qualificado» («Qualifizierter Bebauungsplan»); 2) «plano vinculativo do uso do solo simples» («Einfacher Bebauungsplan») e, ainda, 3) «projecto base de plano vinculativo do uso do solo» («Vorhabenbezogener Bebauungsplan»), Ver HENNING JÄDE/FRANZ DIRNBERGER/ JOSEF WEIß, "Baugesetzbuch (BauGB), Baunutzungsverordnung (BauNVO)...", pp. 358-398. Ver, ainda, HANS-JOACHIM KOCH/REINHARD HENDLER, "Baurecht...", pp. 406-409. Com mais desenvolvimento, ver WERNER HOPPE/CHRISTIAN BÖNKER/SUSAN GROTEFELS, "Studium und Praxis, Öffentliches Baurecht...", pp. 228-229 (relativamente ao «Qualifizierter Bebauungsplan»), pp. 228-229 e pp. 257 e 263 (respeitantes ao «Einfacher Bebauungsplan») e pp. 377-387 (no que concerne ao «Vorhabenbezogener Bebauungsplan»). Sobre o «Bebauungsplan» em geral, ver ULRICH KUSCHNERUS, Der sachgerechte Bebauungsplan, VHW-Verlag, 3ª Edição, Agosto, 2004. BERNHARD STÜER, "Der Bebauungsplan", 3ª Edição, München, 2006.

[367] A ideia de "Entwicklung des «Bebauungsplans» aus dem «Flächennutzungsplan»", ver WERNER HOPPE/CHRISTIAN BÖNKER/SUSAN GROTEFELS, "Studium und Praxis, Öffentliches Baurecht...", pp. 81-82. A ideia de uma «Entwicklungsgebot» ou imperativo de desenvolvimento permite a sinalização prévia dos riscos potencialmente associados à utilização de determinadas parcelas do território (previstas no «Flächennutzungsplan») no âmbito das opções urbanísticas que vierem a ser assumidas pelo «Bebauungsplan». Ainda sobre a ideia de «Entwicklungsgebot» ver, com especial desenvolvimento, HENNING JÄDE/FRANZ DIRNBERGER/JOSEF WEIß, "Baugesetzbuch (BauGB), Baunutzungsverordnung (BauNVO)...", pp. 146-152. Um outro aspecto importante a reter é o de que as representações planificatórias contidas no «Flächennutzungsplan» não conterem informações precisas (com escalas muito pequenas de 1/25,000 ou mesmo 1/100.000) quanto às parcelas, o que significa que não é possível deduzir, com absoluta segurança, quais os terrenos ou partes de terrenos que virão a ser afectados pela transposição do «Flächennutzungsplan» pelo «Bebauungsplan» (este último com escalas bem mais próximas dos nossos planos de pormenor, ou seja de 1/500 e 1/1000).

[368] Cfr. §1 Abs.4 BauGB e §5, Abs.5 ROG. Resulta precisamente deste aspecto a ideia de que o «Flächennutzungsplan» prossegue não apenas uma «função de programação» para as opções que devem ser observadas pelo nível inferior («Bebauungsplans»), como uma função de execução de um programa que lhe é fixado pelos planos colocados em níveis supra-locais. Em geral, e sobre o «Bauleitpläne» como um programa («Bauleitpläne als Programme») ver WERNER HOPPE/CHRISTIAN BÖNKER/SUSAN GROTEFELS, "Studium und Praxis, Öffentliches Baurecht...", p. 77. O autor, aludindo à estrutura das normas típicas do «Bauleitpläne» («Struktur

A NULIDADE DO PLANO URBANÍSTICO

O «Flächennutzungsplan» situa-se, pois, a meio caminho entre a planificação desenvolvida pelo nível supra local (que não vincula os particulares e onde se inclui a «Hochstufige Landesplanung[369]» e «Regionaler Raumordnungsplanung») e a «planificação urbanística local» de efeito jurídico vinculativo para os particulares.

As relações entre o «Flächennutzungsplan» e o «Bebauungsplan» traduzem uma ideia de conformidade, dado que este último deve ser elaborado de acordo com o imperativo de desenvolvimento e em conformidade com as linhas gerais definidas pelo «Flächennutzungsplan»[370].

Pode, no entanto, suceder que o município decida aprovar um «Bebauungsplan» de forma "autónoma", ou seja, sem precedência de um «Flächennutzungsplan», contanto que para isso considere estritamente necessário o «Bebauungsplan» ou, o mesmo será dizer, que não se justifique a adopção prévia de um «Flächennutzungsplan».

Para além da aprovação de um «Bebauungsplan» autónomo[371] que traduz objectivamente uma forma de flexibilização do sistema de planeamento territorial, o sistema permite ainda a elaboração e aprovação do «Bebauungsplan» em simultâneo (procedimento paralelo) com o procedimento de elaboração e de aprovação do «Flächennutzungsplan»[372] ou mesmo antes, ou por ante-

---

der Normen des Planungsrechts»), refere que as mesmas tem um carácter condicional («Konditionalen Charakter» ou «Konditionalprogramme»).

[369] Sobre a intensidade vinculativa das determinações do «Hochstufige Landesplanung», ver HANS-JOACHIM KOCH/REINHARD HENDLER, "Baurecht...", p. 182.

[370] Cfr. §8 Abs.2, Satz 1 BauGB do qual resulta que o «Bebauungsplan» resulta de um desenvolvimento detalhado do «Flächennutzungsplan» («Bebauungspläne sind aus dem Flächennutzungsplan zu entwickeln»).

[371] Sobre a possibilidade legal (§8 Abs.2 Satz 2 BauGB) de aprovação de um «Bebauungsplan autónomo» ou independentemente de prévia aprovação de um «Flächennutzungsplan» («Selbstständiger Bebauungsplan»), ver WERNER HOPPE/CHRISTIAN BÖNKER/SUSAN GROTEFELS, "Studium und Praxis, Öffentliches Baurecht...", p. 83. HANS-JOACHIM KOCH/REINHARD HENDLER, Baurecht...", pp. 214-218. Ver, ainda, ANTÓNIO FRANCISCO DE SOUSA, in tradução do original alemão HANS JULIUS WOLFF/OTTO BACHOF/ROLF STOBER, Verwaltungsrecht, Vol. I..., p. 595.

[372] Relativamente à possibilidade legal (§8 Abs.3 Satz 2 BauGB) de elaboração e aprovação de um «Bebauungsplan» em simultâneo com a elaboração e aprovação de um «Flächennutzungsplan» («Parallelverfahren»), ver WERNER HOPPE/CHRISTIAN BÖNKER/SUSAN GROTEFELS, "Studium und Praxis, Öffentliches Baurecht...", pp. 82-83. HANS-JOACHIM KOCH/REINHARD HENDLER, "Baurecht...", pp. 214-218. Ver, ainda, ANTÓNIO FRANCISCO DE SOUSA, in tradução

PARTE II – § 2º DIREITOS ESTRANGEIROS

cipação à aprovação do «Flächennutzungsplan», desde que este esteja em processo de elaboração e caso haja sido considerado necessário[373].

Depois desta caracterização breve do sistema de planeamento territorial alemão, cumpre agora passar um também breve relance sobre a Lei (Federal) do Ordenamento do Território (Raumordnungsgesetz, ROG) que viu a sua versão originária datada de 1965[374] ser, recentemente, substituída pela Lei (Federal) do Ordenamento do Território entrada em vigor a 30 de Junho de 2009[375]. Esta opção de substituição deve-se à «reforma do federalismo»

do original alemão HANS JULIUS WOLFF/OTTO BACHOF/ROLF STOBER, Verwaltungsrecht, Vol. I..., p. 595.

[373] No que concerne à possibilidade legal (§8 Abs.4 Satz 1 BauGB) de elaboração e aprovação de um «Bebauungsplan» antes da elaboração e aprovação de um «Flächennutzungsplan» («Vorzeitiger Bebauungsplan»), ver WERNER HOPPE/CHRISTIAN BÖNKER/SUSAN GROTEFELS, "Studium und Praxis, Öffentliches Baurecht...", p. 83. HANS-JOACHIM KOCH/REINHARD HENDLER, "Baurecht...", pp. 214-218. Ver, ainda, ANTÓNIO FRANCISCO DE SOUSA, *in tradução* do original alemão HANS JULIUS WOLFF/OTTO BACHOF/ROLF STOBER, Verwaltungsrecht, Vol. I..., p. 595. O autor opta, ainda, pela tradução de «Vorzeitiger Bebauungsplan» como equivalendo a «ante-plano de pormenor».

[374] Sobre a Raumordnungsgesetz (ROG) de 1965 mas apresentando, também, em linhas gerais, a história do «direito público da construção» («Öffentliches Baurecht») e do «direito do ordenamento do território», («Raumordnungsrecht»), Ver WERNER HOPPE/CHRISTIAN BÖNKER/SUSAN GROTEFELS, "Studium und Praxis, Öffentliches Baurecht...", pp. 8-16. Ainda, com especial interesse pelo tratamento de pormenor que nos oferece sobre a sucessão e história dos vários diplomas legais relativos ao «direito público da construção» («Öffentliches Baurecht») e ao «direito do ordenamento do território», («Raumordnungsrecht»), ver MICHAEL KRAUTZBERGER, *in* WERNER ERNST/WILLY ZINKAHN/WALTER BIELENBERG/MICHAEL KRAUTZBERGER, Baugesetzbuch, Kommentar, Loseblatt, München, Outubro, 2008, pp. 1-45. Sobre a evolução histórica do «direito público da construção» («Öffentliches Baurecht»), ver GEORG HERMES, "The German Law of Planning: An Overview", *in* European Public Law, Edições Wolters Kluwer, Law & Business, Kluwer Law International, Volume 8, nº 3, Setembro, 2002, pp. 367--385. Concluía então GEORG HERMES que o direito da construção revelava, na sua essência, funcionar satisfatoriamente, mostrando-se no entanto o autor bastante apreensivo quanto à capacidade de resposta que aquele seria capaz de oferecer face aos novos desafios que se lhe iriam deparar (ob. cit. p. 385).

[375] A «Raumordnungsgesetz» (ROG) ou Lei (Federal) do Ordenamento do Território foi aprovada na sequência da Gesetzes zur Neufassung des Raumordnungsgesetzes und zur Änderung anderer Vorschriften (GeROG) – proposta de lei sobre a revisão da lei de ordenamento do território e sobre a alteração de outras disposições, datada de 22.12.2008 (BGBl. I- S.2986) e com entrada em vigor em 30.06.2009 (BGBl. I S.2585). Para consulta da proposta ver Deutscher Bundestag, 16. Wahlperiode, Drucksache 16/10292, de 22.09.2008, pp. 5-37.

(«Föderalismusreform»), no âmbito da qual o legislador terá então eliminado por completo a figura da lei de bases, passando as matérias que eram objecto de lei de bases a ser da competência exclusiva ou concorrencial do Estado Federal. O novo quadro legal surge, deste modo, na sequência da revisão da Constituição da República Federal da Alemanha operada em 2006, no contexto de uma profunda «reforma do federalismo» («Föderalismusreform»)[376].

---

[376] Para uma compreensão das linhas estruturantes da reforma do federalismo alemão ocorrida em 2006, ver Jörn Ipsen, "Die Kompetenzverteilung zwischen Bund und Ländern nach der Föderalismusnovelle", *in* Neue Juristische Wochenschrift (NJW), nº 39, 2006, pp. 2801-2883. Ulrich Häde, "Zür Föderalismusreform in Deutschland", *in* Juristenzeitung (JZ), 2006, pp. 930-ss. Cristoph Degenhart, "Die Neuordnung der Gesetzgebungskompetenzen durch die Föderalismusreform", *in* Neue Zeitschrift für Verwaltungsrecht (NVwZ), 2006, pp. 1209-1216. Michael Nierhaus/Sonja Rademacher, "Die große Staatsreform als Ausweg aus der Föderalismusfalle?", *in* Landes-und Kommunalverwaltung (LKV), 2006, pp. 385-ss. Reflectindo sobre uma das importantes novidades da reforma do federalismo, concretamente a criação de três tipologias de competência concorrente, sujeitas todas a distintos procedimentos, a saber competência necessária (Bedarfskompetenzen), competência essencial (Kernkompetenzen) e competência derrogável (Abweichungskompetenzen), ver Jörn Ipsen, "Die Kompetenzverteilung zwischen Bund und Ländern nach der...", pp. 2801-2883. Martin Stock, "Konkurrierende Gesetzgebung postmodern: Aufweichung durch "Abweichung", *in* Zeitschrift für Gesetzgebung, ZG (21), nº 3/2006, p. 233. Rudolf Hrbek, Ein neuer Anlauf zur Föderalismus-Reform: Das Kompromisspaket der Großen Koalition, *in* Europäisches Zentrum für Föderalismus-Forschung (Hrsg.): Jahrbuch des Föderalismus 2006. Föderalismus, Subsidiarität und Regionen in Europa, Baden-Baden: Nomos Verlagsgesellschaft, pp. 139-157. Sobre a questão de se saber se a reforma do federalismo ocorrida representa, apenas e tão só, uma correcção marginal de alguns desenvolvimentos menos conseguidos ou se, ao invés, supõe o nascimento de um novo modelo de federalismo, veja-se, defendendo o surgimento de um «Estado federal experimental», Lothar Michael, Der experimentelle Bundesstaat, *in* JZ, 2006, volume 61, nº 18, pp. 884-889. Com interesse, ainda, pela profundidade de análise de alguns pontos controversos na referida reforma podemos ver Jens Woelk, "Eppur si muove: la riforma del sistema federale tedesco", *in* Le Istituzioni del Federalismo, nº 2, 2007, pp. 193-216. Reconduzindo os princípios básicos da reforma às ideias de simplificação (eliminação de competências supérfulas), federalização (de parte das competências concorrentes) e particularização (de outras competências, quer por via da sua atribuição exclusiva aos Länder quer atribuindo a estes últimos o poder de legislar, em certas matérias, de modo divergente da Federação, ver Rainer Arnold, "The federalism reform in Germany", *in* Iustel.com, Revista General de Derecho Público Comparado, nº 1, Setembro, 2007. Francesco Palermo, "La coincidenza degli opposti: L'ordinamento tedesco e il federalismo asimmetrico", (acessível em federalismi.it), *in* Rivista di diritto pubblico italiano, comunitario e comparato, nº 3, 2007, pp. 1-18. Winfried Kluth, "La Reforma del Federalismo Alemán: razones, objetivos y modifica-

Deste modo, na anterior versão do texto constitucional, o Estado Federal («Bund») regulava, mediante «leis de bases» («Rahmenvorschriften»), as matérias em que o exercício do poder legislativo dos Estados Federados («Länder») reclamava um enquadramento de âmbito nacional. Com a actual versão do texto constitucional, são eliminadas as leis de bases, prevendo-se agora que as matérias que antes eram confiadas àqueles instrumentos legislativos, ficam sujeitas à competência legislativa do Estado Federal, em termos exclusivos («ausschließliche Gesetzgebung»[377]) ou, em termos concorrenciais com os

ciones" (originalmente publicado em alemão sob o título "Die deutsche Föderalismusreform: Gründe, Zielsetzungen und Veränderungen"), *in* Revista de Derecho Político, nº 70, 2007, pp. 37-62. Demonstrando de que modo os parlamentos regionais passaram, por força da reforma, de tradicionais perdedores na dinâmica do federalismo alemão para a assunção clara de um papel decisivo no sistema de governo federal alemão, ver FRANCESCO PALERMO, "Il Ruolo delle Assemblee legislative dei Länder nel sistema di governo tedesco: dall'e emarginazione strutturale ai nouvi scenari della stagione delle riforme", *in* Revista Brasileira de Direito Constitucional, RBDC, nº 10, Julho/Dezembro, 2007, pp. 295-311. MATTHIAS ROSSI, "Vue d'ensemble du droit de l'urbanisme allemand...", pp. 779-780. Analisando o federalismo de acordo com a GG, ver NIGEL FOSTER/SATISH SULE, *in* German Legal System and Laws, 4ª Edição, Oxford University Press 2010, pp. 189-190. Advogando que o federalismo é, provavelmente, na actualidade o modelo mais bem sucedido do tipo «Estado Constituição» próxima da «Jurisdição Constituição», PETER HÄBERLE refere que o federalismo tem assumido uma importância crescente na «casa comum da Europa», precisamente pelas suas inegáveis vantagens. Encoraja depois todas as Constituições nacionais estatais a erigir esse sistema, pelo menos, até às efectivas estruturas regionais, desse modo testando o modelo federal nas suas diversas possibilidades; Ver PETER HÄBERLE, "Föderalismus-Modelle im Kulturellen Verfassungsvergleich", *in* Zeitschrift für Öffentliches Recht (ZFOR), Austrian Journal of Public and International Law, Edições Springer Wien New York, Band 62, número 1, 2007, pp. 39-60. Para uma profunda análise, em geral, do problema estrutural do sistema federal alemão, ver PETER HUBER, "Deutschland in der Föderalismusfalle?", Heidelberg, C.F. Müller, 2003. Apresentando um interessante estudo de direito comparado sobre o sistema de controlo legal da delimitação vertical de competências naqueles que designa como sendo autênticos Estados Federais (Alemanha, Suiça, USA, Canadá e Austrália), THOMAS VON DANWITZ conclui que a eficácia da estrutura desse controlo é uma verdadeira questão de direito constitucional; Ver THOMAS VON DANWITZ, Abhandlungen – Vertikale Kompetenzkontrolle in föderalen Systemen *in* Archiv des Öffentlichen Rechts, Edições J.C.B. Mohr (PAUL SIEBECK) Tübingen, 131. Band 4, 2007, pp. 510-578.

[377] GG, artigo 73º. que contém o catálogo das matérias da "Ausschließliche Gesetzgebung des Bundes", ou seja das matérias da competência legislativa exclusiva da Federação.

A NULIDADE DO PLANO URBANÍSTICO

Länder («Konkurrierende Gesetzgebung»[378]), em questões ligadas ao ordenamento do território[379].

Como refere ANJA BOTHE, as alterações constitucionais efectuadas terão permitido a aprovação, pela primeira vez na história legislativa alemã, de uma lei federal em que o ordenamento do território se percepciona de "...*corpo inteiro*..." e em que o legislador terá revelado uma certa moderação legislativa («gesetzgeberishe Zurückhaltung»[380]), no exercício dos seus novos poderes, em benefício da iniciativa legislativa dos Länder[381].

Entre os principais aspectos e linhas de força constantes da nova lei (federal) do ordenamento do território, destacaríamos os seguintes[382]: adaptação dos princípios do ordenamento do território[383] às orientações e estratégias de

---

[378] GG, artigo 74º, parágrafo Nr.1: A competência legislativa concorrente compreende os seguintes domínios («Die Konkurrierenden Gesetzgebung erstreckt sich auf folgende Gebiete»): parágrafo Nr.29. protecção da natureza e conservação dos sítios («den Naturschutz und die Landschaftspflege»), parágrafo Nr.30. divisão do solo («die Bodenverteilung»), parágrafo Nr.31. Ordenamento do território («die Raumordnung») e, ainda, parágrafo Nr.32. o regime das águas («die Wasserhaushalt»). Também com interesse na apreciação do novo quadro constitucional em matéria de distribuição de competências no âmbito do ordenamento do território, ver o artigo 72º, parágrafo Nr.3, alínea 1, frase nº 4 da GG, no qual se prevê, precisamente, a competência legislativa concorrente que confere aos Länder, nos casos em que a federação exerça as suas competências legiferantes, adoptar as disposições legislativas que se mostrem necessárias, no caso aqui em análise, no domínio do ordenamento do território. Sobre a nova distribuição competencial no domínio do ordenamento do território, em resultado da reforma do federalismo alemão, ver também com especial atenção Ver HANS-JOACHIM KOCH/ REINHARD HENDLER, Baurecht...", pp. 31-34. Ver MATTHIAS ROSSI, "Vue d'ensemble du droit de l'urbanisme allemand...", pp. 773-829. Também com interesse, porquanto perspectivando os efeitos da reforma do federalismo na GG e na Raumordnungsgesetz (ROG), Ver WERNER HOPPE/CHRISTIAN BÖNKER/SUSAN GROTEFELS, "Studium und Praxis, Öffentliches Baurecht...", pp. 3-6 e pp. 35-40.

[379] ANJA BOTHE, na intervenção intitulada "Flexibilização e...", p. 122.

[380] Fundamentação da proposta de lei do ordenamento do território do Governo Federal, Bundestags-Drucksache 16/10292, de 22.09.2008, p. 19. Ver: http://dip21.bundestag.de/dip21/btd/16/102/1610292.pdf.

[381] ANJA BOTHE, na intervenção intitulada "Flexibilização e...", p. 122.

[382] Seguindo de perto, quanto a este ponto, ANJA BOTHE, na intervenção intitulada "Flexibilização e...", p. 122.

[383] Os princípios do ordenamento do território apresentados no §2, Abs.2 da ROG podem dividir-se em princípios de carácter territorial (por exemplo uma estrutura equilibrada de habitats e de espaços livres) e princípios aplicáveis em função de domínios de actuação ou, se se preferir, princípios de natureza sectorial (por exemplo, consideração dos aspectos relativos

PARTE II – § 2º DIREITOS ESTRANGEIROS

acção com vista ao desenvolvimento desse mesmo ordenamento (§2, Abs.2 ROG[384]), introdução de uma maior flexibilidade no sistema de planeamento mediante a prévia definição, nos próprios planos de ordenamento do território, de excepções à vinculatividade dos objectivos que visam prosseguir (§6, Abs.1 ROG[385]) e transposição da directiva da União Europeia relativa à avaliação ambiental estratégica (§9, ROG[386]). Prevê-se, ainda, por razões de

à protecção do ambiente). Ver MATTHIAS ROSSI, "Vue d'ensemble du droit de l'urbanisme allemand...", p. 783.

[384] Ver HANS-JOACHIM KOCH/REINHARD HENDLER, "Baurecht...", pp. 44-47. MICHAEL KRAUTZBERGER/BERNHARD STÜER, "Das neue Raumordnungsgesetz des Bundes", in BauR. 2009, Heft 2, pp. 1-9, acessível on line: http://www.stueer.business.t-online.de/aufsatz/baur0209.pdf. Para uma análise detalhada dos princípios do ordenamento do território ver, ainda, WERNER HOPPE/CHRISTIAN BÖNKER/SUSAN GROTEFELS, "Studium und Praxis, Öffentliches Baurecht...", pp. 50-53. Esclarecendo que os princípios do ordenamento do território se encontram orientados de acordo com a ideia de um desenvolvimento sustentável, MATTHIAS ROSSI afirma que a ROG pretende evidenciar o carácter geral do desenvolvimento, do ordenamento e da preservação do território como elementos que devem ser tidos em consideração na apreciação e ponderação das decisões que venham a ser posteriormente tomadas, não assumindo, no entanto, um carácter vinculativo (§3, Abs.3 ROG). Para este autor, o «objecto e a ideia rectora do ordenamento do território» («Aufgabe und Leitvorstellung der Raumordnung»), segundo o §1, Abs.2, Satz 1, ROG, é a de um desenvolvimento sustentável e durável que concilie as exigências sociais e económicas previstas para o território com as suas funções ecológicas. Ver MATTHIAS ROSSI, "Vue d'ensemble du droit de l'urbanisme allemand...", p. 783. WILLY SPANNOWSKY, "Der Vertrag im Raumordnungsrecht", in ULRICH BATTIS/WILHELM SÖFKER/BERNARD STÜER (Hrsg.), Nachhaltige Stadt-und Raumentwicklung, Festschrift, MICHAEL KRAUTZBERGER, München, 2008, pp. 217. Comentando também a ideia de desenvolvimento sustentável, ver MICHAEL KRAUTZBERGER/BERNHARD STÜER, "Das neue Raumordnungsgesetz des Bundes...", p. 2.

[385] Relativamente às excepções, desvios e alterações aos objectivos do ordenamento do território, Ver HANS-JOACHIM KOCH/REINHARD HENDLER, "Baurecht...", pp. 54-55. WERNER HOPPE/CHRISTIAN BÖNKER/SUSAN GROTEFELS, "Studium und Praxis, Öffentliches Baurecht...", pp. 49-50. Ver, ainda, MICHAEL KRAUTZBERGER/BERNHARD STÜER, "Das neue Raumordnungsgesetz des Bundes...", p. 4.

[386] Analisando o modo de realização da avaliação ambiental estratégica, a sua integração no procedimento de elaboração do plano, as questões associadas à redacção do relatório ambiental e, ainda, a complexa tarefa de pesagem dos interesses ambientais em face de outros interesses públicos e privados, ver HANS-JOACHIM KOCH/REINHARD HENDLER, "Baurecht...", pp. 228-231. WERNER HOPPE/CHRISTIAN BÖNKER/SUSAN GROTEFELS, "Studium und Praxis, Öffentliches Baurecht...", p. 65. Ver, ainda, MICHAEL KRAUTZBERGER/BERNHARD STÜER, "Das neue Raumordnungsgesetz des Bundes...", pp. 4-5.

A NULIDADE DO PLANO URBANÍSTICO

segurança jurídica, um prazo para impugnar planos de ordenamento do território elaborados ou aprovados com desrespeito por normas procedimentais (§12, ROG[387]) e, finalmente, procede-se a uma ampliação das possibilidades de planeamento informal e de cooperação entre regiões, autarquias locais e entidades privadas (§13, ROG)[388].

Contrariamente aos princípios, os objectivos previstos para o ordenamento do território enunciados no §4, Abs.1, da ROG[389] tem força vinculativa[390] devendo, como tal, ser observados pelas entidades públicas (§3, Abs.2

---

[387] Relativamente aos planos urbanísticos com vícios e à sua articulação com um designado «Grundsatz der Planerhaltung» ou «princípio da manutenção do plano», teremos, necessariamente, que articular a aplicação do disposto no §12, ROG com o disposto nos §§214 e 215 do Baugesetzbuch (BauGB). Ver Hans-Joachim Koch/Reinhard Hendler, "Baurecht...", p. 62. Concretamente sobre a protecção do «princípio da manutenção do plano» no enquadramento que lhe é conferido pelo §12, ROG, ver Werner Hoppe/Christian Bönker/Susan Grotefels, "Studium und Praxis, Öffentliches Baurecht...", pp. 65-66 e, sobre o tratamento que resulta dos §§214 e 215 do Baugesetzbuch (BauGB), ver da mesma obra pp. 223-224. Comentando os §§214 e 215 do Baugesetzbuch (BauGB), ver Ver Henning Jäde/Franz Dirnberger/Josef Weiß, "Baugesetzbuch (BauGB), Baunutzungsverordnung (BauNVO)...", pp. 1057-1085. Ver, ainda, Michael Krautzberger/Bernhard Stüer, "Das neue Raumordnungsgesetz des Bundes...", p. 5.

[388] Aludindo às técnicas de Koordination (coordenação) e à Kooperation (cooperação), ver Werner Hoppe/Christian Bönker/Susan Grotefels, "Studium und Praxis, Öffentliches Baurecht...", p. 67. Michael Krautzberger/Bernhard Stüer, "Das neue Raumordnungsgesetz des Bundes...", p. 6.

[389] Ver Michael Krautzberger/Bernhard Stüer, "Das neue Raumordnungsgesetz des Bundes...", p. 3.

[390] Note-se que é o próprio legislador a prever (Cfr: §14 e §3, Abs.1, Satz 6 ROG) um princípio de «proibição de planeamento e de operações com incidência espacial» («Untersagung raumbedeutsamer Planungen und Maßnahmen») quando contrárias aos objectivos do ordenamento do território, fazendo claramente relevar o carácter vinculativo dos «Ziele» («objectivos» que devem ser observados «beachten» e seguidos, contrariamente aos «Grundsätze» ou princípios que devem apenas ser tomados em consideração, «berücksichtigen») e, consequentemente, a obrigatoriedade das opções de planeamento com eles se deverem conformar. Sobre este ponto ver Hans-Joachim Koch/Reinhard Hendler, "Baurecht...", pp. 121-122. Note-se (Cfr: §3, Abs.1, Satz 1 ROG) que quer os «objectivos do ordenamento do território» («Ziele der Raumordnung») quer os «princípios do ordenamento do território» («Grundsätze der Raumordnung») quer, ainda, «outros imperativos de ordenamento do território» («sonstige Erfordernisse der Raumordnung») são integrados numa categoria mais ampla que o legislador alemão designa por «imperativos de ordenamento do território» («Erfordernisse der Raumordnung»). Ainda sobre a força vinculativa dos objectivos (Cfr: §4 ROG) e uma eficácia que, diríamos nós,

ROG)[391]. Eles são, ao fim e ao resto, sopesados pelos responsáveis pela planificação, sendo inseridos nos planos de ordenamento do território através do

se apresenta como meramente "exortatória" dos princípios, se concatena a questão, não menos importante, dos destinatários da planificação. Deste modo, três notas importantes podem ser dadas quanto a este ponto: 1) A obrigação de tomar em consideração os príncipios e as outras exigências de ordenamento do território dirige-se, em primeira linha, às entidades públicas. Deste modo, em razão da ausência de planificação urbana ao nível da Federação, é sobre todas as administrações dos Länder e dos municípios ou comunidades de municípios vizinhos que recai essa obrigação. Os Länder podem, inclusivamente, no quadro das suas competências planificatórias, editar outros princípios de ordenamento do território (veja-se que é o próprio legislador que, no âmbito das definições da ROG, prevê que os princípios possam resultar quer de prescrições gerais relativas ao desenvolvimento, ao ordenamento e à preservação do espaço quer de decisões tomadas no «exercício da discricionariedade» («Ermessensentscheidungen») ou de «ponderação de diferentes imperativos» («nachfolgende Abwägungs») (Cfr: §3, Abs.3, ROG). 2) Um segundo aspecto é o de que sobre as entidades privadas não recai a obrigação de tomarem em consideração os príncipios de ordenamento do território, constituindo este aspecto um elemento decisivo na distinção entre os planos de ordenamento do território já antes analisados e os «planos urbanísticos locais» («Bauleitplanung» e, concretamente dentro destes, o «Bebauungsplan», dado que apenas este possui eficácia plurisubjectiva). Desta forma, os programas e os planos de ordenamento do território, qualquer que seja a sua forma jurídica, não se dirigem a outros sujeitos de direito que não as entidades públicas legalmente competentes para a planificação, procurando que eles definam, no quadro da sua liberdade de planificação, o que deve ter ou não uma natureza adstringente para os particulares. 3) Uma terceira e última nota (e não menos importante), prende-se com a possibilidade dos príncipios de ordenamento do território deverem, também eles, ser observados por entidades de direito privado que prossigam interesses públicos objecto de consideração no âmbito de planos que, por exemplo, envolvam a realização de operações urbanísticas essencialmente financiadas por recursos financeiros públicos. Este é um aspecto central e decisivo da ROG, uma vez que o legislador alemão fornece uma boa solução para a exigência crescente de privatização de serviços e de funções públicas, desse modo impedindo que a tal tendência privatizadora possa servir para contornar a obrigação de tomar em consideração tais princípios (Cfr: §4, Abs.3, ROG relativo aos «efeitos jurídicos dos imperativos de ordenamento do território» («Bindungswirkungen der Erfordernisse der Raumordnung»)).

[391] Sobre este ponto JEAN-PIERRE LEBRETON refere que nos documentos de planificação de ordenamento do território oponíveis aos documentos de urbanismo locais se deve distinguir, precisamente, entre, por um lado, os objectivos («Ziele») que, como tal, devem ser obrigatoriamente observados e, por outro, os princípios («Grundsätze») que devem, apenas, ser tomados em consideração. Ver JEAN-PIERRE LEBRETON, "La planification spatiale en Europe...", p. 5.

regulamento ou das suas peças gráficas[392]. A obrigatoriedade[393] dos municípios respeitarem os objectivos de ordenamento do território não é exclusivamente imposta pelo §4, Abs.1 da ROG devendo, ainda, considerar-se o disposto no §1, Abs.4 do BauGB[394]. Ainda de acordo com este preceito, os princípios de ordenamento do território são considerados como interesses que o município deve, no quadro da suas competências de planificação, procurar conciliar com os demais interesses conflituantes.

Já os objectivos contêm prescrições vinculativas, sem que tal facto faça perigar, na sua essência, a prerrogativa de planificação local[395].

---

[392] Ver MATTHIAS ROSSI, "Vue d'ensemble du droit de l'urbanisme allemand...", p. 783.

[393] Sobre a «vinculação dos municípios aos objectivos do ordenamento do território» («Die Bindung der Gemeinden an die Ziele der Raumordnung»), Ver HANS-JOACHIM KOCH/REINHARD HENDLER, "Baurecht...", pp. 130-131.

[394] Ver HANS-JOACHIM KOCH/REINHARD HENDLER, "Baurecht...", pp. 51-52.

[395] Ver HENNING JÄDE/FRANZ DIRNBERGER/JOSEF WEIß, "Baugesetzbuch (BauGB), Baunutzungsverordnung (BauNVO)...", pp. 48-51. MATTHIAS ROSSI, "Vue d'ensemble du droit de l'urbanisme allemand...", p. 783. Segundo este autor, o «direito do urbanismo» («Städtebaurecht») encontra-se fortemente impregnado pelo princípio da autonomia municipal que encontra a sua expressão constitucional mais significativa no artigo 28º, parágrafo Nr.2 da GG. Segundo o referido princípio, "deve, no quadro da lei, ser garantido aos municípios o direito de regular, sob a sua própria responsabilidade, o conjunto dos assuntos da respectiva comunidade local" («Den Gemeinden muß das Recht gewährleistet sein, alle Angelegenheiten der örtlichen Gemeinschaft im Rahmen der Gesetze in eigener Verantwortung zu regeln»). A garantia de autonomia estende-se a múltiplos domínios tais como os relativos à gestão de pessoal, às finanças, à organização, às regras editadas pela própria colectividade e, no que à presente investigação importa, àquilo que designaríamos como sendo a «prerrogativa de planificação local» ou, numa melhor aproximação à ideia de «Die Planungshoheit der Gemeinden» como sendo o equivalente a um designado «princípio da soberania do planeamento municipal». Sobre o **«princípio da soberania do planeamento municipal»** («Die Planungshoheit der Gemeinden»), sua respectiva garantia constitucional e, bem assim, respectiva protecção e limites, ver HANS-JOACHIM KOCH/REINHARD HENDLER, "Baurecht...", pp. 160-172 e WERNER HOPPE/CHRISTIAN BÖNKER/SUSAN GROTEFELS, "Studium und Praxis, Öffentliches Baurecht...", pp. 21-25. Ainda relativamente a este assunto, convirá que se tenha presente que, para além do «Die Planungshoheit der Gemeinden», dois outros princípios absolutamente decisivos na arquitectura do sistema definido pelo BauGB devem ser convocados quando se reflecte sobre o sistema de planeamento territorial alemão. Pensamos, concretamente, no princípio do «planeamento positivo» («positiver planung» que encontra, correlativamente, no §1, Abs.3, Satz 1 BauGB, a ideia de «proibição de planeamento negativo» ou «Verbot der Negativplanung»), e também concretamente, como traço distintivo e mais marcante do «Prinzip der Plan-und Plantypmäßigkeit» com consagração legal no §1, Abs.1 BauGB. Um outro princípio previsto na

PARTE II – § 2º DIREITOS ESTRANGEIROS

Paralelamente, existe ainda, de acordo com o disposto no §1, Abs.4 do BauGB, uma obrigação de adaptação que traduz, por um lado, a necessidade de garantir, no momento da elaboração de um plano urbanístico local, a conformidade do mesmo aos objectivos de ordenamento do território existentes e, por outro, que os planos urbanísticos locais que se encontrem já aprovados se adaptem aos novos objectivos de ordenamento do território que, entretanto, tenham sido criados ou aos que, já existindo, se tenham entretanto modificado[396].

Resulta, pois, da obrigação de adptação, um primeiro dever de planificação, ou seja, o município deve, por causa dos objectivos de ordenamento do território, intervir uma primeira vez em matéria de planificação, mesmo que a legislação do Länder não preveja tal possibilidade[397]. Acresce, por outro lado, que a obrigação de respeitar os objectivos do ordenamento do território no quadro da planificação local, entendida esta em sentido amplo, pode restringir sensivelmente a competência planificadora dos municípios, razão pela qual os representantes dos municípios devem participar, activamente, no processo de definição dos objectivos de ordenamento do território[398]. Não obstante, a competência de planificação dos municípios permanece limitada, uma vez que cabendo ao ordenamento do território o poder de definir, tão-só, um quadro jurídico superior, não pode o mesmo, senão excepcionalmente, adoptar determinadas especificações para uma concreta parcela do território municipal[399]. Por conseguinte, as prescrições de natureza mais específica podem, a título excepcional, figurar nos planos de ordenamento do território, não pondo em causa, na mais elementar substância do princípio, a planificação

---

mesma norma é o «princípio do dever de planificação» («Prinzip der Planungspflicht»), com consagração no §1, Abs.1 (BauGB) por via do qual os municipios devem elaborar os «Bauleitpläne», desde que e na exacta medida em que os mesmos se apresentem como necessários para o ordenamento e desenvolvimento urbanos. Ver, com especial interesse, as reflexões que sobre esta matéria foram feitas em WERNER HOPPE/CHRISTIAN BÖNKER/SUSAN GROTEFELS, "Studium und Praxis, Öffentliches Baurecht...", pp. 96-97.

[396] Ver HENNING JÄDE/FRANZ DIRNBERGER/JOSEF WEIß, "Baugesetzbuch (BauGB), Baunutzungsverordnung (BauNVO)...", pp. 48-51. MATTHIAS ROSSI, "Vue d'ensemble du droit de l'urbanisme allemand...", p. 783. Sobre a possibilidade de "reinterpretação de objectivos em princípios de ordenamento do território («Umdeutung von Zielen in Grundsätze der Raumordnung»), ver HANS-JOACHIM KOCH/REINHARD HENDLER, "Baurecht...", p. 55.

[397] MATTHIAS ROSSI, "Vue d'ensemble du droit de l'urbanisme allemand...", p. 784.

[398] MATTHIAS ROSSI, "Vue d'ensemble du droit de l'urbanisme allemand...", p. 784.

[399] MATTHIAS ROSSI, "Vue d'ensemble du droit de l'urbanisme allemand...", p. 784.

urbana de natureza local[400]. Ora é precisamente neste contexto que se prevê, como "medida de protecção" da competência planificadora dos municípios contra a criação de tais prescrições de natureza mais específica no âmbito do ordenamento do território, a obrigatoriedade de particular e especial fundamentação na adopção das mesmas, de tal modo que se apresentem como sendo absolutamente necessárias por razões supra locais, sustentadas em motivações detalhadas e, mais importante do que tudo, precedidas de uma verdadeira participação dos municípios visados[401].

Cumprirá referir que, caso isso não suceda, as formas de reacção juridicamente admissíveis (e de que este trabalho, por não ser o seu escopo, não tratará) de que os municípios dispõem são significativas e revelam que o sistema de planeamento territorial criado pelo legislador se revela estruturalmente muito equilibrado[402].

Posto isto e exposto que está, em traços muito gerais, o regime jurídico de gestão territorial alemão, podemos agora, e na sequência do que já antes sinalizámos, entrar na análise do respectivo regime de nulidade dos planos, tentando, sem quaisquer pretensões de esgotar o tema, fornecer as linhas gerais para a sua compreensão.

O sistema alemão é caracterizado, neste domínio e, em nosso entender, de modo decisivo, pelo denominado «princípio da manutenção do plano» ou «princípio da conservação do plano» («Grundsatz der Planerhaltung»[403]),

---

[400] MATTHIAS ROSSI, "Vue d'ensemble du droit de l'urbanisme allemand...", p. 784.

[401] MATTHIAS ROSSI, "Vue d'ensemble du droit de l'urbanisme allemand...", p. 784.

[402] MATTHIAS ROSSI, "Vue d'ensemble du droit de l'urbanisme allemand...", p. 784.

[403] Cfr. §214, §215 e §216, todos do Baugesetzbuch (BauGB). Ver HANS-JOACHIM KOCH/ REINHARD HENDLER, "Baurecht...", p. 62 e pp. 272-291. Concretamente sobre a protecção do «princípio da manutenção do plano» no enquadramento que lhe é conferido pelo §12, ROG, ver WERNER HOPPE/CHRISTIAN BÖNKER/SUSAN GROTEFELS, "Studium und Praxis, Öffentliches Baurecht...", pp. 65-66 e, sobre o tratamento que resulta dos §§214 e 215 do Baugesetzbuch (BauGB), ver da mesma obra pp. 223-224 e p. 498. Comentando os §§214 e 215 do Baugesetzbuch (BauGB), ver Ver HENNING JÄDE/FRANZ DIRNBERGER/JOSEF WEIß, "Baugesetzbuch (BauGB), Baunutzungsverordnung (BauNVO)...", pp. 1057-1085. Ver, ainda, MICHAEL KRAUTZBERGER/BERNHARD STÜER, "Das neue Raumordnungsgesetz des Bundes...", p. 5. O «princípio da manutenção do plano» ou o «princípio da conservação do plano» («Grundsatz der Planerhaltung») surge no final da década de 90 do século passado como reacção necessária à frequência com que se detectavam vícios nos planos, entre outros, *déficit* de ponderação e que conduziam à declaração de nulidade do plano. Com a invocação desse princípio, pretendia aludir-se à conveniência e à utilidade de considerar como ilegalidades

PARTE II – § 2º DIREITOS ESTRANGEIROS

evidenciador, claramente, de uma ideia de «optimização do planeamento urbanístico» («die Optimierung der Bauleitplanung»)[404]. A assunção legal de um princípio desta natureza e importância no sistema alemão (facto tanto mais importante se considerarmos as particularidades e complexidades que o caracterizam), traduz a percepção inequívoca por parte do legislador federal de que uma das principais vias capazes de garantir a eficácia no funcionamento do sistema e, bem assim, a qualidade das opções tomadas nos diferentes níveis planificatórios decisionais passa, em grande medida, por conferir aos planos condições de estabilidade e de durabilidade capazes, de por si só, induzirem a necessária confiança jurídica, quer nos diferentes actores (públicos e privados) com participação e responsabilidades no domínio das tarefas de planificação urbana quer, ainda, na própria comunidade em geral, destinatária última (e mais importante) das opções tomadas pelos poderes públicos.

O legislador federal criou um sistema em que determinadas violações do direito federal, decorrido que seja o prazo de um ano, não possam mais desencadear a nulidade quer do «Flächennutzungsplan» quer dos demais regulamentos de direito de urbanismo, com especial destaque para o «Bebauungsplan»[405].

Acresce que mesmo quando os vícios em causa sejam susceptíveis de determinar a nulidade dos referidos planos, estes podem ainda assim ser objecto de um «procedimento complementar» («ergänzendes Verfahren»)[406], destinado

---

não invalidantes, determinados vícios menos graves no procedimento de elaboração do plano e a certas limitações temporais para que os mesmos pudessem ser feitos valer judicialmente. A situação ganhou foros de importância a ponto do Tribunal Administrativo Federal ter tido que formular uma advertência dirigida aos tribunais inferiores no sentido de que esses órgãos judiciais não se lançassem espontaneamente, e muitas vezes até de forma algo precipitada, na procura de vícios no procedimento de elaboração do plano. BERNHARD STÜER, «Städtebaurecht 1998. Vom Grundsatz der Planerhaltung zum Grundsatz der Normerhaltung», in Deutsches Verwaltungsblatt, 1997, em especial pp. 1204-1205.

[404] Neste sentido ver "ULRICH BATTIS, "Die Deutschen Erfahrungen mit der Kodifizierung des Baurechts", in "Actas do Ciclo de Colóquios...", p. 171. A «Optimierungsgebot» ou «obrigação de optimização do plano» constitui, no sistema de planeamento territorial alemão, uma das mais importantes linhas rectoras para o exercício da «planificação para a ponderação» («Planungsleitlinie für die Abwägung»).

[405] Cfr: §214, Abs.4 e §215, Abs.1, Satz 1, nº 3 Baugesetzbuch (BauGB) Baugesetzbuch (BauGB).

[406] Cfr: §214, Abs.4, BauGB que dispõe que «Der Flächennutzungsplan oder die Satzungen Können durch ein ergänzendes Verfahren zur Behebung von Fehlern auch rückwirkend in kraft gesetzt werden».

a corrigir/eliminar as razões dessa nulidade e a repô-los novamente em vigor, neste caso sendo-lhe conferidos efeitos retroactivos.

Este é também um aspecto decisivo que reflecte bem as preocupações do legislador federal expressas no Baugesetzbuch (BauGB) em manter válidos, sempre que tal seja legalmente possível, o «Flächennutzungsplan» e o «Bebauungsplan».

O quadro legal básico[407] para a análise do regime de invalidade dos planos urbanísticos encontra-se condensado no Baugesetzbuch (BauGB), Secção IV (Vierter Abschnitt) da Segunda Parte (Zweiter Teil), nos já referenciados §214 a §216, sob a epígrafe de «manutenção em vigor dos planos» («Planerhaltung»)[408].

As alterações introduzidas no âmbito da «Europarechtsanpassungsgesetz Bau» aos §214 e §215 foram parcialmente bem sucedidas. De acordo com MARTIN KMENT, autor que analisa profusamente essa adaptação, existem quatro aspectos a reter[409]. Em primeiro lugar, existe um lote de disposições que são consistentes e dão uma eficaz resposta às exigências comunitárias[410]. Em segundo lugar, existem disposições que não têm correspondência com

---

[407] As normas contidas em §214 e §215 BauGB e que versam, genericamente, sobre o «princípio geral de conservação do plano» («Grundsatz der Planerhaltung») foram significativamente adaptadas ao direito europeu em matéria de urbanismo, de modo a limitar as consequências dos vícios ou a corrigir todos os que sobrevenham após a aprovação do «Flächennutzungspläne» ou dos regulamentos de urbanismo, sobretudo dos «Bebauungspläne». Ver «Gesetz zur Anpassung des Baugesetzbuchs an EU-Richtlinien» (Europarechtsanpassungsgesetz Bau), 24.06.2004 (BGBl. I S. 1359).

[408] Tal como definimos logo no incício desta investigação, apenas nos iremos debruçar nesta análise sobre os planos urbanísticos locais («Städtebauliche Planung» ou «Bauleitplanung»). Assim, os «planos de ordenamento do território» («Raumordnungsplanung») e que integram, por sua vez, os «planos de ordenamento do território da Federação» («Bundesraumordnungs Planung»), os «planos de ordenamento do território dos Länder» («Hochstufige Landesplanung» no sentido de planeamento supra regional ou planificação superior) e, por fim os «planos regionais de ordenamento do território» («Regionaler Raumordnungsplanung»), não irão ser aqui objecto de análise. No entanto, também para eles previu o legislador um «princípio geral de conservação do plano» («Grundsatz der Planerhaltung»), previsto no §12 e §20, ambos da ROG.

[409] MARTIN KMENT, Zur Europarechtskonformität der neuen baurechtlichen Planerhaltungsregeln, in Archiv des öffentlichen Rechts, Edições J.C.B. MOHR (PAUL SIEBECK) Tübingen, 130. Band, Heft 4, Dezembro, 2005, pp. 570-617.

[410] MARTIN KMENT refere, por exemplo, o §214, Abs.1, Satz 1, nº 2, 2ª frase, até ao Abs.4 e o §215, Abs.1, nº 1 BauGB, evidenciando, em especial, que a referência ao direito comunitário tem que ser considerada na interpretação do §214, Abs.1, Satz 1, nº 2, 2ª frase.

as directrizes comunitárias, ainda que a mesma pareça existir numa leitura mais imediata[411]. Num terceiro plano, existem disposições que revelam alguns problemas. Por exemplo, o §214, Abs.1, Satz 1, nº 1, BauGB trabalha na base de uma cumulação de critérios que, no entanto, é aceite pelo direito comunitário como um critério indidivual. Segundo MARTIN KMENT esta situação é anómala uma vez que a cumulação de critérios prevista pelo BauGB reduz, significativamente, o nível da irrelevância do vício[412]. Finalmente, o autor dá ainda nota de que o Tribunal de Justiça Europeu encara com sérias reservas as opções legislativas nacionais que permitem, de forma subsequente ao início do procedimento de elaboração dos planos, "reparar" ou "emendar" partes do mesmo, razão pela qual a aplicabilidade da disposição que prevê o «procedimento complementar» («ergänzendes Verfahren»)[413] se encontra seriamente posta em causa. MARTIN KMENT entende, no entanto, que a aplicação do §214, Abs.4, BauGB já se revelará viável se radicar numa deficiente fundamentação da decisão, ponto a que voltaremos mais adiante.

Após esta breve introdução, vejamos agora com um pouco mais de detalhe o funcionamento do quadro legal referido.

A primeira norma a ter em conta (§214 BauGB) trata da «violação das regras de procedimento e de forma relativas à elaboração do «Flächennutzungsplan» e de regulamentos municipais susceptíveis de determinar a nulidade – procedimento complementar»[414]. A segunda norma a considerar (§215 BauGB) respeita ao «prazo para invocação da violação de normas»[415].

---

[411] MARTIN KMENT refere, por exemplo, que o §214, Abs.3, Satz 2 não tem qualquer campo de aplicação comum com as directrizes europeias.

[412] Outro exemplo é o que nos é dado pelo §214 Abs.1, Satz 1, nº 2, 1ª frase, BauGB, em que o legislador usa o critério da «Unerheblichkeit» de forma orientada para o resultado, opção esta que se afasta das preferências do direito comunitário.

[413] Cfr. §214, Abs.4, BauGB.

[414] A epígrafe da norma em causa (§214 BauGB) tem a seguinte redacção: «Beachtlichkeit der Verletzung von Vorschriften über die Aufstellung des Flächennutzungsplans und der Satzungen; ergänzendes Verfahren». A matéria relativa ao «ergänzendes Verfahren» (procedimento complementar) está agora prevista nesta norma, atenta a revogação da sua anterior sede legal (§215a BauGB).

[415] A epígrafe da norma em causa (§215 BauGB) tem a seguinte redacção: «Frist für die Geltendmachung der Verletzung von Vorschriften».

A terceira e última norma a considerar concerne às «obrigações da entidade competente no procedimento de aprovação»[416].

Os referidos preceitos legais aplicam-se quer ao «Flächennutzungsplan» quer aos demais regulamentos municipais («Satzung») de direito de urbanismo, com especial destaque para o «Bebauungsplan», operando, por este modo, uma clara restrição da «competência jurisdicional de controlo e de anulação» («Kontroll-und VerwerfungsKompetenz»)[417], sem que isso implique, simultaneamente, qualquer modificação das exigências procedimentais ou materiais dos referidos instrumentos de planificação.

Trata-se, pois, reitera-se, de um quadro legal destinado a lutar contra a fragilização dos instrumentos planificatórios e, concretamente, do «Flächennutzungsplan» e do «Bebauungsplan».

Entrando um pouco mais na complexidade do regime legal em análise, verificamos que o «princípio da manuntenção do plano» («Grundsatz der Planerhaltung») tem a sua consagração legal expressa no §214, Abs.1, Satz 1 BauGB. Neste normativo prevê-se uma enumeração taxativa de quais os vícios formais e procedimentais que, não obstante a sua efectiva ocorrência, não implicam qualquer juízo invalidante do plano. Na realidade, prevê aí o legislador que a violação das regras de procedimento e de forma previstas no BauGB não é susceptível de determinar a nulidade do «Flächennutzungsplan» e de outros regulamentos municipais adoptados nos termos do mesmo diploma (aqui está seguramente o «Bebauungsplan») quando se verifique alguma das situações previstas no §214, Abs.1, Satz 1[418], nº s 1 a 4 BauGB.

---

[416] A epígrafe da norma em causa (§216 BauGB) tem a seguinte redacção: «Aufgaben im Genehmigungsverfahren».

[417] MATTHIAS ROSSI, "Vue d'ensemble du droit de l'urbanisme allemand...", p. 826.

[418] Cfr: §214, Abs.1, Satz 1 BauGB que tem a seguinte redacção: «Eine Verletzung von Verfahrens-und Formvorschriften dieses Gesetzbuchs ist für die Rechtwirksamkeit des Flächennutzungsplans und der Satzungen nach diesem Gesetzbuch nur beachtlich, wenn». Prevê-se (§214, Abs.1, Satz 1, nº 4 BauGB) que a violação das regras de procedimento e de forma previstas no BauGB não é susceptível de determinar a nulidade do «Flächennutzungsplan» e de outros regulamentos municipais adoptados nos termos do mesmo diploma quando «uma decisão do município relativa ao «Flächennutzungsplan» ou ao regulamento municipal não tiver sido tomada, que uma aprovação não tiver sido concedida ou que o objectivo anunciado no momento da publicação do «Flächennutzungsplan» ou de outros regulamentos municipais não tiver sido afectado/violado («ein Beschluss der Gemeinde über den Flächennutzungsplan oder die Satzung nicht gefasst, eine Genehmigung nicht erteilt oder der mit der Bekanntmachung des Flächennutzungsplans oder der Satzung verfolgte Hinweiszweck nicht erreicht worden ist»).

PARTE II – § 2º DIREITOS ESTRANGEIROS

Trata-se de uma cláusula de insusceptibilidade de declaração de nulidade para certos vícios formais/procedimentais relativos ao «Flächennutzungsplan» e «Bebauungsplan»[419] ou, no caso do §214, Abs.3 BauGB, relativa a determi-

---

[419] Cfr: §214, Abs.2 BauGB. O que o legislador aqui prevê é, em traços gerais, a já por nós referida ideia de «imperativo de desenvolvimento» ("Entwicklungsgebot") que deve pautar as relações entre os diversos tipos de planos inseridos no âmbito mais vasto do «Bauleitplanung». Estão, pois, aqui previstos quer o «Flächennutzungsplan» quer o «Bebauungsplan», incluindo este último o «Bebauungsplan» autónomo («Selbstständiger Bebauungsplan» porquanto elaborado e aprovado independentemente da prévia aprovação de um «Flächennutzungsplan») e, ainda, o «Bebauungsplan» prévio («Vorzeitiger Bebauungsplan») a um «Flächennutzungsplan». Referem-se, pela importância que assumem, as quatro situações previstas no §214, Abs.2, nº 2 BauGB. Uma primeira situação é a que se refere o §214, Abs.2, nº 1 BauGB. Nesta norma o legislador prevê que uma violação das regras que regem a relação entre «Flächennutzungs-plan» e «Bebauungsplan» não possa ser invocada para efeitos de declaração de nulidade do «Bebauungsplan» quando as condições requeridas para a elaboração de um «Selbstständiger Bebauungsplan» (§8, Abs.2, Satz 2 BauGB) ou os motivos imperativos invocados nos termos do disposto no §8, Abs.4 BauGB para a elaboração de um «Vorzeitiger Bebauungsplan» não foram correctamente apreciados. Relativamente à segunda situação (§214, Abs.2, nº 2 BauGB), prevê o legislador que uma violação das regras que regem a relação entre «Flächennutzungs-plan» e «Bebauungsplan» não possa ser invocada para efeitos de declaração de nulidade do «Bebauungsplan» quando, tendo ocorrido a violação do princípio inscrito no §8, Abs.2, Satz 1 BauGB de acordo com o qual o «Bebauungsplan» resulta de um desenvolvimento detalhado do «Flächennutzungsplan», o desenvolvimento urbano ordenado resultante do «Flächen-nutzungsplan» não haja sido afectado. Numa terceira situação (§214, Abs.2, nº 3 BauGB) prevê-se que uma violação das regras que regem a relação entre «Flächennutzungsplan» e «Bebauungsplan», concretamente o «imperativo de desenvolvimento» que este último deve observar relativamente às opções inscritas no «Flächennutzungsplan», não possa ser invocada para efeitos de declaração de nulidade do «Bebauungsplan» quando, tendo existido infracção ao disposto no §8, Abs.3 BauGB este resulte (ou se siga a) de um «Flächennutzungsplan» cuja nulidade, por violação das regras de procedimento ou formais (e depois de cumprido o disposto no §6 BauGB), apenas seja conhecida depois da publicação do «Bebauungsplan». Numa quarta e última situação, (§214, Abs.2, nº 4 BauGB) prevê o legislador que uma violação das regras que regem a relação entre «Flächennutzungsplan» e «Bebauungsplan» não possa ser invocada para efeitos de declaração de nulidade do «Bebauungsplan» se, estando em curso um procedimento paralelo («Parallelverfahren») e tendo existido infracção ao disposto no §8, Abs.3 BauGB, não tiver ocorrido qualquer afectação a um desenvolvimento urbano ordenado. Ver HENNING JÄDE/FRANZ DIRNBERGER/JOSEF WEIß, Baugesetzbuch (BauGB), Baunutzungs-verordnung (BauNVO)...", pp. 1065-1066.

nadas insuficiências/faltas que possam ocorrer no âmbito do procedimento de ponderação de interesses[420].

Na prática o que o legislador federal veio prever foi um conjunto de situações em que, não obstante a ocorrência de vícios de natureza diversa no âmbito dos procedimentos de elaboração e de aprovação do «Flächennutzungsplan» ou de outros regulamentos municipais, ainda assim tais vícios não terão a potencialidade de desencadear um juízo de nulidade sobre os planos em causa. Para o efeito, socorre-se então de um catálogo taxativo de situações[421] em que, não obstante a ocorrência dos vícios procedimentais e formais, a nulidade não é susceptível de ser declarada.

Significa isto que as situações de vícios procedimentais e formais susceptíveis de desencadear a nulidade nos termos da previsão contida no §214, Abs.1, Satz 1 BauGB se encontram agora sujeitas a uma cláusula interna de insusceptibilidade de declaração de nulidade ou «cláusula de irrelevância do vício» («interne Unbeachtlichkeitsklauseln»)[422].

---

[420] Cfr: §214, Abs.3 BauGB. Prevê esta norma as situações de «falta de ponderação» («Abwägungsmängel»), dispondo (Satz 1) que «para a ponderação de interesses é conveniente tomar em consideração a situação material e jurídica à data em que o «Flächennutzungsplan» e outros regulamentos municipais foram aprovados» («Für die Abwägung ist die Sach-und Rechtslage im Zeitpunkt der Beschlussfassung über den Flächennutzungsplan oder die Satzung maßgebend»). Sobre o «dever de ponderação» («Das Abwägungsgebot») em geral no âmbito dos procedimentos de planificação ver WERNER HOPPE/CHRISTIAN BÖNKER/SUSAN GROTEFELS, "Studium und Praxis, Öffentliches Baurecht...", pp. 166-224. Procurando justificar a tarefa de planificação entre a liberdade criativa de configuração de opções e o dever de ponderação imposto pelo Estado de Direito, HANS-JOACHIM KOCH/REINHARD HENDLER reflectem sobre uma sentida dificuldade no exercício de planeamento entre o risco de se ponderar desproporcionadamente («Die Abwägungsdisproportionalität») determinados interesses em prejuízo de outros e a «obrigação de optimização» («Die Optimierungsgebote») que impende sobre quem conduz os processos planificatórios, ver HANS-JOACHIM KOCH/REINHARD HENDLER, "Baurecht...", pp. 243-271. Também sobre «Das Abwägungsgebot», em geral, ver ainda HENNING JÄDE/FRANZ DIRNBERGER/JOSEF WEIß, "Baugesetzbuch (BauGB), Baunutzungsverordnung (BauNVO)...", pp. 55-68.

[421] Cfr: §214, Abs.1, Satz 1, nº 1 a 4 BauGB.

[422] Ver HENNING JÄDE/FRANZ DIRNBERGER/JOSEF WEIß, "Baugesetzbuch (BauGB), Baunutzungsverordnung (BauNVO)...", pp. 1059-1064. Distinguindo no âmbito do §214, Abs.1, Satz 1, nº 1 a 4 casos de «interne Unbeachtlichkeit» e «externe Unbeachtlichkeit», ver WERNER HOPPE/CHRISTIAN BÖNKER/SUSAN GROTEFELS, "Studium und Praxis, Öffentliches Baurecht...", pp. 498-501.

PARTE II – § 2º DIREITOS ESTRANGEIROS

Esta «interne Unbeachtlichkeitsklauseln» é depois complementada com o disposto no §214, Abs.1, Satz 2 BauGB, com base no qual pode haver lugar a pedidos de esclarecimentos se a fundamentação do «Flächennutzungsplan» ou de outros regulamentos municipais (§214, Abs.1, Satz 1, nº 3 BauGB) se revelar incompleta[423].

Um outro aspecto importante a reter é o de que a «interne Unbeachtlichkeitsklauseln» só produzirá os seus efeitos se o município, no âmbito do procedimento de elaboração do «Flächennutzungsplan» ou de outros regulamentos municipais, tiver observado a obrigação de menção (ou dever de menção) prevista no §215, Abs.2 BauGB («Hinweispflicht»)[424].

Em bom rigor, e em termos puramente lógicos, deve primeiramente verificar-se se a regra formal ou procedimental em causa (nos termos do §214, Abs.1 BauGB) é insusceptível de desencadear a nulidade por não integrar a sua violação a lista global de vícios passíveis de desencadear tal juízo invalidante ou se, ao invés, ela é insusceptível de desencadear a nulidade porque integra a «interne Unbeachtlichkeitsklauseln».

Desta forma, quando o vício formal ou procedimental em causa não seja susceptível, segundo as referidas disposições legais, de desencadear a declaração da respectiva nulidade e, paralelamente, a «Hinweispflicht» tiver sido observada, a possibilidade de invocação do vício é imediatamente excluída.

Se o vício é susceptível de desencadear a declaração da respectiva nulidade, ele pode ainda assim ser "corrigido" pelo município, segundo o «procedimento complementar» («ergänzendes Verfahren»[425]).

---

[423] Concretamente sobre a fundamentação/motivação («Begründung») do plano e da necessidade de esclarecimentos adicionais sobre a mesma, quando insuficiente, ver HENNING JÄDE/FRANZ DIRNBERGER/JOSEF WEIß, "Baugesetzbuch (BauGB), Baunutzungsverordnung (BauNVO)...", pp. 1062-1064.

[424] Prevê-se nesta norma que no momento da entrada em vigor do «Flächennutzungsplan» ou de outros regulamentos municipais deva ser feita menção quanto às condições a observar para efectuar a participação de violação de normas e, bem assim, identificadas as respectivas consequências jurídicas («Bei Inkraftsetzung des Flächennutzungsplan oder der Satzung ist auf die Voraussetzungen für die Geltendmachung der Verletzung von Vorschriften sowie auf die Rechtsfolgen hinzuweisen»). HENNING JÄDE/FRANZ DIRNBERGER/JOSEF WEIß, "Baugesetzbuch (BauGB), Baunutzungsverordnung (BauNVO)...", p. 1084. MATTHIAS ROSSI, "Vue d'ensemble du droit de l'urbanisme allemand...", p. 826.

[425] Cfr: §214, Abs.4 BauGB. Sobre o «procedimento complementar» («ergänzendes Verfahren»), ver HENNING JÄDE/FRANZ DIRNBERGER/JOSEF WEIß, "Baugesetzbuch (BauGB), Baunutzungsverordnung (BauNVO)...", pp. 1070-1074. WERNER HOPPE/CHRISTIAN BÖNKER/

Na situação em que se deva recorrer ao «procedimento complementar» («ergänzendes Verfahren») e o município não o faça, o plano não produz os seus efeitos («schwebende Unwirksamkeit»), vendo a sua eficácia suspensa até que seja invocado, com sucesso, o vício em causa. No caso de violação de regras de direito material, deve igualmente verificar-se o cumprimento do disposto no §215, Abs.2 BauGB («Hinweispflicht»), uma vez que, ocorrendo a violação dessa obrigação, os §§214 e 215 BauGB não excluem a possibilidade de invocação bem sucedida do vício em causa[426].

Nos casos previstos nos §214, Abs.2 e Abs.3 BauGB, e cumprida que esteja a «Hinweispflicht», deve ser aferido se o vício é insusceptível de desencadear a nulidade, sendo que em caso afirmativo, tal vício não poderá ser objecto de declaração de nulidade[427].

Se, pelo contrário, existe um dos vícios que se encontram previstos nos §214, Abs.2[428] e Abs.3[429] BauGB como susceptíveis de desencadear a nulidade, deve ainda assim ser confirmado se o prazo previsto no §215, Abs.1, Satz 1, nº 3 BauGB (1 ano) não se terá já esgotado, caso que, a verificar-se, determinará a insusceptibilidade de desencadear a nulidade. O município pode, nesta situação, corrigir este vício, desde que cumpra com as exigências do «procedimento complementar» («ergänzendes Verfahren»[430]).

O regime de nulidade dos planos acaba pois por dar uma resposta bastante satisfatória às exigências do sistema de planeamento territorial.

Basta, por exemplo, articular o já referido carácter vinculativo[431] dos «Ziele» («objectivos») face ao carácter meramente exortatório dos «Grundsätze» ou princípios (que devem apenas ser tomados em consideração), para concluirmos que existe uma clara obrigatoriedade das opções de planeamento municipais (em especial ao nível do «Bauleitplanung») em com eles se conformarem, sob pena de nulidade do próprio plano[432].

Susan Grotefels, "Studium und Praxis, Öffentliches Baurecht...", pp. 502-503. Hans-Joachim Koch/Reinhard Hendler, "Baurecht...", pp. 284-287.

[426] Matthias Rossi, "Vue d'ensemble du droit de l'urbanisme allemand...", pp. 826-828.

[427] Matthias Rossi, "Vue d'ensemble du droit de l'urbanisme allemand...", pp. 826-828.

[428] Situação a que se refere o §215, Abs.1, Satz 1, nº 2 BauGB.

[429] Situação a que se refere o §215, Abs.1, Satz 1, nº 3 BauGB.

[430] Cfr: §214, Abs.4 BauGB.

[431] É o próprio §1, Abs.4 BauGB a prever que o Bauleitpläne deva adaptar-se aos objectivos do ordenamento do território («Die Bauleitpläne sind den Zielen der Raumordnung anzupassen»).

[432] Sobre este ponto, será também importante referir que se os objectivos de ordenamento do território forem considerados como constando de normas materiais exclusivamente por relação

ao conteúdo das suas disposições, e independentemente da sua forma jurídica, os municípios podem desencadear um controlo abstracto de normas previsto no §47 do Verwaltungsgerichtsordnung (VwGO) perante os tribunais administrativos superiores. Uma outra possibilidade pode passar pela propositura de uma acção de declaração de direito, prevista no §43 (VwGO). Este será o caso em que, por exemplo, os objectivos de ordenamento são de tal modo concretizados que daí resulta uma inequívoca obrigação de adaptação aos mesmos para os municípios. Como se pode depreender, em ambas as situações trata-se de verificar a conformidade com os objectivos de ordenamento do território. Ver MATTHIAS ROSSI, "Allemagne, Vue d'ensemble sur la planification spatiale", Rapport National, Allemagne...", pp. 158-159. HERBERT POSSER/ HEINRICH AMADEUS WOLFF, Verwaltungsgerichtsordnung (VwGO) Kommentar, Edições Verlag C.H. Beck München, 2008, respectivamente, pp. 208-245 (§47 do VwGO) e pp. 176-194 (§43 VwGO). Sobre o «abstrakten Normenkontrolle ver HANS-JOACHIM KOCH/REINHARD HENDLER, "Baurecht...", p. 325. Sobre os diferentes recursos no sistema do contencioso administrativo alemão, RAINER ARNOLD/THOMAS SCHREINER ensinam que o mesmo se funda sobre uma clásusula geral de abertura de acesso aos tribunais administrativos para todos os litígios de direito público que não revistam natureza constitucional (§40 VwGO). Muito se tem escrito relativamente a esta norma, dadas as complexidades da sua interpretação. De facto, para os efeitos por nós aqui pretendidos, diríamos que essa norma contém uma cláusula geral atributiva de competências que rompe com a tradição alemã decorrente do «princípio das competências de atribuição» («Enumerationsprinzip»). Esta cláusula geral de competência traduz a exigência de protecção jurisdicional efectiva dos indivíduos face ao exercício dos poderes públicos imposto pelo artigo 19, nº 4 da GG. A execução desta função geral de protecção jurisdicional efectiva contra os poderes públicos organiza-se em diferentes «tipos de acção» («Klagearten»). Trata-se de uma sistemática complexa que toca a questão de que grande parte da doutrina se tem ocupado, de saber se o VwGO organiza de forma completa, nos seus §42 e §43, os tipos de recurso ou se, ao invés, a lista de tipos de recurso previstos no VwGO permanence em aberto. Feita esta pequena nota, e entrando nos recursos propriamente ditos, temos um primeiro recurso previsto pelo §42, Abs.1 VwGO. Trata-se do recurso de anulação («Anfechtungsklage») por via do qual se pretende obter a anulação de um acto administrativo unilateral («Verwaltungsakt») com base na sua ilegalidade (o que compreende também a inconstitucionalidade). Trata-se de um recurso tendente à anulação de um acto administrativo e não de uma acção de declaração de nulidade. Um segundo recurso, também com base no §42, Abs.1 VwGO, é o que visa obrigar a autoridade competente a emitir um acto administrativo unilateral constitutivo de direitos para o respectivo requerente (por exemplo, um acto de licenciamento de uma construção, «Verpflichtungsklage»). À «Verpflichtungsklage» (acção destinada a condenar à administração à prática do acto administrativo), junta-se ainda a acção destinada a reagir contra a recusa da administração na prática do acto requerido («Versagungsgegenklage») e a acção contra o silêncio ou inacção da administração («Untätigkeitsklage»). Um terceiro tipo de recurso é o aquele por via do qual se pretende obrigar a autoridade a executar ou a não adoptar um acto administrativo simples (ou seja, não é um acto administrativo unilateral mas sim uma acção administrativa que não encerra um efeito jurídico directo). Um quarto tipo de recurso é o que visa declarar a existência ou a não existência de uma relação jurídica entre o poder público e um determinado particular ou um determinado objecto («Feststellungsklage» previsto no §43 VwGO). Trata-se de um recurso com natureza subsidiária face aos demais, não assumindo uma função de grande importância no contencioso administrativo. O quinto e último recurso é o que se relaciona com o controlo de actos normativos praticados pelo executivo e inferiores à lei (§47, VwGO), por via dos quais se pretende obter a anulação com fundamento na contrariedade às leis. Neste último recurso, o Tribunal superior regional do Lander é competente para os actos normativos inferiores às leis, em particular os regulamentos («Verwaltungsgerichtliche Normenkontrolle»). Ver RAINER ARNOLD/THOMAS SCHREINER, La réforme du contentieux administratif en Allemagne – une nouvelle étape, *in* Droit Administratif (Sous la direction de JEAN-BERNARD AUBY), Editions du Juris-Classeur, 46 Année, n.º 10, Outubro, 2007, pp. 7-8. Relativamente ao disposto no §47, VwGO, convirá ter presente o funcionamento dos mecanismos de controlo de normas («Normenkontrolle»), uma vez que o direito positivo alemão define como normas as regras obrigatórias, gerais e abstractas, as leis em sentido material. Formalmente, pode tratar-se de actos legislativos ou de natureza regulamentar, integrando, neste último caso, quer os regulamentos do Estado («Rechtsverordnungen») que emanam das autoridades executivas e administrativas do Estado (seja Estado federal ou regional) e os regulamentos locais ou estatutos («Satzungen») que emanam das colectividades territoriais ou de certas entidades de direito público. As leis formais não podem ser apreciadas por qualquer jurisdição ordinária, estando essa jurisdição cometida (artigo 100 da GG) às jurisdições constitucionais, federais ou regionais. Os actos regulamentares (e que não pois actos administrativos), não podem constituir objecto de uma acção de anulação, podendo, não obstante, a sua conformidade ao direito superior ser jurisdicionalmente controlada de duas formas: em primeiro, todo o juiz, seja de natureza administrativa ou não, tem a obrigação de controlar a conformidade ao direito das normas que aplica. Esta imposição vale, necessariamente, para todas normas, quer elas tenham natureza legislativa ou regulamentar. O artigo 100.º da GG, ao interditar ao juiz comum a possibilidade de se pronunciar sobre uma lei formal e, em simultâneo, obrigá-lo a reenviar a questão a um juiz constitucional, pode ser entendida como pressupondo precisamente uma competência plena dos juízes comuns para controlar a validade das normas que aplicam, como contendo pois uma habilitação constitucional para efectuar este controlo incidental ou dito controlo concreto. Deste modo, todos os juízes, e em especial o juiz administrativo, encontram-se habilitados, qualquer que seja o processo que tenham que apreciar, a controlar a validade de toda e qualquer norma. Já no que respeita ao disposto no §47, VwGO, dir-se-á que o mesmo prevê um processo especial, abstracto, de controlo de normas regulamentares (o próprio Tribunal administativo federal qualificou este processo como «recurso especial de declaração» ou «besonders ausgestaltete Feststellungsklage», nos termos da decisão de 19 de Janeiro de 1984, BVerwGE 68, pp. 306-310). Os tribunais administrativos superiores dos Länder são exclusivamente competentes para decidir sobre os litígios relativos ao controlo de normas, de que se deve sublinhar três aspectos: trata-se de um recurso de declaração, uma vez que a constatação da ilegalidade do regulamento tem natureza declarativa. O juiz apenas se limita a declarar a nulidade. **Um segundo aspecto tem que ver**

PARTE II – § 2º DIREITOS ESTRANGEIROS

Também ao nível da elaboração do Bauleitpläne («Aufstellung der Bauleitpläne)[433] prevê o legislador que os Bauleitpläne vizinhos se devam harmonizar entre si («Die Bauleitpläne benachbarter Gemeinden sind aufeinander abzustimmen»), donde também aqui possa ocorrer nulidade se essa obrigação de harmonização não for respeitada.

Outra situação ocorre ao nível da obrigatoriedade de «adaptação das planificações inferiores ao Flächennutzungsplan» («Anpassung an den Flächennutzungsplan»). Na verdade, o legislador dispõe[434] que as entidades públicas responsáveis por outros níveis planificatórios e que tenham participado no respectivo procedimento em virtude do disposto no §4 e §13 BauGB devam adaptar as suas planificações ao Flächennutzungsplan, de modo a que as mesmas não o contrariem, prevendo-se que tal «contrariedade possa ter lugar por via, por exemplo, da aprovação de um plano municipal» («Der Widerspruch ist bis zum Beschluss der Gemeinde einzulegen»).

Também ao nível das «finalidades dos Bebauungsplans» («Zweck des Bebauungsplans»)[435] se prevê que um Bebauungsplan possa ser elaborado, modificado, completado ou revogado antes da elaboração do Flächennutzungsplan, quando motivos imperativos assim o imponham e desde que o «Bebauungsplan» não desrespeite o desenvolvimento urbano do território municipal[436].

É pois possível afirmar que as obrigações de harmonização entre planos a que também nos referimos podem, eventualmente, ceder espaço para eventuais opções contraditórias, desde que, na sua essência, tais opções respeitem a prossecução dos objectivos de ordenamento do território, em especial o de

---

com o facto deste tipo de recurso ser aberto contra os principais regulamentos locais de planificação e de urbanismo (neste caso se e na medida em que a legislação do Länder admita tal possibilidade através de uma disposição expressa) e contra todas as normas regionais, compreendendo, como tal, os regulamentos dos Estados federados, hierarquicamente situados abaixo do nível da lei regional. Finalmente, trata-se, doravante, de um recurso de natureza manifestamente subjectiva, atento, em especial, o facto do respectivo autor ter que demonstrar a existência de uma violação a um direito público subjectivo. Em geral sobre esta nota e, em especial, sobre o §47, VwGO, ver OLIVIER JOUANJAN, "La modulation des effets des décisions des juridictions constitutionnelle et administratives en droit allemande", in RFDA, Julho/Agosto, 2004, pp. 676-689.

[433] Cfr: §2, Abs.2 BauGB.

[434] Cfr: §7, BauGB.

[435] Cfr: §8, BauGB.

[436] Situação que, como já antes referimos, corresponde ao «Vorzeitiger Bebauungsplan».

A NULIDADE DO PLANO URBANÍSTICO

um desenvolvimento sustentável. Note-se (e é bom que esta norma esteja sempre presente quando se reflecte sobre o sistema de planeamento territorial alemão), que é o próprio legislador a vincar, por um lado, a necessidade de conciliar (em especial, por via da coordenação de acções), os vários níveis de planificação e, por outro, a moderar os conflitos que entre esses níveis possam ocorrer[437], tarefa para cujo êxito concorre, decisivamente, a acção eficaz proporcionada pelo «Gegenstromprinzip»[438].

Expostas estas notas, é então possível traçar algumas linhas conclusivas.

Em primeiro lugar, não existe uma norma expressa que comine a nulidade do plano por incompatibilidade ou desconformidade com outro com o qual devesse ser compatível ou conforme, à semelhança e nos termos em que sucede com a previsão legal existente no nosso ordenamento jurídico-urbanístico.

Em segundo lugar, o funcionamento do sistema assenta igualmente em relações de hierarquia flexível[439], dado que a uma hierarquia de níveis plani-

---

[437] Cfr: §1, Abs.1, nº 1 ROG.

[438] Cfr: §1, Abs.3, ROG.

[439] A questão da hierarquia de planos é, por vezes, criticada por existir uma certa tendência em demonstrar que o seu sentido muda, a ponto de não constituir mais uma hierarquia, em razão da consideração de uma nova variável: a autonomia. Esta tese foi desenvolvida em Itália depois da revisão constitucional de 2001, em nome da formação de uma República de Autonomias e de um pluralismo administrativo. Deste modo, entendeu-se que o plano, tendo por função promover o desenvolvimento de uma colectividade autónoma, não poderia ser subordinado, no âmbito dos domínios de competência dessa colectividade, ao plano de uma colectividade mais ampla. A lei somente asseguraria a coordenação necessária. Esta é a razão pela qual na Alemanha se contesta a interpretação das relações entre os planos em termos de hierarquia, em nome de uma interdependência resultante de competências próprias de cada nível. No entanto, segundo GÉRARD MARCOU os argumentos apresentados por essa tese não se afiguram suficientemente convincentes, tanto mais que não existe na Alemanha jurisprudência consistente nesse sentido. Acresce que as relações de hierarquia de planos mais não são do que uma particularidade dentro das relações de hierarquia de normas e, como tal, absolutamente decisivas para o funcionamento de toda e qualquer ordem jurídica. Não exprimem uma relação de autoridade, e podem ser mais ou menos rígidas, sendo que esta será, seguramente, uma outra questão. O facto de se elaborar e aprovar um plano que visa a promoção de um território não significa que ele possa ignorar os imperativos que tenham sido estabelecidos à escala maior do grande terriório de que aquele primeiro faz parte. Ver GÉRARD MARCOU, "L'Urbanisme dans les systèmes de planification spatiale en Europe: diversités nationales", Rapport Introductif, *in* "Le contenu des plans d'urbanisme et d'aménagement dans les pays d'Europe de l'Ouest", Colloque biennal de l'Association Internationale de Droit de l'urbanisme, 23/24 de Setembro de 2005, Genève-Lausanne, Les Cahiers du Groupement de recherche sur les institutions et le

PARTE II – § 2º DIREITOS ESTRANGEIROS

ficatórios decisionais co-natural a um sistema federal se soma uma cartilha de objectivos vinculativos que todos os níveis, sem excepção, devem prosseguir, em prol (por exemplo e só para referir um dos mais importantes) de um desenvolvimento territorial sustentável[440].

Daquilo que nos foi permitido compreender, e no que concerne à relação entre o «Flächennutzungsplan» e o «Bebauungsplan», a ideia de planificar o desenvolvimento de todo o território do município através do «Flächennutzungsplan» e, depois, o respectivo desenvolvimento das orientações nele contidas, por via da adopção de um «Bebauungsplan», resulta numa solução bastante equilibrada e satisfatória[441]. Já no que respeita às relações com os

---

droit de l'aménagement, de l'urbanisme et de l'habitat (GRIDAUH), Série Droit Comparé, nº 15, 2006, pp. 19-35. Em favor desta posição invoca-se o próprio «princípio dos fluxos recípro-cos» (*«princípio da contra-corrente» ou «Gegenstromprinzip»*) segundo o qual o desenvolvimento e o ordenamento das regiões se deve integrar nas realidades e necessidades do conjunto do território e, o ordenamento deste último, deve tomar em consideração as necessidades e rea-lidades das diferentes regiões. Pelo que, em lugar de uma hierarquia de planos, tratar-se-ia, essencialmente, de dar cumprimento a uma exigência de se porem em acordo permanente as planificações existentes em todos os níveis, com o escopo de evitar que as opções tomadas pelas autoridades superiores se possam vir a impor. Ver Matthias Rossi, "Allemagne, Vue d'ensemble sur la planification spatiale", Rapport National, Allemagne...", p. 157.

[440] Cfr: §1, Abs.5, Satz 1, BauGB.

[441] Como já referimos o «Flächennutzungsplan» fixa as escolhas que devem ser observadas por todas as entidades públicas, incluindo o próprio município, não contendo como tal regras oponíveis aos particulares. Contrariamente, o «Bebauungsplan» é dotado de eficácia plu-risubjectiva, sendo, como tal, oponível, não só às entidades públicas como aos particulares. Como afirma a este propósito Matthias Rossi *"...o sistema alemão funciona muito bem...podemos encontrar problemas de urbanização no âmbito da reestruturação de uma região, mas isso são situações muito particulares que não nos autorizam a julgar a estrutura do direito do urbanismo alemão. No que concerne à relação entre o «Flächennutzungsplan» e o «Bebauungsplan» a ideia de planificar primeiro o desenvolvimento do território de um município e, só depois, o desenvolvimento de partes desse município através do «Bebauungsplan» é muito bem sucedida. No que se relaciona com os «planos de desenvolvimento do Länder» («Landesentwicklungspläne»)* as ligações que se estabelecem são também muito fle-xíveis, essencialmente por duas razões: apenas os objectivos dos «Landesentwicklungspläne» são obrigatórios para os «Bauleitpläne» *devendo as outras prescrições ser apenas tomadas em consi-deração. Em segundo lugar, o «princípio de contra-corrente» («Gegenstromprinzip»)* obriga os Länder a tomar em consideração o «Flächennutzungsplan» e o «Bebauungsplan» já adoptados. Ora isto quer significar que as relações entre os *(«Landesentwicklungspläne»)* e os *planos urbanísticos locais («Bauleitpläne») são caracterizadas, sobretudo, por uma ideia de cooperação e de coerência, mais até do que por uma ideia de hierarquia estrita...".* Ver Matthias Rossi, "Table ronde. Le contenu des plans et documents d'urbanisme: convergences et divergences nationales", *in* "Le contenu des

planos de desenvolvimento do Länder[442], conclui-se que as mesmas, no que aos planos urbanísticos locais («Bauleitpläne») respeita, são bastante flexíveis. Essencialmente por duas razões. Primeiro, porque apenas os objectivos dos «Landesentwicklungspläne» são obrigatórios para os planos urbanísticos locais («Bauleitpläne»), sendo que as demais prescrições devem apenas ser tomadas em consideração aquando a sua elaboração. Uma segunda razão resulta do facto de ser o próprio princípio da contra-corrente a fazer impender sobre os Länder a obrigação de tomar em consideração os planos urbanísticos locais («Bauleitpläne») existentes e aqueles cujo procedimento de elaboração tenha sido desencadeado ou se encontre já em curso. Ora isto significa que as relações entre o «Landesentwicklungspläne» e os planos urbanísticos locais («Bauleitpläne») se caracterizam mais do que por uma ideia de hierarquia flexível[443], por uma cooperação e coerência interna dos diversos níveis em causa e que, por essa singular razão, assume papel central no funcionamento de todo o sistema.

Em terceiro lugar, o princípio ancilar do sistema é o da «manutenção do plano» ou «princípio da conservação do plano» («Grundsatz der Planerhaltung»). Sem correr o risco de exagerar, diríamos que o legislador federal parte daquilo que poderíamos qualificar como correspondendo a uma espécie de "presunção de qualidade dos planos". Todos os planos urbanísticos locais, quando elaborados e aprovados pelas entidades que legalmente são competentes para o efeito, se presumem "bons planos", devendo, sobretudo e em primeira linha, servir os objectivos que, para todos eles e de forma indistinta, o legislador federal previu. Esta é talvez a "imagem de marca" do sistema. Na realidade, e se bem compreendemos o regime em toda a sua complexidade e singularidade legal, o que confere genuína unicidade ao sistema de planeamento e aos planos que no seu seio vão sendo elaborados e aprovados é, precisamente, a existência de objectivos comuns para todos eles que, pelo seu

plans d'urbanisme et d'aménagement dans les pays d'Europe de l'Ouest", Colloque biennal de l'Association Internationale...", pp. 140-141.

[442] Os «planos de desenvolvimento do Länder» («Landesentwicklungspläne») dão sequência à elaboração dos «programas de desenvolvimento do Länder» («Landesentwicklungsprogramm»).

[443] Podemos retirar, inclusivamente, da experiência alemã, a nota de uma progressiva "desrigidificação" do princípio da hierarquia, na sua dimensão mais exigente (conformidade), em benefício claro de uma crescente flexibilização daquele mesmo princípio, podendo mesmo falar-se numa articulação planificatória urbanística flexível, pluralista e situacional. Sobre esta "evolução" ver EBERHARD SCHMIDT-AßMANN, "L'evoluzione del principio di conformità ai piani nel diritto urbanístico tedesco", *in* Presente e futuro della pianificazione urbanistica, Milano, 1999, pp. 3-ss.

carácter vinculativo, os impelem numa complexa tarefa de ponderação dos interesses respectivamente co-envolvidos e, consequentemente, na adopção das melhores soluções para o território que constitui o seu objecto. Neste funcionamento, não é pois despiciendo o papel que desempenha o «Gegenstromprinzip» como mecanismo de controlo positivo de soluções de planeamento local (e também supra local) que, revelando-se equilibradas para a parte não o são para o todo ou que, revelando-se equilibradas para o todo, não o são para as partes.

Em quarto lugar, a existência de um regime de nulidade como aquele que aqui tivemos oportunidade de analisar combina, de forma muito eficaz refira--se, a existência de uma «interne Unbeachtlichkeitsklauseln» (demonstrativa, aliás, de uma relativa irrelevância dos vícios assumida pelo legislador[444]), um princípio estruturante («Grundsatz der Planerhaltung») e, ainda, mas não menos importante, a existência de um «ergänzendes Verfahren». Ora são estes três elementos que nos levam a questionar se, verdadeiramente, a nulidade dos planos urbanísticos locais na Alemanha é, efectivamente, um instituto juridicamente operativo e útil, tal qual se encontra globalmente delineado ou se, ao invés, não terá a sua existência perdido progressivamente sentido, em claro benefício do princípio da conservação do plano[445].

2.2. Direito Francês

YVES MADIOT questionava-se, num célebre artigo[446] escrito no contexto de um debate dedicado a produzir um balanço e a apresentar perspectivas para o direito do urbanismo, porque razão os juristas e também os seus numerosos congéneres literários e científicos sentiam, de uma forma quase "animal", a necessidade de delimitar os seus territórios de estudos e de investigações, de traçar fronteiras e de afirmar a autonomia das suas disciplinas. Seria necessi-

---

[444] Pronunciando-se no sentido de uma (relativa) irrelevância dos vícios nos planos urbanísticos («Die (relative) Unbeachtlichkeit von Fehlern»), ver HANS-JOACHIM KOCH/REINHARD HENDLER, "Baurecht...", pp. 277-282.

[445] Partindo, reflectidamente, do «dogma da nulidade» («Nichtigkeitsdogma») para uma cada vez mais significativa prevalência do «princípio da conservação do plano» («Grundsätz der Planerhaltung») («Vom Nichtigkeitsdogma zum Grundsätz der Planerhaltung»), ver, com especial interesse, HANS-JOACHIM KOCH/REINHARD HENDLER, "Baurecht...", pp. 273-274.

[446] YVES MADIOT, "Urbanisme et aménagement du territoire", in "Droit de L'Urbanisme – Bilan et Perspectives, Des principes fondamentaux aux réalités locales: les enjeux d'une reforme", AJDA, Publicações Du Moniteur, Número Especial, Maio, 1993, pp. 108-114.

dade científica? Ou separação das várias áreas do saber face à extensão infinita dos conhecimentos? Ou traduziriam antes reacções de defesa e de protecção contra as incursões de disciplinas vizinhas e de eventuais tentativas de ane-xação? Yves Madiot afirmava, a este propósito, que uma fronteira não seria apenas uma barreira. Cumpriria, também, a função de ponto de passagem e de ligação que permitiria marcar, entre duas ou mais disciplinas, as semelhan-ças e as diferenças existentes nos respectivos e diversos sectores de estudos, os modos de argumentação e as técnicas empregues. Vinha esta brilhante e lúcida intervenção de Yves Madiot a propósito da eventual linha de sepa-ração entre o ordenamento do território e o urbanismo, tendo o autor na ocasião, concluído que as duas áreas do saber não haviam deixado nunca de ter pontos de contacto, ainda que limitados no tempo e em específicas zonas territoriais. Entre uma e outra não existiria pois qualquer fronteira, antes sim uma complementariedade e continuidade que, ainda assim, permanecia por integrar numa construção de conjunto a qual, por sua vez, se deveria centrar na necessidade de novos esquemas directores[447]. Yves Madiot vai um pouco mais longe numa outra reflexão que faz, agora na análise que empreende no que respeita à relação de uma das referidas áreas do saber, no caso o ordenamento do território e o próprio direito[448]. Defende o autor que o ordenamento do território e o direito nunca se deram bem[449]. Na realidade, depois do início dos anos 50, o mesmo será dizer depois do nascimento oficial do ordenamento do território, a relação entre os mesmos variou entre a franca hostilidade e a total indiferença[450]. No seu entender, duas razões explicariam tal facto[451]. Por um lado, o facto de para a maioria dos juristas o ordenamento do território não representar o verdadeiro direito, ou pelo menos, o direito nobre com o seu

---

[447] Yves Madiot, "Urbanisme et aménagement du territoire", *in* "Droit de L'Urbanisme – Bilan..."p.114. Referindo-se a esquemas directores obsoletos como motivo central para a falta de aceitação do direito do urbanismo no seu conjunto, ver Henri Savoie/Laurent Touvet, "L'Urbanisme: pour un droit plus efficace. Commentaire libre du rapport du Conseil d'État", *in* RFDA, nº 4, Julho/Agosto, 1992, pp. 709-720 (em especial p. 713).

[448] Yves Madiot, "L'aménagement du territoire et le droit", *in* RFDA, nº 5, Setembro/Outubro, 1994, p. 891-899.

[449] Yves Madiot, "L'aménagement du territoire et le droit", *in* RFDA, nº 5, Setembro/Outubro, ob. cit;

[450] Yves Madiot, "L'aménagement du territoire et le droit", *in* RFDA, nº 5, Setembro/Outubro, ob. cit;

[451] Yves Madiot, "L'aménagement du territoire et le droit", *in* RFDA, nº 5, Setembro/Outubro, ob. cit;

cortejo de acórdãos, as suas construções jurisprudenciaias finamente cinzeladas e as suas teorias intelectualmente sedutoras[452]. Esta seria a primeira razão que, ademais, levaria os tais juristas a deixarem o ordenamento do território ao domínio de estudos bem mais próximo dos economistas ou mesmo dos geógrafos[453]. A segunda razão apontada estaria conectada com a ideia de que o ordenamento do território teria permanecido, durante muito tempo, como um assunto essencialmente governamental e administrativo e, por conseguinte, rebelde a uma submissão ao direito[454]. Sobre toda esta problemática, Yves Madiot constrói um notável texto em que, para além de refutar alguns dos escolhos que até então haviam constrangido a entrada do ordenamento do território no plano do jurídico, se abalança num reconhecimento constitucional dessa área do saber, afirmando mesmo que a sua submissão ao mundo do direito não deveria ser encarada como um capricho do jurista, antes sim como uma exigência capaz de responder eficazmente a dois imperativos[455]. Por um lado, um imperativo democrático, dado que numa sociedade democrática, a proeminência do direito deve ser reconhecida em todos os sectores da vida social[456]. Por outro lado, um imperativo de eficácia da própria acção governamental e administrativa, sendo que isso seria também demonstrativo da própria capacidade do direito funcionar como um importante instrumento de intervenção, particularmente adaptado ao domínio do ordenamento do território e, bem assim, à execução de técnicas de incitação e de dissuasão que o mesmo reclama. O autor termina por defender a necessidade de elaboração de um verdadeiro código de ordenamento do território que fosse, a um tempo, capaz de se apresentar como um direito aplicável de modo coerente e coordenado e, a um outro, que se transformasse num instrumento eficaz de acção das colectividades públicas[457].

---

[452] Yves Madiot, "L'aménagement du territoire et le droit", in RFDA, nº 5, Setembro/Outubro, ob. cit;

[453] Yves Madiot, "L'aménagement du territoire et le droit", in RFDA, nº 5, Setembro/Outubro, ob. cit;

[454] Yves Madiot, "L'aménagement du territoire et le droit", in RFDA, nº 5, Setembro/Outubro, ob. cit;

[455] Yves Madiot, "L'aménagement du territoire et le droit", in RFDA, nº 5, Setembro/Outubro, ob. cit;

[456] Yves Madiot, "L'aménagement du territoire et le droit", in RFDA, nº 5, Setembro/Outubro, ob. cit;

[457] Yves Madiot, "L'aménagement du territoire et le droit", in RFDA, nº 5, Setembro/Outubro, ob. cit;

Se as particularidades que o direito do ordenamento do território em França encerra são muitas e interessantes, a verdade é que as que se cruzam com o direito do urbanismo não o são nem em menor número nem em menor complexidade.

Como refere FRANÇOIS PRIET, o direito do urbanismo tem, desde a sua origem, privilegiado uma atitude de racionalização da organização do espaço em que a execução se apoie sobre os procedimentos de planificação[458]. Será seguramente esta a razão que leva o autor a advogar a existência de uma correspondência entre o nascimento do direito do urbanismo e a emergência da primeira geração de planos de urbanismo[459]. Com efeito, refere, foi a Lei Cornudet («Loi Cornudet») de 14 de Março de 1919 que impôs os «planos de ordenamento, de embelezamento e de alargamento das cidades», para utilizar a terminologia da época[460]. Ora esta confiança na planificação não viria mais a ser posta em causa, sendo que disso é prova o facto de terem já existido diversas e profundas reformas[461] com refracções, directas ou indirectas, na gestão

---

[458] Ver FRANÇOIS PRIET, "FRANCE, Rapport National", *in* "Le contenu des plans d'urbanisme et d'aménagement dans les pays d'Europe de l'Ouest", Colloque biennal de l'Association Internationale de Droit de l'urbanisme, 23/24 de Setembro de 2005, Genève-Lausanne, Les Cahiers du Groupement de recherche sur les institutions et le droit de l'aménagement, de l'urbanisme et de l'habitat (GRIDAUH), Série Droit Comparé, nº 15, 2006, pp. 217-252.

[459] Ver FRANÇOIS PRIET, "FRANCE..."; p. 217.

[460] Ver FRANÇOIS PRIET, "FRANCE..."; p. 217. Referindo-se, igualmente, à imposição de «plans d'agrandissement et d'embellissement dans les communes» com mais de 10000 habitantes como constituindo a primeira manifestação de zonamento em França, ver ISABELLE SAVARIT-BOURGEOIS, "L'essentiel du Droit de l'Urbanisme", Gualino Editor, Lextenso Edições, 7ª Edição, Les Carrés, Paris, 2010, pp. 13-19. Também reflectindo, em especial, sobre a imposição de «plans d'agrandissement et d'embellissement dans les communes» e, em geral, traçando uma breve resenha da evolução histórico-legal do direito do urbanismo em França, ver HENRI JACQUOT, "La hiérarchie des normes d'urbanisme en droit français", *in* Boletim da Faculdade de Direito da Universidade de Coimbra, Vol. LXIX, 1993, pp. 301-317. Igualmente explicitando a importância da «Loi Cornudet», ver JACQUELINE MORAND-DEVILLER, Droit de l'Urbanisme, Mémentos Dalloz, Série Droit Public, Science politique, sous la direction de YVES JÉGOUZO, 8ª Edição, 2008, pp. 4-5.

[461] Em concreto e pela importância e actualidade que assume a nova reforma da administração territorial do Estado ver quatro esclarecedores artigos produzidos na sequência da referida reforma. Assim, JEAN-MARIE PONTIER, "Le nouveau préfet", *in* AJDA, Edições Dalloz, nº 15, Abril, 2010, pp. 819-824. FRANCIS CHAUVIN, "La nouvelle administration régionale de l'État", *in* AJDA, Edições Dalloz, nº 15, Abril, 2010, pp. 825-830. CHRISTOPHE GUETTIER, "L'administration départementale de l'État", *in* AJDA, Edições Dalloz, nº 15, Abril, 2010, pp. 831-

do território, sem que a dita confiança nos procedimentos de planificação e a filosofia essencial dos planos de urbanismo fosse feita perigar[462].

Actualmente, parece não existir margem para dúvidas sobre qual o papel que quer o direito do ordenamento do território quer o direito do urbanismo desempenham no palco jurídico normativo francês, estando obviamente interconectados e dispondo, na maior parte dos casos, de ferramentas comuns.

Segundo BERNARD DROBENKO, o direito do urbanismo tem como objecto central a determinação das condições de ocupação do solo e do espaço, numa crescente preocupação de equilíbrio entre, por um lado, as exigências relativas à vida humana sobre um determinado território, a implantação das suas actividades, por vezes concorrentes e, por outro, a preservação do ambiente na diversidade das suas formas de expressão (refira-se, por exemplo, a biodiversidade, os recursos naturais ou os riscos)[463]. O objecto[464] deste direito conduz pois à necessidade de determinação do quadro de intervenção e das

---

-836. DOMINIQUE SCHUFFENECKER, "L'accompagnement ressources humaines de la reforme de l'administration territoriale de l'État", in AJDA, Edições Dalloz, nº 15, volume 66, Abril, 2010, pp. 837-840.

[462] Ver FRANÇOIS PRIET, "FRANCE..."; p. 217.

[463] BERNARD DROBENKO, "Droit de l'Urbanisme – Les conditions de l'occupation du sol et de l'espace/L'aménagement/Le contrôle/Le financement /Le contentieux", Gualino Editor, Lextenso Edições, 5ª Edição, Mémentos LMD, Paris, 2009, p. 31-34.

[464] Segundo a concepção de ISABELLE SAVARIT-BOURGEOIS o urbanismo constitui um lugar de encontro privilegiado de muitos actores, frequentemente em situação conflitual: o Estado, através do prefeito a quem cumpre velar pelos interesses superiores do Estado; as colectividades locais nas quais o actor principal permanece, numa lógica de descentralização, o município (se possível, pois é este o desejo do próprio legislador), os agrupamentos de municípios no quadro da intermunicipalidade, os proprietários e as associações fundiárias urbanas (Associations foncières urbaines – AFU), os planeadores e construtores públicos, as instituições públicas, as sociedades de economia mista, as associações de defesa, os profissionais ou mesmo as instituições financeiras. ISABELLE SAVARIT-BOURGEOIS, "L'essentiel du Droit...", p. 18. Para JACQUELINE MORAND-DEVILLER, o direito do urbanismo traduz o conjunto de regras relativas à afectação do espaço e ao seu ordenamento. Para a autora, trata-se de um ramo de direito público, um direito de natureza patrimonial, uma vez que nele se confrontam dois modos de usar a propriedade (no interesse comum ou no interesse particular). Traduz, ainda, um direito empírico e móvel que oscila entre a flexibilidade e a estabilidade. Revela-se, igualmente, um direito que acolhe uma legalidade perfeitamente rígida (relação de conformidade) e uma legalidade perfeitamente flexível (relação de compatibilidade). A autora considera ainda que, para lá de um direito que co-envolve muitos e diversificados actores, ele se aproxima de um direito discriminatório, porquanto atentatório dos grandes princípios de liberdade e de propriedade,

modalidades de regulamentação de toda a ocupação do solo e do espaço[465]. O autor refere, ainda, que o objecto do direito do urbanismo permite inscrevê--lo espacio-temporalmente, dado que ele exprime os constrangimentos, as evoluções e as contradições de toda a sociedade, as regras resultantes de uma concepção fundadora, inicial, prospectiva e evolutiva das relações do homem com o território, o seu ambiente e o espaço[466].

Para o autor, o direito do urbanismo consubstanciaria também a expressão de uma política pública, convocando múltiplos actores e preocupando-se em alcançar o objectivo de uma utilização equilibrada do solo e do espaço, alargada de ora em diante às condições económicas, sociais e ambientais, na base de um princípio estruturante de desenvolvimento sustentável[467]. Repousando sobre princípios comuns, é igualmente possível divisar que as técnicas e as prerrogativas a utilizar são, na sua essência, as de direito do urbanismo[468].

Estas linhas de força que conferem ao direito do urbanismo o seu peculiar ADN permitem-nos agora delinear, ainda que em traços largos, a forma como

---

consagrados na Declaração de 1789. JACQUELINE MORAND-DEVILLER, "Droit de l'Urbanisme, Mémentos...", pp. 2-3.

[465] Ver BERNARD DROBENKO, "Droit de l'Urbanisme – Les conditions de l'occupation...", p. 32.

[466] Ver BERNARD DROBENKO, "Droit de l'Urbanisme – Les conditions de l'occupation...", p. 32.

[467] Ver BERNARD DROBENKO, "Droit de l'Urbanisme – Les conditions de l'occupation...", p. 32. Sobre a noção de desenvolvimento sustentável, refira-se que a mesma foi integrada no direito do urbanismo pela Lei relativa à Solidariedade e Renovação Urbana (13 de Dezembro de 2000). Deste modo e reflectindo sobre a segurança e a insegurança jurídicas na perspectiva dos três princípios que nortearam as opções principais da Lei da SRU (princípio da solidariedade, do desenvolvimento sustentável e da democracia e descentralização), ver PATRICK HOCREITÈRE, "Sécurité et insécurité juridiques après le loi solidarité et renouvellement urbains", in RFDA, nº 1, Janeiro/Fevereiro, 2003, p. 141. Ver, ainda, e com carácter geral, sobre o princípio do desenvolvimento sustentável na sua articulação com o urbanismo e com o direito, JEAN-PHILIPPE BROUANT, HENRI JACQUOT e JEAN-PIERRE LEBRETON, "Développement durable, urbanisme et droit", in RFDA, nº 4, Julho/Agosto, 2006, pp. 750-758. Dando um importante contributo, no âmbito dos trabalhos técnicos relativos a uma aproximação jurídica do modo de execução dos critérios de desenvolvimento sustentável nos instrumentos de planificação urbana, ver MARIE-LAURE LAMBERT-HABIB, "Comment introduire des critères de développement durable dans les opérations d'aménagement urbain?", in RFDA, nº 4, Julho/Agosto, 2006, pp. 759-765. Ainda sobre como introduzir critérios de desenvolvimento sustentável em procedimentos contratuais de operações de ordenamento urbano, ver MALICIA DONNIOU/MICHÈLE RAUNET, "Comment introduire des critères de développement durable dans les procédures contractuelles des opérations d'aménagement urbain?", in RFDA, nº 4, Julho/Agosto, 2006, pp. 766-770.

[468] Ver BERNARD DROBENKO, "Droit de l'Urbanisme – Les conditions de l'occupation...", p. 32.

PARTE II - § 2º DIREITOS ESTRANGEIROS

o mesmo se tem distinguido de outras áreas do saber, em especial do direito do ordenamento do território e do direito da construção.

Relativamente ao direito do ordenamento do território, BERNARD DROBENKO considera que o mesmo corresponde ao conjunto de intervenções dos poderes públicos, procurando realizar uma melhor repartição das actividades e dos homens sobre um determinado território e recorrendo, quando necessário, a mecanismos de solidariedade territorial e social[469].

Entretanto, aquilo que se tem verificado segundo o autor é que as evoluções mais recentes tendem a demonstrar que o direito do ordenamento do território é muito mais uma ferramenta ao serviço da competição entre os territórios do que da sua solidariedade[470]. BERNARD DROBENKO não hesita em considerar que o urbanismo possa ser entendido como uma das concretizações do ordenamento do território, lembrando, exemplificativamente, que são os instrumentos de ordenamento do território, tais como os esquemas de serviços colectivos ou mesmo os esquemas regionais de ordenamento e de desenvolvimento do território, que determinam a evolução/crescimento da urbanização em zona urbana e rural[471]. As relações entre o direito do urbanismo e o ordenamento do território são pois, segundo BERNARD DROBENKO, constantes, sendo que certos instrumentos prosseguem mesmo funções mistas e de inegável interesse para ambas as áreas[472].

Sobre o direito da construção, o autor advoga que o mesmo tem que ver, essencialmente, com a construção/imóvel considerado em si mesmo, sendo que se pauta exclusivamente por relações de direito privado e que lhe importa,

---

[469] Ver BERNARD DROBENKO, "Droit de l'Urbanisme – Les conditions de l'occupation...", p. 32.

[470] Ver BERNARD DROBENKO, "Droit de l'Urbanisme – Les conditions de l'occupation...", p. 32. O autor assinala que a ideia de um ordenamento do território mais ao serviço da competitividade do que da solidariedade foi, sobretudo, introduzida com a reforma dos fundos estruturais europeus para o período compreendido entre 2006/2013 e, concretamente no caso francês, com o financiamento dos pólos de competitividade em zona urbana ou, ainda, de excelência em zona rural, mas também com a reforma da DATAR (Delegação para o Ordenamento do Território e Acção Regional), resultante da Delegação Interministerial ao Ordenamento do Território e à competitividade dos territórios (DIACT).

[471] Ver BERNARD DROBENKO, "Droit de l'Urbanisme – Les conditions de l'occupation...", p. 33.

[472] Ver BERNARD DROBENKO, "Droit de l'Urbanisme – Les conditions de l'occupation...", p. 33. O autor dá como exemplo as Directivas Territoriais de Ordenamento (Directives Territoriales d'Aménagement – DTA).

sobretudo, aspectos como a qualidade arquitectónica das construções ou a sua gestão patrimonial e histórica[473].

Realizadas estas distinções, podemos afirmar que em França, no quadro do Estado republicano unitário e descentralizado[474], o legislador procurou um certo equilíbrio entre os dois níveis de poder, preservando, sob a capa de um interesse geral, o quadro de intervenção do Estado associado à concepção e execução de uma política pública de urbanismo. No entanto, fê-lo tomando em consideração as realidades e exigências locais e reconhecendo a pertinência das intervenções desenvolvidas ao nível municipal e intermunicipal. Deste modo, a determinação das condições de ocupação, uso e transformação do solo e do espaço releva, essencialmente, das colectividades locais, sendo que o Estado encontra-se, em grande medida, dotado de capacidades de intervenção em ordem a garantir a preservação dos interesses supra-locais, libertando-se por essa razão, e de modo progressivo, das suas tarefas de controlo[475].

A complexidade do sistema de planeamento territorial francês resulta não apenas da existência, juntamente com o Estado central[476], de uma pluralidade de actores[477] com responsabilidade nos domínios do ordenamento do território e do urbanismo, como também de uma considerável plêiade de instrumentos legais e regulamentares previstos. A isto acresce, simultaneamente, uma intrincada teia de relações (em larga medida de compatibilidade,

---

[473] Ver Bernard Drobenko, "Droit de l'Urbanisme – Les conditions de l'occupation...", p. 33.

[474] Cfr: artigo 1º da Constituição de 1958, alterado pelo artigo 1º da Lei Constitucional 2003--276 de 28 de Março de 2003 (JO de 29 de Março de 2003).

[475] Ver Bernard Drobenko, "Droit de l'Urbanisme – Les conditions de l'occupation...", pp. 57-58.

[476] Nicole Lerousseau, "La réorganisation des services régionaux et départementaux de l'État dans les domaines de l'aménagement, de l' urbanisme, du logement et de l' environnement", in «Droit de L'Aménagement, de l'Urbanisme, de l'Habitat», Groupement de recherche sur les institutions et le droit de l'aménagement, de l'urbanisme et de l'habitat (Gridauh), Textes, Jurisprudence, Doctrine et pratiques, Edições Le Moniteur, Paris, 2010, pp. 107-117.

[477] Bénédicte Delaunay/Nicole Lerousseau/Corinne Manson, "Administration et acteurs de l'aménagement et de l'urbanisme", Laboratoire d'étude des reformes administratives et de la décentralisation (EA 2108) Université François Rabelais de Tours, in «Droit de L'Aménagement, de l'Urbanisme, de l'Habitat», Groupement...", pp. 133-181. Ver Bernard Drobenko, "Droit de l'Urbanisme – Les conditions de l'occupation...", pp. 43-51. Reflectindo sobre as instituições incumbidas do urbanismo e sobre o princípio geral da distribuição de papéis entre o Estado e as diversas colectividades territoriais, ver Jacqueline Morand-Deviller, Droit de l'Urbanisme, Mémentos...", pp. 11-17.

PARTE II – § 2º DIREITOS ESTRANGEIROS

como mais à frente procuraremos demonstrar) entre as diversas regras de planeamento, situadas que se encontram estas num contexto mais global de análise entre o que se pode então caracterizar como correspondendo a um «urbanismo regulamentar descentralizado» a desenvolver num quadro de «preservação de supremacia das regras estatais»[478].

Tentando desvendar um pouco mais o *instrumentarium* de que se serve o legislador francês, começaríamos precisamente pelo mais importante instrumento de planificação estratégica («schéma de cohérence territoriale»)[479].

O SCOT é um verdadeiro documento de síntese, federador e prospectivo. Pela nova abordagem de planificação que traduz, permite aos municípios dispor, de forma eficaz, de um documento por via do qual possa ser coerentemente harmonizado o conjunto de todas as políticas sectoriais relativas ao urbanismo, tais como as que se concatenam com a habitação ou mesmo com o desenvolvimento económico[480].

A importância deste documento estratégico sai aliás reforçada por força da Lei de 12 de Julho de 2010 contendo as bases de um compromisso nacional

---

[478] Isabelle Savarit-Bourgeois, "L'essentiel du Droit...", pp. 23-64. A autora refere mesmo que, com a chegada das leis de descentralização, as colectividades locais beneficiaram de uma maior liberdade para ordenar o território. Os municípios têm agora a responsabilidade pela elaboração dos principais documentos de urbanismo: os planos locais de urbanismo (PLU), os esquemas de coerência territorial (SCOT) e as cartas comunais, documentos que se espera agora possam vir a permitir aos eleitos locais reflectir o modo como desejam organizar o território.

[479] Cfr. Art L.122-1-1 do Code de L'Urbanisme, na redacção dada pela Lei nº 2010-788, de 12 de Julho:

«Le schéma de cohérence territoriale respecte les principes énoncés aux articles L. 110 et L. 121-1. Il comprend un rapport de présentation, un projet d'aménagement et de développement durables et un document d'orientation et d'objectifs. Chacun de ces éléments peut comprendre un ou plusieurs documents graphiques».

[480] Isabelle Savarit-Bourgeois, "L'essentiel du Droit...", pp. 23-24. Integrando-o no âmbito da planificação de orientação, por oposição à planificação de regulamentação da afectação de solos (de que os mais importantes são o PLU e a carta municipal), ver François Priet, "FRANCE..."; pp. 222-232. Segundo o autor, a diferença decisiva entre as duas é a da oponibilidade dos planos de afectação de solos aos pedidos de autorização de ocupação, uso e transformação do solo, dado que na regulamentação de orientação isso não sucede. François Priet, reflectindo sobre o conteúdo jurídico de uns e outros, esclarece que os documentos de orientação assentam numa ideia de hierarquia flexível, atento o facto de se encontrarem sujeitos a uma relação de compatibilidade e não de conformidade. A conformidade está, segundo o autor, intimamente associada à autonomia de decisão das colectividades públicas responsáveis pelos documentos situados a uma escala mais restrita.

para com o ambiente[481] («Loi Engagement National pour l'Environnement», abreviadamente ENE).

Na realidade, e como refere PHILIPPE BAFFERT, agora que metade do território, englobando aproximadamente três quartos da população, se encontra submetida a um SCOT, a ENE faz deste instrumento um documento estratégico de referência intermunicipal, de tal sorte que ele possa mesmo constituir um instrumento de planificação ao serviço do desenvolvimento sustentável[482]. Esta opção está, aliás, em linha com o significativo reforço do carácter prescritivo de muitas das suas disposições e, também, com uma outra opção de decisiva importância, qual seja a da revisão legislativa da hierarquia das normas e o lugar de outros documentos estratégicos, tais como as «directivas territoriais de ordenamento» («directives territoriales d'aménagement» ou, abreviadamente, designadas como DTA)[483].

---

[481] A «Loi du 12 Juillet 2010 portant engagement national pour l'environnement» teve como finalidade proceder à execução dos objectivos do «Grenelle de l'Environnement» e, muito particularmente, a procura de um outro modo de crescimento. A lei de 3 de Agosto de 2009 relativa à programação da execução da Grenelle de l'Environnement fixou os objectivos, ao passo que a lei de 12 de Julho de 2010 assegura a respectiva execução. A Loi «Grenelle I», de 3 de Agosto de 2009 traçou os diagnósticos, fixou os objectivos e expôs as acções pretendidas. Na prática ela encerra as mil e uma medidas que a lei de 12 de Julho de 2010 viria a inscrever no direito positivo. Deste ponto de vista, a referida lei de 12 de Julho de 2010 modificou substancialmente numerosos capítulos do Código Ambiental, a primeira parte do Código do Urbanismo e, ainda, um significativo número de outros códigos e textos não codificados. Todavia, a realização plena destas reformas será um processo longo e levantará, seguramente, muitas questões interessantes. YVES JÉGOUZO chama-lhe mesmo uma «lei enciclopédica» ou, mesmo, uma «grande» lei (quando refere que ela "...sera peut-être une «grande» loi...", cobrindo todo o campo relativo ao desenvolvimento sustentável. Sobre o sentido, importância, objectivos e, numa palavra, sobre a «ambição» da referida lei, ver YVES JÉGOUZO, La Loi Grenelle II (primeira parte), "L'ambitieuse loi portant engagement national pour l'environnement", in AJDA, Edições Dalloz, nº 30, Setembro, 2010, pp. 1681-1688.

[482] PHILIPPE BAFFERT, La Loi Grenelle II (primeira parte), "La planification stratégique", in AJDA, Edições Dalloz, nº 30, Setembro, 2010, pp. 1688-1696.

[483] PHILIPPE BAFFERT, La Loi Grenelle II (primeira parte), "La planification...", p. 1688. Reflectindo sobre o grau de liberdade reconhecido às autoridades administrativas quanto à interpretação das disposições legislativas e ao conteúdo normativo da DTA, na sequência de uma decisão de confirmação de legalidade de uma DTA pelo Conseil d'État em 27 de Julho de 2005 (Comité de Sauvegarde du Port Vauban, vieille-ville et Antibes-est), ver PIERRE-PAUL DANNA, "Légalité d' une directive territoriale d' aménagement", in AJDA, Edições Dalloz, 2006, pp. 432-435.

O papel essencial atribuído aos SCOT conduziu o legislador a adoptar muitas medidas para incitar fortemente a generalização destes esquemas[484]. O Senado tornou a elaboração do SCOT quase obrigatória, alargando a todos os municípios, a contar de 1 de Janeiro de 2017, o campo de aplicação do artigo L. 122-2 do Code de l'Urbanisme que interdita a criação de novas zonas urbanizáveis nos territórios não cobertos por um SCOT, limitando, simultânea e fortemente, as possibilidades de derrogação a esta interdição[485]. Segundo PHILIPPE BAFFERT, esta reforma deve conduzir à emergência, senão mesmo à generalização, de uma nova categoria de SCOT, os SCOT rurais[486]. Por outro lado, no caso de ausência de um SCOT ou quando, o mesmo existindo, a insuficiência manifesta do respectivo perímetro ponha em causa um problema de controlo da urbanização, o prefeito poderá elaborar um SCOT ou alargar o perímetro do esquema existente[487].

A ENE inicia também um processo de reagrupamento dos documentos normativos e de clarificação da hierarquia das normas, dado que, até agora, vinha sendo prática corrente os especialistas lamentarem-se quanto a um indesejável empilhamento de documentos oponíveis, criadores de uma situação complexa e fonte de insegurança e confusão jurídicas[488]. A lei ENE reescreve pois totalmente um dos mais importantes preceitos relativo às regras gerais do urbanismo, resultando dessa redacção que o SCOT deve constituir um documento único, um documento pivôt entre, por um lado, os textos legislativos e os documentos de nível superior (de nível nacional e regional) e, por outro, os «Planos Locais de Urbanisno» («Plans locaux d'urbanisme» (PLU)[489].

De acordo com as novas[490] disposições[491], os PLU que sejam cobertos por um SCOT, devem apenas ser compatíveis com este último[492].

---

[484] PHILIPPE BAFFERT, La Loi Grenelle II (primeira parte), "La planification...", p. 1688.

[485] PHILIPPE BAFFERT, La Loi Grenelle II (primeira parte), "La planification...", p. 1688.

[486] PHILIPPE BAFFERT, La Loi Grenelle II (primeira parte), "La planification...", p. 1689.

[487] PHILIPPE BAFFERT, La Loi Grenelle II (primeira parte), "La planification...", p. 1689.

[488] PHILIPPE BAFFERT, La Loi Grenelle II (primeira parte), "La planification...", p. 1689.

[489] PHILIPPE BAFFERT, La Loi Grenelle II (primeira parte), "La planification...", p. 1688.

[490] Cfr. VIII do artigo 17º da ENE, as novas disposições entraram já em vigor em 13 de Janeiro de 2011.

[491] Cfr. Art L.111-1-1 do Code de L'Urbanisme, na redacção dada pela Lei nº 2010-788, de 12 de Julho:

«Les schémas de cohérence territoriale et les schémas de secteur doivent être compatibles, s'il y a lieu, avec les dispositions particulières aux zones de montagne et au littoral prévues aux articles L. 145-1 à L. 146-9, le schéma directeur de la région d'Ile-de-France, les schémas d'aménagement régional des régions d'outre-mer,

É o SCOT que deverá, consoante o caso, ser compatível («être compatible») ou tomar em consideração («prendre en compte»)[493] os documentos superiores, tais como as Leis da Montanha e do Litoral, o esquema director de Ile-de-France[494], os esquemas de ordenamento regional das regiões de

le plan d'aménagement et de développement durable de Corse, les chartes des parcs naturels régionaux et des parcs nationaux, les orientations fondamentales d'une gestion équilibrée de la ressource en eau et les objectifs de qualité et de quantité des eaux définis par les schémas directeurs d'aménagement et de gestion des eaux, ainsi qu'avec les objectifs de protection définis par les schémas d'aménagement et de gestion des eaux. Ils doivent prendre en compte les schémas régionaux de cohérence écologique et les plans climat-énergie territoriaux lorsqu'ils existent. Lorsqu'un de ces documents est approuvé après l'approbation d'un schéma de cohérence territoriale ou d'un schéma de secteur, ce dernier doit, si nécessaire, être rendu compatible dans un délai de trois ans. Les plans locaux d'urbanisme doivent être compatibles avec les schémas de cohérence territoriale et les schémas de secteur. En l'absence de schéma de cohérence territoriale, ils doivent être compatibles, s'il y a lieu, avec les dispositions particulières aux zones de montagne et au littoral prévues aux articles L. 145-1 à L. 146-9, le schéma directeur de la région d'Ile-de-France, les schémas d'aménagement régionaux des régions d'outre-mer, le plan d'aménagement et de développement durable de Corse, les chartes des parcs naturels régionaux et des parcs nationaux, les orientations fondamentales d'une gestion équilibrée de la ressource en eau et les objectifs de qualité et de quantité des eaux définis par les schémas directeurs d'aménagement et de gestion des eaux, ainsi qu'avec les objectifs de protection définis par les schémas d'aménagement et de gestion des eaux. Ils doivent prendre en compte les schémas régionaux de cohérence écologique et les plans climat-énergie territoriaux lorsqu'ils existent. Lorsqu'un de ces documents est approuvé après l'approbation d'un plan local d'urbanisme, ce dernier doit, si nécessaire, être rendu compatible dans un délai de trois ans.»

[492] A questão da exigência de uma relação de compatibilidade não gera unanimidade entre a doutrina francesa. Ainda assim, no "Reencontro Nacional de SCOT" que teve lugar em Narbonne em 4 e 5 de Junho de 2009, muitos dos participantes lembraram a importância de manter uma relação de compatibilidade entre os SCOT e os PLU; Ver "Le Club des SCOT, SCOT, um projecto de território no carrefour das políticas de ordenamento", Actas do Reencontro de Narbonne, apud. PHILIPPE BAFFERT, La Loi Grenelle II (primeira parte), "La planification...", p. 1693, nota (3).

[493] Perspectivando, a par das relações hierárquicas e da ausência pura e simples de relações de natureza jurídica, a «prise en considération» ou «prise en compte» como uma das possíveis modalidades de relações entre os «plans d'aménagement» e os «plans d'urbanisme», ver GÉRARD MARCOU, "L'Urbanisme dans les systèmes de planification spatiale en Europe: diversités nationales", Rapport Introductif, *in* "Le contenu des plans d'urbanisme et d'aménagement dans les pays d'Europe de l'Ouest...", pp. 30-31. HENRI JACQUOT, "La notion de prise en compte d'un document de planification spatial: enfin une définition jurisprudentielle", *in* DAUH, Paris, Le Moniteur, 2005, pp. 71-85.

[494] Reflectindo sobre o esquema director da região de Ile-de-France como categoria jurídica original e híbrida, a meio caminho pois entre o ordenamento do território e o urbanismo, ver GÉRARD MARCOU, "Le schéma directeur de la région Ile-de-France entre aménagement du territoire et urbanisme", *in* AJDA, Edições Dalloz, nº 26, Julho, 2004, pp. 1403-1410. Referindo-se

PARTE II – § 2º DIREITOS ESTRANGEIROS

alto-mar, o plano de ordenamento e de desenvolvimento sustentável, entre outros identificados na norma em causa[495]. Apenas na ausência de SCOT é que se imporá aos autores do PLU que verifiquem da compatiblidade do seu plano com o conjunto dos restantes documentos[496].

Existe pois uma genuína simplificação e um certo progresso quanto à segurança jurídica, em larga medida pelo facto dos novos SCOT assumirem um novo papel em que lhes é imposta uma nova obrigação de serem completos, de modo a exercer cabalmente a sua função de intermediário entre os PLU e os documentos superiores[497].

Segundo ainda PHILIPPE BAFFERT, numa perspectiva de melhorar a compatibilidade dos PLU com os SCOT, o Senado previu igualmente que as instituições públicas encarregues da gestão do SCOT devam trazer o documento de orientação e de objectivos do SCOT ao conhecimento de todos os municípios[498].

No caso em que um SCOT deva ser revisto ou modificado para se compatibilizar, nas condições previstas no artigo 111-1-1, com as disposições particulares das zonas de montanha ou do litoral ou, ainda, para permitir a realização de um novo projecto de interesse geral, o prefeito informa a entidade pública prevista nos artigos L. 122-4 ou L. 122-4-1, sendo que num prazo de três meses, a entidade pública dará a conhecer ao prefeito se entende ou não proceder à revisão ou modificação necessária, sendo que em caso negativo ou na ausência de resposta no prazo fixado, o prefeito pode, cumpridas que sejam as formalidades de inquérito público, realizar a revisão ou modificação do referido esquema.

O mesmo sucederá se, tendo havido resposta positiva por parte da entidade pública quanto à realização de proceder à revisão ou modificação necessária, esta não for seguida num prazo de 24 meses a contar da notificação inicial do prefeito, da deliberação aprovadora do projecto correspondente[499].

---

ao schéma directeur de Ile-de-France como um «désolant statut», ver JEAN-PIERRE LEBRETON, "Le désolant statut du schéma directeur de Ile-de-France", in AJDA, Edições Dalloz, nº 31, 2008, pp. 1681-1683.

[495] PHILIPPE BAFFERT, La Loi Grenelle II (primeira parte), "La planification...", p. 1689.

[496] PHILIPPE BAFFERT, La Loi Grenelle II (primeira parte), "La planification...", p. 1689.

[497] PHILIPPE BAFFERT, La Loi Grenelle II (primeira parte), "La planification...", p. 1689.

[498] PHILIPPE BAFFERT, La Loi Grenelle II (primeira parte), "La planification...", p. 1689.

[499] PHILIPPE BAFFERT, La Loi Grenelle II (primeira parte), "La planification...", p. 1689.

Ao nível da planificação estratégica, a lei ENE veio ainda produzir mais algumas alterações interessantes de que aqui daríamos breve nota[500].

Em primeiro lugar, e inspirando-se num dispositivo posto em prática em 2007 no âmbito da renovação do serviço («*quartier*») *dos assuntos da defesa, o legislador opta pela criação das «directivas territoriais de ordenamento e de desenvolvimento sustentável» («directives territoriales d'aménagement et de développement durables» (DTADD)*[501]) não oponíveis, em substituição das até então existentes «directivas territoriais de ordenamento» («directives territoriales d'aménagement» (DTA))[502].

No entendimento de Philippe Baffert, a existência de uma DTADD clarificará a associação dos serviços do Estado à elaboração dos SCOT e, paralelamente, fornecerá um quadro base para a discussão com as entidades públicas[503].

Em caso de desarcordo entre as colectividades, a DTADD servirá de base à aprovação, pelo prefeito, de um «projecto de interesse geral» («projet d'intérêt général» PIG) que se imporá aos municípios e permitirá ao prefeito tornar o SCOT e o PLU compatíveis com as orientações do Estado. A DTADD, após sujeição à avaliação ambiental, é aprovada por decreto em Conselho de Estado[504].

---

[500] Philippe Baffert, La Loi Grenelle II (primeira parte), "La planification...", p. 1690.

[501] Cfr. Art L.113-1 do Code de L'Urbanisme, na redacção dada pela Lei nº 2010-788, de 12 de Julho:

«*Des directives territoriales d'aménagement et de développement durables peuvent déterminer les objectifs et orientations de l'État en matière d'urbanisme, de logement, de transports et de déplacements, de développement des communications électroniques, de développement économique et culturel, d'espaces publics, de commerce, de préservation des espaces naturels, agricoles et forestiers, des sites et des paysages, de cohérence des continuités écologiques, d'amélioration des performances énergétiques et de réduction des émissions de gaz à effet de serre dans des territoires présentant des enjeux nationaux dans un ou plusieurs de ces domaines.*»

[502] Philippe Baffert, La Loi Grenelle II (primeira parte), "La planification...", p. 1690. Sobre a natureza e regime jurídico das DTA, antes da alteração da lei ENE, ver Isabelle Savarit-Bourgeois, "L'essentiel du Droit...", p. 63 e Bernard Drobenko, "Droit de l'Urbanisme – Les conditions de l'occupation...", pp. 64-65.

[503] Philippe Baffert, La Loi Grenelle II (primeira parte), "La planification...", p. 1690.

[504] Cfr. Art L.113-3 do Code de L'Urbanisme, na redacção dada pela Lei nº 2010-788, de 12 de Julho:

«*Après évaluation environnementale réalisée dans les conditions prévues à la section 2 du chapitre Ier du titre II du présent livre, les directives territoriales d'aménagement et de développement durables sont approuvées par décret en Conseil d'État*».

PARTE II - § 2º DIREITOS ESTRANGEIROS

Outra das mais importantes inovações traduziu-se na criação, por um lado, de um documento quadro intitulado «Orientações nacionais para a preservação e reposição do bom estado das continuidades ecológicas», elaborado, posto em prática e monitorizado pelo Estado, e cujo papel essencial consiste em fornecer um guia metodológico[505] e, por outro, dos «esquemas regionais de coerência ecológica» («schémas régionaux de cohérence écologique» (SRCE)[506]), elaborados pelo Estado em associação com o conjunto das respectivas colectividades territoriais[507], e que devem ter, como objectivo principal, fornecer uma cartografia regional de trama verde e azul, identificando, simultaneamente, os espaços naturais sobre que essa tramas impendem, definindo as medidas contratuais que permitam assegurar a preservação e a reposição do bom equilíbrio das continuidades ecológicas e identificando as medidas previstas para o acompanhamento da acção dos municípios neste domínio[508].

O novo artigo L.122-1-5[509] do Code de L'Urbanisme prevê que os SCOT devam precisar as modalidades de protecção dos espaços necessários à manutenção da biodiversidade e, ainda, à preservação e reposição do bom estado das continuidades ecológicas. Para a consecução desta finalidade, eles devem tomar em consideração («prendre en compte») os SRCE[510].

---

[505] Cfr: (novo) artigo L.371-2 do Code de l'Environnement, introduzido pela Lei ENE.

[506] Cfr: (novo) artigo L.371-3 do Code de l'Environnement, introduzido pela Lei ENE.

[507] Sobre a reforma das colectividades territoriais, ver o interessante e esclarecedor artigo de BERTRAND FAURE, "Le rapport du comité Balladur sur la réforme des collectivités territoriales: bonnes raisons, fausses solutions?", in AJDA, Edições Dalloz, nº 16, Maio, 2009, pp. 859-865. Neste artigo o autor, entre outros tópicos de reflexão, sinaliza a importância do relatório do Comité Balladur, de que aliás resultou uma constatação preocupante, qual seja a de que as sucessivas reformas da descentralização não tiveram a virtualidade de engendrar um regime local viável. Na realidade, como refere o autor, o empilhamento dos níveis de administração territorial gera uma opacidade na repartição de competências, uma ineficácia e um sobrecusto na tomada da decisão pública, frequentemente subordinada à colaboração desses mesmos níveis.

[508] PHILIPPE BAFFERT, La Loi Grenelle II (primeira parte), "La planification...", p. 1690.

[509] Sobre o conteúdo do documento de orientação e de objectivos do SCOT ver art L.122-1-5- do Code de L'Urbanisme, na redacção dada pela Lei nº 2010-788, de 12 de Julho: «I (....); II. Il détermine les espaces et sites naturels, agricoles, forestiers ou urbains à protéger. Il peut en définir la localisation ou la délimitation. Il précise les modalités de protection des espaces nécessaires au maintien de la biodiversité et à la préservation ou à la remise en bon état des continuités écologiques....".»

[510] Cfr. Art L.122-1-12 do Code de L'Urbanisme, na redacção dada pela Lei nº 2010-788, de 12 de Julho: «Les schémas de cohérence territoriale prennent en compte: les programmes d'équipement de l'État, des collectivités territoriales et des établissements et services publics; les schémas régionaux de cohérence écologique et les plans climat-énergie territoriaux lorsqu'ils existent. Ils sont compatibles avec:

A NULIDADE DO PLANO URBANÍSTICO

Uma vez mais, temos oportunidade de verificar que o legislador em função da natureza dos planos em causa, vai utilizando as expressões de «compatibilidade» e «tomar em consideração».

Um outro aspecto relativo aos SCOT no âmbito da reforma operada em 2010 é o que se prende com a sua inegável qualidade de instrumento privilegiado da planificação urbana. Na realidade, é ele que fixa os objectivos de políticas públicas de urbanismo, de habitação, de desenvolvimento económico, de lazer, de mobilidade de pessoas e de mercadorias, de estacionamento de viaturas e regulação do tráfego automóvel, objectivos estes que devem tomar em consideração («prendre en compte») os diferentes documentos operacionais, tais como os «programas locais de habitação» («programmes locaux de l'habitat» PLH), «planos de mobilidade urbana» («plans de déplacements urbains», PDU[511]) e, ainda, os já referidos PLU[512].

A importância do SCOT traduz-se, pois, na sua oponibilidade aos demais documentos de planificação (PLH[513], PDU E PLU) que, por esse facto, devem,

---

les directives de protection et de mise en valeur des paysages; les chartes des parcs naturels régionaux et des parcs nationaux; les orientations fondamentales d'une gestion équilibrée de la ressource en eau et les objectifs de qualité et de quantité des eaux définis par les schémas directeurs d'aménagement et de gestion des eaux en application de l'article L. 212-1du Code de l'environnement; les objectifs de protection définis par les schémas d'aménagement et de gestion des eaux en application de l'article L. 212-3 du même code. Lorsqu'un de ces documents est approuvé après l'approbation d'un schéma de cohérence territoriale, ce dernier est, si nécessaire, rendu compatible dans un délai de trois ans.»

[511] Relativamente a este tipo de planos, a doutrina francesa vem, desde há muito tempo a esta parte, discutindo sobre a juridicidade de planos sectoriais confiados às autoridades locais por legislação especial. No entanto, sobre essa mesma questão, o Conselho de Estado reconheceu-lhe já carácter regulamentar, o que não significa que o controlo jurisdicional seja todavia meramente aproximativo, em especial devido, por um lado, à ausência de coincidência da forma de expressão do próprio PDU e os objectivos legais e, do outro, à reserva do juiz administrativo no que respeita à apreciação de factos complexos. Ver Arnauld Noury, "Le plan de déplacements urbains de l'Ile-de-France devant le Conseil d'État", *in* RFDA, nº 2, Março/Abril, 2005, pp. 279-288.

[512] Philippe Baffert, La Loi Grenelle II (primeira parte), "La planification...", p. 1691.

[513] Sobre a importância em geral da Lei de 25 de Março de 2009 relativa à habitação e reflectindo sobre a natureza das relações entre o PLU e o PLH, ver Yves Jégouzo, L'État et le logement, "La loi du 25 mars 2009 sur le logement et la réaffirmation du rôle de l'État", *in* AJDA, Edições Dalloz, nº 24, Julho, 2009, pp. 1282-1290. Para uma leitura mais cuidada das modalidades de compatibilidade entre os PLH e PLU, ver Jérôme Tremeau, L'État et le logement, "L'urbanisme au service du logement", *in* AJDA, Edições Dalloz, nº 24, Julho, 2009, pp. 1291-1298. Ainda sobre o alargamento do campo de aplicação da declaração de projecto integrando a compati-

nos casos em que as suas opções não sejam compatíveis com as orientações neles contidas, ser revistos no prazo máximo de 3 anos, prazo findo o qual e nada tendo sido feito, determina que o prefeito se substitua à «entidade pública de cooperação intermunicipal» («établissement public de coopération intercommunale», EPCI) ou ao município para proceder à sua execução em conformidade[514].

No entanto e como logo explica PHILIPPE BAFFERT, a verdade é que uma boa parte das possibilidades referidas não chegam de facto a ser utilizadas, limitando-se um significativo número de SCOT à definição de políticas de urbanismo em matéria de organização espacial, para já não falar das situações em que se limitam a convocar e plasmar os princípios gerais[515].

Finalmente, com a reforma produzida pela Lei ENE, foram, ainda, prosseguidos outros tantos objectivos, tais como o da redução do consumo de espaços naturais, agrícolas e florestais[516], o reforço do carácter prescritivo obrigatório dos SCOT[517], o alargamento das possibilidades que se abrem aos

---

bilização do plano, pela Lei de 25 de Março de 2009, ver JEAN-PIERRE LEBRETON, "Réformes législatives de 2009 et flexibilité de la règle locale d'urbanisme", *in* «Droit de L'Aménagement, de l'Urbanisme, de l'Habitat», Groupement...", pp. 57-73. Reflectindo sobre o nascimento de um novo contencioso no âmbito do direito à habitação, ver NORBERT FOULQUIER, "Le droit au logement, la naissance d'un nouveau type de contentieux?, *in* «Droit de L'Aménagement, de l'Urbanisme, de l'Habitat», Groupement...", pp. 17-27.

[514] PHILIPPE BAFFERT, La Loi Grenelle II (primeira parte), "La planification...", p. 1691.

[515] PHILIPPE BAFFERT, La Loi Grenelle II (primeira parte), "La planification...", p. 1691.

[516] Cfr. Art L.122-1-4 do Code de L'Urbanisme, na redacção dada pela Lei nº 2010-788, de 12 de Julho: *«Dans le respect des orientations définies par le projet d'aménagement et de développement durables, le document d'orientation et d'objectifs détermine les orientations générales de l'organisation de l'espace et les grands équilibres entre les espaces urbains et à urbaniser et les espaces ruraux, naturels, agricoles et forestiers.»*

[517] Para contrariar um pouco a ideia de que os SCOT disporiam de mais amplas competências de programação e de incitação e já não tanto de competências de orientação e de protecção, o legislador propôs-se dar aos SCOT uma dimensão pré-operacional e de lhes conferir, sobre certas zonas muito precisas e claramente identificadas no documento, um nível de precisão muito elevado, permitindo, por exemplo, fixar regras mais precisas aos PLU e mesmo de o substituir, sob certos aspectos, no caso de uma incompatibilidade permanente entre os documentos. Ilustrando o que vai dito, refira-se que a designação do próprio documento normativo do SCOT é modificada, deixando de ser um simples «documento de orientações gerais» para passar a ser um «documento de orientação e de objectivos». Esta mudança de nome foi inclusivamente objecto de aceso debate no Senado, uma vez que a proposta apresentada inicialmente pelo Governo era a de que o mesmo se intitulasse de «documento de orientação e de programação», sendo que o Senado preferiu o termo «objectivos» em vez de «programação», para deixar bem

SCOT de impor aos PLU regras de urbanização condicionada[518], a possibilidade de definir normas precisas relativas à densidade de ocupação do solo[519], a possibilidade de fixar níveis de densidade abaixo dos quais os PLU não poderão descer[520], a possibilidade de definir quais os sectores em que os PLU devem impor uma densidade mínima de construção[521], a possibilidade de defini-

---

clara a ideia de que o reforço dos SCOT não deveria levar à sua consideração como «super PLU». Ver PHILIPPE BAFFERT, La Loi Grenelle II (primeira parte), "La planification...", p. 1692.

[518] Cfr. Art L.122-1-5, III, IV e V do Code de L'Urbanisme, na redacção dada pela Lei nº 2010-788, de 12 de Julho:

«*I. (...). II. (...). III. Il précise les conditions permettant de favoriser le développement de l'urbanisation prioritaire dans les secteurs desservis par les transports collectifs ainsi que celles permettant le désenclavement par transport collectif des secteurs urbanisés qui le nécessitent. Il peut déterminer des secteurs dans lesquels l'ouverture de nouvelles zones à l'urbanisation est subordonnée à leur desserte par les transports collectifs. IV. Pour la réalisation des objectifs définis à l'article L. 122-1-4, il peut, en fonction des circonstances locales, imposer préalablement à toute ouverture à l'urbanisation d'un secteur nouveau: 1º L'utilisation de terrains situés en zone urbanisée et desservis par les équipements mentionnés à l'article L. 111-4; 2º La réalisation d'une étude d'impact prévue par l'article L. 122-1 du Code de l'environnement; 3º La réalisation d'une étude de densification des zones déjà urbanisées. V. Il peut définir des secteurs dans lesquels l'ouverture de nouvelles zones à l'urbanisation est subordonnée à l'obligation pour les constructions, travaux, installations et aménagements de respecter: 1º Soit des performances énergétiques et environnementales renforcées; 2º Soit des critères de qualité renforcés en matière d'infrastructures et réseaux de communications électroniques. (...).*»

[519] Os SCOT podem agora determinar as normas precisas a impor aos PLU, no momento da elaboração do respectivo projecto urbano, no sentido de respeitar os objectivos de densificação quanto a uma não ocupação de espaços naturais.

[520] Cfr. Art L.122-1-5, VIII do Code de L'Urbanisme, na redacção dada pela Lei nº 2010-788, de 12 de Julho:

«*(...) VIII. Dans des secteurs qu'il délimite en prenant en compte leur desserte par les transports collectifs, l'existence d'équipements collectifs et des protections environnementales ou agricoles, il peut déterminer la valeur au-dessous de laquelle ne peut être fixée la densité maximale de construction résultant de l'application de l'ensemble des règles définies par le plan local d'urbanisme ou du document en tenant lieu. Dans ces secteurs, les règles des plans locaux d'urbanisme et des documents d'urbanisme en tenant lieu qui seraient contraires aux normes minimales de hauteur, d'emprise au sol et d'occupation des sols fixées par le document d'orientation et d'objectifs cessent de s'appliquer passé un délai de vingt-quatre mois à compter de la publication du schéma, de sa révision ou de sa modification. Passé ce délai, le permis de construire, d'aménager ou de démolir ne peut être refusé et les projets faisant l'objet d'une déclaration préalable ne peuvent faire l'objet d'une opposition sur le fondement d'une règle contraire aux normes minimales fixées par le schéma de cohérence territoriale ou le schéma de secteur.*»

[521] Cfr. Art L.122-1-5, IX do Code de L'Urbanisme, na redacção dada pela Lei nº 2010-788, de 12 de Julho:

ção de normas mais precisas aplicáveis na ausência de PLU competente[522] e, finalmente, o também já por nós sinalizado significativo reforço do poder de controlo do prefeito[523].

Uma das outras dimensões importantes em que se fez sentir a reforma operada pela Lei ENE respeita ao «plano local de urbanismo» («plan local d'urbanisme», PLU).

Segundo Henri Jacquot e Jean-Pierre Lebreton, a reforma do PLU centra-se, essencialmente, num ordenamento do seu regime geral, de modo a permitir que ele possa dar o seu contributo para a realização dos novos

---

«(...) IX. Le document d'orientation et d'objectifs peut, sous réserve d'une justification particulière, définir des secteurs, situés à proximité des transports collectifs existants ou programmés, dans lesquels les plans locaux d'urbanisme doivent imposer une densité minimale de construction.»

[522] Sobre este ponto, refere-se que a Lei ENE abriu aos SCOT duas possibilidades distintas: em primeiro lugar, os SCOT poderão definir, por sector, as normas de qualidade urbana, arquitectónicas e paisagísticas aplicáveis, na ausência de PLU ou de documento de urbanismo que, ao caso, devesse ter tido lugar (Cfr. Art L.122-1-6, do Code de L'Urbanisme, na redacção dada pela Lei nº 2010-788, de 12 de Julho). Em segundo lugar, os SCOT poderão precisar, para os municípios que não se encontram cobertos por um PLU intermunicipal compreendendo um PDU e verificadas as demais condições legais, as obrigações mínimas e máximas para a realização de áreas de estacionamento para veículos motorizados e, bem assim, as obrigações mínimas para a realização de áreas de estacionamento para veículos não motorizados que os PLU deverão impor (Cfr. Art L.122-1-8, do Code de L'Urbanisme, na redacção dada pela Lei nº 2010-788, de 12 de Julho).

[523] O reforço do papel prescritivo do SCOT conduziu o legislador a prever, simetricamente, o reforço dos motivos pelos quais o prefeito, garante da legalidade dos actos produzidos pelas colectividades territoriais, se pode opôr àquilo que o esquema torna executório. Neste ponto, convirá ainda recordar que, na redacção anterior do artigo L.122-11 do Code de L'Urbanisme, o prefeito podia opôr-se à entrada em vigor de um SCOT quando o mesmo não fosse compatível com as «directivas territoriais de ordenamento» («directives territoriales d'aménagement», DTA) e, na ausência destas, com a lei da Montanha ou com a Lei do Litoral, ou quando o SCOT comprometesse gravemente os princípios de equilíbrio previstos no artigos L.110 E L.121-1. Agora, com a Lei ENE, a essas situações que se mantêm, adiciona o legislador três novos motivos suplementares para a oposição do prefeito: 1) o SCOT ser contrário a um PIG; 2) o SCOT autorizar uma ocupação excessiva de espaço; 3) o SCOT não tomar suficientemente em conta os objectivos relativos à preservação ou à reposição em bom estado das continuidades ecológicas. Ver Philippe Baffert, La Loi Grenelle II (primeira parte), "La planification...", p. 1696. Sobre o papel chave do prefeito de região no contexto da nova administração regional d Estado, ver Francis Chauvin, "La nouvelle administration régionale de l'État", *in* AJDA, Edições Dalloz, Volume 66, nº 15, Abril, 2010, pp. 825-830.

objectivos ambientais que a própria Lei ENE fixa[524]. Paralelamente, a reforma repousa também sobre a ideia de que a contribuição do PLU à realização de objectivos da lei ENE será tanto mais eficaz se aquele for estabelecido à escala intermunicipal[525].

O PLU constitui o principal documento de regulamentação da ocupação do solo, oponível como tal no momento em que é outorgada ou concedida a autorização de urbanismo. Constitui, por assim dizer, um ponto de passagem obrigatório para a realização de um bom número dos objectivos previstos pela Lei ENE, quer os mesmos se refiram à luta contra a expansão urbana ou densificação das construções, quer respeitem à manutenção da biodiversidade com a criação de tramas verdes e azuis ou, ainda, com as tramas que emergam do desenvolvimento das energias renováveis[526].

A perspectiva da reforma operada no PLU pela Lei ENE passa, em termos sumários, por múltiplos e significativos aspectos, tais como a respectiva inserção do PLU no âmbito do sistema normativo, modalidades de elaboração e de gestão, conteúdo e efeitos das regras que ele encerra, preferência pela adopção do PLU à escala intermunicipal e com um estatuto original com que a lei o dotou, obrigando-o, nomeadamente, a integrar as disposições relevantes dos documentos de planificação sectorial[527].

O primeiro aspecto a destacar prende-se com a adaptação do regime geral do PLU[528]. Neste ponto, cumprirá referir que, paralelamente aos esforços da Lei ENE para construir um regime específico do PLU intermunicipal, a Lei ENE adapta também o seu regime geral de modo a permitir ao PLU que possa contribuir para a realização de novos objectivos ambientais que aquela deve por em execução[529].

---

[524] HENRI JACQUOT/JEAN-PIERRE LEBRETON, La Loi Grenelle II (primeira parte), "La réforme du plan local d'urbanisme", *in* AJDA, Edições Dalloz, nº 30, Setembro, 2010, pp. 1697-1704.

[525] HENRI JACQUOT/JEAN-PIERRE LEBRETON, La Loi Grenelle II (primeira parte), "La réforme du plan...", p. 1697.

[526] HENRI JACQUOT/JEAN-PIERRE LEBRETON, La Loi Grenelle II (primeira parte), "La réforme du plan...", p. 1697.

[527] HENRI JACQUOT/JEAN-PIERRE LEBRETON, La Loi Grenelle II (primeira parte), "La réforme du plan...", p. 1697.

[528] HENRI JACQUOT/JEAN-PIERRE LEBRETON, La Loi Grenelle II (primeira parte), "La réforme du plan...", p. 1697.

[529] HENRI JACQUOT/JEAN-PIERRE LEBRETON, La Loi Grenelle II (primeira parte), "La réforme du plan...", p. 1697.

À obrigação de prosseguir novos objectivos[530] soma-se, ainda, a obrigação de se compatibilizar ou de tomar em consideração os novos documentos e de respeitar as novas regras. A obrigação que o legislador faz impender sobre os PLU no sentido de respeitar os objectivos de desenvolvimento sustentável (e que a lei relativa à solidariedade e renovação urbanas (SRU) associou ao artigo L.121-1 do Code de L'Urbanisme[531] consagrado ao princípio de equilíbrio) foi, felizmente, reposicionada à cabeça do artigo, dado que a mesma transcende o conjunto dos demais objectivos cometidos aos documentos de urbanismo.

O conteúdo jurídico das novas obrigações impostas aos PLU parece ter saído reforçado, atento o disposto no artigo no artigo L.123-1 do Code de

---

[530] Fixando os objectivos que devem prosseguir os documentos de urbanismo, ver Art L.121-1 do Code de L'Urbanisme, na redacção dada pela Lei nº 2010-788, de 12 de Julho:

«Les schémas de cohérence territoriale, les plans locaux d'urbanisme et les cartes communales déterminent les conditions permettant d'assurer, dans le respect des objectifs du développement durable: 1º L'équilibre entre: a) Le renouvellement urbain, le développement urbain maîtrisé, la restructuration des espaces urbanisés, la revitalisation des centres urbains et ruraux, la mise en valeur des entrées de ville et le développement rural; b) L'utilisation économe des espaces naturels, la préservation des espaces affectés aux activités agricoles et forestières, et la protection des sites, des milieux et paysages naturels; c) La sauvegarde des ensembles urbains et du patrimoine bâti remarquables; 2º La diversité des fonctions urbaines et rurales et la mixité sociale dans l'habitat, en prévoyant des capacites de construction et de réhabilitation suffisantes pour la satisfaction, sans discrimination, des besoins présents et futurs en matière d'habitat, d'activités économiques, touristiques, sportives, culturelles et d'intérêt général ainsi que d'équipements publics et d'équipement commercial, en tenant compte en particulier des objectifs de répartition géographiquement équilibrée entre emploi, habitat, commerces et services, d'amélioration des performances énergétiques, de développement des communications électroniques, de diminution des obligations de déplacements et de développement des transports collectifs; 3º La réduction des émissions de gaz à effet de serre, la maîtrise de l'énergie et la production énergétique à partir de sources renouvelables, la préservation de la qualité de l'air, de l'eau, du sol et du sous-sol, des ressources naturelles, de la biodiversité, des écosystèmes, des espaces verts, la préservation et la remise en bon état des continuités écologiques, et la prévention des risques naturels prévisibles, des risques technologiques, des pollutions et des nuisances de toute nature.» **Relativamente aos objectivos específicos dos PLU** rege o disposto no artigo L. 123-1 que prescreve que *«Le plan local d'urbanisme respecte les principes énoncés aux articles L. 110 et L. 121-1. Il comprend un rapport de présentation, un projet d'aménagement et de développement durables, des orientations d'aménagement et de programmation, un règlement et des annexes.»*

[531] Cfr. Art L.121-1, do Code de L'Urbanisme, na redacção dada pela Lei nº 2010-788, de 12 de Julho:

«Les schémas de cohérence territoriale, les plans locaux d'urbanisme et les cartes communales déterminent les conditions permettant d'assurer, dans le respect des objectifs du développement durable: 1º L'équilibre entre (...):»

L'Urbanisme[532]. No entanto, de acordo com HENRI JACQUOT e JEAN-PIERRE LEBRETON, este voluntarismo legislativo arrisca-se fortemente a contrariar a jurisprudência do Conselho Constitucional que considera que, em razão da imprecisão dos objectivos mencionados, as disposições do artigo L.121-1 devem ser interpretadas como impondo apenas aos autores dos documentos de urbanismo a obrigação de neles fazer figurar as medidas que respeitem à realização dos objectivos que as disposições enunciam e que, como tal, **competirá apenas ao juiz administrativo exercer um simples controlo de compatibilidade**[533].

Uma outra alteração significativa introduzida pela reforma ao nível do PLU é a que respeita ao alargamento das obrigações de compatibilidade e de tomada em consideração a novos documentos de urbanismo. Destarte, à já extensa lista de documentos com os quais o PLU se deve compatibilizar, a Lei ENE adiciona ainda os «planos de gestão de riscos de inundação» («plans de gestion des risques d'inondation»)[534]. Por outro o PLU deve igualmente tomar em consideração[535] dois outros documentos criados pela Lei ENE: os «esquemas regionais de coerência ecológica» («schémas regionaux de cohérence écologique») e os «planos climático-energéticos territoriais» («plans climat-énergie territoriaux»). Ou dito de outro modo, o PLU não tem que ser compatível com estes novos documentos, apenas lhe exigindo o legislador

---

[532] Cfr. Art L.123-1, do Code de L'Urbanisme, na redacção dada pela Lei nº 2010-788, de 12 de Julho:
«Le plan local d'urbanisme respecte les principes énoncés aux articles L. 110 et L. 121»

[533] HENRI JACQUOT/JEAN-PIERRE LEBRETON, La Loi Grenelle II (primeira parte), "La réforme du plan...", p. 1698.

[534] Cfr. Art L.123-1-10, do Code de L'Urbanisme, na redacção dada pela Lei nº 2010-788, de 12 de Julho: *«Le plan local d'urbanisme doit également, s'il y a lieu, être compatible avec les objectifs de gestion des risques d'inondation définis par les plans de gestion des risques d'inondation pris en application de l'article L. 566-7 du Code de l'environnement, ainsi qu'avec les orientations fondamentales et les dispositions de ces plans définies en application des 1º et 3º du même article L. 566-7, lorsque ces plans sont approuvés. Lorsqu'un plan de gestion des risques d'inondation est approuvé après l'approbation d'un plan local d'urbanisme, ce dernier doit, si nécessaire, être rendu compatible dans un délai de trois ans avec les éléments mentionnés au premier alinéa du présent article.».* Ver HENRI JACQUOT/JEAN-PIERRE LEBRETON, La Loi Grenelle II (primeira parte), "La réforme du plan...", p. 1698.

[535] Cfr. Art L.123-1-9, do Code de L'Urbanisme, na redacção dada pela Lei nº 2010-788, de 12 de Julho:
«Le plan local d'urbanisme prend en compte, lorsqu'ils existent, les schémas régionaux de cohérence écologique et les plans climat-énergie territoriaux.»

que os tome em consideração. Esta obrigação, como explica HENRI JACQUOT e JEAN-PIERRE LEBRETON, menos exigente/forte que a relação de compatibilidade, não é, no entanto, desprovida de conteúdo jurídico, como aliás o atesta a jurisprudência do Conselho de Estado relativa aos esquemas directores de ordenamento e de gestão das águas («schémas directeurs d'aménagement et de gestion des eaux», SDAGE)[536].

Quanto às relações entre o PLU e o SCOT, diríamos que, em princípio, elas serão sempre relações de compatiblidade. No entanto, em certos domínios (em especial naqueles em que o SCOT se caracteriza por normas de conteúdo marcadamente prescritivo e de elevada precisão), o SCOT pode impor ao PLU a obrigação de observância de normas precisas particularmente restritivas[537].

Importantes foram também os ajustamentos ao conteúdo do PLU[538-539], as alterações ao nível do seu procedimento de elaboração, de gestão e de con-

---

[536] Ver HENRI JACQUOT/JEAN-PIERRE LEBRETON, La Loi Grenelle II (primeira parte), "La réforme du plan...", p. 1698.

[537] Cfr. Art L.122-1-5 VIII, do Code de L'Urbanisme, na redacção dada pela Lei nº 2010-788, de 12 de Julho:

«(...) VIII. Dans des secteurs qu'il délimite en prenant en compte leur desserte par les transports collectifs, l'existence d'équipements collectifs et des protections environnementales ou agricoles, il peut déterminer la valeur au-dessous de laquelle ne peut être fixée la densité maximale de construction résultant de l'application de l'ensemble des règles définies par le plan local d'urbanisme ou du document en tenant lieu. Dans ces secteurs, les règles des plans locaux d'urbanisme et des documents d'urbanisme en tenant lieu qui seraient contraires aux normes minimales de hauteur, d'emprise au sol et d'occupation des sols fixées par le document d'orientation et d'objectifs cessent de s'appliquer passé un délai de vingt-quatre mois à compter de la publication du schéma, de sa révision ou de sa modification. Passé ce délai, le permis de construire, d'aménager ou de démolir ne peut être refusé et les projets faisant l'objet d'une déclaration préalable ne peuvent faire l'objet d'une opposition sur le fondement d'une règle contraire aux normes minimales fixées par le schéma de cohérence territoriale ou le schéma de secteur.»; Ver HENRI JACQUOT/JEAN-PIERRE LEBRETON, La Loi Grenelle II (primeira parte), "La réforme du plan...", p. 1698.

[538] O PLU integra, actualmente, seis elementos: um «relatório de apresentação» («rapport de présentation»), um «projecto de ordenamento e de desenvolvimento sustentável» («projet d'aménagement et de développement durable», PADD), as «orientações de ordenamento e de programação» («orientations d'aménagement et de programation», OAP), regulamento e os demais anexos. Cfr. Art L.123-1, do Code de L'Urbanisme, na redacção dada pela Lei nº 2010-788, de 12 de Julho:

« (...) Le plan local (...) comprend un rapport de présentation, un projet d'aménagement et de développement durables, des orientations d'aménagement et de programmation, un règlement et des annexes.» Conforme explica HENRI JACQUOT/JEAN-PIERRE LEBRETON, as OAP que substituem as anteriores orien-

trolo, o reforço do controlo exercido pelo prefeito já antes por nós analisado, as novas dimensões do PLU intercomunal[540] e, ainda, ao nível dos efeitos da planificação de orientação[541].

tações de ordenamento da lei de urbanismo e de habitação de 2 de Julho de 2003 não têm, como estas últimas, natureza facultativa, devendo obrigatoriamente figurar no dossier do PLU ao mesmo nível que os demais elementos. Ver Henri Jacquot/Jean-Pierre Lebreton, La Loi Grenelle II (primeira parte), "La réforme du plan...", p. 1699.

[539] Por exemplo, em matéria de consultas aquando da elaboração do PLU de um município não membro de um «établissement public de coopération intercommunale» (EPCI) materialmente competente. Dispõe o legislador que o presidente desse EPCI possa ser consultado neste caso para efeitos de pronúncia. Cfr. Art L.123-8, alínea 3 do Code de L'Urbanisme, na redacção dada pela Lei nº 2010-788, de 12 de Julho:

(...) *«Il en est de même, lorsque le plan est élaboré par une commune qui n'est pas membre d'un établissement public de coopération intercommunale compétent en matière de plan local d'urbanisme, du président de cet établissement.»* Ver Henri Jacquot/Jean-Pierre Lebreton, La Loi Grenelle II (primeira parte), "La réforme du plan...", p. 1700.

[540] O lugar conferido à intermunicipalidade conduziu o legislador a modificar (ou a criar) alguns artigos do Code de L'Urbanisme relativos ao estatuto do PLU. Deste modo, o documento base da planificação urbana vê ser-lhe reconhecida uma vocação intermunicipal, apresentando, quando cubra um território intermunicipal, uma real originalidade em larga medida resultante de uma hibridização do seu conteúdo. Como referem Henri Jacquot/Jean-Pierre Lebreton, emerge da reforma operada pela Lei ENE uma inclinação pelo PLU intermunicipal. Existirá mesmo, advogam ainda os mesmos autores, uma latente preocupação do legislador da reforma em tornar o PLU intermunicipal um documento aceite pelos municípios. Finalmente, uma breve referência ao seu peculiar e híbrido estatuto jurídico. Na realidade, atento o conteúdo do PLU intermunicipal, verifica-se que ele releva do regime geral aplicável a todos os PLU, em especial os PLU municipais. No entanto, as particularidades e elementos específicos que o legislador veio agora prever, conferem-lhe uma natureza híbrida. Este carácter híbrido revela-se, em certa medida, na possibilidade de fazer figurar num documento intermunicipal os planos de sector, cobrindo, no caso, o território de cada município. Dir-se-á pois que a existência de elementos de planificação de orientação no PLU intercomunal se revela um aspecto decisivo na reforma operada, de que constitui exemplo o facto de cada PLU intermunicipal comportar o enunciado de uma política local de habitação, na qual deve ser precisada se tem ou não lugar a elaboração de um PLH. Ver Henri Jacquot/Jean-Pierre Lebreton, La Loi Grenelle II (primeira parte), "La réforme du plan...", pp. 1700-1702. Em geral, sobre a importância da intermunicipalidade no quadro mais amplo das novas liberdades e responsabilidades locais, ver Michel Degoffe, Les nouvelles libertés et responsabilités locales (II), "L'intercommunalité après la loi du 13 août 2004 relative aux libertes et responsabilités locales", *in* AJDA, Edições Dalloz, nº 3, Janeiro, 2005, pp. 133-139. Nicolas Portier, Les nouvelles libertés et responsabilités locales (II), "Loi du 13 août 2004: un bilan en demi-teinte pour l' intercommunalité", *in* AJDA, Edições Dalloz, nº 3, Janeiro, 2005, pp. 140-143. Reflectindo sobre uma intermunicipalidade à procura

PARTE II – § 2º DIREITOS ESTRANGEIROS

Feita esta pequena viagem pelas alterações mais significativas introduzidas pela Lei ENE no Code de L'Urbanisme, em especial no domínio da planificação estratégica (SCOT) e da planificação urbana (PLU), estamos agora em condições de avançar, mais confortavelmente refira-se, com algumas notas de reflexão sobre a existência (e porque não utilidade) de conceitos como o de compatiblidade, conformidade ou, ainda, numa terceira linha de hipótese aberta pelo legislador, de obrigação de tomar em consideração no dominio das relações entre regras urbanísticas.

BERNARD DROBENKO fornece-nos algumas notas interessantes, no quadro da análise que empreende quanto à hierarquia de normas típica do direito do urbanismo[542]. Fala-nos, a esse propósito, de uma **hierarquia de normas adaptada**, distingundo três tipos de relações entre as principais regras de urbanismo[543]. Num primeiro plano, situa as relações de conformidade, num segundo plano as de compatibilidade e, por fim, num terceiro universo relacional trata as situações em que sobre determinadas regras de urbanismo impende uma obrigação de tomar em consideração outras regras de urbanismo[544].

Na situação de conformidade a relação entre as normas é mais exigente, impondo à norma ou à decisão inferior um estrito respeito quanto ao pres-

de verdadeiros perímetros de solidariedade, ver FLORIANE BOULAY/ROBIN DEGRON, "Les périmètres de l'intercommunalité: entre simplicité juridique et cohérence administrative", *in* AJDA, Edições Dalloz, nº 37, Novembro, 2009, pp. 2044-2048. Ainda sobre a importância da intermunicipalidade e do impacto da união territorial em direcção a uma nova «gouvernance locale», ver NATHALIE LAVAL MADER, "Le couple communes/communauté: vers un nouvel équilibre territorial des pouvoirs", *in* Droit Administratif (Sous la direction de JEAN-BERNARD AUBY), Editions du Juris-Classeur, 46 Année, nº 10, Outubro, 2007, pp. 9-17.

[541] Deste modo, para os elementos do SCOT que possam, eventualmente, integrar o conteúdo do PLU, a lei é clara, referindo que eles têm os mesmos efeitos de um SCOT e, como tal, são oponíveis à lista de actos e operações previstas pelo artigo Art L.122-1-15 do Code de L'Urbanisme, na redacção dada pela Lei nº 2010-788, de 12 de Julho. Convirá no entanto, fazê-los aparecer distintamente no dossier do PLU para evitar quaisquer confusões. Ver HENRI JACQUOT/JEAN--PIERRE LEBRETON, La Loi Grenelle II (primeira parte), "La réforme du plan...", p. 1704.

[542] Ver BERNARD DROBENKO, "Droit de l'Urbanisme – Les conditions de l'occupation...", pp. 62-63.

[543] Ver BERNARD DROBENKO, "Droit de l'Urbanisme – Les conditions de l'occupation...", pp. 62-63.

[544] Ver BERNARD DROBENKO, "Droit de l'Urbanisme – Les conditions de l'occupation...", pp. 62-63.

crito pela norma superior[545]. Na situação de compatibilidade, BERNARD DRO-
BENKO refere que ela se converteu numa espécie de direito comum aplicável
no âmbito das relações entre certas regras e documentos respeitantes ao
dominio do urbano, traduzindo a ausência de contrariedade entre as regras
inferior e superior, facto que, em razão das exigências ou das restrições locais,
permite a realização de adaptações sem que isso signifique por em causa as
orientações fundamentais[546]. O terceiro universo de situações é o que respeita à obrigatoriedade de tomar em consideração, tratando-se pois de uma
relação mais flexível entre dois níveis de intervenção ou, se se preferir, de
uma oponibilidade muito relativa, marcada pela simples referência às regras
enunciadas sem que isso implique, em circunstância alguma, a modificação
do seu conteúdo[547].

Ainda sobre a hierarquia de normas de urbanismo no direito francês,
HENRI JACQUOT oferece-nos também[548] alguns tópicos de reflexão: em primeiro lugar, a consideração de que as regras de fundo estabelecidas no quadro da legislação de urbanismo, com o escopo de favorecer a localização ou
mesmo a implantação das construções, a par das normas estabelecidas pela
legislação sectorial, se devem ter como integrantes do sistema de regras que
enquadra juridicamente o urbanismo em França, defendendo pois não ser
possível abstrair-nos desta questão prévia, quando ensaiamos a análise do
problema da hierarquia de normas. Numa segunda nota quanto aos fundamentos da hierarquia de normas em direito do urbanismo, o autor advoga que
o problema deve ser posto diferentemente, consoante estejamos a referir-nos
ao período antes ou depois da lei de descentralização do urbanismo. Deste
modo, defende que antes dessa lei, os fundamentos da hierarquia seriam
de natureza exclusivamente técnica e, depois, de natureza essencialmente
política. Numa terceira nota da sua reflexão, HENRI JACQUOT defende que o
âmbito das vinculações resultantes das relações hierárquicas para as normas
inferiores seria definido pelos textos e precisado pela jurisprudência. Neste
ponto, o autor explica então que os textos legais previram que as normas infe-

[545] Ver BERNARD DROBENKO, "Droit de l'Urbanisme – Les conditions de l'occupation...",
pp. 62-63.
[546] Ver BERNARD DROBENKO, "Droit de l'Urbanisme – Les conditions de l'occupation...",
pp. 62-63.
[547] Ver BERNARD DROBENKO, "Droit de l'Urbanisme – Les conditions de l'occupation...",
pp. 62-63.
[548] Ver HENRI JACQUOT, "La hiérarchie des normes d'urbanisme...", pp. 301-317.

PARTE II – § 2º DIREITOS ESTRANGEIROS

riores devessem, segundo o caso, ser conformes, compatíveis ou, apenas, que tomassem em conta ou em consideração o disposto em normas superiores. No âmbito das relações de conformidade, integrava o autor as servidões de utilidade pública que afectassem os solos e as disposições necessárias à execução do interesse geral que o «plano de ocupação de solos» («Plan d'occupation des sols» ou POS) devia respeitar. O regime de compatibilidade seria o mais frequente, tendo que ver com as prescrições de ordenamento e de urbanismo e com os esquemas regionais que tivessem os mesmos efeitos, bem como com as orientações dos esquemas directores de aglomeração, com os quais o POS e o «plano de ordenamento de zona» (plan d'aménagement de zone ou, abreviadamente PAZ) deviam ser compatíveis. Como explica então, de forma clara, o autor, **a principal diferença de obrigação de conformidade e de compatibilidade, é que esta não interdita a existência de diferença entre a norma superior e a norma subordinada implicando, tão-somente, que não exista contrariedade entre elas e que, a norma subordinada não preveja uma forma de utilização do solo que a norma superior não consente.** No que respeita à exigência de tomada em consideração, ela concatena-se, inicialmente, com as relações entre as cartas intermunicipais e os principais documentos de urbanismo.

Jean-Pierre Lebreton refere-se também à problemática das relações de compatibilidade, advogando que estas apenas suscitaram a atenção particular da doutrina quando se colocou o problema dos efeitos jurídicos dos «esquemas directores» («Schémas directeurs»)[549]. Jean-Pierre Lebreton refere que existem alguns autores, como por exemplo William Coulet[550], que defendem ser possível sustentar que a relação de compatibilidade terá um conteúdo variável em função do grau de precisão dos elementos relacionáveis, donde quanto mais a norma e a medida que a deve respeitar se revelarem precisas, mais a compatibilidade se aproximará da conformidade. William Coulet observa, aliás, que é relativamente fácil chegar-se a um consenso sobre o que não deve ser entendido como compatibilidade, uma vez que a dificuldade está sim em determinar positivamente o que ela deve ser[551]. Segundo William Coulet, numerosas fórmulas foram então propostas, como, por exemplo, a compatibilidade implica exigências menos estritas que as que se divisam

---

[549] Jean-Pierre Lebreton, "La compatibilité en droit de l'urbanisme", *in* AJDA, Edições Dalloz, Ano 47, nº s 7-8, Julho/Agosto, 1991, pp. 491-496.
[550] William Coulet, "La notion de compatibilité dans le droit...", ob. cit;
[551] William Coulet, "La notion de compatibilité dans le droit...", ob. cit;

numa relação de conformidade ou, ainda, a compatibilidade situa-se a meio caminho entre a conformidade e a autonomia, a compatibilidade autoriza o juiz a um controlo mais flexível do que aquele que é imposto na relação de conformidade ou, ainda e por fim, a compatibilidade resulta da não contrariedade dos dados em presença, de respeito de um quadro jurídico ou de respeito por uma orientação[552].

Reflectindo sobre a posição de WILLIAM COULET, JEAN-PIERRE LEBRETON entende que se a pretendida distinção entre compatibilidade e conformidade resulta num impasse, então tal impasse dever-se-á, em larga medida, ao facto de se estar a partir de uma confusão entre oponibilidade da norma e a sua substância[553].

Para JEAN-PIERRE LEBRETON, a oponibilidade decorre do princípio hierárquico que comanda as relações entre os diversos estratos do sistema normativo. A norma superior impõe-se à norma inferior de tal modo que a segunda deve ser subsumida na primeira, ou seja, entrar no campo das suas previsões[554]. Seria então essa subsunção que cobriria a referência usual, mas imprecisa, a uma ideia de conformidade, num sentido em que ela se confunde com a da compatibilidade[555].

JEAN-PIERRE LEBRETON prossegue a sua reflexão, afirmando que analisadas bem as coisas, a relação entre as normas inferiores e superiores apresenta-se mais ou menos estreita, sendo que tal constatação não pode querer significar que o que esteja em causa seja a natureza do vínculo (invariável no entendimento do autor) que as une, pois essa será sempre de natureza subsuntiva[556]. O que está ou poderá estar então em causa segundo o autor é o grau

---

[552] WILLIAM COULET, "La notion de compatibilité dans le droit...", ob. cit;

[553] JEAN-PIERRE LEBRETON, "La compatibilité en droit..."; ob. cit;

[554] JEAN-PIERRE LEBRETON, "La compatibilité en droit..."; ob. cit;

[555] RENÉ CHAPUS, citado neste específico contexto por JEAN-PIERRE LEBRETON quanto ao texto da 5ª Edição do seu "Droit administratif général" (a qual, como já tivemos oportunidade de ver na 15ª edição por nós já antes analisada no âmbito do presente trabalho, se mantém) explicita que, de um modo geral, conformar-se com a norma superior significa que nada deve ser feito em contradição com essa norma, sendo que é esta obrigação de não contradição que é designada, muito frequentemente, como sendo uma obrigação de conformidade, tal como fez o Conselho Constitucional que deduziu a conformidade de uma lei da ausência de incompatibilidade ou de não contrariedade com a norma constitucional. Ver RENÉ CHAPUS, "Droit administratif général"..., pp. 1011-1012.

[556] JEAN-PIERRE LEBRETON, "La compatibilité en droit..."; ob. cit;

de completude e de precisão da norma superior, ou seja, a sua substância[557]. Deste modo, se ela determina regras de competência, de forma, de procedimento ou, se contém mesmo uma ordem, então a relação de legalidade parece estreita[558]. Se, pelo contrário, ela dispõe de alguma latitude, a relação parece mais "folgada"[559]. A substância de uma norma depende pois do teor/conteúdo do texto que ela encerra e da interpretação que lhe é dada pelo juiz encarregue de a sancionar[560].

JEAN-PIERRE LEBRETON conclui esta sua reflexão por sugerir uma via possível de simplificação de toda esta problemática, pugnando que o legislador deva apenas ter presente dois grandes universos de situações[561]. Por um lado, temos as situações em que os actos se encontram hierarquizados e, por outro, situações em que não obstante os actos não se encontrarem hierarquizados, deve procurar-se que a sua coexistência seja organizada[562]. Apenas na primeira hipótese haveria lugar a obrigação do acto inferior ser subsumido ao acto superior, ou seja, do respeitar[563]. Na segunda hipótese, em que os actos em causa não se encontram hierarquizados mas em que a sua coexistência deve ser organizada, somente a noção de compatibilidade parece possuir real utilidade, pelo menos quanto à definição das condições de harmonização ou de prioridade entre os dois actos[564].

Alguns anos mais tarde, concretamente em 2004, JEAN-PIERRE LEBRETON oferece-nos também uma importante reflexão sobre o sentido da exigência de «tomar em consideração» («prendre en compte»)[565]. Como o próprio autor logo faz questão de sinalizar, "...nas zonas brumosas do direito do urbanismo (em sentido lato), a distinção entre graus de oponibilidade da norma – entre conformidade, compatibilidade e tomar em conta ou em consideração – preocupa a doutrina e os práticos"[566].

---

[557] JEAN-PIERRE LEBRETON, "La compatibilité en droit..."; ob. cit;

[558] JEAN-PIERRE LEBRETON, "La compatibilité en droit..."; ob. cit;

[559] JEAN-PIERRE LEBRETON, "La compatibilité en droit..."; ob. cit;

[560] JEAN-PIERRE LEBRETON, "La compatibilité en droit..."; ob. cit;

[561] JEAN-PIERRE LEBRETON, "La compatibilité en droit..."; ob. cit;

[562] JEAN-PIERRE LEBRETON, "La compatibilité en droit..."; ob. cit;

[563] JEAN-PIERRE LEBRETON, "La compatibilité en droit..."; ob. cit;

[564] JEAN-PIERRE LEBRETON, "La compatibilité en droit..."; ob. cit;

[565] JEAN-PIERRE LEBRETON, "Des degrés de normativité en urbanisme, AA Douai 25 septembre 2003, Association SAVE", in AJDA, Edições Dalloz, Volume 60, nº 15, Abril, 2004, pp. 830-835.

[566] JEAN-PIERRE LEBRETON, "Des degrés de normativité en...", ob. cit;

JEAN-PIERRE LEBRETON, aludindo aos *"...infortúnios da compatibilidade e ao mistério do «tomar em consideração»..."*[567], refere que, no que tange à compatibilidade, a bruma se parece ter dissipado, dado que ela se diferenciaria da conformidade na medida em que admitiria afastamentos face ao enunciado da norma, permitindo-se-lhe por essa via que dele se distinguisse, desde que não o contrariasse[568]. Significava pois que seria suficiente respeitar a norma grosso modo "para se estar em paz com a exigência de legalidade"[569].

No entanto, a bruma será sempre mais espessa se estivermos a falar da ideia de «tomar em consideração» ou «tomar em conta». Segundo o autor, a expressão «prise en compte» parece poder ser retirada a partir do seu sentido mais comum[570]. De acordo com o autor, a abordagem feita a diversos dicionários, revela que estes assimilam tais expressões às ideias de «ter em conta» ou de «tomar em consideração», exprimindo ainda a ideia que um determinado dado, em razão do seu interesse, deve intervir na determinação de um comportamento ou na adopção de uma dada decisão[571]. No entanto, o que não se consegue perceber é se o dado ou dados em questão têm, ou não, um carácter decisivo, porquanto no entendimento do autor esse carácter decisivo apenas será extrapolável (ou resultará) do contexto em concreto[572]. O dado ou dados «tomados em consideração» ou «tidos em conta» podem ter um carácter determinante e assumir-se mesmo como a condição ou uma das condições da decisão[573]. Deste modo, exemplifica, quando a lei prevê, para a determinação dos direitos no âmbito da reforma, o cumprimento de determinados serviços, a autoridade competente não disporá de qualquer margem de escolha, dado que a situação é objectivamente de exercício de competência vinculada[574]. Neste concreto caso, o dado (ou dados) a tomar em consideração constitui um elemento de base legal para a tomada de decisão, podendo o juiz sancionar a sua eventual falta por via da falta de base legal ou pelo recurso ao instituto do erro de direito[575].

---

[567] JEAN-PIERRE LEBRETON, "Des degrés de normativité en...", ob. cit;
[568] JEAN-PIERRE LEBRETON, "Des degrés de normativité en...", ob. cit;
[569] JEAN-PIERRE LEBRETON, "Des degrés de normativité en...", ob. cit;
[570] JEAN-PIERRE LEBRETON, "Des degrés de normativité en...", ob. cit;
[571] JEAN-PIERRE LEBRETON, "Des degrés de normativité en...", ob. cit;
[572] JEAN-PIERRE LEBRETON, "Des degrés de normativité en...", ob. cit;
[573] JEAN-PIERRE LEBRETON, "Des degrés de normativité en...", ob. cit;
[574] JEAN-PIERRE LEBRETON, "Des degrés de normativité en...", ob. cit;
[575] JEAN-PIERRE LEBRETON, "Des degrés de normativité en...", ob. cit;

PARTE II – § 2º DIREITOS ESTRANGEIROS

Contrariamente, pode suceder que o dado (ou dados) a tomar em consideração não influam decisivamente no sentido da própria decisão, figurando, tão-somente, entre o número de elementos a partir dos quais a autoridade competente se deve determinar quanto ao sentido da decisão e no quadro do exercício de um poder discricionário[576]. O dado ou os dados que a lei prescreve para que sejam tomados em consideração, juntam-se àqueles outros que a administração convoca para forjar a sua decisão, sendo que tais dados deverão, como tal, ser objecto de adequada ponderação pela autoridade competente, a qual deve apreciar em que medida cada um de entre todos eles, determina a escolha final[577]. A sanção face a uma escolha inapropriada pode, segundo JEAN-PIERRE LEBRETON[578], ser aplicada por via do instituto do erro mani-

---

[576] JEAN-PIERRE LEBRETON, "Des degrés de normativité en...", ob. cit; Neste particular, JEAN-PIERRE LEBRETON esclarece que a ideia de associar a noção de «prise en compte» ao exercício do poder discricionário foi já defendida por HUBERT CHARLES, com base no julgamento do tribunal administrativo de Nice (6 de Maio de 1996).

[577] JEAN-PIERRE LEBRETON, "Des degrés de normativité en...", ob. cit;

[578] Num outro belíssimo artigo sobre a hierarquia das normas em direito do urbanismo, JEAN-PIERRE LEBRETON refere-se ao edifício jurídico urbanístico como constituindo um "...belo empilhamento normativo..." dispondo, para o efeito, de quatros degraus. Um primeiro e que constitui a base da pirâmide é composto pelos «Plans d'occupation des sols» («planos de ocupação de solos» ou POS instituídos pela Lei de Orientação Fundiária de 30 de Dezembro de 1967 e, entretanto substituídos no âmbito da Lei SRU de 13 de Dezembro de 2000, pelos PLU). Imediatamente a seguir, temos os SCOT. No terceiro degrau da pirâmide temos os instrumentos aprovados pelas mais altas instâncias governamentais (DTA e agora as DTADD). Um quarto degrau da pirâmide é ocupado pelas disposições legislativas, sendo que, por fim, a concluir esta pirâmide, temos ainda, e principalmente, a jurisprudência do Conselho Constitucional. Para o autor, esta pirâmide normativa, reflexo de um «Estado Jupiteriano» e monolítico, cederá perante aquilo a que os teóricos do direito designam como «arcos estranhos» de que resultam «hierarquias invertidas» em que a norma subordinada acaba por determinar a norma superior. **O autor advoga que o «paradigma da rede» poderá um dia substituir aquele outro da pirâmide para resolver uma trama jurídica composta por normas ligadas entre elas sem que se encontrem necessariamente hierarquizadas.** Fica apenas por saber se nesta posição intermediária entre a «racionalidade formalizada do cristal» e o «caos que emerge da fumaça» (imagem utilizada por FRANÇOIS OST/MICHEL VAN DE KERCHOVE, ob. cit. H. Atlan, "Entre le cristal et la fumée", Essai sur l'organisation du vivant, Le Seuil, 1979), os sinais cardinais da racionalidade jurídica poderão ser submetidos à rude provação, em particular a que tem que ver com a segurança jurídica dos operadores fundiários e imobiliários. Ver JEAN-PIERRE LEBRETON, "La Hiérarchie des normes françaises d'urbanisme vues des Grands Lacs", *in* Revista da Faculdade de Direito da Universidade do Porto, Edições Coimbra Editora, Ano II, 2005, pp. 173-185.

festo[579]. Patrick Hocreitère, por exemplo, reflectindo no contexto da Lei SRU referia que os SCOT e os PLU conduziram tal lei a uma nova hierarquia das normas de urbanismo[580]. Segundo o autor, a hierarquia de normas reveste, no contexto de um sistema de direito positivo, uma importância fundamental[581]. Esse carácter decisivo reencontra-mo-lo na própria etimologia da noção de hierarquia, uma vez que esta vem do grego *hieros* que significa sagrado e *arkhein* que significa comandar[582]. A hierarquia é pois fonte de comando e de autoridade pelo que, num determinado sistema normativo, ela implica e impõe que a norma inferior respeite a norma ou normas superiores[583]. A hierarquia define-se pois como um princípio que comanda as relações entre os diferentes estratos do sistema normativo[584]. Prossegue o autor dizendo que a norma superior se impõe à norma inferior, de tal sorte que esta última deve ser subsumida à primeira[585]. A norma inferior deve encontrar a sua inspiração não apenas nas particularidades do território em que ela será aplicada e no projecto delineado para esse território mas, igualmente, nas fontes de comando e de enquadramento que se lhe imponham[586]. Na hierarquia de normas de urbanismo, a própria substância da norma constitui elemento essencial, bem mais que as relações que entre as próprias normas se devem estabelecer: relações de conformidade, de compatibilidade e, ainda, de «prise en compte» ou de «prise en considération», geralmente determinadas por lei[587]. É pois a própria substância da norma que condiciona a sua força vinculativa/adstringente[588]. A substância da norma é, também, segundo Patrick Hocreitère, bem mais importante que todo e qualquer critério orgânico que pretenda classificá-las na pirâmide de normas em função do lugar que nela ocupem os respetivos autores[589]. Por outro lado, o facto das normas de

---

[579] Jean-Pierre Lebreton, "Des degrés de normativité en...", ob. cit;

[580] Patrick Hocreitère, La Loi SRU, la hiérarchie et la substance des normes d'urbanisme, *in* Droit Administratif (Sous la direction de Jean-Bernard Auby), Editions du Juris-Classeur, 40 Annee, nº 2, Fevereiro, 2001, pp. 4-6.

[581] Patrick Hocreitère, La Loi SRU, la hiérarchie et la substance...", p. 4.

[582] Patrick Hocreitère, La Loi SRU, la hiérarchie et la substance...", p. 4.

[583] Patrick Hocreitère, La Loi SRU, la hiérarchie et la substance...", p. 4.

[584] Patrick Hocreitère, La Loi SRU, la hiérarchie et la substance...", p. 4.

[585] Patrick Hocreitère, La Loi SRU, la hiérarchie et la substance...", p. 4.

[586] Patrick Hocreitère, La Loi SRU, la hiérarchie et la substance...", p. 4.

[587] Patrick Hocreitère, La Loi SRU, la hiérarchie et la substance...", p. 4.

[588] Patrick Hocreitère, La Loi SRU, la hiérarchie et la substance...", p. 4.

[589] Patrick Hocreitère, La Loi SRU, la hiérarchie et la substance...", p. 4.

PARTE II - § 2º DIREITOS ESTRANGEIROS

urbanismo serem editadas para espaços geográficos decrescentes (*território nacional, ou mesmo territórios mais vastos, como o mundial ou europeu, gerando convenções internacionais ou directivas e tendo, frequentemente, como efeito, influência sobre as normas de urbanismo, parte do território nacional, tais como as relativas ao litoral, à montanha, Ile-de-France, território inter ou supra municipal, municipal ou mesmo infra-municipal*), não é, por si só, suficiente para caracterizar a hierarquia de normas de urbanismo[590]. O que caracteriza a norma de urbanismo é, sobretudo, a diversidade da sua natureza ou de formas que ela pode assumir nos diferentes contextos espacio-temporais. De tal sorte que ela pode tomar forma como princípios, orientações ou mesmo regras[591]. Existe, por conseguinte, uma certa correlação entre a forma da norma e o espaço geográfico em que ela se inscreve sendo que esta correlação conduz seguidamente a uma maior ou menor flexibilidade da mesma[592]. PATRICK HOCREITÈRE explica que a norma de urbanismo se singulariza, não apenas pela sua formulação escrita como igualmente pela sua expressão cartográfica e gráfica[593]. Não podemos editar uma norma de urbanismo sem que definamos, primeiramente, o seu campo de aplicação geográfico[594]. De um modo geral, e como bem ilustra o autor, não podemos fazer o urbanismo sem fazer a geografia e sem que passemos pelos documenos cartográficos[595]. É, aliás, por esta razão que o autor entende que, ao conjunto do território nacional ou a certas partes do mesmo, a norma tomará a forma de princípios gerais ou fundamentais os quais, de natureza legislativa, assumem quase sempre ordem e natureza "sagradas" e, bem assim, de pendor marcadamente ético, traduzindo os valores sociais do momento que, muito provavelmente, poucos ou quase nenhuns ousarão por em causa[596]. Apesar do seu carácter e conteúdo normativos, eles assumem-se mais ou menos flexíveis a fim de que a norma possa, na sua aplicação, tomar em consideração a diversidade de realidades geográficas locais[597]. É preciso que as autoridades competentes para os aplicar ou para os fazer respeitar "casem", com inteligência, o espírito das leis donde dimanam esses princípios

---

[590] PATRICK HOCREITÈRE, La Loi SRU, la hiérarchie et la substance...", p. 4.
[591] PATRICK HOCREITÈRE, La Loi SRU, la hiérarchie et la substance...", p. 4.
[592] PATRICK HOCREITÈRE, La Loi SRU, la hiérarchie et la substance...", pp. 4-5.
[593] PATRICK HOCREITÈRE, La Loi SRU, la hiérarchie et la substance...", p. 5.
[594] PATRICK HOCREITÈRE, La Loi SRU, la hiérarchie et la substance...", p. 5.
[595] PATRICK HOCREITÈRE, La Loi SRU, la hiérarchie et la substance...", p. 5.
[596] PATRICK HOCREITÈRE, La Loi SRU, la hiérarchie et la substance...", p. 5.
[597] PATRICK HOCREITÈRE, La Loi SRU, la hiérarchie et la substance...", p. 5.

com o espírito dos lugares, mesmo que a inteligência nem sempre rime com a razão aos olhos do juiz administrativo[598]. A experiência demontrou já que o contencioso do urbanismo encontra principalmente a sua fonte nas dificuldades de apreciação de tais princípios, lá onde eles se aplicam, mais até do que nos procedimentos[599]. Essas dificuldades de apreciação revelam-se ainda mais significativas na ausência de normas intermediárias que precisem a aplicação de tais princípios[600]. Num nível de aplicação correspondente a uma escala regional ou intermunicipal, PATRICK HOCREITÈRE entende que a norma de urbanismo assume, frequentemente, a forma de orientação (por exemplo, o caso das DTA), dispondo os respectivos autores da mesmas de um considerável poder de apreciação na definição e no grau de precisão dessas orientações[601]. A orientação, enquanto norma intermediária ou traço de união, deve estar ao lado dos princípios e para além da regra[602]. Destarte e considerando o território em que se aplica e os objectivos definidos pelos seus autores, a orientação deve precisar os princípios gerais ou fundamentais que a ela se imponham, sem com isso por em causa a autonomia e a competência daqueles que tenham por missão precisá-la no âmbito de territórios mais restritos[603]. A orientação deve conduzir-nos a uma certa harmonia, ao próprio «coração» da noção de compatibilidade ou, se se preferir, entre os princípios e a regra que virá a ser definida no âmbito da aplicação a nível local[604].

Finalmente, o autor explicita-nos que, aplicada à escala municipal, e mesmo infra-municipal, a norma de urbanismo assumirá, na maior parte dos casos, a forma de uma regra, enquadrada, por um lado, pelas normas que a ela se imponham e, por outro, pela natureza e configuração geral das ligações, às quais frequentemente a jurisprudência administrativa faz referência[605]. Perdendo a sua subjectividade, considerando o seu campo de aplicação territorial mais limitado, a norma pode tomar a forma de uma regra cada vez mais precisa e mais objectiva, constituindo, frequentemente, neste último caso, o fundamento das interdições ou das prescrições ligadas às decisões individuais

---

[598] PATRICK HOCREITÈRE, La Loi SRU, la hiérarchie et la substance...", p. 5.

[599] PATRICK HOCREITÈRE, La Loi SRU, la hiérarchie et la substance...", p. 5.

[600] PATRICK HOCREITÈRE, La Loi SRU, la hiérarchie et la substance...", p. 5.

[601] PATRICK HOCREITÈRE, La Loi SRU, la hiérarchie et la substance...", p. 5.

[602] PATRICK HOCREITÈRE, La Loi SRU, la hiérarchie et la substance...", p. 5.

[603] PATRICK HOCREITÈRE, La Loi SRU, la hiérarchie et la substance...", p. 5.

[604] PATRICK HOCREITÈRE, La Loi SRU, la hiérarchie et la substance...", p. 5.

[605] PATRICK HOCREITÈRE, La Loi SRU, la hiérarchie et la substance...", p. 5.

de pretensões de ocupação, uso ou transformação do solo[606]. Em síntese, o que caracteriza a norma de urbanismo e constitui, neste domínio, um elemento determinante na hierarquia de normas, é o campo de aplicação ou o próprio conteúdo dessa norma, sendo que é precisamente este aspecto que coloca esta questão tão estreitamente conectada com o próprio campo do direito e da legislação de urbanismo[607].

Da investigação até aqui realizada no âmbito do sistema francês, é-nos possível concluir que a matéria relativa às relações de compatibilidade e conformidade tem, tal como entre nós, enquadramento legal, beneficiando também, mais do que até no nosso firmamento jurídico, de vasto tratamento doutrinário, de que é exemplo algumas das posições que antes tivemos oportunidade de aflorar.

Trata-se, na realidade, de um modelo de hierarquia flexível que implica que os diferentes documentos de urbanismo sejam submetidos a uma relação de compatibilidade, e não de conformidade, uns com os outros. Essa flexibilidade é, em larga medida, justificada pela necessidade de preservar a autonomia de decisão das colectividades públicas responsáveis pela elaboração e aprovação dos documentos a uma escala inferior[608].

---

[606] PATRICK HOCREITÈRE, La Loi SRU, la hiérarchie et la substance...", p. 5.

[607] PATRICK HOCREITÈRE, La Loi SRU, la hiérarchie et la substance...", p. 5.

[608] Neste contexto específico, assume importância capital o princípio da compatibilidade limitada («compatibilité limitée») dado que reduz o conteúdo da hierarquia dos planos ao prever, precisamente, que um plano deva apenas ser compatível com aquele que lhe é imediatamente superior. Ver, com mais desenvolvimento, THIERRY TANQUEREL, "Le contenu des plans d'orientation", Rapport de synthèse, *in* "Le contenu des plans d'urbanisme et d'aménagement dans les pays d'Europe de l'Ouest", Colloque biennal de l'Association Internationale de Droit de l'urbanisme, 23/24 de Setembro de 2005, Genève-Lausanne, Les Cahiers du Groupement de recherche sur les institutions et le droit de l'aménagement, de l'urbanisme et de l'habitat (GRIDAUH), Série Droit Comparé, nº 15, 2006, pp. 37-50. Segundo jurisprudência firmada pelo Conseil d'État, a regra da compatibilidade limitada («compatibilité limitée») funcionaria como uma derrogação ao direito comum da hierarquia de normas, limitando a exigência de compatibilidade dos documentos de urbanismo aos que lhe fossem imediatamente superiores. Esta inovação proposta pelo Conseil d'État no seu relatório "L'Urbanisme, pour un droit plus efficace" teve, por principal escopo, favorecer a compreensão do direito de urbanismo e introduzir uma maior segurança jurídica na concessão de licenças de construção. É, no entanto, uma regra com uma percentagem muito baixa de invocação perante o juiz (senão mesmo nula). Não deixa pois de ser curioso que numa decisão do Conseil d'État de 15 de Outubro de 2004 (Commune de la Rochette, nº 227506), em que estavam em causa três documentos de urbanismo sobrepostos na mesma parcela de território (a saber SDRIF), um «schéma direc-

No entanto, diversamente do sistema jurídico francês, o nosso sistema jurídico, como aliás teremos oportunidade de analisar mais à frente, não só não beneficia de uma cultura e prática judiciais de apreciação da legalidade dessas relações para efeitos de declaração de ilegalidade dos planos, como não conhece ainda, pelo menos nos termos em que a doutrina e jurisprudência francesas a têm trabalhado, a dimensão associada à obrigação de «tomar em consideração»[609].

No sistema francês há efectivamente uma tríplice dimensão no âmbito da relação entre normas de direito de urbanismo: «conformité», «compatibilité» e «prise en compte».

Percorrendo o Code de l'Urbanisme verificamos que as situações são muitas e diversas[610]. No caso do artigo L.111-1-1, do Code de L'Urbanisme, veri-

---

teur» (SD) e um «plan d'occupation des sols» (POS), o juiz tenha aplicado de forma flexível a obrigação de compatibilidade entre o POS e o SDRIF sem que tenha colocado a questão relativa à eventual aplicação da regra da compatibilidade limitada («compatibilité limitée»). Terá sido esse esquecimento que motivou HENRI JACQUOT, numa interessante anotação à decisão do Conseil d'État, a referir-se à não consideração da regra da compatibilidade limitada («la non- -prise en compte de la règle de la compatibilité limitée»). Ver HENRI JACQUOT, La règle de la compatibilité limitée oubliée?, anotação à decisão do Conseil d'État de 15.10.2004 (Commune de La Rochette), Processo nº 227506, in AJDA, Edições Dalloz, nº 10, Março, 2005, pp. 563-565.

[609] FERNANDA PAULA OLIVEIRA ensaia uma reflexão muito próxima (pelo menos do ponto vista formal) à fórmula relativa à «prise en compte» vigente no direito do urbanismo francês. Teremos oportunidade de voltar a este ponto mais à frente quando procedermos à análise do direito português.

[610] Cfr. Art L.111-1-1, do Code de L'Urbanisme, na redacção dada pela Lei nº 2010-788, de 12 de Julho:

«Les schémas de cohérence territoriale et les schémas de secteur doivent être compatibles, s'il y a lieu, avec les dispositions particulières aux zones de montagne et au littoral prévues aux articles L. 145-1 à L. 146-9, le schéma directeur de la région d'Ile-de-France, les schémas d'aménagement régional des régions d'outre-mer, le plan d'aménagement et de développement durable de Corse, les chartes des parcs naturels régionaux et des parcs nationaux, les orientations fondamentales d'une gestion équilibrée de la ressource en eau et les objectifs de qualité et de quantité des eaux définis par les schémas directeurs d'aménagement et de gestion des eaux, ainsi qu'avec les objectifs de protection définis par les schémas d'aménagement et de gestion des eaux. Ils doivent prendre en compte les schémas régionaux de cohérence écologique et les plans climat-énergie territoriaux lorsqu'ils existent.»

Sobre a entidade competente para a sua aprovação dispõem os artigos L.122-3 e L122-4, do Code de L'Urbanisme, na redacção dada pela Lei nº 2010-788, de 12 de Julho:

Cfr: L.122-3 do Code de L'Urbanisme, na redacção dada pela Lei nº 2010-788, de 12 de Julho:

«I. – Le schéma de cohérence territoriale est élaboré à l'initiative des communes ou de leurs groupements compétents (...).

PARTE II – § 2º DIREITOS ESTRANGEIROS

ficamos, por exemplo que os SCOT e os esquemas de sector («schémas de secteur») devem ser compatíveis com os planos aí identificados e tomar em consideração, quando existam, os «esquemas regionais de coerência ecológica» («schémas regionaux de cohérence écologique») e os «planos climático-energéticos territoriais» («plans climat-énergie territoriaux»).

Também na mesma norma se prevê[611] os planos com os quais o PLU se deve compatibilizar e quais as compatiblidades que ele deve também assegurar na ausência de SCOT. Prevê-se, ainda, que o PLU deva tomar em consideração, quando existam, os «esquemas regionais de coerência ecológica» («schémas regionaux de cohérence écologique») e os «planos climático-energéticos territoriais» («plans climat-énergie territoriaux»).

Cfr: L.122-4 do Code de L'Urbanisme, na redacção dada pela Lei nº 2010-788, de 12 de Julho: *«Le schéma de cohérence territoriale est élaboré par un établissement public de coopération intercommunale ou par un syndicat mixte constitués exclusivement des communes et établissements publics de coopération intercommunale compétents compris dans le périmètre du schéma.(...)»*

[611] Cfr. Art L.111-1-1, do Code de L'Urbanisme, na redacção dada pela Lei nº 2010-788, de 12 de Julho:

«(...) Les plans locaux d'urbanisme doivent être compatibles avec les schémas de cohérence territoriale et les schémas de secteur. En l'absence de schéma de cohérence territoriale, ils doivent être compatibles, s'il y a lieu, avec les dispositions particulières aux zones de montagne et au littoral prévues aux articles L. 145-1 à L. 146-9, le schéma directeur de la région d'Ile-de-France, les schémas d'aménagement régionaux des régions d'outre-mer, le plan d'aménagement et de développement durable de Corse, les chartes des parcs naturels régionaux et des parcs nationaux, les orientations fondamentales d'une gestion équilibrée de la ressource en eau et les objectifs de qualité et de quantité des eaux définis par les schémas directeurs d'aménagement et de gestion des eaux, ainsi qu'avec les objectifs de protection définis par les schémas d'aménagement et de gestion des eaux. Ils doivent prendre en compte les schémas régionaux de cohérence écologique et les plans climat-énergie territoriaux lorsqu'ils existent».

Sobre a entidade competente para a sua aprovação, dispõe o Art. L123-6, do Code de L'Urbanisme, na redacção dada pela Lei nº 2010-788, de 12 de Julho:

«Le plan local d'urbanisme est élaboré à l'initiative et sous la responsabilité de l'établissement public de coopération intercommunale lorsqu'il est doté de la compétence en matière de plan local d'urbanisme, en concertation avec les communes membres. (1) Toute élaboration d'un plan local d'urbanisme d'une commune située en dehors du périmètre d'un schéma de cohérence territoriale approuvé et ayant pour conséquence une réduction des surfaces des zones agricoles est soumise pour avis à la commission départementale de la consommation des espaces agricoles prévue à l'article L. 112-1-1 du Code rural et de la pêche maritime. Dans les autres cas, le plan local d'urbanisme est élaboré à l'initiative et sous la responsabilité de la commune, le cas échéant en concertation avec l'établissement public de coopération intercommunale à fiscalité propre dont elle est membre. (...)»

No artigo L.111-1-4[612], do Code de L'Urbanisme, temos uma situação curiosa de mistura de dois conceitos o que, no nosso entender pode suscitar dificuldades interpretativas. Prevê-se, na prática, a derrogação pelo PLU (ou outro documento de urbanismo que tenha lugar) das normas relativas à implantação (possibilidade também conferida, nos termos e condições previstas na norma, ao conselho municipal), desde que sustentada num estudo justificativo das especificidades locais e que as regras do PLU sejam compatíveis com a tomada em consideração dos elementos que a norma prevê, tais como os factores sociais, a segurança ou mesmo a qualidade arquitectónica.

Quanto aos SCOT, prevê também o legislador o que eles devam tomar em consideração e, ainda, quais os planos e demais elementos com os quais eles são compatíveis[613]. Note-se que a redacção da norma difere das anteriores em que se impunha o cumprimento de uma obrigação (devem compatibilizar-se ou devem tomar em consideração). Aqui o legislador apenas refere que os SCOT tomam em consideração determinadas normas, devendo ser compatíveis com outras tantas.

No que tange à relação entre o SCOT e um plano de gestão de riscos de inundação («plan de gestion des risques d'inondation» PGRI) rege o disposto

---

[612] Cfr. Art L.111-1-4, do Code de L'Urbanisme, na redacção dada pela Lei nº 2010-788, de 12 de Julho:

«(...) Le plan local d'urbanisme, ou un document d'urbanisme en tenant lieu, peut fixer des règles d'implantation différentes de celles prévues par le présent article lorsqu'il comporte une étude justifiant, en fonction des spécificités locales, que ces règles sont compatibles avec la prise en compte des nuisances, de la sécurité, de la qualité architecturale, ainsi que de la qualité de l'urbanisme et des paysages. Dans les communes dotées d'une carte communale, le conseil municipal peut, avec l'accord du préfet et après avis de la commission départementale compétente en matière de nature, de paysages et de sites, fixer des règles d'implantation différentes de celles prévues par le présent article au vu d'une étude justifiant, en fonction des spécificités locales, que ces règles sont compatibles avec la prise en compte des nuisances, de la sécurité, de la qualité architecturale, ainsi que de la qualité de l'urbanisme et des paysages.

[613] Cfr. Art L.122-1-12, do Code de L'Urbanisme, na redacção dada pela Lei nº 2010-788, de 12 de Julho: *«Les schémas de cohérence territoriale prennent en compte: les programmes d'équipement de l'Etat, des collectivités territoriales et des établissements et services publics; les schémas régionaux de cohérence écologique et les plans climat-énergie territoriaux lorsqu'ils existent. Ils sont compatibles avec: les directives de protection et de mise en valeur des paysages; les chartes des parcs naturels régionaux et des parcs nationaux; les orientations fondamentales d'une gestion équilibrée de la ressource en eau et les objectifs de qualité et de quantité des eaux définis par les schémas directeurs d'aménagement et de gestion des eaux en application de l'article L. 212-1 du Code de l'environnement; les objectifs de protection définis par les schémas d'aménagement et de gestion des eaux en application de l'article L. 212-3 du même code.»*

no artigo L.122-1-13 do Code de L'Urbanisme[614], prevendo aí o legislador que quando um PGRI é aprovado, o SCOT deve compatibilizar-se com os objectivos de gestão de riscos de inundação e com as orientações fundamentais contidas nesse plano. No artigo L.123-5 do Code de L'Urbanisme, trata o legislador da oponibilidade dos PLU a todas as pessoas públicas ou privadas[615].

Já quanto às situações enquadráveis como sinalizando relações de conformidade, podemos indicar as que se relacionam com a necessidade dos planos não comprometerem, de forma grave, os princípios enunciados nos artigos L.110 e L.121-1 do Code de L'Urbanisme ou, ainda, as situações de contrariedade a um projecto de interesse geral «projet d'intérêt général[616].

---

[614] Cfr. Art L.122-1-13, do Code de L'Urbanisme, na redacção dada pela Lei nº 2010-788, de 12 de Julho:

«Lorsqu'un plan de gestion des risques d'inondation, mentionné à l'article L. 566-7 du Code de l'environnement, est approuvé, les schémas de cohérence territoriale doivent être compatibles avec les objectifs de gestion des risques d'inondation et les orientations fondamentales définis par ce plan. Les schémas de coherence territoriale doivent également être compatibles avec les dispositions des plans de gestion des risques d'inondation définies en application des 1º et 3º du même article L. 566-7. Lorsqu'un plan de gestion des risques d'inondation est approuvé après l'approbation d'un schéma de cohérence territoriale, ce dernier doit, si nécessaire, être rendu compatible dans un délai de trois ans avec les éléments mentionnés au premier alinéa du présent article (...)».

[615] Cfr. Art L.123-5, do Code de L'Urbanisme, na redacção dada pela Lei nº 2010-788, de 12 de Julho:

«Le règlement et ses documents graphiques sont opposables à toute personne publique ou privée pour l'exécution de tous travaux, constructions, plantations, affouillements ou exhaussements des sols, pour la creation de lotissements et l'ouverture des installations classées appartenant aux catégories déterminées dans le plan. Ces travaux ou opérations doivent en outre être compatibles, lorsqu'elles existent, avec les orientations d'aménagement mentionnées à l'article L. 123-1-4 et avec leurs documents graphiques. (...)».

[616] Cfr. Art L.122-11, do Code de L'Urbanisme, na redacção dada pela Lei nº 2010-788, de 12 de Julho:

– «A l'issue (...) les modifications qu'il estime nécessaire d'apporter au schéma lorsque les dispositions de celui-ci ne sont pas compatibles avec les directives territoriales d'aménagement et, en l'absence de celles-ci, avec les dispositions particulières aux zones de montagne et au littoral mentionnées à l'article L. 111-1-1, compromettent gravement les principes énoncés aux articles L. 110 et L. 121-1, sont contraires à un projet d'intérêt général, autorisent une consommation excessive de l'espace, notamment en ne prévoyant pas la densification(...)».

– Cfr. Art L.123-12, do Code de L'Urbanisme, na redacção dada pela Lei nº 2010-788, de 12 de Julho:

«Dans les communes non couvertes (...) b) Compromettent gravement les principles énoncés aux articles L. 110 et L. 121-1, sont contraires à un projet d'intérêt général, (...) Sont manifestement contraires au programme d'action vise à l'article L. 141-7; d) Sont de nature à compromettre la réalisation d'une directive

A NULIDADE DO PLANO URBANÍSTICO

Divisamos, ainda, no domínio das relações de conformidade, que o Code de L'Urbanisme alude a essa expressão («conformidade») *no Título VI do Capítulo II (Disposições diversas), relativo ao controlo da «conformidade» dos trabalhos (artigos L. 452 e seguintes)*[617] e, ainda, no Título VIII (relativo às infracções) e, como tal, fora do contexto das relações entre normas de urbanismo[618].

territoriale d'aménagement maintenue en vigueur après la publication de la loi n° 2010-788 du 12 juillet 2010 précitée, d'un programme local de l'habitat (...)».
– Cfr. Art L.122-1-5, do Code de L'Urbanisme, na redacção dada pela Lei n° 2010-788, de 12 de Julho:
«I. Le document d'orientation et d'objectifs (...) les règles des plans locaux d'urbanisme et des documents d'urbanisme en tenant lieu qui seraient contraires aux normes minimales de hauteur, d'emprise au sol et d'occupation des sols fixées par le document d'orientation et d'objectifs cessent de s'appliquer passé un délai de vingt-quatre mois à compter de la publication du schéma, de sa révision ou de sa modification. Passé ce délai, le permis de construire, d'aménager ou de démolir ne peut être refusé et les projets faisant l'objet d'une déclaration préalable ne peuvent faire l'objet d'une opposition sur le fondement d'une règle contraire aux normes minimales fixées par le schéma de cohérence territoriale ou le schéma de secteur. IX. Le document d'orientation et d'objectifs peut, sous réserve d'une justification particulière, définir des secteurs, situés à proximité des transports collectifs existants ou programmés, dans lesquels les plans locaux d'urbanisme doivent imposer une densité minimale de construction.»
– Uma última situação em que o legislador alude à obrigação de conformidade do «schéma directeur de la région d'Ile-de-France» não com um outro plano note-se mas sim com um conjunto de obrigações muito concretas previstas no quadro legal e, concretamente, na quarta alínea do artigo L. 141-1 do Code de L'Urbanisme. Estas obrigações fazem impender sobre o «schéma directeur de la région d'Ile-de-France» a obrigação de cumprimento de um «dever de respeito» (*"...doit respecter les règles générales d'aménagement et d'urbanisme à caractère obligatoire prévues au présent livre..."*), de um dever de «tomada em consideração» (*"... prendre en compte les orientations des schémas des services collectifs institués..."*) e, ainda, de um dever de compatibilização (*"... être compatible avec les objectifs de gestion des risques d'inondation, les orientations fondamentales..."*).
– Cfr. Art L.141-3, do Code de L'Urbanisme, na redacção dada pela Lei n° 2010-788, de 12 de Julho: *«Lorsque le schéma directeur de la région d'Ile-de-France doit être révisé ou modifié pour assurer sa conformité aux règles et dispositions prévues au quatrième alinéa de l'article L. 141-1, le représentant de l'Etat dans la région en informe le président du conseil régional.».*
[617] Alguns exemplos podem ser dados:
Cfr. Art L.462-1, do Code de L'Urbanisme, na redacção dada pela Lei n° 2010-788, de 12 de Julho:
«A l'achèvement des travaux de construction ou d'aménagement, une déclaration attestant cet achèvement et la conformité des travaux au permis délivré ou à la déclaration préalable est adressée à la mairie.»
Cfr. Art L.462-2, do Code de L'Urbanisme, na redacção dada pela Lei n° 2010-788, de 12 de Julho:
«L'autorité compétente mentionnée aux articles L. 422-1 à L. 422-3 peut, dans un délai fixé par décret en Conseil d'Etat, procéder ou faire procéder à un récolement des travaux et, lorsque ceux-ci ne sont pas

Aliás, a própria doutrina tem considerado a conformidade como uma exigência quase inexistente, perspectivando-a, precisamente, ainda que de modo muito pouco operante, relativamente aos princípios constitucionais não escritos, tais como o princípio da igualdade ou do direito de propriedade. Não surpreende pois que a política legislativa e a orientação jurisprudencial tenham conduzido a uma restrição da sua utilização[619].

conformes au permis délivré ou à la déclaration préalable, mettre en demeure le maître de l'ouvrage de déposer un dossier modificatif ou de mettre les travaux en conformité. Un décret en Conseil d'Etat fixe les cas où le récolement est obligatoire. Passé ce délai, l'autorité compétente ne peut plus contester la conformité des travaux.»

[618] Alguns exemplos podem ser dados:
– Cfr. Art L.480-1, do Code de L'Urbanisme, na redacção dada pela Lei nº 2010-788, de 12 de Julho:
«Les infractions aux dispositions des titres Ier, II, III, IV et VI du présent livre sont constatées par tous officiers ou agents de police judiciaire ainsi que par tous les fonctionnaires et agents de l'Etat et des collectivités publiques commissionnés à cet effet par le maire ou le ministre chargé de l'urbanisme suivant l'autorité dont ils relèvent et assermentés. Les procès-verbaux dressés par ces agents font foi jusqu'à preuve du contraire. Les infractions visées à l'article L. 480-4 peuvent être constatées par les agents commissionnés à cet effet par le ministre chargé des monuments historiques et des sites, et assermentés, lorsqu'elles affectent des immeubles compris dans un secteur sauvegardé ou soumis aux dispositions législatives du Code du patrimoine relatives aux monuments historiques ou aux dispositions législatives du Code de l'environnement relatives aux sites et qu'elles consistent, soit dans le défaut de permis de construire, soit dans la non-conformité de la construction ou des travaux au permis de construire accordé.
– Cfr. Art L.480-4-1, do Code de L'Urbanisme, na redacção dada pela Lei nº 2010-788, de 12 de Julho:
«(...) Lorsque les prescriptions imposées n'ont pas été respectées, le tribunal peut en outre impartir un délai au lotisseur pour mettre les travaux en conformité avec lesdites prescriptions, sous peine d'une astreinte prononcée et exécutée dans les conditions prévues par les articles L. 480-7 et L. 480-8.»
– Cfr. Art L.480-7, do Code de L'Urbanisme, na redacção dada pela Lei nº 2010-788, de 12 de Julho:
«Le tribunal impartit au bénéficiaire des travaux irréguliers ou de l'utilisation irrégulière du sol un délai pour l'exécution de l'ordre de démolition, de mise en conformité ou de réaffectation; il peut assortir sa décision d'une astreinte de 7,5 à 75 euros par jour de retard. (...)».
– Cfr. Art L.480-9, do Code de L'Urbanisme, na redacção dada pela Lei nº 2010-788, de 12 de Julho:
«Si, à l'expiration du délai fixé par le jugement, la démolition, la mise en conformité ou la remise en état ordonnée n'est pas complètement achevée, le maire ou le fonctionnaire compétent peut faire procéder d'office à tous travaux nécessaires à l'exécution de la décision de justice aux frais et risques du bénéficiaire des travaux irréguliers ou de l'utilisation irrégulière du sol. (...)».
[619] NICOLAS CHAUVIN, "L'illegalite du Plan d'Occupation...". pp. 122-127..

Tal como já antes referimos, o legislador francês prevê, ainda, a ideia de «prendre en compte» ou «prise en compte»[620], o que entre nós também

---

[620] Alguns exemplos podem ser dados:

– Cfr. Art L.111-1-1, do Code de L'Urbanisme, na redacção dada pela Lei nº 2010-788, de 12 de Julho:

«Les schémas de cohérence territoriale et les schémas de secteur (...) doivent prendre en compte les schémas régionaux de cohérence écologique et les plans climat-énergie territoriaux lorsqu'ils existent..." ou, ainda na mesma norma, "...Les plans locaux d'urbanisme (...) doivent prendre en compte les schémas régionaux de cohérence écologique et les plans climat-énergie territoriaux lorsqu'ils existent.».

– Cfr. Art L.121-2, do Code de L'Urbanisme, na redacção dada pela Lei nº 2010-788, de 12 de Julho:

«Dans les conditions précisées par le présent titre, l'Etat veille au respect des principes définis à l'article L. 121-1 et à la prise en compte des projets d'intérêt général ainsi que des opérations d'intérêt national. (...)»

– Cfr. Art L.121-4-1, do Code de L'Urbanisme, na redacção dada pela Lei nº 2010-788, de 12 de Julho:

«Les documents d'urbanisme applicables aux territoires frontaliers prennent en compte l'occupation des sols dans les territoires des Etats limitrophes. Les communes ou groupements compétents peuvent consulter les collectivités territoriales de ces Etats ainsi que tout organisme étranger compétent en matière d'habitat, d'urbanisme, de déplacement, d'aménagement et d'environnement.»

– Cfr. Art L.122-1-3, do Code de L'Urbanisme, na redacção dada pela Lei nº 2010-788, de 12 de Julho:

«(...) Lorsque le périmètre d'un schéma de cohérence territoriale recouvre en tout ou partie celui d'un pays ayant fait l'objet d'une publication par arrêté préfectoral, le projet d'aménagement et de développement durables du schéma de cohérence territoriale prend en compte la charte de développement du pays.»

– Cfr. Art L.122-1-7, do Code de L'Urbanisme, na redacção dada pela Lei nº 2010-788, de 12 de Julho:

«Le document d'orientation et d'objectifs définit les objectifs et les principes de la politique de l'habitat au regard, notamment, de la mixité sociale, en prenant en compte l'évolution démographique et économique et les projets d'équipements et de dessertes en transports collectifs. Il précise: 1º Les objectifs d'offre de nouveaux logements, répartis, le cas échéant, entre les établissements publics de coopération intercommunale ou par commune; (...)».

– Cfr. Art L.122-1-12, do Code de L'Urbanisme, na redacção dada pela Lei nº 2010-788, de 12 de Julho:

«Les schémas de cohérence territoriale prennent en compte: les programmes d'équipement de l'Etat, des collectivités territoriales et des établissements et services publics; les schémas régionaux de cohérence écologique et les plans climat-énergie territoriaux lorsqu'ils existent. (...)».

– Cfr. Art L.123-1-12, do Code de L'Urbanisme, na redacção dada pela Lei nº 2010-788, de 12 de Julho:

«(...) Lorsqu'une aire de stationnement a été prise en compte dans le cadre d'une concession à long terme ou d'un parc privé de stationnement, au titre des obligations prévues aux premier et deuxième alinéas ci- -dessus, elle ne peut plus être prise en compte, en tout ou en partie, à l'occasion d'une nouvelle autorisation.»

PARTE II – § 2º DIREITOS ESTRANGEIROS

sucede, ainda que em moldes algo diferentes. Fá-lo, também, ainda que não exclusivamente, na perspectiva das relações entre planos e/ou entre outros documentos de urbanismo[621] como ainda na perspectiva de tomada em consideração pelo plano e seus elementos de factos de natureza diversa[622], não necessariamente integrados noutro plano ou noutro documento de urbanismo, antes sim resultando da avaliação que o seu autor deve, necessariamente, no decurso do respectivo procedimento de elaboração, promover.

Do que nos foi dado apurar no decurso da presente investigação, não existe no Code de L'Urbanisme nenhuma previsão legal idêntica ao nosso nº 1 do artigo 102º do RJIGT.

Na realidade, e não obstante a previsão legal da existência de relações de compatibilidade de planos e de uma obrigação de «tomada em consideração»

– Cfr. Art L.141-1, do Code de L'Urbanisme, na redacção dada pela Lei nº 2010-788, de 12 de Julho:

«L.141-1 La région d'Ile-de-France élabore en association avec l'Etat un schéma directeur portant sur l'ensemble de cette région. Le schéma directeur de la région d'Ile-de-France a pour objectif de maîtriser la croissance urbaine et démographique et l'utilisation de l'espace tout en garantissant le rayonnement international de cette region (...). Le schéma directeur de la région d'Ile-de-France (...) doit également prendre en compte les orientations des schémas des services collectifs institués à l'article 2 de la loi nº 95-115 du 4 février 1995 d'orientation pour l'aménagement et le développement du territoire et les schémas sectoriels institués par le chapitre V du titre Ier de la même loi. (...).»

– Cfr. Art L.145-3, do Code de L'Urbanisme, na redacção dada pela Lei nº 2010-788, de 12 de Julho:

«I. – Les terres nécessaires au maintien et au développement des activités agricoles, pastorales et forestières sont préservées. La nécessité de préserver ces terres s'apprécie au regard de leur rôle et de leur place dans les systèmes d'exploitation locaux. Sont également pris en compte leur situation par rapport au siège de l'exploitation, leur relief, leur pente et leur exposition (...).»

[621] Para a compreensão de como funciona, por exemplo, a «prise en compte» das questões associadas à paisagem no âmbito da elaboração e aprovação dos demais instrumentos de planificação ver, com especial interesse, o excelente artigo de GÉRARD MONÉDIAIRE, La prise en compte du paysage dans les instruments de planification en droit français, *in* Revue Européenne de droit de l'environnement, Centre de Recherches Interdisciplinaires en Droit de l'Environnement, de l'Aménagement et de l'Urbanisme, CRIDEAU, nº 3, Outubro, 2003, pp. 278-300.

[622] Cfr. Art L.122-1-7, do Code de L'Urbanisme, na redacção dada pela Lei nº 2010-788, de 12 de Julho:

«Le document d'orientation et d'objectifs définit les objectifs et les principes de la politique de l'habitat au regard, notamment, de la mixité sociale, en prenant en compte l'évolution démographique et économique et les projets d'équipements et de dessertes en transports collectifs. Il précise: 1º Les objectifs d'offre de nouveaux logements, répartis, le cas échéant, entre les établissements publics de coopération intercommunale ou par commune; (...)».

pelo autor do plano nos termos já explicitados, a verdade é que o legislador não fulmina com a nulidade a sua eventual inobservância.

Esta observação resulta do facto de em França, e contrariamente ao que sucede em Portugal, o contencioso da legalidade dos actos de urbanismo aparecer, frequentemente, como um contencioso administrativo especializado[623]. Ou seja, a prática contenciosa não se limita apenas a repescar as soluções correntemente adoptadas no contencioso ordinário como, mais do que isso, tende a desenvolver soluções inegavelmente originais[624]. Segundo FLORENCE NICOUD, trata-se de um controlo de legalidade atípico, efeito de uma regulamentação complexa e marcada, em grande medida, por normas de carácter heterogéneo[625]. Para além da complexidade das disposições relativas à ocupação, uso e transformação do solo, devida em grande parte à diversidade de normas aplicáveis, a complexidade do direito do urbanismo resulta, ainda, do facto das normas possuírem oponibilidade variada[626]. A somar a tudo isto temos ainda a elevada imprecisão das normas urbanísticas contidas nos planos[627].

Relativamente ao controlo dos planos, a opção pela não existência de um regime de nulidade tão radical como o que vigora entre nós, resultou também, numa primeira fase, da percepção do próprio legislador urbanístico de que a natureza do próprio plano não se coaduna tanto com a de uma simples reprodução de normas (à semelhança aliás de um qualquer outro acto de natureza normativa) mas, muito mais, com a expressão de uma vontade e de uma política[628], pelo que um controlo restrito de tais documentos se imporia, dado que, em face de verdadeiras escolhas políticas, o juiz faria necessariamente "uso" da sua reserva, quanto mais não fosse no que se relacionasse com a apreciação da legalidade interna dos documentos de urbanismo. Por essa razão, a sua análise não poderia ir para lá do domínio do controlo mínimo[629].

---

[623] CHARLES-BERNARD, Pratique des contentieux de l'urbanisme, 2ª Edição, Le Moniteur, Paris, 2001, p. 20.

[624] FLORENCE NICOUD, "Du Contentieux administratif de l'urbanisme – Étude...", p. 121.

[625] FLORENCE NICOUD, "Du Contentieux administratif de l'urbanisme – Étude...", p. 121.

[626] FLORENCE NICOUD, "Du Contentieux administratif de l'urbanisme – Étude...", pp. 121-122.

[627] FLORENCE NICOUD, "Du Contentieux administratif de l'urbanisme – Étude...", p. 122.

[628] DANIEL LABETOULLE, conc. Sur CE, 23-03-1979. C. de Bouchemaine, Rec. p. 127, *apud* FLORENCE NICOUD, "Du Contentieux administratif de l'urbanisme – Étude...", p. 127.

[629] PIERRE PAUL DANNA, "Vers une évolution du contrôle de la légalité interne des documents d' urbanisme?", *in* RFDA, Ano 16, nº 2, Março/Abril, 2000, pp. 367-383.

PARTE II – § 2º DIREITOS ESTRANGEIROS

O juiz optava então por um controlo restrito, situação que foi sendo, progressiva e substancialmente, modificada.

Na realidade, é com o controlo de compatibilidade de certos documentos de urbanismo com as antigas Leis de Ordenamento e de Urbanismo (Loi d'Aménagement et d'Urbanisme LAU) relativas ao litoral ou à montanha que o juiz começa a (re) orientar-se no sentido de produzir um controlo normal da qualificação dos factos[630]. A falta de precisão de muitas das normas previstas nessas leis, aliada à vontade de proteger e de preservar os espaços naturais, levaram o juiz a considerar, num maior número de situações, as particularidades geográficas das espécies em causa, permitindo-lhe, a partir de um controlo normal desenvolvido no âmbito do contencioso da legalidade, aferir da legalidade da construção das unidades turísticas, estendendo depois esse controlo ao domínio da compatiblidade entre o objecto das ZAC e a lei do Litoral[631]. Desta forma, no momento em que tinha que exercer um rigoroso controlo sobre as decisões tomadas pelas entidades locais, a aproximação ensaiada terá permitido ao juiz reservar-se a uma apreciação dos fundamentos das LAU e das circunstâncias de facto, muito para lá do controlo mínimo do erro manifesto de apreciação, tradicionalmente aplicável em matéria de urbanismo e de ordenamento do território[632].

Por conseguinte, o controlo do juiz estendeu-se profundamente e fê-lo passar do exercício de uma missão jurisdicional de aplicação de uma regra ao caso em análise para uma situação em que assume o papel de co-autor da norma[633]. Como refere BERNARD LAMORLETTE, no campo do urbanismo, o juiz não desempenha unicamente um papel jurisdicional *stricto sensu*, assumindo ainda um importante papel operacional na medida em que intervém no próprio processo de planeamento[634].

A ideia de desenvolver um controlo aprofundado da legalidade dos então POS e, especialmente, da sua compatibilidade com o então artigo L.121-10 relativo ao equilíbrio interno dos documentos de urbanismo só muito len-

---

[630] FLORENCE NICOUD, "Du Contentieux administratif de l'urbanisme – Étude...", p. 127.

[631] FLORENCE NICOUD, "Du Contentieux administratif de l'urbanisme – Étude...", p. 127.

[632] FLORENCE NICOUD, "Du Contentieux administratif de l'urbanisme – Étude...", p. 128.

[633] FLORENCE NICOUD, "Du Contentieux administratif de l'urbanisme – Étude...", p. 128.

[634] BERNARD LAMORLETTE/JEAN PIERRE DEMOUVEAUX, "L'erreur manifeste d'urbanisme", *in* Études foncières, nº 62, Março, 1994, p. 25.

A NULIDADE DO PLANO URBANÍSTICO

tamente[635] foi aceite pelo Conseil d'État, ao contrário de certas jurisdições inferiores que não vacilaram nesse controlo[636].

A exigência de compatibilidade entre a norma inferior e a norma superior constitui-se como objecto de um controlo dito normal, para mais se se considerar que, pela sua própria natureza, ela introduz uma certa flexibilidade no controlo jurisdicional, conferindo uma relativa margem de apreciação à autoridade responsável pela determinação do conteúdo da norma subordinada e, subsequentemente, ao próprio juiz[637]. Esta exigência de compatibilidade, confortada na jurisprudência do Conseil Constitutionnel, terá então favorecido a extensão do controlo do juiz e, no campo do contencioso de urbanismo, mais do que em qualquer outro, o juiz é levado a olhar muito concretamente para as condições e natureza das relações que lhe são submetidas, de modo a exercer um controlo de grande proximidade relativamente ao trabalho da administração[638].

Florence Nicoud refere-se mesmo, neste contexto, a uma originalidade das soluções obtidas, em que a flexibilidade do controlo operado pelo juiz no seu exame de recurso por excesso de poder se fica essencialmente a dever a duas importantes noções do contencioso de urbanismo[639]. Por um lado, porque o juiz, na apreciação da legalidade de uma norma de urbanismo relativamente a uma norma superior, se contentar, frequentemente, com a "validação" de uma alegada relação de compatibilidade entre as duas entidades. Por outro, e com o escopo de evitar as consequências nefastas da anulação de um acto de urbanismo, o juiz aceita uma visão "fragmentada" do acto e interpreta, flexibilizadamente, as consequências das suas decisões de anulação[640].

Florence Nicoud, acompanhando Jean-Marc Favret, afirma que em virtude do princípio da legalidade, todo e qualquer acto administrativo contrário às regras que lhe sejam superiores corre o risco de uma anulação contenciosa

---

[635] Em 1987, no âmbito de um julgamento no Tribunal de Nice, o juiz optou por um controlo aprofundado do conteúdo do POS e da sua compatibilidade com os grandes princípios de equilíbrio do urbanismo, controlo que só viria a ter aceitação pela alta jurisdição em 1997.

[636] Actualmente, o essencial dos princípios aqui invocados, encontra-se previsto no artigo L.121-1 do Code de L'Urbanisme.

[637] Henri Jacquot, Droit de l'Urbanisme, 5ª Edição, Edições Dalloz, nº 786, 2004, pp. 815-816.

[638] Florence Nicoud, "Du Contentieux administratif de l'urbanisme – Étude...", pp. 129-130.

[639] Florence Nicoud, "Du Contentieux administratif de l'urbanisme – Étude...", p. 130.

[640] Florence Nicoud, "Du Contentieux administratif de l'urbanisme – Étude...", p. 130.

PARTE II - § 2º DIREITOS ESTRANGEIROS

pois que quando o juiz põe em execução o controlo da legalidade, ele exige, em princípio, a conformidade do acto administrativo com a lei[641].

Ademais (e esta é, sem dúvida, no contexto desta investigação, a mais importante reflexão que o autor nos oferece) refere o autor que o princípio da legalidade é manifestamente atenuado em direito do urbanismo, dado que este último conhece uma ampla e diversificada gama de disposições normativas com as quais as normas inferiores não devem ser mais do que compatíveis, situação verdadeiramente atípica nos quadros da teoria geral do direito administrativo. Como faz questão de logo nos explicar, a noção de compatibilidade parece pois de difícil apreensão, tanto mais que ela apenas se deixa, e de forma muito "árdua", definir em absoluto, ganhando verdadeiramente forma, conteúdo e significado pela aproximação de duas regras ou de decisões postas em relação[642].

FLORENCE NICOUD explica que tal situação se deve, em boa medida, ao carácter prospectivo de numerosos documentos de urbanismo que fazem com que múltiplas regras se encontrem apenas ligadas por relações de compatibilidade[643]. Arduamente concebida, a noção de compatibilidade confere, de acordo com a posição do «Conseil Constitutionnel», um papel determinante ao juiz, o qual deve exercer sobre essa compatibilidade um controlo dito normal, respeitando a margem de apreciação e de oportunidade da administração no processo de edição de normas[644]. Será por tudo isto que RENÉ CRISTINI refere que a noção de compatibilidade aparece como variável e contingente, vinculada que se encontra às considerações de facto, ao grau de precisão do esquema, à apreciação efectuada pela administração e, depois dela, à do juiz administrativo[645]. A compatibilidade é para RENÉ CRISTINI a consequência da própria natureza dos planos[646]. No entanto, e como nos ensina agora WILLIAM COULET, se é certo que esta situação deixa ao juiz uma latitude favorável a uma melhor adaptação da regra aos factos, em contrapartida torna a norma mais

---

[641] JEAN-MARC FAVRET, "Le rapport de compatibilité entre le droit national et le droit communautaire", *in* AJDA, Edições Dalloz, 2001, pp. 727-730, *apud.* FLORENCE NICOUD, "Du Contentieux administratif de l'urbanisme – Étude...", p. 130.

[642] FLORENCE NICOUD, "Du Contentieux administratif de l'urbanisme – Étude...", p. 131.

[643] FLORENCE NICOUD, "Du Contentieux administratif de l'urbanisme – Étude...", p. 131.

[644] FLORENCE NICOUD, "Du Contentieux administratif de l'urbanisme – Étude...", p. 132.

[645] RENÉ CRISTINI, "Contentieux de l'urbanisme", Enciclopédia Dalloz, Contentieux administratif, nº 294, 2004, p. 41.

[646] RENÉ CRISTINI, "Contentieux de l'urbanisme...", p. 41.

obscura na sua interpretação e mais incerta na sua aplicação[647]. Ou, como alude sugestivamente JEAN-PIERRE LEBRETON, a invocação da compatibilidade "...*é a máscara de uma vontade pretoriana que se ocupa a modelar de maneira audaciosa o relevo normativo do esquema director. Longe de reconhecer à Administração um direito de se afastar do esquema sem o contrariar, o que se deverá traduzir por uma elasticidade constante de aplicação, o juiz retira da "massa" mais ou menos móvel do documento, o massivo cristalino das orientações fundamentais e da destinação geral dos solos*»[648].

De tudo o que vai exposto é, pois, possível concluir que inexistindo no ordenamento jurídico francês uma norma cominando com nulidade os planos que se revelem incompatíveis com outros planos com os quais o devessem ser, a verdade é que o sistema francês conhece de forma muito clara as noções de conformidade, compatibilidade e "prise en compte", reconhecendo objectivamente um conteúdo diferente para cada uma delas. Correlativamente, o poder de apreciação da autoridade no qual tem origem o acto é, também ele, perspectivado em função do quadro jurídico em que intervém. Num primeiro nível, poderemos então encaixar o já referido controlo normal quando o juiz desenvolve então a qualificação jurídica dos factos[649]. Trata-se de um controlo pouco frequente no direito do urbanismo, ocorrendo quando a autoridade que toma a decisão vê as suas competências condicionadas[650].

Integram este universo situações em que a entidade dispõe de competência vinculada, o que sucede aliás no caso das relações de conformidade[651].

Temos depois um controlo mínimo que ocorre quando o exame dos factos é limitado ao erro manifesto de apreciação (ou erro grosseiro), situação que sucede quando as autoridades locais dispõem de um amplo poder de apreciação (exemplo das opções de zonamento no âmbito do PLU)[652].

Finalmente um controlo específico, característico do direito do urbanismo que sucede quando o juiz verifica a motivação de certas decisões ou, ainda, nas situações em que ocorre uma extensão do seu campo de controlo quer à diversidade de princípios regentes em matéria de direito urbanístico quer no que respeita às regras supralocais. Este controlo normal pode tornar-se

---

[647] WILLIAM COULET, "La notion de compatibilité dans le droit...", ob. cit;

[648] JEAN-PIERRE LEBRETON, "La compatibilité en droit..."; ob. cit; pp. 493-494.

[649] Ver BERNARD DROBENKO, "Droit de l'Urbanisme – Les conditions de l'occupation...", pp. 301-306.

[650] Ver BERNARD DROBENKO, "Droit de l'Urbanisme – Les conditions de l'occupation...", p. 301.

[651] Ver BERNARD DROBENKO, "Droit de l'Urbanisme – Les conditions de l'occupation...", p. 301.

[652] Ver BERNARD DROBENKO, "Droit de l'Urbanisme – Les conditions de l'occupation...", p. 301.

PARTE II – § 2º DIREITOS ESTRANGEIROS

mais limitado se os textos normativos (por exemplo, os planos urbanísticos) admitirem uma certa flexibilidade, o que aliás sucede no caso das relações de compatibilidade. Este controlo pode ainda ter lugar quando sejam os próprios textos normativos a impor uma apreciação mais circunstanciada[653] ou quando os textos admitam derrogações condicionadas às regras em vigor. No que tange aos efeitos produzidos no direito territorializado em resultado da anulação de um acto regulamentar, tal como sucede com os documentos de urbanismo, BERNARD DROBENKO condu-los a uma situação jurídica complexa, uma vez que a anulação pode ser parcial ou total, respeitar a um procedimento de dinâmica específico (por exemplo, ao procedimento de revisão), a um acto procedimental (aprovação ou a uma declaração prévia ou «déclaration préalable») ou ao documento tomado no seu todo[654].

Deste modo, e relativamente às anulações parciais, tal como sucede por exemplo com as opções de zonamento de um PLU, as jurisdições administrativas têm vindo a admitir a divisibilidade de certas disposições do conjunto do documento, pelo que a ilegalidade não afectará senão essas partes, sobrevivendo juridicamente o documento e produzindo todos os seus efeitos, na parte sobrante[655]. No que concerne à anulação de um documento local de urbanismo ou à sua declaração de ilegalidade, depois de uma interpretação jurisprudencial discutida, BERNARD DROBENKO explica que o legislador optou pela imposição de uma regra de direito comum, precisando que, doravante, é reposto em vigor o SCOT, o esquema director, o PLU, a carta municipal, o POS ou o documento de urbanismo que se encontrava anteriormente em vigor[656].

Relativamente à possibilidade de anulação judicial dos documentos de urbanismo, JACQUELINE MORAND-DEVILLER refere que o respeito pelos princípios gerais de direito do urbanismo (cfr. art L.110, do Code de L'Urbanisme) impõe-se, em primeira linha, às autoridades locais encarregues da redacção

---

[653] É, concretamente, o caso da teoria do bilan coût-avantages.

[654] Ver BERNARD DROBENKO, "Droit de l'Urbanisme – Les conditions de l'occupation...", p. 305.

[655] Ver BERNARD DROBENKO, "Droit de l'Urbanisme – Les conditions de l'occupation...", p. 305.

[656] Cfr. Art L.121-8, do Code de L'Urbanisme, na redacção dada pela Lei nº 2010-788, de 12 de Julho:

«*L'annulation ou la déclaration d'illégalité d'un schéma de cohérence territoriale, d'un plan local d'urbanisme, d'une carte communale, d'un schéma directeur ou d'un plan d'occupation des sols ou d'un document d'urbanisme en tenant lieu a pour effet de remettre en vigueur le schéma de cohérence territoriale, le schéma directeur ou le plan local d'urbanisme, la carte communale ou le plan d'occupation des sols ou le document d'urbanisme en tenant lieu immédiatement antérieur.*».

de tais documentos, num quadro assente numa relação de compatibilidade menos forte que aquela outra de conformidade mas que, nota a autora, deixa ainda assim espaço para eventuais juízos judiciais anulatórios. Na realidade, como clarifica a autora, a compatibilidade exprime as relações flexíveis de hierarquia entre normas que melhor convéem à prossecução do princípio da livre administração das colectividades locais, oferecendo, por essa razão, ao juiz, a oportunidade de exercer um controlo normal mas ajustado e subtilizado às circunstâncias particulares de cada situação[657].

2.3. Direito Espanhol

A característica principal do direito do urbanismo espanhol é a sua estrutura descentralizada[658]. As dezassete Comunidades Autónomas dispõem de com-

---

[657] Ver JACQUELINE MORAND-DEVILLER, Droit de l'Urbanisme, Mémentos...", pp. 25-27.

[658] Cfr: artigo 148.1.3ª da Constituição Espanhola (CE) de 1978. Segundo FERNANDO LÓPEZ RAMÓN, a opção fundamental da CE por um denominado Estado de autonomias terá aberto a porta a uma crise competencial no sistema de urbanismo centralizado que havia sido posto em marcha pela Lei do Solo (Ley del Suelo) de 1956, condensada, posteriormente, no Texto Refundido de 1976. Como explica o autor, a Constituição garante a todas as Comunidades Autónomas a atribuição de competências sobre ordenamento do território, urbanismo e habitação (artigo 148.1.3ª da CE), sem que cometa ao Estado qualquer competência directa na matéria. Por conseguinte, em todos os Estatutos de autonomia, o ordenamento do território, o urbanismo e a habitação figuram na lista de competências exclusivas da correspondente Comunidade Autónoma, sendo que o Estado apenas pode influir, indirectamente, sobre estas matérias autonómicas, em virtude das suas competências de natureza horizontal e sectorial. Pelas primeiras, o Estado actua em muitos diferentes âmbitos que incidem, de forma mais ou menos directa, no ordenamento do território, no urbanismo e na habitação, de que, por exemplo, se destaca a regulação das condições básicas que garantam a igualdade no exercício do direito de propriedade, dada a importância que a propriedade urbana tem sobre o regime urbanístico. Pelas competências sectoriais, o Estado influi nas matérias autonómicas, dado que as diferentes infraestruturas e objectos que preveja desenvolver sobre o território, beneficiam de uma prevalência sobre o ordenamento do território e urbanismo autonómicos (artigo 149.3 da CE). Alguns exemplos que poderíamos indicar relacionam-se com as linhas ferroviárias e de transportes que atravessem o território de mais do que uma Comunidade Autónoma (artigo 149.1.21ª da CE), os recursos e aproveitamento hidráulicos quando as águas atravessem mais do que uma Comunidade Autónoma (artigo 149.1.22ª da CE) ou mesmo as obras públicas de interesse geral ou cuja execução afecte mais do que uma Comunidade Autónoma (artigo 149.1.24ª da CE). Por conseguinte, FERNANDO LÓPEZ RAMÓN refere não serem poucas as competências estatais que, legitimamente, podem condicionar o urbanismo autonómico, com a particularidade de que aquelas que o podem efectivamente fazer são, apenas e tão só, as que se encontram constitucionalmente consagradas e não quaisquer outras. Note-se que não se

PARTE II − § 2º DIREITOS ESTRANGEIROS

petências legislativas e executivas em matéria de ordenamento do território, urbanismo e habitação, para o que contam com legislação própria[659]. Não obstante, o Estado, segundo a famosa sentença do Tribunal Constitucional nº 61/1997, de 20 de Março de 1997[660], manteve as competências necessárias

encontram previstas competências do Estado nem para estabelecer as bases de ordenamento do território, urbanismo e habitação, nem para regular, com carácter geral e supletivo, essas matérias. Ver FERNANDO LÓPEZ RAMÓN, "Introducción al Derecho Urbanístico", Edições Marcial Pons, Ediciones Jurídicas Y Sociales, S.A., San Sotero, Madrid, 3ª Edição, 2009, pp. 41-59. Para uma síntese da evolução histórica do direito do urbanismo antes de 1956 e, em especial, para a compreensão de uma das suas mais importantes fontes doutrinais, o legado de ILDEFONSO CERDÁ (que, aliás, constitui a primeira reflexão sistemática de carácter científico sobre a planificação da cidade e do seu financiamento), ver JOSÉ MARÍA BAÑO LEÓN, Derecho Urbanístico Común, Edições Iustel, Portal Derecho, S.A., 1ª Edição, Madrid, 2009, pp. 40-47. Para uma síntese da evolução histórica do direito do urbanismo depois de 1956, ver JOSÉ LUIS MEILÁN GIL, "Planeamiento de nivel supramunicipal", in Actas das I Jornadas Luso-Espanholas de Urbanismo, co-organizado por CEDOUA/FDUC/APDU...", pp. 17-38.

[659] Como refere JUAN JOSÉ RASTROLLO SUÁREZ com a descentralização político-administrativa desenhada pela CE, constitucionaliza-se a "...organização territorial do mesmo Estado central, Comunidades Autónomas e entes locais que gozarão...", como aliás refere o artigo 137º da CE, "...de autonomia para a gestão dos seus próprios interesses. As Comunidades Autónomas gozarão de competências legislativas, concretamente as que se encontram ligadas ao ordenamento do território, urbanismo e habitação. Os entes locais («Ayuntamientos» e «Diputaciones») gozarão de competências em matéria regulamentar, estando por essa razão capacitados para a aprovação de «planes urbanisticos», instrumentos públicos que servem o ordenamento do âmbito territorial da sua competência...". Ver JUAN JOSÉ RASTROLLO SUÁREZ, "Zona Costera: ordenación del territorio, urbanismo y medio ambiente en España. Una perspectiva general", in Revista CEDOUA, Edições CEDOUA, Faculdade de Direito da Universidade de Coimbra (FDUC), nº 23, Ano XII, 1.09, 2009, pp. 51-73.

[660] Na sequência de impugnação por seis Comunidades Autónomas da Ley 8/1990 e, por duas outras, do Real Decreto Legislativo 1/1992, de 26 de Junho que aprovara o Texto Refundido de la Ley sobre el Régimen del Suelo y Ordenación Urbana (TRLS), de 1992, o Tribunal Constitucional declarou a inconstitucionalidade da maior parte dos artigos, cerca de 235 dos seus 310 iniciais. EDUARDO GARCÍA DE ENTERRÍA assemelhou a sentença a algo de muito parecido com um tornado ("...La irrupción de la Sentencia del Tribunal Constitucional 61/1997, de 20 de marzo, en el panorama de nuestro Derecho Urbanístico ha sido lo más parecido a un tornado, que en unos segundos destruye súbitamente el pueblo pacientemente construido durante varias generaciones...)" ou, nas palavras de PÉREZ MORENO, de algo semelhante a um "...terramoto jurídico...". Ver, respectivamente, EDUARDO GARCÍA DE ENTERRÍA, El Derecho Urbanístico español a la vista del siglo XXI, in Civitas, Revista Española de Derecho Administrativo (REDA), nº 99, Julho/ Setembro, 1998, pp. 395-403 e PÉREZ MORENO, "Un terramoto jurídico en la Ley del Suelo y en el Estado de las autonomias. Sobre a Sentencia del Tribunal Constitucional de 20 de marzo de 1997", in La Toga, nº 87, 1997. Sobre o impacto da sentença no ordenamento jus-urbanístico,

que lhe permitem legislar, directa ou indirectamente, em matéria de urbanismo, tais como a fixação das condições que garantam a igualdade perante o

ver José María Baño León, "Derecho Urbanístico...", pp. 65-66. Fernando López Ramón, "Introducción al Derecho Urbanístico...", pp. 43-46. Fernando López Ramón, "Crisis y renovación del urbanismo español en la última década del siglo XX", *in* Civitas, Revista Española de Derecho Administrativo (REDA), nº 104, Outubro/Dezembro, 1999, pp. 521-550. Ramón Parada refere que a STC nº 61/1997 impôs uma concepção marcadamente autonomista, não obstante reconhecer que o Estado tem atribuídas, constitucionalmente, uma pluralidade de competências dotadas de uma clara dimensão espacial. Não caberá pois negar a legitimidade do Estado planificar territorialmente o exercício das suas competências sectoriais fazendo uso de instrumentos que considere idóneos, como sucede com o Plano Director de Infraestruturas, assim como igualmente possa, amparado no título competencial que lhe é conferido pelo artigo 149.1.13 da CE, estabelecer as adequadas fórmulas de coordenação, com a iniludível consequência de que as decisões da Administração estatal com incidência territorial, adoptadas no exercício de tais competências, condicionem a estratégia territorial que as Comunidades Autónomas pretendem desenvolver. Ramón Parada, "Derecho Administrativo III, Bienes públicos. Derecho Urbanístico", Edições Marcial Pons, Madrid/Barcelona/Buenos Aires, 12ª Edição, 2010, pp. 343-346. Reflectindo, também, sobre a amplitude dos efeitos produzidos pela referida sentença e, em especial, na sua relação com as leis sectoriais, ver Concepción Barrero Rodríguez, "Algunas reflexiones sobre los efectos de la STC 61/1997 en las regulaciones del planeamiento establecidas en Leyes sectoriales; en particular, su incidência sobre los artículos 20 y 21 de la Ley del Patrimonio Histórico Español", *in* «El Derecho Administrativo en el umbral del siglo XXI», Homenaje al Profesor Dr. D. Ramón Martín Mateo, Coordinador: Francisco Sosa Wagner, Edições Tirant Lo Blanch, Tomo III, Valencia, 2000, pp. 3275-3294. Na referida sentença, o Tribunal Constitucional argumentou que o carácter supletivo de grande parte dos artigos do TRLS de 1992 devia derivar da norma jurídica que contivesse a regulamentação de uma matéria por parte do legislador competente, norma que, no caso concreto do urbanismo, não pode proceder do Estado por este não dispor de competências na matéria. Mesmo que as lacunas da legislação urbanística das Comunidades Autónomas tivessem que ser colmatadas pelo ordenamento jurídico supletivo, a operação de integração normativa deveria ser conferida, no entendimento da douta sentença, por quem aplica o direito, sendo certo que essa função não pode ser eliminada por via da imposição de um direito supletivo composto por normas que tivessem exclusivamente por objectivo assegurar essa supletividade. Por outro lado, a sentença chegou à conclusão de inconstitucionalidade não apenas dos artigos de natureza supletiva do TRLS de 1992 mas, também, da disposição do dito texto que derrogava a normativa pré-constitucional que, até então, se vinha supletivamente aplicando. Assim, e considerando que a referência constitucional de natureza supletiva do direito estadual não constituía um título atributivo de competências, o Tribunal Constitucional concluia então que o Estado tão-pouco possuiria uma competência que lhe permitisse derrogar o seu próprio direito supletivo. O regime urbanístico deixava, por conseguinte, de pertencer à competência do Estado, não mais se encontrando à sua disposição, fosse para o alterar (ainda que com eficácia retroactiva) fosse ainda para o der-

PARTE II - § 2º DIREITOS ESTRANGEIROS

exercício de direitos e deveres constitucionais relativamente ao solo em todo o território nacional ou mesmo as bases económicas e ambientais do solo[661]. As Comunidades Autónomas têm a responsabilidade de definir o modelo urbano e territorial, sendo plenamente competentes em matéria de planificação, gestão e legislação de urbanismo[662].

rogar. Esta argumentação permitia, assim, ressuscitar o TRLS de 1976 que havia sido derrogado (inconstitucionalmente) pelo TRLS de 1992. A Sentença do TC nº 61/1997, de 20 de Março precisava ainda nas suas conclusões que, em todo o caso, as competências do Estado sobre as condições básicas da propriedade urbana não seriam de modo a permitir o estabelecimento de uma regulação detalhada dessa propriedade, pelo que o Estado poderia fazer referência aos instrumentos urbanísticos para traçar as linhas fundamentais da propriedade urbana, mas já lhe estaria vedado impor a utilização dos ditos instrumentos às Comunidades Autónomas. O Tribunal Constitucional considerou, ainda, inconstitucional o excessivo detalhe com que se regulava o exercício do direito dos proprietários a apresentar projectos de planeamento para promover a urbanização, uma vez que na norma estatal se tinha previsto, concretamente, qual o órgão administrativo ao qual se devia apresentar o projecto e qual o momento concreto em que surgia o direito, invadindo-se deste modo as competências das Comunidades Autónomas. TOMÁS-RAMÓN FERNÁNDEZ, "El desconcertante presente y el imprevisible y preocupante futuro del Derecho Urbanístico español", in Civitas, Revista Española de Derecho Administrativo (REDA), nº 94, Abril/Junho, 1997, pp. 189-201. Reflectindo, também, sobre o impacto da Sentença do TC nº 61/1997, de 20 de Março, ver LUIS MARTÍN REBOLLO, "Situación actual del Derecho Urbanístico Español: de la Ley del Suelo de 1956 a la Ley de 13 de Abril de 1998", in RJUA, Livraria Almedina, Coimbra, nº 10, Dezembro, 1998, pp. 59-115. Aludindo, no contexto de uma crescente complexidade na estrutura e aplicação do Direito Urbanístico espanhol, à importância que a Sentença do TC nº 61/1997, de 20 de Março assumiu para resolver pontos de conflito e rever concepções disfuncionais, ver MARTIN BASSOLS COMA, "Panorama del Derecho Urbanistico Español: balance y perspectivas", in RJUA, Livraria Almedina, Coimbra, nº 9, Junho, 1998, pp. 55-78.

[661] Ver MARTIN BASSOLS COMA, "Les principes de la nouvelle loi espagnole d'urbanisme: la loi étatique du sol 2/2008 du 20 Juin 2008", Groupement de recherche sur les institutions et le droit de l'aménagement, de l'urbanisme et de l'habitat (GRIDAUH), 2009, Droit Comparé, pp. 551-560.

[662] Ver MARTIN BASSOLS COMA, "Les principes de la nouvelle loi espagnole d'urbanisme: la loi étatique...", p. 552. Actualmente, o urbanismo encontra-se directamente regulado na legislação aprovada por cada uma das Comunidades Autónomas. A Constituição é, aliás, quanto a este ponto muito clara ao atribuir às Comunidades Autónomas a competência sobre o ordenamento do território e o urbanismo (artigo 148.1.3ª da CE). A STC nº 61/1997 limitou-se, também quanto a este ponto, a evidenciar o óbvio e que se traduz na ideia de que o Estado carece de competências sobre o urbanismo e que essa competência é das Comunidades Autónomas. Acresce ainda a ideia, igualmente decisiva, de que o Estado não pode prever normas supletivas se não dispõe de competência sobre a matéria (STC nº 118/96, de 27 de Junho, relativo ao

Como já antes notámos, depois da Constituição de 1978, o Estado promulgou a lei do solo de 1992[663], contendo 310 artigos, que viria a ser declarada inconstitucional porquanto teria invadido as competências das Comunidades Autónomas, de acordo com a sentença do Tribunal Constitucional nº 61/1997[664]. Posteriormente surge, com especial interesse, a lei estatal nº 6/1998, de 13 de Abril de 1998, a qual teve um efeito liberalizador absolutamente notável ao ter declarado a possibilidade de todo o solo (quer o não urbanizável quer o protegido) poder ser efectivamente urbanizado[665]. Os efeitos

ordenamento dos transportes terrestres). Ao lado do Estado e das Comunidades Autónomas, o protagonismo público do urbanismo é ainda conferido às corporações locais («corporaciones locales»), essencialmente aos municípios. Incidem, também, sobre o território, as competências das «Diputaciones Provinciales», através dos Planos Provinciais de Obras e Serviços. Por exemplo, nas Canárias e Baleares, as entidades insulares assumem especial importância em matéria urbanística. Nas Canárias, temos os chamados «Cabildos Insulares» que têm competências de planificação, gestão e disciplina urbanística. Em Maiorca, temos os «Consells Insulars» e no País Basco os territórios históricos («Diputaciones Forales») que também jogam um relevante papel no urbanismo. Note-se, contudo, que não existe relativamente às corporações locais uma qualquer reserva de competência, dado que enquanto o Estado e as Comunidades Autónomas têm atribuído um âmbito de competências pela própria CE, as entidades locais não têm um âmbito constitucionalmente pré-determinado de atribuições. Na realidade, são as próprias leis dos Estados e das Comunidades Autónomas que têm que atribuir às corporações locais as competências concretas, garantindo em todo o caso, uma participação efectiva da comunidade local nos assuntos que lhe respeitem. Em especial sobre este ponto e, em geral, sobre a distribuição constitucional das competências urbanísticas, ver JOSÉ MARÍA BAÑO LEÓN, "Derecho Urbanístico...", pp. 71-102. FERNANDO LÓPEZ RAMÓN, "Introducción al Derecho Urbanístico...", pp. 41-59. JOSÉ LUIS MEILÁN GIL refere que, não obstante o reconhecimento da competência das Comunidades Autónomas sobre o urbanismo, tal não constitui qualquer obstáculo para a coexistência ou concorrência de competências do Estado que incidam sobre aquela matéria com carácter prevalente. JOSÉ LUIS MEILÁN GIL, "Planeamiento de nível supramunicipal", in Actas das I Jornadas Luso-Espanholas de Urbanismo, co-organizado por CEDOUA/FDUC/APDU...", pp. 19-20.

[663] Cfr. Real Decreto Legislativo 1/1992, de 26 de Junho (aprova o Texto Refundido de la Ley sobre el Régimen del Suelo y Ordenación Urbana) (TRLS), de 1992.

[664] Ver MARTIN BASSOLS COMA, "Les principes de la nouvelle loi espagnole d'urbanisme: la loi étatique...", p. 552.

[665] Segundo JOSÉ MARÍA BAÑO LEÓN, a Lei nº 6/1998 (Régimen de Suelo y Valoraciones Urbanísticas) teve três importantes linhas de força: em primeiro o respeito pelas grandes linhas do TRLS de 1976, mantendo essencialmente o protagonismo privado na gestão urbanística, sem prejudicar a utilização das técnicas urbanísticas. Em segundo lugar, a já por nós referida liberalização dos solos não urbanizáveis, aliás em linha com a orientação do «Tribunal de Defensa de

da liberalização do solo (apesar das modificações parciais de 2002 e 2003 e da adaptação da legislação por parte das diversas Comunidades Autónomas) conheceram um crescimento sem precedentes da urbanização, facto a que se somou os efeitos negativos sobre o ambiente e um crescimento espectacular do preço do solo, circunstâncias que tornaram necessariamente mais difícil o exercício do direito à habitação constitucionalmente reconhecido[666].

Com a Lei nº 8/2007 de 28 de Maio[667] e o Texto Refundido da Lei do Solo (TRLS de 2008, aprovado pelo Real Decreto Legislativo nº 2/2008, de 20 de

---

la Competencia» (TDC) que, no período entre 1992 e 1997, havia posto em causa a regulação do urbanismo em Espanha (*note-se que a orientação do TDC, juntamente com a entrada em vigor, em 1994, da Lei Reguladora da Actividade Urbanística Valenciana e a Sentença do Tribunal Constitucional de 20 de Março de 1997 que assentou, de forma clara, as bases da distribuição constitucional da competência entre o Estado e as Comunidades Autónomas, constituíram as causas de instabilidade normativa entre 1992 e 1997 e que levou muitos autores a falar num sistema em crise*). Deste modo, só o solo que tivesse valores dignos de protecção devia ficar afastado do processo de urbanização, assim se incentivando uma maior oferta de solo e de habitação. Em terceiro e último lugar, a harmonização dos valores do solo aos valores do mercado, suprimindo distinções artificiais, ver José María Baño León, "Derecho Urbanístico...", pp. 66-67.

[666] Ver Martin Bassols Coma, "Les principes de la nouvelle loi espagnole d'urbanisme: la loi étatique...", p. 552.

[667] Revoga a Lei nº 6/1998, de 13 de Abril. Segundo José María Baño León, o novo ideário da Lei do Solo é o de ajustar a normativa estatal à distribuição de competências, de acordo com o que resulta da jurisprudência constitucional sobre a base de uma concepção conservadora do desenvolvimento urbanístico. Não é pois por acaso que um dos maiores empenhamentos a que se votou a nova Lei foi o de ter sido o mais fiel possível à distribuição competencial, tal qual ela havia sido "idealizada" na sequência da STC nº 61/1997. Por outro lado, o desaparecimento da classificação do solo na legislação estatal, técnica que o TC havia considerado legítima em virtude das condições básicas do artigo 149.1.1ª da CE, supõe um alargamento nada despiciendo das possibilidades operativas da legislação de cada Comunidade Autónoma. Um outro aspecto decisivo a que alude José María Baño León é o do novo paradigma ambiental que a Lei do Solo fez agora questão de melhor evidenciar. Na realidade, o legislador, ao prever agora no artigo 2 («*Principio de desarrollo territorial y urbano sostenible*») que as "*...políticas públicas relativas a la regulación, ordenación, ocupación, transformación y uso del suelo tienen como fin común la utilización de este recurso conforme al interés general y según el principio de desarrollo sostenible, sin perjuicio de los fines específicos que les atribuyan las Leyes...*" pretende, como logo se refere no nº 2, que as referidas políticas devam "*...propiciar el uso racional de los recursos naturales armonizando los requerimientos de la economía, el empleo, la cohesión social, la igualdad de trato y de oportunidades entre mujeres y hombres, la salud y la seguridad de las personas y la protección del medio ambiente, contribuyendo a la prevención y reducción de la contaminación...*". Com este preceito na mão, o Estado limita agora juridicamente as

possibilidades do urbanismo autonómico, impondo um desenvolvimento sustentável como princípio básico do urbanismo. Ver José María Baño León, "El objeto de la Ley y el orden de las competencias legislativas. La depuración del ordenamiento en la matéria", *in* Ciudad y Territorio – Estudios Territoriales, Vol.XXXIX, nº 152/153, Verão/Outono, 2007, Edição do Ministério da Habitação, pp. 301-309. Sobre as novas bases ambientais da sustentabilidade no ordenamento do território e na ocupação, uso e transformação do solo, verJosé Fariña Tojo, "Las nuevas bases ambientales de la sostenibilidad en la ordenación y utilización del suelo", *in* Ciudad y Territorio – Estudios Territoriales, Vol.XXXIX, nº 152/153, Verão/Outono, 2007, Edição do Ministério da Habitação, pp. 291-300. Em concreto, sobre as novas situações básicas e a classificação urbanística do solo, ver Carmen de Guerrero Manso, "Las situaciones básicas y la clasificación urbanística del suelo. Las adaptaciones autonómicas al nuevo contexto normativo", *in* Civitas, Thomson, Revista Española de Derecho Administrativo (REDA), nº 140, Outubro/Dezembro, 2008, pp. 747-777. José Luis Meilán Gil refere que não obstante a nova regulação do solo em Espanha consubstanciar a primeira lei em que se encara o urbanismo como «um conjunto orgânico» (aliás, segundo a própria expressão contida no princípio da exposição de motivos) e em que se assume também, contrariamente às anteriores leis do solo, a recusa de classificação do solo (agora deixada às mãos das Comunidades Autónomas), não deixará tal facto de levantar problemas, uma vez que são as leis autónomicas que passam a ter "...*la última palabra en lo que es propriamente urbanismo*...". José Luis Meilán Gil, "La nueva regulación legal del Suelo en España", *in* Revista CEDOUA, Edições CEDOUA, Faculdade de Direito da Universidade de Coimbra (FDUC), nº 20, Ano X, 2.07, 2007, pp. 9-26. Também do mesmo autor ver José Luis Meilán Gil, "Cuestiones fundamentales de la Ley 8/2007 de suelo", *in* Revista Aragonesa de Administración Pública, nº 32, 2008, pp. 11-35. Fazendo, em geral, uma breve exposição e comentário sobre quais as razões por que se aprovou o TRLS de 2008 e, em particular, analisando a «condicionante competencial autonómica» que logo qualifica como traduzindo o "...*conjunto de restrições que limitam a capacidade normativa do legislador estatal no que se refere ao urbanismo, vedando-lhe mesmo, de facto, qualquer intenção de ordenação e regulação de natureza substantiva e directa nessa matéria*...", ver Luis Maeso Seco, "Administrative Law/Droit Administratif, 2008, Spain/Espagne", *in* European Review of Public Law (ERPL), Edições Esperia Publications, Vol. 20, nº 4, Winter/Hiver, 2008, pp. 1609-1652. Apresentando um estudo aproximativo sobre as previsões fundamentais do projecto estatal da «Ley del Suelo» e suportando essa sua análise numa perspectiva holística do meio urbano ver Lorenzo Mellado Ruiz/Fátima Pérez Ferrer, "Algunas reflexiones sobre el "nuevo" derecho urbanístico en el proyecto de Ley Estatal del Suelo: desarrollo urbanístico sostenible y protección penal", *in* Revista de Derecho Urbanístico y Medio Ambiente, Ano nº 41, nº 232, Março, 2007, pp. 91-149. Fornecendo-nos um "retrato" da situação do urbanismo após a entrada em vigor do TRLS de 2008, ver Jesús Del Olmo Alonso, "Urbanismo y medio ambiente en España: panorama actual", *in* Revista de Derecho Urbanístico y Medio Ambiente, Año nº 42, nº 244, Setembro, 2008, pp. 103-178.

Junho[668] e que constitui agora o Direito Urbanístico estatal) foram estabelecidas umas novas bases estatais que alargam a competência estatal por via do título ambiental e das garantias do procedimento administrativo[669].

O TRLS de 2008 marca um antes e um depois na divisão do direito urbanístico entre um direito estatal ou geral e um direito urbanístico autonómico, sendo que o primeiro, por ser de aplicação geral em todo o Estado, se impõe às competências legislativas das Comunidades Autónomas enquanto regulador do Estatuto básico do solo na sua vertente urbanística[670]. Na parte que interessa à presente investigação, o TRLS de 2008 prevê que a competência para regular o planeamento ou os instrumentos de ordenamento territorial («instrumentos de ordenación territorial y urbanística» como o TRLS de 2008 os qualifica), se encontram cometidos às Comunidades Autónomas, estando, como tal, reconhecidos nas respectivas leis. Nesse pressuposto, e de acordo com os diversos estatutos de autonomia, umas Comunidades Autónomas aprovaram leis de ordenamento territorial distintas[671] das leis urbanísticas e outras

---

[668] Publicado no BOE, nº 154, Jueves, 26 de Junho de 2008, pp. 28482-28504.

[669] Ver MARTIN BASSOLS COMA, "Les principes de la nouvelle loi espagnole d'urbanisme: la loi étatique...", p. 552.

[670] RAMÓN PARADA, "Derecho Administrativo III, Bienes públicos. Derecho Urbanístico...", pp. 307-310. Segundo RAMÓN PARADA (p.309, § quarto) *"... não é uma solução óptima nem muito menos para a racionalidade política e económica que, perante o que ocorre nos restantes países europeus, contemos em Espanha com leis que consagram dezassete ordenamentos territoriais e urbanísticos formalmente diversos. Não obstante, a título de consolação, convém salientar que, de um ponto de vista estritamente substantivo, tais regulações não diferem profundamente entre si. Herdeiras de uma cultura urbanística comum, a da Lei de 1956 e das suas sucessivas reformas, de uma doutrina que recorre à utilização dos mesmos conceitos e de uma uniformidade interpretativa que advém de uma jurisprudência também uniforme, as diversas leis urbanísticas autonómicas respondem aos mesmos princípios e regulam as mesmas ou similares figuras de planos e de instrumentos de ordenamento e recolhem, ainda, os mesmos sistemas de execução de planos e de projectos, sendo também similar o regime sancionador da legalidade urbanística, uma vez que o penal, ou seja a definição dos delitos urbanísticos e contra o meio ambiente, se constitui como competência do Estado. Por outro lado, observa-se, ainda, como umas e outras leis autonómicas, nas suas diversas versões temporais, se copiam entre si, facto que propicia a manutenção, por todas elas, da substância uniforme do modelo...".* Sobre as competências estatais que limitam a competência autónomica, em especial as relativas ao meio ambiente (artigo 149.1.23ª da CE) ou relativas à execução de obras públicas de interesse geral (artigo 149.1.24. da CE) ver JOSÉ MARÍA BAÑO LEÓN, "Derecho Urbanístico...", pp. 74-83.

[671] O caso das Leis da Catalunha (1983), País Basco (1990), Andalucia (1994), Galicia (1995), Castilla e Léon (1998), Baleares (2000), Valencia (2004) e Aragón (2009) constituem exemplos de regulação independente das matérias relativas ao ordenamento do território face às matérias relativas ao urbanismo.

regularam o ordenamento do território e o urbanismo[672] num único[673] corpo legal. Em qualquer caso, em todas elas se recorre a uma planificação supe-

[672] Sobre as diferenças entre ordenamento do território e urbanismo, ver FERNANDO LÓPEZ RAMÓN, "Introducción al Derecho Urbanístico...", pp. 61-133. O autor distingue «ordenamento do território» de «ordenamento urbanístico substantivo» e de «planeamento urbanístico». No «ordenamento do território» integram-se os instrumentos autonómicos de ordenamento do território, tais como as leis de ordenamento do território de cada uma das Comunidades Autónomas, a última das quais refira-se é a de Aragón (2009). Esta solução não constituirá qualquer surpresa se tivermos presente que, actualmente, a função pública especificamente denominada de ordenamento do território se orienta, *prima facie*, para as tarefas de coordenação do planeamento urbanístico municipal e das funções sectoriais com relevância territorial. Concebe-se, pois, como uma função pública horizontal e integradora que pretende garantir uma adequada estrutura espacial para o desenvolvimento das políticas económicas, sociais, ambientais e culturais. Através dela são definidas as funções correspondentes às distintas zonas do território, as áreas a proteger e os âmbitos supramunicipais de ordenamento complexo, estabelecendo-se um sistema de relações entre as diversas zonas, as medidas que incidem na distribuição espacial das instalações produtivas, os critérios para compatibilizar o desenvolvimento com a protecção dos recursos naturais, as prioridades para a programação dos recursos públicos e a localização das infraestruturas e equipamentos. Para a consecução desses objectivos tão ambiciosos, a legislação autonómica de ordenamento do território estabeleceu completos sistemas de planificação territorial, cujo ponto de partida se encontra no documento denominado «Plan Territorial General» (ou «Directrices Generales de Ordenación Territorial» ou «Estrategia Territorial»), de toda a Comunidade Autónoma, desenvolvido em âmbitos territoriais supramunicipais homogéneos por «Planes Territoriales Parciales» (ou «Directrices Parciales»), prevendo-se também, para regular determinadas questões, normalmente em todo o território autonómico, «Planes Territoriales Sectoriales» (ou «Directrices Sectoriales»). Sobre os efeitos destes planos, FERNANDO LÓPEZ RAMÓN explica que a legislação autonómica distingue entre efeitos vinculantes e orientadores. A vinculação completa ocorre, no caso do «Plan Territorial General» (ou «Directrices Generales de Ordenación Territorial» ou «Estrategia Territorial»), relativamente aos restantes instrumentos de ordenamento do território em função da respectiva posição hierárquica e, em todos os casos, sobre os planos urbanísticos municipais. Pelo contrário, os efeitos sobre as políticas sectoriais são meramente orientadores, o que significa que na hora de decidir o que quer que seja pelos diferentes sectores, se devem tomar em consideração os objectivos e demais elementos estabelecidos pelo planeamento territorial, com a possibilidade de poderem ser tomadas sectorialmente decisões distintas daquelas que resultariam da vinculação aos objectivos inicialmente traçados, desde que tais decisões sejam, devida e convenientemente, fundamentadas. Ainda no âmbito do «ordenamento do território» o autor refere, já numa dimensão supranacional, a «Estratégia Territorial Europeia», de acordo com a qual se pretende evitar o crescimento das disparidades regionais, advogando que o melhor caminho para concretizar esse objectivo é o de promover uma harmonização comum das diferentes políticas sectoriais comunitárias. Importantes ainda

PARTE II – § 2º DIREITOS ESTRANGEIROS

rior ou estratégica desenhada por instrumentos com diversas denominações, tais como planos regionais, directrizes[674] de ordenamento territorial, normas urbanísticas regionais, planos do meio ambiente, planos de ordenamento de recursos naturais, planos supramunicipais[675] ou mesmo planos especiais.

são também as diferentes políticas sectoriais com incidência territorial, entre as quais se conta a política das águas, das costas, dos portos e das estradas. Sobre as políticas sectoriais, o autor considera que elas fazem o seu caminho separadamente do ordenamento do território, quer estejam atribuídas à competência do Estado quer se configurem como políticas sectoriais autonómicas. Existe aqui, no seu entendimento, um grave problema de coordenação de políticas públicas que, em parte, o legislador do TRLS de 2008 tentou mitigar no artigo 15.3., exigindo que no processo de elaboração do planeamento urbanístico se recolham pareceres dos órgãos competentes em matéria de águas, costas, estradas e demais infraestruturas afectadas, pareceres que resultam decisivos, na medida em que devem ser seguidos pelas autoridades urbanísticas competentes, salvo que deles divirja, de forma expressamente fundamentada. No «ordenamento urbanístico substantivo» o autor considera que, numa perspectiva global, a legislação urbanística corresponde ao tipo de legislação chamada de procedimento, uma vez que estabelece, fundamentalmente, requisitos, trâmites e competências para a aprovação dos instrumentos de planeamento, nos quais aliás se contém o regime urbanístico dos terrenos e também algumas regulações substantivas sobre o uso dos solos. Finalmente, mas não menos importante, temos o «planeamento urbanístico». Antonio Alfonso Pérez Andrés sistematiza, profundamente, as principais questões associadas ao ordenamento do território, em especial a complexidade competencial, quer do ponto de vista subjectivo quer do ponto de vista material. Ver Antonio Alfonso Pérez Andrés, "La ordenación del territorio, una encrucijada de competencias planificadoras", in Revista de Administración Pública (RAP), nº 147, Madrid, Setembro/Dezembro, 1998, pp. 97-138.

[673] O caso das Leis de Madrid (2001), Canarias (2000) Murcia (2001) Cantabria (2001), Extremadura (2001), Navarra (2002), Asturias (2004) e La Rioja (2006) constituem exemplos de inclusão, num único texto legal, da matéria relativa ao ordenamento do território conectada com a matéria do urbanismo.

[674] José Luis Meilán Gil considera-as um "...marco general de referencia...", podendo ser desenvolvidas por «planes territoriales integrados» dirigidos à organização de áreas geográficas supramunicipais de características homogéneas ou de áreas que, pela sua dimensão e relações funcionais, reclamem uma planificação infraestrutural, de equipamentos e recursos de âmbito comarcal e de carácter integrado. Dispõem, ademais, de uma força vinculante congruente com a sua funcionalidade de maneira que, quando incidam sobre planos urbanísticos existentes, sejam capazes de operar uma concreta modificação dos pontos destes a que se referem (artigo 14 da LOT). Ver José Luis Meilán Gil, "Planeamiento de nivel supramunicipal", in Actas das I Jornadas Luso-Espanholas de Urbanismo, co-organizado por CEDOUA/FDUC/APDU...", pp. 28-29.

[675] Como nos explica José Luis Meilán Gil o planeamento supramunicipal está ligado ordinariamente ao que corresponde ao título competencial no âmbito do ordenamento do território, reconhecido às Comunidades Autónomas na CE de 1978 como sendo algo distinto, ainda

Todos eles permitem, em maior ou menor grau, condicionar e controlar, a partir da Comunidade Autónoma, os planos de segundo nível ou seja os planos de ordenamento municipal que, em termos práticos, são os planos ditos urbanísticos, dado que, pela sua elaboração e aprovação, se antecipam todas as operações necessárias para reformar ou ampliar a cidade[676].

Segundo FERNANDO LÓPEZ RAMÓN[677] convirá ter presente que a competência das Comunidades Autónomas sobre o ordenamento do território se deve entender como uma competência concorrente com outras competências atribuídas ao Estado[678]. Nem sempre a concorrência de títulos competenciais originará conflitos reais entre o Estado e as Comunidades Autónomas, uma vez que pode perfeitamente suceder que o Estado e as Comunidades Autónomas estejam de acordo quanto à localização de uma concreta infra-estrutura. No entanto, caso haja uma discrepância, a solução passa pela

---

que não desligado, do urbanismo. Por exemplo, na ausência de planeamento geral de natureza municipal ou quando este não contenha as necessárias previsões detalhadas, é possível a adopção de «planes especiales», extensíveis a vários municípios (por exemplo, artigos 68 e 69 da LOUGA). Neste caso, o plano especial supramunicipal não é, pela sua natureza, um desenvolvimento de um plano geral municipal. Por essa razão, o plano especial municipal é da competência da Comunidade Autónoma, ainda que seja tramitado por uma «Diputación provincial» (STSJ Andaluzia, Sevilha de 22 de Fevereiro de 2008). Ver JOSÉ LUIS MEILÁN GIL, "Planeamiento de nivel supramunicipal", in Actas das I Jornadas Luso-Espanholas de Urbanismo, co-organizado por CEDOUA/FDUC/APDU...", pp. 36-37.

[676] RAMÓN PARADA, "Derecho Administrativo III, Bienes públicos. Derecho Urbanístico...", pp. 344-345.

[677] FERNANDO LÓPEZ RAMÓN, "Introducción al Derecho Urbanístico...", pp. 67-68.

[678] De acordo com JOSÉ MARÍA BAÑO LEÓN, a necessidade de dirimir conflitos resulta da circunstância do uso do território configurar um objecto da competência do Estado, das Comunidades Autónomas e dos municípios. O autor explica que com o aparecimento das Comunidades Autónomas por um lado e, o reconhecimento da autonomia local por outro, o panorama competencial nos domínios do ordenamento do território e do urbanismo adensou-se e complicou-se. De facto, se a competência de ordenamento do território e do urbanismo pertence às Comunidades Autónomas, o Estado tem também múltiplas competências que incidem sobre o território, pelo que se imporá, em casos de frequência não tão residual quanto se possa pensar, decidir qual é a competência predominante em caso de conflito. De igual forma também se haverá de procurar resolver os conflitos que, na execução de cada competência, possam ocorrer entre o Estado, a Comunidade Autónoma e os entes locais. Ver JOSÉ MARÍA BAÑO LEÓN, "Derecho Urbanístico...", pp. 86-87.

PARTE II - § 2º DIREITOS ESTRANGEIROS

prevalência do Direito Estatal (artigo 149.3. da CE)[679]. A regra da prevalência[680] configura uma norma de conflitos, estabelecida para solucionar os concretos problemas derivados da existência de zonas comuns à normativa estatal e à normativa autonómica[681]. Deste modo, nas situações em que normas válidas de ambas as esferas, corretamente apoiadas em títulos competenciais diversos, imponham soluções discrepantes, a Constituição decide o conflito, através da prevalência da norma do Estado[682]. A regra da prevalência dirige-se assim, *prima facie*, ao aplicador do direito, sem que isso signifique a negação da validade da norma autonómica preterida[683]. Não obstante, na medida em que

---

[679] FERNANDO LÓPEZ RAMÓN, "Introducción al Derecho Urbanístico...", pp. 67-68. JOSÉ MARÍA BAÑO LEÓN advoga que a solução não será assim tão linear. Segundo ele, é a própria legislação sectorial a dispor sobre um concreto procedimento de resolução de conflitos com a planificação territorial e urbanística que, suportando-se no artigo 180.2 do TRLS de 1976, garanta a primazia da competência sectorial específica sobre a geral que deriva do ordenamento autonómico ou municipal. Veja-se, por exemplo, na legislação estatal, o artigo 10.1. da Lei nº 25/1988, de Estradas ou o artigo 10.2 da Lei nº 39/2003, do Sector Ferroviário. Em todas as leis urbanísticas autonómicas existem disposições similares a favor da respectiva Comunidade Autónoma. Segundo ele, este modo de resolução dos conflitos deveria ser extraordinário, pois que não será conforme com a distribuição constitucional de competências que, existindo uma planificação territorial que pertença às Comunidades Autónomas e aos municípios, não seja este o meio ordinário para a resolução dos conflitos. Para o autor, não se pode falar de uma prevalência absoluta do Estado sobre as competências de ordenamento do território das Comunidades Autónomas. Também tão pouco caberá utilizar, sem mais, a cláusula do artigo 149.3 da CE que assegura, em todo o caso, a prevalência do direito estatal sobre o direito das Comunidades Autónomas. A regra da prevalência, podendo legitimamente ser convocada nas situações de exercício de competências concorrentes, não impediu que o Tribunal Constitucional fosse cauteloso, limitando a sua aplicação em função de uma análise caso a caso. Na realidade, o próprio Estado reconhece que determinadas competências das Comunidades Autónomas o condicionam. Por exemplo, a 3ª disposição adicional da Lei de Concessão de Obras Públicas prevê que a execução do projecto estatal prevalecerá sobre o planeamento urbanístico sempre que não se construa sobre terrenos reservados para o planeamento urbanístico. Contrariamente, o Estado respeita a decisão do planificador sobre aqueles terrenos porque, por exemplo, os mesmos têm valores dignos de protecção. Ver JOSÉ MARÍA BAÑO LEÓN, "Derecho Urbanístico...", pp. 91-95.

[680] Sobre a cláusula da prevalência, por todos, ver MUÑOZ MACHADO, "Derecho Público de las Comunidades Autónomas", Vol. I, Edições Iustel, 2ª Edição, Madrid, 2008. BORRAJO INIESTA, «Comentario al artigo 149.3», *in* Mª E. CASAS BAHAMONDE e M. RODRÍGUEZ-PIÑERO e BRAVO--FERRER (dir.), Comentarios à la Constitución española, La Ley, Madrid, 2009.

[681] FERNANDO LÓPEZ RAMÓN, "Introducción al Derecho Urbanístico...", pp. 67-68.

[682] FERNANDO LÓPEZ RAMÓN, "Introducción al Derecho Urbanístico...", pp. 67-68.

[683] FERNANDO LÓPEZ RAMÓN, "Introducción al Derecho Urbanístico...", pp. 67-68.

A NULIDADE DO PLANO URBANÍSTICO

a prevalência serve para solucionar conflitos competenciais concretos, deve entender-se, também, como uma regra de distribuição de competências, de tal modo que, no âmbito das competências concorrentes, a prevalência assegure a aplicação do direito estatal e não do direito autonómico[684]. O alcance da competência autonómica depende da sua não discrepância com o direito estatal concorrente, assumindo-se essa não discrepância como condição da respectiva eficácia e não como condição de validade[685].

Ainda segundo FERNANDO LÓPEZ RAMÓN, a aplicação da regra da prevalência do direito estatal, relativamente ao exercício de faculdades autonómicas de ordenamento do território, exigirá a existência de competências concorrentes com o Estado e de um correcto exercício destas[686]. Exige-se uma prévia intenção de compatibilizar as competências concorrentes e, apenas quando essa compatibilização não se afigure possível, se deverá optar pela aplicação da prevalência do direito estatal[687].

A cláusula de prevalência[688] exige, por conseguinte, que o Estado chame a colaborar a Comunidade Autónoma, exerça razoavelmente a sua competência e, simultaneamente, tome em expressa e devida consideração os interesses tutelados pela competência autonómica, tudo a justificar o especial interesse

---

[684] FERNANDO LÓPEZ RAMÓN, "Introducción al Derecho Urbanístico...", pp. 67-68.

[685] FERNANDO LÓPEZ RAMÓN, "Introducción al Derecho Urbanístico...", pp. 67-68.

[686] FERNANDO LÓPEZ RAMÓN, "Introducción al Derecho Urbanístico...", pp. 67-68.

[687] FERNANDO LÓPEZ RAMÓN, "Introducción al Derecho Urbanístico...", pp. 67-68.

[688] Segundo JOSÉ MARÍA BAÑO LEÓN, em situações de conflito entre a competência de ordenamento geral autonómica e a competência específica do Estado, a decisão última do conflito pertence aos tribunais. Ou seja, não joga aqui, contrariamente ao que advogam alguns sectores da doutrina espanhola, o princípio da prevalência, pois que se se aplicasse, sem mais, este princípio, tal significaria que estando em causa as competências de ordenamento territorial (autonómicas e sectoriais estatais), prevaleceria sempre a do Estado. Não é aliás esta a interpretação sustentada pelo Tribunal Constitucional. Veja-se o exemplo que nos é dado pela STC nº 56/1986, através da qual o Tribunal Constitucional declarou que a sujeição geral do Estado ao planeamento urbanístico podia ceder em circunstâncias excepcionais. Ora esta declaração do TC não autoriza a tese de que, em caso de conflito, predominará sempre a competência do Estado. Significa, tão-só, que é o procedimento de elaboração dos planos que as Comunidades Autónomas desenham para o ordenamento territorial que constitui a causa mais adequada para resolver a maioria dos conflitos que se suscitam neste âmbito. Apenas desta perspectiva procedimental e não material se pode falar de uma superioridade de ordenamento territorial geral sobre a específica que pertence ao Estado. Ver JOSÉ MARÍA BAÑO LEÓN, "Derecho Urbanístico...", pp. 88-89.

PARTE II – § 2º DIREITOS ESTRANGEIROS

que a doutrina tem votado à necessidade de potenciar os mecanismos de colaboração e de cooperação entre todas as instâncias do poder territorial[689].

Entrando agora concretamente na perspectiva do planeamento urbanístico[690], refira-se que os sistemas de planeamento urbanístico aplicáveis nas Comunidades Autónomas seguem, de muito perto, os critérios tradicionais da

---

[689] FERNANDO LÓPEZ RAMÓN, "Introducción al Derecho Urbanístico...", pp. 67-68.

[690] Segundo RAMÓN PARADA, por planeamento territorial e urbanístico deve entender-se aquela operação técnica com reflexo documental e através da qual se antecipa a utilização e usos que se hão-de dar a um determinado território. Integra-se, necessariamente, no seu âmbito, o direito a edificar. Para o autor, o «planeamento territorial» corresponderá à escala mais ampla e o «planeamento urbanístico» à escala mais reduzida, normalmente associada ao âmbito municipal. Ver RAMÓN PARADA, "Derecho Administrativo III, Bienes públicos. Derecho Urbanístico...", p. 343. Preferindo equacionar o urbanismo ou, como lhe prefere chamar, uma regulação puramente urbanística no âmbito de uma concepção mais ampla de ordenamento do território JOSÉ MARÍA BAÑO LEÓN define ordenamento do território como regulação dos usos do solo e do subsolo. Essa regulação pode ser puramente urbanística se se ativer exclusivamente à conservação ou à projecção da cidade. Ou pode ter uma perspectiva diferente, mais ampla (um plano que se ocupe dos usos do litoral) ou mais concreta (um projecto de construção de via férrea por parte do Estado) do que aquela que é prosseguida pela perspectiva urbanística, sendo que nestes casos se deverá falar em ordenamento do território. Desta forma, quando o TRLS de 2008 se refere ao ordenamento do território e urbanístico, fá-lo nos dois primeiros sentidos, referindo-se às competências das Comunidades Autónomas sobre essas matérias de acordo com o artigo 148.1.3ª. Em consequência, a política de ordenamento do território, inclusive a urbanística, que compete às Comunidades Autónomas, está condicionada pelas bases estatais fixadas no TRLS de 2008. Ver JOSÉ MARÍA BAÑO LEÓN, "Derecho Urbanístico...", pp. 103-105. Ao nível jurisprudencial, refira-se que o Tribunal Constitucional definiu o «planeamento urbanístico» na sua Sentença nº 164/2001, de 11 de Julho, como integrando todos "os instrumentos de ordenamento que determinam quais as faculdades urbanísticas sobre cada terreno, possibilitando a compatibilidade e a fruição das faculdades urbanizadoras e edificatórias com a estrutura e singularidades de cada cidade". Deve, pois, distinguir-se os "instrumentos de planeamento urbanístico" dos de "ordenamento do território", dado que pelos primeiros se estrutura a cidade, qualificando-se cada terreno com precisão e eficácia directa e vinculativa para os particulares ao passo que os segundos têm um objecto e âmbito de actuação mais amplo, constituindo directrizes, grandes parâmetros, critérios gerais dirigidos às Administrações públicas e não aos cidadãos (STC nº 149/1998, de 2 de Julho). Os planos urbanísticos situam-se, pois, a um nível hierárquico inferior relativamente aos instrumentos de ordenamento do território. Não obstante isto, a diferença relativamente a estes últimos, é a de que os planos produzem um efeito directo, imediato e vinculativo sobre os cidadãos.

legislação espanhola, diferenciando claramente entre planeamento originário, derivado e complementar[691].

O planeamento urbanístico originário é o que corresponde ao «Plan General de Ordenación Urbana»[692] (ou plano municipal), peça mestre em todos

---

[691] FERNANDO LÓPEZ RAMÓN, "Introducción al Derecho Urbanístico...", pp. 109-133.

[692] Este é o instrumento de ordenamento integral de um ou vários municípios. A sua vocação é determinar as situações básicas do solo e estabelecer a estrutura geral do ordenamento urbanístico previsto, assim como pautas para a sua implementação. FERNANDO LÓPEZ RAMÓN, "Introducción al Derecho Urbanístico...", pp. 110-111. RAMÓN PARADA, "Derecho Administrativo III, Bienes públicos. Derecho Urbanístico...", pp. 350-353. Uma das questões centrais discutidas na doutrina espanhola e que, em nosso entender, deve merecer reflexão pela nossa classe política e técnicos destas áreas é o que relaciona com a atribuição de competências de planeamento urbanístico a municípios que, pelo seu reduzido número de habitantes, provavelmente não a justificariam. De facto, em Espanha, o dogma da «soberania municipal» levou a atribuir aos «Ayuntamientos» praticamente a competência para a elaboração, redacção e tramitação e, em boa medida, também a aprovação definitiva dos seus próprios planos, algo inconcebível e muito perigoso se considerarmos o elevado nível de minifundismo municipal de que padece a sistema espanhol em que de um total de 8.100 municípios, 3.577 tem menos de 500 habitantes (cerca de 44%), 2.992 entre 500 e 2.000 (28,5%), 1.071 entre 2.001 e 5.000 (13,3%), 842 entre 5.001 e 20.000 (10,4%), 220 entre 20.001 e 100.000 (2,7%), 48 de 100.001 a 500.000 (0,6%) e, finalmente, apenas 6 terão mais de 500.000 habitantes (0,1%). A questão que se coloca é, pois, a de se saber se é razoável colocar nas mãos destes mini-municípios as tarefas de planeamento urbanístico. Neste ponto, e com as devidas adaptações ao caso português, alinhamos pela posição de RAMÓN PARADA quando este afirma que ninguém deve ser ao mesmo tempo planificador e interessado directo no planeamento. Precisamente porque os abusos tão frequentes na exploração excessiva do solo municipal, a sua desmesurada «cimentação», e a corrupção pública que daí advém, resultam do simples facto de se ter conferido aos edis locais, total ou parcialmente, a faculdade de planificar, a qual gera, nas situações em que se ampliam as zonas urbanizadas, benefícios para os cofres municipais, tais como participação no aproveitamento urbanístico, novas edificações e consequente aumento das receitas resultantes dos impostos sobre imóveis. Tudo isto sem tomar em consideração que cada município se vê forçado a competir com o município vizinho para gerar maior riqueza derivada da ocupação, uso e transformação de maiores parcelas de território e que, no exercício das faculdades de planeamento, os responsáveis municipais se sentem pressionados pelos seus próprios interesses como proprietários ou por interesses dos seus parentes, vizinhos, amigos ou eleitores, proprietários dos terrenos objecto de planificação. Segundo RAMÓN PARADA terá sido a consciência dessa perigosa competência municipal que levou a legislação autonómica a procurar condicionar o poder municipal sobre o planeamento, sobrepondo aos «planes generales de ordenación urbana» outro planos ou directivas de ordenamento territorial de âmbito superior aprovadas por leis autonómicas que vinculam os municípios, tais como os «Planes Subregionales» ou os «Planes Intermunicipales», os «Planes Sectoriales» ou mesmo os «Planes Especiales». Ver

RAMÓN PARADA, "Derecho Administrativo III, Bienes públicos. Derecho Urbanístico...", pp. 348-349. Concretamente sobre os problemas do urbanismo na sua relação com o fenómeno da corrupção, ver o interessante e desafiante artigo de BLANCA LOZANO CUTANDA, "Urbanismo y Corrupción: algunas reflexiones desde el Derecho Administrativo", *in* Revista de Administración Pública (RAP), nº 172, Madrid, Janeiro/Abril, 2007, pp. 339-371. José MARÍA BAÑO LEÓN refere-se, convencionalmente, a duas modalidades de «Plan General»: «Plan General rígido» e «Plan General flexible». Pela primeira delas, os «Planes Parciales» encontram-se subordinados hierarquicamente ao «Plan General», de tal modo que qualquer modificação que a Administração pretenda efectuar no «Plan General», mesmo que seja uma questão de pormenor, deve fazê-lo mediante uma modificação do próprio «Plan General», facto que traduz, necessariamente, uma relação hierárquica entre planos com conteúdo normativo de diferente nível. Nesta concepção de plano, as duas únicas excepções admitidas pela jurisprudência do Supremo Tribunal são as que se relacionam com o «Plan Especial de Reforma Interior» e o «Estudio de Detalle». A subordinação do «Plan Parcial» ao «Plan General» não significa que o «Plan Parcial» se limite a desenvolver as previsões do «Plan General». Pelo contrário, o «Plan General» é um marco dentro do qual o «Plan Parcial» pode adoptar conteúdos heterogéneos, em virtude da discricionariedade do planificador, desde que não desrespeite as linhas gerais preestabelecidas pelo «Plan General». Pela modalidade de «Plan General flexible» o autor refere que, fruto da experiência dos inconvenientes da legislação anterior, o legislador autonómico tenha, progressivamente, flexibilizado a relação entre o «Plan General» e o «Plan Parcial». Na génese desse movimento de flexibilização legislativa, está a Lei nº 6/1994, de 15 de Novembro, reguladora da actividade urbanística valenciana (LRAU) que, pela primeira vez, distingue dentro do «Plan General» o ordenamento fundamental, a que chama «estrutural» e o ordenamento de detalhe a que chama de «pormenorizado». A primeira respeitaria às decisões relativas às grandes redes arteriais, assim como aos critérios para o zonamento e para o desenvolvimento dos vários sectores, ao passo que a segunda concatenar-se-ia com as condições de parcelamento e de edificação. Esta distinção que, desde logo, foi acolhida por muitas leis urbanísticas territoriais, permite que, em algumas Comunidades Autónomas, o «Plan Parcial» possa modificar o ordenamento pormenorizado sem necessidade de alterar o «Plan General». A fundamentação desta possibilidade que, aparentemente, quebra o princípio da hierarquia normativa (artigo 9.3 da CE) assenta no facto da lei reconhecer que o ordenamento pormenorizado apenas incumbe ao município, dado que é este que aprova o «Plan Parcial». Deste modo, se se altera o conteúdo do «Plan General» que apenas tenha relevância local, é desnecessário contar com a decisão da Comunidade Autónoma, bastando a do «Ayuntamiento» correspondente. Por exemplo, no caso da Comunidade Autónoma asturiana, prevê-se a possibilidade de tramitação simultânea dos procedimentos de elaboração do «Plan Parcial» e do «Plan General» para conseguir o mesmo objectivo. Não obstante esta possibilidade de flexibilização do «Plan General», algumas Comunidades Autónomas (tais como Valencia ou Castilla--La Mancha) foram muito mais além do que essa simples flexibilização, porquanto não só permitem que o «Plan Parcial» altere o ordenamento pormenorizado do «Plan General» como, também, que modifique elementos do ordenamento estrutural como a própria classificação

os sistemas, que admite versões simplificadas, como as «Normas Subsidiárias Municipais»[693] reguladas na legislação supletiva estatal[694]. O planeamento

do solo, se bem que tais alterações devam depois ser aprovadas pela respectiva Comunidade Autónoma, seguindo o mesmo procedimento que requer a aprovação do «Plan General». Neste caso, a flexibilização não é tanto de procedimento mas sim de concentração de trâmites, uma vez que a modificação do «Plan General» ocorre fundada directamente no «Plan Parcial», sem que se proceda primeiramente à modificação do «Plan General» e, só depois, a aprovação do «Plan Parcial» correspondente. Esta solução que, necessariamente, assume natureza excepcional na legislação urbanística, não é isenta de críticas, uma vez que permitirá que muitos «Planes Generales» sejam objecto de modificações de grande amplitude sem que se tenha uma visão global do seu impacto no território. O êxito desta fórmula terá, no passado, ficado a dever-se em grande medida à figura do agente urbanizador e à conexão entre a gestão por ele promovida e a modificação do planeamento. Ver José María Baño León, "Derecho Urbanístico...", pp. 134-137. Ramón Parada refere, a propósito da Lei nº 6/1994, de 15 de Novembro, que o seu objectivo foi o de impor uma nova visão de planeamento que rompesse com o tradicional regime baseado em planos hierarquizados e rígidos, introduzindo a diferenciação entre ordenamento estrutural e ordenamento pormenorizado, adoptada de imediato pelo resto das legislações urbanísticas autonómicas, com o intuito claro de dotar de rigor a actividade planificadora e clarificar a diferenciação do marco competencial que, nessa matéria, seria repartido pela administração autónoma e administração local. Ramón Parada, "Derecho Administrativo III, Bienes públicos. Derecho Urbanístico...", pp. 346-347.

[693] Na legislação supletiva estatal estabelece-se a figura das «Normas Subsidiárias Municipais» como um tipo de «Plan General» reduzido, adequado para municípios pequenos e meridianos. Nelas, o solo urbanizável era substituído pelo solo apto para urbanizar, categoria que evitava os compromissos próprios de velha categoria de solo urbanizavél programado. Não obstante, a maior parte das Comunidades Autónomas prescindiu desta modalidade de planeamento geral, aligeirando, em contrapartdida, os conteúdos do «Plan General» propriamente dito para os pequenos e meridianos municípios. Fernando López Ramón, "Introducción al Derecho Urbanístico...", pp. 110-111. Ramón Parada, "Derecho Administrativo III, Bienes públicos. Derecho Urbanístico...", pp. 353-354. José María Baño León entende que não se deve confundir a figura das «Normas Subsidiárias Municipais» com os «Planes de Ordenación Intermunicipal» (como sucede, por exemplo, com o disposto no artigo 11 da Lei nº 7/2002, de 17 de Dezembro, relativa ao ordenamento urbanístico da Andaluzia (LOUA) ou com o artigo 63 da Lei nº 2/2006, de 30 de Junho, do solo e urbanismo do País Basco (LSYU) os quais, em ambos os casos, a legislação qualifica como «planes de compatibilización» («planos de compatibilização»), incumbidos que se encontram estes últimos de regular a coordenação dos planos gerais municipais que afectam zonas limítrofes. Distinguem-se das «Normas Subsidiárias Municipais», uma vez que não constituem uma alternativa ao «Plan General», antes sim uma manifestação ao nível do planeamento, da importância que assume a coordenação administrativa. Ver José María Baño León, "Derecho Urbanístico...", pp. 138-139.

[694] Fernando López Ramón, "Introducción al Derecho Urbanístico...", pp. 109-133.

PARTE II – § 2º DIREITOS ESTRANGEIROS

urbanístico derivado identifica-se, por sua vez, com os instrumentos estabelecidos para regular a urbanização do solo urbanizável: os denominados «Planes de Sectorización»[695] previstos na legislação de algumas Comunidades Autónomas e, com carácter geral, os «Planes Parciales»[696]. Os «Planes Especiales»[697] cumprem várias funções, incluindo em situações independentes ou não derivadas de «Plan General de Ordenación Urbana». Por fim, o planeamento urbanístico complementar inclui instrumentos tão diversos como

[695] Este tipo de planos encontra-se previsto na legislação urbanística de algumas Comunidades Autónomas para regular a incorporação no processo de urbanização do solo rural urbanizável de acordo com a nova terminologia adoptada pelo TRLS de 2008. Os «Planes de Sectorización» constituem autênticos planos de ordenamento das actuações urbanísticas, em cujo desenvolvimento se há-de aprovar os correspondentes «Planes Parciales» para, posteriormente, executar a urbanização. Distintos dos «Planes de Sectorización», temos os «Programas de Actuación Integrada (ou Urbanizadora)», previstos em Valencia, Extremadura ou Castilla-La Mancha. FERNANDO LÓPEZ RAMÓN, "Introducción al Derecho Urbanístico...", pp. 111-112.

[696] Estes têm por escopo o desenvolvimento do planeamento geral conforme à imagem típica do planeamento em cascata. Nos «Planes Parciales» regula-se a urbanização e a edificação do solo urbanizável dos sectores previamente delimitados no «Plan General de Ordenación Urbana» ou, posteriormente, conforme aos critérios estabelecidos no mesmo. FERNANDO LÓPEZ RAMÓN, "Introducción al Derecho Urbanístico...", pp. 112-113. RAMÓN PARADA, "Derecho Administrativo III, Bienes públicos. Derecho Urbanístico...", pp. 354-355. JOSÉ MARÍA BAÑO LEÓN, "Derecho Urbanístico...", pp. 139-140.

[697] Os «Planes Especiales» caracterizam-se, precisamente, por obedecerem a finalidades específicas. Distinguem-se pois, por um lado, do «Plan General de Ordenación Urbana» dado que este prossegue finalidades genéricas de ordenamento em relação a todo o âmbito municipal e, por outro, dos «Planes Parciales», uma vez que estes se referem aos diferentes sectores urbanizáveis. Deste modo, há «Planes Especiales» que desenvolvem o planeamento territorial («Directrices» ou «Planes Territoriales») ou o planeamento urbanístico geral («Plan General de Ordenación Urbana» ou «Normas Subsidiarias Municipales»). Também existem «Planes Especiales» para realizar infra-estruturas, proteger o meio ambiente ou o património cultural e outros fins análogos. Dentro da grande diversidade de «Planes Especiales» temos os «Planes Especiales de Infraestruturas», «Planes Especiales de Protección del Medio Físico y del Paisage», «Planes Especiales de Protección de Conjuntos del Patrimonio Cultural» e, por fim, os «Planes Especiales de Reforma Interior». Ver FERNANDO LÓPEZ RAMÓN, "Introducción al Derecho Urbanístico...", pp. 112-113. RAMÓN PARADA, "Derecho Administrativo III, Bienes públicos. Derecho Urbanístico...", pp. 355-356. Em concreto, reflectindo sobre a importância dos «Planes Especiales de Reforma Interior», ver JOSÉ MARÍA BAÑO LEÓN, "Derecho Urbanístico...", pp. 140-141.

os «Estudios de Detalle»[698] ou as «Normas Subsidiarias y Complementarias Provinciales»[699] da legislação supletiva estatal[700]. O «Plan Nacional de Ordenación», que assume natureza marcadamente estratégica, compreende todo o território da nação. No entanto, nunca chegou a ser aprovado[701].

No que respeita às relações entre o planeamento geral e o planeamento derivado, as mesmas explicam-se com recurso ao princípio da hierarquia, de que aliás parece derivar a estrita subordinação dos «Planes Especiales» e dos «Planes Parciales» ao «Plan General de Ordenación Urbana». No entanto, convirá ter presente que os instrumentos planificadores estão perfeitamente individualizados na legislação espanhola, sem que pareça admissível, com base na posição hierarquicamente superior do «Plan General de Ordenación Urbana», que este possa incluir determinações próprias dos «Planes Parciales» ou dos «Planes Especiales», dado que isso configuraria uma clara violação da lei que diferencia as funções e os conteúdos de um e de outro tipo de planos[702]. Deste modo, apenas relativamente aos conteúdos reservados por Lei ao «Plan General de Ordenación Urbana» se pode afirmar a sua superioridade hierárquica perante os «Planes Parciales» ou «Planes Especiales»[703]. Nem tão pouco a consideração das regras de competência ou relativas ao procedimento correspondentes a cada tipo de plano podem levar a uma superioridade hierárquica de todo o conteúdo do «Plan General de Ordenación

---

[698] Estes configuram o último escalão de planeamento urbanístico, servindo para completar ou adaptar os restantes planos urbanísticos. Na realidade, o recurso aos «Estudios de Detalle» permite estabelecer um conjunto de prescrições técnicas quanto à construção, como por exemplo as condições estéticas e de composição das edificações, estando, no entanto, limitados ou proibidos de alterar o uso do solo, o aproveitamento urbanístico e, em geral, os conteúdos dos planos que completam. FERNANDO LÓPEZ RAMÓN, "Introducción al Derecho Urbanístico...", pp. 113-114. RAMÓN PARADA, "Derecho Administrativo III, Bienes públicos. Derecho Urbanístico...", pp. 356-357. JOSÉ MARÍA BAÑO LEÓN, "Derecho Urbanístico...", pp. 139-140.

[699] Estas normas resultam muito úteis, especialmente para os pequenos municípios, uma vez que permitem estabelecer a normativa comum às diferentes situações de solo, sendo aplicáveis na ausência ou como complemento do planeamento geral. FERNANDO LÓPEZ RAMÓN, "Introducción al Derecho Urbanístico...", pp. 113-114. RAMÓN PARADA, "Derecho Administrativo III, Bienes públicos. Derecho Urbanístico...", pp. 353-354.

[700] FERNANDO LÓPEZ RAMÓN, "Introducción al Derecho Urbanístico...", pp. 109-133.

[701] FERNANDO LÓPEZ RAMÓN, "Introducción al Derecho Urbanístico...", pp. 109-133.

[702] FERNANDO LÓPEZ RAMÓN, "Introducción al Derecho Urbanístico...", pp. 115-116.

[703] FERNANDO LÓPEZ RAMÓN, "Introducción al Derecho Urbanístico...", pp. 115-116.

PARTE II – § 2º DIREITOS ESTRANGEIROS

Urbana»[704]. Como explica FERNANDO LÓPEZ RAMÓN, o nível superior em que se encontram as autoridades competentes para aprovar o «Plan General de Ordenación Urbana» e as maiores garantias procedimentais na aprovação do mesmo estão directamente conectadas com os conteúdos que legalmente lhe estão cometidos, razão pela qual, se ele incidir sobre as matérias legalmente reservadas aos «Planes Parciales» ou aos «Planes Especiales», tal facto terá como efeito que nem as autoridades superiores nem os procedimentos mais complexos se possam ocupar em detalhe das matérias em que haja entrado o «Plan General de Ordenación Urbana»[705]. Definitivamente, permitir que o «Plan General de Ordenación Urbana» possa afirmar a sua superioridade hierárquica em conteúdos próprios dos «Planes Parciales» ou dos «Planes Especiales» é infringir a lei que estabelece tal regime jurídico, pois como refere o autor, se existe uma superioridade hierárquica indiscutível é a da lei frente aos planos[706]. Na maioria dos casos jurisprudenciais, as características dos factos apreciados pelo tribunal, levou este último a solucionar os problemas de colisão entre o planeamento geral e o planeamento derivado de acordo com o princípio da hierarquia, facto de que advém, com uma certa ligeireza em alguns casos, a doutrina da estrita subordinação dos «Planes Parciales» ou dos «Planes Especiales» ao «Plan General de Ordenación Urbana».

No entanto, a jurisprudência tem admitido que os «Planes Parciales» possam levar a cabo modificações de elementos secundários do «Plan General de Ordenación Urbana», como por exemplo um reajuste do traçado das vias de comunicação.

Nas relações entre os «Planes sectoriales» e os instrumentos de ordenamento do território e, entre aqueles e os planos urbanísticos, a regulação da relação de prevalência há-de ser estabelecida por cada uma das Comunidades Autónomas, sem que possa o Estado adoptar qualquer decisão a esse respeito, atento o facto da matéria em causa ser da competência das Comunidades Autónomas. Se por exemplo, pensarmos no caso dos planos sectoriais de resíduos, podemos com relativa facilidade concluir que na relação com os planos urbanísticos, em princípio, a regulação da sua relação de prevalência deve ditar uma supremacia dos planos sectoriais sobre o plano urbanístico, ao passo que se estivermos no âmbito da relação entre o plano sectorial de resíduos e os intrumentos de ordenamento do território, a relação em princípio quedar-

---

[704] FERNANDO LÓPEZ RAMÓN, "Introducción al Derecho Urbanístico...", pp. 115-116.
[705] FERNANDO LÓPEZ RAMÓN, "Introducción al Derecho Urbanístico...", pp. 115-116.
[706] FERNANDO LÓPEZ RAMÓN, "Introducción al Derecho Urbanístico...", pp. 115-116.

A NULIDADE DO PLANO URBANÍSTICO

-se-á pelo respeito destes últimos pelos planos sectoriais, atento o carácter integral daqueles primeiros[707].

Como se depreende da análise até agora efectuada, as questões associadas ao controlo da legalidade interna dos planos e, concretamente, das equacionáveis relações de compatibilidade ou conformidade entre os vários tipos de planos assume, no esquema expositivo do modelo jurídico-urbanístico espanhol, importantes particularidades que fomos sinalizando e que apontam, necessariamente, para uma leitura integrada dessas relações no contexto mais vasto da problemática da autonomia municipal.

Ou seja, percebe-se por um lado que o sistema está todo ele construído sobre complexas teias hierárquicas, mas que a essa complexidade se associam outras dificuldades emergentes de um modelo em que a autonomia municipal desempenha papel crucial.

Neste pressuposto, podemos então tirar algumas notas conclusivas sobre o que até agora foi sendo objecto da nossa reflexão.

Em primeiro lugar, é importante reiterar que a tradicional competência estatal para a aprovação definitiva dos mais importantes planos urbanísticos foi sendo progressivamente assumida pelas Comunidades Autónomas[708], o

---

[707] Constituindo uma boa (e actual) reflexão sobre a relação estabelecida entre os planos sectoriais (no caso o plano sectorial relativo aos resíduos) e os instrumentos de ordenamento do território e os planos urbanísticos, ver JULIA ORTEGA BERNARDO, "Los Planes de residuos autonómicos ante los nuevos requerimentos del derecho comunitario", in Civitas, Thomson Reuters, Revista Española de Derecho Administrativo (REDA), nº 145, Janeiro/Março, 2010, pp. 133-159.

[708] Note-se que a aprovação dos planos urbanísticos mais importantes (em particular o «Plan General de Ordenación Urbana») se articula, actualmente, em torno de um procedimento tipo que integra três sucessivas aprovações: inicial, provisória e definitiva, cabendo as duas primeiras à Administração urbanística actuante (normalmente o Município) e, a última, à Administração da respectiva Comunidade Autónoma (antes era o Estado). Ver FERNANDO LÓPEZ RAMÓN, "Introducción al Derecho Urbanístico...", pp. 118-124. Em sentido diferente e admitindo apenas duas fases, JOSÉ LUIS MEILÁN GIL refere antes que o «Plan General de Ordenación Urbana» se encontra, actualmente, configurado como um procedimento bifásico correspondendo ao Município a sua aprovação inicial e provisória e, à Comunidade Autónoma, a aprovação definitiva, substituindo esta última a da Administração do Estado. A aprovação definitiva implica um controlo de legalidade sobre o que é o interesse municipal e de oportunidade sobre o que seja expressão de um interesse supramunicipal (STS de 26 de Junho de 2008). Segundo o mesmo autor, o carácter bifásico do planeamento municipal foi reconhecido pela STC 240/2006, no conflito em defesa da autonomia local interposto pela Ciudad de Ceuta que, curiosamente, tendo um estatuto de autonomia, não é Comunidade Autónoma. Por conseguinte, não sendo

PARTE II – § 2º DIREITOS ESTRANGEIROS

que determinou importantes interpretações jurisprudenciais em relação à autonomia municipal[709].

Em segundo lugar, o papel desempenhado pela cláusula de prevalência exige que o Estado não só chame a colaborar consigo a Comunidade Autó-

Comunidade Autónoma, careceria de competência legislativa sobre urbanismo. A conclusão do TC, com o voto contra de dois juízes, é a de que compete ao Estado a aprovação definitva do plano urbanístico municipal, solução essa que veio aliás a ser reconhecida na terceira disposição adicional do TRLS de 2008. Como faz questão de explicar o autor, não é de forma alguma questionável (o contrário seria até irrazoável) que o que seja supramunicipal não seja competência do município. Questionável é sim o que haja de entender-se por supramunicipal e que, necessariamente, a aprovação definitiva de um plano municipal que inclui, por razão de legalidade, o que é o interesse municipal, seja da competência da Comunidade Autónoma, ainda que a sua constitucionalidade haja sido declarada (STC 150/2001). Atribuir à Administração da Comunidade Autónoma a aprovação definitiva do planeamento municipal responde, segundo o autor, a uma inércia que deriva de postulados constitucionais e legais diferentes dos actuais e que revela um certo tipo de tutela incompatível com a autonomia. De facto, sempre que se reconhece constitucionalmente a autonomia a uma Comunidade Autónoma para exercício de competências num âmbito predeterminado (interesses próprios) o controlo de legalidade deve realizar-se por juízes e tribunais (tal como aliás resulta claro do artigo 106 da CE quando prescreve que «los Tribunales controlan la potestad reglamentaria y la legalidad de la actuación administrativa»). JOSÉ LUIS MEILÁN GIL considera pois que a solução actual – procedimento bifásico – é menos correcta teoricamente e tão pouco se mostra capaz de resolver todos os problemas que se lhe colocam na prática (pelo menos a julgar pelos numerosos litígios existentes), pelo que, desse ponto de vista, pode inclusivamente discutir-se se a não aprovação do plano que haja sido sindicada perante os Tribunais, com toda a situação de vazio normativo que tal facto supõe durante muito tempo (e da inerente e permanente situação que se pretendia mudar durante o mesmo tempo) constitui uma melhor solução que a aprovação municipal e posterior impugnação perante a jurisdição contenciosa-administrativa. JOSÉ LUIS MEILÁN GIL, "Planeamiento de nivel supramunicipal", *in* Actas das I Jornadas Luso-Espanholas de Urbanismo, co-organizado por CEDOUA/FDUC/APDU...", pp. 22-24.

[709] Na sua versão original, a competência para a aprovação definitiva dos planos urbanísticos era uma competência plena e não de mero controlo da legalidade, exercendo-se através dela uma fiscalização completa dos respectivos planos. Inclusivamente terá sido essa a circunstância que levou a que se considerasse que a aprovação definitiva possibilitava um duplo controlo: controlo de legalidade, tanto nos seus aspectos formais (por exemplo, os aspectos relativos à competência e ao procedimento) como nos seus aspectos materiais (respeito pelo «bloco de legalidade», em especial a legislação urbanística e respeito pelos planos de hierarquia superior) e, também, controlo de oportunidade, de tal forma que a Administração superior se considerava legitimada, incluindo para divergir, no âmbito da discricionariedade que lhe assiste, do modelo territorial escolhido pelo Município. Ver FERNANDO LÓPEZ RAMÓN, "Introducción al Derecho Urbanístico...", p. 121.

A NULIDADE DO PLANO URBANÍSTICO

noma como exerça, razoavelmente, a sua competência como, ainda, tome em expressa e devida consideração os interesses tutelados pela competência autonómica o que, como atrás se disse, justifica o especial interesse que a doutrina tem votado à necessidade de potenciar os mecanismos de colaboração e de cooperação entre todas as instâncias do poder territorial.

Em terceiro lugar, a importância que a ratificação da constitucionalidade da competência autonómica para a aprovação definitiva dos planos urbanísticos assume no fortalecimento da própria aplicação da cláusula de prevalência[710].

Em quarto lugar, vimos também, nas situações resultantes da existência de zonas comuns à normativa estatal e à normativa autonómica, que o alcance da competência autonómica depende da sua não discrepância com o direito estatal concorrente, assumindo-se essa não discrepância como condição da respectiva eficácia e não como condição de validade[711]. Ou seja nas relações entre estes dois níveis decisórios, a discrepância entre a normativa autonómica e a normativa estatal opera ao nível da eficácia e não ao nível da validade[712]. Recorde-se, a este propósito, o que antes já dissémos sobre a aplicação da regra da prevalência do direito estatal relativamente ao exercício de faculdades autonómicas de ordenamento do território[713]. Ela exigirá não apenas a existência de competências concorrentes com o Estado (*e de um correcto exercício dessa competência*) como uma prévia intenção de compatibilizar essas mesmas competências concorrentes.

Nas situações em que a desejada compatibilização não se revele possível, deve então optar-se pela prevalência da norma de direito estatal[714].

Em quinto lugar, entendemos ser possível conferir alguma utilidade à proposta avançada por JOSÉ MARÍA BAÑO LEÓN que, como já antes referimos, alude, convencionalmente, a duas modalidades de «Plan General», a saber «Plan General rígido» e «Plan General flexible».

---

[710] Recordem-se a este propósito as sentenças do Tribunal Constitucional nº 159/2001 (relativo a um caso de subrogação autonómica nas competências urbanísticas municipais) e nº 240/2006 (caso da aprovação de planeamento urbanístico) sempre que o Município conserve faculdades relevantes nas fases prévias de formulação e aprovação prévia dos referidos planos. Ver FERNANDO LÓPEZ RAMÓN, "Introducción al Derecho Urbanístico...", p. 122.

[711] Ver FERNANDO LÓPEZ RAMÓN, "Introducción al Derecho Urbanístico...", pp. 67-68.

[712] Ver FERNANDO LÓPEZ RAMÓN, "Introducción al Derecho Urbanístico...", pp. 67-68.

[713] Ver FERNANDO LÓPEZ RAMÓN, "Introducción al Derecho Urbanístico...", pp. 67-68.

[714] Ver FERNANDO LÓPEZ RAMÓN, "Introducción al Derecho Urbanístico...", pp. 67-68.

PARTE II – § 2º DIREITOS ESTRANGEIROS

Na primeira situação podemos, com alguma razoabilidade dogmática, entender que o que se sinaliza, objectivamente, é uma **relação de conformidade**, uma vez que os «Planes Parciales» se encontram subordinados hierarquicamente ao «Plan General», de tal modo que qualquer modificação que a Administração pretenda efectuar no «Plan General», mesmo que seja uma questão de pormenor, deve fazê-lo mediante uma modificação de «Plan General de Ordenación Urbana», facto que traduz, necessariamente, uma relação hierárquica rígida entre planos com conteúdo normativo de diferente nível. Pelo contrário e no que se refere à modalidade de «Plan General flexible», poderíamos aí divisar, pelas razões que já antes deixámos claras, uma **relação de compatibilidade** com quebra do princípio da hierarquia normativa (artigo 9.3 da CE)[715].

O sistema espanhol é muito mais rico na forma como trata as relações entre planos, fruto também da autonomia municipal, apresentando cada uma das leis autonómicas formas conceptualmente diversas de equacionar os freios relacionais existentes entre os instrumentos de planeamento e os instrumentos de ordenamento do território[716].

Do ponto de vista dos vícios assacados pelo legislador no âmbito do planeamento urbanístico convirá ter presente os traços característicos do regime.

Em primeira linha, temos que considerar o disposto no artigo 50[717] do TRLS de 2008, no qual o legislador prevê a possibilidade de impugnação dos

---

[715] José María Baño León, "Derecho Urbanístico...", pp. 134-137.

[716] Veja-se o exemplo da Comunidade Autónoma de Galicia em que se alude na respectiva Lei de Ordenamento a uma ideia de coerência do plano com os instrumentos de ordenamento do território e à sua conformidade com a legislação urbanística vigente. Na situação concreta da Galicia, e correspondendo o exercício das faculdades de planeamento com carácter principal aos «ayuntamientos», a interferência que sobre essas faculdades pode realizar a Xunta de Galicia deve respeitar a autonomia municipal, sem imiscuir-se nos elementos discricionários típicos do próprio interesse local, como é a própia definição do modelo de cidade. Esse controlo, como precisa o artigo 85.7 da Lei nº 9/2002, de 30 de Dezembro, de Ordenamento Urbanístico da Galicia-LOUGA limita-se, por exemplo, à análise da integridade e suficiência dos documentos do plano, à sua conformidade com a legislação urbanística vigente e com a protecção do meio rural e, ainda, à sua coerência com os instrumentos de ordenamento do território vigentes.

[717] Cfr: Artículo 50. *«Recurso contencioso-administrativo. 1. Los actos de las Entidades Locales, cualquiera que sea su objeto, que pongan fin a la vía administrativa serán recurribles directamente ante la jurisdicción contencioso-administrativa. 2. Los actos de aprobación definitiva de los instrumentos de ordenación territorial y de los de ordenación y ejecución urbanísticas, sin perjuicio de los recursos administrativos que*

actos de aprovação definitiva[718] dos instrumentos de ordenamento territorial ou de ordenamento e execução urbanísticas.

Um segundo aspecto é o de que no sistema espanhol, qualquer vício de tramitação que ocorra no âmbito do procedimento de elaboração de planos urbanísticos pode implicar a sua nulidade de pleno direito («nulidad de pleno derecho»)[719] ou a anulação do plano urbanístico[720].

puedan proceder, podrán ser impugnados ante la jurisdicción contencioso-administrativa, en los términos prevenidos por su legislación reguladora.»

[718] Um outro sinal da enorme vitalidade do Supremo Tribunal na construção do *ius commune urbis* a que alude JOSÉ MARÍA BAÑO LEÓN é o que nos é oferecido pela sentença do Supremo Tribunal, Sala do Contencioso-Administrativo, de 14 de Janeiro de 2010, em sede de recurso nº 6578/2005, relativamente às dúvidas sobre a viabilidade de recursos administrativos directos contra os actos de aprovação definitiva dos planos urbanísticos. O Supremo Tribunal considerou que atenta a natureza normativa dos planos, eles seriam impugnados directamente através de recurso contencioso-administrativo, sem que fossem admitidos recursos administrativos directos, aplicando-se, como tal, o regime de impugnação das disposições gerais. Com este entendimento, o Supremo Tribunal pretendeu impedir a modificação do planeamento urbanístico através dos recursos administrativos directos, assim como a aplicação do regime de revisão oficiosa das disposições gerais relativas ao conteúdo ou às determinações dos planos. Ver JOSÉ ANTONIO RAZQUIN LIZARRAGA, "La impugnación directa de los planes de urbanismo", *in* Revista Aranzadi Doctrinal, nº 6, 2010, pp. 25-36. JESÚS GARCÍA DEL PRADO parte da natureza regulamentar do planeamento geral para constatar que as diferenças que ele apresenta face a um qualquer outro acto de natureza regulamentar, o tornam numa espécie de «muñeco diabólico», gerando consequências brutalmente desproporcionadas e tremendamente injustas relativamente a terceiros que, por sua vez, sustentam e levam a cabo algumas das decisões mais importantes da sua vida, como sejam, por exemplo, a relativa à compra de habitação. Para o autor, o planeamento geral, como actividade regulamentar que é, tem como traço essencial o facto dos vícios de que enferme o plano implicarem a sua «nulidad de pleno derecho». Por outro lado, o autor refere, como um dos traços distintivos de um qualquer outro regulamento, o facto da declaração de nulidade do regulamento do plano geral atingir todo o plano, ao passo que no caso de quaisquer outros regulamentos só terá efeitos sobre os preceitos que houverem sido impugnados. Ver JESÚS GARCÍA DEL PRADO, "Impugnación del planteamiento general y consecuencias", *in* Revista de Derecho Urbanístico y Medio Ambiente, Año nº 43, nº 253, Outubro, 2009, pp. 55-88.

[719] A sentença do Supremo Tribunal de 28 de Outubro de 2009, ditada em sede de recurso de cassação número 3793/2005, voltou a reabrir o debate acerca das consequências jurídicas que resultam para um instrumento de planeamento urbanístico (ou para a sua correspondente modificação), pelo facto de ocorrer, durante a sua tramitação, um vício de natureza formal. Cabe a este propósito salientar que a jurisprudência do Supremo Tribunal não resulta completamente pacífica no que respeita aos vícios procedimentais, uma vez que as solu-

Esta nulidade ocorre nos termos do disposto no artigo 62.2 da Lei nº 30/1992 (Ley 30/1992, de 26 de Noviembre, relativa ao Régimen Jurídico de las Administraciones Públicas y del Procedimiento Administrativo Común).

Também com interesse, o Supremo Tribunal, na sua sentença de 18 de Maio de 2009, tirada em sede de recurso de cassação número 3013/2006, afirma que os actos administrativos podem ser ilegais por nulidade (artigo 62.1 da Lei nº 30/92) ou por simples anulabilidade (artigo 63), sendo que as disposições gerais não são nunca anuláveis mas sim nulas de pleno direito, uma vez que o artigo 62.2[721] da Lei nº 30/92 comina com a nulidade de pleno direito as

ções já tomadas vão desde a nulidade de pleno direito até à anulabilidade. Não obstante, a solução agora tomada parece definitiva, obrigando a declarar a nulidade de pleno direito de qualquer instrumento de planeamento urbanístico sempre que, durante a sua tramitação, haja ocorrido um vício formal. Esta sentença faz parte de um conjunto de sentenças que analisámos e em que o Supremo Tribunal se pronunciou a favor da nulidade de pleno direito dos instrumentos de planeamento nos quais concorra um vício formal na sua tramitação por aplicação do disposto no artigo 62.2 da Lei nº 30/1992. Na situação analisada pelo Supremo Tribunal, o recorrente pede a declaração de nulidade de uma modificação pontual de um plano parcial em virtude de ter sido considerado o parecer da correspondente «Consejería de Obras Públicas» exigido pela normativa sectorial, tudo com base no artigo 62.1.e) da Lei nº 30/1992 e não no artigo 62.2 desse mesmo diploma legal. Ora este pedido, com este fundamento, levou o Supremo Tribunal a afirmar que a *"...concretização do preceito que se cita como tendo sido infringindo não é afortunada, pois teria bastado ao recorrente invocar a não observância do disposto no artigo 62.2 da referida Lei relativo à nulidade de pleno direito das disposições de carácter geral..."*. Em geral, sobre a «nulidad de pleno derecho», ver o completo e elucidativo artigo de Javier García Luengo, "Los supuestos de nulidad de pleno derecho establecidos al margen de la Ley de Procedimiento Común", *in* Revista de Administración Pública (RAP), nº 159, Madrid, Setembro/Dezembro, 2002, pp. 137-172.

[720] Santiago González-Varas Ibañez, "Hacia un modelo contencioso-administrativo preventivo. El ejemplo de la «ejecución» de las sentencias anulatorias de un plan urbanístico", *in* Revista de Administración Pública (RAP), nº 163, Madrid, Janeiro/Abril, 2004, pp. 41-72.

[721] Artigo 62.2 da Lei nº 30/92. 2. *«También serán nulas de pleno derecho las disposiciones administrativas que vulneren la Constitución, las leyes u otras disposiciones administrativas de rango superior, las que regulen materias reservadas a la Ley, y las que establezcan la retroactividad de disposiciones sancionadoras no favorables o restrictivas de derechos individuales».*

disposições administrativas que violem as leis ou outras disposições de nível superior[722], sem distinção de valoração formal ou material[723].

O Supremo Tribunal não deixa pois margem para a interpretação nesta sentença, determinando que qualquer infracção do ordenamento jurídico, seja ela formal ou material, há-de ser cominada com a nulidade de pleno direito da disposição geral em questão (no caso do instrumento de planeamento), em virtude do disposto no artigo 62.2 da Lei nº 30/1992 e não do disposto no artigo 62.1. Deste modo, os efeitos criados em virtude dessa declaração de nulidade serão sempre *ex tunc*, ou seja a invalidade do instrumento de planeamento é declarada desde o princípio como se nunca tivesse existido, e sem que se abra qualquer possibilidade de sanação.

Não obstante tudo o que já se disse, o Supremo Tribunal também se pronunciou já em sentido diverso aos arestos já referidos. Cabe aqui referir, por exemplo, a sentença de 8 de Outubro de 1998, ditada en sede de recurso de cassação nº 1018/1992, a sentença de 17 de Julho de 2009, ditada em sede de recurso de cassação nº 1031/2007 e a de 20 de Novembro de 2007, também em sede de recurso de cassação nº 33/2004. Cabe evidenciar ainda, no âmbito do

---

[722] Incluir-se-ão aqui, necessariamente, as situações decorrentes das relações de superioridade hierárquica e que serão tanto mais diversas consoante os níveis de planeamento que estejam em causa e as opções de controlo (e respectiva intensidade) a cuja prossecução as leis autonómicas obrigam.

[723] Os instrumentos de planeamento são, para a maioria da doutrina espanhola, disposicões com carácter geral de nível regulamentar. Pelo que, contra eles, não cabe interpor recurso administrativo (artigo 107.3 da Lei nº 30/1992, de 26 de Novembro). Tão pouco é possível exigir a sua revisão oficiosa (artigo 102 da Lei nº 30/1992 e, ainda, a nível de jurisprudência ver SS TS de 28/12/2006 – recurso de cassação nº 4836/2003 – e de 12/07/2006 – recurso de cassação nº 2285/2003). No que respeita à via judicial, refira-se que pode ser interposto contra eles recurso contencioso-administrativo directo perante o Tribunal Superior de Justiça no prazo de dois meses desde a sua publicação ou notificação (artigos 10 e 46 da Lei nº 29/1998 de 13 de Julho – Ley Reguladora de la Jurisdicción Contenciosa- Administrativa – LRJCA). São, igualmente, susceptíveis de recurso indirecto, uma vez terminado o referido prazo de impugnação directa (artigo 26 da LJCA). O recurso, dirigido contra um acto de aplicação do plano deverá levar à declaração da sua nulidade. Essa nulidade apenas poderá ter como causa a violação de normas substantivas, e não normas de mero procedimento na tramitação do Plano. Quanto ao recurso indirecto, este produzirá não apenas a anulação do acto de aplicação como também do próprio plano urbanístico, com efeitos "erga omnes" desde a sua publicação (artigo 72.2 LRJCA e S TSJ Galicia nº 840/2003, de 20 de Novembro, ditada no âmbito do Recurso nº 4839/1999). Ver FRANCISCO DE COMINGES CÁCERES, "Los planes urbanísticos generales en la jurisprudência del Tribunal Superior de Justicia de Galicia", *in* Revista Xurídica Galega, nº 56, 2007, pp. 13-41.

PARTE II - § 2º DIREITOS ESTRANGEIROS

planeamento urbanístico, a referida sentença de 8 de Outubro de 1998, em que se determinou a nulidade de um «Plan Especial de Reforma Interior» em virtude do artigo 62.1.e) da Lei nº 30/1992, pela omissão do parecer obrigatório e vinculativo da correspondente Comissão de Património Histórico-Artístico.

Como se pode constatar, também no sistema jurídico espanhol, as questões que se suscitam a propósito da invalidade dos planos (em especial a relativa à sua nulidade) não são nem fáceis nem tão pouco lineares[724], desempenhando nesta matéria um papel crucial a jurisprudência que vem sendo firmada pelo Supremo Tribunal de Justiça[725].

[724] Basta, aliás, para adensar a confusão, recordar que quando ocorram vícios de tramitação, o Supremo Tribunal não só determinou a nulidade de pleno direito de uma disposição geral com base em duas alíneas distintas do artigo 62 da Lei nº 30/1992 como também o fez, num terceiro sentido, determinando a anulabilidade do instrumento de planeamento (e já não a sua nulidade de pleno direito), tudo com base no artigo 63 da Lei nº 30/1992. Por exemplo, o Supremo Tribunal, na sua sentença de 13 de Novembro de 2000, ditada em sede de recurso de cassação (recurso nº 6803/1995), e pela qual se decidia sobre quais as consequências que deveria acarretar a não tomada em consideração do parecer do Secretário da Corporação Local na tramitação de um plano especial, estabelece que a não consideração do referido parecer do Secretário da Corporação Local no procedimento de elaboração de planos configura um vício de procedimento que, como tal, não deveria dar lugar a uma nulidade de pleno direito, de acordo com o estabelecido nas alíneas a) e c) do artigo 47 da Lei de Procedimento Administrativo de 1958, configurando antes uma causa de anulabilidade do artigo 48 do mesmo diploma legal, desde que dessa não consideração o acto final tivesse efectivamente ficado privado dos requisitos indispensáveis para alcançar o respectivo fim ou não tivesse existido uma efectiva participação. Nos mesmos termos, se pronunciaram também vários tribunais superiores de justiça. O caso do Tribunal Superior de Justiça de Madrid na sua sentença de 27 de Fevereiro de 2003, ditada em sede de recurso contencioso-administrativo número 1328/1997, determinou a anulação parcial, e não a nulidade de pleno direito, do «Plan General de Ordenación Urbana» de Madrid por carecer de suficiente motivação. Outros exemplos são-nos dados pelas sentenças do Tribunal Superior de Justiça da Cataluña de 19 de Junho e de 13 de Março de 2008, ditadas no âmbito dos recursos contencioso-administrativos nº 51/2005 e nº 109/2004 e, ainda, de 19 de Junho de 2002, ditada no recurso contencioso-administrativo nº 1320/1997, assim como a sentença do Tribunal Superior de Justicia das Canárias de 18 de Maio de 2001, ditada em sede de recurso contencioso-administrativo nº 2398/1997. Em todas estas sentenças se observa que se declara a anulabilidade do instrumento de planeamento em virtude do artigo 63 da Lei nº 30/1992, e não a sua nulidade, conforme ao artigo 62 do mesmo diploma legal.

[725] JOSÉ MARÍA BAÑO LEÓN refere-se mesmo ao papel da jurisprudência do Supremo Tribunal como uma das mais importantes fontes de Direito Urbanístico Comum. Para o autor, não obstante a existência de 17 ordenamentos jurídicos urbanísticos, existe em Espanha um *ius commune urbis*, ou seja um direito urbanístico comum que se articula sobre o peso enorme de

A NULIDADE DO PLANO URBANÍSTICO

O Supremo Tribunal tem, ultimamente, afirmado que os vícios formais em que se incorra durante o procedimento de aprovação dos instrumentos de planeamento determinam a respectiva nulidade de pleno direito com base no artigo 62.2 da Lei nº 30/1992. Existe, no entanto, jurisprudência do mesmo Tribunal que determina que, nesses mesmos casos, o que procede é a nulidade de pleno direito do instrumento, mas sim com base no artigo 62.1.e) da Lei nº 30/1992. Por outro lado, o Supremo Tribunal, em outros tantos casos, declarou a anulabilidade de determinados instrumentos de planeamento cujo procedimento de aprovação padecia de algum vício formal, em virtude do disposto no artigo 63 da Lei nº 30/1992. Um outro aspecto que aqui gostaríamos de dar nota é o que se relaciona com a aprovação de um instrumento de planeamento *contra legem* por silêncio administrativo positivo, sem prejuízo da sua posterior impugnação ou revisão. No caso da sentença do Supremo Tribunal, Sala do Contencioso-Administrativo, de 30 de Setembro de 2009, em sede de recurso nº 2978/2005, o Supremo Tribunal estabeleceu um paralelismo com o regime aplicável à concessão de licenças administrativas, afirmando que, como regra geral, opera o silêncio administrativo positivo em matéria de aprovação dos instrumentos de planeamento. Não obstante, estabelece que, ao contrário do que sucede com o regime das licenças, não existe no ordenamento jurídico espanhol qualquer disposição legal que proíba a aprovação, por silêncio administrativo positivo (acto silente positivo), de instrumentos de planeamento *contra legem*, sem prejuízo de que qualquer vício de nulidade de que padeça o referido instrumento de planeamento se possa sindicar por via da correspondente impugnação ou possa configurar-se como determinante num eventual e posterior procedimento revisivo do instrumento aprovado por acto silente positivo. Assim, neste caso, o Supremo Tribunal declarou como estando concluída a aprovação da modificação do «Plan General de Ordenación Urbana» por silêncio administrativo positivo[726].

---

um sistema de conceitos sistematizados pela Lei de 1956 e, definitivamente, articulado no TRLS de 1976, em que aliás se formaram todas as gerações de urbanistas. Considera ainda o autor que esse direito comum deriva tanto da legislação estatal como, ainda, do «inconsciente colectivo» urbanístico que produz uma enorme uniformidade normativa. O autor conclui que essa homogeneidade sai claramente reforçada por uma jurisprudência que é, também ela, formada e sedimentada à luz da mesma "escola" do TRLS de 1976. Ver José María Baño León, "Derecho Urbanístico...", pp. 35-36 e 157-159.

[726] Através da sentença do Supremo Tribunal, Sala do Contencioso-Administrativo, de 21 de Setembro de 2009, no âmbito do recurso nº 2886/2004, aquela mais alta jurisdição entendeu

PARTE II – § 2º DIREITOS ESTRANGEIROS

Temos pois no sistema espanhol situações de nulidade de plano por violação, pelos mesmos, de normas de nível hierárquico superior[727] com as quais aquele primeiro se deve compatibilizar ou conformar. As normas de nível hierárquico superior (*que podem ser normas legais ou outras normas de valor regulamentar inscritas em instrumentos de planeamento ou de ordenamento colocados em posição de supra ordenação*) tanto podem pôr em relação os diferentes níveis de planeamento dentro do próprio município, como entre este e o nível decisório cometido à respectiva Comunidade Autónoma ou mesmo entre a normativa autonómica e a normativa estatal, convocando-se nesta última situação às já por nós analisadas complexas relações com as normativas sectoriais.

que não se pode ter como aprovado, por silêncio administrativo positivo, um instrumento de planeamento se, no âmbito da sua tramitação, se tiver omitido o pedido de parecer. Na tramitação de um «Plan Parcial», o «Ayuntamiento» pediu os pareceres obrigatórios mas não vinculativos ao «Cabildo Insular» e à «Comisión de Ordenación del Territorio de Canarias». Não obstante, esses organismos devolveriam o expediente ao «Ayuntamiento» sem emitir o parecer solicitado, tendo o referido «Ayuntamiento» entendido como aprovado, por silêncio administrativo positivo, o «Plan Parcial», sem voltar a solicitar a emissão dos referidos pareceres. Para além disso, o «Ayuntamiento» não solicitou a emissão do parecer obrigatório e vinculativo que devia emitir a «Administración General del Estado» competente em matéria de costas. O Supremo Tribunal considerou que não se pode entender como aprovado o «Plan Parcial» por silêncio administrativo positivo pois o «Ayuntamiento» incumpriu, flagrantemente, os trâmites previstos para a sua aprovação, ou seja, o pedido de parecer das Costas e o novo pedido dos pareceres do «Cabildo Insular» e da «Comisión de Ordenación del Territorio de Canarias».

[727] Como sinteticamente refere MARTIN BASSOLS COMA "...*o sistema de planificação urbanístico – independentemente das características próprias de cada Comunidade Autónoma – pode ser definido de acordo com os seguintes critérios: integral (inclui todo o território do Município), escalonado e hierarquizado («Plan General de Ordenación Urbana») para todo o território e desenvolvido por «Planes Parciales» e «Planes Especiales»*", obrigatório para os privados e para todos os entes públicos, de natureza normativa (regulamentar) e de aplicação indefinida (salvo nos casos de modificação pontual ou revisão)..." pelo que, acrescenta o autor, em resultado da relação hierárquica entre todos os tipos de planos "...*serão considerados como nulos todos os desvios às suas determinações.*" Ver MARTIN BASSOLS COMA, "Espagne, Rapport National", *in* "Le contenu des plans d'urbanisme et d'aménagement dans les pays d'Europe de l'Ouest", Colloque biennal de l'Association Internationale de Droit de l'urbanisme, 23/24 de Setembro de 2005, Genève-Lausanne, Les Cahiers du Groupement de recherche sur les institutions et le droit de l'aménagement, de l'urbanisme et de l'habitat (GRIDAUH), Série Droit Comparé, nº 15, 2006, pp. 195-215.

2.4. Direito Italiano

Em Itália, a planificação territorial é muito complexa, articulando-se sob um esquema de diferentes tipos de planos. Toda a regulamentação em matéria de planificação é regida pela Lei nº 1150 de 17 de Agosto de 1942 («Legge Urbanistica»), em grande parte ainda em vigor, não obstante as significativas modificações[728] de que foi já objecto, em particular as que resultaram da Lei nº 765, de 6 de Agosto de 1967[729]. Desde então, o debate em torno das diver-

---

[728] Lei nº 1150, de 17 de Agosto de 1942 (Legge Urbanistica) publicada na Gazzetta Ufficiale della Repubblica Italiana (GU) nº 244 de 16 de Outubro de 1942, com as seguintes modificações: Lei nº 765, de 6 de Agosto de 1967, GU nº 218 de 31 de Agosto de 1967, Lei nº 1187, de 19 de Novembro de 1968, GU nº 304 de 30 de Novembro de 1968, Lei nº 291, de 1 de Junho de 1971, GU nº 139 de 3 de Junho de 1971, Lei nº 865, de 22 de Outubro de 1971, GU nº 276 de 30 de Outubro de 1971, Lei nº 122, de 24 de Março de 1989, GU nº 80 de 6 de Abril de 1989, Decreto Legislativo (D.Lgs.) nº 112, de 31 de Março de 1998, GU nº 77 de 21 de Abril de 1998, Decreto do Presidente da República (D.P.R.) nº 380, de 6 de Junho de 2001, GU nº 245 de 20 de Outubro de 2001, Decreto do Presidente da República (D.P.R.) nº 327 de 8 de Junho de 2001, GU nº 189 de 16 de Agosto de 2001 (suppl. ord. nº 311, republicado na GU nº 214 de 14 de Setembro de 2001 – suppl. ord. nº 231) e da Lei nº 246, de 28 de Novembro de 2005, GU nº 280 de 1 de Dezembro de 2005. Sobre a evolução e fontes do direito do urbanismo, ver PAOLO URBANI/STEFANO CIVITARESE, «Diritto Urbanistico, Organizzazione e Rapporti», Edições G. GIAPPICHELLI EDITORE, Torino, 1994, pp. 31-46. Reflectindo sobre a «Legge Urbanistica» de 1942 e os seus sucessivos desenvolvimentos, ver FILIPPO SALVIA, Manuale di Diritto Urbanistico, Casa Editrice Dott. Antonio Milani, Cedam, 2008, pp. 28-29. EMANUELE BOSCOLO, "L'évolution du droit de l'urbanisme en Italie en 2005 et 2006", Groupement de recherche sur les institutions et le droit de l'aménagement, de l'urbanisme et de l'habitat (GRIDAUH), Droit Comparé, pp. 859-883. Sobre a evolução urbanística em Itália, ver também, ainda que bastante datado, o estudo de G. D'ANGELO, "Cento anni di legislazione urbanística", in Rivista Giuridica dell'Edilizia, 1965, II, pp. 119-ss. Sobre este ponto ver, também, a obra de referência de GIAN CARLO MENGOLI, "Manuale di Diritto Urbanistico", Edições Giuffrè, Milano-Dott, 5ª Edição, 2003, pp. 45-57 e de VITTORIO ITALIA/GUIDO LANDI/GIUSEPPE POTENZA, "Manuale di Diritto Amministrativo", Edições Giuffrè, Milano-Dott, 13ª Edição/actualizada a Janeiro de 2002, pp. 493-495.

[729] EMANUELE BOSCOLO, "L'évolution du droit de l'urbanisme en Italie en 2005 et 2006", Groupement de recherche sur les institutions et le droit..., p. 860. Concretamente sobre o urbanismo no sistema de planificação territorial italiano, ver MASSIMO OCCHIENA, "Italie, Rapport National", in "Le contenu des plans d'urbanisme et d'aménagement dans les pays d'Europe de l'Ouest", Colloque biennal de l'Association Internationale de Droit de l'urbanisme, 23/24 de Setembro de 2005, Genève-Lausanne, Les Cahiers du Groupement de recherche sur les institutions et le droit de l'aménagement, de l'urbanisme et de l'habitat (GRIDAUH), Série Droit Comparé, nº 15, 2006, pp. 277-308. Concretamente, sobre a «Legge

PARTE II – § 2º DIREITOS ESTRANGEIROS

sas questões suscitadas pela reforma das leis do urbanismo e do regime de ordenamento dos solos têm-se mantido bastante animado, mas nenhuma das numerosas iniciativas parlamentares teve qualquer resultado[730].

O Parlamento examinou um projecto de lei orgânica que visava definir os «princípios fundamentais do governo do território»[731]. Não obstante o texto

6 Agosto 1967, n.765», a qual introduziu alguns importantes ajustamentos à «Legge Urbanistica» de 1942, sobretudo no sentido de acelerar o tempo de formação do plano e de limitar a actividade construtiva na ausência de instrumentos urbanísticos fundamentais (e fê-lo, em especial, através da aposição de standards), ver FILIPPO SALVIA, "Manuale di Diritto Urbanistico...", pp. 28-29. Nesta reflexão de FILIPPO SALVIA, o autor destaca ainda, na evolução do quadro legal instituído pela «Legge Urbanistica» de 1942, a «Legge-tampone» (Lei nº 1187/1968) e as que se lhe seguiram (Leis nºs 696/1975 e 6/1977). Estes dois movimentos legislativos tiveram na sua génese a Sentença do Tribunal Constitucional nº 55/1968, relativa à metamorfose sofrida pelo «piano regolatore», no sentido de uma temporalização do pretenso vínculo de localização a ele associado.

[730] EMANUELE BOSCOLO, "L'évolution du droit de l'urbanisme en Italie en 2005 et 2006", Groupement de recherche sur les institutions et le droit..., p. 859.

[731] FILIPPO SALVIA reflectindo sobre a nova expressão «governo del territorio» introduzida pela reforma constitucional de 2001 e que encontra a sua sede no novo artigo 117 da Constituição Italiana, explica que posteriormente a esse momento, se começou a discutir, doutrinariamente, se tal expressão de «governo del territorio» não equivaleria à expressão originária «urbanistica». Num primeiro momento, pensou-se que o legislador constitucional, com essa nova denominação tivesse pretendido dividir a originária matéria urbanística em duas submatérias: «governo del território» por um lado (de natureza concorrente) e «urbanistica» por outro, esta última de competência exclusivamente regional. No entanto, esta tese «barroca» não vingou, pelo que hoje a ideia que se retém é a de que a expressão «governo del territorio» alude a uma única matéria concorrente, em que esta terá então diversos objectos: a «urbanistica» propriamente dita (que se atém, em larga medida ao «piano regolatori»), a «edilizia» (edificação) que recobre, essencialmente, a actividade edificatória através da disciplina de concessão de licenças urbanísticas, a «edilizia publica residenziale» para realizar o pretenso direito à habitação e, por fim, a «espropriazione» (expropriação), com uma função essencialmente instrumental no «governo del territorio» (veja-se os casos de expropriação para finalidades de urbanização ou para execução de determinadas previsões do «piano regolatori»). Ver FILIPPO SALVIA, "Manuale di Diritto Urbanistico...", pp. 21-22. Reflectindo também sobre uma hipótese de definição jurídica de «governo del territorio», SANDRO AMOROSINO esclarece que a expressão em causa corresponderia, no *nomen*, a uma locução utilizada por muitos urbanistas e alguns juristas há, pelo menos, 30 anos. Para alguns dos primeiros comentadores do novo "Título V" da Constituição, a expressão «governo del territorio» e «urbanistica» coincidiriam. A urbanística interessaria pois (num sentido espacial) como disciplina relativa a todo o território (não devendo apenas ser entendida como disciplina relativa ao ordenamento e expansão dos centros habitacionais). Para outros, ela deveria ser entendida como ponto de

chegada da evolução interna da matéria urbanística, dependendo essa evolução do concurso de diversos factores de mudança, entretanto já consolidados. Neste particular, conviria também ter presente, entre outros aspectos, o crescente papel dos entes locais, a afirmação da urbanística consensual («urbanística consensuale») e da urbanística por resultados («urbanística per risultati») ou, ainda, a difusão de técnicas perequativas. O autor considera pois que dado o alargamento espacial do âmbito de incidência da disciplina urbanística e atentas, também, as mudanças estruturais dessa mesma disciplina, a «urbanistica» coincidiria então com o «governo del territorio». No entanto, a esta visão evolucionista, SANDRO AMOROSINO apresenta três ordens de objecções: a primeira é estrutural, dado que o próprio alargamento espacial comportou uma complexidade muito maior dos conteúdos preceptivos. A segunda é de ordem histórico-cultural, uma vez que a urbanística, enquanto ciência e técnica e, correlativamente, disciplina jurídica do território, sofreu pelo menos, no decurso dos últimos 60 anos, duas importantes transformações: a primeira na prática administrativa e, sobretudo, na legislação regional, uma vez que o plano "transfigura-se", apresentando-se carregado de conteúdos preceptivos e devendo, como tal, respaldado nos limites da lei, regular integralmente o território, escolhendo e ordenando os muitos e heterogéneos interesses em presença. Uma segunda transformação ocorrida nas duas últimas décadas traduz-se no facto de muitas leis regionais terem decomposto o «piano regolatori» (já distinguido em «piano struttura» e disciplina regulamentar/operativa), movendo-se claramente no sentido da simplificação. Terceira e última objecção que o autor nos apresenta é a de que se é verdade que nas últimas duas décadas se tem afirmado o *trend* da desplanificação (ou melhor, da aplanificação no sentido de que são feitos poucos planos de conteúdo geral, em cascata, seja de natureza territorial seja de natureza urbanística, previstos na lei), também é verdade que, em contrapartida, no direito positivo sobrevieram numerosas figuras programatórias de finalidades particulares, tais como o «contrati d'area», «patti territoriali», «piano integrati», «piano di riqualificazione urbana semplici», «piano di riqualificazione per lo sviluppo sostenibile» ou mesmo o «progetti urbani» financiado pela União Europeia. O mínimo denominador comum de todas estas novas e heterogéneas figuras, é o de todas elas terem como objecto a transformação/organização do território em função de objectivos totalmente distintos. SANDRO AMOROSINO, "Il Governo dei Sistemi Territoriali, Il Nuovo Diritto Urbanistico", Casa Editrice Dott. Antonio Milani, Cedam, 2008, pp. 3-31. Para outras leituras, igualmente interessantes e complementares, sobre a nova problemática associada à expressão «governo del territorio» ver GIULIA MILO, "Il potere di governo del territorio", Milano, 2005. LORENZO CASINI, "L'equilibrio degli interessi nel governo del territorio", Milano, 2005. MARIO ALBERTO QUAGLIA, "Il governo del territorio", Milano, 2006. BARBARA GIULIANI, "New Public Governance e diritto amministrativo nel governo del territorio", Bari, 2006. PAOLO URBANI, "Territorio e poteri emergenti", Torino, 2007. GIAN LUCA CONTI, "Le dimensioni costituzionali del governo del territorio", Milano, 2007. ROBERTO CHIEPPA, "Governo del Territorio", *in* AA.VV., Il diritto amministrativo dopo le riforme costituzionali, (a cura) di GUIDO CORSO e V. LOPILATO, Volume I, Milano, 2006. ROBERTO CHIEPPA/VINCENZO LOPILATO, "Studi di diritto amministrativo", Milano, 2007. GIOVANNI MARTINI, "Il potere di governo del territorio", *in* La Repubblica delle autonomie nella giurisprudenza costituzionale, (a cura) di ALESSANDRA PIOGGIA e LUCIANO VANDELLI, Bologna, 2007. ALBERTO ROCCELLA reflecte também sobre as implicações que a reforma constitucional de 2001 teve sobre o novo artigo 117 da Constituição Italiana. Também segundo o autor, é preciso definir o campo de aplicação da matéria compreendida no âmbito da expressão «governo del territorio» relativamente à antiga matéria compreendida na expressão «urbanismo». A definição dos limites entre as duas matérias é algo de muito significativo porque a Constituição tem agora duas listas de matérias: as reservadas ao poder legislativo exclusivo do Estado e as que, como aliás sucede com a que se relaciona com o ordenamento do território, de autoridade legislativa concorrente. A tudo isto acresce o poder legislativo residual, compreendendo todas as matérias que não integrem qualquer uma das duas listas, e que é conferido às regiões. Nestas matérias, não expressamente elencadas, ALBERTO ROCCELLA explica-nos que as regiões devem apenas respeitar a Constituição e as vinculações resultantes das disposições da Comunidade Europeia e, bem assim, das obrigações internacionais. Na matéria de «governo del territorio», é preciso pois individualizar os princípios fundamentais que as novas leis regionais devem respeitar, o que contrasta com a opção do legislador constitucional pela eliminação do poder legislativo regional na aplicação de leis nacionais. O Estado tem agora o poder de aprovar os regulamentos de aplicação das suas próprias leis, mas apenas no que respeita às matérias compreendidas no âmbito do seu exclusivo poder legislativo. Em todas as outras matérias, o poder de aprovar os regulamentos é da competência das regiões. É importante relembrar que apenas um ano e meio depois da reforma constitucional, sob iniciativa do Governo, o Parlamento aprovou uma lei de aplicação (Lei nº 131, de 5 de Junho de 2003) intitulada *Disposizioni per l'adequamento dell'ordinamento della Repubblica alla legge costituzionale 18 ottobre 2001, n. 3* (Disposições para a adaptação das disposições da República à Lei Constitucional nº 3 de 18 de Outubro de 2001). Depois desta lei, as disposições nacionais existentes nas matérias agora atribuídas ao poder legislativo regional manter-se-ão em vigor em cada uma das regiões, até que sejam substituídas pelas pertinentes leis regionais. As regiões devem exercer o poder legislativo no respeito pelos princípios fundamentais expressamente definidos pelo Estado, sendo que em caso de ausência destes últimos, elas devem observar os princípios fundamentais dedutíveis da interpretação das leis nacionais em vigor. Consequentemente, as regiões não têm necessidade de atender ao disposto nas novas leis-quadro e respectivos princípios fundamentais. O atraso nas leis-quadro nacionais fundamentais não impede as regiões de exercer a seu poder legislativo. O Tribunal Constitucional herdou todos os probemas relativos à boa aplicação das modificações introduzidas pela reforma constitucional (aliás a mais importante depois de 1947). É a ele que compete julgar os recursos do Governo interpostos contra as leis regionais, quando considere que elas foram aprovadas em violação dos limites do poder legislativo das regiões. O Tribunal Constitucional deve, igualmente, julgar os recursos das regiões contra as leis nacionais, quando estas últimas constituam uma ofensa à autonomia regional. Ver ALBERTO ROCCELLA, "L'évolution du droit de l'urbanisme en Italie en 2003 et 2004", Groupement de recherche sur les institutions et le droit de l'aménagement, de l'urbanisme et de l'habitat (GRIDAUH), Droit Comparé, pp. 745-756.

A NULIDADE DO PLANO URBANÍSTICO

ter merecido a aprovação pela Câmara dos Deputados em 28 de Junho de 2005, o termo da legislatura viria a impedir a sua apreciação pelo Senado[732].

A Lei nº 1150 de 17 de Agosto de 1942 estabelece os diferentes planos de acordo com um critério piramidal, em que no topo coloca os planos com maior abrangência territorial atribuindo, hierarquicamente, ao plano supra ordenado uma eficácia condicionante relativamente às escolhas urbanísticas do plano subordinado[733]. A rigidez desta construção é mitigada uma vez que se atribuem aos diferentes planos funções específicas, dependendo das diferentes competências cometidas a cada organismo territorial em matéria de governo do território[734]. A construção segundo a qual os planos subordinados, geralmente aprovados pelos municípios, constituem um tipo de especificação executiva dos planos de nível superior, no limite aprovados pelas regiões e províncias, não se parece conciliar com a crescente autonomia que o legislador, progressivamente, foi conferindo aos municípios, sobretudo a partir de 1990 (ano da entrada em vigor da lei fundamental nº 142/1990 que reformou profundamente a organização das colectividades locais)[735]. No que respeita à regulamentação dos planos de urbanismo, convirá relevar que, segundo o artigo 117, alínea 3 da Constituição[736], o poder legistativo em matéria de «governo del

---

[732] Note-se que o projecto de lei em causa beneficiara de um largo consenso no seio dos diversos grupos parlamentares. Ver EMANUELE BOSCOLO, "L'évolution du droit de l'urbanisme en Italie en 2005 et 2006", Groupement de recherche sur les institutions et le droit..., p. 859.

[733] MASSIMO OCCHIENA, "Italie, Rapport National", in "Le contenu des plans d'urbanisme...", p. 277.

[734] MASSIMO OCCHIENA, "Italie, Rapport National", in "Le contenu des plans d'urbanisme...", p. 277.

[735] MASSIMO OCCHIENA, "Italie, Rapport National", in "Le contenu des plans d'urbanisme...", p. 277. Por esta razão, STELLA RICHTER e uma parte da doutrina, preferem uma concepção funcional a uma concepção hierárquica, pois que de acordo com aquela concepção, o sistema de planificação deve ser articulado como um complexo conjunto de planos, em que todos eles se distinguem uns dos outros pela função urbanística específica que prosseguem no âmbito mais vasto de um projecto urbanístico local. Ver STELLA RICHTER, "I principi del diritto urbanístico", 2ª Edição, Edições Giuffrè, Milão, 2006.

[736] Conforme a alteração introduzida pela Lei Constitucional nº 3/2001. Esta lei modificou, profundamente, o sistema regional italiano. Na realidade, a Constituição apresentava anteriormente a esta modificação, uma lista de matérias (em que figurava o urbanismo) relativamente às quais as regiões tinham poder legislativo concorrente. Este poder legislativo era assim denominado porque as leis estabelecidas pelas regiões deviam respeitar os princípios fundamentais definidos pelas leis nacionais, ditas leis quadro («leggi-quadro», «leggi-cornice» ou «leggi di principi»). Em contrapartida, no que se relacionava com as outras matérias, as regiões apenas

PARTE II – § 2º DIREITOS ESTRANGEIROS

território» se encontra cometido ao Estado no que se relaciona com a determinação dos princípios fundamentais e às regiões no que se relaciona com todos os demais aspectos de regulamentação[737]. Para além da «Legge Urbanistica» de 1942 e do inovador artigo 117 da Constituição, cumpre-nos ainda referir a existência do «Testo Unico delle disposizioni legislative e regolamentari in materia edilizia»[738] e que contém os princípios fundamentais e gerais e, ainda,

podiam promulgar leis de aplicação de leis nacionais se e na medida em que estas o autorizassem. Na prática, o poder afigurava-se mais como um poder regulamentar que um verdadeiro poder legislativo. Com a referida reforma constitucional, as regiões conservaram o seu poder legislativo concorrente, sempre no respeito dos princípios fundamemtais estabelecidos pelas leis nacionais, nas matérias indicadas numa nova lista que compreende o «governo del territorio». A reforma constitucional comporta, todavia, uma distinção mais clara entre o que se deve entender por leis nacionais e por leis regionais. Com efeito, anteriormente, as leis (nacionais) de detalhe («norme di dettaglio») podiam igualmente ser admissíveis relativamente às matérias do poder legislativo concorrente, uma vez que elas assumiam uma natureza supletiva, ou seja, elas aplicavam-se em cada uma das regiões unicamente em caso de ausência de leis regionais e até à sua substituição por essas mesmas leis regionais. Em contrapartida, e no seguimento da reforma constitucional de 2001, nas matérias objecto de autoridade legislativa concorrente, o poder legislativo permanece nas regiões, salvo no que se relaciona com a definição dos princípios fundamentais, a qual permanece exclusivamente no âmbito da legislação nacional. Ou seja, o novo texto constitucional reserva às regiões a edição da normativa de desenvolvimento, de modo a que as leis nacionais possam ocupar-se, apenas e tão-só, dos princípios fundamentais. Ver ALBERTO ROCCELLA, "L'évolution du droit de l'urbanisme en Italie en 2003 et 2004", Groupement de recherche sur les institutions et le droit..., pp. 745-746. Sobre a distinção entre «norma di principio» (inderrogável) e «norma di dettaglio» (derrogável), LIVIO PALADIN considera que a questão é tudo menos académica, uma vez que a inobservância de uma norma de princípio provoca a inconstitucionalidade da disposição regional por violação do disposto no artigo 117 da Constituição; Ver LIVIO PALADIN, "Le fonti del diritto italiano", Bologna, 1996, pp. 335-339. TEMISTOCLE MARTINES/ANTONIO RUGGERI, "Lineamenti di diritto regionale", IV Edições Milano, 1997, p. 233. GIORGIO PAGLIARI, «Corso di Diritto Urbanistico», In Appendice "Il Piano Regolatore Generale dal punto di vista tecnico" a cura di Ingegnere-Architetto ALFREDO ROSSI, 3ª Edição, Giuffrè Editore, Milano, 2002, pp. 21-25.

[737] MASSIMO OCCHIENA, "Italie, Rapport National", in "Le contenu des plans d'urbanisme...", p. 277.

[738] Aprovado pelo Decreto do Presidente da República (D.P.R.) nº 380, de 6 de Junho de 2001, GU nº 245 de 20 de Outubro de 2001. Como refere EMANUELE BOSCOLO, o «Testo Unico delle disposizioni legislative e regolamentari in materia edilizia» conserva um papel central, quer no plano da regulamentação dos procedimentos de concessão de licenças quer no plano da regulamentação em matéria sancionatória. Ver EMANUELE BOSCOLO, "L'évolution du droit de l'urbanisme en Italie en 2005 et 2006", Groupement de recherche sur les institutions et le

as disposições para disciplinar a actividade edificatória, com o objectivo claro de racionalizar um sector complexo, resultado de uma estratificação normativa que tem como base a «Legge Urbanistica» de 1942. Trata-se pois o «Testo Unico delle disposizioni legislative e regolamentari in materia edilizia» de uma lei quadro («legge-cornice») que encerra em sim mesmo, não a totalidade da matéria urbanística, mas sim uma parte dessa matéria, ou seja, a sub-matéria relativa à actividade edificatória[739], em especial na parte que tem que ver com o controlo preventivo dessa mesma actividade (licença de construção) e com a vigilância e sancionamento contra os abusos edificatórios[740].

A verdade é que a «Legge Urbanistica» de 1942 tem, ao longo dos últimos anos, perdido a sua importância, em larga medida devido ao facto de múltiplas leis regionais[741], em particular as de última geração, terem assumido, definitivamente, uma mudança de direcção relativamente ao modelo

droit..., p. 860. O «Testo Unico delle disposizioni legislative e regolamentari in materia edilizia» teve bastantes alterações, a última das quais introduzida ao artigo 6 (Attività edilizia libera) pelo artigo 5 da "Legge di conversione nº 73/2010, de 22 de Maio".

[739] Sobre o conteúdo de uma proposta de distinção entre «diritto urbanistico» e «diritto edilizio», ver GIORGIO PAGLIARI, «Corso di Diritto Urbanistico», In Appendice "Il Piano Regolatore Generale dal punto...", pp. 26-28. O autor esclarece, aliás, que a redacção actual do artigo 4 da «Legge Urbanistica» de 1942 nos fornece importantes tópicos de reflexão ao estatuir no âmbito da epígrafe *"Piani regolatori e norme sull'attività costruttiva"* que a *"...disciplina urbanistica si attua a mezzo dei piani regolatori territoriali, dei piani regolatori comunali e delle norme sull'attività costruttiva edilizia, sancite dalla presente legge o prescritte a mezzo di regolamenti."*

[740] Ver FILIPPO SALVIA, "Manuale di Diritto Urbanistico...", pp. 28-30.

[741] Como explica FILIPPO SALVIA, todas as regiões legislaram já amplamente em matéria urbanística. Acrescenta o autor que se analisarmos bem um qualquer repertório jurisprudencial, iremos ver que emerge, com clareza, que uma significativa parte do contencioso urbanístico tem agora a sua base em normas estatais ou de derivação estatal. Esta circunstância encontra justificação no facto de que nem sempre o legislador local legisla de modo exaustivo a matéria, sendo que em muitos casos, ele terá mesmo adaptado, modificado ou integrado a norma estatal, sem que a revoge totalmente. Pode pois acontecer que a lei regional, aparentemente inovatória e exaustiva, remeta a sua concreta operatividade para o momento em que o instrumento urbanístico formalmente novo se torne operativo. Ora esta circunstância permite à normativa preexistente operar por um longo período de tempo. Entre as regiões que já emanaram leis urbanísticas de conteúdo inovador refiram-se as Regiões da Toscana (Legge regionale nº 5/1995), Umbria (Legge regionale nº 31/1997), Lazio (Legge regionale nº 38/1999), Veneto (Legge regionale nº 11/2004), Lombardia (Legge regionale nº 12/2005) e Friuli Venezia Giulia (Legge regionale nº 5/2007). Ver FILIPPO SALVIA, Manuale di Diritto Urbanistico...", pp. 30-31.

de planificação proposto pela lei de 1942[742]. A análise da situação actual deve pois conferir um papel central aos desenvolvimentos entretanto ocorridos no direito do urbanismo regionalizado, uma vez que a opção por tratar o direito do urbanismo italiano limitando-nos apenas à legislação nacional não faz hoje qualquer sentido[743]. A «Legge Urbanistica» de 1942 constitui doravante uma referência que, como tal, perdeu já muito do seu valor e à qual podemos presentemente imputar os sucessivos insucessos das políticas territoriais das últimas décadas[744].

É igualmente importante sublinhar que, por regra, a doutrina jurídica pondera as novidades que ocorrem neste domínio com algum atraso e que os estudos consagrados ao direito do urbanismo regionalizado são também muito raros[745].

A tudo isto acresce uma grande variedade de planos territoriais aliada a uma considerável diversidade das respectivas regulamentações, facto que, por si só, impede que se consiga estabelecer uma classificação geral. Massimo Occhiena aponta, no entanto, alguns traços que entende serem comuns a todos eles. Por um lado, o carácter físico e territorial, no sentido de que todos se referem a ambientes territorialmente delimitados.

Por outro lado, a sua forma literal e gráfica, uma vez que todos eles têm uma parte cartográfica e planimétrica (por exemplo as cartas de delimitação das áreas e usos permitidos) e uma parte literal e normativa, designada de «norme tecniche di attuazione» (normas técnicas de execução) ou «norme di attuazione» (normas de execução). Ambas as partes são complementares e prescritivas, sendo que existindo dúvidas quanto à interpretação que deles possa resultar, deve dar-se preferência ao elemento literal/normativo[746]. Um outro aspecto comum a todos os planos é, segundo o mesmo autor, a forma do acto de aprovação, uma vez que, em geral, os actos de planificação

---

[742] Emanuele Boscolo, "L'évolution du droit de l'urbanisme en Italie en 2005 et 2006", Groupement de recherche sur les institutions et le droit..., pp. 859-860.

[743] Emanuele Boscolo, "L'évolution du droit de l'urbanisme en Italie en 2005 et 2006", Groupement de recherche sur les institutions et le droit..., p. 860.

[744] Emanuele Boscolo, "L'évolution du droit de l'urbanisme en Italie en 2005 et 2006", Groupement de recherche sur les institutions et le droit..., p. 860.

[745] Emanuele Boscolo, "L'évolution du droit de l'urbanisme en Italie en 2005 et 2006", Groupement de recherche sur les institutions et le droit..., p. 860.

[746] Massimo Occhiena, "Italie, Rapport National", *in* "Le contenu des plans d'urbanisme...", p. 278.

A NULIDADE DO PLANO URBANÍSTICO

são adoptados pelos conselhos regionais, provinciais e municipais através das correlativas deliberações[747]. No que concerne aos planos de urbanismo, distingue-se tradicionalmente, os «planos gerais» e os «planos de execução», caracterizando-se os primeiros pelo carácter abstracto do respectivo conteúdo e, os segundos, pelo facto de se limitarem a concretizar o conteúdo dos primeiros[748].

Nesta base de classificação, MASSIMO OCCHIENA sugere um esquema assente em três níveis. Um primeiro nível em que se situariam os planos de orientação geral da política de gestão do território, compreendendo-se no seu âmbito um nível regional e um nível provincial. No nível regional, o autor inscreve o «piano territoriale regionale» (p.t.r) e o «piano territoriale paesaggistico» (p.t.p.) ao passo que, no nível provincial, prevê o «piano territoriale di coordinamento provinciale» (p.t.c.p.)[749]. Por sua vez, no nível municipal, o

[747] MASSIMO OCCHIENA, "Italie, Rapport National", *in* "Le contenu des plans d'urbanisme...", p. 278. De acordo com MASSIMO OCCHIENA, existem certos planos que constituem excepções, uma vez que a lei regional não prevê para eles a aprovação sob a forma de lei.

[748] Como nos explica MASSIMO OCCHIENA, esta distinção tem, nos dias de hoje, um valor puramente indicativo. Com efeito, uma boa parte das leis regionais prevêem, com alguma frequência, que os planos gerais possam conter prescrições vinculativas quer para as entidades públicas quer para os particulares. Contrariamente, também pode suceder que a norma permita aos planos de nível inferior introduzir alterações aos de nível superior. Ver MASSIMO OCCHIENA, "Italie, Rapport National", *in* "Le contenu des plans d'urbanisme...", pp. 278-279.

[749] O «piano territoriale di coordinamento provinciale» nasce com a «Legge Urbanistica» de 1942 com o objectivo essencial de enquadrar a programação urbanística municipal nas opções/escolhas estratégicas definidas num âmbito territorial mais vasto. Nesse plano, devem ser estabelecidas as directivas a serem seguidas pela programação territorial, principalmente as que se relacionam com a definição das zonas a reservar a usos/destinações especiais ou sujeitas a vínculos ou limitações legais. A sua função programatória vincula, directamente, todas as entidades públicas, a província e o município a adequar-se às suas disposições, legitimando a região a intervir para modificar os instrumentos urbanísticos que não se hajam adaptado. O plano pode, ainda, prever uma disciplina que deva prevalecer sobre os instrumentos urbanísticos vigentes, caso em que a tutela das disposições do plano faz impender sobre o município a obrigação de suspender todas as determinações relativas ao pedido de licenças para construir. O efeito principal da aprovação do plano é o de impor aos instrumentos urbanísticos municipais que se adequem ao seu conteúdo. Acresce que as normas do «piano territoriale di coordinamento provinciale» não podem ser sucessivamente modificadas pelas normas do «piano regolatore generale». Como se refere na decisão nº 876 do «Tribunali Amministrativi Regionali» de Veneto, sez. II, de 29 de Maio de 1995 (publicada no Foro Amministrativo, Edições Giuffrè) *"...as disposições do «piano territoriale di coordinamento»*

PARTE II – § 2º DIREITOS ESTRANGEIROS

autor inclui quer os planos regulamentadores da afectação geral do uso dos solos (de que a principal figura é o «piano regolatore generale comunale» ou p. r.g.c.), quer os planos de detalhe («piano di dettaglio»), em cuja categoria inclui, por sua vez, o «piano di lotizzazione»[750], o «piano per gli insediamenti

prevalecem sobre as disposições do «piano regolatore generale» sendo, por conseguinte, irrelevante que o *«piano regolatore generale» de um município seja posterior ao «piano territoriale regionale di coordina-* *mento».* NICOLA CENTOFANTI, Diritto Urbanistico (Legislazione nazionale e regionale, piani regolatori, Procedimento ablatorio, Tutela giurisdizionale), Casa Editrice Dott. Antonio Milani, Cedam, 2008, pp. 65-69. MARIO GORLANI refere que o «piano territoriale di coordinamento» constitui um acto de indirizzo da região para o governo do território. MARIO GORLANI, "Urbanistica in Generale", (a cura di) Italia V., Edições Giuffrè, Milano, 2007, p. 1274. Sobre a distinção entre «piano territoriali di coordinamento» e «piano regolatore comunale» («generale» e «particolareggiati»), ver VITTORIO ITALIA/GUIDO LANDI/GIUSEPPE POTENZA, "Manuale di Diritto...", pp. 495-497.

[750] O «piano di lotizzazione» constitui a forma de urbanização do território deixada, prevalentemente, à iniciativa privada. Antes da «Legge ponte» admitia-se a possibilidade de aprovação de um «piano di lotizzazione» mesmo na ausência de um instrumento urbanístico. No entanto, por força do artigo 7 da referida lei («Legge ponte nº 765/1967» que alterou o artigo 28 da «Legge Urbanistica» de 1942) encontra-se actualmente vedada a possibilidade de «lotizzazione» antes da aprovação de um instrumento urbanístico geral. O «piano di lotizzazione» deve concretizar o instrumento urbanístico geral que o antecede, desenvolvendo e concretizando as suas especificações sem que o possa derrogar ou contrariar. O «piano di lotizzazione» constitui uma alterrnativa ao «piano particolareggiati di esecuzione», tendo tido um grande êxito na sua aplicação e execução, uma vez que ao contrário do que sucede com o «piano particolareggiati di esecuzione», o «piano di lotizzazione» pode ser desencadeado por iniciativa de um particular interessado (normalmente é o próprio proprietário da zona não construída e não urbanizada). Ver sobre este ponto e, em especial, sobre o procedimento substitutivo regional em caso de silêncio no pedido de lotizzazione, ver NICOLA CENTOFANTI, "Diritto Urbanistico...", pp. 279-297. MASSIMO OCCHIENA, "Italie, Rapport National", *in* "Le contenu des plans d'urbanisme...", p. 299. GIORGIO PAGLIARI, «Corso di Diritto Urbanistico», In Appendice "Il Piano Regolatore Generale dal punto...", pp. 159-166. Sobre a evolução histórica do «piano di lotizzazione», antes e depois da «Legge-Ponte», ver GIAN CARLO MENGOLI, "Manuale di Diritto Urbanistico...", p. 152. VITTORIO ITALIA/GUIDO LANDI/GIUSEPPE POTENZA, "Manuale di Diritto...", p. 500.

produttivi» (p.i.p.)[751], o «piano di zona per l'edilizia económica e popolare» (p.e.e.p.)[752] e, ainda, o «piano di recupero»[753].

Uma outra interessante posição é a que nos oferece FILIPPO SALVIA. O autor apresenta-nos um modelo teórico e um modelo real para explicar o sistema de planificação urbanística. O modelo teórico assenta numa planificação

---

[751] Segundo GIAN CARLO MENGOLI, o «piano per gli insediamenti produttivi», previsto no artigo 27 da Lei nº 865, de 22 de Outubro de 1971, caracteriza-se quer como instrumento de planificação urbanística no sentido tradicional do termo, quer, sobretudo, como instrumento de política económica. Ver GIAN CARLO MENGOLI, "Manuale di Diritto Urbanistico...", p. 152. Por outro lado, o seu procedimento de aprovação é bastante simplificado o que, segundo GIUSEPPE CAIA, não quer de modo algum significar que não se exija uma rigorosa fundamentação nos mesmos termos em que normalmente a mesma é exigida no âmbito de procedimentos de aprovação de instrumentos urbanísticos gerais. Ver GIUSEPPE CAIA, "Governo del territorio e attività economiche", in Diritto Amministrativo, Edições Giuffrè, nº 4, 2003, pp. 707-715. Integrando o «piano per gli insediamenti produttivi» na planificação municipal de objecto especial («pianificazione comunale ad oggetto speciale»), NICOLA CENTOFANTI, "Diritto Urbanistico...", pp. 353-372.

[752] O «piano di zona per l'edilizia económica e popolare» corresponde a um tipo de instrumento urbanístico vocacionado para a definição de zonas destinadas à construção de habitação económica e social. Segundo a «Legge nº 167/1962», ele é concebido considerando a necessidade previsível de habitação por um período de 10 anos. O artigo 3 do referido diploma legal prevê ainda a possibilidade de adopção de um «piano di zona per l'edilizia económica e popolare» como variante de um «piano regolatore generale comunale», permitindo, desse modo, à administração localizá-lo em zonas que, segundo o «piano regolatore generale comunale», se encontram destinadas a outros fins. Ver sobre este ponto MASSIMO OCCHIENA, "Italie, Rapport National", in "Le contenu des plans d'urbanisme...", p. 300. Sobre os municípios obrigados à sua elaboração, respectivo conteúdo e à necessária coordenação com os demais instrumentos urbanísticos ver GIAN CARLO MENGOLI, "Manuale di Diritto Urbanistico...", pp. 325-335.

[753] MASSIMO OCCHIENA, "Italie, Rapport National", in "Le contenu des plans d'urbanisme...", pp. 278-279. Concretamente sobre o «piano di recupero», NICOLA CENTOFANTI, suportando-se numa decisão nº 244 do «Tribunali Amministrativi Regionali» Lombardia Brescia, de 28 de Fevereiro de 2006, refere que o mesmo tem por objecto a redefinição do tecido urbanístico de uma área (área essa cuja escolha entra plenamente na discricionariedade do ente local) e que se caracteriza pela assunção do objectivo de promoção da recuperação do património edificado e urbanístico degradado, seja com intuito de conservar e reutilizar o mesmo por referência ao ordenamento territorial existente, seja para concretizar um desenvolvimento programado com recurso aos instrumentos de planificação urbanística geral. Ver NICOLA CENTOFANTI, "Diritto Urbanistico...", pp. 329-352. Analisando, profundamente, a função, natureza e actuação do «piano di recupero del património edilizio existente», ver GIAN CARLO MENGOLI, "Manuale di Diritto Urbanistico...", pp. 359-371.

PARTE II – § 2º DIREITOS ESTRANGEIROS

hierárquica articulada também sobre vários níveis. Para este autor, o sistema tradicional da planificação urbanística resultante da legislação urbanística de carácter geral, prevê uma sequência gradualista («sequenza *gradualistica*») de planos sempre muito específicos, com dois elementos finais, a saber a licença de construção (em que se atesta a conformidade da obra ao plano) e um quadro sancionatório para o caso de ocorrência de abusos edificatórios. Trata-se de um modelo não exclusivamente italiano, encontrando amplo acolhimento na legislação urbanística dos principais países europeus[754]. De acordo com a «Legge Urbanistica» de 1942, o sistema pode, pois, segundo o autor, ser apresentado do seguinte modo: no nível mais elevado encontramos o «piano territoriale di coordinamento provinciale» (p.t.c.p.)[755], instrumento urbanístico contendo directivas gerais que não vinculam directamente os particulares e no qual se pode encontrar prevista a sistematização das grandes infraestruturas e as mais importantes opções de destinação do uso do território a introduzir no «piano regolatori»[756]. No nível intermédio, temos o «piano comunali» («piano regolatore generale», «programma di fabbricazione»[757] e

---

[754] FILIPPO SALVIA, "Manuale di Diritto Urbanistico...", pp. 33-46.

[755] FILIPPO SALVIA refere o «piano territoriale di coordinamento regionale» e o «piano territoriale di coordinamento provinciale» como integrando a categoria de «pianificazione di area vasta». Para ele, é ao nível desta planificação que se verifica um elevado déficit de efectividade. Deste modo, o autor trata profundamente esta questão, distinguido dentro da «pianificazione di area vasta», um nível regional, um nível provincial e a complexa questão da Legge nº 142/1990, relativa ao regime jurídico das áreas metropolitanas. O autor conclui, numa perspectiva de evolução do próprio sistema, pela ampliação da matéria urbanística através da atribuição de uma valência paisagística e ambiental ao «piano di area vasta», opção que em certa medida não pode ser dissociada (*antes pelo contrário*) da introdução da «valutazione ambientale strategica» (v.a.s). Ver FILIPPO SALVIA, "Manuale di Diritto Urbanistico...", pp. 57-64.

[756] FILIPPO SALVIA, "Manuale di Diritto Urbanistico...", p. 34.

[757] Segundo FILIPPO SALVIA, o «programma di fabbricazione» configura um outro importante instrumento municipal muito próximo da ideia do Regulamento de Construção («Regolamento Edilizio»). Trata-se de um instrumento urbanístico destinado a municípios pequenos e que, como tal, não estarão obrigados a elaborar e a dotar-se de «piano regolatore generale». FILIPPO SALVIA, "Manuale di Diritto Urbanistico...", pp. 86-87. De acordo com GIAN CARLO MENGOLI, a obrigação geral de promover a elaboração de um «programma di fabbricazione» é devida à necessidade de providenciar rapidamente uma disciplina urbanística embrionária por via da aprovação de um instrumento de maior simplicidade que o «piano regolatore generale». Para o autor, recorrer-se-á ao «programma di fabbricazione» quando, pela escassa importância do núcleo urbano ou pela exiguidade do território em causa, não se mostre necessário recorrer à formação de um verdadeiro «piano regolatore generale». Ver GIAN CARLO MENGOLI, "Manuale

«piano intercomunale»), preparado pelo município e aprovado pelos órgãos estatais. Na base da pirâmide, encontramos o «piano attuativi» («piano particolareggiati di esecuzione»)[758], o qual traduz em prescrições muito mais

di Diritto Urbanistico...", pp. 219-229. Quanto à questão relativa à possibilidade de adopção do «regolamento edilizio», refira-se que a mesma está, inextrincavelmente, conectada com o poder regulamentar do município disciplinado no artigo 7 do Decreto Legislativo (DLgs.) nº 267, de 18 de Agosto de 2000 (Testo Unico delle Leggi sull' ordinamento degli enti locali) que prevê, precisamente, que o município e a província possam adoptar regulamentos em matéria da sua competência e, em particular, os que se relacionem com a organização e o funcionamento das instituições e organismos de participação e com o funcionamento dos órgãos e serviços no âmbito do exercício das respectivas funções. Sobre este ponto, a jurisprudência tem entendido que, nas situações em que haja contradição entre uma disposição dos estatutos municipais e uma disposição contida num regulamento desse mesmo município, prevalecerá a disposição estatutária, desaplicando-se, consequentemente, a disposição regulamentar. NICOLA CENTOFANTI, "Diritto Urbanistico...", pp. 235-251. MASSIMO CARLIN, Regolamento Edilizio, *in* Italia V (a cura di), Urbanistica Edilizia Espropriazione, Edições Giuffrè, Milano, 2007, pp. 1107-1142. MASSIMO OCCHIENA, "Italie, Rapport National", *in* "Le contenu des plans d'urbanisme...", p. 283.

[758] Segundo GIAN CARLO MENGOLI, o «piano particolareggiati di esecuzione» é um instrumento executivo da actuação e do desenvolvimento do «piano regolatore generale». Ver GIAN CARLO MENGOLI, "Manuale di Diritto Urbanistico...", p. 299. De acordo com NICOLA CENTOFANTI, o «piano particolareggiati di esecuzione» não pode, em regra, adoptar soluções contrárias ao «piano regolatore generale». Na realidade, o «piano particolareggiati di esecuzione», de acordo com a sua natureza executiva e a sua posição subordinada, deve respeitar os instrumentos urbanísticos gerais, apenas podendo operar a sua intervenção relativamente às prescrições do «piano regolatore generale» que se apresentem como susceptíveis de ulteriores concretizações. Note-se a este propósito que, o interesse e utilidade do «piano particolareggiati di esecuzione» radica, precisamente, no facto de ele tornar possível o exercício da actividade de construção nos casos em que o «piano regolatore generale» contém apenas previsões gerais ou meras orientações. Por outro lado, a ideia de respeito que decorre da sua posição na hierarquia de normas, leva a que as disposições contidas no «piano particolareggiati di esecuzione» não possam derrogar as previsões do «regolamento edilizio comunale» pois que ao passo que o primeiro é um instrumento urbanístico de natureza executiva, o segundo é um instrumento normativo ao qual a lei atribui uma função integrativa relativamente ao «piano regolatore generale». Ver NICOLA CENTOFANTI, "Diritto Urbanistico...", pp. 263-264. Reflectindo, também, sobre as relações estabelecidas entre o «piano regolatore generale» e o «piano particolareggiati di esecuzione», MASSIMO OCCHIENA considera que este último constitui uma execução fiel do primeiro, podendo ainda assim conter normas de integração ou de adaptação (sobretudo as que possam permitir a aplicação do «piano regolatore generale» sem que tenha que se recorrer ao procedimento de aprovação de uma variante específica). Ver MASSIMO OCCHIENA, "Italie, Rapport National", *in* "Le contenu des plans d'urbanisme...", pp. 298-299. Tratando também estas e outras questões, em especial a possibilidade do «piano particolareggiati di esecuzione»

PARTE II – § 2º DIREITOS ESTRANGEIROS

detalhadas as previsões contidas no «piano regolatore generale comunale»[759]. Para FILIPPO SALVIA, os elementos fundamentais do modelo são a intemporalidade do sistema planificatório, uma vez que todos os planos, excepto o «piano attuativi», vigoram por tempo indeterminado. Por outro lado, também o vínculo hierárquico que liga os diversos instrumentos urbanísticos inscritos nos diversos níveis reveste curial importância, de tal sorte que o plano subordinado pode estipular previsões para o conteúdo do plano mais elevado, mas não o pode derrogar ou corrigir[760]. Contrariamente ao modelo teórico, o modelo real de que nos fala FILIPPO SALVIA é o de uma planificação municipal global e continuamente integrada ou subvertida por uma planificação orientada para o projecto[761]. Existe, por conseguinte, no entendimento do autor uma contradição de fundo. Se é verdade que a uma primeira abordagem, o modelo hierárquico-piramidal mostra uma extraordinária vitalidade, em que a lei regional mantém, com efeito, os diversos níveis planificatórios, aligeirando/flexibilizando apenas a rigidez dos vínculos hierárquicos entre os planos e modificando, por vezes, a respectiva nomenclatura, também não deixa de ser verdade que, se encetarmos um exame mais aprofundado da situação (*em especial, considerando a evolução da legislação especial e da própria prática instituída*), seremos tentados a concluir que o sistema, afinal, não se apresenta a funcionar correctamente[762]. Isto sucede porque alguns tipos de planos não têm aplicação prática (ou têm-na muito esporadicamente) e também porque uma legislação sectorial muito vasta descaracterizou ou perverteu o modelo, tornando-o mesmo irreconhecível[763]. O «piano regolatore generale» permanece actualmente o instrumento fundamental[764] da disciplina do território, sendo que as suas previsões podem, frequentemente, ser derrogadas, seja

---

poder ser modificado com uma variante, durante o respectivo período de vigência, devendo neste caso seguir-se o mesmo procedimento previsto para a sua aprovação inicial, ver GIORGIO PAGLIARI, «Corso di Diritto Urbanistico», In Appendice "Il Piano Regolatore Generale dal punto...", pp. 148-158. VITTORIO ITALIA/GUIDO LANDI/GIUSEPPE POTENZA, Manuale di Diritto...", pp. 497-500.

[759] FILIPPO SALVIA, "Manuale di Diritto Urbanistico...", p. 34.

[760] FILIPPO SALVIA, "Manuale di Diritto Urbanistico...", p. 34.

[761] FILIPPO SALVIA, "Manuale di Diritto Urbanistico...", p. 34.

[762] FILIPPO SALVIA, "Manuale di Diritto Urbanistico...", p. 34.

[763] FILIPPO SALVIA, "Manuale di Diritto Urbanistico...", pp. 34-35.

[764] FILIPPO SALVIA refere-se mesmo a esse plano como a «unica figura realmente vital». Ver FILIPPO SALVIA, "Manuale di Diritto Urbanistico...", p. 68. No mesmo sentido, ver GIORGIO PAGLIARI, «Corso di Diritto Urbanistico», In Appendice "Il Piano Regolatore Generale dal

A NULIDADE DO PLANO URBANÍSTICO

pelo «strumenti attuativi» dotado, em muitos casos, de força derrogatória, seja através de procedimentos urbanísticos de variantes[765].

punto...", pp. 592-593. Advogando a centralidade deste plano na planificação urbanística municipal, ver GIAN CARLO MENGOLI, "Manuale di Diritto Urbanistico...", pp. 95-214.

[765] FILIPPO SALVIA, "Manuale di Diritto Urbanistico...", p. 35. O «piano regolatore generale» admite a possibilidade de variantes às suas opções base. Essa possibilidade deve ser concretizada através do recurso ao mesmo procedimento de aprovação do instrumento urbanístico em causa. As variantes ao «piano regolatore generale» permitem à planificação municipal adequar o instrumento urbanístico às novas exigências que, ao longo do tempo, se possam ter manifestado, como, por exemplo, o aumento de habitantes ou a sua diminuição, um maior nível de industrialização ou, ainda, para dar resposta à necessidade de melhores *standards* urbanísticos. A adopção das variantes ao «piano regolatore generale» tem, em regra, natureza facultativa, sendo aquelas decididas autonomamente pela administração municipal para garantir a adequação da sua planificação territorial. No entanto, também podem assumir natureza obrigatória, quando o legislador nacional imponha a observância dos *indirizzi* homogéneos na redacção do plano (é o caso, por exemplo, da necessidade de adequação dos *standards* urbanísticos impostos pelo decreto ministerial de 1 de Abril de 1968). Ver NICOLA CENTOFANTI, "Diritto Urbanistico...", pp. 201-206. Ainda segundo este autor, o município dispõe do importante poder de fixação dos standards que, aliás, podem ser diversos dos que tenham sido fixados pelo legislador. NICOLA CENTOFANTI, "Diritto Urbanistico...", pp. 154-155. Já de acordo com GIAN CARLO MENGOLI, a possibilidade das variantes ao «piano regolatore generale» ser determinada pela administração pública, com fundamentos económicos de grande relevância, constituiu um motivo inspirador dos grandes grupos económicos e sociais na forma como condicionaram as próprias escolhas municipais. Distinguindo as variantes, quanto à sua finalidade e extensão, em «varianti generali» (em substância, o autor faz corresponder a esta situação um novo plano), «varianti specifiche» (que interessa apenas a uma parte do território municipal para a concretização de um qualquer projecto, devendo este apresentar-se devidamente fundamentado) «varianti normative» (respeitantes apenas às normas de actuação do «piano regolatore generale»), ver GIAN CARLO MENGOLI, "Manuale di Diritto Urbanistico...", pp. 204-213. Finalmente a sobre a possibilidade de adopção de variantes para a realização de determinadas obras públicas, FRANCESCO CARINGELLA/GIUSEPPE DE MARZO/ROSANNA DE NICTOLIS explicam que uma das outras hipóteses que deve ser equacionada é a que se relaciona com a necessidade de realização de obras públicas que não se revelem conformes com as previsões urbanísticas inscritas no «piano regolatore generale». Neste caso, a aprovação do projecto definitivo por parte do Conselho Municipal constituirá a adopção das variantes pretendidas ao instrumento urbanístico. Ver FRANCESCO CARINGELLA/GIUSEPPE DE MARZO/ROSANNA DE NICTOLIS, "L'espropriazione per pubblica utilità", Edições Giuffrè, Milano, 2002, p. 179. Segundo MASSIMO OCCHIENA o «piano regolatore generale» do município entra em vigor por tempo indeterminado, sendo que para o modificar é necessário aprovar outro ou adoptar as variantes a que já antes nos referimos. No entanto, como a elaboração de um novo plano implica muitos recursos e elevado dispêndio de energias, a opção mais utilizada tem sido a de promover a adopção de variantes. O autor

A posição de FILIPPO SALVIA leva-o a referir-se ao território como «terminale necessario» de toda a actividade humana. Para o autor, afigura-se absolutamente decisivo para uma adequada compreensão da lógica do sistema e da complexa patologia existente que a planificação urbanística deva considerar a totalidade do território municipal, quer no que respeita à parte urbana quer no que respeita à parte extra-urbana, o que, segundo nos explica o autor, conduz necessariamente à ideia de que a planificação urbanística incide não apenas sobre a propriedade como também sobre outros direitos fundamentais do cidadão[766]. Na realidade, se o território constitui o «terminale necessario» de uma grande parte da actividade humana, isto quer apenas e tão só significar que a autoridade incumbida da planificação urbanística não pode desconsiderar todos os outros sujeitos titulares de direitos ou de poderes, cujo exercício implica necessariamente a transformação do território[767]. Deste modo, se por um lado temos a planificação urbanística a condicionar o exercício de outros direitos e de outros poderes, temos também que a planificação urbanística é condicionada por estes últimos[768].

GIORGIO PAGLIARI refere-se também à hierarquia como sendo um dos elementos caracterizadores da planificação urbanística[769]. Do ponto de vista do

---

distingue as variantes não gerais (parciais ou não substanciais) das variantes gerais, sendo que as primeiras podem ser especificadas, produzindo revisões sectoriais ou normativas ao plano e que, como tal, apenas influirão sobre as normas de execução. As variantes gerais permitem modificar, de forma radical, a regulamentação da organização do território, o que apenas terá lugar se e quando a estrutura do «piano regolatore generale comunale» se mostre ultrapassada e não apta a regular a gestão do território de acordo com as necessidades da colectividade local. É o próprio artigo 25 da «Legge nº 47/1985» que impõe às regiões que prevejam os procedimentos simplificados para a aprovação das variantes aos instrumentos de urbanismo gerais. Ainda de acordo com MASSIMO OCCHIENA, o exame das diferentes leis regionais permite por em evidência a forma como os procedimentos simplificados são previstos para os casos de variantes não gerais. Ver MASSIMO OCCHIENA, "Italie, Rapport National", *in* "Le contenu des plans d'urbanisme...", pp. 295-296.

[766] FILIPPO SALVIA, "Manuale di Diritto Urbanistico...", p. 37.

[767] FILIPPO SALVIA, "Manuale di Diritto Urbanistico...", p. 37.

[768] FILIPPO SALVIA, "Manuale di Diritto Urbanistico...", p. 37.

[769] GIORGIO PAGLIARI, «Corso di Diritto Urbanistico», In Appendice "Il Piano Regolatore Generale dal punto...", pp. 34-35. Segundo o autor, "*...la prima peculiarità è rappresentata dalla configurazione di una gerarchia tra i diversi livelli di pianificazione: infatti, dagli artt.5 e ss. della L.U. si evince che, pur se nei limiti che saranno successivamente precisati, il legislatore ha stabilito un vincolo, in virtù del quale l'attività di pianificazione e il correlativo piano, che si trovino in posizione subordinata*

direito positivo, o princípio hierárquico é sancionado em alguns importantes aspectos que convirá aqui sinalizar.

O primeiro é-nos dado pelo artigo 6[770] da «Legge Urbanistica» de 1942, segundo o qual o município, cujo território se encontre compreendido, total ou parcialmente, no âmbito de um «piano territoriale di coordinamento» deve uniformizar o seu respectivo «piano regolatore» às orientações contidas naquele primeiro[771].

O segundo aspecto prende-se com o disposto no artigo 16[772] da referida «Legge Urbanistica» de 1942, no qual se estabelece que com o decreto de aprovação do «piano particolareggiato di attuazione» podem ser introduzidas as modificações que se revelem necessárias para assegurar a observância do «piano regolatore generale»[773]. Terceira nota importante vai para o artigo 28[774] da «Legge Urbanistica» de 1942 em que se prevê uma **obrigação de conformidade** do «piani di lottizzazione» ao «piano regolatore generale» ou

---

rispetto ad altra attività e ad altro piano, devono rispettare le prescrizioni sovraordinate". Note-se que esta obrigação de respeito é absoluta e não derrogável, salvo nos casos indicados na lei.

[770] Cfr. Artigo 6 da «Legge Urbanistica» de 1942 com a epígrafe *"Durata ed effetti dei piani territoriali di coordinamento."*

"...Il piano territoriale di coordinamento ha vigore a tempo indeterminato e può essere variato con decreto Reale previa la osservanza della procedura che sarà stabilita dal regolamento di esecuzione della presente legge. I Comuni, il cui territorio sia compreso in tutto o in parte nell'ambito di un piano territoriale di coordinamento, sono tenuti ad uniformare a questo il rispettivo piano regolatore comunale." (sublinhado nosso).

[771] GIORGIO PAGLIARI, «Corso di Diritto Urbanistico», In Appendice "Il Piano Regolatore Generale dal punto...", pp. 34-35.

[772] Cfr. Artigo 16 da «Legge Urbanistica» de 1942 com a epígrafe *"Approvazione dei piani particolareggiati."*

" (...) Con il decreto di approvazione possono essere introdotte nel piano le modifiche che siano conseguenti all'accoglimento di osservazioni o di opposizioni ovvero siano riconosciute indispensabili per assicurare: 1) la osservanza del piano regolatore generale. (...)."

[773] GIORGIO PAGLIARI, «Corso di Diritto Urbanistico», In Appendice "Il Piano Regolatore Generale dal punto...", pp. 34-35.

[774] Cfr. Artigo 28 da «Legge Urbanistica» de 1942 com a epígrafe *"Lottizzazione di aree."*

" (...) L'autorizzazione di cui al comma precedente può essere rilasciata anche dai Comuni che hanno adottato il programma di fabbricazione o il piano regolatore generale, se entro dodici mesi dalla presentazione al Ministero dei lavori pubblici la competente autorità non ha adottato alcuna determinazione, sempre che si tratti di piani di lottizzazione conformi al piano regolatore generale ovvero al programma di fabbricazione adottato. (...). (sublinhado nosso).

ao «programma di fabbricazione» adoptado[775]. Um quarto aspecto prende-se com o artigo 11[776] da «Legge Urbanistica» de 1942 que prevê a obrigação de respeito das previsões do «piano regolatore generele» no exercício da actividade edificatória[777].

Para GIORGIO PAGLIARI um outro elemento caracterizador da planificação urbanística traduz-se na ideia de que aos diversos níveis de planificação corresponde uma diferente função planificatória, distinguindo pois entre uma «pianificazione per direttive»[778], «pianificazione operativa»[779] e «pianificazione attuativa»[780].

Aqui chegados, e como se depreende das várias posições que temos vindo a sinalizar, as diversificadas matrizes classificatórias que os muitos autores apresentam na doutrina para explicar não só os tipos de planos existentes como as complexas relações que entre eles se estabelecem, fornecem um importante auxílio na compreensão da globalidade do sistema planificatório italiano.

Pensamos, no entanto, que a clarificação plena do sistema só logrará ficar completa se a ilustrarmos com alguns exemplos que, pela sua singularidade, permitem essa visão mais prática de como todo o sistema funciona e, no que ao caso da presente investigação importa, compreender, à luz de exemplos

---

[775] GIORGIO PAGLIARI, «Corso di Diritto Urbanistico», In Appendice "Il Piano Regolatore Generale dal punto...", pp. 34-35.

[776] Cfr. Artigo 11 da «Legge Urbanistica» de 1942 com a epígrafe *"Durata ed effetti del piano generale."*
"Il piano regolatore generale del Comune ha vigore a tempo indeterminato. I proprietari degli immobili hanno l'obbligo di osservare nelle costruzioni e nelle ricostruzioni le linee e le prescrizioni di zona che sono indicate nel piano".

[777] GIORGIO PAGLIARI, «Corso di Diritto Urbanistico», In Appendice "Il Piano Regolatore Generale dal punto...", pp. 34-35.

[778] Esta planificação está atribuída aos titulares de competência planificatória urbanística subordinada, caracterizando-se por impor o princípio para o exercício desta última. GIORGIO PAGLIARI, «Corso di Diritto Urbanistico», *In Appendice* "Il Piano Regolatore Generale dal punto...", p. 35.

[779] A planificação operativa é destinada a impor a disciplina urbanística que se deverá aplicar num determinado município, na formação de um dado instrumento planificatório subordinado ou, ainda, na própria actividade edificatória. GIORGIO PAGLIARI, «Corso di Diritto Urbanistico», In Appendice "Il Piano Regolatore Generale dal punto...", p. 35.

[780] Através da «pianificazione attuativa», são definidas, nos limites e de acordo com as indicações do plano supra-ordenado, as concretas regras para o desenvolvimento da actividade urbanístico-edificatória numa determinada parte do território municipal. Ver GIORGIO PAGLIARI, «Corso di Diritto Urbanistico», In Appendice "Il Piano Regolatore Generale dal punto...", p. 35.

concretos, de que modo os conceitos de compatibilidade e conformidade se divisam no sistema e de que forma eles assumem ou não importância no contexto da (in) validade dos planos urbanísticos.

Como já antes referimos, com a revisão constitucional de 2001, foi criada uma nova situação em que o legislador nacional se torna competente para fixar os princípios fundamentais em matéria de «governo del territorio», o que inclui o urbanismo, antes da competência legislativa das regiões. Existe hoje uma partição de competências legislativas entre o Estado e as regiões, sendo que a jurisprudência do Tribunal Constitucional se tem esforçado por precisar essa linha de separação. Reitera-se, aliás, a este propósito, o que já antes dissemos quando nesta investigação analisámos o sistema alemão. De facto, foi com a revisão constitucional de 2001 que a questão da hierarquia de planos ganhou maior visibilidade, passando também a ser mais criticada, em nome da formação de uma República de Autonomias e de um pluralismo administrativo. Nesse quadro, alguma doutrina tem defendido que o plano, enquanto responsável pela promoção do desenvolvimento de uma colectividade autónoma, não possa ser subordinado, no âmbito dos domínios de competência dessa colectividade, ao plano de uma colectividade mais ampla, cabendo à lei assegurar, apenas e tão-só, a coordenação necessária.

Compreende-se pois que, à semelhança do que sucede no sistema espanhol, também em Itália os planos municipais devam respeitar, caso eles existam, os planos regionais e que essa obrigação seja garantida pela tutela exercida, directa ou indirectamente, pela respectiva região. Na realidade, e tentando sintetizar a ideia chave, o problema prático no sistema planificatório italiano traduz-se numa "batalha", para utilizar a feliz expressão de MASSIMO OCCHIENA[781]. Uma "batalha" entre administrações públicas, sobretudo entre regiões e municípios e não uma "batalha" entre proprietários e municípios, dado que neste último caso, o interesse em construir de uns (proprietários) coincide com o interesse em deixar construir de outros (municípios). A "batalha" situar-se-á, pois, algures entre os municípios com os proprietários e as regiões, revelando-se imperiosa a celebração de acordos para adaptar os planos

---

[781] MASSIMO OCCHIENA, "Table ronde. Le contenu des plans et documents d'urbanisme: convergences et divergences nationales", *in* "Le contenu des plans d'urbanisme et d'aménagement dans les pays d'Europe de l'Ouest", Colloque biennal de l'Association Internationale de Droit de l'urbanisme, 23/24 de Setembro de 2005, Genève-Lausanne, Les Cahiers du Groupement de recherche sur les institutions et le droit de l'aménagement, de l'urbanisme et de l'habitat (GRIDAUH), Série Droit Comparé, nº 15, 2006, pp. 127-141.

PARTE II – § 2º DIREITOS ESTRANGEIROS

às necessidades de projectos de ocupação, uso e transformação do solo municipal (*entre os quais por exemplo, pontuam as situações em que os municípios querem construir uma coisa e, as regiões, outra completamente distinta*). Ora está bom de ver que tudo isso reclama, impreterivelmente, que se estabeleçam compromissos entre os municípios e as regiões respectivas. Para MASSIMO OCCHIENA tudo se resumirá então a uma "batalha" entre diferentes interesses públicos, em que se admite a possibilidade de modificação do plano para viabilizar a construção. Ora é precisamente esta disfunção do sistema que leva o autor a defender que o direito de planificação territorial italiano se revela assaz enganador, na medida em que se por um lado se propala que o «piano regolatore generale» é intocável, por outro permite-se aprovar pequenas modificações ao mesmo, com o beneplácito nada desinteressado dos municípios e das regiões. MASSIMO OCCHIENA considera mesmo impossível pensar que, no que se relaciona com as administrações públicas, as regras de direito e as regras do mercado possam ser separadas. O particular quer construir e, mesmo quando a planificação territorial geral não o permite, o município juntamente com a região, encontram uma solução para modificar o «piano regolatore generale», opção essa que bem se compreende, atento o facto de ambos prosseguirem interesses económicos.

Neste contexto, divisam-se pois no sistema italiano, e não obstante a sua particularidade de se apresentar como um Estado composto e caracterizado como uma «República de autonomias regionais»[782], traços marcantes quanto à existência de uma hierarquia de planos bastante exigente, ainda que depois a "flexibilização" ditada pelos interesses predominantemente económicos a que alude MASSIMO OCCHIENA possa descaracterizá-la e constituir, afinal, a sua própria negação[783].

Deste modo, ao Estado são reservadas funções de *indirizzo* e de coordenação que, nas suas linhas fundamentais, visam promover o ordenamento do território nacional com particular incidência na articulação territorial das intervenções dos diversos interesses estatais, a tutela ambiental e ecológica do território e, ainda, a previsão da disciplina das áreas sísmicas e a localização de obras públicas de interesse nacional. Em matéria de planificação territorial,

---

[782] Diferente, pois, quer de um modelo de Estado unitário clássico como é por exemplo o nosso ou mesmo o que caracteriza o sistema francês ou o sistema grego, quer de um modelo de estado composto como é, por exemplo, o modelo federal alemão ou o modelo vigente na Bélgica.
[783] MASSIMO OCCHIENA, "Italie, Rapport National", *in* "Le contenu des plans d'urbanisme...", pp. 295-296.

o Estado exerce sobretudo funções de observação e monitorização da transformação do próprio território, promovendo, sempre que tal se justifique, a pertinente recolha de material cartográfico[784].

Os municípios dispõem do importante poder de fixação dos standards que, aliás, podem ser diversos dos que tenham sido fixados pelo legislador[785]. Um outro importante aspecto prende-se com o facto do «piano regolatore generale»[786], enquanto instrumento territorial de natureza geral com funções programatórias e vinculantes sobre a destinação das áreas nele compreendidas, ser apenas passível de impugnação na medida da eventual não prossecução dos objectivos que a planificação deve prosseguir.

É que, como explica NICOLA CENTOFANTI, no exercício desta função, o município actua com total discricionariedade relativamente às escolhas que entenda fazer[787].

Já MARCO CALABRÒ explica, de forma muito clara, as relações entre a «pianificazione comunale» e a «pianificazione sovracomunale». O autor parte de um conceito de «flessibilità», entendida esta como a capacidade que os instrumentos de planificação têm de adequar prontamente os próprios objectivos e a própria acção às múltiplas exigências que, ao longo do tempo, possam emergir em função das contínuas mudanças das condições sociais e económicas que interessem à comunidade. Esclarece depois que se fala de «flessibilità» em pelo menos dois tipos de fenómenos: a «flessibilità» interna respeitante à relação entre a «pianificazione generale comunale» e a «pianificazione attuativa», sendo que, a este propósito, o autor refere que a recente evolução da «pianificazione generale comunale», destinada a representar um momento puramente programático e previsional dos objectivos e das linhas directrizes do

---

[784] NICOLA CENTOFANTI, "Diritto Urbanistico...", pp. 9-11.

[785] NICOLA CENTOFANTI, "Diritto Urbanistico...", pp. 154-155.

[786] À natureza de acto complexo que a doutrina italiana associa ao «piano regolatore generale», em razão do mesmo ser resultado do concurso de vontades da Região e do município, acrescenta-se ainda a vasta jurisprudência que se tem vindo a firmar no sentido de precisar que a eficácia normativa do «piano regolatore generale» e das prescrições nele ínsitas ter início não na data da sua aprovação pelo Conselho Municipal mas sim na data de publicação do decreto de aprovação pelo presidente da Junta Regional. Sob o ponto de vista do seu conteúdo o «piano regolatore» é classificado como acto normativo. A jurisprudência tem vindo a afirmar que as disposições do «piano regolatori comunali» («generali» ou «particolareggiati»), aprovado e publicado sob a forma prevista, assumem valor de norma objectiva de lei com eficácia *erga omnes*. NICOLA CENTOFANTI, "Diritto Urbanistico...", pp. 208-209.

[787] NICOLA CENTOFANTI, "Diritto Urbanistico...", pp. 168-169.

PARTE II – § 2º DIREITOS ESTRANGEIROS

desenvolvimento do território parece apontar, nesse contexto, futuramente, para uma forte atenuação do princípio hierárquico, considerando que apenas ao «piani attuativi» será exigido que se conforme às directivas presentes no «piano strutturale» e não, como aliás ocorre até hoje, que respeite os vínculos específicos em relação a intervenções singulares sobre o território. A segunda hipótese aplicativa do princípio da «flessibilità» (que o autor define como «externa») respeita às relações que se estabelecem entre a «pianificazione generale comunale» e a «pianificazione generale sovracomunale», traduzindo, consequentemente, a faculdade reconhecida à administração municipal de derrogar (fundamentadamente) as prescrições presentes no plano hierarquicamente superior. O autor considera também que não obstante a manifesta falência do tradicional sistema hierárquico-piramidal, surpreendentemente a quase totalidade das leis regionais, mesmo as de última geração, propõe esse modelo, com algumas pequenas variações e ajustamentos, principalmente operando uma redução da rigidez em sede aplicativa. Substancialmente, vem pois confirmar aquela visão da planificação com base na qual a disciplina de uma determinada área representa, por um lado, o resultado de uma série de prescrições presentes em instrumentos estritamente conexos e, por outro, encarnando, cada um deles, as especificações e a actuação dos instrumentos hierarquicamente supraordenados. É, como tal, evidente (com poucas excepções) que o sistema assente num modelo hierárquico-piramidal continuará a representar o modelo genericamente mais aplicado fazendo com que a inderrogável exigência de flexibilidade continue a exigir a individualização dos procedimentos adequados de modo a permitir ao «piani urbanistici comunali» que derrogue as prescrições do plano superior. No entanto, implicará, dada a selectividade com que esse mecanismo derrogatório deve ser utilizado, uma objectiva impossibilidade de satisfazer aqueles interesses que, por muitas e merecedoras razões em que se possam respaldar, emergam num momento posterior à aprovação do instrumento supramunicipal. No entender do autor, toda esta situação aponta uma vez mais para a necessidade de directivas de nível supramunicipal, indispensáveis para contextualizar a escala de actuação em sede municipal e permitir ao «piani urbanístico comunale» uma acção eficaz sobre o território. Esclarece ainda MARCO CALABRÒ que a correcta aplicação do princípio da «flessibilità» teve definitivamente o mérito de pôr um ponto final ao percurso circular até então característico do sistema e que se havia traduzido, até ao final da década de 90 do século passado, na existência de planos supramunicipais com conteúdo e efeitos bem mais amplos dos que os previstos na «Legge Urbanistica», revelando-se invasivos e fortemente limitativos da autonomia municipal. A correcta aplicação do princípio da «flessibilità» contribuiu para criar o necessário equilíbrio entre as diversas instituições do território representando, por essa singular razão, um exemplo típico do sistema de *governance* multinível, no âmbito da qual deverá relevar não tanto a rígida subdivisão da competência mas antes a modalidade com que os diversos/ actores que comparticipam na mesma tarefa de planeamento dialogam entre si. Depois destas breves considerações introdutórias, o autor apresenta-nos quatro grupos distintos em que o princípio da «flessibilità» (na sua modalidade externa) nos aparece. Assim, é possível subdividir a normativa regional em quatro grupos distintos. Um primeiro integra as leis regionais de Marche, Abruzzo, Piemonte ou mesmo Sicilia, das quais resulta não apenas uma referência expressa à flexibilidade como também (qualquer que seja o tipo de procedimento) uma indicação de menor rigidez na relação de hierarquia entre os planos. Trata-se, como é óbvio, das leis regionais mais datadas e ainda muito ligadas ao modelo individual da «legge urbanistica» fundamental. Num segundo grupo, o autor inclui as normativas regionais de Puglia, Calabria, Friuli Venezia Giulia e Valle d'Aosta. Neste lote de leis regionais, o autor conclui que o princípio inspirador do «governo del territorio» se materializa na exigência de concertação inter-institucional, pautando-se, ainda, por actuações desenvolvidas através de um amplo conjunto de previsões de distintos procedimentos de «co-pianificazione». Neste universo de situações, o autor esclarece que nenhuma das leis regionais contempla formas de «flessibilità» de modo a permitir ao «piano urbanistico comunale» que proponha modificações ao plano supraordenado («piani sovracomunali»). No entanto, é altamente provável que tais exigências de «flessibilità» possam emergir no âmbito da conferência instrutória («conferenze istruttorie») legalmente prevista. O princípio da «flessibilità» opera, pois, no âmbito da concertação inter-institucional. No caso da Lei regional de Friuli Venezia Giulia, o autor refere que esta impõe uma conferência de «co-pianificazione» entre o município e os demais sujeitos de direito público que desenvolvam funções planificatórias na respectiva área do plano, exigindo que essa concertação termine com a definição de um entendimento entre o município e a Região. Não se compreende pois qual seja o sentido a atribuir ao mencionado entendimento lá onde (na ausência de qualquer possibilidade de proceder a uma variação dos instrumentos supramunicipais) ele se revele inútil, dado que o que aí estará em causa, ainda que com um diferente *nomen iuris*, será uma espécie de **relação de conformidade**. Uma terceira categoria é a que compreende as leis regionais de Veneto, Umbria, Lazio e Basilicata, nas quais o princípio da «flessibilità» (por não se encontrar

PARTE II – § 2º DIREITOS ESTRANGEIROS

expressamente inserido entre os cânones inspiradores da política do «governo del territorio») encontra aplicação, nem que seja de forma implícita ou limitada. No caso da lei regional de Basilicata, o autor explica que ela não reconhece de forma expressa ao município a faculdade de propor modificações ao «piani sovraordinati». No entanto, tal eventualidade está implicitamente contemplada na disciplina prevista para a realização da própria conferência da planificação, aí prevendo o legislador que se do âmbito da verificação de coerência dos planos emergir a necessidade de alterar os instrumentos de «pianificazione sovraor-dinato», o responsável pelo procedimento convoca os entes titulares desse instrumento para subscrever um «accordo di pianificazione». Pelo contrário, uma hipótese de actuação explícita, ainda que parcial, do princípio da «flessi-bilità» encontra-se na lei regional de Veneto que introduz um tipo de «flessi-bilità» coxa, uma vez que esta se encontra aprioristicamente limitada enquanto que atribui, simultaneamente, ao «piano urbanistico comunale», a possibilidade de derrogar o «piano sovraordinati», dentro dos limites e com os critérios que este último expressamente preveja. Um último grupo de situações a que o autor se refere é o que reúne as leis regionais da Lombardia, Campania, Liguria, Trentino Alto Adige, Emilia Romagna e Toscana que prevêem, expressamente, o princípio da «flessibilità», procedendo ainda à regulamentação da sua actua-ção. Estas leis regionais dispõem que o sistema de planificação do território se inspira no princípio da subsidariedade e da «flessibilità», através de um per-manente processo de integração, actualização e modificação dos instrumentos de planificação. A maior parte dessas leis prevê, em especial, a possibilidade de êxito de uma conferência de planificação em que o município proponha à Província ou à região uma qualquer modificação ao respectivo plano, proposta que deve ser aprovada com parecer favorável das entidades interessadas (Lom-bardia, Campania, Liguria, Trentino Alto Adige). Na conclusão da análise das diversas normativas regionais, o autor não deixa de observar, com preocupação refira-se, que a ausência de uma lei estatal que individualize o princípio da «flessibilità» como um dos cânones inderrogáveis de vinculação do legislador regional, se reflecte na actual e grave diversidade de aproximações à planifica-ção, por parte de cada uma das Regiões, com os consequentes e indesejáveis efeitos distorsivos na eficácia da política de «governo del território» e também numa adequada (ou equivalente) tutela dos interesses dos cidadãos[788].

---

[788] Ver, para mais desenvolvimentos, Marco Calabrò, "Il principio di flessibilità nel rapporto tra pianificazione comunale e sovracomunale: uno sguardo alla legislazione regionale", *in* Rivista

Para lá do modelo hierarquizado em que assenta o sistema, parece-nos que será precisamente nas dificuldades associadas à própria fisionomia estrutural do «piano regolatore generale comunale» que se poderá procurar enquadrar umas alegadas relações de compatibilidade e de conformidade[789].

Como já antes tivemos oportunidade de referir aquando da análise da posição de MASSIMO OCCHIENA sobre o sistema de planeamento territorial, um dos principais problemas do «piano regolatore generale comunale» é o

Giuridica dell'Edilizia, Ano LI, Fasc. 6, Edições Milano – Dott. A. Giuffrè Editore, Novembro/Dezembro, 2008, pp. 243-252.

[789] Relativamente à conformidade, identificámos, por exemplo, o caso da «Legge Regionale Emilia Romagna» («Legge Regionale nº 20, de 24 de Março de 2000»). Na realidade, a legislação regional disciplinou a matéria relativa aos instrumentos urbanísticos municipais – na falta, depois da «Legge Urbanistica» de 1942, de uma normativa que imponha os princípios fundamentais – recorrendo ao que fosse possível deduzir da normativa vigente. A este propósito, a doutrina realça que a legislação regional tende a superar a imposição clássica do «piano regolatore generale» relativamente à técnica de dividir o território em zonas, introduzindo-se uma distinção do território municipal não mais fundada sobre zonas homogéneas mas sim baseada numa simples distinção entre, por um lado, o âmbito de conservação e requalificação e, por outro, o da transformação. Através da «Legge Regionale Emilia Romagna», o âmbito planificatório fica agora coberto por três novos instrumentos planificatórios: «piani strutturale comunale» (P.S.C.), «piano operativo comunale» (P.O.C) e «regolamento urbanistico ed edilizio» (R.U.E). Como disciplina transitória, mantém-se a aplicação das previsões do «piano regolatore generale» até à integral aprovação de todos os três novos instrumentos (ver decisão nº 609 do «Tribunali Amministrativi Regionali» de Emilia Romagna Bologna, sez. II, de 15 de Maio de 2006, *in* Foro Amministrativo Tribunali Amministrativi Regionali (FATAR), nº 5, 2006, p. 1643). Segundo VINCENZO COLONNA, o «piani strutturale comunale» (P.S.C.), posicionado no segundo estrato normativo, corresponde ao instrumento de planificação urbanística geral que deve ser vocacionado pelo município relativamente a todo o território, para delinear a escolha estratégica de ordenamento e de desenvolvimento e para tutelar a integridade física e ambiental e, bem assim a identidade cultural daquele mesmo território. De acordo ainda com o mesmo autor, o «piani strutturale comunale» (P.S.C.) encontra-se vocacionado para todo o território municipal, constituindo um instrumento de planificação urbanística geral e vinculativo. O «piano operativo comunale» (P.O.C) é o instrumento urbanístico que caracteriza e disciplina a intervenção no âmbito da tutela e da valorização, da organização e transformação do território, a concretizar no período temporal de 5 anos. O «piano operativo comunale» (P.O.C) situa-se pois numa relação de conformidade ("...è predisposto in conformidade com as previsões do «piani strutturale comunale» (P.S.C.) ..."), não podendo, como tal, modificar o seu conteúdo. Ver VINCENZO COLONNA, "Nuovo modello di pianificazione e perequazione urbanistica nella legislazione regionale dell'ultimo decennio", *in* Rivista Giuridica dell'edilizia, (RGE) III, Edições Giuffrè, 2007, pp. 63-90. NICOLA CENTOFANTI, "Diritto Urbanistico...", pp. 210-213.

PARTE II – § 2ª DIREITOS ESTRANGEIROS

que se relaciona com a dificuldade de conciliar, num único documento, os elementos que satisfaçam as exigências de execução geral da planificação urbanística com os elementos de flexibilização que se adaptem à situação económica e social e que, por conseguinte, sejam susceptíveis de estimular o desenvolvimento das actividades humanas sobre o território[790]. A estrutura tradicional do «piano regolatore generale comunale», tal como se encontra prevista pela «Legge Urbanistica» de 1942 revela-nos, contrariamente ao que seria desejável, um instrumento rígido, talvez porque a regulamentação então prevista também o era objectivamente, num contexto em que, refira-se, as transformações sobre as colectividades locais ocorriam muito lentamente, de tal sorte que os próprios factores de mudança podiam ser entendidos como programáveis[791]. Nesta linha de raciocínio, e para remediar estes limites, as leis regionais mais recentes distinguem dentro do «piano regolatore generale comunale», uma parte programatória e uma parte operacional, sendo que, em certos casos, as duas partes se encontram marcadamente distinguidas, porquanto uma supraordenada, denominada estrutural e, uma outra, subordinada, denominada operacional ou operacional temporal[792].

A parte estrutural do plano fixa os elementos rígidos da progamação urbanística, ou seja as indicações estratégicas da planificação, as opções fundamentais de longo prazo e, ainda, as orientações e parâmetros a observar na planificação de gestão, concretamente no que se relaciona com a defnição do zonamento, dimensões das instalações e a determinação dos serviços e das infra-estruturas[793]. Ao invés, a parte operacional prevê as prescrições relativas à regulamentação do território e define as intervenções a realizar sobre o mesmo, em coerência com as indicações contidas na parte estrutural do plano e que, a maioria política, em regra, pretende realizar durante um período normalmente coincidente com o respectivo mandato[794]. Esta parte operacional configura uma estrutura normativa que pode ser modificada segundo

---

[790] ALDO FIALE, "Diritto Urbanistico", Napoli, 2003.

[791] MASSIMO OCCHIENA, "Italie, Rapport National", *in* "Le contenu des plans d'urbanisme...", pp. 295-296.

[792] MASSIMO OCCHIENA, "Italie, Rapport National", *in* "Le contenu des plans d'urbanisme...", pp. 295-296.

[793] MASSIMO OCCHIENA, "Italie, Rapport National", *in* "Le contenu des plans d'urbanisme...", pp. 295-296.

[794] MASSIMO OCCHIENA, "Italie, Rapport National", *in* "Le contenu des plans d'urbanisme...", pp. 295-296.

A NULIDADE DO PLANO URBANÍSTICO

procedimentos mais ligeiros do que aqueles que se encontram previstos para a modificação das partes estruturais dos planos. Na parte estrutural do plano ganha sobretudo relevo a adopção de formas negociadas, cujos conteúdos podem derrogar as prescrições operacionais[795].

Em nosso entender, e partindo desta natureza dual/binária do «piano regolatore generale comunale», podemos entender que a parte estrutural do plano sinaliza de forma muito clara uma **obrigação de conformidade** que os demais planos (infra-ordenados) deverão necessariamente respeitar. Já a componente operacional, precisamente porque se revela susceptível de ser modificada por outros planos infra-ordenados, parece-nos poder ser reconduzida a uma **obrigação de compatibilidade**, uma vez que a força dos comandos inscritos nessa componente se encontra claramente enfraquecida pela simples existência de procedimentos de natureza implicitamente derrogatória, desencadeados em níveis hierarquicamente infra-ordenados e em nome de um quase sempre discutível interesse de mercado a que, inquietantemente refira-se, alude MASSIMO OCCHIENA na posição que já antes tivemos oportunidade de analisar.

Deste modo, e não obstante o sistema não se encontrar dotado de uma norma que imponha de forma expressa obrigações de compatibilidade e/ou de conformidade, a verdade é que o modelo de regiões instituído em Itália, aliado à considerável autonomia de que as mesmas dispõem no contexto da planificação urbanística e à possibilidade de que os municípios dispõem, juntamente com a região, para decidir sobre a adopção de variantes ao «piano regolatore general», torna a hierarquia de planos bastante flexível, minimizando as situações de eventual incompatibilidade/desconformidade entre eles.

No entanto, ocorrendo essas situações, o sistema está devidamente capacitado para permitir a respectiva impugnação judicial do «piano regolatore generale» ou de outros planos urbanísticos com vista à sua anulação.

---

[795] MASSIMO OCCHIENA, "Italie, Rapport National", *in* "Le contenu des plans d'urbanisme...", pp. 295-296.

PARTE II - § 2º DIREITOS ESTRANGEIROS

Uma nota final de natureza processual para referir que nas situações em que as disposições do «piano regolatore generale» tenham efeito imediato sobre os particulares, a sua impugnação[796] pode, desde logo, ter lugar[797].

2.5. A singularidade do modelo da «Région Wallone»

Antes de entrarmos na fase final deste estudo de direito comparado com a análise do sistema português, faríamos um breve relance sobre os principais aspectos de um sistema que nos pareceu igualmente importante incluir nesta viagem pela Europa, não só pela simplicidade com que se encontra jurídica e conceptualmente delineado mas, simultaneamente, pelo elevado rigor com que o legislador utiliza os diversos institutos em matéria de planificação urbanística em geral e, em especial, no que directamente se concatena com a

---

[796] Em geral, sobre a impugnação do «piano regolatore generale» e os efeitos da mesma decorrentes e ainda, em especial, sobre a controvérsia jurisprudencial quanto à distinção entre a possibilidade de «impugnazione dell'atto di adozione» da «impugnazione dell'atto di approvazione», ver Ver GIAN CARLO MENGOLI, "Manuale di Diritto Urbanistico...", pp. 196-203. Também sobre a possibilidade de impugnação do plano urbanístico perante o juiz administrativo, seja por motivos de legitimidade do procedimento de aprovação, seja pelos seus vícios próprios, ver DI LORENZO, "Urbanistica – Tutela Giurisdizionale", in Italia V. (a cura di), Urbanistica Edilizia Espropriazione, Giuffrè, Milano, 2007, pp. 1341-1368. Relativamente à impugnação das variantes dos planos urbanísticos NICOLA CENTOFANTI considera que a mesma se reconduzirá a uma situação de apreciação do mérito (*in casu do mérito que se relaciona com as escolhas urbanísticas de carácter geral*). Ver NICOLA CENTOFANTI, "Diritto Urbanistico...", pp. 231-233.

[797] Sobre este ponto, convirá ter presente que se deve distinguir, quanto aos efeitos do «piano regolatore generale», dois tipos de normas: as que são directamente destinadas a regulamentar a actividade edificatória dos privados (normas de conteúdo regulamentar) e as que, pelo contrário, se dirigem ao município, contendo previsões relativas à realização de obras públicas no futuro, seja mediante intervenções avulsas seja por via de «piani esecutivi». Este segundo tipo de normas não se destina tanto a disciplinar /limitar a actividade edificatória privada mas sim a suspendê-la, até que a intervenção pública ocorra, procedendo à respectiva expropriação da área em causa. Entre os exemplos de normas com efeito imediato temos as relativas ao traçado de vias de comunicação, à divisão em zonas do território municipal, às obrigações a respeitar nas zonas de carácter histórico, à actuação dos próprios planos. Ver MENGOLI, "Manuale di Diritto Urbanistico...", pp. 162-165. Como se refere na decisão nº 1552 do «Tribunali Amministrativi Regionali» de Liguria Genova, sez. I, de 17 de Novembro de 2006, a deliberação de «...*adozione*» do «piano regolatore generale» pode constituir objecto de imediata impugnação quando a eliminação ou limitação do jus aedificandi tenha como causa as suas prescrições vinculísticas. Tal impugnação não constitui uma obrigação, mas sim uma faculdade, com a consequência de que o seu exercício falhado não comporta qualquer preclusão...".

A NULIDADE DO PLANO URBANÍSTICO

natureza das relações estabelecidas entre os diversos níveis planificatórios e respectivos planos que neles o legislador inclui.

O direito do urbanismo[798] desenvolveu-se na Bélgica, por ocasião das duas guerras mundiais[799], tendo por objectivo permitir uma reconstrução coerente das cidades e dos municípios ou de partes das cidades ou dos municípios destruídos por ocasião dos dois grandes conflitos[800]. O direito do urbanismo viria, no entanto, a generalizar-se na Bélgica, a partir de 1962[801]. É também por esta ocasião que surge a noção de direito do ordenamento do território[802]. Existe, por conseguinte, desde logo até por razões históricas[803], uma ligação entre o

[798] Segundo nos ensinam HENRI JACQUOT e FRANÇOIS PRIET, o direito do urbanismo pode ser definido como o conjunto de regras e de instituições relativas ao ordenamento e ao desenvolvimento urbanos, enquadrando a evolução física da urbanização. Ver HENRI JACQUOT/FRANÇOIS PRIET, "Précis de droit de l'urbanisme", Paris, Edições Dalloz, 5ª Edição, 2004, p. 8.

[799] Podemos, por exemplo, referir no que respeita às medidas tomadas em matéria de reconstrução, o decreto-lei de 25 de Agosto de 1915 e a lei de 8 de Abril de 1919 que o substituiu, adoptados na sequência das destruições ocasionadas durante a primeira guerra mundial, bem como a decisão dos secretários gerais de 12 de Setembro de 1940 e a decisão do Regente de 2 de Dezembro de 1946, adoptadas com o objectivo de proceder à reurbanização das cidades e municípios destruídos na sequência da Segunda Guerra Mundial. Em concreto, sobre as regulamentações adoptadas antes da primeira Grande Guerra Mundial, ver FRANCIS HAUMONT, Urbanisme-Région Wallonne, Bruxelas, Edições Larcier, 1996, pp. 190-191.

[800] PHILIPPE CASTIAUX/BENOIT HAVET/VANESSA PAUWELS/BENJAMIN REULIAUX/ANNABELLE VANHUFFEL, (coord. de BENOIT HAVET), "Urbanisme en Région Wallonne", Mémento 2011, Edições Wolters Kluwer Belgium, 2010.

[801] Precisamente em 29 de Março de 1962, data em que é adoptada a primeira lei orgânica de ordenamento do território e do urbanismo, cujo objectivo era criar um conjunto de instrumentos destinados a ordenar de maneira coerente o território da Bélgica. Esta lei pretendia ainda proceder à execução dos instrumentos destinados a controlar, enquadrar e promover a ocupação do solo sobre a totalidade do território do país. PHILIPPE CASTIAUX/BENOIT HAVET/ VANESSA PAUWELS/BENJAMIN REULIAUX/ANNABELLE VANHUFFEL, (coord. de BENOIT HAVET), "Urbanisme...", p. 2.

[802] Entendido este como correspondendo ao conjunto de regras e de instituições que tenham por objecto assegurar uma repartição equilibrada das actividades sobre um determinado território. PHILIPPE CASTIAUX/BENOIT HAVET/VANESSA PAUWELS/BENJAMIN REULIAUX/ANNABELLE VANHUFFEL, (coord. de BENOIT HAVET), "Urbanisme...", p. 2.

[803] Na realidade, o desenvolvimento do urbanismo e do ordenamento do território enquanto disciplinas e, posteriormente, do direito do urbanismo e do ordenamento do território, apresenta-se-nos como resultante do fenómeno da urbanização proveniente da concentração de populações nos aglomerados urbanos oriundos da Revolução industrial e, em seguida, no caso concreto do território belga, encontra a sua razão no aumento demográfico sentido no século

PARTE II – § 2º DIREITOS ESTRANGEIROS

direito do urbanismo e o direito do ordenamento do território, atento o facto dos mesmos visarem a regulamentação da utilização do espaço e de utilizarem, para a consecução desse propósito, os mesmos instrumentos («plans», «schémas» e «règlements»).

De acordo com os autores PHILIPPE CASTIAUX/BENOIT HAVET/VANESSA PAUWELS/BENJAMIN REULIAUX/ANNABELLE VANHUFFEL, o direito do ordenamento do território e do urbanismo é, essencialmente, para lá de um direito marcado pela dimensão e preocupação ambiental[804], um direito prospectivo[805], operacional[806], móvel[807] e participativo[808].

XX, com as consequências nefastas que, normalmente, tal fenómeno provoca sobre a organização do espaço. PHILIPPE CASTIAUX/BENOIT HAVET/VANESSA PAUWELS/BENJAMIN REULIAUX/ANNABELLE VANHUFFEL, (coord. de BENOIT HAVET), "Urbanisme...", p. 2.

[804] O princípio da impregnação do direito do urbanismo pela dimensão ambiental encontra-se, actualmente, previsto no artigo 1º do «Code Wallon de l'Aménagement du territoire, de l'urbanisme, du patrimoine et de l'energie» (CWATUPE). A título de curiosidade refira-se que este diploma legal foi inicialmente criado, por decreto do executivo regional valão, em 14 de Maio de 1984, com a finalidade de codificar as disposições legislativas e regulamentares relacionadas com o ordenamento do território e urbanismo (nesta sua versão inicial, o Código era apenas o «Code Wallon de l'Aménagement du territoire, de l'urbanisme» (CWATU). Posteriormente, sofreu alterações, quer por força do decreto de 27 de Abril de 1989 (relativo à descentralização e à participação e de que terá então emergido um regime de descentralização em matéria de ordenamento do território e de urbanismo) e pelo decreto de 18 de Julho de 1991 (relativo aos monumentos, sítios e pesquisas) e pelo qual a região da Valónia ficou então dotada de uma legislação capaz de substituir a velha lei de 7 de Agosto de 1931, respeitante à conservação de monumentos e sítios. Este último decreto foi integrado no então ainda CWATU, com vista a melhorar a coordenação das decisões, passando então, desde essa data, a referir-se CWATUP («Code Wallon de l'Aménagement du territoire, de l`urbanisme et du patrimoine») pela inclusão do património, e não CWATU. Posteriormente, e por força do decreto de 17 de Fevereiro de 2007, consagra-se no artigo 1º do então ainda CWATUP a referência à performance energética da urbanização e das construções, como princípio da utilização parcimoniosa dos recursos do solo. A partir de então passa a falar-se não em CWATUP («Code Wallon de l'Aménagement du territoire, de l`urbanisme et du patrimoine») mas sim em «Code Wallon de l'Aménagement du territoire, de l'urbanisme, du patrimoine et de l'energie» (CWATUPE). Refira-se que terá ocorrido, no período que mediou entre os anos de 1997 e 2009, uma verdadeira inflação legislativa, com aproximadamente 61 diplomas legais e regulamentares introduzindo modificações, mais ou menos importantes, ao CWATUPE. Sobre as principais alterações legislativas ver PHILIPPE CASTIAUX/BENOIT HAVET/VANESSA PAUWELS/BENJAMIN REULIAUX/ANNABELLE VANHUFFEL, (coord. de BENOIT HAVET), "Urbanisme...", pp. 5-8. Para a abordagem e tratamento das questões legais associadas ao sistema urbanístico da Valónia, seguimos de perto o texto legal do CWATUPE, actualizado a 4 de Outubro de 2010,

pela Direction générale opérationnelle-Aménagement du Territoire, Logement, Patrimoine et Énergie-SERVICE PUBLIC DE WALLONIE, acessível em http://mrw.wallonie.be/dgatlp/dgatlp/. Em concreto, e sobre a questão da performance energética na Bélgica, ver MICHEL SCHOLASSE/JULIEN GUILLAUME, "La performance énergétique en Belgique", *in* Aménagement-Environnement, nº 1, 2008, pp. 26-32.

[805] Esta opção de criar instrumentos prospectivos, com cáracter indicativo, é afirmada no quadro da aprovação do decreto de 30 de Abril de 2009 que generalizou o recurso ao relatório urbanístico e ambiental. Deste modo, a regulamentação actual encontra-se dotada de dois tipos de instrumentos planológicos: por um lado, os instrumentos prospectivos («schémas») que respeitam geralmente a um território mais vasto e, por outro, os instrumentos de natureza regulamentar («plans»). Neste esquema, os «schémas», instrumentos prospectivos de carácter indicativo, determinam os objectivos e as linhas de orientação que devem ser concretizadas, ao passo que os «plans», instrumentos de fixação de natureza regulamentar, se inspiram nos «schémas» para proceder à determinação das regras precisas, com o escopo último de assegurar a segurança jurídica de que os construtores têm necessidade. Ver PHILIPPE CASTIAUX/BENOIT HAVET/VANESSA PAUWELS/BENJAMIN REULIAUX/ANNABELLE VANHUFFEL, (coord. de BENOIT HAVET), "Urbanisme...", pp. 9-10.

[806] O arsenal planológico («plans» e «schémas») permite, apenas, parcialmente às entidades públicas intervir, positivamente, no ordenamento do território. Por exemplo, o decreto de 23 de Fevereiro de 2006 criou fundos no seio do orçamento da Região da Valónia com o objectivo de permitir e de incitar, por meio de subvenções outorgadas a pessoas morais de direito público ou mesmo a pessoas privadas, a realização de operações tão diversas como, por exemplo, operações de revitalização urbana, renovação urbana ou de reabilitação de sítios com vista ao seu reordenamento. Estes instrumentos permitem às entidades públicas competentes assegurar, sob certas circunstâncias particulares, a matriz fundiária relativa aos bens, com o objectivo de realizar estas operações de ordenamento do território quer seja por meio do direito de preferência quer seja por via do processo de expropriação. Ver PHILIPPE CASTIAUX/BENOIT HAVET/VANESSA PAUWELS/BENJAMIN REULIAUX/ANNABELLE VANHUFFEL, (coord. de BENOIT HAVET), "Urbanisme...", pp. 10-11.

[807] Esta ideia de mobilidade do direito do ordenamento do território e do urbanismo provém do facto das concepções de ordenamento e de urbanismo não se revelarem estáticas, antes evoluindo ao longo dos tempos. Veja-se, aliás, o que atrás dissemos sobre a elevada quantidade de alterações legislativas ocorridas no CWATUPE entre os anos de 1997 e 2009. Os documentos planológicos destinados a regulamentar o espaço tem natureza temporária (recorde-se, a este propósito, que os «plans de secteurs» foram inicialmente concebidos para durar 20 anos), uma vez que repousam sobre variáveis também elas altamente voláteis, tais como as previsões demográficas e as condições sócio-económicas. Tais variáveis, e com elas os planos, devem ser revistos em função das mudanças ocorridas. Esta situação configura aliás um interessante paradoxo. Na realidade, a regra deve poder ser adaptada à evolução das necessidades mas deve, todavia, conferir uma previsibilidade e uma verdadeira segurança jurídica aos cidadãos. Ver

PARTE II – § 2º DIREITOS ESTRANGEIROS

O direito do urbanismo da Valónia é também um direito exclusivamente[809] regional e, essencialmente, direito administrativo. É regional porque depois da lei da reforma institucional de 8 de Agosto de 1980, as competências em matéria de urbanismo foram transferidas do Estado Federal para as Regiões,

PHILIPPE CASTIAUX/BENOIT HAVET/VANESSA PAUWELS/BENJAMIN REULIAUX/ANNABELLE VANHUFFEL, (coord. de BENOIT HAVET), "Urbanisme...", p. 11. Reflectindo sobre as principais alterações ao CWATUPE nos anos de 2006, 2007 e 2008, ver FRANCIS HAUMONT/NATHALIE BOTON/DOMINIQUE GOETRY, Le Droit de l'urbanisme en Belgique en 2006, 2007 et 2008, Groupement de recherche sur les institutions et le droit de l'aménagement, de l'urbanisme et de l'habitat (GRIDAUH), 2009, Droit Comparé, pp. 831-852. Aludindo a uma concepção dinâmica do direito do ordenamento do território, ver JEAN-FRANÇOIS NEURAY/MICHEL PÂQUES/MARC BOES, Belgique, Rapport National, Belgique, in "Le contenu des plans d'urbanisme et d'aménagement dans les pays d'Europe de l'Ouest", Colloque biennal de l'Association Internationale de Droit de l'urbanisme, 23/24 de Setembro de 2005, Genève-Lausanne, Les Cahiers du Groupement de recherche sur les institutions et le droit de l'aménagement, de l'urbanisme et de l'habitat (GRIDAUH), Série Droit Comparé, nº 15, 2006, pp. 171-194.

[808] Quanto a este ponto, convirá relevar dois aspectos. Em primeiro lugar, ocorre um alargamento da ideia de participação activa do cidadão, prevista no âmbito dos processos decisionais em matéria de qualidade de vida, às situações conectadas com o direito do ordenamento do território e do urbanismo e, por outro, constata-se um reforço da participação do cidadão pela criação do conselho municipal de ordenamento do território. Ver PHILIPPE CASTIAUX/BENOIT HAVET/VANESSA PAUWELS/BENJAMIN REULIAUX/ANNABELLE VANHUFFEL, (coord. de BENOIT HAVET), "Urbanisme...", pp. 11-12. Para uma visão dos vários modelos de participação europeus em matéria de direito do urbanismo, ver ALEXANDRE FLÜCKIGER, "Droit à l'information environnementale et participation du public en matière d'urbanisme en Europe: vers une démocratie administrative", in Environnement dans le droit de l'urbanisme en Europe: colloque biennal de l'Association internationale de droit de l'urbanisme (AIDRU), Paris, GRIDAUH, 2008, pp. 103-121, documento acedido em 24.10.2010, em Archive ouverte, Université de Genève, UNIGE (http://archive-ouverte.unige.ch). Veja-se, também, o refrescante trabalho de MICHEL DELNOY em que o autor, partindo do modelo de participação vigente na Bélgica, propõe uma reestruturação do direito de participação em termos tais que passe a ser entendido como correspondendo *"...ao conjunto de mecanismos organizados em direito que permitem aos particulares influenciar, de maneira directa mas sem poder decisório, a adopção, o conteúdo e a execução das decisões administrativas unilaterais relativas ao quadro de vida..."*. Ver MICHEL DELNOY, "La participation du public en droit de l' urbanisme et de l'environnement", De Boeck & Larcier, Éditions Larcier, Bruxelles, 2007, p. 47, documento acedido em 27.10.2010, em Archive ouverte, Université de Genève, UNIGE (http://archive-ouverte.unige.ch).

[809] JEAN-FRANÇOIS NEURAY/MICHEL PÂQUES/MARC BOES, Belgique, Rapport National, Belgique, in "Le contenu des plans d'urbanisme et d'aménagement dans les pays d'Europe de l'Ouest", Colloque biennal de l'Association Internationale de Droit de l'urbanisme..., p. 171.

entidades federadas na Bélgica. É, por conseguinte, o Parlamento valão[810] que, enquanto poder legislativo regional adopta, na região da Valónia, por meio de decretos[811], as regras legislativas relativas a essa matéria. Com efeito as regiões são competentes para legislar em matéria de ordenamento do território e de urbanismo[812]. O Governo valão[813], enquanto poder executivo da Região, é competente para dar execução aos referidos decretos, sem que tenha poderes para

[810] O Parlamento valão representa o poder legislativo regional, sendo eleito por sufrágio universal. Este órgão legisla por meio de decretos nas matérias relativas ao ordenamento do território e urbanismo, sendo que tais decretos são elaborados segundo os termos previstos para a elaboração das leis federais. Em síntese, é o Parlamento Valão que adopta os textos legislativos aplicáveis em matéria de ordenamento do território e do urbanismo. Ver PHILIPPE CASTIAUX/ BENOIT HAVET/VANESSA PAUWELS/BENJAMIN REULIAUX/ANNABELLE VANHUFFEL, (coord. de BENOIT HAVET), "Urbanisme...", p. 22.

[811] Na Bélgica, os «decréts» – equivalentes às «ordonnances» em Bruxelas» – correspondem às leis das regiões. Eles têm, no âmbito de um sistema federal de atribuições exclusivas, a mesma posição hierárquica que a lei. Deste modo, não devem ser confundidos com os «décrets» franceses, uma vez que estes traduzem actos do executivo.

[812] De todos os modos, a Cour d'Arbitrage, quando chamada a pronunciar-se, tem decidido que as Regiões não podem conceber o urbanismo e o ordenamento do território, de tal maneira que venha a revelar-se impraticável para o Estado a condução de uma política eficaz nas matérias que relevem da sua competência. Este princípio tem sido reafirmado em muitas das decisões proferidas pela Cour d'Arbitrage, sendo qualificado actualmente como princípio da lealdade federal («principe de loyauté fédérale»). Ver MICHEL PÂQUES, "Le mirmillon et le rétiaire ou Comment concilier la domanialité publique et l'urbanisme?", *in* Revue de la Faculté de droit de l'Université de Liège, 50 ans, n.os 1-2, De Boeck & Larcier, Éditions Larcier, Bruxelas, 2006, pp. 269-287.

[813] O Governo Valão executa os decretos do respectivo Parlamento, sem que possa suspender, modificar os seus efeitos ou impor quaisquer condições. Para além do Parlamento (já antes sinalizado) e do Governo, existe, ainda, a Província, em que o colégio provincial possui uma competência consultiva no quadro dos procedimentos de concessão de licenças urbanísticas. Temos, igualmente, o Colégio municipal que, entre as diversas competências que a lei lhe confere em matéria de ordenamento do território e do urbanismo, possui a competência para decidir, em primeira linha, sobre os pedidos de licenciamento de construção ou mesmo de urbanização. Por fim, e com importância em nada negligenciável, o sistema dispõe ainda de uma significativa plêaide de órgãos consultivos, dos quais destacamos a «Commission Régionale d'Aménagement du territoire» (CTRA), o «Conseil Wallon pour l'environnement et le développement durable» (CWEDD) ou mesmo a «Commission communale d'aménagement du territoire et de mobilité» (CCATM). Ver PHILIPPE CASTIAUX/BENOIT HAVET/VANESSA PAUWELS/BENJAMIN REULIAUX/ANNABELLE VANHUFFEL, (coord. de BENOIT HAVET), "Urbanisme...", pp. 23-25.

PARTE II – § 2º DIREITOS ESTRANGEIROS

os suspender, revogar, modificar ou mesmo dispensá-los dessa execução[814]. É também um direito de natureza essencialmente administrativa, marcado pela necessidade de respeitar todo um catálogo de princípios, entre os quais figuram o da não retroactividade das leis e dos regulamentos, da igualdade, da confiança legítima, da proporcionalidade, da precaução, do prazo razoável, da publicidade da administração, da motivação formal dos actos da administração e, bem mais importantes, da legalidade e o da hierarquia de normas[815].

Pelo princípio da legalidade, pretende-se interditar a autoridade administrativa de violar a lei, sendo que qualquer entidade pública está submetida às leis e aos regulamentos superiores mas, igualmente, aos actos regulamentares que ela própria edita[816]. Ela não pode pois derrogar a lei ou o regulamento por acto individual, salvo se a norma superior ou o regulamento o previrem e na exacta medida em que o fizerem[817]. Pelo princípio da hierarquia das normas, pretende-se que a autoridade administrativa, sempre que adopte um acto de natureza regulamentar ou de conteúdo individual, deva respeitar a regra hierarquicamente superior, admitindo-se, excepcionalmente, que o acto inferior possa derrogar a norma superior, desde que tal se encontre expressamente previsto (e na exacta medida dessa previsão) pelo decreto ou pela norma

---

[814] É, aliás, esta a solução consagrada no artigo 108º da Constituição. Ver PHILIPPE CASTIAUX/ BENOIT HAVET/VANESSA PAUWELS/BENJAMIN REULIAUX/ANNABELLE VANHUFFEL, (coord. de BENOIT HAVET), "Urbanisme...", p. 12 e pp. 22-25.

[815] PHILIPPE CASTIAUX/BENOIT HAVET/VANESSA PAUWELS/BENJAMIN REULIAUX/ANNABELLE VANHUFFEL, (coord. de BENOIT HAVET), "Urbanisme...", pp. 12-15. O sistema de «schémas» e de «plans» em vigor na Região da Valónia encontra-se submetido ao princípio hierárquico. No mesmo nível planológico, o «schéma» impõe-se ao plano sendo que este pode, todavia, quando tal se mostre necessário, derrogá-lo de maneira flexível. **Cada plano deve ser conforme ao plano superior, sendo que o plano inferior não pode derrogar o plano superior, a menos que tal hipótese se encontre expressamente prevista na lei e nos exactos termos e condições em que o esteja.** PHILIPPE CASTIAUX/BENOIT HAVET/VANESSA PAUWELS/BENJAMIN REULIAUX/ANNABELLE VANHUFFEL, (coord. de BENOIT HAVET), "Urbanisme...", p. 17. Referindo-se, recorrendo para o efeito a uma decisão do Conseil d'État, à hierarquia de normas como princípio fundamental do ordenamento jurídico com assento no artigo 159 da Constituição, ver JEAN-FRANÇOIS NEURAY/MICHEL PÂQUES/MARC BOES, Belgique, Rapport National, Belgique, *in* "Le contenu des plans d'urbanisme et d'aménagement dans les pays d'Europe de l'Ouest", Colloque biennal de l'Association Internationale de Droit de l'urbanisme..., p. 174.

[816] PHILIPPE CASTIAUX/BENOIT HAVET/VANESSA PAUWELS/BENJAMIN REULIAUX/ANNABELLE VANHUFFEL, (coord. de BENOIT HAVET), "Urbanisme...", p. 13.

[817] PHILIPPE CASTIAUX/BENOIT HAVET/VANESSA PAUWELS/BENJAMIN REULIAUX/ANNABELLE VANHUFFEL, (coord. de BENOIT HAVET), "Urbanisme...", p. 13.

hierarquicamente superior e sempre com observância das condições por ela impostas[818].

Para a concretização dos objectivos previstos no artigo 1 do CWATUPE, as autoridades públicas com competências no âmbito do ordenamento do território encontram-se dotadas de instrumentos vocacionados para avaliar as necessidades, conceber o ordenamento do território e fixar as condições a que a urbanização se deve subordinar[819]. Desempenham aqui papel central na organização do solo e na sua utilização os «plans» e os «schémas»[820]. Os «sché-

---

[818] Philippe Castiaux/Benoit Havet/Vanessa Pauwels/Benjamin Reuliaux/Annabelle Vanhuffel, (coord. de Benoit Havet), "Urbanisme...", p. 13.

[819] Philippe Castiaux/Benoit Havet/Vanessa Pauwels/Benjamin Reuliaux/Annabelle Vanhuffel, (coord. de Benoit Havet), "Urbanisme...", p. 16.

[820] Uma distinção de princípio permite conferir ao «plan» a missão de fixar uma determinada afectação do território. O «schéma» consubstancia um instrumento operacional, cabendo-lhe indicar os objectivos de ordenamento e as orientações gerais. Quanto ao respectivo conteúdo jurídico, dir-se-á que contrariamente ao «schéma», com valor estritamente indicativo, o «plan» indicado no artigo 1 do CWATUPE têm força obrigatória e valor regulamentar. A força obrigatória resulta do disposto no artigo 19, §1 do CWATUPE uma vez que aí se refere que é o Governo que confere força obrigatória ao «plan de secteur» e ao «plan communal d'aménagement». Não obstante, existem certos planos que não os que se encontram compreendidos no artigo 1 do CWATUPE, que se apresentam desprovidos de valor regulamentar, como sucede, aliás, com os «plans communaux de développement de la nature» (PCDN) (planos municipais de desenvolvimento da natureza). O diferente conteúdo jurídico entre o «plan» e o «schéma» é, pois, uma marca de importância fundamental na compreensão das soluções depois construídas pelo legislador. Tendo em consideração a natureza regulamentar que se liga às prescrições gráficas e literais do «plan de secteur» e do «plan communal d'aménagement», as regras inscritas nesses mesmos documentos devem, obrigatoriamente, ser aplicadas no momento da concessão da licença ou no momento em que se proceda à elaboração de documentos planológicos inferiores em termos de hierarquia de normas. De todos os modos, a diferença entre o «schéma» e o «plan» aparece, manifestamente, quando a autoridade opta por não aplicar a regra ou a solução preconizada pelo documento. Com efeito a não aplicação de regras editadas através de um «plan» com valor regulamentar, só poderá ocorrer através do recurso a um mecanismo derrogatório *ad hoc*. Em contrapartida, e tendo em conta o seu valor indicativo, o «schéma» fixa uma linha de orientação, da qual a autoridade chamada a decidir se pode afastar se e na medida em que apresente uma motivação adequada, ou seja, uma explicação justificativa das razões pelas quais a decisão tomada/a tomar não respeita os princípios estabelecidos. O «schéma» aparece pois como um documento jurídico menos constringente que o «plan». Ele é, por assim dizer, algo mais do que uma simples declaração de política geral, de tal sorte que a inaplicabilidade dos princípios por ele fixados deve resultar de um quadro de circunstâncias específicas em que a justificação apresentada se faça sobre a base de uma motivação circunstanciada. Philippe

PARTE II – § 2º DIREITOS ESTRANGEIROS

mas» apresentam-se como instrumentos de concepção, sendo o ordenamento do território concebido por meio do «schéma de développement de l'espace régional»[821] (esquema de desenvolvimento do espaço regional) e do «schéma de structure communal»[822] (esquema da estrutura municipal). Trata-se, *prima facie*, de instrumentos indicativos que têm por objectivo determinar, depois

CASTIAUX/BENOIT HAVET/VANESSA PAUWELS/BENJAMIN REULIAUX/ANNABELLE VANHUFFEL, (coord. de BENOIT HAVET), "Urbanisme...", pp. 29-30. Note-se, ainda, que na Bélgica, os planos à escala mais elevada são os que respeitam às regiões da Flandres, Wallonnie e Bruxelas. Não existe pois na Bélgica, um plano de orientação nacional. Ver, com mais desenvolvimento, THIERRY TANQUEREL, "Le contenu des plans d'orientation", Rapport de synthèse, *in* "Le contenu des plans d'urbanisme et d'aménagement...", p. 41.

[821] Nos termos do artigo 13 do CWATUPE, o «schéma de développement de l'espace régional» traduz um documento que exprime as opções de ordenamento e de desenvolvimento sustentável para o conjunto do território da Valónia. Fá-lo, na realidade, formulando uma análise comparada, em numerosos pontos refira-se, com o que é proposto no «schéma de développement de l'espace communautaire» (SDEC). O «schéma de développement de l'espace régional» é aprovado por iniciativa do Governo, sendo que a «Commission régionale d'aménagement du territoire» (CRAT) e o «Conseil Wallon de l'environnement pour le développement durable» (CWEDD) participam na sua concepção podendo formular sugestões que entendam ser úteis. Ver PHILIPPE CASTIAUX/BENOIT HAVET/VANESSA PAUWELS/BENJAMIN REULIAUX/ANNABELLE VANHUFFEL, (coord. de BENOIT HAVET), "Urbanisme...", pp. 31-33. JEAN-FRANÇOIS NEURAY/MICHEL PÂQUES/MARC BOES, Belgique, Rapport National, Belgique, *in* "Le contenu des plans d'urbanisme et d'aménagement dans les pays d'Europe de l'Ouest", Colloque biennal de l'Association Internationale de Droit de l'urbanisme..., pp. 175-176.

[822] A natureza indicativa está, actualmente, nos termos do CWATUPE, no «schéma de structure communal», com assento nos artigos 16 e 254. O «schéma de structure communal» consubstancia um documento de orientação, de avaliação, de gestão e de programação do desenvolvimento sustentável do conjunto do território municipal, sendo elaborado à escala 1/10.000. A referida natureza (valor) indicativa torna-o insusceptível de recurso perante o Conseil d'État. Esse conteúdo indicativo não o priva contudo da sua força adstringente/vinculativa. Com efeito, a derrogação do «schéma de structure communal» não pode ocorrer se não por via da adopção, pela entidade competente, de uma decisão particularmente motivada/fundamentada. Deste modo, quanto mais a regra fixada pelo «schéma de structure communal» é estrita e justificada por um contexto ou por um objectivo precisos, mais a derrogação dessa regra deverá fundar-se em motivos pertinentes e admissíveis à luz desse mesmo contexto ou desse mesmo objectivo. O controlo de legalidade levado a cabo pelo Conseil d'État demonstra pois a exigência de rigor que deve acompanhar o recurso à figura da derrogação. Sobre este aspecto e também sobre os procedimentos de elaboração e de revisão do «schéma de structure communal», ver PHILIPPE CASTIAUX/BENOIT HAVET/VANESSA PAUWELS/BENJAMIN REULIAUX/ANNABELLE VANHUFFEL, (coord. de BENOIT HAVET), "Urbanisme...", pp. 81-84. JEAN-FRANÇOIS NEURAY/MICHEL PÂQUES/MARC BOES, Belgique, Rapport National, Belgique, *in* "Le contenu

de uma análise das necessidades sociais, económicas, patrimoniais e ambientais para uma determinada escala geográfica, as opções de ordenamento e de desenvolvimento, de mobilidade, de gestão parcimoniosa do solo, de conservação e de valorização do património numa perspectiva de desenvolvimento sustentável[823]. Estes «schémas» terão, ao fim e ao resto, a função de servir de linha de orientação para a autoridade administrativa competente em todas as acções que ela deva empreender, no quadro das decisões que se lhe imponham tomar quanto ao exercício das suas atribuições em matéria de ordenamento do território e de urbanismo[824]. Já quanto aos «plans» eles apresentam-se, em primeira linha, como instrumentos de fixação, determinando, com precisão, a afectação que se fará a cada parte do território[825]. É precisamente para garantir a realização da afectação prevista que os «plans» têm natureza regulamentar e força obrigatória, de modo a deverem ser efectivamente aplicados[826]. A força obrigatória dos «plans» impõe-se pois à autoridade administrativa quando ela tem que decidir sobre um pedido de licenciamento[827]. Por outro lado, e este parece-nos um aspecto decisivo do sistema, a derrogação e este tipo de instrumento é fortemente limitada e deve manter-se excepcional[828]. Ao nível regional, a fixação da afectação precisa para cada parcela do território impõe que se adopte um «plan de secteur» (plano de sector) que, em termos práticos, dará cobertura a uma superfície de 500 a 600 Km^2[829]. Depois de uma análise da situação existente, de facto e de direito, o «plan de secteur» determina as

des plans d'urbanisme et d'aménagement dans les pays d'Europe de l'Ouest", Colloque biennal de l'Association Internationale de Droit de l'urbanisme...", p. 177.

[823] PHILIPPE CASTIAUX/BENOIT HAVET/VANESSA PAUWELS/BENJAMIN REULIAUX/ANNABELLE VANHUFFEL, (coord. de BENOIT HAVET), "Urbanisme...", pp. 16-17.

[824] PHILIPPE CASTIAUX/BENOIT HAVET/VANESSA PAUWELS/BENJAMIN REULIAUX/ANNABELLE VANHUFFEL, (coord. de BENOIT HAVET), "Urbanisme...", p. 17.

[825] PHILIPPE CASTIAUX/BENOIT HAVET/VANESSA PAUWELS/BENJAMIN REULIAUX/ANNABELLE VANHUFFEL, (coord. de BENOIT HAVET), "Urbanisme...", p. 17.

[826] PHILIPPE CASTIAUX/BENOIT HAVET/VANESSA PAUWELS/BENJAMIN REULIAUX/ANNABELLE VANHUFFEL, (coord. de BENOIT HAVET), "Urbanisme...", p. 17.

[827] PHILIPPE CASTIAUX/BENOIT HAVET/VANESSA PAUWELS/BENJAMIN REULIAUX/ANNABELLE VANHUFFEL, (coord. de BENOIT HAVET), "Urbanisme...", p. 17.

[828] PHILIPPE CASTIAUX/BENOIT HAVET/VANESSA PAUWELS/BENJAMIN REULIAUX/ANNABELLE VANHUFFEL, (coord. de BENOIT HAVET), "Urbanisme...", p. 17.

[829] PHILIPPE CASTIAUX/BENOIT HAVET/VANESSA PAUWELS/BENJAMIN REULIAUX/ANNABELLE VANHUFFEL, (coord. de BENOIT HAVET), "Urbanisme...", p. 17.

PARTE II – § 2º DIREITOS ESTRANGEIROS

diferentes zonas do território que ele abrange sob a base de uma nomenclatura prevista no artigo 25 do CWATUPE[830].

Por fim, ao nível municipal, a afectação precisa dada a cada parcela é fixada pelos «plans communaux d'aménagement» (planos municipais de ordenamento), sendo que estes cobrem, geralmente, uma parte do território municipal, ainda que nada se oponha a que eles possam cobrir o conjunto do território municipal[831]. Na prática, o papel que se encontra destinado ao «plan communal d'aménagement» do território é o de concretizar as afectações do «plan de secteur» para as respectivas parcelas[832].

Por fim, refira-se ainda os regulamentos de urbanismo[833] que, à semelhança dos planos de ordenamento, dispõem de carácter regulamentar. Deste modo, as licenças só podem ser concedidas quando estejam em conformidade com os regulamentos de urbanismo. Por outro lado, as derrogações às prescrições que eles prevêem têm natureza excepcional, não podendo ser autorizadas que não no quadro e de acordo com as condições previstos pelo decreto[834]. Ao contrário do que sucede com os «plans», os regulamentos de urbanismo respeitam

---

[830] PHILIPPE CASTIAUX/BENOIT HAVET/VANESSA PAUWELS/BENJAMIN REULIAUX/ANNABELLE VANHUFFEL, (coord. de BENOIT HAVET), "Urbanisme...", p. 17.

[831] PHILIPPE CASTIAUX/BENOIT HAVET/VANESSA PAUWELS/BENJAMIN REULIAUX/ANNABELLE VANHUFFEL, (coord. de BENOIT HAVET), "Urbanisme...", p. 17.

[832] Ainda que ele possa derrogar ou rever o «plan de secteur». Ver PHILIPPE CASTIAUX/BENOIT HAVET/VANESSA PAUWELS/BENJAMIN REULIAUX/ANNABELLE VANHUFFEL, (coord. de BENOIT HAVET), "Urbanisme...", p. 17. Com interesse na questão das derrogações ao «plan de secteur,» ver THIBAUT DE VILLENFAGNE, "Les plans de secteur à l'épreuve des dérogations en Région Wallonne", in Aménagement-Environnement, nº 2, 2007, pp. 66-75.

[833] Configuram instrumentos de ordenamento do território, adoptados por iniciativa regional ou municipal e que têm por objecto a fixação de condições de salubridade, de conservação, de solidez ou de estética das construções. O artigo 81 do CWATUPE prevê que quando um regulamento regional de urbanismo entre em vigor, o conselho municipal deva adaptar, seja por iniciativa própria seja no prazo que para o efeito lhe seja fixado pelo Governo, o/os regulamentos municipais de urbanismo em vigor às prescrições do regulamento regional. O regulamento regional de urbanismo revoga, de pleno direito, as disposições não conformes inscritas nos regulamentos municipais. Por seu turno, o artigo 82º prevê que os planos de ordenamento revogem, de pleno direito, para o território ao qual eles se referem, as disposições dos regulamentos municipais de urbanismo que lhe sejam contrárias. Este mesmo preceito prevê ainda que não possa ser derrogado, nos novos regulamentos municpais de urbanismo, as prescrições dos planos de ordenamento em vigor.

[834] A violação de um regulamento municipal de urbanismo constitui um delito e é passível de apreciação pelos tribunais correcionais. Ver PHILIPPE CASTIAUX/BENOIT HAVET/VANESSA

às operações materiais de construção, estando submetidos ao princípio da hierarquia e completando, se esse for o caso, as prescrições dos regulamentos regionais de urbanismo sem que isso traduza qualquer poder de derrogação dos mesmos. Os regulamentos regionais de urbanismo[835] revogam, aliás, as prescrições dos regulamentos municipais de urbanismo que lhe sejam contrárias[836]. O princípio hierárquico aplica-se igualmente às relações entre planos e regulamentos. Deste modo, o plano municipal de ordenamento revoga as prescrições dos regulamentos municipais de urbanismo que lhe sejam contrárias[837], ao passo que os regulamentos gerais sobre as construções aplicáveis às zonas protegidas de certos municípios em matéria de urbanismo e sobre as construções em zonas rurais, não serão aplicáveis se e quando exista um plano municipal de ordenamento[838].

Como já antes deixámos antever, a tipologia de planos de que o sistema jurídico-urbanístico da região da Valónia dispõe é não só quantitativamente significativa como qualitativamente muito diversificada. O CWATUPE prevê que o ordenamento do território e o urbanismo sejam determinados e concretizados através dos «plans de secteur»[839], «plans communaux

---

PAUWELS/BENJAMIN REULIAUX/ANNABELLE VANHUFFEL, (coord. de BENOIT HAVET), "Urbanisme...", p. 18.

[835] Existem actualmente na Região da Valónia 6 (seis) regulamentos regionais de urbanismo, sendo que três têm natureza técnica e os outros três são de natureza urbanística e estética. Ver PHILIPPE CASTIAUX/BENOIT HAVET/VANESSA PAUWELS/BENJAMIN REULIAUX/ANNABELLE VANHUFFEL, (coord. de BENOIT HAVET), "Urbanisme...", pp. 18-19.

[836] Cfr. Artigo 81 do CWATUPE.

[837] Cfr. Artigo 82 do CWATUPE.

[838] Cfr. Artigos 393 e 417 do CWATUPE.

[839] O «plan de secteur» consubstancia um documento de planificação passiva. Trata-se, ainda, de um instrumento de valor regulamentar e, como tal, submetido à hierarquia dos planos, estando genericamente vocacionado para organizar o espaço e definir as diferentes afectações do território. Ele não dispõe pois de uma vocação dinâmica, não impondo que estas ou aquelas afectações sejam realizadas dentro de um determinado prazo. Pode, quando muito, prever um determinado período temporal no âmbito do qual uma particular afectação possa ser revertida como consequência da falta de execução de um plano dentro de um determinado prazo. Por outro lado, e não obstante o território da região da Valónia se encontrar actualmente dividido em 22 sectores (a estes 22 sectores da região da Valónia somam-se, ainda, 25 sectores na região da Flandres e 1 sector para os 19 municípios da região de Bruxelas), a verdade é que esse mesmo território não se encontra integralmente coberto por «plans de secteur». Esta situação deve-se ao facto de determinados terrenos se encontrarem excluídos dos «plans de secteurs», em particular pela entrada em vigor do decreto de 27 de Outubro de 2005, o qual

PARTE II – § 2º DIREITOS ESTRANGEIROS

d'aménagement»[840], «règlements régionaux d'urbanisme» e «règlements communaux d'urbanisme»[841].

terá alterado o artigo 25 do CWATUPE, excluindo do «plan de secteur» determinados domínios de infra-estruturas ferroviárias ou aeroportuárias e, ainda, de portos autónomos. Ver PHILIPPE CASTIAUX/BENOIT HAVET/VANESSA PAUWELS/BENJAMIN REULIAUX/ANNABELLE VANHUFFEL, (coord. de BENOIT HAVET), "Urbanisme...", pp. 33-34. Sobre o conteúdo do «plan de secteur» em geral e, em especial, sobre as diferentes afectações do território («zonage») que o mesmo opera, ver ob. cit. pp. 34-64. Relativamente aos procedimentos de dinâmica relativos à elaboração e revisão do «plan de secteur», ver também ob. cit. pp. 64-72. JEAN-PIERRE LEBRETON, "Le contenu des plans réglementant les modes d'occupation des sols (plans d'affectation)", *in* "Le contenu des plans d'urbanisme et d'aménagement dans les pays d'Europe de l'Ouest", Colloque biennal de l'Association Internationale de Droit de l'urbanisme, 23/24 de Setembro de 2005, Genève-Lausanne, Les Cahiers du Groupement de recherche sur les institutions et le droit de l'aménagement, de l'urbanisme et de l'habitat (GRIDAUH), Série Droit Comparé, nº 15, 2006, pp. 51-69. Sobre os «plans de secteur», parece-nos interessante a posição de JEAN--FRANÇOIS NEURAY que refere que a grande maioria desses planos têm, aproximadamente, 35 anos, facto que, em larga medida, traduz a ideia de que ficaram estagnados no tempo, não respondendo nem se mostrando capazes de satisfazer as necessidades actuais. Deste modo refira-se que, por exemplo, as zonas agrícolas e industriais se encontram sobredimensionadas, ao passo que o lugar conferido ao sector terciário (zonas de serviços) ou recreativo (zonas de lazer) se apresenta nitidamente insuficiente. A única das três regiões que procedeu a uma revisão geral do seu «plan de secteur» foi Bruxelas, o que aliás se compreende, considerando o facto de se tratar, à semelhança do que sucede com Gèneve, de uma cidade região em que a evolução das necessidades é muito mais rápida. Na Flandres e na Valónia, ainda nenhum político se aventurou na revisão geral dos seus «plans d'aménagement». Ver JEAN-FRANÇOIS NEURAY, "Table ronde. Le contenu des plans et documents d'urbanisme: convergences et divergences nationales", *in* "Le contenu des plans d'urbanisme et d'aménagement dans les pays d'Europe de l'Ouest", Colloque biennal de l'Association Internationale..., pp. 139-140. Um último aspecto, mas não menos importante, é o que se relaciona com a própria opção do legislador de prever, directamente, por «décret», nos artigos 25 a 41 do CWATUPE, a definição das zonas em que se deverá dividir o «plan de secteur». Esta particularidade torna o sistema mais rígido mas, simultaneamente, mais simples. Daqui resulta pois que, se em virtude do artigo 41 do CWATUPE, as definições das zonas podem ser objecto de prescrições suplementares no âmbito dos respectivos «plans de secteur», tal não pode ter como resultado a modificação das definições previstas pelo CWATUPE. Dito de outro modo, o autor do «plan de secteur» limitar-se-á a utilizar a *"palette* prevista no CWATUPE, sem que lhe assista qualquer possibilidade de inventar novas cores". Ver JEAN-FRANÇOIS NEURAY/MICHEL PÂQUES/MARC BOES, Belgique, Rapport National, Belgique, *in* "Le contenu des plans d'urbanisme et d'aménagement dans les pays d'Europe de l'Ouest", Colloque biennal de l'Association Internationale de Droit de l'urbanisme..., p. 179.

[840] O «plan communal d'aménagement» completa o «plan de secteur». Trata-se de definir com precisão, à escala de um quarteirão, de quaisquer ruas ou de uma zona de actividade económica,

No que concerne ao valor jurídico e aos efeitos dos «plans de secteur», convirá ter presente os seguintes traços distintivos: em primeiro lugar, é impor-

como desenhar as ruas, como implantar as diferentes actividades sociais ou qual a localização em que se devem estabelecer os comércios, a habitação ou mesmo os espaços verdes públicos. A natureza regulamentar deste instrumento dá a necessária segurança de que as suas escolhas serão respeitadas. Esta característica resulta das modalidades e do procedimento requerido para derrogar um tal instrumento. Não obstante, o carácter particularmente constringente de um «plan communal» pode revelar-se fonte de dificuldades quando se trate de afastar a sua aplicação. Um outro aspecto importante é o que se relaciona com o facto do «plan communal d`aménagement» poder rever o «plan de secteur» nos casos previstos no nº 1 e nº 2 do artigo 48 do do CWATUPE (na redação dada pelo decreto de 30 de Abril de 2009). A nova redacção do texto legal opera uma reforma importante pois que, anteriormente, apenas os «plans communaux dérogatoires» se encontravam habilitados nas estritas condições previstas pelo antigo artigo 48 do CWATUPE. Actualmente, e em virtude da nova redacção, o mecanismo derrogatório não poderá ser utilizado sem que se encontrem reunidas três condições: 1) a derrogação não deve ser tal que possa atentar contra a economia global do plan («économie générale du plan»). 2) a derrogação deve ser motivada, de acordo com necessidades sociais, económicas, patrimoniais ou ambientais que não existissem no momento da entrada em vigor do «plan de secteur». 3) deve igualmente ser demonstrado que a nova afectação responde às possibilidades de facto existentes. Note-se que sobre a utilização do mecanismo derrogatório existe uma grande diferença entre a prática administrativa e aquela que é, sobre a matéria, a mais significativa jurisprudência do Conseil d'État que, recorde-se, lhe prescreveu limites bem rígidos na sua utilização, precisamente com o escopo de que por essa via, se estivesse a procurar fugir ao procedimento de revisão. Numa decisão de 28 de Janeiro de 1998 (decisão nº 29.254 e que ficou conhecida como a decisão «Meubelcentrale Heylen»), a jurisdição administrativa submeteu a derrogação (fosse ela relativa a um plano hierarquicamente inferior ou a uma autorização individual) à verificação de quatro condições: deve ser demonstrado que a destinação prevista pelo plano superior não tem qualquer actualidade ou que a sua realização se tornou impossível; 2) deve existir uma real necessidade de adoptar um ordenamento diferente no plano inferior; 3) os motivos devem estar bem definidos e localizados de modo a que a economia geral do plano superior não seja afectada; 4) a derrogação não deve ter como objecto corrigir erros ou irregularidades do plano superior ou de reparar as consequências da sua anulação. Nestes casos, o plano deve ser revisto. Ver sobre este concreto ponto, JEAN-FRANÇOIS NEURAY, "Table ronde. Le contenu des plans et documents d'urbanisme: convergences et divergences nationales", *in* "Le contenu des plans d'urbanisme et d'aménagement dans les pays d'Europe de l'Ouest", Colloque biennal de l'Association Internationale...", pp. 140-141. JEAN-FRANÇOIS NEURAY/MICHEL PÂQUES/MARC BOES, Belgique, Rapport National, Belgique, *in* "Le contenu des plans d'urbanisme et d'aménagement dans les pays d'Europe de l'Ouest", Colloque biennal de l'Association Internationale de Droit de l'urbanisme..., pp. 171-194. Para uma leitura mais completa sobre a noção, conteúdo e procedimentos de elaboração e de revisão destes planos, ver PHILIPPE CASTIAUX/BENOIT HAVET/VANESSA PAUWELS/BENJAMIN REULIAUX/

PARTE II – § 2º DIREITOS ESTRANGEIROS

tante notar que as prescrições gráficas e as prescrições regulamentares do «plan de secteur», definitivamente adoptado e publicado no *Moniteur belge*, têm força obrigatória e valor regulamentar. Em caso de contradição entre as prescrições gráficas e as prescrições literais, aquelas prevalecem, sendo então o documento cartogáfico que se imporá[842]. O projecto de «plan de secteur» não dispõe desta força[843].

Um outro aspecto importante a reter é o de que as prescrições de um «plan communal d'aménagement» que se revelem incompatíveis com as de um «plan de secteur» posteriormente aprovado cessam de produzir os seus efeitos[844].

No que respeita ao valor jurídico e efeitos dos «plans communaux d'aménagement» há também algumas importantes notas que aqui gostaríamos de deixar. Em primeiro lugar, ele pode ser requerido como preliminar (preparatório) quando se trate de autorizar, numa zona de parque de mais de 5ha, actos ou trabalhos não admitidos, em princípio, nessa zona[845]. Em segundo lugar, e caso exista contradição entre as prescrições gráficas e as prescrições literais, aquelas devem prevalecer[846]. Um terceiro aspecto é o de que a aprovação ou adopção dos «plans communaux d'aménagement» pelo governo dispensa o município de qualquer outra formalidade legal em matéria de planos de alinhamento. Um quarto, e não menos singular aspecto, é o que se reconduz à possibilidade de uma licença de construção ou de urbanização

ANNABELLE VANHUFFEL, (coord. de BENOIT HAVET), "Urbanisme...", pp. 84-92. Em concreto, e sobre as dificuldades de operacionalizar o mecanismo derrogatório previsto no artigo 48, nº 2 do CWATUPE, ver OLIVIER DI GIACOMO, Le plan communal d'aménagement dérogatoire: analyse des conditions de la dérogation visée à l'article 48, alinéa 2, du CWATUP, *in* Aménagement-
-Environnement, nº 3, 2008, pp. 167-180.

[841] Cfr. Artigo 1º, §3 do CWATUPE: «(...) *L'aménagement du territoire et l'urbanisme sont fixés par les plans et les règlements suivants: 1º les plans de secteur; 2º les plans communaux d'aménagement; 3º les règlements régionaux d'urbanisme; 4º les règlements communaux d'urbanisme».*

[842] Cfr. Artigo 19º, §1 do CWATUPE: «*Le Gouvernement confère force obligatoire au plan de secteur et au plan communal d'aménagement. Les prescriptions graphiques et littérales des plans ont valeur réglementaire. En cas de contradiction entre les prescriptions graphiques et littérales, les prescriptions graphiques l'emportent sur les prescriptions littérales (...).»*

[843] No entanto, ele pode constituir motivo para o indeferimento do pedido de uma licença para construção.

[844] Cfr. Artigo 19º, §3 do CWATUPE: «*(...) § 3. Les prescriptions d'un plan communal d' aménagement qui sont incompatibles avec celles d'un plan de secteur approuvé postérieurement cessent de produire leurs effets.»* (redacção dada pelo artigo 11º do Decreto de 30 de Abril de 2009).

[845] Cfr. Artigo 39º do CWATUPE.

[846] Cfr. Artigo 19º do CWATUPE.

A NULIDADE DO PLANO URBANÍSTICO

poder ser outorgada em derrogação do «plan communal d'aménagement»[847]. A derrogação deve ser compatível com a destinação geral da zona em causa, natureza arquitectónica e opção urbanística pretendida. Este mecanismo é necessariamente de natureza excepcional, requerendo, por essa mesma razão, uma motivação circunstanciada. Um sexto e último ponto de interesse é o que concerne à possibilidade de ter lugar a própria revogação do «plan communal d'aménagement», quer de forma expressa[848] quer de forma implícita[849].

Para além dos «plans de secteur» e dos «plans communaux d'aménagement», cumpre ainda fazer uma breve referência aos efeitos jurídicos produzidos pelo «plan directeur»[850] e pelo «schéma directeur»[851].

[847] Cfr. Artigo 113 do CWATUPE.

[848] Em virtude do que dispõe o artigo 57 do CWATUPE, conclui-se que seja por iniciativa própria seja durante o prazo que lhe é imposto pelo Governo, o conselho municipal pode decidir a revogação, total ou parcial, de um «plan communal d'aménagement».

[849] Como já antes referimos, esta situação reconduz-se ao disposto no artigo 19, §3 do CWATUPE por força do qual as prescrições de um «plan communal d'aménagement» que sejam incompatíveis com as de um «plan de secteur» posteriormente aprovado, cessam de produzir os seus efeitos. É evidente que nem sempre é fácil verificar se a afectação ou as prescrições são, efectivamente, contrárias, pelo que será aconselhável assegurar que o «plan de secteur» posterior é manifestamente contraditório com o «plan communal d'aménagement» ao ponto dos dados e orientações deste último não serem susceptíveis de aplicação. Nestes termos, e seguindo o disposto no artigo 45 do CWATUPE, a decisão do Governo que adopte um «plan de secteur» tem como consequência imediata a revogação das disposições não conformes dos «plans communaux d'aménagement» que ele próprio enumerará. Ver PHILIPPE CASTIAUX/ BENOIT HAVET/VANESSA PAUWELS/BENJAMIN REULIAUX/ANNABELLE VANHUFFEL, (coord. de BENOIT HAVET), "Urbanisme...", p. 94.

[850] É importante notar quanto a este ponto que, por força do artigo 8 do decreto de 27 de Novembro de 1997, o «plan directeur» que fosse aprovado pelo governo depois de 1 de Março de 1998 permaneceria aplicável até ao preciso momento em que fosse substituído por um «plan communal d'aménagement». Desta forma, poder-se-á dizer que os «plans directeurs» conservam, em certas hipóteses e não obstante a sua revogação pelo decreto de 27 de Novembro de 2007, uma existência legal. Sobre este ponto mas também sobre o conteúdo do «plan directeur» Ver PHILIPPE CASTIAUX/BENOIT HAVET/VANESSA PAUWELS/BENJAMIN REULIAUX/ ANNABELLE VANHUFFEL, (coord. de BENOIT HAVET), "Urbanisme...", pp. 117-118.

[851] Também quanto ao «schéma directeur», e à semelhança do que sucede com o «plan directeur», é importante relevar que, por força do artigo 8 do decreto de 27 de Novembro de 1997, o «schéma directeur» que fosse aprovado pelo governo depois de 1 de Março de 1998 permaneceria aplicável até ao preciso momento em que fosse substituído por um «plan communal d'aménagement», conservando, nessa medida, uma existência legal. Sobre este ponto mas também sobre o conteúdo do «plan directeur» Ver PHILIPPE CASTIAUX/BENOIT HAVET/

PARTE II – § 2º DIREITOS ESTRANGEIROS

Quanto ao «plan directeur», dir-se-á que o mesmo tem valor regulamentar, querendo com isso significar-se que todas as licenças que são outorgadas no seu perímetro legal, lhe devem estrita conformidade. Por outro lado, não existe qualquer mecanismo derrogatório do «plan directeur»[852]. Uma outra importante nota é a de que o «plan directeur» anula as prescrições dos «plans communaux d'aménagement» aprovados anteriormente à sua elaboração e na medida em que tais prescrições lhe sejam contrárias[853]. O «plan directeur» permanece pois em vigor até ao momento em que seja substituído na sequência da entrada em vigor de um «plan communal d'aménagement»[854].

Contrariamente ao «plan directeur», o «schéma directeur» tem valor indicativo, querendo com isto significar-se que deve ser respeitado na execução da disciplina relativa à zona que cobre mas admitindo que, excepcionalmente, possam existir desvios à sua disciplina[855]. A existência de uma natureza vinculativa é igualmente relevante do ponto de vista processual, porquanto traduz a insusceptibilidade de recurso de tal plano perante o Conseil d'État[856].

O mesmo se passa com o «schéma de structure communal» que não parece de todo constituir um acto passível de um recurso de anulação perante o Conseil d'État[857].

Vanessa Pauwels/Benjamin Reuliaux/Annabelle Vanhuffel, (coord. de Benoit Havet), "Urbanisme...", pp. 117-118.

[852] Ver Philippe Castiaux/Benoit Havet/Vanessa Pauwels/Benjamin Reuliaux/Annabelle Vanhuffel, (coord. de Benoit Havet), "Urbanisme...", pp. 117-118.

[853] Ver Philippe Castiaux/Benoit Havet/Vanessa Pauwels/Benjamin Reuliaux/Annabelle Vanhuffel, (coord. de Benoit Havet), "Urbanisme...", pp. 117-118.

[854] Daqui decorre, necessariamente, que o «plan directeur» não pode mais ser objecto de revisão, dado que o único meio que existe para o modificar é o da elaboração de um «plan communal d'aménagement».

[855] Ver Philippe Castiaux/Benoit Havet/Vanessa Pauwels/Benjamin Reuliaux/Annabelle Vanhuffel, (coord. de Benoit Havet), "Urbanisme...", pp. 118-119.

[856] Ver Philippe Castiaux/Benoit Havet/Vanessa Pauwels/Benjamin Reuliaux/Annabelle Vanhuffel, (coord. de Benoit Havet), "Urbanisme...", pp. 118-120. Todavia, no quadro de apreciação jurisdicional de um recurso interposto contra um concreto acto de licenciamento praticado sobre a base de um «schéma directeur» ilegal, o Conseil d'État pode considerar que a ilegalidade que inquina o «schéma directeur» inquina também o acto que sobre ele se apoia.

[857] Três razões concorrem para esta situação: ausência de disposições específicas sobre a matéria no CWATUPE; conteúdo indicativo; ausência de carácter regulamentar. Ver Philippe Castiaux/Benoit Havet/Vanessa Pauwels/Benjamin Reuliaux/Annabelle Vanhuffel, (coord. de Benoit Havet), "Urbanisme...", p. 33.

Como se depreende da análise até aqui efectuada, o sisteme valão está também ele construído em obediência ao princípio da hierarquia dos planos, combinando com esse mesmo princípio a possibilidade de recursos a mecanismos derrogatórios, cujo controlo de legalidade desenvolvido pelo Conseil d'État prova à saciedade a exigência de rigor com que aqueles devem ser utilizados.

Dir-se-á que, como tal, da existência de um princípio de hierarquia entre planos decorre a admissibilidade legal de existência de vícios de legalidade interna susceptíveis de determinar a anulação dos planos que ou não se compatibilizem ou não se conformem com os planos perante os quais tenham essa obrigação[858].

Vejamos, no entanto, com mais detalhe, de que modo funciona a hierarquia de planos, tentando, no final, traçar algumas linhas conclusivas.

Como tivemos ensejo de verificar, a paisagem planológica da Região da Valónia é marcada por um significativo número de «plans» e de «schémas», de escalas topográficas bem diferenciadas e que, em certos casos, se podem aplicar a uma mesma parcela do território, facto que, por si só, pode determinar incompatibilidades ou contradições nas afectações previstas[859]. Ora é precisamente nestas situações que se imporá saber qual é o «plan» ou o «schéma» que se deve aplicar em caso de contradição entre dois ou mais planos relativos a uma mesma parcela territorial.

Deste modo, podemos identificar três blocos distintos de relações[860].

O primeiro bloco corresponderá às relações entre os «schémas» e os «plans». Um segundo bloco respeita às relações entre diferentes «schémas» e, por fim, num terceiro bloco, encontramos as relações entre «plans» de níveis diferentes. No primeiro bloco, regem três importantes princípios, em que dois

---

[858] Como já ficou claro em momento anterior desta análise, a hierarquia de normas de que o sistema valão se ocupa e que procura disciplinar é não só a hierarquia de planos como a hierarquia de regulamentos de urbanismo. Veja-se o já referido artigo 81 do CWATUPE que prevê que o regulamento regional de urbanismo revoge, de pleno direito, as disposições que não se revelem conformes dos regulamentos municipais. Ou o que se dispõe no artigo 82 quando se refere que os «plans d'aménagement» revogam, de pleno direito, para o território ao qual respeitam, as disposições dos regulamentos municipais de urbanismo que lhe sejam contrárias.

[859] Ver Philippe Castiaux/Benoit Havet/Vanessa Pauwels/Benjamin Reuliaux/Annabelle Vanhuffel, (coord. de Benoit Havet), "Urbanisme...", pp. 121-125.

[860] Sobre este ponto de análise, seguimos, de muito perto, o tratamento que lhe é conferido por Philippe Castiaux/Benoit Havet/Vanessa Pauwels/Benjamin Reuliaux/Annabelle Vanhuffel, (coord. de Benoit Havet), "Urbanisme...", pp. 121-125.

PARTE II – § 2º DIREITOS ESTRANGEIROS

deles parecem ser contraditórios[861]. De acordo com um primeiro princípio, o «plan» ou o «schéma» de nível superior prevalece, em princípio, sobre o «plan» ou o «schéma» de nível inferior. Um segundo princípio diz-nos que, em regra, o «schéma, enquanto instrumento de concepção, se impõe sobre o «plan», instrumento de fixação (no momento da elaboração deste). Um terceiro princípio refere que dado o carácter indicativo do «schéma», a lei não lhe permite, por um lado, impôr-se ao «plan» no momento em que este é elaborado e, por outro, não lhe permite revogar, ainda que implicitamente, as prescrições de um «plan» anterior que lhe sejam contrárias[862]. Para lá da pauta de princípios regentes nas relações entre «schémas» e «plans», há pelo menos quatro tipos possíveis de relações que podemos identificar. Uma primeira é a que respeita à relação entre o «schéma de développement de l'espace régional» e o «plan de secteur». Neste âmbito, em caso de anterioridade do «schéma de développement de l'espace régional» relativamente ao «plan de secteur», o CWATUPE[863] precisa que o «plan de secteur» se inspire nas indicações e orientações contidas no «schéma de développement de l'espace régional». Destarte, o autor do plano deve então seguir as indicações do «schéma de développement de l'espace régional», podendo, ainda assim, afastar-se das mesmas mediante a devida fundamentação. O «plan de secteur» pode então afastar-se das prescrições do «schéma de développement de l'espace régional», sendo que na situação em que o «plan de secteur» seja anterior ao «schéma de développement de l'espace régional», este não possa ter por efeito a revogação do «plan de secteur»[864].

Uma segunda relação possível é a que se estabelece entre o «schéma de développement de l'espace régional» e o «plan communal d'aménagement». Nesta situação, verificámos que não existe, no texto da lei, qualquer disposição

---

[861] Ver PHILIPPE CASTIAUX/BENOIT HAVET/VANESSA PAUWELS/BENJAMIN REULIAUX/ANNA-BELLE VANHUFFEL, (coord. de BENOIT HAVET), "Urbanisme...", p. 121.

[862] É, aliás, por esta razão que, em caso de contradição entre um «schéma» e um «plan» existentes, se deve dar a prevalência a este último.

[863] Cfr. Artigo 22 do CWATUPE.

[864] Esta solução resulta do simples facto do «plan de secteur» possuir força obrigatória e valor regulamentar, ao passo que o «schéma de développement de l'espace régional» apenas possui valor indicativo, donde, em termos gerais, o valor regulamentar do «plan» preferir ao valor indicativo do «schéma de développement de l'espace régional». Daqui resulta que ocorrendo contradição entre, por exemplo, um «plan communal d'aménagement» e um «schéma de développement de l'espace régional», deverá ser aplicado o primeiro, dado que é ele que possui força obrigatória e valor regulamentar.

que a discipline quando o «schéma de développement de l'espace régional» seja anterior ao «plan communal d'aménagement». Nesta situação, e em obediência ao princípio hierárquico, o «schéma» de nivel superior impõe-se ao «plan» de nivel inferior. Em princípio, o «plan communal d'aménagement» deve respeitar o que se encontra prescrito pelo «schéma de développement de l'espace régional». Não obstante, em razão do carácter indicativo do «schéma de développement de l'espace régional», o «plan communal d'aménagement» pode dele afastar-se mediante a devida fundamentação. Por outro lado, o valor indicativo do «schéma de développement de l'espace régional» não lhe permite revogar, ainda que implicitamente, o «plan communal d'aménagement» que lhe seja anterior. No caso de contradição entre um «plan communal d'aménagement» e um «schéma de développement de l'espace régional», aplicar-se-á, como já referido, o «plan communal d'aménagement» em virtude do seu carácter regulamentar e da sua força obrigatória.

Uma terceira relação possível de se divisar é a que ocorre entre o «plan de secteur», o «schéma de structure communal» e o «rapport urbanistique et environnemental» (relatório urbanístico e ambiental). Nesta situação, em razão do seu nível hierárquico e do seu carácter regulamentar, o «plan de secteur» impõe-se ao «schéma de structure communal» e ao «rapport urbanistique et environnemental» posteriores. O CWATUPE permite que o «rapport urbanistique et environnemental» se afaste do «plan de secteur»[865], sendo que nesta hipótese, o conselho municipal pode solicitar ao Governo uma autorização para estabelecer um «plan communal d'aménagement» com o objectivo de proceder à revisão do «plan de secteur». Em caso de contradição entre o «plan de secteur» e o «schéma de structure communal» ou o «rapport urbanistique et environnemental» posterior, deve preferir o «plan de secteur».

Uma quarta categoria possível de se estabelecer é a que respeita às relações entre o «schéma de structure communal» e o «plan communal d'aménagement». Segundo o CWATUPE[866], o «plan communal d'aménagement» é estabelecido depois de se realizar um exame do «schéma de structure communal», sendo que o «plan communal d'aménagement» deve, em princípio, respeitar o «schéma de structure communal». Todavia, o valor indicativo do «schéma de structure communal» permite à entidade autora do «plan communal d'aménagement» afastar-se, no momento da elaboração deste último, das prescrições contidas no «schéma de structure communal», desde que apresentada a pertinente

---

[865] Cfr. Artigo 18 do CWATUPE.
[866] Cfr. Artigo 48 do CWATUPE.

motivação. O valor indicativo do «schéma de structure communal» não lhe permite revogar, ainda que implicitamente, o «plan communal d'aménagement» que lhe seja anterior. Em caso de contradição entre um «plan communal d'aménagement» e o «schéma de structure communal», prefere o primeiro, em virtude do seu carácter regulamentar e da sua força obrigatória.

Analisado que se encontra o primeiro bloco de relações (entre os «schémas» e os «plans»), passamos agora a um segundo bloco respeitante às relações entre diferentes «schémas». Deste modo, em razão do princípio hierárquico, o «schéma de développement de l'espace régional» deve impor-se no quadro da elaboração do «schéma de structure communal» e do «rapport urbanistique et environnemental»[867]. O «rapport urbanistique et environnemental» e o «schéma de structure communal» devem pois, em princípio, no momento da sua elaboração, respeitar o disposto no «schéma de développement de l'espace régional». No entanto, em razão da sua natureza indicativa, o «schéma de développement de l'espace régional» pode ser derrogado quer pelo «rapport urbanistique et environnemental» quer pelo «schéma de structure communal», desde que por estes seja apresentada a devida motivação. Também nas relações entre o «schéma de structure communal» e o «rapport urbanistique et environnemental», o CWATUPE prevê que este último se inspire nas opções de ordenamento e de desenvolvimento sustentável contidas no «schéma de structure communal»[868]. Igualmente em razão do carácter indicativo do «schéma de structure communal», o «rapport urbanistique et environnemental» pode derrogá-lo desde que apresente a devida motivação. Para além disto, o CWATUPE prevê[869], ainda, que em caso de incompatibilidade entre as opções do «schéma de structure communal» e o «rapport urbanistique et environnemental», se deve optar pela aplicação do documento mais recente em vigor.

---

[867] No que concerne ao *«rapport urbanistique et environnemental», encontramos o princípio consagrado no artigo 18, §3 do CWATUPE no qual se prevê que «...Le rapport urbanistique et environnemental s'inspire des options d'aménagement et de développement durable contenues dans le schéma de développement de l'espace régional et le schéma de structure communal, s'il existe.»*

[868] Cfr. Artigo 18, §3 do CWATUPE. O texto legal parece apontar para a supremacia do «schéma de structure communal» sobre o «rapport urbanistique et environnemental», pelo que este último deve, em princípio, no momento em que é elaborado, respeitar o «schéma de structure communal» anterior.

[869] Cfr. Artigo 18, §3 do CWATUPE.

Chegados a esta fase e depois de analisarmos o primeiro bloco de relações (entre os «schémas» e os «plans»), o segundo bloco respeitante às relações entre diferentes «schémas», impõe-se agora tratar o terceiro e último bloco, concernente às relações entre «plans» de diferentes níveis. Neste bloco de situações podemos distinguir dois universos. O primeiro universo é relativo à relação entre o plano superior anterior ao plano inferior. O «plan communal d'aménagement» precisa/complementa o «plan de secteur», consagrando-se aqui a supremacia do plano geral sobre o plano particular. Deste modo, ocorrendo contradição entre os dois planos, deve aplicar-se o «plan de secteur». O «plan communal d'aménagement» contrário às prescrições do «plan de secteur» anterior é ilegal, dado que viola objectivamente uma norma hierarquicamente superior e que a ele se impõe[870].

O segundo universo é o que respeita à relação entre o plano superior posterior ao plano inferior. Neste particular, o CWATUPE consagra o princípio do efeito revogatório do «plan de secteur» sobre as prescrições do «plan communal d'aménagement» anterior que lhe sejam contrárias[871]. Com o escopo de conferir maior clareza, o artigo 45 do CWATUPE permite ao Governo, quando este adopte um «plan de secteur», revogar explicitamente as prescrições dos «plans communaux» que não sejam conformes[872]. Por esta via de actuação, evitar-se-á toda e qualquer ambiguidade relativa ao facto de saber se uma disposição está ou não revogada, tarefa que, note-se, nem sempre se afigurará fácil de realizar, desde logo pela dificuldade em aferir se as disposições são ou

---

[870] Não obstante esta solução, o «plan communal d'aménagement» pode, depois do decreto de 30 de Abril de 2009 que alterou o CWATUPE, rever o «plan de secteur» em dois casos distintos: 1) quando existem necessidades cujo impacto e as incidências possam ser prosseguidas por um ordenamento local e que, dado o caso, a compensação planológica ou a alternativa visada pelo artigo 46, §1, alíneas 2 e 3 do CWATUPE, se encontra organizada a essa escala. 2) num segundo caso, quando exista um «schéma de structure communal» ou um «rapport urbanistique et environnemental» aprovado pelo Governo que determina o perímetro de um projecto de «plan communal d'aménagement» e que, dado o caso, a compensação planológica ou a alternativa visada pelo artigo 46, §1, alíneas 2 e 3 do CWATUPE, se encontra organizada a essa escala.

[871] Cfr. Artigo 19, §3 e 45, ambos do CWATUPE. Ao prever que *«Les prescriptions d'un plan communal d'aménagement qui sont incompatibles avec celles d'un plan de secteur approuvé postérieurement cessent de produire leurs effets»*, o artigo 19, §3 do CWATUPE consagra o princípio da revogação implícita do «plan communal d'aménagement» pelo «plan de secteur» posterior.

[872] Cfr. Artigo 45, do CWATUPE. *«Sans préjudice de l'article 19, § 3, alinéa 3, l'arrêté du Gouvernement adoptant le plan abroge les dispositions non conformes, qu'il énumère, des plans communaux d'aménagement en vigueur.»*

não compatíveis. No entanto, e caso ocorra a anulação do «plan de secteur», a consequência imediata da mesma será a de operar a repristinação das prescrições do «plan communal d'aménagement» contrário que ele (entenda-se «plan de secteur») tenha revogado.

Resulta do exposto que o sistema jurídico de planeamento territorial da Região da Valónia é, acima de tudo, caracterizado pela existência e clara proeminência do princípio da hierarquia de planos, flexibilizando-se, por sua vez, este princípio, com recurso a mecanismos de derrogação na medida em que os mesmos se façam acompanhar pela pertinente motivação.

Para além da possibilidade de revogação expressamente admitida como mecanismo de flexibilização de uma hierarquia de planos, o legislador utiliza ainda um outro importante critério para dirimir as relações entre «plans» e «schémas», a saber o critério da natureza regulamentar e força obrigatória dos primeiros e da natureza indicativa dos últimos.

De tudo resulta que qualquer violação ao princípio da hierarquia de planos é sindicável jurisdicionalmente podendo conduzir à anulação do plano.

Note-se, no entanto, que não obstante ao longo do CWATUPE, nos aparecerem alusões às ideias de conformidade[873] e de compatibilidade[874], a verdade é que as relações entre planos não se encontram erigidas sobre tais modelos, antes assentando, *prima facie*, em princípios regentes gerais de resolução de antinomias de normas ou normas de conflitos.

Ou seja, não obstante as referências avulsas às ideias de conformidade e de compatibilidade que podemos divisar no CWATUPE, a verdade é que não existe um edifício legislativo estruturalmente delineado e assente nessas relações (de compatibilidade e de conformidade) como meio de tornar ilegal o plano. O que existe na base é um princípio geral de hierarquia de planos

---

[873] Por exemplo, veja-se o artigo 45 do CWATUPE que, ao prever que «*sans préjudice de l'article 19, § 3, alinéa 3, l'arrêté du Gouvernement adoptant le plan abroge les dispositions non conformes, qu'il énumère, des plans communaux d'aménagement en vigueur*» alude a uma ideia de **conformidade**.

[874] Por exemplo, o artigo 82 do CWATUPE, ao estatuir que os «*plans d'aménagement abrogent de plein droit, pour le territoire auquel ils se rapportent, les dispositions des règlements communaux d'urbanisme qui leur seraient contraires*», alude, ainda que de modo indirecto, a uma ideia de compatibilidade ou de não contrariedade. No caso do texto do artigo 18 § 1 do CWATUPE verificamos que aí se refere que «*en cas d'incompatibilité entre les options d'un schéma de structure communal et d'un rapport urbanistique et environnemental, il est fait application des dispositions du document le plus récent entré en vigueur*» ou, ainda, no artigo 19, §3 do CWATUPE quando aí se diz que «*Les prescriptions d'un plan communal d'aménagement qui sont incompatibles avec celles d'un plan de secteur approuvé postérieurement cessent de produire leurs effets.*» (redacção dada pelo artigo 11 do Decreto de 30 Abril de 2009).

A NULIDADE DO PLANO URBANÍSTICO

que, consoante as situações, se combina, aqui e ali, com esta ou aquela norma de resolução de conflitos, admitindo-se, em regra a possibilidade de desvios a essa hierarquia mediante as pertinentes fundamentações.

Em nosso entender, parece-nos que, na sua essência, mais do que um sistema assente num controlo das relações entre planos por recurso ao princípio da hierarquia, o que verdadeiramente acaba por distinguir o sistema e lhe conferir operatividade é o controlo dos desvios a essa mesma hierarquia desenvolvido por parte do Conseil d'État e dos tribunais, em particular no que tange às possibilidades de que dispõem os «plans» de se afastarem das indicações dos «schémas», com base precisamente no critério da diferente natureza dos actos em causa.

2.6. Direito Português

Partimos, ao iniciar a análise dos múltiplos tipos de planos que a nossa "paisagem planológica" prevê, da tarefa que já empreendemos em momento anterior desta investigação, mais concretamente quando procedemos à delimitação positiva do objecto desta investigação. Delineados que foram então, nesse ponto preliminar da nossa investigação, os vários tipos de planos existentes no nosso firmamento jus-urbanístico, cabe-nos agora avançar para a análise mais particular daquelas que se encontram legalmente recortadas como correspondendo às relações de compatibilidade e de conformidade entre planos, não sem que antes façamos um breve enquadramento constitucional quanto às normas de distribuição competencial em matéria de ordenamento do território e de urbanismo.

Uma primeira nota importante que gostaríamos aqui de deixar é a de que o direito fundamental a um correcto ordenamento do território não se encontra sistematicamente autonomizado do ponto de vista constitucional, à semelhança da opção tomada pelo legislador constitucional relativamente, por exemplo, ao ambiente e qualidade da vida por um lado e, ainda, ao urbanismo por outro[875].

A opção do legislador constitucional cria, desde logo, uma inegável entropia na interpretação e verdadeira força que assiste ao direito a um correcto ordenamento do território. Na verdade, verificamos que o direito constitu-

---

[875] Com a revisão constitucional de 1997, passou a constar no texto constitucional uma expressa referência ao ordenamento do território e ao urbanismo como distintas tarefas fundamentais do Estado. Na realidade, ao passo que o urbanismo se encontra tratado no artigo 65º da CRP (relativo à habitação e urbanismo), o ordenamento do território encontra-se vertido no artigo 66º.

PARTE II – § 2º DIREITOS ESTRANGEIROS

cional a um correcto ordenamento do território nos surge como uma das dimensões constitucionais do direito a um ambiente de vida humano sadio e ecologicamente equilibrado. Esta opção enquadra-se numa concepção antropocêntrica do ambiente e que legitima a consagração do ambiente como um direito constitucional fundamental. Neste particular podíamos, numa primeira abordagem, ser levados a pensar que no elenco das tarefas fundamentais do Estado, a tarefa que sobre este impende em assegurar um correcto ordenamento do território, não encontra depois eco constitucionalmente autónomo no domínio dos direitos e deveres sociais, ao contrário do que sucede com a defesa do ambiente que surge autonomizada por via de uma singular e forte credencial constitucional contida no artigo 66º e da qual faz depois emergir o legislador constitucional, a nosso ver algo timidamente, a necessidade de ordenar e promover o ordenamento do território como via para assegurar o direito ao ambiente.

Em nosso entender, é imperioso recuperar o sentido assumido pela quarta revisão constitucional, ocorrida em 1997. Nessa revisão, procedeu-se à adenda[876] da locução «*efectivação dos direitos económicos, sociais, culturais e ambientais*» feita à alínea d) do artigo 9º, facto que levou José Joaquim Gomes Canotilho a falar de um "...*direito a ordenamentos territoriais ecologicamente orientados...*"[877], fazendo intuir a clara supremacia constitucional de um suposto «Estado de direito ambiental», para cuja concretização concorreria então, entre outros, a ideia de um correcto ordenamento do território.

A dimensão do «Estado de Direito Ambiental» passava pois a revestir, decisivamente, uma natureza objectiva, pressupondo a concretização última do desígnio relativo à sustentabilidade ambiental.

É certo que temos consciência de que este nosso entendimento potencia sérias dificuldades na identificação do exacto conteúdo do direito fundamental a um correcto ordenamento do território[878]. Pensamos, não obstante

---

[876] Note-se que esta adenda não encontra depois eco na epígrafe do Título III, onde aliás se continua a falar em direitos e deveres económicos, sociais e culturais.

[877] José Joaquim Gomes Canotilho/Vital Moreira *in* Constituição da República Portuguesa – Anotada, 4ª Edição revista, volume I, Coimbra Editora, Janeiro, 2007, p. 279.

[878] Sobre este ponto, tivemos já oportunidade de desenvolver algumas reflexões no nosso Relatório de Mestrado em Direitos Fundamentais (Vertente de Ciências Jurídico-Políticas), intitulado «Direitos Fundamentais e Política Pública de Ordenamento do Território», orientado por Maria da Glória Garcia, no ano lectivo 2008/2009, sob o sugestivo tema de seminário «Direito das Políticas Públicas. Em especial, o Direito da Política Pública do Ordenamento do

as dificuldades encontradas, ser possível desconstruir a opção do legislador constitucional e recriar, por apelo a outros *indirizzos* constitucionais, o direito a um correcto ordenamento do território como um verdadeiro e autónomo direito fundamental[879]. Na medida em que logremos êxito nessa nossa emprei-

Território e do Urbanismo» (relatório de Mestrado disponível, para consulta, na Biblioteca da Faculdade de Direito da Universidade de Lisboa, sob a cota T-6172).

[879] É possível assim, dados os significativos *indirizzos* constitucionais, identificar as diversas injunções dirigidas ao Estado no âmbito da concretização do direito fundamental em causa. Em primeiro lugar, a ideia de que o Estado português é, antes de mais, um Estado constitucional. O seu compromisso na concretização dos objectivos constitucionais pressupõe a sua vinculação quer quanto aos meios quer quanto aos fins, sendo pois possível no domínio do ordenamento do território referenciar, com especial importância, o disposto na alínea d) do artigo 9º porquanto aí se exige ao Estado que promova *"...o bem-estar e a qualidade do povo e a igualdade real entre os portugueses, bem como a efectivação dos direitos económicos, sociais, culturais e ambientais, mediante a transformação e modernização das estruturas económicas e sociais"*. Também a alínea e) desse mesmo artigo comete ao Estado a tarefa de «*proteger e valorizar o património cultural do povo português, defender a natureza e o ambiente, preservar os recursos naturais e assegurar um correcto ordenamento do território*». É ainda cometida ao Estado, pela alínea g) desse mesmo artigo, a tarefa de «*promover o desenvolvimento harmonioso de todo o território nacional, tendo em conta, designadamente, o carácter ultraperiférico dos arquipélagos dos Açores e da Madeira*». Destaque--se, ainda, a incumbência prioritária do Estado, no âmbito do direito à protecção da saúde, de «*garantir uma racional e eficiente cobertura de todo o país em recursos humano e unidades de saúde*» (artigo 64º, nº 3, alínea b). Ou, ainda, da incumbência constitucional do Estado, no âmbito do direito à habitação, de «*programar e executar uma política de habitação, inserida em planos de ordenamento geral do território e apoiada em planos de urbanização que garantam a existência de uma rede adequada de transportes e de equipamento social*» (artigo 65º, nº 2, alínea a). Num domínio ainda mais específico mas ainda relacionado com a habitação e o urbanismo, prevê-se no nº 4 do artigo 65º que o «*Estado, as regiões autónomas e as autarquias locais definem as regras de ocupação, uso e transformação dos solos urbanos, designadamente através de instrumentos de planeamento, no quadro das leis respeitantes ao ordenamento do território e ao urbanismo, e procedam às expropriações dos solos que se revelem necessárias à satisfação de fins de utilidade pública urbanística*». A merecer igualmente significativa importância temos o disposto no nº 5 do referido artigo aí se prevendo a garantia de «*participação dos interessados na elaboração dos instrumentos de planeamento urbanístico e de quaisquer outros instrumentos de planeamento físico do território*». A par do já mencionado *indirizzo* constitucional previsto na alínea b) do nº 2 do artigo 66º regista-se, igualmente com especial relevância, a incumbência do Estado, no direito ao ambiente e qualidade de vida e no quadro de um desenvolvimento sustentável, de «*criar e desenvolver reservas e parques naturais e de recreio, bem como classificar e proteger paisagens e sítios, de modo a garantir a conservação da natureza e a preservação de valores culturais de interesse histórico ou artístico*» ou, ainda, de «*promover o aproveitamento racional dos recursos naturais, salvaguardando a sua capacidade de renovação e a estabilidade ecológica, com respeito pelo princípio da solidariedade entre gerações*» (respectivamente, alíneas c) e d) do nº

PARTE II – § 2º DIREITOS ESTRANGEIROS

tada, poderemos concluir que, do ponto de vista constitucional e numa estrita perspectiva de direitos fundamentais, o direito a um correcto ordenamento do território viverá não só dependente do nível de concretização e de optimização de outros direitos fundamentais como também estes outros direitos fundamentais dele dependerão para a sua própria optimização constitucional, existindo mesmo, em nosso entender, uma iniludível relação de «cumplicidade constitucional» entre o ordenamento do território e os demais direitos fundamentais que com ele habitualmente se cruzam[880].

No nosso entendimento, a «Constituição do Ordenamento do Território» implica que, na sua dimensão objectiva, consideremos os princípios e valores associados à necessidade de garantir um correcto ordenamento do território como representando bens jurídicos fundamentais, capazes, como tal, não só de irradiar os seus efeitos na actuação quotidiana de aplicação e de concretização

2 do artigo 66º). Também com especial enfoque, realça-se aqui a incumbência do Estado em garantir o acesso da família *«a uma rede nacional de creches e outros equipamentos sociais de apoio à família»* (artigo 67º, nº 2, alínea b) e a incumbência do Estado na criação de *«uma rede de estabelecimentos públicos de ensino que cubra as necessidades de toda a população»* (artigo 75º, nº 1). Também por força do disposto na alínea a) do artigo 81º incumbe prioritariamente ao Estado, no âmbito económico e social, *«promover o aumento do bem-estar social e económico e da qualidade da vida das pessoas, em especial das mas desfavorecidas, no quadro de uma estratégia de desenvolvimento sustentável»*, ao passo que da alínea d) resulta a incumbência de *«promover a coesão económica e social de todo o território nacional, orientando o desenvolvimento no sentido de um crescimento equilibrado de todos os sectores e regiões eliminando progressivamente as diferenças económicas e sociais entre a cidade e o campo e entre o litoral e o interior»*. Do artigo 81º emerge também, por via da alínea m), a necessidade do Estado *«adoptar uma política nacional de energia...»* e, ainda, por via da alínea n), a incumbência de adoptar *«uma política nacional da água...»*. Finalmente, impõe-se ainda uma nota de atenção para o que resulta da credencial constitucional correspondente ao artigo 268º e em que, respectivamente, se prevê no número 1 que *«os cidadãos têm o direito de ser informados pela Administração, sempre que o requeiram, sobre o andamento dos processos em que sejam directamente interessados, bem como o de conhecer as resoluções definitivas que sobre eles forem tomadas»*, no número 2 o direito *«de acesso aos arquivos e registos administrativos, sem prejuízo do disposto na lei em matérias relativas à segurança interna e externa, à investigação criminal e à intimidade das pessoas»*, no número 4, o direito à garantia de *«tutela jurisdicional efectiva dos seus direitos ou interesses legalmente protegidos»* e no número 5, o direito de *«impugnar as normas administrativas com eficácia externa lesivas dos seus direitos ou interesses legalmente protegidos»*. Ver o nosso Relatório de Mestrado em Direitos Fundamentais (Vertente de Ciências Juridico-Políticas), intitulado...", pp. 16-18.

[880] Ver o nosso Relatório de Mestrado em Direitos Fundamentais (Vertente de Ciências Juridico--Políticas), intitulado...", p. 19.

do direito, como ainda de imporem objectivos e finalidades que não podem ser afastados pelos poderes públicos[881].

Da nossa posição resulta pois a defesa de três linhas de força[882].

Em primeiro lugar, que o legislador tem o dever de emitir as normas necessárias à realização dos princípios e das disposições constitucionais relativas ao ordenamento do território[883]. Em segundo, significa que a Administração se encontra vinculada pelas normas e princípios constitucionais em matéria de ordenamento do território, uma vez que o princípio da legalidade da actuação administrativa não significa, apenas e tão-só, a submissão à lei mas sim ao direito no seu conjunto[884]. Em terceiro e último plano (mas não menos importante) que os tribunais devem, na sua tarefa de julgamento dos litígios, concretizar as normas e os princípios constitucionais em matéria de ordenamento do território, quer no que respeita à interpretação e à integração de lacunas da lei, quer no que concerne aos juízos de prognose ou de ponderação de valores e de interesses quer, ainda, no que se refere à adaptação e mesmo criação dos meios processuais adequados a garantir a tutela plena e efectiva dos valores fundamentais em causa[885].

Já no que se concatena com as relações entre a Constituição e o direito do urbanismo, têm-se verificado um significativo e crescente interesse do legislador constitucional pelo tratamento a conferir ao urbanismo e às questões que com ele mais proximamente se conexionam[886]. Disso é, aliás, demonstrativo

---

[881] Ver o nosso Relatório de Mestrado em Direitos Fundamentais (Vertente de Ciências Juridico--Políticas), intitulado...", p. 23.

[882] Ver o nosso Relatório de Mestrado em Direitos Fundamentais (Vertente de Ciências Juridico--Políticas), intitulado...", p. 24.

[883] Ver o nosso Relatório de Mestrado em Direitos Fundamentais (Vertente de Ciências Juridico--Políticas), intitulado...", p. 24.

[884] Ver o nosso Relatório de Mestrado em Direitos Fundamentais (Vertente de Ciências Juridico--Políticas), intitulado...", p. 24.

[885] Ver o nosso Relatório de Mestrado em Direitos Fundamentais (Vertente de Ciências Juridico--Políticas), intitulado...", p. 19.

[886] FERNANDO ALVES CORREIA traça-nos a evolução da «constituição do urbanismo» advogando que o grande salto qualitativo na «constituição do urbanismo» se deu com a quarta revisão da Constituição de 1976, resultante da Lei (de Revisão Constitucional) nº 1/97, de 20 de Setembro. É com esta revisão que surge o termo urbanismo que aparece em vários outros preceitos constitucionais, ao lado da expressão «ordenamento do território», fenómeno que terá então implicado a assunção pela Lei Fundamental de uma distinção, mas também de uma íntima ligação entre aqueles dois conceitos. Foi aliás o que sucedeu, segundo nos

PARTE II – § 2º DIREITOS ESTRANGEIROS

o facto de ser o próprio texto constitucional a permitir delinear um catálogo de princípios que norteiam todo o direito do urbanismo, tais como (e só para

recorda o autor, com o artigo 65º, nº 4 – cuja redacção foi alterada – e com os artigos 165º, nº 1, alínea z), e 228º, alínea g) – que foram aditados pela Lei de Revisão Constitucional de 1997. Um segunda alteração introduzida pela referida Lei de Revisão Constitucional de 1997, é a que se relaciona com a clarificação de que o urbanismo e o ordenamento do território constituem matérias onde se coenvolvem interesses gerais, estaduais/nacionais, interesses específicos das regiões autónomas e interesses locais, em particular dos municípios. Trata-se, pois, de duas áreas em que ocorre uma concorrência de atribuições e de competências entre a Administração estadual, regional e municipal (artigo 65º, nº 4 da CRP). A terceira inovação que nos traz a Lei de Revisão Consitucional de 1997 é a que se prende com a inclusão, na alínea e) do nº 2 do artigo 66º da CRP, da incumbência do Estado, para assegurar o direito ao ambiente, no quadro de um desenvolvimento sustentável, por meios de organismos próprios e com o envolvimento e a participação dos cidadãos, de «promover, em colaboração com as autarquias locais, a qualidade ambiental das povoações e da vida urbana, designadamente no plano arquitectónico e da protecção das zonas históricas. Segundo o autor, esta nova alínea do nº 2 do artigo 66º deve ser entendida como uma recepção, pelo texto constitucional, do conceito de «ambiente urbano» ou «ecologia urbana», traduzindo pois a íntima conexão entre o direito do urbanismo e o direito do ambiente. Finalmente, ainda no âmbito das novidades introduzidas pela Lei de Revisão Constitucional nº 1/97, refere o autor quer a consagração, no nº 5 do artigo 65º da CRP, da garantia de participação dos interessados na elaboração dos instrumentos de planeamento urbanístico e de quaisquer outros instrumentos de planeamento físico do território, quer a inclusão das «bases do ordenamento do território e do urbanismo» no catálogo das matérias de reserva relativa de competência legislativa da Assembleia da República (alínea z) do nº 1 do artigo 165º da CRP). O autor trata também, com profundidade, a alteração introduzida pela última revisão ordinária da CRP de 1976 (a sexta revisão), pela Lei Constitucional nº 1/2004, de 24 de Julho, por força da qual as Assembleias Legislativas das Regiões Autónomas dos Açores e da Madeira passaram a ter competência legislativa sobre as matérias enunciadas nos respectivos estatutos político-administrativos que não se encontrem reservadas aos órgãos de soberania. Ver FERNANDO ALVES CORREIA, "Manual de Direito...", pp. 119-132. Em concreto, sobre o urbanismo como um «espaço de condomínio de interesses estaduais, regionais e locais, ver o mesmo autor, em ob. cit. pp. 142-145. Reflectindo, em geral, sobre o sentido e alcance da Lei de Revisão Constitucional nº 1/97, de 20 de Setembro, LUÍS PEDRO PEREIRA COUTINHO refere que a "...*tendência assumida em jurisprudência constitucional constante certamente não foi irrelevante ao nível de opções tomadas em sede de revisão constitucional. Com efeito, em domínios que foram repetidamente objecto de atenção jurisprudencial – como o ordenamento do território, do urbanismo e da promoção habitacional –, o texto constitucional, na sequência da revisão constitucional de 1997, explicitou claramente a orientação no sentido de que não estamos perante interesses autárquicos "próprios" ou exclusivos, mas antes perante áreas de intersecção ou de concorrência entre interesses estaduais e interesses municipais (artigo 65º, nº s2 e 4).*" Ver LUÍS PEDRO PEREIRA COUTINHO, "O problema das atribuições e das competências das autarquias locais (e do seu possível

A NULIDADE DO PLANO URBANÍSTICO

nos atermos aos mais importantes) o princípio da colaboração entre vários sujeitos de direito público na formação e execução dos planos territoriais[887], o princípio da justa ponderação e da superação dos conflitos de interesses coenvolvidos nos planos[888], o princípio da publicidade dos planos[889], o princípio da igualdade na sua relação com o plano urbanístico[890], o princípio da conjugação ou da harmonização das normas dos planos[891] e, ainda, o princípio da legalidade[892] e da proprocionalidade dos planos[893]. Para além dos princípios

esvaziamento...)", exposição proferida no V Curso de Pós-Graduação em Direito das Autarquias Locais, organizado pelo Instituto de Ciências Jurídico-Políticas da Faculdade de Direito da Universidade de Lisboa (coordenação: JORGE MIRANDA/JOSÉ DE MELO ALEXANDRINO), acessível no site do ICJP http://www.icjp.pt/system/files/papers/Autarquias Locais.pdf.

[887] Ver FERNANDO ALVES CORREIA, "Manual de Direito...", pp. 145-147.

[888] Ver FERNANDO ALVES CORREIA, "Manual de Direito...", p. 148.

[889] Ver FERNANDO ALVES CORREIA, "Manual de Direito...", pp. 149-150.

[890] Cfr. FERNANDO ALVES CORREIA, "O Plano Urbanístico...".

[891] Ver FERNANDO ALVES CORREIA, "Manual de Direito...", pp. 154-155.

[892] FERNANDO ALVES CORREIA desdobra o princípio da legalidade dos planos nos quatro seguintes subprincípios: subprincípio da homogeneidade da planificação (aplicável ao PDM, no sentido de que a lei pretendeu sujeitar as áreas urbanas e as áreas rurais do espaço municipal a um mesmo tipo de plano, com a finalidade de equiparar ou parificar as condições de vida na cidade e no campo), subprincípio da tipicidade dos planos (a Administração não pode elaborar os planos que entender mas, apenas e tão-só, os que a lei prevê de modo típico), subprincípio da definição, pela lei, da *competência* para a elaboração e aprovação dos planos, do *procedimento* da sua elaboração e, ainda, subprincípio da determinação, igualmente pela lei, de um *regime particular* para certos tipos de bens. Ver FERNANDO ALVES CORREIA, "Manual de Direito...", pp. 151-152. Também do mesmo autor ver FERNANDO ALVES CORREIA, "O Contencioso dos Planos Municipais de Ordenamento do Território", in RJUA, Livraria Almedina, Coimbra, nº 1, Junho, 1994, pp. 23-40. FERNANDO ALVES CORREIA, "O Plano Urbanístico...", pp. 286-293. Reflectindo sobre o princípio da tipicidade dos planos e a caracterização dos instrumentos de gestão territorial em data anterior às mais recentes alterações do RJIGT, ver FERNANDO ALVES CORREIA (em colaboração com DULCE LOPES), "Le contenu des instruments de gestion territoriale au Portugal", Rapport National, Portugal, *in* "Le contenu des plans d'urbanisme et d'aménagement dans les pays d'Europe de l'Ouest", Colloque biennal de l'Association Internationale de Droit de l'urbanisme, 23/24 de Setembro de 2005, Genève-Lausanne, Les Cahiers du Groupement de recherche sur les institutions et le droit de l'aménagement, de l'urbanisme et de l'habitat (GRIDAUH), Série Droit Comparé, nº 15, 2006, pp. 309-328. Referindo-se, no âmbito do princípio da tipicidade, ao sistema de gestão territorial, como sendo composto por uma "*...rede complexa, mas fechada, de planos...*" ver DULCE LOPES, "Regime Jurídico dos Instrumentos de Gestão Territorial: evoluções recentes e desafios futuros", *in* Direito do Urbanismo e do Ambiente, Estudos Compilados (Coordenação: CÁTIA MARQUES CEBOLA/JORGE BARROS

constitucionais, o quadro legal é ainda refinado com um catálogo significativo de princípios[894] inscritos na própria LBPOTU e que, como tal, deve nortear

MENDES/MARISA CAETANO FERRÃO/SUSANA ALMEIDA, Edições Quid Juris, Sociedade Editora, Lisboa, 2010, pp. 78-146. Aludindo também, no âmbito do tratamento conferido ao princípio da tipicidade (artigo 34º do RJIGT), a um sistema fechado, como tendo correspondido a uma intenção clara do legislador da LBPOTU, FERNANDA PAULA OLIVEIRA reconhece, no entanto, «as dificuldades em "fechar o sistema"» porquanto a verdade é que tal intenção não tem manifestamente vindo a ser cumprida ao longo dos anos. Bem pelo contrário. Defende a autora que, em lugar de um sistema fechado, o mesmo tem vindo a ser sucessivamente aberto, num contexto em que é o próprio legislador a reconhecer outros instrumentos de definição de regras sobre o território, sem os reconduzir, como legalmente se lhe exigiria, ao sistema de gestão territorial. Ver FERNANDA PAULA OLIVEIRA, "Direito do Urbanismo. Do planeamento..." pp. 78-82. Referindo-se igualmente ao fechar do sistema, a mesma autora, em FERNANDA PAULA OLIVEIRA, "Os princípios da nova Lei do Ordenamento do Território: da hierarquia à coordenação", *in* Revista CEDOUA, Edições CEDOUA, Faculdade de Direito da Universidade de Coimbra (FDUC), nº 5, Ano III, 1.00, Junho, 2000, pp. 21-36 e em Encontro Anual da AD URBEM..., pp. 76. LUÍS FILIPE COLAÇO ANTUNES, "Direito Urbanístico – Um outro paradigma...", p. 110. Admitindo como de particular relevo, em par com o princípio da tipicidade dos planos, o princípio do desenvolvimento urbanístico da harmonia com os planos (*segundo o qual o desenvolvimento urbanístico não deverá ser encontrado caso a caso mas sim adequado às opções previamente tomadas em instrumentos de planeamento urbanístico*), ver FERNANDA PAULA OLIVEIRA/DULCE LOPES, "O papel dos privados no planeamento: que formas de intervenção?", *in* RJUA, Livraria Almedina, Coimbra, nº 20, Dezembro, 2003, pp. 43-79. FERNANDO ALVES CORREIA integra os (sub) princípios da compatibilidade e da conformidade no princípio da hierarquia (ou da ordenação hierárquica). FERNANDO ALVES CORREIA, "O Plano Urbanístico...", pp. 194-197/294-296. Ver FERNANDO ALVES CORREIA, "Manual de Direito...", pp. 387-388. No mesmo sentido, FERNANDA PAULA OLIVEIRA, "Os princípios da nova...", p. 25. FERNANDA PAULA OLIVEIRA, "Direito do Urbanismo", Edições do Centro de Estudos de Formação Autárquica (CEFA), 2ª Edição, reimpressão, Coimbra, 2004, pp. 46-48. FERNANDA PAULA OLIVEIRA, "Direito do Urbanismo. Do planeamento..." pp. 63-64. Considerando, também, que as relações de compatibilidade e de conformidade configuram dimensões do princípio da hierarquia que se diferenciam, por sua vez, em função da menor ou maior "carga" determinativa que resulta do plano hierarquicamente superior, ver DULCE LOPES, "Regime Jurídico dos Instrumentos de Gestão Territorial: evoluções recentes...", pp. 90-94 (em especial a nota 18).

[893] Ver FERNANDO ALVES CORREIA, "Manual de Direito...", pp. 151-152.

[894] Tais como os que se encontram vertidos no artigo 5º relativos a: a) **Sustentabilidade e solidariedade intergeracional**, assegurando a transmissão às gerações futuras de um território e de espaços edificados correctamente ordenados; b) **Economia**, assegurando a utilização ponderada e parcimoniosa dos recursos naturais e culturais; c) **Coordenação**, articulando e compatibilizando o ordenamento com as políticas de desenvolvimento de desenvolvimento económico e social, bem como as políticas sectoriais com incidência na organização do território, no respeito por uma adequada ponderação dos interesses públicos e privados em causa; d)

toda a acção pública a desenvolver no âmbito do direito do urbanismo. A juntar aos princípios gerais o legislador da LBPOTU prevê, também, um conjunto de objectivos específicos[895] que o urbanismo e o ordenamento do território devem

Subsidiariedade, coordenando os procedimentos dos diversos níveis da Administração Pública, de modo a privilegiar o nível decisório mais próximo do cidadão; e) **Equidade**, assegurando a justa repartição dos encargos e benefícios decorrentes da aplicação dos instrumentos de gestão territorial; f) **Participação**, reforçando a consciência cívica dos cidadãos através do acesso à informação e à intervenção nos procedimentos de elaboração, execução, avaliação e revisão dos instrumentos de gestão territorial; g) **Responsabilidade**, garantindo a prévia ponderação das intervenções com impacte relevante no território e estabelecendo o dever de reposição ou compensação dos danos que ponham em causa a qualidade ambiental; h) **Contratualização**, incentivando modelos de actuação baseados na concertação entre a iniciativa pública e a iniciativa privada na concretização dos instrumentos de gestão territorial; i) **Segurança jurídica**, garantindo a estabilidade dos regimes legais e o respeito pelas situações jurídicas validamente constituídas. MARIA DA GLÓRIA GARCIA alude, ainda, a um **princípio da cooperação interinstitucional e interorgânica**. Ver MARIA DA GLÓRIA GARCIA, "Direito das Políticas...", p. 190.

[895] Segundo o que resulta do artigo 6º, nº 1, alínea a) «A melhoria das condições de vida e de trabalho das populações, no respeito pelos valores culturais, ambientais e paisagísticos»; alínea b) «A distribuição equilibrada das funções de habitação, trabalho, cultura e lazer»; alínea c) «A criação de oportunidades diversificadas de emprego como meio para a fixação de populações, particularmente nas áreas menos desenvolvidas»; alínea d) «A preservação e defesa dos solos com aptidão natural ou aproveitados para actividades agrícolas, pecuárias ou florestais, restringindo-se a sua afectação a outras utilizações aos casos em que tal for comprovadamente necessário»; alínea e) «A adequação dos níveis de densificação urbana, impedindo a degradação da qualidade de vida, bem como o desequilíbrio da organização económica e social»; alínea f) «A rentabilização das infra-estruturas, evitando a extensão desnecessária das redes e dos perímetros urbanos e racionalizando o aproveitamento das áreas intersticiais»; alínea g) «A aplicação de uma política de habitação que permita resolver as carências existentes»; alínea h) «A reabilitação e a revitalização dos centros históricos e dos elementos de património cultural classificados»; alínea i) «A recuperação ou reconversão de áreas degradadas»; alínea j) «A reconversão de áreas urbanas de génese ilegal». FERNANDA PAULA OLIVEIRA condensa todos os objectivos do ordenamento do território num só: a promoção da qualidade de vida das populações. Reflectindo sobre os destinatários dos objectivos e respectivos efeitos jurídicos, a autora advoga que todas as entidades públicas e o próprio legislador estão vinculados por tais objectivos. Já no que tange aos efeitos jurídicos, a autora ensaia uma reflexão muito próxima (pelo menos do ponto vista formal) a fórmula relativa à «prise en compte» vigente no direito do urbanismo francês. Esclarece então que os objectivos do ordenamento do território devem ser vistos como considerações obrigatórias ou ideias condutoras que devem servir de base aos instrumentos de planeamento e aos grandes projectos de intervenção no território e que não possam ser contrariados (recorde-se o que dissemos quando analisámos o sistema francês e, concretamente, o disposto no art L.121-2, do Code de L'Urbanisme, na redacção dada pela Lei nº 2010-788, de 12 de Julho quando este

prosseguir, sendo neste complexo emaranhado legal e principiológico que o sistema de gestão territorial e os planos que o enformam se há-de manifestar.

Podemos, em síntese, avançar com a identificação de uma constelação normativa que integra a CRP, a LBPOTU e o RJIGT. Desta constelação normativa resultam os comandos constitucionais e legais que hão-de orientar a actividade planificatória e, em concreto, a elaboração dos diversos instrumentos de gestão

---

refere que «*Dans les conditions précisées par le présent titre, l'Etat veille au respect des principes définis à l'article L. 121-1 et à* **la prise en compte des projets d'intérêt général ainsi que des opérations d'intérêt national.** (...)»). Para FERNANDA PAULA OLIVEIRA, o estabelecimento pela LBPOTU de fins e objectivos de ordenamento do território tem como consequências, no plano jurídico, por um lado, a criação de uma obrigação da sua consideração e da sua concretização e, por outro lado, a limitação da liberdade (discricionariedade) nos procedimentos de elaboração de planos. As entidades públicas devem pois atender, em cada medida de ordenamento do território, aos referidos objectivos, o que implica a impossibilidade dos planos serem elaborados ou os projectos executados em contradição com eles. A tomada em consideração dos objectivos do ordenamento do território implica, assim, um compromisso de no âmbito do conteúdo dos instrumentos de planeamento se consagrarem os referidos objectivos e de se adoptarem medidas que os permitam realizar ou alcançar. Esclarece ainda a autora que, no processo de tomada em consideração e na concretização dos objectivos do ordenamento do território, se tenha necessariamente em conta que não existe qualquer hierarquia entre os referidos objectivos, devendo ser ponderados uns com os outros, em particular os que evidenciem uma orientação tendencialmente contraditória. Finalmente, a obrigação de tomada em consideração dos objectivos de ordenamento do território determina ainda a necessidade de a eles adaptar os planos em elaboração, de modo a que não sejam contrariados, podendo ainda haver lugar à necessidade de alteração ou de revisão de instrumentos de planeamento que com tais objectivos não se compatibilizem. FERNANDA PAULA OLIVEIRA, "Portugal: Território...", pp. 83-92. Também da mesma autora, FERNANDA PAULA OLIVEIRA, "Direito do Ordenamento do Território...", pp. 43-49. Intuímos da reflexão da autora que os planos ou os projectos não podem ser executados em contradição com os objectivos do ordenamento do território, existindo entre eles uma relação de mera compatibilidade. Se é certo que os objectivos do ordenamento do território tem uma mera função orientadora, poderão ocorrer, como aliás a própria autora reconhece, situações em que os objectivos revelem ter uma intensidade mais forte do que os restantes, dependendo a sua concretização desse grau de intensidade. Também poderão, em nosso entender, ocorrer situações de manifesto e ostensivo afastamento daquele que é o *indirizzo* principal inscrito num determinado objectivo. Ora parece-nos que pelo menos nas situações de maior intensidade do objectivo ou nas situações de afastamento manifesto e ostensivo das opções concretizadoras assumidas e inscritas no plano face àquilo que seria desejável do ponto de vista do escopo inscrito num determinado objectivo tipificado na LBPOTU, se poderia eventualmente admitir, pelo menos, a invalidade (parcial) do plano por vício de violação de lei, possibilidade que a autora implicitamente exclui, quando alude à formulação geral e abstracta dos mesmos.

A NULIDADE DO PLANO URBANÍSTICO

territorial, tal qual eles se encontram legalmente previstos, de acordo com o princípio da tipicidade.

É pois neste complexo mosaico legal que devemos percorrer as várias relações que se estabelecem entre os diversos instrumentos de gestão territorial, tentando, a final, compreender de que modo essa plêiade de instrumentos se intercruza no âmbito do pleno funcionamento do sistema de gestão territorial.

Se percorrermos historicamente a nossa legislação urbanística[896], verificaremos que as questões associadas à utilização das figuras de compatibilidade e da conformidade se colocam há já alguns anos, sem que todavia tenha sido produzida qualquer reflexão de fundo sobre o que verdadeiramente elas possam significar. FERNANDO ALVES CORREIA refere-se, por exemplo, à utilização dos conceitos de conformidade – desconformidade como sinónimos dos conceitos de compatibilidade – incompatibilidade no artigo 12º, números 1 e 2 do Decreto-Lei nº 176-A/88, de 18 de Maio, tendo traçado, na nota explicativa que dá na sua obra "O Plano Urbanístico e o Princípio da Igualdade", um valioso (mas, ainda assim, insuficiente) paralelismo com a doutrina francesa, em especial com o pensamento de CHARLES EISENMANN e as opções inscritas pelo legislador no Code de l'Urbanisme[897]. No quadro anterior à actual LBPOTU, escrevia então JOÃO CAUPERS que "...não obstante não se conseguirem delimitar claramente os objectivos dos diferentes planos de ordenamento, todos eles (os planos) devem respeitar todos (os planos), mas todos (os planos) podem desrespeitar todos (os planos), bem como, ainda todos (os cidadãos) têm de os respeitar a todos (aos planos)!..." [898]. As palavras de JOÃO CAUPERS, vistas agora a uma distância de 15 anos e depois das sucessivas e múltiplas alterações efectuadas na legislação do urbanismo e do ordenamento do território, parecem-nos não só bastante assertivas, porquanto complexo o regime trazido pela então Lei nº 69/90, de

---

[896] Ver o excelente trabalho de pesquisa e de sistematização sobre a evolução legal da administração urbanística e respectiva prática, MANUEL DA COSTA LOBO, "Administração Urbanística – Evolução Legal e sua prática", Edições do Instituto Superior Técnico (IST) Press, 2ª Edição, Dezembro, 2005.

[897] FERNANDO ALVES CORREIA parece adoptar a posição de que tais conceitos seriam "conceitos imprecisos-tipo" ou "conceitos imprecisos em sentido estrito", esta última expressão aliás na esteira de ROGÉRIO EHRHARDT SOARES nos apontamentos dados ao Curso de Direito na Universidade do Porto, p. 62. Ver FERNANDO ALVES CORREIA, "O Plano Urbanístico...", nota 53, pp. 194-195.

[898] JOÃO CAUPERS, "Estado de Direito, ordenamento do território e direito de propriedade", in RJUA, Livraria Almedina, Coimbra, nº 3, Junho, 1995, pp. 87-115.

PARTE II – § 2º DIREITOS ESTRANGEIROS

2 de Março[899] como encerram em si uma mensagem de inquestionável actualidade. A Lei nº 69/90, de 2 de Março previa a sujeição a ratificação dos PU e dos PP, "*...quando não se conformem...*" com PMOT ratificados (estes PMOT incluíam, tal como sucede actualmente, os PDM, PU e PP). No entanto, é com o Decreto-Lei nº 380/99, de 22 de Setembro que se concretiza, de forma estruturada, o programa de acção legislativa complementar, definindo-se o regime de coordenação dos âmbitos nacional, regional e municipal do sistema de gestão territorial, o regime geral de uso do solo e o regime de elaboração, aprovação, execução e avaliação dos instrumentos de gestão territorial[900].

Na realidade, foram muitas e significativas as alterações introduzidas por este diploma legal[901]. Explicitam-se as relações entre os diversos instrumen-

---

[899] A propósito deste quadro legal e dos diplomas que se lhe seguiram até à publicação da LBPOTU, recorda João Caupers, por exemplo, as normas do artigo 3º, nº 2 e nº 3 e o artigo 5º, nº 3, alínea b) do Decreto-Lei nº 151/95, de 24 de Junho (*diploma que considera mesmo ser o expoente máximo de um «totalitarismo estadual», com distribuição generosa da iniciativa planificadora por entidades públicas cuja ligação à gestão do espaço se revela insignificante*), normativos dos quais resultava difícil para o autor compreender como jogava então a ideia de hierarquia (*dado que os PEOT hão-de respeitar todos os outros e... vice versa*) como, ainda, no que à última das normas referidas respeitava (*e na qual se aludia que os PEOT se hão-de articular com os PMOT*), nos confessa que, muito provavelmente por defeito seu, não lograva alcançar outro sentido para o termo *articulação* que não o que resultava da simples evidência de ser algo de diferente da expressão *compatibilizar*, dado que o legislador utilizava os dois termos. João Caupers, "Estado de Direito, ordenamento do território...", pp. 103-104 (e, em particular, p. 107, nota 25). Reflectindo também sobre a complexidade dos normativos referidos, ver Fernanda Paula Oliveira, "Os princípios da nova...", pp. 25-26.

[900] Cfr. Artigo 35º da LBPOTU.

[901] Identificando, apenas, as que nos parecem mais significativas: 1) Desenvolve-se o princípio da organização do sistema de gestão territorial num quadro de interacção coordenada regulando-se formas de coordenação das diversas intervenções públicas com impacte territorial, quer no âmbito de cada uma das pessoas colectivas responsáveis pelas diversas fases do processo de planeamento, quer no âmbito das relações entre as mesmas, estabelecendo- se, relativamente ao Estado e às autarquias locais, o dever de promoção, de forma articulada e garantindo o respeito pelas respectivas atribuições na elaboração dos vários instrumentos e o cumprimento dos limites materiais impostos à intervenção dos diversos órgãos e agentes relativamente ao processo de planeamento nacional, regional e municipal, da política de ordenamento do território. 2) Por outro lado, opera-se o reconhecimento da importância capital, e ademais prenunciada pela própria LBPOTU, de uma efectiva coordenação de intervenções, em particular entre as várias entidades públicas intervenientes no processo de planeamento. 3) Estabelece-se, como regra, que o acompanhamento da elaboração dos diversos instrumentos de gestão territorial compete a uma comissão mista de coordenação cuja composição deve traduzir a natureza dos interes-

A NULIDADE DO PLANO URBANÍSTICO

tos[902], desenvolvendo-se o princípio da necessária compatibilização[903] das respectivas opções. É igualmente importante notar, no que ao âmbito do presente trabalho respeita, que a nova configuração do acompanhamento da elaboração dos PMOT, fosse na vertente da intervenção dos diversos sectores da Admi-

ses a salvaguardar e a relevância das implicações técnicas a considerar. 4) Definição de uma matriz comum para disciplinar o processo conducente à aprovação dos diversos instrumentos. 5) Assunção clara da natureza estratégica global do PNPOT, enquanto instrumento chave na articulação entre as políticas de ordenamento do território e de desenvolvimento económico e social. 6) À semelhança do previsto com relação aos PS, prevê-se que a decisão de elaboração de PEOT seja tomada por resolução do Conselho de Ministros, procedendo-se à explicitação da sua finalidade, com menção expressa dos interesses públicos prosseguidos e da especificação dos objectivos a atingir. 7) Assunção dos PROT como instrumentos de definição do quadro estratégico subjacente ao ordenamento do espaço regional e de referência para a elaboração dos planos municipais. 8) Na regulamentação do PP, ensaia-se uma clarificação e um desenvolvimento do seu carácter operativo, prevendo-se que possa ter lugar, por deliberação da câmara municipal, a adopção de modalidades simplificadas. 9) Opção de reservar o conceito de revisão para os PEOT e PMOT. 10) Opção por circunscrever as medidas cautelares às medidas preventivas e à suspensão dos procedimentos de informação prévia, de licenciamento e de autorização. 11) Opção pela eliminação da figura das normas provisórias considerando, em especial, o facto da cobertura quase total do País por PDM eficazes. 12) Exigência de demonstração da verificação do princípio da necessidade no estabelecimento das medidas preventivas. 13) Criação de três sistemas através dos quais a execução dos instrumentos de gestão territorial se pode concretizar: o sistema de compensação, de cooperação e de imposição administrativa. 14) Concretização do princípio da perequação compensatória dos benefícios e encargos decorrentes dos instrumentos de gestão territorial vinculativos dos particulares sem, todavia, coarctar a liberdade de criação, pelos municípios de outros mecanismos susceptíveis de prosseguir tal objectivo. 15) Nas situações em que a compensação não se mostre possível, o legislador opta por prever um dever de indemnização de situações designadas pela doutrina como «expropriações do plano», uma vez que traduziriam, efectivamente, restrições singulares às possibilidades objectivas de aproveitamento do solo preexistentes e juridicamente consolidadas que determinem uma restrição significativa na sua utilização de efeitos equivalentes a uma expropriação. 16) No que se relaciona com a avaliação dos instrumentos de gestão territorial, procura-se relacioná-la com a dinâmica dos instrumentos de gestão, explicitando-se que da mesma pode resultar a fundamentação de propostas de alteração quer do plano quer dos respectivos mecanismos de execução. 17) Na que tange à regulamentação dos relatórios produzidos sobre o estado do ordenamento do território, previstos na LBPOTU, procura-se garantir uma articulação entre a vertente técnica e a vertente política da avaliação do sistema, preevendo-se que os mesmos devam traduzir não apenas o balanço relativo à execução dos instrumentos de gestão territorial mas, sobretudo, os níveis de coordenação interna e externa alcançados.

[902] Cfr. Artigos 23º a 25º do RJIGT (Decreto-Lei nº 380/99, de 22 de Setembro).
[903] Cfr. Artigos 20º a 22º do RJIGT (Decreto-Lei nº 380/99, de 22 de Setembro).

PARTE II – § 2º DIREITOS ESTRANGEIROS

nistração, fosse na previsão da submissão da proposta de PDM a parecer final da CCR, traduziu um alargamento do âmbito da ratificação, pelo Governo, aos casos em que, não obstante a não verificação da devida conformidade com o PROT, o PDM tivesse sido objecto de pareceres favoráveis da comissão mista de coordenação e da CCR[904] ou, segunda hipótese, em que não obstante a não verificação da devida conformidade com o PS, o PDM tivesse sido objecto de parecer favorável da entidade responsável pela elaboração daquele no âmbito da comissão mista de coordenação[905] ou, ainda, num terceiro cenário, em que não obstante a não verificação da devida conformidade com o PIOT, o PDM tivesse sido objecto de pareceres favoráveis da comissão mista de coordenação e da CCR, ouvidos os restantes munícipios[906].

Essa ratificação[907] podia igualmente ocorrer no âmbito do PU relativamente ao qual, não obstante a não verificação da devida conformidade com o PDM, tivesse sido objecto de parecer favorável da CCR[908] ou, ainda, no âmbito do PP relativamente ao qual, não obstante a não verificação da devida conformidade com o PDM ou PU, tivesse sido objecto de parecer favorável da CCR[909].

Em nosso entender, a forma como o legislador utiliza neste diploma os conceitos de conformidade e de compatibilidade é absolutamente desastrosa[910].

---

[904] Cfr. Artigo 80º, nº 3, alínea a) do RJIGT (Decreto-Lei nº 380/99, de 22 de Setembro).

[905] Cfr. Artigo 80º, nº 3, alínea b) do RJIGT (Decreto-Lei nº 380/99, de 22 de Setembro).

[906] Cfr. Artigo 80º, nº 3, alínea c) do RJIGT (Decreto-Lei nº 380/99, de 22 de Setembro).

[907] Ainda em matéria de ratificação, estabelece-se a regra da automática revogação das disposições constantes dos instrumentos de gestão territorial pela mesma afectados e a determinação do seu carácter excepcional após a aprovação do programa nacional e dos novos planos regionais, ocorrendo então apenas a solicitação da câmara municipal ou, ainda, quando no âmbito do procedimento de elaboração e de aprovação, fosse suscitada a violação de disposições legais e regulamentares ou a incompatibilidade com instrumentos de gestão territorial eficazes. Cfr. Artigo 80º, nº 5 do RJIGT (Decreto-Lei nº 380/99, de 22 de Setembro).

[908] Cfr. Artigo 80º, nº 3, alínea d) do RJIGT (Decreto-Lei nº 380/99, de 22 de Setembro).

[909] Cfr. Artigo 80º, nº 3, alínea e) do RJIGT (Decreto-Lei nº 380/99, de 22 de Setembro).

[910] LUÍS FILIPE COLAÇO ANTUNES refere a este propósito que a *"...força vinculativa do princípio da hierarquia apresenta-se variável em função da relação entre os vários tipos de planos, sem que o legislador nos esclareça claramente (sublinhado nosso) (com reflexos na invalidade dos planos, cfr. o artigo 102º do Decreto-Lei nº 380/99, de 22 de Setembro), até pela labilidade conceptual utilizada, em que casos se deve aplicar a sua faceta mais rigorosa (conformidade dos planos) ou a sua faceta menos rigorosa (compatibilidade entre os planos) ou mesmo a articulação e cooperação..."*, sendo mesmo *"...visível, apesar da promiscuidade linguística legislativa (que parece não saber distinguir entre compatibilidade e conformidade), que o princípio da hierarquia já não é o que era, atenuando-se nitidamente, como resulta do disposto no nº 3 do artigo 80º do Decreto-Lei nº 380/99, de 22 de Setembro...".* Remata o autor que *"...para lá das aparentes*

A NULIDADE DO PLANO URBANÍSTICO

Basta, por exemplo, atentar na definição que dá para a ratificação[911] em que utiliza o conceito de conformidade quando, depois[912], ao elencar as situações

contradições e imprecisões detectadas no quadro legal, é possível e adequada outra leitura do princípio da hierarquia, tornando globalmente mais elástico o sistema planificatório desenhado pelo Decreto-Lei nº 380/99, de 22 de Setembro...". Ver Luís Filipe Colaço Antunes, "Direito Urbanístico – Um outro paradigma...", pp. 136-138.

[911] Cfr. Artigo 80º, nº 1 do RJIGT (Decreto-Lei nº 380/99, de 22 de Setembro): *«A ratificação pelo Governo dos planos municipais de ordenamento do território exprime o reconhecimento da sua conformidade com as disposições legais e regulamentares vigentes, bem como com quaisquer outros instrumentos de gestão territorial eficazes, abrangendo:».* A propósito da ratificação refira-se que, numa análise rápida do nosso histórico legislativo, ser facilmente percepcionável que o instituto da sujeição a ratificação governamental dos PMOT não constituia à data da entrada em vigor do Decreto-Lei nº 380/99, de 22 de Setembro, uma completa novidade no nosso firmamento jurídico. Basta recordar que o artigo 16º do Decreto-Lei nº 208/82, de 26 de Maio já a impunha para os PDM e que o nº 3 do artigo 6º do Decreto-Lei nº 77/84, de 8 de Março a estendeu aos planos gerais e aos planos parciais de urbanização. Ou, antes mesmo do Decreto-Lei nº 380/99, de 22 de Setembro ora em análise, o próprio artigo 16º, nº 1, alínea d) do Decreto-Lei nº 69/90, de 2 de Março, através do qual se estatuía a sujeição a ratificação dos PU e dos PP, *"...quando não se conformem..."* com PMOT ratificados. Em bom rigor, o que constituiu novidade com a entrada em vigor do Decreto-Lei nº 69/90, de 2 de Março foi a regulamentação do regime, dado que até então a mesma se havia mantido praticamente em aberto, não enunciando quaisquer pressupostos para a recusa de ratificação e deixando, precisamente em razão disso mesmo, um amplo poder discricionário ao Governo para aprovar ou não aprovar planos urbanísticos elaborados pelos órgãos municipais. No entanto, não deixa de ser curioso que a hipótese de, a coberto do disposto no artigo 16º, nº 1, alínea d) do Decreto-Lei nº 69/90, de 2 de Março, poderem ser ratificados PU e PP, quando desconformes com PMOT ratificados, ter sido entendida por alguma autorizada doutrina, como correspondendo à «falência do sistema hierárquico de estruturação dos planos municipais de ordenamento do território». Ver António Duarte Almeida/Cláudio Monteiro..., pp. 189-199. Pronunciando-se no sentido de que a relação de conformidade referida na alínea d) do nº 1 do artigo 16º do Decreto-Lei nº 69/90, de 2 de Março não pode ser confundida com uma relação de identidade, não excluindo, como tal, a introdução de pequenos ajustamentos, se e na medida em que os mesmos não façam perigar a solução do plano anterior na sua globalidade e que não contendam com os respectivos parâmetros e índices urbanísticos, ver Luís Perestrelo Oliveira, "Planos Municipais de Ordenamento...", p. 63, nota 2. Diferentemente, e enquadrando a previsão contida na alínea d) do nº 1 do artigo 16º do Decreto-Lei nº 69/90, de 2 de Março no âmbito do «princípio da eficiência da actividade administrativa» enquanto clara limitação ao princípio da hierarquia, João Miranda advogava então que o importante era que nunca pudessem ocorrer derrogações tácitas de disposições de um plano por outro de nível inferior. Curiosamente, escudando-se na invocada flexibilidade na ordenação hierárquica dos PMOT, o autor antecipava já, como plausível, a hipótese de um PMOT poder derrogar disposições de um PROT, o que relativamente ao PDM é, como bem sabemos, actualmente

em que não obstante não se verificar a conformidade devida o Governo pode proceder à ratificação, se refere já à (in) compatibilidade[913].

Numa leitura salvífica da opção do legislador de então, parece-nos ter sido seu propósito (apesar da prática depois revelar algo bem diverso), ainda que de forma muito desajeitada que, dentro de um universo mais amplo de respeito pelo princípio da legalidade que o legislador (ainda que não assumidamente), opta por fazer equivaler à ideia de conformidade[914], ele se tenha decidido então por incluir as dimensões da compatibilidade e da conformidade, só assim se compreendendo que nas várias alíneas ínsitas no nº 3 do artigo 80º do RJIGT[915] ele faça alusão quer à (des) conformidade quer à (in) compatibilidade, como efectivos filtros de controlo de legalidade no âmbito de um conceito mais amplo de conformidade que, reitera-se, se nos afigura bastante mais próximo de uma exigência simples de cumprimento do princípio da legalidade.

Também em sede de ponderação[916] a efectuar pela câmara municipal quanto às reclamações, observações, sugestões e pedidos de esclarecimento apresentados pelos particulares e em que estes, por exemplo, invoquem a desconformidade com outros instrumentos de gestão territorial eficazes[917] ou mesmo a incompatibilidade com planos, programas e projectos que devessem ser ponderados em fase de elaboração[918], nos surge alguma perplexidade. Na realidade, também aí o legislador separa o fundamento relativo a uma eventual

---

possível (ver actual nº 1 do artigo 80º do RJIGT). Ver João Miranda, "As relações ...", p. 125. Fernando Alves Correia considera a previsão contida na alínea d) do nº 1 do artigo 16º do Decreto-Lei nº 69/90, de 2 de Março como reflexo do temperamento ao princípio da hierarquia nas relações entre o PDM, os PU e os PP, aplicáveis na área do mesmo município. Sugere, no entanto, que por imposição do princípio do paralelismo das competências e das formas, se deveria exigir que nas situações de desconformidade entre PU e PDM, fossem aqueles ratificados pela mesma entidade que procedeu à ratificação do PDM e utilizando idêntica forma. Ver Fernando Alves Correia, "As grandes linhas...", pp. 43-44 (em especial a nota 24 desta última).

[912] Cfr. Artigo 80º, nº 3, alíneas a) a e) do RJIGT (Decreto-Lei nº 380/99, de 22 de Setembro).

[913] Cfr. Artigo 80º, nº 3, alíneas a) e c) do RJIGT (Decreto-Lei nº 380/99, de 22 de Setembro).

[914] Veja-se o artigo 80º, nº 1, do RJIGT (Decreto-Lei nº 380/99, de 22 de Setembro) quando o legislador aí refere que a ratificação exprime o reconhecimento da conformidade dos PMOT com as disposições legais e regulamentares vigentes, bem como com quaisquer outros instrumentos de gestão territorial eficazes.

[915] Na versão do Decreto-Lei nº 380/99, de 22 de Setembro.

[916] Cfr. Artigo 77º, nº 5 do RJIGT (Decreto-Lei nº 380/99, de 22 de Setembro).

[917] Cfr. Artigo 77º, nº 5, alínea a) do RJIGT (Decreto-Lei nº 380/99, de 22 de Setembro).

[918] Cfr. Artigo 77º, nº 5, alínea b) do RJIGT (Decreto-Lei nº 380/99, de 22 de Setembro).

desconformidade com outros instrumentos de gestão territorial eficazes[919] do fundamento relativo a uma eventual incompatibilidade com planos, programas e projectos que devessem ser ponderados em fase de elaboração[920], fazendo claramente intuir, em nosso entendimento que, a desconformidade com outros instrumentos de gestão territorial eficazes a que se refere será, então, uma desconformidade em sentido amplo, incluindo uma por nós designada desconformidade em sentido estrito, a que acresceria então a situação de incompatibilidade.

Doutro modo, não se compreenderia porque razão, referindo-se depois a uma incompatibilidade, o tivesse feito com relação a planos, programas e projectos que devessem ser ponderados em fase de elaboração e não, como seria expectável, por relação a instrumentos de gestão territorial.

Em nosso entender, resultaria do somatório da verificação desta (des) conformidade em sentido amplo (integrando a situação de desconformidade em sentido estrito e a situação de incompatibilidade) com a verificação da (des) conformidade com as disposições legais e regulamentares vigentes, o objecto de controlo que o legislador idealizara submeter em sede de ratificação.

Finalmente, e com decisiva importância, destacamos a opção do legislador pela consagração de uma norma de natureza sancionatória, cominando com a nulidade os planos elaborados e aprovados em violação de qualquer instrumento de gestão territorial com o qual devessem ser compatíveis[921].

---

[919] Cfr. Artigo 77º, nº 5, alínea a) do RJIGT (Decreto-Lei nº 380/99, de 22 de Setembro).

[920] Cfr. Artigo 77º, nº 5, alínea b) do RJIGT (Decreto-Lei nº 380/99, de 22 de Setembro).

[921] Cfr. Artigo 102º, nº 1 do RJIGT (Decreto-Lei nº 380/99, de 22 de Setembro). Relativamente a esta norma (que também a revisão de 2003 manteve intocada), João Miranda considerava que se o critério da conformidade também se revelava apto para aferir da subordinação hierárquica dos planos territoriais, então justificar-se-ia que o legislador o tivesse referido neste preceito legal. Não o tendo feito, sugeria então o autor que, em nome do rigor, a formulação correcta do preceito devesse passar a ser a seguinte «*...com o qual devessem ser conformes ou compatíveis*». Ver João Miranda, "A dinâmica jurídica do planeamento territorial...", p. 163, nota 411. No mesmo sentido, ainda que sem apresentar argumentação expressa em favor da sua posição, Fernanda Paula Oliveira, "Direito do Ordenamento do Território...", p. 89 (ponto 3.2., § 1). Reflectindo em momento posterior à revisão operada pelo Decreto-Lei nº 316/2007, de 19 de Setembro (que "acolheu" então a sugestão de João Miranda) e alinhando pelo mesmo diapasão, Fernando Alves Correia louva a nova redacção do nº 1 do artigo 102º ao preceituar que são nulos os planos elaborados e aprovados em violação de qualquer instrumento de gestão territorial com o qual devessem ser compatíveis ou conformes. Ver Fernando Alves Correia, "Manual de Direito...", p. 388. Discordamos, no entanto, da posição dos referidos autores.

PARTE II – § 2º DIREITOS ESTRANGEIROS

A alteração introduzida ao RJIGT em 2003, de 22 de Setembro, trouxe também algumas novidades[922] dignas de registo. Destacamos aqui com interesse para o nosso trabalho, a nova redacção conferida ao artigo 80º[923], relativo à ratificação dos PMOT. Deste modo, referia então o legislador que quando não se verificasse a conformidade devida, o Governo podia, ainda, proceder à ratificação do PU que, não obstante a incompatibilidade[924] com o PDM,

Na realidade, e atendendo apenas à argumentação expendida por João Miranda, verificamos que o autor faz erigir a sua sugestão "...em nome do rigor...", não curando, no entanto, de esclarecer o que para nós seria até mais elementar, ou seja, o racional e a coerência sistemática da sua proposta, com a inclusão, sem mais da conformidade no preceito legal. De facto, não se compreende como é que duas situações, material e axiologicamente distintas do ponto de vista da sua gravidade (as situações de desconformidade são, em nosso entender, significativamente mais graves do que as situações de incompatibilidade) podem, sem mais, ser reconduzidas a um desvalor de gravidade tão intensa como sucede com a nulidade. Esta é, aliás, uma das críticas que o sistema de nulidade de plano radicado no referido preceito legal (na sua actual redacção) nos continua a merecer.

[922] Para uma visão global e sistemática, aflorando os principais aspectos do regime legal na versão de 2003, ver (o já por nós citado artigo) Fernando Alves Correia, "O Direito do Urbanismo em Portugal", *in* Revista de Legislação e de Jurisprudência, Ano 135º, nº 3937, Março/Abril, 2006, pp. 196-235. As alterações introduzidas incidiram, fundamentalmente, nos seguintes pontos: 1) No âmbito municipal do sistema de gestão territorial, em particular no que respeita ao capítulo atinente ao procedimento de formação dos planos, o legislador procurou assegurar que os municípios, na elaboração dos PDM de segunda geração, não tivessem que se confrontar com as disfunções que vinham sendo detectadas, algumas das quais resultantes de aspectos procedimentais e que o então novo regime abandonou, mas cuja utilidade seria manifesta, como era o caso do parecer das CCDR, após a discussão pública dos PU e dos PP, ou mesmo a faculdade de recusa de registo. 2) A alteração efectuada procurou igualmente conferir operatividade à figura simplificada de PP, criada pelo Decreto-Lei nº 380/99, de 22 de Setembro, destrinçando o respectivo regime de elaboração e acompanhamento dos demais PMOT. 3) Também no que concerne aos PMOT, a aplicação do regime em análise revelou a necessidade de obstar ao recurso sistemático à figura da suspensão do plano, como meio de "subtracção" ao regime procedimental da alteração. 4) A excepcionalidade da figura da suspensão decorrente do dever de ordenar o território traduz-se, também, na necessária adopção de medidas preventivas, com vista a evitar vazios planificatórios. Fernando Alves Correia, "Evolução do Direito do Urbanismo em Portugal em 2001, 2002 e 2003", *in* Revista CEDOUA, Edições CEDOUA, Faculdade de Direito da Universidade de Coimbra (FDUC), nº 12, Ano VI, 2.03, Dezembro, 2003, pp. 9-22.

[923] Cfr. Artigo 80º do RJIGT (Decreto-Lei nº 380/99, de 22 de Setembro, na redacção dada pelo Decreto-Lei nº 310/2003, de 10 de Dezembro).

[924] Na redacção anterior referia-se desconformidade.

tivesse sido objecto de parecer favorável da CCR[925] ou, ainda, de PP que, não obstante a incompatibilidade[926] com o PDM ou o PU, tivesse sido objecto de parecer favorável da CCR[927]. A revisão do regime legal operada por força do Decreto-Lei nº 316/2007, de 19 de Setembro é, com ligeiros e posteriores ajustamentos[928], a que corresponde ao regime que se encontra em vigor, pelo que é sobre ela e sobre as suas principais inovações[929] que irão repousar,

---

[925] Cfr. Artigo 80º, nº 3, alínea d) do RJIGT (Decreto-Lei nº 380/99, de 22 de Setembro, na redacção dada pelo Decreto-Lei nº 310/2003, de 10 de Dezembro).

[926] Na redacção anterior referia-se desconformidade.

[927] Cfr. Artigo 80º, nº 3, alínea e) do RJIGT (Decreto-Lei nº 380/99, de 22 de Setembro, na redacção dada pelo Decreto-Lei nº 310/2003, de 10 de Dezembro).

[928] Este diploma legal foi posteriormente rectificado pela Declaração de Rectificação nº 104/2007, de 6 de Novembro de 2007, Decreto-Lei nº 46/2009, de 20 de Fevereiro e Decreto-Lei nº 181/2009, de 7 de Agosto.

[929] As alterações introduzidas assentaram em 4 vectores essenciais: 1) Simplificação de procedimentos; 2) Descentralização de competências para os municípios, associada à correspondente responsabilização e desconcentração de competências no âmbito dos serviços e entidades da administração central; 3) Reforço dos mecanismos de concertação dos interesses públicos e destes com os interesses privados subjacentes aos processos de planeamento; 4) Clarificação e diferenciação de conceitos e de instrumentos de intervenção. Ver Ana Cristina Catita/Isabel Moraes Cardoso/Maria José Morgado/Sandra Guerreiro/Virgínia Ferreira de Almeida, Guia das Alterações ao Regime Jurídico dos Instrumentos de Gestão Territorial, introduzidas pela Lei nº 56/2007, de 31 de Agosto, e pelo Decreto-Lei nº 316/2007, de 16 de Setembro, Colecção Documentos de Orientação 03/2007, Edição DGOTDU, Outubro, 2007. Destacando, a título exemplificativo, as alterações introduzidas nos processos de formação, acompanhamento e aprovação dos planos, ver João Ferrão, Intervenção de abertura do Secretário de Estado do Ordenamento do Território e das Cidades, in Direito Regional e Local, nº 2, Abril/Junho, 2008, pp. 5-7. Referindo os principais vectores que foram visados pela revisão operada pelo Decreto-Lei nº 316/2007, de 19 de Setembro: 1) simplificação e agilização de procedimentos (concretizando-se, por este modo, uma das medidas previstas no SIMPLEX – Programa de Simplificação Legislativa e Administrativa); 2) descentralização de competências para os municípios; 3) desconcentração de competências no âmbito da administração central; 4) reforço dos mecanismos de concertação dos interesses públicos e destes com os interesses privados subjacentes aos processos de planeamento; 5) clarificação e diferenciação de conceitos da dinâmica dos planos; 6) clarificação da finalidade, conteúdo e tipologia dos instrumentos de gestão territorial; Fernanda Paula Oliveira, Regime Jurídico dos Instrumentos de Gestão Territorial, Alterações do Decreto-Lei nº 316/2007, de 19 de Setembro, Edições Almedina, Outubro, 2008, pp. 7-10. Ver, também, Fernanda Paula Oliveira, Encontro Anual da AD URBEM..., pp. 73-81. Fernanda Paula Oliveira, "Direito do Urbanismo. Do planeamento..." pp. 9-85. Fernanda Paula Oliveira, "O planeamento de nível municipal: a reforma de 2007"..., pp. 39-77. Fazendo um diagnóstico dos dois primeiros anos de

PARTE II – § 2º DIREITOS ESTRANGEIROS

doravante, as nossas reflexões. Uma primeira para notar que é precisamente com esta revisão que a não conformidade é introduzida, em par com a incom-

vigência do Decreto-Lei nº 316/2007, de 19 de Setembro, ver Isabel Soares de Almeida, "Dois anos sobre o Decreto-Lei nº 316/2007, de 19 de Setembro: breve diagnóstico, in Direito Regional e Local, nº 09, Janeiro/Março, 2010, pp. 41-46. Detalhando um pouco melhor, não obstante a já efectuada remissão bibliográfica de carácter geral, as inovações introduzidas e procurando fazê-lo de modo selectivo relativamente às que nos parecem ter sido mais importantes, destacaríamos: 1) Numa perspectiva de responsabilização municipal associada à simplificação, o legislador opta por sujeitar a ratificação pelo Governo apenas os PDM, convolando a intervenção governamental num mecanismo de natureza excepcional, justificado pela necessidade de flexibilização do sistema de gestão territorial. Deste modo, os PDM passam a encontrar-se sujeitos a ratificação quando, no respectivo procedimento de elaboração, seja suscitada a questão da sua **compatibilidade** com PS ou PROT e sempre que a câmara municipal assim o solicite, de forma que, em concretização do princípio da hierarquia mitigada, o Governo possa ter a oportunidade para ponderar sobre a derrogação daqueles instrumentos de gestão territorial, que condicionam a validade dos instrumentos de gestão territorial de âmbito municipal. 2) A responsabilização efectiva dos municípios pelas opções de ordenamento do território e de urbanismo contidas nos respectivos instrumentos de planeamento conduz ainda à eliminação do registo, no âmbito do qual eram exercidas funções de controlo de legalidade dos PMOT, passando doravante a existir tão só o depósito. 3) Paralelamente, quer a elaboração dos PMOT, quer as alterações ao PDM ou aos PU por outros PMOT (de urbanização ou de pormenor), passam a estar sujeitas, exclusivamente, aos mecanismos de participação no decurso do respectivo procedimento de elaboração, das entidades da administração central representativas de interesses públicos a ponderar. 4) Na linha de reforço de responsabilização municipal, em articulação com a simplificação de procedimentos, destacamos também a alteração que é efectuada no regime de acompanhamento dos PU e dos PP. 5) Clarificação de que o acompanhamento pelas CCDR, ao longo da elaboração destes planos, passa a constituir uma opção do município, atribuindo-se às câmaras municipais a competência para a recolha dos pareceres que devam ser emitidos nos termos legais e regulamentares e pelas demais entidades representativas de interesses públicos a ponderar, ocorrendo a harmonização de interesses em sede de conferência de serviços. 6) Revisão do regime da composição e funcionamento da comissão que acompanha a elaboração e a revisão do PDM agora denominada de comissão de acompanhamento (designação também válida no âmbito dos PEOT). 7) Tal como sucede com o PNPOT, os PROT e os PIOT passam a ser acompanhados por comissões consultivas nas quais para além dos representantes dos serviços e entidades públicas cuja participação seja adequada no âmbito do plano, têm assento os representantes dos interesses económicos, sociais, culturais e ambientais. 8) No que respeita à concertação, os princípios fundamentais da LBPOTU, da coordenação e da ponderação de interesses, determinam que a concertação de interesses públicos que condiciona a proposta a sujeitar a discussão pública, se efectue ao longo de todo o procedimento de elaboração dos instrumentos de gestão territorial, eliminando-se, consequentemente, a necessidade de elabo ração de novos pareceres após a conclusão da fase de

A NULIDADE DO PLANO URBANÍSTICO

patibilidade que já constava do normativo legal, como causa de nulidade dos instrumentos de gestão territorial[930].

acompanhamento e antes do actual período de concertação, o qual se mantém como facultativo por iniciativa da entidade responsável pela elaboração do plano. 9) Enquadramento normativo dos designados contratos para planeamento, clarificando os princípios fundamentais a que se encontram sujeitos por força da irrenunciabilidade e indisponibilidade dos poderes públicos de planeamento, da transparência e da publicidade, tendo em conta os limites decorrentes das regras gerais relativas à contratação pública. 10) Delimitação conceptual das figuras da revisão e da alteração dos instrumentos de gestão territorial, autonomizando -se procedimentos específicos de alteração quanto aos instrumentos de gestão territorial vinculativos dos particulares e reservando o conceito de revisão para as situações mais estruturais de mutabilidade do planeamento. Com esta opção, o legislador pretende introduzir uma clara flexibilização e agilização dos procedimentos de alteração em função das dinâmicas de desenvolvimento económico, social e ambiental, evitando, desse modo, o sistemático e indesejável recurso à figura da suspensão do plano. 11) Introdução de um mecanismo célere de alteração simplificada de PMOT para obviar à existência de situações de indefinição urbanística ou de difícil interpretação e enquadramanto urbanístico. 12) Ajustamento, em função das finalidades do sistema de gestão territorial e da própria prática urbanística municipal, dos objectos e conteúdos materiais dos PU e dos PP. 13) Substituição da figura dos PP de modalidade simplificada, cuja utilização reconhecidamente se revelara, até então, de complexa e difícil operacionalização prática, por modalidades específicas de PP. 14) Atenta a inegável identidade funcional entre muitos PP e as operações de loteamento e reparcelamento urbano e de estruturação da compropriedade, o legislador entendeu que se impunha, na medida em que estivesse garantida a autonomia da vontade dos proprietários, que o PP pudesse passar a fundar directamente a operação de transformação fundiária (fraccionamento ou o emparcelamento das propriedades). 14) Finalmente, mas não menos importante, foi a decisão de aplicação, no âmbito do sistema de gestão territorial, do regime jurídico da avaliação ambiental de planos e programas, em articulação com o Decreto -Lei nº 232/2007, de 15 de Junho, diploma que transpôs para a ordem jurídica interna a Directiva nº 2001/42/CE, do Parlamento Europeu e do Conselho, de 27 de Junho, de forma a incorporar nos procedimentos de dinâmica dos instrumentos de gestão territorial, uma análise sistemática dos respectivos efeitos ambientais.

[930] Cfr. a nova redacção dada pelo artigo 2º do Decreto-Lei nº 316/2007, de 19 de Setembro aos seguintes artigos:

Artigo 101º

[...]

1 – A compatibilidade ou **conformidade** entre os diversos instrumentos de gestão territorial é condição da respectiva validade.

2 – [...]

Artigo 102º

[...]

1 – São nulos os planos elaborados e aprovados em violação de qualquer instrumento de gestão territorial com o qual devessem ser compatíveis ou **conformes**.

Como já antes tivemos oportunidade de sinalizar, os princípios de compatibilidade e da conformidade têm sido unanimemente enquadrados pela nossa doutrina, no domínio da planificação urbanística, como subprincípios da hierarquia.

Ao reflectir quanto à vinculação das entidades públicas pelos planos, FERNANDO ALVES CORREIA advoga que se deve necessariamente ter presente que o grau ou intensidade da vinculação das disposições dos planos, em face das prescrições de outros planos elaborados e aprovados pela mesma ou por outra entidade pública, não se revela idêntico em todas as situações[931]. Segundo o autor, tudo dependerá *"...da natureza da relação hierárquica entre planos, a qual ora é comandada pelo princípio da conformidade, ora é pautada pelo princípio da compatibilidade..."*, apontando que no primeiro caso a relação hierárquica *"...é mais rigorosa e estreita..."* e, no segundo, *"...menos exigente e menos apertada..."*[932].

Segundo FERNANDO ALVES CORREIA, *"...a obrigação de compatibilidade é menos rigorosa do que a obrigação de conformidade..."* uma vez que esta última *"...exclui qualquer diferença entre os elementos de comparação – precisamente os elementos a respeitar, de um lado, e do outro, os elementos subordinados, que devem ser conformes aos primeiros-..."* ao passo que *"...a relação de compatibilidade exige somente que não haja contradição entre eles..."*[933]. É, aliás, por esta razão que, de acordo com o referido autor, *"...quando um plano deva ser compatível com outro hierarquicamente superior, a entidade que elabora e aprova aquele dispõe de um amplo poder discricionário na escolha das soluções que dizem respeito ao ordenamento do espaço, sendo-lhe vedadas apenas aquelas que contrariarem as directivas do segundo plano ou que ponham em causa as opções fundamentais nele condensadas ou o destino geral dos solos nele traçado..."*[934]. Contrariamente, *"...quando um plano deva ser conforme com outro hierarquicamente superior, a entidade que elabora e aprova aquele tem uma obrigação estrita de desenvolver e de especificar a disciplina contida no plano hierarquicamente superior"*[935].

No entanto, para compreendermos de forma clara como se operacionalizam tais princípios, será ainda imperioso cotejá-los com a análise que o autor enceta relativamente às relações entre os diversos instrumentos de gestão territorial, respectivos princípios regentes e *"...conjugação ou harmonização entre*

---

2 – [...]

[931] FERNANDO ALVES CORREIA, "Manual de Direito...", pp. 387-388.
[932] FERNANDO ALVES CORREIA, "Manual de Direito...", p. 388.
[933] FERNANDO ALVES CORREIA, "Manual de Direito...", p. 388.
[934] FERNANDO ALVES CORREIA, "Manual de Direito...", p. 388.
[935] FERNANDO ALVES CORREIA, "Manual de Direito...", p. 388.

as respectivas normas..."[936]. Como resposta às antinomias geradas entre as normas dos diferentes planos[937], FERNANDO ALVES CORREIA refere a existência de quatro diferentes critérios que, tradicionalmente, têm sido entendidos como possíveis de resolver as antinomias ou os conflitos de normas de diferentes planos[938]. Deste modo, aponta o critério cronológico[939], o critério da especialidade[940], o critério da hierarquia[941] e o da competência[942], relevando

---

[936] Expressão utilizada pelo próprio autor. Ver FERNANDO ALVES CORREIA, "Manual de Direito...", p. 496.

[937] Sobre a natureza das razões para a existência dessas antinomias, ver JOÃO MIRANDA, "A dinâmica jurídica do planeamento territorial...", pp. 148.

[938] FERNANDO ALVES CORREIA, "Manual de Direito...", pp. 496-503. JOÃO MIRANDA, "A dinâmica jurídica do planeamento territorial...", pp. 147-169.

[939] Segundo o qual «lex posterior derogat legi priori». Ver FERNANDO ALVES CORREIA, "Manual de Direito...", p. 496.

[940] De acordo com o qual «lex specialis derogat legi generali». Ver FERNANDO ALVES CORREIA, "Manual de Direito...", p. 496.

[941] Segundo o qual «lex superior derogat legi inferiori». Ver FERNANDO ALVES CORREIA, "Manual de Direito...", pp. 496-497.

[942] Critério este ancorado na repartição constitucional e legal de competências normativas. Ver FERNANDO ALVES CORREIA, "Manual de Direito...", p. 497. Sobre este princípio enquanto limitação ao princípio da hierarquia, JOÃO MIRANDA produz uma interessante reflexão, ainda que no âmbito do Decreto-Lei nº 69/90, de 2 de Março. Nesse escrito, o autor, após algumas considerações prévias sobre a distribuição jurídico-constitucional de competências em matéria de urbanismo, esclarece que o princípio da hierarquia não poderia ser chamado a intervir para fundamentar a ingerência do Estado em assuntos locais, sendo certo que, a coberto de uma ideia de hierarquia, o mais que poderia o Estado fazer, seria estabelecer as directivas que serviriam de guia para as autarquias na elaboração dos seus planos. Pelo que, remata, ultrapassada essa função directiva, já nos encontraríamos fora do domínio da hierarquia. Ver JOÃO MIRANDA, "As relações ...", p. 125. Posteriormente, o mesmo autor viria a admitir uma flexibilização do seu entendimento, sugerindo que nas "*...situações mais complexas de intersecção de interesses ou de conflitos de competências, no domínio do planeamento territorial...*" se poderia apelar ao princípio da subsidiaredade como critério supletivo. Ver JOÃO MIRANDA, "A dinâmica jurídica do planeamento territorial...", p. 154-156. Esta "flexibilização" pela introdução de um critério supletivo como é o princípio da subsidiaredade é, para nós, objectivamente demonstrativo de que a rigidez do entendimento inicial do autor não poderia nunca prevalecer num sistema jurídico-constitucional em que a concorrencialidade das atribuições no domínio do ordenamento do território e do urbanismo é uma marca de água incontornável. Note-se, aliás, que na posição inicialmente assumida pelo autor, no âmbito do tratamento do princípio da competência (Ver JOÃO MIRANDA, "As relações ...", pp. 122-124), não existe uma única alusão à ideia de concorrencialidade, facto que já não ocorre na posição que entretanto viria a assumir na sua tese de

PARTE II – § 2º DIREITOS ESTRANGEIROS

que nenhum deles se aplicará *qua tale* nas relações entre planos, uma vez que o legislador criou entre eles uma complexa e intrincada teia de relações justificativa, por si só, de um igualmente complexo catálogo de princípios.

Neste contexto, o autor esclarece que o princípio que maior importância assume no contexto das relações entre planos é o princípio da hierarquia[943].

dissertação de mestrado ainda que suportando-se nas palavras de STELLA RICHTER (*autora que afasta, precisamente, a possibilidade de utilização do princípio da competência no planeamento, uma vez que a mesma assenta no pressuposto de que existem duas esferas de competência reciprocamente excludentes quando a realidade é muito mais complexa, assistindo-se a um concurso de interesses e poderes entre o Estado e as entidades infra-estaduais sobre o mesmo território*). Não obstante a flexibilização que o autor introduz, a verdade é que, no momento seguinte, faz questão de deixar bem claro (*aliás em jeito de crítica à ideia de STELLA RICHTER*) que "*...conforme já denunciámos, afirmações como esta acabam, invariavelmente, por contribuir para o reforço dos poderes do Estado.*", deixando implicitamente no ar, em nosso entender, e agora de forma bastante mais clara, a sua visão claramente municipalista do problema mas, seguramente, bem mais ao arrepio do texto constitucional.

[943] FERNANDO ALVES CORREIA, "Manual de Direito...", p. 497. Preferindo referir-se a uma hierarquia de interesses em lugar de uma hierarquia de planos territoriais, ver STELLA RICHTER, "Il sistema delle fonti della disciplina urbanística", *in* Ripensare la disciplina urbanistica, Turim, 1997, pp. 34-35. JOÃO MIRANDA refere que são essencialmente os critérios do âmbito territorial de cada plano e da função desempenhada também por cada um deles que permitem traçar a hierarquia dos planos. Por outro lado, o autor associa o princípio da hierarquia ao princípio da prioridade cronológica do plano superior e ao princípio da plenitude do planeamento, advogando que a subordinação de um plano territorial a outro hierarquicamente superior se deverá aferir com base nos critérios da conformidade e da compatibilidade. Ver JOÃO MIRANDA, "A dinâmica jurídica do planeamento territorial...", pp. 151-154. Do mesmo autor, ver JOÃO MIRANDA, "As relações ...", pp. 116-122. No mesmo sentido, ver FERNANDA PAULA OLIVEIRA, "Direito do Urbanismo. Do planeamento..." pp. 63-64. A mesma autora, ainda que relativamente ao RJIGT na versão do Decreto-Lei nº 380/99, de 22 de Setembro, defendia que mais importante que a existência de uma hierarquia de planos, em que os planos inferiores devem obediência aos planos superiores, é a articulação entre eles e a coordenação das respectivas entidades responsáveis pelos diversos níveis de planeamento. Ver FERNANDA PAULA OLIVEIRA, "Os princípios da nova...", pp. 26-27. Também da autora, e no mesmo sentido, ver FERNANDA PAULA OLIVEIRA, "Direito do Ordenamento do Território...", pp. 99-100. Qualificando o princípio de hierarquia como o princípio de coordenação mais importante e que é, ainda, o critério-base da nossa legislação, ver DULCE LOPES, "Regime Jurídico dos Instrumentos de Gestão Territorial: evoluções recentes...", pp. 90-91. LUIS CABRAL DE MONCADA refere que o urbanismo toca em interesses que não são, apenas, de natureza municipal sendo, também, nacionais, especiais e regionais. Nessa medida, o autor advoga que a coexistência dos instrumentos de planeamento que os gerem não se possa fazer prevalecer de uma ideia de hierarquia rígida, antes sim "*... uma hierarquia mitigada e maleável, descontando que o conteúdo dos planos não é homogéneo...*". Ver LUIS CABRAL DE MONCADA *in* "A relação jurídica administrativa – para um novo...", p. 649.

Um princípio de hierarquia de natureza flexível ou mitigada[944] devendo, por essa razão, ser conjugado com o princípio da coordenação das intervenções das várias entidades responsáveis pela elaboração e aprovação dos instrumentos de gestão territorial[945]. O autor admite que o princípio da hierarquia possa então ser flexibilizado nas situações em que, por exemplo, o plano hierarquicamente inferior possa conter disposições incompatíveis ou desconformes com as disposições inscritas em plano hierarquicamente superior preexistente, revogando-as ou alterando-as[946]. Um outro princípio regente nas relações entre as normas dos diferentes planos que nos apresenta FERNANDO ALVES CORREIA é o «princípio da contra-corrente» («Gegenstromprinzip»)[947] que,

---

[944] É o próprio legislador que alude a um princípio de hierarquia mitigada como princípio regente das relações entre instrumentos de gestão territorial quando, no exórdio do Decreto-Lei nº 316/2007, de 19 de Setembro refere que *"...os planos directores municipais passam a encontrar-se sujeitos a ratificação unicamente quando, no procedimento de elaboração, seja suscitada a questão da sua compatibilidade com planos sectoriais ou regionais de ordenamento do território e sempre que a câmara municipal assim o solicite, para que, em concretização do princípio da hierarquia mitigada, o Governo possa ponderar sobre a derrogação daqueles instrumentos de gestão territorial, que condicionam a validade dos instrumentos de gestão territorial de âmbito municipal..."*. FERNANDO ALVES CORREIA, "O Programa Nacional da Política de Ordenamento do Território (PNPOT): um instrumento de reforço da harmonia e da coerência do sistema de gestão territorial", *in* "O PNPOT e os novos...", pp. 204-205.

[945] FERNANDO ALVES CORREIA, "Manual de Direito...", p. 497.

[946] Esta possibilidade decorre do disposto no artigo 80º, nº 1 do RJIGT quando aí se refere que a *"... ratificação pelo Governo do plano director municipal tem como efeito a derrogação das normas dos planos sectoriais e dos planos regionais de ordenamento do território incompatíveis com as opções municipais"*, dispondo depois o nº 5 que a *"...ratificação do plano director municipal nos termos do número anterior implica a revogação ou alteração das disposições constantes dos instrumentos de gestão territorial afectados, determinando a correspondente alteração dos elementos documentais afectados por forma a que traduzam a actualização da disciplina vigente."*. O autor refere também o disposto nos nº 2 e 3 do artigo 25º em que o legislador prescreve, respectivamente que, quando *"...contrariem plano sectorial ou regional de ordenamento do território preexistente, os planos especiais de ordenamento do território devem indicar expressamente quais as normas daqueles que revogam ou alteram"* sendo que na *"...ratificação de planos directores municipais e nas deliberações municipais que aprovam os planos não sujeitos a ratificação devem ser expressamente indicadas as normas dos instrumentos de gestão territorial preexistentes revogadas ou alteradas"*.

[947] Reconduzindo o dever de compatibilização, característico aliás do princípio da contra-corrente, a *"... um mero dever funcional desprovido de sanção caso não seja observado..."*, ver JOÃO MIRANDA, "A dinâmica jurídica do planeamento territorial...", p. 154. Apelando ao princípio da contra-corrente no sentido de que os instrumentos de gestão territorial supervenientemente aprovados, em particular os PROT, tenham em linha de conta os PMOT preexistentes e sejam

PARTE II – § 2º DIREITOS ESTRANGEIROS

segundo esclarece, se concretiza pela obrigação do plano hierarquicamente superior e mais amplo tomar em consideração as disposições de um plano hierarquicamente inferior e abrangente de uma área mais restrita[948]. Para o autor, o princípio da contra-corrente implicará uma obrigação de identificação e de ponderação dos planos hierarquicamente inferiores, preexistentes ou em elaboração, por parte do plano hierarquicamente superior que esteja a ser elaborado e que abranja a área daqueles[949]. Um último princípio a que o autor se refere é o princípio da articulação[950], traduzindo-o como obrigação

de aplicação suficientemente flexível e ajustada às realidades locais, assim se evitando saltos abruptos e inesperados de planeamento, ver DULCE LOPES, Regime Jurídico dos Instrumentos de Gestão Territorial: evoluções recentes...", p. 90. FERNANDO ALVES CORREIA, O Programa Nacional da Política de Ordenamento do Território (PNPOT): um instrumento de reforço da harmonia e da coerência do sistema de gestão territorial, in "O PNPOT...", pp. 205-206. Referindo-se à inversão do sentido vinculativo da lei como um possível afloramento do princípio da contra-corrente PAULO OTERO advoga que, por exemplo, no âmbito da vinculação legislativa aos actos administrativos, os actos administrativos comunitários, gozando de primado face às leis internas, permitem inverter a configuração tradicional do princípio da legalidade no que respeita ao relacionamento entre lei e acto administrativo. Dá-se, por conseguinte, uma inversão da força vinculativa da lei proveniente dos Estados-Membros face aos actos administrativos comunitários, assistindo-se à prevalência destes últimos, enquanto expressão do primado do Direito Comunitário, sobre a própria lei. Ver PAULO OTERO, "Legalidade e Administração...", pp. 931-955.

[948] FERNANDO ALVES CORREIA, "Manual de Direito...", p. 499. O autor refere expressamente duas normas: nº 5 do artigo 10º da LBPOTU e nº 2 do artigo 20º do RJIGT, sendo que na primeira se prevê que "...*na elaboração de novos instrumentos de gestão territorial devem ser identificados e ponderados os planos, programas e projectos com incidencia na área a que respeitam, já existentes ou em preparação, e asseguradas as necessárias compatibilizações*" ao passo que, pela segunda norma, o legislador prevê que a "... *elaboração, aprovação, alteração, revisão, execução e avaliação dos instrumentos de gestão territorial obriga a identificar e a ponderar, nos diversos âmbitos, os planos, programas e projectos, designadamente da iniciativa da Administração Pública, com incidência na área a que respeitam, considerando os que já existam e os que se encontrem em preparação, por forma a assegurar as necessárias compatibilizações.*"

[949] FERNANDO ALVES CORREIA advoga uma força jurídica menor do princípio da contra-corrente quando comparada com a força jurídica da «prise en compte» do direito francês e que tivemos já oportunidade de analisar. Ver FERNANDO ALVES CORREIA, "Manual de Direito...", p. 500, nota 189.

[950] No mesmo sentido, e dando como exemplos as relações entre PMOT de municípios vizinhos ou PROT para zonas limítrofes, ver DULCE LOPES, "Regime Jurídico dos Instrumentos de Gestão Territorial: evoluções recentes...", p. 92. FERNANDA PAULA OLIVEIRA, "Direito do Urbanismo. Do planeamento..." pp. 65-69. A mesma autora, ainda que relativamente ao RJIGT na versão

de compatibilização recíproca entre planos que não estão subordinados ao princípio da hierarquia, de modo a evitar que coexistam para uma mesma área planos que contenham disposições contraditórias[951]. O legislador, segundo explica o autor, tentou responder a este problema através da previsão de alguns importantes comandos legais[952], minimizando, por essa via, a ocorrência de antinomias entre normas de planos que, como bem nota, podem inclusivamente ter lugar entre soluções adoptadas por PMOT aplicáveis no território de um mesmo município e que não estejam subordinados ao princípio da hierarquia, bem como prescrições de PMOT que abranjam territórios de municípios vizinhos[953]. De acordo com o autor, o controlo da observância do princípio da articulação reside actualmente no parecer final da CCDR[954]. FERNANDO ALVES CORREIA termina pois por referir que as relações entre planos se encontram actualmente pautadas por uma «influência recíproca» entre os vários instrumentos de gestão territorial ou mesmo por uma «repercussão circular»[955]

---

do Decreto-Lei nº 380/99, de 22 de Setembro, advogava a primazia da articulação entre planos e a coordenação das respectivas entidades responsáveis pelos diversos níveis de planeamento. Ver FERNANDA PAULA OLIVEIRA, "Os princípios da nova...", pp. 26-27. Neste mesmo artigo, FERNANDA PAULA OLIVEIRA, referindo-se ao sistema jurídico anterior ao RJIGT (Decreto-Lei nº 380/99, de 22 de Setembro), explicita, por exemplo, que o princípio da articulação vigorava entre dois ou mais planos que não estivessem entre si numa relação de hierarquia, como seria o caso de dois PU que abrangessem diferentes áreas urbanas de um mesmo município ou de dois planos municipais que abrangessem territórios de municípios vizinhos. FERNANDO ALVES CORREIA, O Programa Nacional da Política de Ordenamento do Território (PNPOT): um instrumento de reforço da harmonia e da coerência do sistema de gestão territorial, in "O PNPOT...", pp. 206-207.

[951] FERNANDO ALVES CORREIA, "Manual de Direito...", pp. 500-503.

[952] FERNANDO ALVES CORREIA, "Manual de Direito...", p. 499. O autor refere expressamente duas normas do RJIGT: o nº 6 do artigo 23º em que se prevê que *"...quando sobre a mesma área territorial incida mais do que um plano sectorial ou mais do que um plano especial, o plano posterior deve indicar expressamente quais as normas do plano preexistente que revoga, sob pena de invalidade por violação deste..."* e, ainda, o disposto no nº 2 do artigo 25º em que se refere que *"...quando procedam à alteração de plano especial anterior ou contrariem plano sectorial ou regional de ordenamento do território preexistente, os planos especiais de ordenamento do território devem indicar expressamente quais as normas daqueles que revogam ou alteram."*

[953] FERNANDO ALVES CORREIA, "Manual de Direito...", pp. 500-501.

[954] Concretamente nos termos do nº 2 do artigo 78º do RJIGT. Ver FERNANDO ALVES CORREIA, "Manual de Direito...", p. 503.

[955] CLÁUDIO MONTEIRO critica os modelos de «repercussão linear» e de «subordinação linear» pelo facto dos mesmos se basearem numa concepção unitária do sistema de gestão territorial e

PARTE II – § 2º DIREITOS ESTRANGEIROS

dos planos entre si e, não apenas, por uma influência linear, orientada ou de cima para baixo (princípio da hierarquia) ou de baixo para cima (princípio da contra-corrente) ou, ainda, em sentido horizontal (princípio da articulação). O autor cita, inclusivamente, MATTHIAS ROSSI[956] tentando demonstrar que a doutrina alemã fala, a este propósito, da criação de uma relação de harmonização ou de coerência permanente entre todos os planos a todos os níveis[957].

Com o devido respeito, a aplicabilidade do princípio da contra-corrente no nosso ordenamento jurídico merece-nos, contudo, alguns reparos uma vez que a "importação", sem mais, de tal princípio para o nosso ordenamento jurídico urbanístico não nos parece ser de tão linear aplicabilidade como a vasta doutrina entre nós tem advogado, em especial sob o ensinamento atento e reputado de FERNANDO ALVES CORREIA.

Em primeiro lugar, e como ficou já demonstrado, o princípio da contra-corrente surge no contexto do modelo alemão, de natureza federal e com todas as particularidades que um modelo dessa natureza tem associadas e que já antes tivemos oportunidade de tratar.

Como já antes fizemos questão de notar, é importante ter-se presente que no sistema de planeamento territorial alemão é o próprio «Gegenstromprinzip» a assumir-se como ideia rectora na prossecução dos objectivos associados a um desenvolvimento sustentável do território. De facto, o referido princípio

de proporem uma explicação assente num único princípio de estruturação das relações entre planos. Por outro lado, o autor, evidenciando uma visão de pendor marcadamente municipalista, advoga que no "...âmbito municipal, onde o sistema de planeamento se projecta na esfera jurídica dos particulares, as relações entre planos têm de ser situadas no contexto mais amplo do quadro constitucional de garantia de uma esfera de actuação autónoma das autarquias locais na satisfação dos interesses próprios das populações respectivas e, consequentemente, dos limites impostos ao Governo no exercício de poderes de natureza tutelar, bem como no contexto da função conformadora do direito de propriedade privada que o legislador reconhece aos planos municipais..." sendo que é, precisamente, a "...valorização da dimensão funcional do sistema de planeamento..." que o leva "...a rejeitar, para o âmbito municipal, qualquer modelo de estruturação assente numa relação de subordinação, e particularmente numa relação de subordinação hierárquica, ainda que mitigada..." e a advogar, em seu lugar, a aplicabilidade de um princípio de adequação funcional, determinativo, nas relações entre particulares, da aplicação exclusiva de um único plano (modelo de aplicação exclusiva que é também designado por modelo de "cascata" ou de "pirâmide invertida") a cada parcela do território, de acordo com um critério de prevalência do plano de maior proximidade. Ver CLÁUDIO MONTEIRO, "A lei do mais próximo. As relações entre planos no sistema de gestão territorial", in GeoINova, nº 7, 2003, pp. 158-165..

[956] MATTHIAS ROSSI, "Allemagne, Vue d'ensemble sur la planification spatiale", Rapport National, Allemagne...", pp. 153-169.

[957] Ver FERNANDO ALVES CORREIA, "Manual de Direito...", p. 503.

comporta uma dupla dimensão. De um lado, o desenvolvimento, ordenamento e a preservação de determinadas parcelas do território devem ser inseridas e ponderadas de acordo com as circunstâncias e exigências do território no seu conjunto. Por outro lado, o desenvolvimento, o ordenamento e a preservação do conjunto do território, devem também considerar e tomar em conta o contexto e as exigências de determinadas parcelas do território («Teilgebiete»). Este princípio é, em grande medida, concretizado pela existência de outros deveres, tais como a obrigação de observar os objectivos (§5, Abs.1, ROG), a obrigação de os tomar em consideração (§5, Abs.2, ROG) e a obrigação de os desenvolver (§9 Abs.2, Satz 1, ROG). O princípio da contra-corrente deve, pois, garantir que as autoridades planificadoras procurem e se assegurem que os seus planos estão de acordo uns com os outros[958]. Ainda segundo o mesmo autor, o «princípio dos fluxos recíprocos»[959] (*«princípio da contra-corrente» ou «Gegenstromprinzip»*) é absolutamente estruturante, garantindo que o desenvolvimento e o ordenamento das regiões se deve integrar nas realidades e necessidades do conjunto do território enquanto que o ordenamento deste último deve procurar tomar em consideração as necessidades e realidades das diferentes regiões. Pelo que, em lugar de uma hierarquia de planos, entende o autor tratar-se, essencialmente, de dar cumprimento a uma exigência de se porem em acordo permanente as planificações existentes em todos os níveis, com o escopo de evitar que as opções tomadas pelas autoridades superiores se possam vir a impor[960].

GERD TUROWSKI refere também, a este propósito, que a estrutura federal do sistema de planeamento territorial do Estado alemão, ao apresentar-se com os seus três níveis competenciais, a saber Estado federal («Bund»), Estados federados («Länder») e municípios («Gemeinden») revela-se absolutamente decisiva para o bom funcionamento do sistema de planeamento territorial.

---

[958] Ver MATTHIAS ROSSI, "Vue d'ensemble du droit de l'urbanisme allemand...", pp. 785-786.

[959] MATTHIAS ROSSI refere-se ao *Gegenstromprinzip* como princípio de fluxos recíprocos quando refere "...*La procédure de transposition de la conception directrice pour le développement durable de l'espace est marquée par le Gegenstromprinzip (principe des flux réciproques)* ..."; Ver MATTHIAS ROSSI, "Allemagne, Vue d'ensemble sur la planification spatiale", Rapport National, Allemagne...", p. 157. Parece-nos pois que para o autor, o «Gegenstromprinzip» e o «principe des flux réciproques», traduzem uma mesma ideia, não autorizando pois a imputação a MATTHIAS ROSSI de uma qualquer distinção entre esses dois princípios, como aliás, salvo o devido respeito, nos parece resultar de FERNANDO ALVES CORREIA, "Manual de Direito...", p. 503, § 2.

[960] Ver MATTHIAS ROSSI, "Allemagne, Vue d'ensemble sur la planification spatiale", Rapport National, Allemagne...", p. 157.

PARTE II - § 2º DIREITOS ESTRANGEIROS

De tal sorte que a distribuição da competência e das funções entre os três referidos níveis de decisão equivale à existência de um sistema de distintos níveis de planeamento, quer a nível legal, quer organizacional quer ainda substancial. Não obstante o facto desses níveis se revelarem legal, organizacional e substancialmente claros (mas diferentes), no deve e haver final o sistema é compensado, de modo decisivo, pela circunstância de todos (níveis decisórios e planos que os caracterizam) funcionarem e de todos estarem interligados por um denominado «princípio de contra-corrente» («Gegenstromprinzip») previsto no §1, Abs.3, ROG[961].

Contudo, também vimos que, não obstante os termos em que funciona o sistema de planificação territorial alemão, a interpretação das relações entre os planos em termos de hierarquia tem sido fortemente criticada, em nome de uma interdependência resultante de competências próprias de cada nível, havendo também alguma doutrina para quem os argumentos apresentados por essa tese não se afiguram suficientemente convincentes, desde logo pelo facto de que não existe na Alemanha jurisprudência consistente nesse sentido[962].

Ora em nosso entender, o nível de autonomia de que dispõem os diferentes patamares decisórios num modelo federal como é o alemão justifica, de pleno, que haja efectivamente um princípio de contra-corrente. Na realidade, tratando-se de um modelo de Estado federal, a hierarquia apresenta-se muito mais exigente, facto que combinado com uma maior autonomia entre os diversos níveis decisórios "força" o sistema a dotar-se de um mecanismo de compensação ou de reequilíbrio, mecanismo que, no caso concreto, é inteiramente traduzido pela existência (e cumprimento da missão) do princípio da contra-corrente. Ele existe, precisamente, para garantir, em última linha, o cumprimento, por todos os níveis de planeamento, dos objectivos do ordenamento do território (de natureza vinculativa como já tivemos oportunidade de demonstrar) num quadro hierarquicamente mais exigente e de maior e mais significativa autonomia dos respectivos níveis decisórios que se posicionam nessa mesma hierarquia, garantindo que, não obstante essa autonomia, possam esses diferentes níveis coexistir e funcionar de modo interdependente mas, simultaneamente, eficaz. A

---

[961] Ver GERD TUROWSKI, "Raumplanung (Gesamtplanung)", *in* "Handwörterbuch der Raumordnung", hrsg, Akademie Für Raumordnung und Landesplanung, 4ª Edição, Hannover, 2005, pp. 898-ss.

[962] GÉRARD MARCOU, "L'Urbanisme dans les systèmes de planification spatiale en Europe: diversités nationales", Rapport Introductif, *in* "Le contenu des plans d'urbanisme et d'aménagement dans les pays d'Europe de l'Ouest...", pp. 29-30.

sua função é pois a de assegurar que a identificação e ponderação que cada um dos níveis decisórios faça das opções previstas e adoptadas pelos demais, possa contribuir para que as soluções que venham a ser adoptadas no final se revelem adequadas ao cumprimento dos objectivos que a todos os níveis se impõe. Esse será pois o nível máximo de optimização que o sistema procura e que, segundo nos foi dado perceber, consegue de facto atingir, em larga medida por força de uma significativa consciencialização de todos os níveis decisórios e respectivos actores de que a contra-corrente não é mera cartilha de intenções, antes sim algo de muito sério para a eficácia do próprio sistema, para a consecução de um correcto e sustentável ordenamento do território e, em última linha, para a sua própria sobrevivência enquanto modelo federal.

Ora nada disso se passa entre nós, começando desde logo pelo modelo de Estado que é diferente, porque unitário[963]. Basta, aliás, pensar na situação que

---

[963] A análise que até aqui empreendemos deixa obviamente transparecer um elemento precioso na forma como possamos entender os diferentes sistemas jurídicos analisados. Na realidade, o modelo de Estado e, em particular, as implicações que esse modelo assume depois na definição e caracterização do próprio controlo administrativo legalmente previsto para os actos das entidades locais acaba por se revelar absolutamente central na compreensão das opções que cada um dos legisladores desenhou para o seu próprio ordenamento jurídico. Resumiríamos essa comparação em algumas linhas de força. Todos os Estados analisados ratificaram já a Carta Europeia da Autonomia Local do Conselho da Europa de 1985 e entrada em vigor em 1988 (a França foi o último dos Estados analisados a desencadear o processo de ratificação, razão pela qual a Carta só viria a entrar em vigor nesse país em 1 de Maio de 2007). A Carta constitui o direito comum das colectividades locais europeias, dela emergindo que o necessário reconhecimento constitucional ou legal da autonomia local supõe a existência de uma organização e de competências próprias das colectividades locais acompanhadas de recursos próprios e de pessoal suficiente. A própria noção de autonomia que dela consta faz referência a um poder limitado pelo legislador, capaz de estabelecer um equilíbrio entre o interesse geral, o interesse público local e a preservação dos direitos individuais. A noção de autonomia exclui a subordinação a uma autoridade superior mas autoriza o controlo dos actos locais a fim de verificar que os mesmos se apresentam conformes com as normas jurídicas superiores. Deste modo, são diferentes os modelos de Estado analisados. Um modelo de natureza federal para a Alemanha e para Bélgica, de natureza regional para a Itália e Espanha e um modelo unitário para França e Portugal. Os Estados analisados dispõem de uma organização territorial próxima dos três níveis de administração local: um primeiro nível de base constituído pelos municípios. Um segundo nível intermediário, constituído pelo Ministério em França e em Portugal, pelo «Kreis» na Alemanha e a província na Itália, Espanha e Bélgica. Um terceiro e último nível que compreende as Regiões e os Estados Federados. Os Estados Federados e, bem assim, as Regiões nos Estados regionalizados não se traduzem em colectividades locais, antes sim em entidades territoriais com um particular estatuto constitucional. A diversidade

PARTE II – § 2º DIREITOS ESTRANGEIROS

mais comumente é utilizada para demonstrar as virtualidades do princípio da contra-corrente, o caso dos PMOT que, no quadro legal, podem quase tudo,

das autoridades competentes para o controlo administrativo dos actos locais revela-nos que nos Estados Federais (Alemanha e Bélgica) é a entidade federada que exerce o controlo. Por exemplo, na Alemanha, o direito das entidades locais releva da competência legislativa de cada Land. Isso explica aliás que o estatuto, as competências e os meios possam ser diferentes de um Land para outro, o mesmo sucedendo com as próprias modalidades de controlo dos actos locais. No entanto, em cada um deles, a autoridade de controlo é o Ministério do Interior que designa frequentemente um representante encarregue do controlo da circunscrição desconcentrada do Estado («Regierungspräsidium»). Para o controlo dos pequenos municípios, pode ser efectuado pelo chefe do executivo («Landrat»), cuja particularidade é ser o representante do Ministro do Interior nas circunscrições e o chefe do executivo das mesmas, eleito pela sua assembleia deliberativa. No caso da Valónia, o controlo dos actos dos municípios é exercido, segundo o caso, pelo governo regional, o colégio provincial (executivo da província composto por seis membros eleitos do conselho provincial e de um governador designado pela região) ou pelo governador. Note-se que no sistema federal belga, e contrariamente ao que sucede com o federalismo clássico, as entidades regionais não dispõem de Constituição, sendo no entanto dotadas de poder legislativo e executivo próprio mas não de poder judicial. No modelo unitário (como o francês e o nosso) a autoridade administrativa de controlo representa o governo central. Por exemplo, em França o controlo administrativo dos actos locais é exercido pelo «préfet» que representa, no seio de cada circunscrição administrativa departamental, o conjunto do território. Num modelo regionalizado, como sucede com o italiano ou o espanhol é, principalmente, à escala regional que o controlo administrativo dos actos é efectuado. Em Espanha, o Estado, as dezassete Comunidades Autónomas que dispõem de poder legislativo, as províncias e os municípios dividem a gestão dos assuntos públicos numa base que assenta, fundamentalmente, na cooperação e na colaboração. O Estado detém as competências exclusivas para a definição dos princípios do regime jurídico das colectividades locais, o estatuto dos funcionários, ao passo que as CA, à excepção do País Basco, da Catalunha e da Galicia, detém poucas competências exclusivas. No mais, as competências são divididas entre o Estado e as CA ou entre estas e as demais entidades locais. O controlo dos actos é exercido pela administração desconcentrada do Estado e pela administração da respectiva CA, em função da partição de competências entre estes dois níveis. Em Itália, depois da reforma constitucional de 2001, o regime jurídico das colectividades locais é principalmente definido pelas regiões que detém um poder legislativo. O Estado fixa os princípios fundamentais do regime jurídico das colectividades locais e as modalidades de eleição. Curioso é que o controlo do Estado sobre os actos administrativos das regiões desapareceu, sendo que o controlo *a priori* exercido sobre as leis regionais foi substituído por um controlo *a posteriori* de constitucionalidade. Diferenças também existem na natureza e âmbito do controlo. Assim, de um controlo de legalidade distingue-se um controlo de oportunidade, sendo que o primeiro se traduz na verificação, pela autoridade legalmente competente, daconformidade dos actos locais às normas jurídicas superiores. O controlo de legalidade, cujos fundamentos radicam nos princípios de Estado de Direito, pode assumir diferentes modalidades, ao passo que o controlo de oportunidade

A NULIDADE DO PLANO URBANÍSTICO

comprometendo seriamente aquele que deveria ser um eficaz funcionamento do sistema de gestão territorial. Falar em contra-corrente dentro das múltiplas

dos actos visa avaliar, apenas e tão só, se tomando em consideração o conjunto de dados jurídicos e não jurídicos, o acto é apropriado ou se, ao invés, ele deve ser revogado ou reformado. Note-se é que a própria Carta que deixa uma ampla margem de apreciação à autoridade de controlo, precisando no artigo 8º que o controlo de oportunidade apenas deve ser aplicado aos actos adoptados para a execução de objectivos delegados por outras entidades. Quanto ao controlo de legalidade *a priori*, digamos que este se encontra actualmente bastante reduzido, sendo que mesmo quando é exercido, o controlo se limita aos actos susceptíveis de ter consequências particularmente importantes em certos domínios. É, por exemplo, o caso da Alemanha, no que respeita aos planos de urbanismo, uma vez que se trata aqui de verificar a conformidade dos mesmos aos objectivos do ordenamento do território fixados pelo Land. O mesmo se passa em Espanha, para as alienações imobiliárias mais importantes. Quanto ao controlo de oportunidade *a priori*, ele é considerado contrário ao princípio da autonomia local consagrado na Carta europeia (artigo 8, §2) sendo que nos Estados que analisámos ele é praticamente inexistente. Apenas na Bélgica se mantém um controlo de oportunidade sobre os actos das autoridades municipais mesmo que, na prática, tal controlo não seja exercido. Ora perante uma situação de quase inexistente controlo de oportunidade temos, paralelamente, uma relativa generalização de um controlo administrativo de actos locais *a posteriori*. Apesar da subsistência de um controlo de oportunidade (ainda que nos termos minimalistas a que nos referimos), o controlo de legalidade *a posteriori* é amplamente privilegiado nos Estados que analisámos, variando, no entanto, a intensidade de controlo em função dos poderes da autoridade de controlo. Devem pois, quanto a este particular, ser distinguidas três situações: situações em que a autoridade de controlo não dispõe senão de um poder de recomendação, situações em que tal poder pode ir até, no limite, à intervenção do juiz e, um terceiro e último lote de situações em que a autoridade pode exercer um poder directo sobre o acto contestado. No primeiro bloco de situações está por exemplo o sistema italiano, ao passo que no segundo se integra o sistema francês e espanhol. O terceiro universo de situações compreende, por exemplo, o modelo alemão, permitindo-se à entidade de controlo agir sobre o acto contestado. Na Alemanha, o controlo de legalidade *a posteriori* autoriza a entidade de controlo a pedir informações e a formular as observações relativas à legalidade do acto local, dispondo por conseguinte de um poder bastante mais amplo sobre o próprio acto. Com efeito, a autoridade de controlo pode pedir a anulação do acto dentro de um determinado prazo ou adoptar uma decisão contrária. Em certos casos, de não execução, ela pode mesmo anular o acto e obrigar à sua execução forçada. No entanto, e apesar de um sistema bastante exigente e muito bem delineado, o objectivo das autoridades de controlo é, sobretudo, conservar boas relações com as colectividades locais e evitar a utilização de meios de natureza mais coerciva, levando a que na prática os diferentes instrumentos de que legalmente dispõe para exercer o referido controlo, sejam muito pouco utilizados e, mesmo quando o sejam, o sejam de forma o mais parcimoniosa possível. Na Bélgica, a autoridade de controlo pode proceder à suspensão com vista à anulação dos actos locais considerados como estando não conformes à legalidade. Tal como na Alemanha, a prática dos últimos anos confirma uma rara, senão mesmo nula, utilização desses meios, facto a que não é estranho a circunstância dos

PARTE II – § 2º DIREITOS ESTRANGEIROS

vicissitudes de dinâmica que possam ocorrer entre diferentes PMOT para uma mesma área territorial[964] é, em nossa opinião, a negação daquela que é

textos legais dos últimos anos terem vindo no sentido de reforçar a segurança jurídica em benefício das colectividades locais. Uma última e breve referência à manutenção de um poder de substituição em caso de inacção das colectividades locais. Essas medidas de substituição da acção explicam-se pelo facto da missão da autoridade de controlo se traduzir numa espécie de vigilância pelo respeito das regras de direito, o que implica um controlo sobre a acção como sobre a inacção das colectividades locais. A autoridade de controlo deve velar para que as medidas exigidas pela lei ou pelos regulamentos sejam bem adoptadas e deve também ter o poder, se necessário, para se substituir à colectividade incumpridora. Trata-se, por conseguinte, de um mecanismo de natureza excepcional. Por exemplo, em Itália, à medida que o controlo administrativo dos actos quase que desapareceu, o artigo 120º da Constituição Italiana revista em 2001, reservava ao governo central o poder de se substituir aos órgãos das regiões, das províncias ou mesmo dos próprios municípios em caso de inobservância das normas e dos tratados internacionais ou de normas comunitárias ou, ainda, em caso de perigo grave para a integridade e segurança jurídicas ou bem quando o exercício desse poder é requerido com a finalidade de proteger a unidade jurídica e económica e, ainda, os níveis essenciais de prestações em matéria de direitos cívicos e sociais, independentemente dos limites territoriais dos poderes locais. A lei define nestas situações os procedimentos destinados a garantir o exercício do poder de substituição num quadro de respeito pelo princípio da subsidiariedade e da leal colaboração. Também em Espanha, a lei de 2 de Abril de 1985 relativa às bases do regime local abre a possibilidade para o Estado ou para a CA de exercer o poder de substituição. Na Alemanha, a autoridade de controlo pode substituir-se à colectividade local se ela não executar as suas instruções em matéria de restabelecimento da legalidade. Certos «Länder» prevêem a possibilidade de nomear um comissário especialmente encarregue de executar certos actos em lugar da colectividade. Na prática, essas medidas são pouco utilizadas. De notar que a GG prevê um poder de vinculação federal por via de instrução directa aos «Länder» e às suas administrações, se um «Land» não cumpre as obrigações que lhe incumbam nos termos da GG, da lei federal ou ainda do direito internacional ou comunitário. Este poder de controlo é subordinado à aprovação prévia por parte do «Bundesrat» e, como tal, de uma maioria dos Länder. Na Bélgica, a autoridade de controlo beneficia igualmente de um poder de substituição, o mesmo se passando em França, em que o poder de substituição se encontra previsto naqueles domínios, em especial, a habitação ou o urbanismo. Note-se que neste último sistema jurídico, o «préfet» pode, igualmente, em certas hipóteses, exigir a elaboração dos documentos de urbanismo e, em caso de omissão, decidir oficiosamente. Ver, sobre esta nota, ROSELYNE ALLEMAND, "Les modalités du contrôle administratif des actes locaux dans six Etats de l'Union européenne", *in* «Les contrôles de l' État sur les collectivités territoriales aujourd' hui», Direcção de PASCAL COMBEAU, Edicções L' Harmattan, Collection. Logiques Juridiques, 2008, pp. 245-268. Este artigo foi também publicado *in* RFDA nº 2, Março/Abril, 2008, p. 287-294.
[964] É, aliás, significativo que os exemplos que FERNANDO ALVES CORREIA nos oferece para ilustrar o princípio da contra-corrente (nº5 do artigo 10º da LBPOTU e nº 2 do artigo 20º do RJIGT) mais se aproximem, em nosso entender, do princípio da articulação, dada que é este

marca de água do próprio princípio, constituindo uma intolerável descaracterização do mesmo. É que, contrariamente ao princípio da contra-corrente do modelo alemão que funciona, primacialmente, para interconectar níveis decisionais autónomos e colocados num sistema de hierarquia mais rígida (basta, reitera-se, pensar na vinculatividade dos objectivos que o legislador federal faz impender sobre todos os níveis planificatórios), a contra-corrente que tanto tem ocupado a nossa doutrina opera, no caso referido (*que aliás corresponde à grande maioria das situações e, por sinal, a mais grave porque englobando precisamente os instrumentos de gestão territorial com efeitos directamente vinculativos sobre os particulares*), dentro de um mesmo nível decisional, pontuado por uma hierarquia mitigada e em que os órgãos que aprovam ambos os planos são precisamente os mesmos.

Em nosso entender, o princípio da contra-corrente pressupõe, como vimos, que o todo considere as partes e que estas considerem o todo, o que aliás, reitera-se, faz todo o sentido num modelo de natureza federal em que os vários níveis decisionais operam com significativa autonomia uns relativamente aos outros. Pelo que, admitir-se que ele possa ser aplicado num único nível decisional (município) em que todas as decisões são tomadas pelos mesmos órgãos sem olhar, ademais, para o conjunto do território (como sucede na Alemanha) constitui uma afronta juridicamente inaceitável daquele que para nós representa o verdadeiro "ADN" do princípio da contra-corrente.

Pensamos, aliás, que com a redução drástica do perímetro[965] de ratificação operada em 2007, pouco ou quase nenhum sentido fará falar em contra-corrente dentro das relações entre os PMOT, não já da relação do PDM com o nível supramunicipal associado ao PROT, dado que aqui continua o legislador a prever, em termos um pouco confusos, a possibilidade de ocorrer a ratificação quando seja suscitada a incompatibilidade do PDM com o PROT ou mesmo com PS[966].

Analisados que estão então os princípios regentes das relações entre os diversos instrumentos de gestão territorial, cumpre agora reflectir mais detidamente sobre a natureza das relações que, entre eles, se estabelecem ou, pelo menos, que o legislador procurou que entre eles se estabelecessem. FERNANDO ALVES CORREIA começa por advogar uma superioridade hierárquica

---

que traduz a obrigação de compatibilização recíproca entre planos que não estão subordinados ao princípio da hierarquia.

[965] Ver FERNANDO ALVES CORREIA, "Manual de Direito...", p. 523.

[966] Cfr. nº 2 do artigo 80º do RJIGT.

PARTE II – § 2º DIREITOS ESTRANGEIROS

do PNPOT em face dos demais instrumentos de gestão territorial, superioridade hierárquica[967] essa que, segundo explicita, se pauta pelo princípio da compatibilidade. Para o autor, os instrumentos de gestão territorial em vigor à data da publicação do PNPOT, bem como os que venham a ser elaborados ou revistos no futuro estão sujeitos a uma obrigação de compatibilidade com as disposições de tal plano[968]. Já no que respeita às relações entre os PROT e

---

[967] Referindo, inclusivamente, o PNPOT, como instrumento de coerência do sistema de gestão territorial, ver Fernando Alves Correia, "O Programa Nacional da Política de Ordenamento do Território (PNPOT): um instrumento de reforço da harmonia e da coerência do sistema de gestão territorial", *in* "O PNPOT...", pp. 213-215.

[968] Cfr. Artigo 4º, nº 2, do PNPOT:
«O PNPOT prevalece sobre todos os demais instrumentos de gestão territorial em vigor». Destacando que rígida é a relação de hierarquia que intercede entre o PNPOT e os demais instrumentos de gestão territorial, ver Dulce Lopes, "Regime Jurídico dos Instrumentos de Gestão Territorial: evoluções recentes...", p. 92. Aludindo a uma relação de hierarquia pura insusceptível de qualquer excepção, ver Fernanda Paula Oliveira, "Direito do Urbanismo. Do planeamento..." p. 66. Sobre as possíveis vias a que o PNPOT recorre para cumprir o seu papel de enquadramento estratégico dos planos e de instrumento de coerência de todo o sistema de gestão territorial, Fernando Alves Correia refere a alteração dos instrumentos de gestão territorial preexistentes incompatíveis com o PNPOT. Segundo o autor, em algumas situações, essa alteração será automática com a aprovação e entrada em vigor do PNPOT mas, na maioria dos casos, emerge para os autores dos instrumentos de gestão territorial incompatíveis com o PNPOT uma obrigação de alteração dos mesmos. A ideia do autor passa por afirmar que, uma vez decorridos os prazos para essa alteração (estejam fixados no RJIGT ou resultem do princípio da razoabilidade) sejam as disposições dos instrumentos de gestão territorial hierarquicamente inferiores consideradas ilegais, por ilegalidade superveniente e, consequentemente, cominando com a nulidade os planos incompatíveis com as disposições do posterior instrumento de gestão territorial superior, incluindo o próprio PNPOT. A mesma solução é proposta para as situações em que os instrumentos de gestão territorial, incompatíveis com o PNPOT, tenham sido elaborados e aprovados em data posterior ao início da vigência daquele instrumento. Ver Fernando Alves Correia, "Manual de Direito...", pp. 508-513. Fernando Alves Correia, "O Programa Nacional da Política de Ordenamento do Território (PNPOT): um instrumento de reforço da harmonia e da coerência do sistema de gestão territorial", *in* "O PNPOT...", pp. 219-220. Para Luis Cabral de Moncada *"...a maleabilidade das relações de hierarquia entre os planos nacionais e regionais e os municipais e entre os intermunicipais e os últimos resulta assim do conteúdo genérico daqueles que os transforma numa espécie de «leis de bases gerais», a pedir concretização através dos planos municipais...".* Ainda segundo o autor, *"...esta relação especial entre os planos em causa pareceu ao legislador adequada para o resguardo da posição das autarquias locais, ao mesmo tempo acautelando os interesses públicos de quilate nacional, especial e regional em presença...".* Ver Luis Cabral de Moncada *in* "A relação jurídica administrativa – para um novo...", p. 649.

os PS, Fernando Alves Correia refere a existência de uma superioridade hierárquica[969] dos PS preexistentes relativamente aos PROT[970], devendo, no entanto, o PS em elaboração compatibilizar-se com o PROT preexistente[971]. Essa superioridade hierárquica é pautada quer pelo princípio da conformidade quer pelo princípio da compatibilidade, conforme o grau maior ou menor de precisão das disposições do PS[972]. Deste modo, o autor entende[973] que, nos casos em que o PS procede à localização de grandes empreendimentos públicos com incidência territorial, as disposições de um posterior PROT devem ser conformes às normas do PS[974]. Já nas situações em que o PS se limita a fixar as estratégias de desenvolvimento relativas aos diversos sectores da administração central, será o princípio da compatibilidade a traduzir melhor o grau de vinculação do PS em relação ao superveniente PROT[975]. Um terceiro universo de situações é a que respeita às relações que se estabelecem entre PS e PROT de um lado e de PEOT do outro, valendo aqui o disposto no n.º 2 do artigo 23.º do RJIGT[976].

---

[969] Fernanda Paula Oliveira entende que das disposições conjugadas previstas nos n.s.º 4, 2ª parte e 5, 2ª parte, do artigo 23.º do RJIGT resulta ter sido propósito do legislador que, estando em causa planos da responsabilidade da Administração central, se devesse confiar na possibilidade de todos os sectores co-envolvidos se articularem entre si, facto que, em seu entender, traduz uma preferência pela aplicação do princípio da articulação em detrimento do princípio da hierarquia. Fernanda Paula Oliveira, "Direito do Urbanismo. Do planeamento..." pp. 66-67. Dulce Lopes defende que as relações entre PROT e PS se encontram sujeitas a regras particulares que, em princípio, determinam a sujeição de planos posteriores às orientações ou prescrições estabelecidas nos planos que já se encontram em vigor e admitindo, como tal, que esta *relação rígida de prevalência temporal* possa ceder, caso em que se imporá a alteração ou a revogação das normas desconformes ou incompatíveis dos planos primeiramente aprovados. Ver Dulce Lopes, "Regime Jurídico dos Instrumentos de Gestão Territorial: evoluções recentes...", p. 92.

[970] Cfr. n.s.º 4 e 5 do artigo 23.º do RJIGT.

[971] Ver Fernando Alves Correia, "Manual de Direito...", p. 513.

[972] Ver Fernando Alves Correia, "Manual de Direito...", p. 513.

[973] Escudando-se, aliás, em raciocínio idêntico produzido por João Miranda quanto às relações entre PS e PMOT. Ver João Miranda, "A dinâmica jurídica do planeamento territorial...", p. 159, nota 400.

[974] Ver Fernando Alves Correia, "Manual de Direito...", p. 513.

[975] Ver Fernando Alves Correia, "Manual de Direito...", p. 513.

[976] Cfr. artigo 23.º, n.º 2 do RJIGT:
« (...), os planos sectoriais e os planos regionais de ordenamento do território estabelecem os princípios e as regras orientadoras da disciplina a definir por novos planos especiais de orde-

Para o autor, resulta das normas legais invocadas que as relações entre os PS e os PROT, por um lado e os PEOT por outro se norteiam pelo princípio da hierarquia (na dimensão de compatibilidade)[977], podendo este ser mitigado pelo simples facto das normas inscritas nos PEOT alterarem ou revogarem normas de PS ou de PROT anteriores, devendo, no entanto, indicar expressamente as normas daqueles que se considerem alteradas ou revogadas[978]. Por outro lado, e agora no que concerne às relações entre PEOT e PMOT, FERNANDO ALVES CORREIA advoga que as respectivas relações se regem pelo princípio da hierarquia na sua dimensão mais estreita e rígida de conformidade[979], ao passo que nas relações entre PROT e PMOT, o autor defende a

---

namento do território, salvo o disposto no nº 2 do artigo 25º», sendo que este último dispõe, por sua vez, que «quando procedam à alteração de plano especial anterior ou contrariem plano sectorial ou regional de ordenamento do território preexistente, os planos especiais de ordenamento do território devem indicar expressamente quais as normas daqueles que revogam ou alteram.»

[977] FERNANDA PAULA OLIVEIRA refere que do RJIGT (nº1 do artigo 25º) parece resultar um aparente vínculo de superioridade hierárquica dos PS e dos PROT em relação aos PEOT, uma vez que nesse normativo legal se dispõe que os « (...) planos sectoriais e os planos regionais de ordenamento do território devem indicar quais as formas de adaptação dos planos especiais e dos planos municipais de ordenamento do território preexistentes determinadas pela sua aprovação. No entanto, e cotejando depois quer com a possibilidade legal (Cfr. artigo 25º, nº 2 do RJIGT) dos PEOT poderem alterar ou contrariar disposições de PS ou de PROT (caso em que deve indicar expressamente que está a alterar ou a revogar as normas de planos anteriores com a identificação de quais os planos em causa) quer com a determinação de que os PS posteriores se devem compatibilizar com os PROT já em vigor (Cfr. artigo 23º, nº 4, 2ª parte do RJIGT) e que os PROT devem integrar as opções definidas por PS preexistentes (Cfr. artigo 23º, nº 5, 2ª parte do RJIGT), a autora conclui pela preferência na aplicação do princípio da articulação em detrimento do princípio da hierarquia FERNANDA PAULA OLIVEIRA, "Direito do Urbanismo. Do planeamento..." pp. 66-67. Sobre a falta de indicação (e respectivas consequências jurídicas), pelo PEOT, das normas do preexistente PROT que são alteradas ou revogadas, poder traduzir um indício de que não terá ocorrido a ponderação das opções constantes do PROT no procedimento de elaboração do PEOT, facto que por si só determinaria, no entendimento da autora, a respectiva invalidade das normas do PEOT em causa, ver FERNANDA PAULA OLIVEIRA, "Quem dá, pode voltar a tirar....? Novas regras de ordenamento e direitos adquiridos", Anotação ao Acórdão do Supremo Tribunal Administrativo de 11 de Novembro de 2004, Processo nº 873/03, in Revista CEDOUA, Edições CEDOUA, Faculdade de Direito da Universidade de Coimbra (FDUC), nº 13, Ano VII, 1.04, Julho, 2004, pp. 141-163.

[978] Ver FERNANDO ALVES CORREIA, "Manual de Direito...", p. 514.

[979] Cfr. artigo 10º da LBPOTU e 24º, nº 4 do RJIGT. Ver FERNANDO ALVES CORREIA, "Manual de Direito...", p. 516. Ainda do mesmo autor e fornecendo uma visão panorâmica das várias

existência de um princípio de hierarquia na sua modalidade menos rigorosa de compatibilidade[980].

modalidades de POOC com a decisiva nota de que todos eles (nove no total e que abarcam a totalidade da orla costeira) dispõe de uma norma que traduz precisamente a sua superioridade hierárquica na vertente mais exigente da conformidade, uma vez que por via dessa norma se impõe aos PMOT, PIOT e, ainda, aos programas e projectos a realizar na sua área de intervenção que se devem conformar com as suas prescrições, ver FERNANDO ALVES CORREIA, "Linhas Gerais do Ordenamento e Gestão...", p. 260 (nota 23). LUIS CABRAL DE MONCADA parte do enunciado legal que prevê que os PEOT *prevalecem* sobre os PMOT. Neste quadro normativo, advoga a indispensabilidade de adopção de soluções adequadas que "*...saibam conciliar a autonomia das autarquias locais, característica da natureza do respectivo contacto, segundo a CRP, com a Administração Central do Estado, e a natureza também nacional dos interesses em presença a pedir uma indispensável coordenação das respectivas actividades pelo Governo...*". Prossegue o autor alegando que "*...a solução de nulidade dos planos municipais por incompatibilidade com os PEOTs diminui as competências autárquicas em matérias urbanísticas e pode lesar gravemente os particulares...*". De facto, e "*...sob pena de reduzir a competência das autarquias locais a uma situação residual e de subsidiariedade relativamente à competência do Governo, que não é sustentável à face do princípio constitucional de descentralização, necessário é apostar num controlo preventivo da subordinação do PDM ao PEOT...*" por essa via se eliminando ou reduzindo "*...os controlos sucessivos cujas consequências passam pela invalidade dos planos autárquicos já em vigor...*". Desta forma, o que a lei terá pretendido é que "*...na elaboração e aprovação do PDM seja imperativamente levado em conta o PEOT, solução que permite, a priori, conciliar o planeamento governamental com o municipal e evitar situações de conflito posteriores à entrada em vigor daquele com consequências muito mais gravosas para a competência autárquica e até para os particulares...*". Tratando-se de um PDM já em vigor, advoga o autor que a solução tem que ser, necessariamente, ponderada, uma vez que a "*...liminar nulidade retroactiva deste e dos actos ao seu abrigo consolidados...*" redundaria em graves inconvenientes. Ver LUIS CABRAL DE MONCADA in "A relação jurídica administrativa – para um novo...", pp. 650-652. O autor advoga uma "*...solução da nulidade dos planos municipais por <u>incompatibilidade</u> (sublinhado nosso) com os PEOTs...*" (ob. cit. p. 651). No entanto, parece-nos tratar-se de uma gralha, uma vez que, refere mais à frente (ob. cit. p. 653), e aqui sim correctamente, que "*...a ratificação tenha de ser mais cuidadosa pelo que toca à <u>conformidade</u> (sublinhado nosso) dos planos autárquicos com os PEOTs, nem outra coisa podendo decorrer da respectiva natureza...*"

[980] Ver FERNANDO ALVES CORREIA, "Manual de Direito...", p. 516. Esta posição resulta da hipótese de um desses PMOT (no caso apenas o PDM) poder, não obstante a incompatibilidade com as disposições de um PROT ou de um PS (e na medida em que tal incompatibilidade seja suscitada e ocorra a ratificação pelo Governo), derrogar as disposições do PROT ou do PS com as quais seja incompatível. Em nosso entender, o que lamentavelmente a lei não resolve são as situações de eventuais incompatibilidades de PU e de PP com o PDM e que redundem, indirectamente é certo, em violação dos PROT ou dos PS com os quais aquele PDM devesse ser compatível. Na realidade, pode suceder que um certo PU ou PP, contrariando disposições do PDM (e estando estas em sintonia com o PROT e com os PS a que deve observância) contrarie

FERNANDO ALVES CORREIA apresenta-nos de seguida um outro universo de relações entre instrumentos de gestão territorial, no caso as que põem face a face PMOT e PS. Ora sobre este bloco de situações refira-se, antes de mais que, a concreta configuração dos PS e, bem assim, os pontos mais polémicos do respectivo regime, têm sido, de há algum tempo a esta parte, abordados por alguns dos mais importantes arestos dos nossos Tribunais em matéria de relações entre planos[981]. Escudando-se no disposto no nº 3 do artigo 10º[982] da LBPOTU e no nº 3 do artigo 24º[983] do RJIGT, o autor advoga uma força vinculativa para os PS em face dos PMOT, pautada, via de regra, pelo princípio da conformidade[984]. Fundamentalmente, sustenta essa sua posição no facto dos PS serem dotados de um elevado grau de concreteza, admitindo no entanto que, nos casos em que os PS se limitem a fixar "...*as estratégias de desenvolvimento respeitantes aos diversos sectores da administração central...*", ser mais ajustado o recurso ao princípio da compatibilidade, dado que este traduzirá melhor o grau de vinculação dos PS em relação ao superveniente PMOT[985].

por essa via o próprio PROT ou o PS, com a particular diferença de que essa ilegalidade não só não é facilmente escrutinável, porquanto ocorre no mesmo nível decisório, como não tem previsão identica à do PDM com vista à possibilidade da sua ratificação.

[981] DULCE LOPES, "Regime Jurídico dos Instrumentos de Gestão Territorial: evoluções recentes...", p. 97.

[982] Cfr. artigo 10º, nº 3 da LBPOTU que prevê que os «*(...) planos sectoriais vinculam as entidades públicas competentes para a elaboração e aprovação de planos municipais relativamente aos quais tenham incidência espacial, devendo ser assegurada a compatibilidade entre os mesmos*».

[983] Cfr. artigo 24º, nº 3 do RJIGT que prevê que os «*planos municipais de ordenamento do território e, quando existam, os planos intermunicipais de ordenamento do território, devem acautelar a programação e a concretização das políticas de desenvolvimento económico e social e de ambiente, com incidência espacial, promovidas pela administração central, através dos planos sectoriais.*»

[984] Ver FERNANDO ALVES CORREIA, "Manual de Direito...", pp. 517-519.

[985] Ver FERNANDO ALVES CORREIA, "Manual de Direito...", pp. 517-519. No mesmo sentido ver JOÃO MIRANDA, "A dinâmica jurídica do planeamento territorial...", p. 159, nota 400. Defendendo uma relação de "...*inferioridade hierárquica...*" dos PMOT em relação aos restantes instrumentos de gestão territorial, FERNANDA PAULA OLIVEIRA admite que, com excepção da relação dos PMOT com o PNPOT e com os PEOT, em que a hierarquia é pura (não admitindo pois quaisquer excepções), as restantes situações traduzem, objectivamente, uma hierarquia mitigada, invocando a autora a este propósito que seja o próprio regime legal (Cfr. artigo 80º do RJIGT) a admitir que o PDM possa contrariar as disposições de um PROT ou de um PS, caso em que a ratificação do plano director municipal implicará "...*a revogação ou alteração das disposições constantes dos instrumentos de gestão territorial afectados, determinando a correspondente alteração dos elementos documentais afectados por forma a que traduzam a actualização da disciplina*

A NULIDADE DO PLANO URBANÍSTICO

Não obstante, o autor reconhece que a possibilidade de ratificação[986] do PDM nos casos em que seja incompatível com as disposições de um PROT ou de um

vigente" (Cfr. artigo 80º, nº 5 do RJIGT). Ver Fernanda Paula Oliveira, "Direito do Urbanismo. Do planeamento..." pp. 67-68. A mesma autora advoga que a prática administrativa e jurisprudencial relativa aos PS permite concluir pela dificuldade que as mesmas têm sentido em lidar com uma tipologia de instrumentos de gestão territorial tão abrangente e diversificada, à qual se reconduzem instrumentos portadores de conteúdos tão distintos e com graus de precisão tão diferenciados (por exemplo, os planos, programas e estratégias de desenvolvimento, localização e realização de grandes empreendimentos públicos com incidência territorial, de cariz concreto, etc...). Defende, por conseguinte, que atenta a lógica do sistema actual em que existe uma necessidade de fazer reconduzir (integrar ou transpor) para os PMOT, em especial para o PDM, todas as opções de níveis superiores que se pretendam directamente vinculativas dos particulares, embora seja uma solução com inegáveis vantagens do ponto de vista da segurança jurídica destes, redunda numa convolação dos PDM numa espécie de "...*repositório das mais variadas matérias, da responsabilidade dos mais distintos sectores...*", fazendo perder de vista o que é verdadeiramente essencial. Deste modo, advoga a autora que é fundamental que, pelo menos relativamente a determinado tipo de PS, se deva repensar o tipo de eficácia que lhe deve ser reconhecida. Ver Fernanda Paula Oliveira, "Regime Jurídico dos Instrumentos de Gestão...", pp. 59-60. Dulce Lopes intui que a figura dos PS, de instrumento de simplificação e de segurança jurídica (por reunir, segundo explica, num mesmo enquadramento normativo, um conjunto de disposições dispersas), ter-se-á convertido, por via das dificuldades encontradas na sua interpretação, num mecanismo pernicioso de planeamento territorial. Na realidade, a tais planos, como aliás resulta de alguns arestos da nossa mais alta instância administrativa (Acordão do STA, de 7 de Fevereiro de 2006, proferido no âmbito do processo 047545 e, ainda, Acórdão do STA, de 14 de Abril de 2005, proferido no âmbito do processo 047310) tem-se associado a possibilidade de produção de efeitos directos relativamente a privados, entendimento que, aliado ao facto de se tratar de planos que prevalecem sobre as disposições dos PMOT, os converte em instrumentos de gestão territorial com os quais o particular "deve" contar ao pretender concretizar uma determinada pretensão urbanística. Ver Dulce Lopes, "Recentes alterações no planeamento urbanístico em Portugal: questões materiais", texto inédito, p. 11. Da mesma autora, ver também Dulce Lopes, "Regime Jurídico dos Instrumentos de Gestão Territorial: evoluções recentes...", pp. 96-99.

[986] Luis Cabral de Moncada advoga uma "...*função meramente certificatória da ratificação...*" e excludente, como tal, de "...*qualquer apreciação do mérito das escolhas autárquicas corporizadas pelo plano preservando a autonomia decisória dos órgãos autárquicos...*". O autor conclui que, pela mesma, se pretende apenas "...*averiguar da subordinação dos planos autárquicos às escolhas muito mais gerais e abstractas dos planos governamentais...*". Como faz questão de evidenciar, a figura da ratificação "...*deve ser vista como perfazendo uma função meramente certificativa do cumprimento dos trâmites legais pelas autarquias locais, como que corporizando uma «tutela» de legalidade que não belisca a autonomia autárquica e a consequente paridade da relação jurídica nos contactos entre aquelas e o Governo...*". Ver Luis Cabral de Moncada *in* "A relação jurídica administrativa – para um novo...", pp. 652-653.

PS traduz, uma vez mais, uma manifestação de mitigação da própria hierarquia que entre esses planos a lei inicialmente sinaliza[987].

Um penúltimo universo de relações a que alude FERNANDO ALVES COR-REIA é o que congrega os PIOT e os PMOT[988].

Tais relações são, igualmente, pautadas pelo princípio da hierarquia, na modalidade menos apertada de compatibilidade[989]. Não obstante o RJIGT nada dizer sobre o assunto, o autor entende que é possível, no domínio das relações entre estes dois tipos de planos, aprovar PDM incompatíveis com PIOT, sem que aqueles tenham que ser ratificados[990]. Não nos parece que assista razão ao autor. Primeiro porque não fundamenta o seu entendimento

---

[987] Ver FERNANDO ALVES CORREIA, "Manual de Direito...", pp. 518-519.

[988] Ver FERNANDO ALVES CORREIA, "Manual de Direito...", p. 519.

[989] Cfr. artigo 24º, nº 2 do RJIGT «(...) *os planos municipais de ordenamento do território definem a política municipal de gestão territorial de acordo com as directrizes estabelecidas pelo programa nacional da política de ordenamento do território, pelos planos regionais de ordenamento do território e, sempre que existam, pelos planos intermunicipais de ordenamento do território*».

[990] Ver FERNANDO ALVES CORREIA, "Manual de Direito...", p. 519. No mesmo sentido, mas fundamentando, ver FERNANDA PAULA OLIVEIRA, "Direito do Urbanismo. Do planeamento..." pp. 68-69. Relativamente aos argumentos expendidos por esta autora, diríamos que, em nosso entender, nos PIOT (*e contrariamente ao que refere*) não estão em causa (*ou pelo menos não deveriam estar atento o seu escopo legal*) "...*apenas interesses municipais...*" (sublinhado nosso). Quanto aos dois outros argumentos que a autora apresenta (*previsão de hierarquia flexível no nosso sistema jus-urbanístico e o facto dos PIOT não estarem agora sujeitos a ratificação, contrariamente ao que sucedia nos termos da anterior alínea c) do nº 3 do artigo 80º*) diríamos apenas que o primeiro argumento não afasta a interpretação que demos ao disposto no artigo 24º, nº 2 do RJIGT e, o segundo argumento, serve apenas para demonstrar que se actualmente não é exigida a ratificação dos PDM, quando incompatíveis com os PIOT, tal fica a dever-se, apenas e tão só, ao facto do legislador ter entendido que essa ratificação não se justificava, o que não equivale dizer-se que os PDM possam, doravante, contrariá-los. Em nosso entender, a ausência de controlo por via da ratificação quanto aos PDM, quando incompatíveis com PIOT, não autoriza a interpretação de que os mesmos se encontrem legitimados a contrariar as suas disposições, dado que, reitera-se, na ausência de ratificação devemos sim ter presente o disposto no artigo 24º, nº 2 do RJIGT. DULCE LOPES refere que a "...*maior visibilidade dos PIOT depende, assim, de uma maior consciencialização dos benefícios que as parcerias públicas podem trazer ao nível territorial e financeiro, bem como do entendimento daqueles planos como instrumento normal de acção concertada dos Municípios*". Advoga pois que, nessa medida, teria sido adequado que o legislador lhes tivesse reconhecido a possibilidade de alterarem PROT ou PS aplicáveis na sua área de intervenção, desde que sujeitos a ratificação. Ver DULCE LOPES, "Regime Jurídico dos Instrumentos de Gestão Territorial: evoluções recentes...", p. 103.

com qualquer disposição legal. Em segundo, porque a norma[991] que invoca para justificar a existência de uma hierarquia, indicia precisamente o contrário, ou seja, a impossibilidade do PDM poder contrariar um PIOT, dada a superioridade hierárquica deste último[992]. Em terceiro, porque na ausência de norma expressa que resolva o problema, devemos recorrer aos critérios interpretativos previstos no Código Civil Português (concretamente ao disposto no n.º 3 do artigo 9.º[993] que manda presumir que o legislador soubre expressar o seu pensamento em termos adequados).

Em nosso entender, não foi seguramente propósito do legislador que um PDM pudesse contrariar um PIOT porque, acaso tivesse sido esse o seu propósito, teria o legislador, aliás à semelhança do que fez com relação aos PROT e aos PS, previsto a possibilidade da sua derrogação, sujeitando-os, no caso, ao mecanismo da ratificação governamental o que, objectivamente, não sucede.

Um último bloco de situações é o que integra as relações entre os diferentes PMOT. Para FERNANDO ALVES CORREIA as relações entre os diferentes tipos de PMOT são pautadas pelo princípio da hierarquia, tendo o PDM superioridade hierárquica relativamente ao PU e ao PP e o PU relativamente ao PP[994]. Refere o autor que o grau de vinculação da relação hierárquica entre PMOT variará, pelo que nas relações entre o PDM, os PU e os PP, o princípio deve ser o da hierarquia, na modalidade de compatibilidade ou de conformidade, em função do carácter mais genérico ou mais concreto das disposições do PDM[995]. Já no que tange à relação entre o PU e o PP, atento o carácter mais denso, concreto e especificado do primeiro, o autor advoga estarmos em presença de uma

---

[991] Cfr. Artigo 24.º, n.º 2 do RJIGT.

[992] Ainda que no quadro anterior ao actual regime legal, mas advogando, apenas com base no disposto no n.º 2 do artigo 24.º do RJIGT (que aliás tem a mesma redacção desde 1999), uma superioridade hierárquica dos PIOT relativamente aos restantes instrumentos de planeamento municipal, ver JOÃO MIRANDA, "A dinâmica jurídica do planeamento territorial...", pp. 160-161.

[993] Cfr. Artigo 9.º, n.º 3 do Código Civil Português:
«Na fixação do sentido e alcance da lei, o intérprete presumirá que o legislador consagrou as soluções mais acertadas e soube exprimir o seu pensamento em termos adequados».

[994] Cfr. artigo 84.º, n.º 1 e n.º 2, artigo 85.º, n.º 1, alíneas j) e l), artigo 87.º, n.º 1 e n.º 2, alíneas a) e b) e, ainda, artigo 90.º, n.º 1 e n.º 3, todos os preceitos do RJIGT.

[995] Ver FERNANDO ALVES CORREIA, "Manual de Direito...", pp. 519-522. Também JOÃO MIRANDA advoga que, nas relações entre PMOT, o recurso *"...ora ao critério da conformidade, ora ao critério da compatibilidade fica dependente do grau de prescritividade que assumirem as normas do plano colocado numa posição de prevalência hierárquica..."*. Ver JOÃO MIRANDA, "A dinâmica jurídica do planeamento territorial...", p. 154.

PARTE II – § 2º DIREITOS ESTRANGEIROS

relação pautada pelo princípio da hierarquia na sua dimensão de conformidade[996]. Existe, por conseguinte, entre os vários PMOT, uma hierarquia mitigada[997] ou temperada, com o escopo de introduzir flexibilidade no sistema de planeamento[998]. Actualmente, exemplifica o autor, é possível aprovar um PU incompatível com um PDM ou um PP incompatível com um PDM ou mesmo desconformes com um PU[999]. Para o autor, e não obstante este alargado leque de derrogações inter-PMOT, o importante é que todos os procedimentos de dinâmica associados a tais vicissitudes respeitem as regras procedimentais, as regras que impõe uma justa ponderação das normas dos planos a alterar, o cumprimento de uma adequada obrigação de fundamentação das alterações pretendidas introduzir e, finalmente, uma adequada publicitação das normas

---

[996] Ver FERNANDO ALVES CORREIA, "Manual de Direito...", p. 521.

[997] No mesmo sentido, FERNANDA PAULA OLIVEIRA, "Direito do Urbanismo. Do planeamento..." p. 60. Também da mesma autora e advogando que o reforço do carácter estratégico do PDM não afasta a possibilidade dos PU e dos PP poderem alterar as suas disposições (mesmo que a alteração traduza uma reclassificação dos solos), contanto que tais alterações não ponham em causa a referida estratégia e não estando essas alterações agora sujeitas a ratificação. Ver FERNANDA PAULA OLIVEIRA, "Regime Jurídico dos Instrumentos de Gestão...", pp. 67-69. Ainda no mesmo sentido, DULCE LOPES. Advoga esta autora que no seio dos PMOT se possa continuar a falar de uma relação de hierarquia mitigada, ainda que as últimas alterações legislativas (Decreto-Lei nº 316/2007, de 19 de Setembro), ao terem eliminado o mecanismo de ratificação governamental para que os PP e os PU possam alterar, respectivamente, PU e PDM, imponham agora uma exigência acrescida de articulação entre os planos de imputação municipal e requeiram, simultaneamente, uma melhor coordenação interna entre os diversos serviços municipais. Como aliás faz questão de precisar o seu raciocínio, "...competirá agora aos órgãos municipais competentes avaliar em que medida poderão planos municipais de nível inferior alterar planos municipais mais amplos, tendo em consideração, sobretudo, a salvaguarda do conteúdo material próprio de cada plano e, em particular, a garantia da implementação de uma estratégia una e consequente para o território municipal (estratégia esta em regra definida ao nível do respectivo plano director municipal)." Ver DULCE LOPES, "Regime Jurídico dos Instrumentos de Gestão Territorial: evoluções recentes...", pp. 91-92. Por fim, e também no mesmo sentido que as duas anteriores autoras (em especial quanto à possibilidade das alterações traduzirem uma reclassificação dos solos) ver LUIS CABRAL DE MONCADA in "A relação jurídica administrativa – para um novo...", p. 652. Em sentido diverso, e aludindo a um fenómeno de "...desmultiplicação telescópica e descendente dos planos municipais, sempre regida pelo cada vez mais discutível princípio da conformidade (com a figura de plano imeditamente acima) ..." ver NUNO PORTAS, na intervenção intitulada, "Evolução e desenvolvimento do sistema de gestão territorial: uma perspectiva crítica", apresentada no Encontro Anual da AD URBEM..., pp. 403-408.

[998] Ver FERNANDO ALVES CORREIA, "Manual de Direito...", p. 521.

[999] Ver FERNANDO ALVES CORREIA, "Manual de Direito...", p. 521.

objecto de alteração[1000]. Doutro modo, ocorrerá uma violação do princípio da hierarquia dos planos[1001], de que necessariamente emergirá uma situação de nulidade[1002].

[1000] Ver FERNANDO ALVES CORREIA, "Manual de Direito...", p. 522.
[1001] Ver FERNANDO ALVES CORREIA, "Manual de Direito...", p. 522.
[1002] Cfr. artigos 101º, nº 1 e 102º, nº 1, ambos do RJIGT.

PARTE III

A Compatibilidade e a Conformidade dos Planos na Jurisprudência dos Tribunais Administrativos

§ 1º ASPECTOS PRELIMINARES

A análise jurisprudencial que procuraremos agora realizar pretende-se simples mas, simultaneamente, demonstrativa de quão resistente se tem revelado a jurisprudência administrativa, nas suas mais diversas instâncias decisórias em enfrentar, de forma expressa e despretenciosa, os problemas associados às relações entre planos, respectivos princípios regentes e, ainda, às consequências invalidantes (em especial a nulidade objecto desta investigação) previstas para a inobservância das obrigações de compatibilidade ou de conformidade que entre os diversos instrumentos de gestão territorial o legislador erigiu.

Não deixa, aliás, de ser merecedor de nota prévia, pela relevância mas sobretudo pela singularidade que representa na forma como globalmente as questões de invalidade em matéria urbanística são tratadas pela nossa jurisprudência, o facto de existir um significativo e crescente acervo de decisões jurisprudenciais (*algumas delas refira-se, com inteira justiça aliás, de fino recorte dogmático*) em que os nossos juízes administrativos fundamentam, de facto e de direito, a invalidação, por nulidade, de múltiplos e diversificados actos de gestão urbanística, "provando" à comunidade em geral, não apenas que o regime de nulidade dos actos[1003] "existe" (entenda-se numa perspectiva formal) mas também, e mais importante que tudo, que funciona[1004] (perspectiva

---

[1003] Cfr. Artigo 103º do RJIGT que, sob a epígrafe de «invalidade dos actos», dispõe que são nulos os actos praticados em violação de qualquer instrumento de gestão territorial aplicável.

[1004] Ainda que depois os problemas se mantenham com as "regularizações", via plano, de actos de gestão urbanística declarados nulos ou, quando assim não suceda, com as eternas e sempre inexplicáveis dificuldades em resolver, de forma eficaz e em benefício da desejada reposição da legalidade, os problemas associados à execução das sentenças de declaração de nulidade.

A NULIDADE DO PLANO URBANÍSTICO

material), circunstância objectiva que contrasta com a ausência de decisões de nulidade de planos nos termos que vimos analisando ao longo desta nossa investigação.

Ou seja, muito provavelmente, a "resistência omissiva" (*e, refira-se, muito pouco recomendável do ponto de vista do pleno e eficaz funcionamento do sistema de gestão territorial tal qual previsto pela nossa LBPOTU e pelo RJIGT*) da nossa jurisdição administrativa em irromper na análise, ponderação e decisão quanto às questões da validade do plano e da sua eventual nulidade por incompatibilidade ou desconformidade com outro plano com o qual devesse ser compatível ou conforme, deve impelir-nos no sentido de perceber quais as razões que têm motivado essa situação e, sobretudo, questionar a utilidade e "sobrevivência" de um regime de nulidade do plano com aqueles fundamentos que, segundo percepcionámos, não só não é tido em conta nas múltiplas decisões jurisprudenciais em que faria sentido ser convocado como, pura e simplesmente, se tem apresentado mais como um "elemento decorativo" do que como um elemento garantístico do sistema, como aliás seria, de todo em todo, legalmente desejável. Notou-se, ademais, dos vários arestos que tivemos oportunidade de consultar, não só a aludida resistência à aplicação do regime de nulidade, como uma fundamentação nem sempre esclarecida e coerente face aos problemas suscitados no âmbito da matéria de facto, circunstância que necessariamente provoca, a jusante, disfunções na análise e respectivo enquadramento de direito.

Sobre este ponto e, em especial, sobre a por nós designada «política do facto consumado» ver o nosso Relatório de Mestrado em Direitos Fundamentais (Vertente de Ciências Juridico-Políticas), intitulado...", pp. 90-95.

§ 2º JURISPRUDÊNCIA ADMINISTRATIVA – BREVE ANÁLISE CRÍTICA

2.1. Acórdão do STA – Processo nº 047310/05

Neste primeiro aresto, tirado em 14 de Abril de 2005, pela 1ª Subsecção do Contencioso Administrativo do STA, o relator CÂNDIDO DE PINHO concluía que os PS não visam directamente o ordenamento do território, antes se consubstanciando como instrumentos de gestão de incidência territorial que desenvolvem e concretizam as políticas e directrizes definidas no PNPOT. Deste modo, segundo CÂNDIDO DE PINHO, as políticas de ordenamento territorial devem pautar-se quer pelo princípio da articulação, quer pelo princípio da compatibilidade entre os diversos planos, detendo os PS uma força vinculante superior à dos PMOT (em que se integra o PDM), obrigando-os, por conseguinte, a que se adaptem em obediência ao princípio da hierarquia. Os PROT e os PS de âmbito nacional com incidência espacial encontram-se posicionados no primeiro lugar na salvaguarda dos respectivos interesses públicos a defender, como seja, no caso do acórdão, na implementação de redes viárias nacionais. Por essa razão, a simples circunstância de um PDM não prever para determinada área a construção de infra-estruturas, tais como auto-estradas e, pelo contrário, simultaneamente, estabelecer a proibição de abertura de vias de comunicação, salvo caminhos municipais e vicinais, não significa que aquelas não venham a ser previstas em ulteriores PS, como aliás sucede com o Plano Rodoviário Nacional (PRN). Para CÂNDIDO DE PINHO, na eventualidade de um PROT estabelecer uma zona imperativa de protecção aos sistemas aquíferos, essa zona ficaria necessariamente afecta a um fim dominante ao qual, todos os outros, se deveriam subordinar e de acordo com o qual ficará igualmente vedado o desenvolvimento e a realização de obras ou acções que possam causar a deterioração do meio ambiente, em particular a realização de obras de que resulte a impermeabilização de grandes superfícies de solo. Para Cândido de Pinho, o PROT situar-se-á pois a um nível imediatamente superior ao do PS, devendo, nos termos das Bases ao contrato de concessão das auto-estradas que estava em análise neste aresto, os traçados das auto-estradas compatibilizarem-se com as normas e princípios constantes dos PROT, PEOT e PMOT e, bem assim, respeitar o previsto para as áreas abrangidas pelo regime da RAN e da REN. Face a estes pressupostos, conclui que outra não poderá ser a consequência que não seja a da nulidade do acto administrativo, na medida em que afrontava não só as normas que obrigariam à apontada compatibilização, como as que proíbiam a construção de auto-estradas em zona imperativa de protecção do aquífero.

Concretamente, e no que ao objecto da presente investigação respeita, importa considerar o que dizia então o recorrente na conclusão 8ª, alínea a)[1005].

Sobre essa conclusão, Cândido de Pinho, escudando-se em anterior acórdão[1006] que decide sobre questão semelhante, recorda que os PDM se configuram como instrumentos normativos de ordenamento do território municipal, destinados a optimizar o respectivo espaço sobre que incidem, em função das necessidades primárias. Por seu turno o PDM seria o PMOT que teria por função proceder à definição de um modelo de organização do território municipal.

Estribando-se, ainda, na decisão referida, Cândido de Pinho prossegue referindo que podendo o PDM realmente integrar as opções de âmbito nacional e regional com incidência na respectiva área de intervenção, devem no entanto as suas disposições ser interpretadas tomando em atenção o disposto nas normas que regem a competência de outras entidades administrativas, designadamente as que se integram na Administração Central em assuntos específicos da sua competência. A não se entender assim, o Estado confrontar-se-ia com o seu território totalmente ordenado, com eventual prejuízo para os interesses nacionais cuja prossecução e defesa a lei põe a seu cargo. No caso do enquadramento ou do traçado das grandes vias de comunicação estruturantes

---

[1005] Defendia o mesmo ter sido violado o artigo 1, nº 1 do Anexo I, do Regulamento do PDM de Albufeira, que proibia quaisquer obras de construção que alterassem as características da localidade. O artigo em causa refere, efectivamente, que «*Os núcleos antigos de Albufeira, Guia e Paderne deverão conservar as suas características, pelo que nenhumas obras de construção, reconstrução, modificação ou demolição poderão ser efectuadas se delas resultar alteração significativa das referidas características*».

[1006] Acórdão do STA de 6 Dezembro de 2001 proferido no âmbito do Processo nº 44016.

que possam vir a afectar o território municipal, o Conselheiro Cândido de Pinho nota que tal nem sequer está especialmente previsto no RJIGT entre as matérias que devem constar dos PDM, não sendo, por essa razão, postas em crise as competências que, a nível de planeamento e de localização das estradas nacionais, cabem à Administração Central (concretamente ao "IEP, EP"). Para Cândido de Pinho o PDM não visaria, de modo algum, regular aquele tipo de acções de âmbito nacional, não lhe sendo, como tal, directamente aplicável[1007].

Também o que o Conselheiro escreve relativamente à alínea b) da referida conclusão[1008] nos deve merecer atenção.

Refere Cândido de Pinho que o que teria então que se questionar era se a construção de vias de alcance nacional, como sucede com as auto-estradas, não se encontraria vedada nos casos indicados pelo PDM ou se, porventura, no âmbito do PRN não estariam firmadas regras e princípios derrogatórios daqueles condicionamentos e proibições.

Nesta situação, esclarece Cândido de Pinho que a questão que se deverá então colocar é, simplesmente, a de uma eventual sobreposição ou conflito de interesses públicos, sugerindo que para um melhor enfrentamento do tema, a questão seria saber se os PDM devem ceder o passo aos grandes desígnios nacionais, como os que emergem da tarefa governativa de promoção do desenvolvimento através, por exemplo, da construção de auto-estradas[1009]. Ou se, ao invés, serão já eles o produto de uma cooperação e concertação de interesses entre a administração central e a local, donde, de modo algum, representam para aquela uma certa forma de auto-vinculação de que não poderá descartar-se, sem prejuízo, claro, da possibilidade de alteração dos planos por consenso. Para Cândido de Pinho a resposta à questão pressu-

---

[1007] Tal como resulta aliás do Ac. do STA de 12 de Dezembro de 2002, proferido no âmbito do Processo nº 046819.

[1008] Nesta conclusão, o recorrente referia que a expropriação abrangeria diversas áreas classificadas como Reserva Ecológica Natural (REN) ou, segundo o PDM, como Zona de Protecção de Recursos Naturais, sendo certo que este instrumento não prevê para o local a construção de qualquer infra-estrutura desta natureza. Do exposto, teria sido violado, no entendimento do recorrente, o disposto nos arts. 9º e 22º do Regulamento do PDM, nos quais se previam que nas áreas da REN fosse proibida a realização de acções de construção, por exemplo, de vias de comunicação e que nelas só possa ter lugar o desenvolvimento das acções expressamente previstas. Uma dessas acções seria precisamente a construção de infra-estruturas viárias locais, designadamente caminhos municipais e vicinais.

[1009] Cfr. Ac. do STA de 12 de Dezembro de 2002, proferido no âmbito do Processo nº 046819.

poria pois que se acertasse uma posição quanto à natureza do PRN, ao abrigo do qual a construção da auto-estrada referenciada nos autos teria tido lugar. O PRN consubstancia um PS, cujo objectivo é a execução da política de infra--estruturas rodoviárias no domínio dos transportes terrestres, limitando-se a desenvolver e a concretizar, no sector da intervenção dos transportes e vias de comunicação, as directrizes definidas no PNPOT. Contrastaria, pois, com as disposições dos instrumentos de ordenamento municipal que, assevera o Conselheiro, possuiriam uma *"...génese própria, com um fundamento essencial que repousa nas especificidades do território a preservar, nas suas peculiares características, na natureza da sua geografia e morfologia, na riqueza do seu solo e subsolo, na diversidade biológica, na ancestralidade do seu património, na sua culturalidade. Isto é, é um diploma estratégico de desenvolvimento local que estabelece a estrutura espacial, a classificação básica do solo, bem como parâmetros de ocupação deste, no âmbito da implantação dos equipamentos sociais, promovendo ainda o desenvolvimento da qualificação dos solos urbano e rural. Ou seja, o PDM é um instrumento de planeamento territorial de uma determinada circunscrição local..."*.

Nestes pressupostos, CÂNDIDO DE PINHO considera temerário afirmar que os PS *"...não devam ter em atenção a força e o sentido dos instrumentos de ordenamento territorial de âmbito mais restrito..."*, como os de ordenamento municipal, sem esquecer, ainda assim, que estes também não podem ultrapassar as metas do PNPOT e dos PROT. Com faz questão de sintetizar *"...é tudo um problema de hierarquia..."*. No entendimento do Conselheiro, revela-se imperioso indagar, caso a caso, o alcance de uns e outros, sem esquecer jamais que as políticas de ordenamento se devem pautar pelo princípio da articulação entre as diversas entidades públicas inseridas na órbita do Estado, das Regiões Autónomas e das Autarquias Locais.

Mais à frente o Conselheiro refere mesmo que *"...numa análise breve e per-functória..."* à LBPOTU, se pode constatar que os PS não se podem sobrepor aos interesses das autarquias locais. Sustenta esta sua conclusão no *"...dever de audição prévia das autarquias pela administração central e pelo Governo tendo em vista a elaboração dos planos sectoriais..."*, notando que *"...esse dever de audição não significa, necessariamente, que as autarquias disponham de um poder de supremacia sobre aqueles..."* antes sim que a *"...intervenção das autarquias servirá para concertar a política do plano com eventuais interesses municipais vertidos em algum PDM..."* ou seja *"...a defesa dos interesses públicos nacionais deve procurar conciliar a defesa dos interesses públicos municipais..."*. Acrescenta depois que *"...a questão da articulação..."* lhe parece simultaneamente *"...conferir aos planos sectoriais uma força de hierarquia superior, segundo se depreende do art. 10º, nº 3..."* da LBPOTU.

Como se vê, prossegue CÂNDIDO DE PINHO, "...*o que importa sempre é a articulação e compatibilidade entre uns e outros, sem no entanto deixar de se ter presente que, no jogo de forças e de hierarquia, os interesses defendidos pelos planos regionais e pelos planos sectoriais estão à frente dos interesses locais, sempre que alguns deles tenham que ser sacrificados...*", pelo que "...*para efeitos da implementação das <u>redes rodoviárias nacionais</u> (também estradas regionais, portos e aeroportos), as entidades responsáveis pelos vários âmbitos de intervenção devam estabelecer procedimentos de informação permanentes que garantam a coerência das opções...*" definidas pelo PNPOT, PROT, PIOT, pelos PS *relevantes* e, ainda, pelos PMOT. Ou seja, para CÂNDIDO DE PINHO, "...*nesses casos específicos os PDM surgem no último lugar do elenco, antecedidos dos planos sectoriais, no respeito que lhes seja merecido para efeito de implementação das <u>redes viárias nacionais</u>...*". Tal seria assim porque "...*são de «âmbito nacional»* os planos sectoriais com incidência territorial...". Em tese, advoga então CÂNDIDO DE PINHO que "...*os planos regionais e os sectoriais de âmbito nacional com incidência espacial estão em primeiro lugar na salvaguarda dos respectivos interesses públicos a defender...*", sendo que o "...*quadro da compatibilização e harmonização entre planos e interesses a eles subjacentes, se denota o princípio da hierarquia entre planos sectoriais e planos municipais...*" pode, ainda assim, não habilitar isoladamente "...*a dar resposta às situações em que o plano municipal seja anterior ao plano sectorial...*" como sucede no presente aresto. De tudo o que vai dito, CÂNDIDO DE PINHO entende que "...*à dúvida se o plano municipal estabelece zonas de protecção especial, como deverá ser feita a compatibilização de um plano sectorial posterior que preveja, por exemplo, a construção de um lanço de auto--estrada para elas...*", responde com o disposto no artigo 10º, nº 5 da LBPOTU e com o disposto no artigo 25º, nº 1 do RJIGT, advogando que "...*também ao nível da repercussão temporal, os planos municipais devem assegurar as compatibilizações com os novos instrumentos de gestão territorial...*", pelo que no caso dos autos não seria correcto afirmar "...*que o facto de os arts. 9º e 22º do PDM de Albufeira (Resolução do Conselho de Ministros nº 43/95) proibirem a construção de infra-estruturas viárias de comunicação na área da REN, não venha a ser possível a previsão da construção de auto-estrada nessa área por plano sectorial <u>posterior</u>, como acontece com o Plano Rodoviário Nacional, e pelo correspondente acto expropriativo que o respeite e aplique...*", tudo se resumindo a "...*uma questão de hierarquização normativa, cuja observância concreta afasta a invocada invalidade...*".

Finalmente, na alínea c) da conclusão em análise, o recorrente aponta ainda as baterias, advogando que o acto determinativo da expropriação para a construção da auto-estrada numa *zona de recursos naturais* e de *equilíbrio ambiental* seria nulo por violação do disposto no PROT-Algarve, uma vez que este classificara a zona em causa como *zona imperativa de protecção aos sistemas aquíferos* (*Zona de Protecção ao Aquífero Querença-Silves*).

Sobre este ponto CÂNDIDO DE PINHO começa por referir que o PROT-Algarve determinaria, efectivamente, que as "zonas de protecção aos sistemas aquíferos" são *zonas imperativas*, entendidas como zonas que ficam afectas a um fim dominante «*ao qual todos os outros se subordinam*» e nas quais seria então vedado o desenvolvimento de actividades e a realização de obras ou acções que pudessem provocar deterioração do meio ambiente. Nestes termos, prossegue o Conselheiro afirmando que "*...de acordo com o nº 5 da Base XXI da concessão de auto-estradas...*" se imporia uma obrigação de compatibilização dos traçados, ramais, nós de ligação e áreas de serviço "*...com as normas e princípios constantes...*" dos PROT, PEOT, PMOT e, bem assim, dos regimes da RAN e da REN. No seu entendimento, o PROT teria aqui uma "*...força vinculativa de compatibilização dos planos sectoriais...*" e, consequentemente, dos actos administrativos posteriores que os aplicassem em cada caso concreto. A ideia de "*...compatibilização vinculante...*" assentaria, por seu turno, quer no pressuposto de que "*...a elaboração dos planos sectoriais visa a necessária compatibilização com os planos regionais de ordenamento do território, relativamente aos quais tenham incidência espacial*» quer, por outro lado, no pressuposto de que a «*elaboração dos planos sectoriais é condicionada pelas orientações definidas no programa nacional da política de ordenamento do território que desenvolvem e concretizam, <u>devendo assegurar a necessária compatibilização com os planos regionais de ordenamento do território</u>*»...".

CÂNDIDO DE PINHO termina pois por concluir, aliás de forma surpreendente como já de seguida demonstraremos que, se "*...o plano sectorial se situa a um nível de hierarquia imediatamente inferior ao do PROT, e porque o acto em apreço afrontou não só as normas que obrigariam à apontada compatibilização, como as que proibiam a construção da auto-estrada em desrespeito da zona imperativa de protecção do aquífero, pode enfim dizer-se que ele é irremediavelmente inválido, sofrendo da nulidade de que trata o art. 103º do DL nº 380/99...*", tendo concedido provimento ao recurso e, consequentemente, declarado nulo o acto impugnado.

2.1.1. Breve análise crítica

Relativamente ao acórdão produzido, faríamos, no contexto da nossa investigação, algumas importantes observações. Antes de mais, diríamos que este acórdão é, em nosso entender, pela simplicidade aparente que encerra no tratamento das diversas questões que vão surgindo, uma fecunda decisão, prenhe de elementos dogmaticamente estimulantes mas, também, como iremos já de seguida demonstrar, portadora de algumas e muito significativas imprecisões, uma delas curiosamente com notória relevância nos termos da própria decisão de mérito que sobre a matéria o tribunal proferiu.

Deste modo, um primeiro aspecto que destacaríamos tem que ver com a aproximação que a própria decisão ensaia, presumimos que de forma não deliberada (mas ainda assim bem conseguida), a uma certa concepção das questões associadas ao ordenamento do território e do urbanismo à própria política pública em que tais matérias, necessariamente, ainda que não exclusivamente, se movem. Ou seja, o *iter* decisório percorrido não assenta, apenas e tão-só, em considerações de ordem jurídico-legal, antes procurando, aqui e ali, de forma sustentada, enquadrar as questões numa perspectiva mais globalizante, em especial na perspectiva do próprio exercício da acção política governativa e, *in casu*, da inerente prossecução da política pública de ordenamento do território e do urbanismo, tal qual a própria LBPOTU a idealizou.

Este aspecto é, por si só, absolutamente inovatório porque demonstrativo de que as questões de ordenamento do território e de urbanismo, mais do que portadoras de uma natureza jurídico-legal são, a montante do próprio quadro legal e regulamentar, reflexo de problemas fortemente conectados com opções tomadas no exercício e concretização de uma política pública de ordenamento do território e de urbanismo. Recordemos, ainda que com elas não concordemos inteiramente, as palavras que sobre este problema foram escritas por FERNANDO ALVES CORREIA[1010]. Refere o ilustre académico que de acordo com "*...alguns autores, não se deve falar em direito do ordenamento do território mas em política de ordenamento do território...*". Segundo FERNANDO ALVES CORREIA, tal "*...tese não pode ser aceite, dado que a actual concepção ampla de Estado de Direito não permite a existência de actividades da Administração Pública estranhas ao domínio do jurídico. A visão do ordenamento do território como um problema político essencialmente voltado para a acção e a eficácia, não limitado por regras jurídicas, inteiramente dominado por objectivos quantificáveis e inspirado unicamente por elementos económicos, estatísticos, prospectivos e de programação, deve ser rejeitada...*" dado que "*...tal concepção só poderia justificar-se no quadro político-ideológico do Estado de Polícia*"[1011].

O autor reconhece, ainda assim, a existência de uma "*...componente política...*" acoplada à realização dos objectivos do ordenamento do território.

[1010] FERNANDO ALVES CORREIA, "Manual de Direito...", pp. 80-82.
[1011] FERNANDO ALVES CORREIA, "Manual de Direito...", pp. 80-82.

Estamos inteiramente de acordo com a ideia defendida pelo autor de que não devem existir actividades da administração pública estranhas ao domínio do jurídico.

Não é objectivamente essa a questão que aqui está em causa e que nos move nesta nossa dissidência.

O que para nós está em jogo e é absolutamente decisivo na forma como possamos entender e resolver os problemas que o sistema nos apresenta é, em definitivo, o reconhecimento de que o modelo legal arquitectado pelo legislador para disciplinar as questões jurídicas associadas ao ordenamento do território e ao urbanismo nasce, precisamente, de um modelo de lei de bases totalmente assente numa <u>política</u> (sublinhado nosso) de ordenamento do território e de urbanismo. Basta recordar os dois primeiros artigos da LBPOTU[1012] para verificarmos que o sistema não tem, apenas e tão só, uma "...*componente política*..." como pretende evidenciar Fernando Alves Correia.

É muito mais do que isso, sendo todo ele enformado, nas suas linhas estruturantes, por uma lei de bases cuja ambição maior foi a de estabelecer o quadro global da política de ordenamento do território e de urbanismo.

Nem mais nem menos.

[1012] Cfr. artigo 1º, da LBPOTU, relativos aos princípios e aos objectivos:

«Artigo 1º
Âmbito

1 – A presente lei estabelece as bases da política de ordenamento do território e de urbanismo.
2 – A política de ordenamento do território e de urbanismo define e integra as acções promovidas pela Administração Pública, visando assegurar uma adequada organização e utilização do território nacional, na perspectiva da sua valorização, designadamente no espaço europeu, tendo como finalidade o desenvolvimento económico, social e cultural integrado, harmonioso e sustentável do País, das diferentes regiões e aglomerados urbanos.»

Cfr. artigo 2º, da LBPOTU:

«Artigo 2º
Objecto

Constitui objecto da presente lei:
a) A definição do quadro da política de ordenamento do território e de urbanismo, bem como dos instrumentos de gestão territorial que a concretizam;
b) A regulação, no âmbito da política de ordenamento do território e de urbanismo, das relações entre os diversos níveis da Administração Pública e desta com as populações e com os representantes dos diferentes interesses económicos e sociais.»

PARTE III – § 2º JURISPRUDÊNCIA ADMINISTRATIVA – BREVE ANÁLISE CRÍTICA

A sua função precípua foi pois a de fornecer as linhas ancilares para a implementação dessa política, a começar desde logo pelos *indirizzos* que o legislador deveria seguir para a adopção do próprio PNPOT[1013] que, refira--se, curiosamente também é um Programa Nacional de <u>Política</u> (sublinhado nosso) de Ordenamento do Território.

Não se trata pois aqui de pretender subtrair o ordenamento do território e do urbanismo ao "...*domínio do jurídico...*".

Não é, reitera-se, definitivamente disso que se trata.

Trata-se sim de reconhecer que todo o sistema está erigido em torno de umas bases de política de ordenamento do território e de urbanismo e que essa circunstância não é, de todo, juridicamente inócua no modo como interpretemos os diferentes institutos jurídicos associados ao respectivo quadro legal, incluindo as questões atinentes às relações de compatibilidade e de conformidade e o próprio instituto da nulidade do plano por violação das mesmas que constitui objecto do presente trabalho. É, aliás, com facilidade, e apenas para dar um pequeno exemplo que, perpassando um olhar mais cuidado sobre o disposto na alínea b) do artigo 2º da LBPOTU, depressa intuímos que o que legislador ali está claramente a sinalizar é, entre outros aspectos igualmente importantes, a necessidade de disciplinar as relações entre os diversos níveis decisionais responsáveis pela implementação da referida política pública de ordenamento do território e de urbanismo, ou seja pelas diversas entidades com responsabilidades nos diferentes procedimentos de dinâmica tipificados no RJIGT e pelos correspectivos instrumentos de gestão territorial.

Pretender ver, apenas, uma componente de política no quadro global que é, todo ele, construído e delineado para a prossecução de uma determinada política pública, no caso a relativa ao ordenamento do território e ao urbanismo é, em nosso entender, não apenas uma leitura redutora e minimalista do quadro legal idealizado pelo legislador da lei de bases como potenciador, ainda, de acrescidas dificuldades em compreender, tratar e solucionar algumas

---

[1013] Cfr. artigo 9º, nº 1, alínea a) da LBPOTU:

«Artigo 9º
Caracterização dos instrumentos de gestão territorial
1 – São instrumentos de desenvolvimento territorial: a) O programa nacional da política de ordenamento do território, cujas directrizes e orientações fundamentais traduzem um modelo de organização espacial que terá em conta o sistema urbano, as redes, as infra-estruturas e os equipamentos de interesse nacional, bem como as áreas de interesse nacional em termos agrícolas, ambientais e patrimoniais;»

das mais complexas questões que o ordenamento do território e do urbanismo colocam à nova dogmática do direito administrativo.

Posto isto (e a este ponto voltaremos na parte final do nosso trabalho), diríamos que se evidenciam no aresto em análise diversos exemplos que ilustram esta nossa convicção. Temos assim a passagem em que Cândido de Pinho alude que os PS não visam directamente o ordenamento do território, antes consubstanciando instrumentos de gestão de incidência territorial que desenvolvem e concretizam as políticas e directrizes definidas no PNPOT, sugerindo mesmo que as políticas de ordenamento territorial se devem pautar quer pelo princípio da articulação, quer pelo princípio da compatibilidade entre os diversos planos. Ou seja, mais do que falar na necessidade de observância, pelos planos, dos princípios da articulação ou da compatibilidade, Cândido de Pinho recorre à ideia de articulação e de compatibilidade de políticas de ordenamento territorial. Cândido de Pinho refere depois, mais à frente, que a questão a colocar seria pois a de se saber se o PDM deve ceder o passo aos grandes desígnios nacionais, como os que emergem da tarefa governativa de promoção do desenvolvimento através, por exemplo, da construção de auto-estradas.

Esta tirada é, em nosso entendimento, bastante impressiva da forma como os tribunais administrativos têm, em particular neste domínio, revelado consideráveis dificuldades no enfrentamento das questões relacionadas com os planos e com as relações que entre os mesmos o legislador meticulosamente delineou. A forma como Cândido de Pinho coloca a questão faz, objectivamente, antever o surgimento de significativas dificuldades hermenêuticas na análise das referidas relações e na necessária ponderação, a efectuar no quadro da prossecução da própria política pública de ordenamento do território e de urbanismo, dos interesses em jogo resultantes do cotejo de opções planificatórias tomadas em diferentes níveis de planeamento (no caso, nível nacional e nível local).

Uma outra passagem interessante é aquela que Cândido de Pinho nos proporciona quando refere que o PRN consubstancia um PS cujo objectivo é a execução da política de infra-estruturas rodoviárias no domínio dos transportes terrestres, limitando-se a desenvolver e a concretizar, no sector da intervenção dos transportes e vias de comunicação, as directrizes definidas no PNPOT. Também o faz quando sinaliza que é imperioso perscrutar os alcances dos diversos planos, sem esquecer jamais que as políticas de ordenamento se devem pautar pelo princípio da articulação entre as diversas entidades públicas inseridas na órbita do Estado, das Regiões Autónomas e das Autarquias Locais.

Também aqui associa, agora de modo inequívoco, a compreensão do sentido e preciso alcance dos planos à compreensão das configurações relacionais das diferentes políticas de ordenamento territorial, pautadas que devem ser estas, no entendimento do Conselheiro, pelo princípio da articulação entre as diversas entidades públicas inseridas na órbita do Estado, das Regiões Autónomas e das Autarquias Locais.

Ou quando sustenta que o "...*dever de audição prévia das autarquias pela administração central e pelo Governo tendo em vista a elaboração dos planos sectoriais...*" não equivale, "...*necessariamente, que as autarquias disponham de um poder de supremacia sobre aqueles...*" antes sim que a "...*intervenção das autarquias servirá para concertar a política do plano com eventuais interesses municipais vertidos em algum PDM...*".

Destas breves incursões resulta para nós claro que há, incontornavelmente, uma dificuldade prática na prolação de decisões jurisprudenciais que versem sobre a matéria de relações entre planos. Em nosso entender, essa dificuldade não pode ser ultrapassada pela simples adopção de um esquema binário assente num modelo compatibilidade/conformidade, antes fazendo apelo a juízos de natureza política (*no caso da política pública de ordenamento do território e de urbanismo*) com que os tribunais terão que, necessariamente, saber conviver, não os negligenciando, antes deles se servindo para completar ou complementar o aludido esquema binário traçado pelo legislador. Essa será, seguramente, a principal dificuldade com que terão que se deparar, assumindo os precisos limites da função de julgar de modo a não invadir aquilo que é do exclusivo âmbito da acção governativa.

Uma segunda nota prende-se com uma dificuldade na identificação e numa correcta utilização dos princípios regentes nas relações entre planos, concretamente dos princípios da hierarquia e da articulação. Refere CÂNDIDO DE PINHO que as políticas de ordenamento territorial se devem pautar quer pelo princípio da articulação, quer pelo princípio da compatibilidade entre os diversos planos, detendo os PS uma força vinculante superior à dos PMOT (em que se integra o PDM), impendendo pois sobre estes últimos a obrigação de àqueles se adaptarem, em obediência ao princípio da hierarquia. Ora se bem compreendemos o princípio da articulação entre planos, diríamos que o seu espaço privilegiado de actuação reside precisamente nas relações entre planos que não se encontram subordinados a uma relação hierárquica, como sucede aliás com os PMOT de municípios vizinhos ou com o PROT para zonas limítrofes, traduzindo-se, essencialmente, pela proibição de coexistência, numa mesma área territorial ou em áreas territoriais interdependentes de planos com disposições de sentido contraditório.

Ora se a um tempo Cândido de Pinho começa por sinalizar a importância do princípio da articulação e do princípio da compatibilidade (esquecendo que também o princípio da conformidade representa um elemento central nas relações entre as diversas políticas e, acrescentamos nós, dos planos que as corporizam), logo no momento seguinte, recorrendo ao princípio da hierarquia (que, curiosamente, no entender da doutrina dominante, incluiria o aludido princípio da compatibilidade e também da conformidade), alude a uma suposta força vinculante superior do PS para justificar a obrigatoriedade de adaptação que impenderia sobre o PDM face às prescrições daquele primeiro. Ou seja, refere o princípio da articulação para fundamentar uma superior força vinculante do PS face aos PMOT quando a situação reclama, sem mais, a aplicação do princípio da hierarquia. Mais à frente, e após reconhecer que "...é tudo um problema de hierarquia...", incorre novamente na mesma imprecisão quando refere que "...a questão da articulação..." lhe parece "...conferir aos planos sectoriais uma força de hierarquia superior, segundo se depreende do art. 10º, nº 3..." da LBPOTU.

Uma vez mais, o relator mistura conceitos e princípios distintos confundindo hierarquia com articulação quando, na prática, os mesmos se auto-excluem.

O relator mais à frente volta a referir que ...o que importa sempre é a articulação e compatibilidade entre uns e outros, sem no entanto deixar de se ter presente que, no jogo de forças e de hierarquia, os interesses defendidos pelos planos regionais e pelos planos sectoriais estão à frente dos interesses locais, sempre que alguns deles tenham que ser sacrificados...". Volta aqui a falar primeiro de compatibilidade e, depois, de hierarquia, como se esta última (pelo menos para a doutrina dominante) não compreendesse aquele primeiro como uma das suas modalidades, aliás em par com a conformidade.

Esta desadequada convocação e aplicação dos princípios da articulação e da hierarquia revelam, em nosso entender, um problema de fundo bem mais complexo com que a presente decisão jurisprudencial se debate mas que o relator não assume expressamente. Em nosso entendimento, a deslocalização deliberada do centro de análise da decisão judicial para as questões da impropriamente designada "articulação" (o que o relator pretende é, necessariamente, evidenciar a necessidade de compatibilização inter-planos, dada a superioridade hierárquica de uns planos face a outros e não "articulá-los" que, como já explicitámos, é algo de principiologicamente distinto), per-

PARTE III – § 2º JURISPRUDÊNCIA ADMINISTRATIVA – BREVE ANÁLISE CRÍTICA

mite ao relator iludir a questão das consequências que, impreterivelmente, o legislador do RJIGT faz impender sobre os planos que violem as obrigações de conformidade e/ou de compatibilidade com outros planos com os quais devam ser conformes ou compatíveis e que ele, juiz, no caso concreto, teria que forçosamente equacionar, o que, em boa verdade, não sucedeu.

Ou seja, se o relator a um tempo sente a necessidade de referir que tudo se resume a um problema de hierarquia para justificar não só que os PS teriam uma força vinculativa de compatibilização sobre os PMOT e que os PROT teriam uma *"...força vinculativa de compatibilização dos planos sectoriais..."*, não deixa de ser verdade que, no momento seguinte, se refere à necessidade dessa compatibilização dever ter lugar, não extraindo quaisquer consequências para as situações de eventual incompatibilidade/desconformidade entre os planos em causa que resultam precisamente desse obrigação de compatibilização não ter sido observada. Ao reconhecimento da existência de uma hierarquia entre planos, o relator responde com a necessidade de observância de obrigações de compatibilização recíproca, não extraindo, no entanto, quaisquer consequências para as situações de incompatibilidade/desconformidade entre os planos no âmbito do denominado princípio da hierarquia.

Este é pois, em nosso entender, o principal problema que a decisão em causa revela, colocando excessivamente a tónica na obrigação de compatibilização recíproca dos vários planos e não assacando quaisquer desvalores jurídicos, quer pelo incumprimento dessa obrigação de compatibilização recíproca entre planos que não estão subordinados ao princípio da hierarquia, quer por inobservância do próprio princípio da hierarquia em qualquer uma das suas modalidades (compatibilidade/conformidade).

Uma última nota vai para o próprio mérito da decisão do relator. CÂNDIDO DE PINHO conclui que se *"...o plano sectorial se situa a um nível de hierarquia imediatamente inferior ao do PROT, e porque o acto em apreço afrontou não só as normas que obrigariam à apontada compatibilização, como as que proibiam a construção da auto-estrada em desrespeito da zona imperativa de protecção do aquífero, pode enfim dizer-se que ele é irremediavelmente inválido, sofrendo da nulidade de que trata o art. 103º do DL nº 380/99..."*, tendo concedido provimento ao recurso e, consequentemente, declarado nulo o acto impugnado.

Ora não se compreende com que base legal assaca o relator a invalidade do acto de DUP ao desrespeito das normas que imporiam a sinalizada necessidade de compatibilização, quando não é esse objectivamente o problema. Nem tão pouco o acto da DUP pode responder pelo incumprimento da observância de uma obrigação de compatibilização que o legislador faz impender sobre os autores dos planos em causa. Cominar a DUP com o desvalor da nulidade com base nesse fundamento é distorcer, por completo, a apreciação de direito que o caso deve merecer.

Porque uma coisa é a validade da DUP e essa tem que ser aferida à luz dos instrumentos de gestão territorial em vigor na área sobre a qual a mesma irá impender, outra coisa, juridicamente bem distinta, é pretender cominar o acto de DUP pelo incumprimento de uma obrigação de compatibilização que a lei não põe a seu cargo.

Parece-nos pois que, antes de resolver a questão da validade do acto sindicado, teria o relator que apreciar e decidir da validade do plano (PS) que houvesse incumprido com a obrigação de compatibilização e que, nessa medida, se encontrava em situação de incompatibilidade com outro plano colocado numa posição hierarquicamente superior (no caso o PROT). No limite, sempre teríamos que admitir a nulidade do PS por violação da obrigação de se compatibilizar com o PROT. Ora tal, lamentavelmente, não sucedeu, com inegável prejuízo para a boa decisão da causa.

2.2. Acórdão do STA – Processo nº 047545/06

Num segundo aresto tirado em 7 de Fevereiro de 2006, pelo Pleno da Secção do Contencioso Administrativo do STA, o relator POLÍBIO HENRIQUES entendeu que a hierarquia configuraria o mais importante dos princípios jurídicos que disciplinariam o relacionamento entre os vários instrumentos de gestão territorial. Simultaneamente, e porque a questão convocava a aplicação de um PS, o relator considerou não só que ao mesmo caberiam as decisões sobre a localização e a realização de grandes empreendimentos públicos com incidência territorial, como que tais decisões se encontrariam submetidas às regras das relações dos planos entre si e não ao regime da sujeição dos actos administrativos aos instrumentos de gestão territorial. Para POLÍBIO HENRIQUES, ocorrendo divergência e sendo inconciliáveis as opções de um PS e de um PDM preexistente, prevalece o PS, devendo a harmonização normativa fazer-se através da alteração do PDM.

A decisão em análise resulta de um recurso do Acórdão da Secção do Contencioso Administrativo do STA, datado de 29 de Abril de 2003, intentado pela Junta de Freguesia da Morreira, concelho de Braga, e que terá negado provimento ao recurso contencioso de anulação, intentado por aquele órgão executivo da freguesia, do acto administrativo praticado por meio da Declaração nº 26/2001, de 14 de Dezembro de 2000, do Secretário de Estado Adjunto e das Obras Públicas, por via do qual aquele membro do Governo havia fixado a localização e a zona *non aedificandi* do troço de auto-estrada A 11-IP 9, entre os nós de ligação de Celeiros e Guimarães Oeste. No presente recurso contencioso, a recorrente invocou a nulidade do acto administrativo impugnado, com fundamento quer na incompetência absoluta do respectivo autor quer na violação do PDM de Braga[1014].

POLÍBIO HENRIQUES começa por esclarecer que tal como concluíra o acórdão recorrido, a propósito da recorribilidade, o acto administrativo impugnado incorporaria a própria decisão de localização do troço de auto-estrada A 11-IP 9 entre os nós de ligação de Celeirós e Guimarães Oeste. Teria sido essa mesma decisão a justificar o comportamento reactivo da recorrente, atento o facto da decisão de localização daquele segmento da via não respeitar "em parte, os espaços – canais definidos pelo PDM de Braga, para a passagem de tal infra-estrutura". Apreciando as implicações desta circunstância na validade do acto, o aresto da Secção concluíra que o mesmo não enfermava do vício de nulidade que lhe era imputado, com fundamento no disposto no art.52º/1/b) do Decreto-Lei nº 445/91 de 20 de Novembro.

Em linhas sumárias, e só para que possamos contextualizar melhor a análise da decisão proferida pelo Pleno do STA, diríamos que o acórdão recorrido havia concluído que a verificação, ou não, do vício invocado, dependeria da possibilidade de um PDM poder, ou não, ser violado por um Plano Rodoviário. Alicerçou o seu *iter* fundamentador no disposto no nº 4 do artigo 65º e, ainda, na alínea b) do nº 2 do artigo 66º da CRP. Para o acórdão recorrido a política de ordenamento do território, consagrada nesses e noutros preceitos constitucionais, terá sido primeiramente desenvolvida pela LBPOTU onde foram estabelecidas as bases da política do ordenamento do território e do urbanismo, fazendo-a depois o legislador assentar num sistema de gestão territorial, organizado num quadro de interacção coordenada, em três âmbitos distintos, o nacional, o regional e o municipal. Por seu turno, as bases da política de ordenamento do território e de urbanismo foram posteriormente desenvolvidas pelo RJIGT, também ele encerrando três distintos níveis decisórios com instrumentos de gestão territorial igualmente diferenciados, tendo o legislador feito impender sobre todos eles a obrigação de identificar os interesses públicos prosseguidos, a vinculação das entidades públicas à

[1014] No acórdão recorrido, proferido a fls. 379-403, a Secção julgou improcedentes todos os vícios invocados e negou provimento ao recurso contencioso, pelo que a impugnante insurge-se agora contra o acórdão restringindo, nas suas alegações, o recurso jurisdicional àquelas duas questões de nulidade e considerando, como tal, que o aresto enferma de erro de julgamento.

A NULIDADE DO PLANO URBANÍSTICO

sua observância e prossecução e, por fim, a obrigação de todos eles se harmonizarem entre si. O acórdão recorrido considera, depois, que pode não ser possível a harmonização entre todos esses instrumentos de gestão territorial, assumindo, consequentemente, primacial importância o princípio da hierarquia. Para o acórdão recorrido, os PMOT não deveriam colidir com o PNPOT, "...*cedendo quando tal aconteça, representando antes, e no que for compatível, um desenvolvimento do mesmo...*".

Ainda segundo o acórdão recorrido, a construção do lanço da A 11/IP 9 Braga/Guimarães/IP 4/A 4, com a extensão aproximada de 43 Kms foi objecto de concessão à AENOR (Base II nº 1 al. e) do DL. nº 248-A/99, de 6/7) e cujo traçado, ordenado pelo acto objecto do presente recurso, violaria os espaços canais previstos no PDM de Braga.

No entanto, não se afigurando possível a compatibilização de um PDM com um plano nacional de ordenamento do território, aquele teria que ceder perante este, dado a maior importância deste.

O acórdão recorrido considerou mesmo que a prevalência do PS sobre o PDM resultaria de uma imposição decorrente do próprio artigo 60º da CRP, uma vez que nesse preceito se encontraria consagrado o princípio constitucional geral da unidade do Estado[1015], estribando-se ainda nos ensinamentos de JORGE MIRANDA de que "a autonomia máxima das autarquias locais não pode significar a contraposição ou irrelevância dos interesses nacionais a pretexto da relevância dos interesses locais". Donde existir, para o acórdão recorrido, uma relação de inferioridade hierárquica dos PMOT em relação aos restantes instrumentos de gestão territorial, sendo que estes se devem considerar revogados na parte que posteriormente for alterada por outros instrumentos de gestão territorial de plano superior.

Acresce ainda que o PDM, tendo a natureza de um regulamento, sempre teria de ceder, no entendimento do Acórdão recorrido, perante uma norma de valor superior como é aquela que aprova um Plano Rodoviário que é um decreto-lei, tendo concluído que o acto contenciosamente impugnado não sofreria de nulidade ao violar o PDM de Braga.

A ora recorrente discordou dessa argumentação tendo apresentado, essencialmente, duas razões, sendo que apenas uma delas releva para os propósitos da presente investigação.

[1015] Aliás em linha como o Parecer do Conselho Consultivo da Procuradoria Geral da República de 18 de Fevereiro de 2003, publicado no DR, II Série, de 7 de Março de 2003.

PARTE III – § 2º JURISPRUDÊNCIA ADMINISTRATIVA – BREVE ANÁLISE CRÍTICA

A saber, a inexistência de qualquer incompatibilidade entre o Plano Rodoviário Nacional e o PDM de Braga, uma vez que o primeiro não aprova a localização concreta, no terreno, do lanço de auto-estrada, antes se limitando a definir a estratégia de toda a rede rodoviária nacional, incluindo a auto-estrada que identificou como IP 9 Viana do Castelo-Braga-Guimarães--Amarante-Vila Real. Para a recorrente não caberia pois ao PRN determinar se essa auto-estrada seria mais à esquerda ou à direita, antes relegando essa tarefa de concretização para os PDM, a ratificar pelo Governo, sendo que os espaços canais previstos no PDM de Braga assumiriam, precisamente, a concretização, por via regulamentar das linhas gerais contidas no PRN. Nestes termos, considera a recorrente que o acto impugnado seria nulo, por violar o PDM de Braga.

Estes seriam pois os termos do dissídio.

Na apreciação das questões a resolver, sintetizaríamos o *iter* percorrido por POLÍBIO HENRIQUES nos seguintes pontos:

Por um lado, a hierarquia como sendo o mais importante dos princípios jurídicos que disciplinam o relacionamento entre os vários instrumentos de gestão territorial.

Em segundo lugar, a existência de uma relação de inferioridade hierárquica dos PMOT em relação aos demais instrumentos de gestão territorial.

Em terceiro, a necessidade de fazer coexistir o princípio da hierarquia com a obrigatoriedade legal de *"na elaboração de novos instrumentos de gestão territorial"* deverem *"ser identificados e ponderados os planos, programas e projectos com incidência na área a que respeitam, já existentes ou em preparação, e asseguradas as necessárias compatibilizações"*.

Em quarto, a determinação legal de uma certa *"...circularidade de influência recíproca..."* entre as normas dos diversos planos, numa interacção que, quando em sentido ascendente, a nossa doutrina denomina de princípio da contra-corrente.

O relator reconhece, pois, que o que está em causa no confronto com o PDM de Braga é a legalidade da Declaração que fixou a localização e a zona *non aedificandi* do troço da auto-estrada A 11-IP 9, entre os nós de ligação de Celeirós e Guimarães Oeste, não havendo pois espaço para grande perplexidade na respectiva qualificação jurídica como acto administrativo e não como acto normativo.

Não obstante o aludido reconhecimento, POLÍBIO HENRIQUES nota que *"as decisões sobre a localização e a realização de grandes empreendimentos públicos com incidência territorial"* se consubstanciam em planos sectoriais[1016]. Ou seja, a lei designa estas decisões que são actos administrativos, como planos sectoriais e submete-as às regras das relações dos planos entre si[1017] e não ao regime da sujeição dos actos aos instrumentos de gestão territorial, pelo que não haveria lugar a aplicação do regime previsto quanto à nulidade[1018] de acto administrativo por violação de PDM.

Aqui chegados a questão que POLÍBIO HENRIQUES coloca é a de se saber se, ainda assim, se poderia perfilhar a solução de nulidade da decisão de localização, já não enquanto acto administrativo mas agora já com a natureza de plano, uma vez que, por um lado, o princípio da contra-corrente[1019] exigiria, na elaboração do novo PS no domínio dos transportes e das comunicações[1020] a ponderação do PDM já existente e que se assegurassem as necessárias compatibilizações e, por outro, a circunstância do RJIGT cominar com nulidade *"os planos elaborados e aprovados em violação de qualquer instrumento de gestão urbanística com o qual devessem ser compatíveis"* (e, segundo a redacção legal vigente, também conformes)[1021].

No entanto, para POLÍBIO HENRIQUES a ideia de declaração de nulidade da decisão de localização, legalmente "renomada" em plano sectorial, dificilmente se harmonizaria com o sistema.

Na realidade, e com pertinentemente explica o Conselheiro, os PS e os PROT devem, nos termos legalmente previstos, indicar as formas de adaptação dos PEOT e dos PMOT preexistentes determinadas pela sua aprovação[1022], pelo que *"...não pode e lei, sem fractura da unidade da regulamentação..."* afirmar, por um lado, a supremacia hierárquica dos PS sobre PMOT, prevendo que *"...quando forem divergentes e inconciliáveis as opções de ordenamento, a harmonização normativa se deve fazer à custa dos planos municipais, com a correspectiva alteração destes, ainda que anteriores..."* e, por outro lado, considerar no mesmo diploma que, *"...aqueles planos da administração central são nulos por não se terem harmonizado com os planos municipais, de âmbito territorial mais restrito e em situação de inferioridade hierárquica"*.

[1016] Cfr. artigo 35º, nº 2, alínea c), do RJIGT.

[1017] Cfr. artigo 102º, nº 1, do RJIGT.

[1018] Cfr. artigo 52º, nº 1, alínea b) do Decreto-Lei nº 445/91 de 20 de Novembro.

[1019] Cfr. artigo 10º, nº 5, da LBPOTU.

[1020] Cfr. artigos 8º, alínea c) e 9º, nº 3, ambos da LBPOTU.

[1021] Cfr. artigo 102º, nº 1, do RJIGT.

[1022] Cfr. artigo 25º, nº 1, do RJIGT.

PolÍbio Henriques considera, por conseguinte, não haver lugar à aplicação do regime de nulidade de plano[1023], até porque como faz questão de rematar *"...a mera consagração, no plano sectorial, mais amplo, de relevância supramunicipal, de uma medida que conflitue com os interesses mais restritos da comunidade local, não implica, por si só, a invalidade do acto de localização da auto-estrada. Para resolução deste conflito de interesses, a lei, escolheu como instrumento jurídico mais importante o princípio da hierarquia, a determinar, no caso concreto, a prevalência do plano sectorial e a rejeição da aplicação do PDM por ser hierarquicamente inferior..."*.

2.2.1. Breve análise crítica

O aresto aqui em causa suscita, tal como o anterior, algumas importantes reflexões.

A primeira a merecer a nossa atenção é a que resulta do facto da própria decisão recorrida ter alicerçado o seu *iter* fundamentador no disposto no nº 4 do artigo 65º e, ainda, na alínea b) do nº 2 do artigo 66º da CRP. Se bem recordarmos o que acima ficou dito, para o acórdão recorrido a política de ordenamento do território consagrada nos referidos preceitos constitucionais teria sido, primeiramente, desenvolvida pela LBPOTU onde foram estabelecidas as bases da política do ordenamento do território e do urbanismo, fazendo-a depois o legislador assentar num sistema de gestão territorial, organizado num quadro de interacção coordenada, em três âmbitos distintos, o nacional, o regional e o municipal.

Esta aparentemente insignificante sinalização constitucional que o Acórdão recorrido opta por deixar, desde logo, bem clara revela, em nosso entender, a especial preocupação do relator quanto à necessidade de um enquadramento constitucional prévio da própria política pública subjacente a todo o sistema de gestão territorial, como condição e via mais adequada para proceder a um correcto enquadramento jurídico do problema. Por outro lado, esta preocupação evidencia não apenas a dificuldade que estas matérias suscitam a quem as tem que julgar, como revela, sobretudo, a força irradiante da credencial constitucional que o legislador fundamental previu para aquelas que, idealmente, deveriam ser as bases de uma política pública de ordenamento do território e do urbanismo. Por outro lado, a frequente predisposição do juiz administrativo para enquadrar o sistema de gestão territorial numa perspectiva mais macro de política pública revela, igualmente, que o modo e/

[1023] Cfr. Artigo 102º, nº 1, do RJIGT.

A NULIDADE DO PLANO URBANÍSTICO

ou as metodologias seguidas para enquadrar, tratar e solucionar os diversos problemas jurídicos devem apelar à aplicação de um novo *instrumentarium* jus--administrativo ou, sendo tal possível, ajustar o *instrumentarium* existente a uma realidade jurídica que, pela sua especial e forte imbricação com o exercício da política pública, reclama não só novos ângulos de visão como inovadoras e arrojadas geometrias decisórias.

Outras das notas interessantes do acórdão recorrido é a que se prende com a fundamentação dada para a prevalência do PS sobre o PDM. Na realidade, conclui-se no mesmo que sendo inviável a compatibilização do PDM com o PS, o primeiro teria que ceder perante este último, dado a sua maior importância e, em especial, atento o facto da própria prevalência ser uma decorrência do próprio princípio constitucional geral da unidade do Estado. Resultaria por força desse *indirizzo* constitucional uma inferioridade hierárquica do PMOT face aos demais instrumentos de gestão territorial. Esta sustentação de natureza constitucional de que o acórdão recorrido se serve para afirmar uma alegada superioridade hierárquica do PS face aos PMOT denota, uma vez mais, a percepção tida pelo próprio tribunal recorrido de que as questões associadas às complexas relações entre planos poderão e deverão dispor, como precioso auxiliar hermenêutico, da própria âncora constitucional e dos *indirizzos* que o próprio texto fundamental fornece para as bases de uma política pública de ordenamento do território e de urbanismo.

Feitas estas notas sobre a posição assumida no acórdão recorrido, e procurando entrar agora, concretamente, no *iter* percorrido por POLÍBIO HENRIQUES faríamos também algumas reflexões.

Um primeiro aspecto relevante é a conexão que o relator desde logo admite entre a desejada operatividade do princípio da hierarquia e a obrigação de compatibilização, referindo mesmo, nesse contexto, a existência de uma certa *"...circularidade de influência recíproca..."* entre as normas dos diversos planos, numa interacção que, quando em sentido ascendente, a doutrina denomina de princípio da contra-corrente. POLÍBIO HENRIQUES parte do pressuposto (*e em nosso entender sem que sofra qualquer contestação*), de que não obstante estar em causa o confronto directo entre um acto administrativo (*decisão de localização*) e o PDM de Braga, a verdade é que a assunção feita pelo legislador (*no caso pelo RJIGT*) de que tais actos com tal conteúdo (*localização e a realização de grandes empreendimentos públicos com incidência territorial*) assumam a natureza de planos sectoriais, faz com que tais actos tenham, desde logo, que ser submetidos ao domínio das relações entre planos. A qualificação jurídica da decisão de localização em causa como PS e a consequente sujeição às complexas relações

PARTE III – § 2º JURISPRUDÊNCIA ADMINISTRATIVA – BREVE ANÁLISE CRÍTICA

entre planos "força" o relator a ter que se confrontar com o problema da nulidade do próprio PS por violação do princípio da contra-corrente, de acordo com o qual se exigiria ao PS o cumprimento da obrigação de identificação e de ponderação dos planos hierarquicamente inferiores preexistentes (*no caso o PDM*) ou em elaboração. Ora se este ponto nos parece relativamente consensual, já as conclusões que o relator seguidamente tira, nos merecem cuidada reflexão.

Diz o relator que a ideia de declaração de nulidade da decisão de localização, (*acrescentamos nós, "convolada" agora como PS*) dificilmente se harmonizaria com a coerência do sistema, porque, segundo explica, se os PS e os PROT devem, nos termos legalmente previstos, indicar as formas de adaptação dos PEOT e dos PMOT preexistentes determinadas pela sua aprovação[1024] "*...não pode e lei, sem fractura da unidade da regulamentação...*" afirmar, por um lado, a supremacia hierárquica dos PS sobre PMOT, prevendo que "*...quando forem divergentes e inconciliáveis as opções de ordenamento, a harmonização normativa se deve fazer à custa dos planos municipais, com a correspectiva alteração destes, ainda que anteriores...*" e, por outro lado, considerar no mesmo diploma que, "*...aqueles planos da administração central são nulos por não se terem harmonizado com os planos municipais, de âmbito territorial mais restrito e em situação de inferioridade hierárquica*"[1025].

[1024] Cfr. artigo 25º, nº 1, do RJIGT.

[1025] Manifestando concordância com esta asserção do tribunal, DULCE LOPES discorda, ainda assim, na parte em que o aresto se coloca à margem da questão relativa à necessidade de alteração do PDM para adaptação ao PS. Na realidade, refere a autora que, ao não se pronunciar sobre essa alteração, única forma de aquisição de eficácia externa ou plurisubjectiva dos PS, o tribunal abriu a porta a que, incongruentemente, a decisão de localização pudesse vir a produzir efeitos em contradição com o disposto nos instrumentos de planeamento municipal. DULCE LOPES, "Regime Jurídico dos Instrumentos de Gestão Territorial: evoluções recentes...", pp. 98-99. Sobre a posição de DULCE LOPES, e pressupondo, como aliás estamos certos, que também para a autora a decisão de localização consubstancia um PS, parece-nos que ao admitir, como resulta claro, que o tribunal abriu a porta a que, incongruentemente, a decisão de localização pudesse vir a produzir efeitos em contradição com o disposto nos instrumentos de planeamento municipal, DULCE LOPES parece também admitir a nulidade do PS por incompatibilidade com o PDM. Não se concorda igualmente com a autora quando releva o princípio da contra-corrente, apenas e tão-só, como um vício de ponderação do próprio plano. Em nosso entender, a identificação e ponderação dos planos hierarquicamente inferiores por planos hierarquicamente superiores exigida pelo princípio da contra-corrente visa garantir, em primeira linha, a necessária compatibilização que pode passar, ocorrendo consagração de uma solução diferente pelo plano hierarquicamente superior (pela adopção de uma opção devidamente

A NULIDADE DO PLANO URBANÍSTICO

Esta incongruência do sistema legal que o relator sinaliza mas que deliberadamente não enfrenta (*contrariando, aliás, o que para nós seria expectável e desejável numa decisão da nossa mais alta instância administrativa*) reflecte, em nosso entender, alguns importantes aspectos.

Em primeiro lugar, a tónica colocada pelo legislador, por um lado, na obrigação de identificação e ponderação[1026], pelos novos planos, da realidade planificatória existente e, por outro, na obrigação de compatibilização dos planos hierarquicamente inferiores, ainda que preexistentes, com os planos hierarquicamente superiores, tarefa que necessariamente pressuporá que, também estes últimos, façam de forma atempada o seu *"trabalho de casa"* indicando, de

fundamentada), pela necessidade de alteração do plano hierarquicamente inferior, contanto que o plano hierarquicamente superior indique, nessa operação de compatibilização, qual o modo e os termos pelos quais o plano hierarquicamente inferior deva ser alterado. Não o tendo feito, como parece ter sucedido no caso em análise, é o próprio PS que, tendo incumprido com as obrigações que sobre ele faz impender o princípio da contra-corrente, se encontra incompatível com o plano de iniciativa municipal, no caso, o PDM, pelo que a solução da nulidade teria que necessariamente ser equacionada. Ademais, não se percebe também porque razão é que a autora critica a ausência de pronúncia do tribunal quanto à necessidade de alteração do PDM quando, em nosso entender, a montante dessa exigência, uma outra teria que, primeira e logicamente, ser equacionada, qual seja a do incumprimento do PS do princípio da contra--corrente. É aliás curioso notar que a mesma autora, num breve comentário que fez ao acórdão analisado no ponto antecedente (processo nº 047310, Acórdão do STA de 14 de Abril de 2005), parece estar de acordo com a nossa interpretação, uma vez que numa situação materialmente idêntica (relação entre um PS posterior a um plano municipal) em que a decisão do tribunal terá passado, como aliás já vimos, pela exigência de ponderação pelo PS posterior de todos os planos pré-existentes para a área (em cumprimento do princípio da contra-corrente) e pela ideia de que deveria ser o PDM a adaptar-se ao PS, critica precisamente essa decisão por ter olvidado os moldes da referida adaptação e os efeitos jurídicos que a esta se aliam tanto na LBPOTU como no RJIGT. Ver DULCE LOPES, "Regime Jurídico dos Instrumentos de Gestão Territorial: evoluções recentes...", p. 99, nota 25.

[1026] FERNANDO ALVES CORREIA refere-se a uma obrigação de identificação e de ponderação dos planos hierarquicamente inferiores preexistentes ou em elaboração por parte do plano hierarquicamente superior que esteja a ser elaborado e que abranja a área daqueles, sendo que o mesmo parece traduzir, sobretudo, uma obrigação de procedimento, ou seja, um dever de identificar aqueles planos e de ponderar as respectivas soluções, e não tanto uma obrigação de conteúdo, dado que o plano hierarquicamente superior poderá sempre consagrar soluções diferentes do preexistente plano hierarquicamente inferior, embora não o deva fazer sem uma fundamentação adequada. Ver FERNANDO ALVES CORREIA, "Manual de Direito...", pp. 499-500.

forma clara, os precisos termos em que essa obrigação de compatibilização se deve processar.

Em nosso entender, o sistema só estará em condições de funcionar, de modo pleno e satisfatório, quando os diversos responsáveis pelos distintos níveis planificatórios decisionais tiverem esta "circularidade de obrigações" bem interiorizada. O que na realidade não nos parece que possa ocorrer é a afirmação de uma superioridade hierárquica de um plano (*no caso do PS*) que não só não ponderou a realidade planificatória existente como, para agravar essa omissão, não forneceu os modos de compatibilização possíveis para os planos hierarquicamente inferiores (*no caso o PDM*) se compatibilizarem com as opções por eles tomadas.

Em nosso entender, a hierarquia de planos não pode funcionar nas situações em que as mais elementares obrigações que sobre os planos hierarquicamente superiores o legislador faz impender tiverem, por estes últimos, sido deliberadamente preteridas. Parece-nos, até, que a existir alguma prevalência de um plano sobre outro em função do posicionamento hierarquicamente superior, tal prevalência terá forçosamente que fenecer ante o incumprimento dessas obrigações, dessa situação devendo ser retiradas as devidas ilações.

Essa é a matriz do sistema que o relator sinalizou mas de que não extraiu quaisquer consequências.

No caso do presente acórdão, a existir alguma hierarquia ela será, apenas e tão só "virtual".

Na realidade, resolver um "diferendo" entre um PS e um PDM, atribuindo àquele uma superioridade hierárquica sem que lhe seja exigido o cumprimento de quaisquer obrigações que sobre si a lei expressamente faz impender em razão dessa mesma e legalmente consagrada superioridade hierárquica é alinhar numa visão redutora, e como tal indesejável, da própria hierarquia de planos e, sobretudo, é pretender ver a hierarquia como um adquirido sem qualquer contrapartida.

Essa visão é, não apenas incorrecta e desfasada da arquitectura jurídica global do sistema de gestão territorial como, ainda, perniciosa, criando situações de "falsas hierarquias" a coberto das quais os planos hierarquicamente superiores se impõem aos planos hierarquicamente inferiores como se nada mais fosse exigido pelo sistema legal. Deste modo, quando refere que "*...para resolução deste conflito de interesses, a lei, escolheu como instrumento jurídico mais importante o princípio da hierarquia, a determinar, no caso concreto, a prevalência do plano sectorial e a rejeição da aplicação do PDM por ser hierarquicamente inferior...*"

o que o relator esquece (ou pelo menos não demonstra) é que a *"...prevalência do plano sectorial e a rejeição da aplicação do PDM por ser hierarquicamente inferior..."* só poderia fazer sentido e ser defensável no contexto da fundamentação da decisão que tomou, se o PS tivesse, como aliás a isso estava legalmente obrigado, cumprido com as obrigações de ponderação da realidade planificatória existente e de fornecimento dos modos de compatibilização que o PDM, plano hierarquicamente colocado em posição inferior, deveria considerar nos ajustamentos necessários às opções tomadas pelo PS. Ora nada disso ocorreu, pelo que o que existe é uma situação de "falsa hierarquia", em que o PS se encontra incompatível com o PDM que preexiste, sendo que essa incompatibilidade resulta, apenas e tão só, do incumprimento das obrigações que sobre ele (PS) a lei faz impender.

Em síntese, o relator não só equaciona a aplicação do princípio da hierarquia de modo enviesado como esquece, por momentos (curiosamente, o momento da decisão), o próprio regime de nulidade do plano, alinhando uma vez mais pela via mais fácil mas também mais distante daquela que é a leitura mais fiel da globalidade do quadro legal.

Percebe-se, aliás, que a via mais fácil seja a que procura, a todo o custo, fugir ao teste da validade dos próprios planos em confronto, descurando com isso o regime legalmente instituído da nulidade do plano porque, muito provavelmente, no entendimento do relator (*ainda que ele expressamente não o refira*), seria a solução que melhor garantiria a paz jurídica entre todos os níveis decisórios em confronto.

Do exposto, dúvidas não nos restam que bem melhor teria andado o relator se tivesse declarado a nulidade do PS face ao PDM.

Esta solução seria não só pedagogicamente mais acertada, dado que sinalizaria aos autores de outros PS e de outros planos colocados em posição hierárquica superior, que essa superioridade hierárquica não se tem por adquirida à nascença. Bem pelo contrário.

Diríamos mesmo que no âmbito do direito do urbanismo e, concretamente, numa área de grande volatilidade como é a que pauta as opções planificatórias e a consequente necessidade de relacionar, de modo eficaz, os múltiplos planos, a hierarquia se "conquista", olhando o sistema como um todo, composto de direitos (o direito, por exemplo, como sucedia no caso em análise, a adoptar soluções diferentes das contidas no plano hierarquicamente inferior) mas também, e sobretudo, de obrigações que, no acórdão em análise, foram simplesmente esquecidas pelo PS.

Esse simples facto teria feito toda a diferença.

2.3. Acórdão do TCA-Norte – Processo nº 00188/05.4BEPNF/08

Neste aresto, tirado em 29 de Maio de 2008, pela 1ª Secção do Contencioso Administrativo do TCA-Norte, o relator José Luís Paulo Escudeiro conclui que a publicação de um estudo prévio de uma via rodoviária constituiria uma servidão *non aedificandi* de protecção à via, e, como tal, uma proibição edificativa em tal zona, portadora pois de eficácia *erga omnes*, ou seja, abrangendo municípios e particulares, e daí resultando, desde logo, uma proibição de licenciamento de edificações e de urbanizações em locais por ela abrangidos. De acordo ainda com José Luís Paulo Escudeiro, essa proibição impor-se-ia independentemente da sua integração em PMOT, ou seja, no seu entendimento, uma prescrição ou uma imposição legal directamente aplicável que estabeleça um ónus ou condicionamento às pretensões dos particulares em matéria de urbanismo prevaleceria sobre quaisquer PMOT em vigor que versassem sobre a mesma matéria. O relator considera, ainda, que "...*independentemente da hierarquização e da compatibilização existente ou que deve existir entre Planos de Ordenamento do Território, a proibição construtiva decorre, exclusivamente, do enunciado pelo artigo 3º do DL 13/94, derivada da publicação de estudo prévio de via rodoviária, que constitui uma servidão non aedificandi de protecção à via...*" sendo, consequentemente, nulos todos os actos praticados com violação do enunciado pelo referido diploma legal.

Os normativos legais pretensamente violados seriam os artigos 3º[1027] e 11º[1028] do Decreto-Lei nº 13/94, de 15 de Janeiro, artigo 10º da LBPOTU e, ainda,

---

[1027] Artigo 3º do Decreto-Lei nº 13/94, de 15 de Janeiro.

«Artigo 3º

1 – As faixas de terreno de 200 m situadas em cada lado do eixo da estrada, bem como o solo situado num círculo de 1300 m de diâmetro centrado em cada nó de ligação, são consideradas zonas de servidão non aedificandi de protecção à estrada a construir ou reconstruir.

2 – A servidão a que se refere o número anterior é constituída com a publicação, no Diário da República, da aprovação de estudo prévio de uma estrada nacional ou de documento equivalente, nomeadamente estudos de viabilidade ou plantas à escala e esboços corográficos devidamente cotados, desde que superiormente aprovados.

3 – Após a publicação no Diário da República, a Junta Autónoma de Estradas (JAE) remeterá às câmaras municipais interessadas os elementos previstos no número anterior.

4 – A servidão manter-se-á até à publicação, nos termos do Código das Expropriações, do acto declarativo de utilidade pública dos terrenos e da respectiva planta parcelar.»

[1028] Artigo 11º do Decreto-Lei nº 13/94, de 15 de Janeiro.

«Artigo 11º

Os actos praticados em violação do disposto no presente diploma são nulos.»

artigos 23º a 25º do RJIGT (preceitos estes últimos que o relator se limita tão só a transcrever da lei).

Segundo o relator, e *"...independentemente da hierarquização e da compatibilização existente ou que deve existir entre Planos de Ordenamento do Território...",* a proibição construtiva decorreria, exclusivamente, do referenciado artigo 3º do Decreto-Lei nº 13/94, de 15 de Janeiro, derivada da publicação de estudo prévio de via rodoviária, normativo a que necessariamente teria que se associar a sanção de nulidade prevista no artigo 11º do mesmo diploma legal. Para o relator José Luís Paulo Escudeiro não se deveria suscitar na presente lide a *"...questão da compatibilização de Planos de Ordenamento do Território, porquanto do Plano Rodoviário Nacional, do qual emerge a proibição construtiva, em referência...",* não teria por *"...alcance ordenar o território sob o ponto de vista urbanístico, mas tão-só estabelecer zonas <u>non aedificandi</u>, por forma a permitir a aberturas de vias rodoviárias, cujo respeito..."* se imporia *"...erga omnes..."* devendo, por conseguinte, *"...ser também tido em consideração pelos diversos planos de gestão urbanística...",* fossem eles nacionais, regionais ou municipais. Não obstante as considerações que formula e que, como o relator expressamente faz questão de deixar bem claro *"...se deixam enunciadas...",* José Luís Paulo Escudeiro conclui que da leitura combinada do artigo 10º da LBPOTU e artigos 23º a 25º do RJIGT, se lhe afigura decorrer que *"...em função da hierarquização entre eles existente (PROT ➤ PS ➤ PMOT, acrescentamos nós), os planos municipais têm que se compatibilizar com os planos regionais de ordenamento do território e com os planos sectoriais, na justa medida em que estes visam tutelar e ordenar interesses constitutivos de uma comunidade mais abrangente que a comunidade municipal...".* Para além disso, remata o relator *"...não se vislumbra como, no caso dos autos, a Câmara Municipal pudesse autorizar o licenciamento pretendido pelo particular, com base no raciocínio de que os planos regionais de ordenamento do território e os planos sectoriais, nos quais inclui o Plano Rodoviário Nacional, vinculam as entidades públicas, designadamente as câmaras municipais, e não os particulares, sendo certo que, conforme decorre do enunciado no já citado artº 11º do DL 13/94, são nulos os actos praticados em violação do disposto no presente diploma, e de entre eles os que licenciassem edificações ou urbanizações em zonas de servidão <u>non aedificandi</u> de protecção à estrada a construir ou reconstruir".*

2.3.1. Breve análise crítica

A questão mais importante que o acórdão não enfrenta e que, em nosso entender, teria sido decisiva para o sentido da própria decisão final é a que se relaciona com a qualificação jurídica a atribuir ao estudo prévio da via rodoviária que, uma vez publicado, terá, segundo o entendimento do relator ancorado no disposto no Decreto-Lei nº 13/94, de 15 de Janeiro, constituído uma servidão *non aedificandi* de protecção à via, e, como tal, uma proibição edificativa em tal zona, portadora de eficácia *erga omnes*. Ao passar ao lado dessa pequena grande questão prévia, o relator comprometeu, inexoravelmente, a consecução de uma correcta apreciação jurídica das questões materiais em causa.

Esta dificuldade em lidar com o enquadramento dessa (estudo prévio de via rodoviária) e de outras figuras existentes no quadro da planificação urbanística e, consequentemente, de as reconduzir à tipologia mais aberta dos PS assume-se, definitivamente, como um problema crónico da nossa jurisprudência administrativa.

Na realidade, ao limitar o seu espaço de reflexão no *iter* percorrido ao disposto no Decreto-Lei nº 13/94, de 15 de Janeiro, o relator subtrai, incompreensivelmente refira-se, toda a apreciação de mérito da questão em análise ao universo de relações de planos previsto pela LBPOTU e pelo RJIGT.

Percebe-se, e não é isso que está em causa nestas nossas observações, que exista efectivamente uma dificuldade prática em lidar com uma "*...tipologia de instrumentos de gestão territorial tão abrangente e variada, à qual se reconduzem instrumentos com conteúdos tão distintos e com graus de precisão tão diferenciados*"[1029]. O caso do estudo prévio de via rodoviária em causa nos presentes autos não foge a essa pauta de dificuldade, tanto mais que o diploma de que o relator se serve data de 1994 (*não obstante o Acórdão ser de 2008, o que, em nosso entender, teria reclamado, pelo menos, um acrescido esforço hermenêutico de natureza actualista e no sentido de questionar essa figura de 1994 ante a nova realidade legal planificatória e os novos instrumentos de que a mesma se serve*), num quadro legal em que, reconhece-se, essas questões e outras de natureza idêntica não eram sequer equacionadas, ou pelo menos não o seriam com a acuidade e a profundidade com que hoje se encontram tratadas quer legalmente, por força do quadro instituído pela LBPOTU e pelo RJIGT quer, ainda, pelos fortes e estimulantes influxos doutrinais que, em especial ao longo da última década, têm vindo a ser produzidos.

A qualificação e a consequente recondução do estudo prévio a PS permitiria, assim, enfrentar duas ordens de problemas a que o relator, pela posição que assume, se eximiu.

Em primeiro lugar, fá-lo-ia entrar de imediato nos esquemas relacionais inter-planos desenhados pela LBPOTU e RJIGT, abrindo porta à necessária

---

[1029] Ver, também, FERNANDA PAULA OLVEIRA, Encontro Anual da AD URBEM..., p. 78.

compatibilização com os planos pré-existentes (em especial o PDM) que intersectassem, nas opções neles inscritas, com as opções daquele PS.

Por outro lado, e cumprido que fosse esse primeiro passo, estariam então criadas as condições para que a opção planificatória condensada no referido estudo prévio, (*entretanto legalmente reconduzida a PS*), permitisse à Câmara Municipal indeferir com base no seu PDM[1030]. Note-se que, também neste caso, aliás à semelhança de outro já antes por nós analisado, se nos afigurar perfeitamente expectável que as opções do PS pudessem vir a prevalecer sobre as do PDM, contanto apenas que aquele promovesse, de acordo com as imposições do princípio da contra-corrente, não só uma identificação e ponderação da realidade planificatória existente como a indicação, de forma clara, de qual devesse ser o modo e os termos pelos quais o PDM se devesse orientar com vista à sua adaptação às opções assumidas por aquele primeiro. Só assim se estaria em condições de convocar a hierarquia que os PS detém, nos termos da lei, sobre os PMOT, *in casu* sobre o PDM.

Por outro lado, e curiosamente, é o próprio relator que, numa voragem argumentativa algo precipitada, entra em contradição nos fundamentos que apresenta, porquanto se a um tempo refere que "*...independentemente da hierarquização e da compatibilização existente ou que deve existir entre Planos de Ordenamento do Território, como supra se deixou já enunciado, a proibição construtiva decorre, exclusivamente, do enunciado pelo artº 3º do DL 13/94, (sublinhado nosso) derivada da publicação de estudo prévio de via rodoviária, que constitui uma servidão non aedificandi de protecção à via, e, como tal, uma proibição edificativa em tal zona...*", no momento imediatamente seguinte escreve, surpreendentemente refira-se, algo de juridicamente bem distinto afirmando que no "*...caso sub judice, não se coloca, pois a questão, da compatibilização de Planos de Ordenamento do Território, porquanto do Plano Rodoviário Nacional, do qual emerge a proibição construtiva, em referência (sublinhado nosso), não tem por alcance ordenar o território sob o ponto de vista urbanístico, mas tão-só estabelecer zonas non aedificandi, por forma a permitir a aberturas de vias rodoviárias, cujo respeito se impõe erga omnes, como se deixou já*

[1030] Como oportunamente refere Fernanda Paula Oliveira, a prática jurisprudencial "*...tem vindo a esquecer que estes instrumentos (PS acrescentamos nós) não dispõem de eficácia plurisubjectiva – o que obriga a que a sua opção seja «transposta» para a escala do planeamento municipal para que possa ser oposta directamente aos particulares -, embora reconheça sempre a sua superioridade hierárquica em relação aos planos municipais.*" Ver, também, Fernanda Paula Olveira, Encontro Anual da AD URBEM..., p. 78.

mencionado, devendo, em função disso, ser também tido em consideração pelos diversos planos de gestão urbanística, sejam nacionais, sejam regionais sejam municipais...".

Ora de duas, uma: ou bem que a proibição construtiva emerge da lei (Decreto-Lei nº 13/94, de 15 de Janeiro) e o relator assume, como aliás assumiu ainda que de forma implícita, a decisão de não o reconduzir à tipologia de PS, com todas as consequências que isso implica, em especial no domínio das relações entre planos ou bem que o relator considera que essa proibição decorre do PRN e, neste caso, terá que necessariamente assumir que o que está em causa é um problema de relação entre planos (no caso entre um PS e um PDM) e da consequente necessidade de se garantir a sua compatibilização.

O que não pode é ter as duas coisas e fazer de conta que nada se passa. Não se alcança ademais qualquer utilidade na transcrição para o acórdão das normas de relações entre planos (ver artigo 10º da LBPOTU e artigos 23º a 25º do RJIGT) quando é o próprio relator a assumir, expressamente que no *"...caso sub judice, não se coloca, pois a questão da compatibilização de Planos de Ordenamento do Território...",* ainda que sinta necessidade de logo explicar que da leitura dos citados preceitos legais lhe *"...parece decorrer que, em função da hierarquização entre eles existente, os planos municipais têm que se compatibilizar com os planos regionais de ordenamento do território e com os planos sectoriais, na justa medida em que estes visam tutelar e ordenar interesses constitutivos de uma comunidade mais abrangente que a comunidade municipal".*

Em nosso entender, é pois caso para perguntar se para o relator o problema que estava em causa na lide não era um problema de relação entre planos e da sua necessária compatibilização, porque terá sentido então ele a necessidade de deixar a sua posição quanto à superioridade hierárquica dos PROT e dos PS face aos PMOT?

Muito provavelmente porque, não obstante a decisão que toma, sente que o genuíno objecto da lide é, de facto, um problema de relação entre planos mas ao qual, escudado numa capciosa argumentação, deliberadamente se subtrai.

Diríamos, procurando sintetizar as nossas ideias que neste acórdão uma vez mais se evidenciam várias fragilidades, quer ao nível do exercício de recondução legal de instrumentos de gestão territorial ao catálogo aberto dos PS, com importantes implicações na apreciação de direito da matéria de facto, quer ao nível de uma certa predisposição por parte dos nossos tribunais administrativos em não entrar na análise das complexas e exigentes relações entre planos, facto este que não apenas potencia uma leitura disfuncional do quadro legal como, ainda, uma completa obliteração das obrigações de compatibilização que o legislador faz erigir nesses mesmos esquemas relacionais.

A NULIDADE DO PLANO URBANÍSTICO

No mais, está bom de ver que se essa obliteração ocorre, desde logo, ao nível das próprias obrigações delineadas para os planos poderem todos eles coexistir num todo harmonioso, escusado será dizer que o regime de nulidade de plano previsto no artigo 102º, nº 1 do RJIGT terá, seguramente, perante estas tíbias manifestações jurisprudenciais, pouca ou (passe a redundância) *quase nula* possibilidade de ser convocado.

2.4. Acórdão do STA – Processo nº 0873/03[1031]

No aresto tirado em 11 de Novembro de 2004, pela 1ª Subsecção do Contencioso Administrativo do STA, o relator PAIS BORGES formulou, em síntese, algumas importantes conclusões[1032].

A primeira ideia tem que ver com a natureza dos PROT enquanto instrumentos programáticos e normativos em que avultam estatuições meramente indicativas, embora coexistam disposições preceptivas e constringentes circunscritas ao âmbito regional. Esta ideia contrastará, por sua vez, com a natureza dos PEOT, como sucede com os POOC, dado que estes se apresentam como instrumentos de intervenção do governo na tarefa de concretização e de desenvolvimento da política de ordenamento do território de âmbito nacional, estabelecendo "usos preferenciais, condicionados e interditos, determinados por critérios de conservação da natureza e da biodiversidade, de modo a compatibilizá-la com a fruição pelas populações[1033]. Uma outra nota conclusiva é a que se prende com a expressão "devem indicar", inserida no artigo 25º, nº 2[1034]

[1031] Também se analisará o Acórdão proferido, em sede de recurso, pelo Pleno da Secção do Contencioso Administrativo do STA, datado de 6 de Março de 2007.

[1032] As questões relacionadas com a violação do disposto no artigo 20º, nº 1, alínea b) do Regulamento do POOC de Burgau-Vilamoura pelo acto de licenciamento de construção de uma moradia em terreno classificado como "espaço natural de arribas", atento o facto do citado preceito declarar interditas novas construções, a problemática relacionada com os direitos que eventualmente poderão advir de um loteamento objecto de declaração de compatibilidade com o PROT e, ainda, as questões associadas à natureza do direito de construir não irão aqui ser afloradas por extravasarem o escopo da presente investigação.

[1033] Cfr. artigo 12º, do RJIGT.

[1034]

«Artigo 25º

(...)

2 – Quando procedam à alteração de plano especial anterior ou contrariem plano sectorial ou regional de ordenamento do território preexistente, os planos especiais de ordenamento do território devem indicar expressamente quais as normas daqueles que revogam ou alteram.»

PARTE III – § 2º JURISPRUDÊNCIA ADMINISTRATIVA – BREVE ANÁLISE CRÍTICA

do citado diploma uma vez que segundo o aresto, a mesma conterá "...*um sentido de recomendação ou ordenação, não cominativo, não sendo sustentável que do eventual incumprimento dessa indicação resulte a invalidade das normas inovatórias contidas no plano especial...*".

Posto isto, diríamos que o acórdão em análise teve como objecto a apreciação de um recurso contencioso de anulação interposto do despacho de Sua Excelência o Secretário de Estado Adjunto e do Ordenamento do Território (SEAOT), datado de 4 de Março de 2003 e pelo qual se determinara a demolição da moradia do recorrente que, em síntese, alegou:

- Ser titular de um lote de terreno onde, por alvará de 1986, declarado compatível com o PROT do Algarve (PROTAL) em 1994, estava habilitada a construir.
- Ter obtido em 2001 uma licença de construção válida ao abrigo do PROTAL.
- Dever, ao abrigo do POOC Burgau-Vilamoura,[1035] ser considerada válida a licença de construção.

Segundo o recorrente, e caso essa sua interpretação das normas do POOC não fosse julgada admissível e se concluisse que elas eram contraditórias com o PROTAL, então as mesmas deveriam ser consideradas nulas, pelo efeito conjugado dos artigos 23º nº 2, 25º, nº 2 e 102º, nº 1 do RJIGT.

A recorrente defendeu ainda que os PROT prevalecem sobre os PEOT, em que se incluem os POOC (artigo 23º nº 2 do RJIGT).

O despacho recorrido, de 4 de Março de 2003, do SEAOT, deveria pois ser anulado, dado ter sido dimanado com base em indevida interpretação dos artigos 9º, 20º, nº 1 e 91º do POOC Burgau-Vilamoura, conjugados com o artigo 105º, nº 1, alínea b) do RJIGT.

A entidade recorrida (SEAOT) concluiu, por seu turno, que não deveria proceder a tese de alegada «contradição» e/ou «prevalência» do PROTAL sobre o POOC de Burgau-Vilamoura».

O Procurador-Geral Adjunto do Ministério Público junto do STA sustentou, quanto à apreciação da matéria em crise, que os PEOT (em que se inclui o POOC) e os PROT "...*têm níveis de incidência e objectivos próprios e distintos, sem prejuízo de dever ser assegurada a necessária compatibilização entre eles, a concretizar, no que aos planos especiais respeita, pelo dever de «indicar expressamente quais*

[1035] Cfr. Resolução do Conselho de Ministros nº 33/99, de 27 de Abril.

as normas daqueles (planos) que revogam ou alteram» (arts. 23º, nº 2[1036] e 25º, nº 2 do DL nº 380/99, de 22 de Setembro), decorrendo deste último normativo, contrariamente ao sustentado pela recorrente, a prevalência normativa dos planos especiais, sem que do eventual incumprimento da recomendação de indicação expressa das normas revogadas se possa concluir pela invalidação das normas inovatórias".

O relator PAIS BORGES considera que a circunstância da recorrente ser titular de um lote de terreno integrado num loteamento aprovado e declarado compatível com o PROTAL, não lhe confere, sem mais, um "direito adquirido" a construir nesse lote, não podendo o respectivo licenciamento de construção, sob pena de nulidade, violar normas impositivas inseridas em PEOT (*in casu* POOC) posteriormente publicado e em vigor à data desse licenciamento.

Quanto à consequência a extrair da eventual concorrência de normas de planos de ordenamento distintos, designadamente de PROT e POOC em consequência da alegação da recorrente de que as normas pertinentes do POOC de Burgau-Vilamoura, alegadamente violadas (*e caso fossem entendidas contraditórias com o PROTAL*), deveriam ser nulas atenta a superioridade hie-rárquica dos PROT sobre os PEOT, o relator discorda, uma vez que entende que, efectivamente, o acto de licenciamento de construção sindicado "...*violou as disposições do POOC de Burgau-Vilamoura referidas no despacho contenciosamente recorrido [designadamente o seu art. 20º, nº 1, al. b)] e que tais disposições são aplicáveis ao caso dos autos, o que passa por concluir, na situação em análise, pela prevalência dessas normas impositivas do POOC sobre as disposições do PROTAL...*".

Na fundamentação que apresenta, o relator PAIS BORGES, após enquadra-mento e explicitação dos vários tipos de instrumentos de gestão territorial tipificados pela LBPOTU e pelo RJIGT, sustenta que da leitura combinada do disposto no nº 2 do artigo 23º e do nº 2 do artigo 25º, ambos do RJIGT resultava (*como aliás havia sido sustentado pela entidade recorrida e pelo Ministério Público*) que quer os PEOT (*em especial o POOC dos autos em análise*) quer os PROT dispõem de "...*níveis de incidência e objectivos próprios e distintos, sem prejuízo de dever ser assegurada a necessária compatibilização entre eles, a concretizar, no que aos*

[1036]

«ARTIGO 23º

(...)

2 – O Programa Nacional da Política de Ordenamento do Território, os planos sectoriais e os planos regionais de ordenamento do território estabelecem os princípios e as regras orientadoras da disciplina a definir por novos planos especiais de ordenamento do território, salvo o disposto no nº 2 do artigo 25º»

planos especiais respeita, pelo dever de «indicar expressamente quais as normas daque-les (planos) que revogam ou alteram» (arts. 23º, nº 2 e 25º, nº 2 citados), decorrendo deste último normativo, contrariamente ao sustentado pela recorrente, a prevalência normativa dos planos especiais, sem que do eventual incumprimento da recomendação de indicação expressa das normas revogadas se possa concluir pela invalidação das nor-mas inovatórias...". O relator considera mesmo que a expressão *"devem indicar"*, inserida no citado art. 25º, nº 2, contém um sentido de recomendação ou ordenação, não cominativo, pelo que não se lhe afiguraria defensável que do eventual incumprimento dessa indicação resultasse a invalidade das normas inovatórias contidas no PEOT.

PAIS BORGES conclui pois que o que está em causa no POOC é a protec-ção dos "Espaços Naturais de Arribas" daquela orla costeira, fundamento da interdição de novas construções nesses espaços "particularmente sensí-veis do ponto de vista ecológico, ambiental, paisagístico e geomorfológico" (artigos 19º e 20º do Regulamento daquele POOC), donde não lhe parecer ser defensável que *"...do eventual incumprimento daquela indicação das normas do PROT revogadas (indicação que até pode resultar implícita)... (sublinhado nosso)"* se acolha a invalidade da estatuição de interdição construtiva contida no citado PEOT, admitindo, com tal fundamento, a legalidade do acto de licenciamento de construção naquele espaço natural de arribas, concluindo pois pela *"... prevalência normativa..."* do PEOT (*in casu POOC*), com relação ao PROT, dado que este último não conteria qualquer disciplina específica sobre a protecção do espaço natural das arribas, *"...pelo que sempre se poderia afirmar que a referida construção não era formalmente permitida pelo PROTAL, mas apenas (o que é coisa algo diversa) que não era por ele proibida apenas por ausência de regulamentação específica da matéria naquele plano regional, dados o âmbito e os objectivos distintos que presidem a um e outro dos instrumentos de planeamento territorial...".*

Nestes termos, e contrariamente ao alegado pela recorrente, PAIS BORGES entende não existir qualquer invalidade do referido plano especial *"...pelo que se não mostra violado o art. 102º, nº 1 do DL nº 380/99..."*, tendo sim ocorrido violação, pelo acto de licenciamento de construção da moradia da recor-rente, do disposto no artigo 20º, nº 1, al. b) do Regulamento do POOC de Burgau-Vilamoura.

Do acórdão supra sintetizado da 1ª Subsecção do STA, datado de 11 de Novembro de 2004, foi interposto recurso para o Pleno da Secção do Con-tencioso Administrativo, na sequência do qual veio então a ser proferido o Acórdão de 6 de Março de 2007.

No que à presente análise importa, registam-se algumas relevantes passagens do sobredito aresto.

O relator Rui Botelho começa por referir que a "... *primeira questão que importa analisar tem a ver com a hierarquização dos planos de ordenamento do território que abarcam o lote da recorrente e a sua repercussão no acto de licenciamento...*", acrescentando que os "*...planos que abrangiam a parcela, e que estavam em vigor no momento do licenciamento, eram o Plano Regional de Ordenamento do Território para o Algarve (PROT Algarve) aprovado pelo decreto Regulamentar nº 11/91, de 21.3 e o Plano de Ordenamento da Orla Costeira de Burgau-Vilamoura (POOC Burgau-Vilamoura), aprovado pela Resolução do Conselho de Ministros nº 33/99, publicada no DR, Série I-B, nº 98/99, de 27.4.99*".

Mais à frente relembra, apenas e tão só, "*...que o DL 380/99, emitido na sequência da Lei nº 48/98, de 11.8, que fixou as bases da política de ordenamento do território e de urbanismo, veio desenvolver essas bases, "definindo o regime de ordenamento dos âmbitos nacional, regional e municipal do sistema de gestão territorial, o regime geral de uso de solo e o regime de elaboração, aprovação, execução e avaliação dos instrumentos de gestão territorial.*"

O relator retoma, então, a questão da hierarquia entre o PROT Algarve e o POOC Burgau-Vilamoura, esclarecendo que "*...para que fosse necessário estabelecer uma hierarquia entre o PROT e POOC era imprescindível que entre eles, naquele estrito ponto, ocorresse alguma incompatibilidade que brigasse com a sua aplicação simultânea...*" o que segundo ele "*...não se vê que exista, nem, de resto, a recorrente aponta de forma inequívoca qualquer contradição...*" pelo que, conclui, "*...também não se vê como é que o POOC podia revogar, ou alterar, inexistentes normas do PROT para se dar cumprimento, como pretendia a recorrente, ao que se dispõe no art. 25, nº 2, do DL 380/99, de 22.9, (posterior a qualquer daqueles planos de ordenamento) ...*".

Aduz ainda Rui Botelho que, da leitura do próprio PROT, nada resulta relativamente a edificações em arribas, anuindo pois com a posição do acórdão recorrido quando nesse se afirma, de modo inequívoco, "*...a prevalência normativa do plano especial, no caso um plano de ordenamento da orla costeira, relativamente ao plano regional, **que nenhuma disciplina específica contém sobre a protecção do espaço natural das arribas, pelo que sempre se poderia afirmar que a referida construção não era formalmente permitida pelo PROTAL, mas apenas (o que é coisa algo diversa) que não era por ele proibida <u>apenas por ausência de regulamentação específica da matéria naquele plano regional</u>**, dados o âmbito e os objectivos distintos que presidem a um e outro dos instrumentos de planeamento territorial.*"

O relator considera que tendo o POOC emitido "*...normas sobre matéria que não estava até aí regulada, e assim, perfeitamente aberta a esse vazio normativo...*", não

PARTE III – § 2º JURISPRUDÊNCIA ADMINISTRATIVA – BREVE ANÁLISE CRÍTICA

estaria nunca em confronto com o PROT, aspecto que sendo o único a relevar no contexto do recurso de acordo com o seu entendimento, determinaria a desnecessidade de "...*proceder à hierarquização desses planos...*".

De todo o raciocínio que expende, o relator conclui pela validade da norma do POOC, donde qualquer licenciamento que tivesse sido concedido em desconformidade com ela é ilegal padecendo de nulidade[1037].

Para rematar a sua apreciação quanto a este ponto, o relator dá ainda duas notas finais.

Primeiro, lembrando que terá sido o próprio legislador do PROT Algarve, (*diploma que, como faz questão de enfatizar, teria sido emitido no quadro do Decreto-Lei nº 176-A/88, de 18 de Maio e, como tal, quando ainda não vigorava o RJIGT*) "...*sabedor da necessidade de compatibilizar os diversos planos...*" a ter referido, no preâmbulo de tal plano a opção "...*pelo estabelecimento de uma relação de equilíbrio útil que assegure o respeito e a obediência aos valores e princípios fundamentais consagrados no PROT Algarve e, ao mesmo tempo, garanta uma margem de acção suficiente e necessária para que nos demais planos, programas e projectos se tomem as opções e se determinem as acções que melhor resposta dêem aos objectivos próprios e específicos tratados nesses instrumentos*", sinalizando a possibilidade de existência de outros planos, "...*de índole mais particularizada, e aos quais caberia tomar as opções e determinar as acções "que melhor resposta dêem aos objectivos próprios e específicos tratados nesses instrumentos"...*" o que, no entender do relator, teria sucedido precisamente com a posterior aprovação do POOC Burgau-Vilamoura.

Segundo, para reforçar a ideia de que mesmo no "...*quadro legal em que foi emitido o PROT Algarve, era possível compatibilizar os diversos planos, deixando a um os aspectos mais genéricos e a outro os pontos mais específicos...*", o que no seu entendimento deixava "...*subentendida a natureza genérica de um e natureza especial de outro com as consequências conhecidas de que em caso de dúvida a lei especial prevalece sobre a lei geral. (art. 7, nº 3, do CC) ...*"[1038].

2.4.1. Breve análise crítica

Os dois supra referidos acórdãos encerram "matéria-prima" de inegável importância para as reflexões que a presente investigação reclama, evidenciando uma

---

[1037] Segundo o relator, essa invalidade decorreria do artigo 103º do RJIGT e também dos artigos 52º, nº 2, alínea b) e 63º, nº 1, alínea a) do Decreto-Lei nº 445/91, de 20 de Novembro.

[1038] O relator faz mesmo questão de referir que "...*se o quadro legal fosse o do DL 380/99, e se ocorresse incompatibilidade no ponto em questão, que não se concede existir, ainda assim a solução seria idêntica, como resulta da exposição efectuada no acórdão recorrido a que se aderiria sem quaisquer reticências...*".

vez mais o quão difíceis se revelam (*e continuam a revelar*) as questões associadas, por um lado, às relações entre planos, por outro à sucessão de regimes legais no tempo (*em matéria de disciplina jurídica dos planos*) e ainda, por fim, no que respeita às próprias consequências que um correcto enquadramento jurídico das questões pode suscitar no aplicação do regime da nulidade de determinado plano urbanístico por incompatibilidade ou desconformidade com outro plano com o qual devesse ser compatível ou conforme.

Sobre os acórdãos em causa, uma nota prévia para referir que o proferido em sede de recurso veio a confirmar o acórdão recorrido, apenas divergindo quanto ao quadro legal a aplicar mas mantendo, no essencial, a mesma linha de fundamentação, razão pela qual terá, a final, confirmado a decisão recorrida.

Salvo melhor opinião, afigura-se-nos pela leitura dos dois acórdãos que se pelo acórdão recorrido o quadro legal, pura e simplesmente era outro que não aquele em que o relator sustentou toda a sua fundamentação já no segundo acórdão o tribunal detecta essa alegada "incorrecção" mas não assume, de forma expressa, qual seja então o quadro legal a aplicar, nem tão pouco, mais grave ainda, tira as conclusões que se lhe impunham ante essa nova leitura.

Vejamos então.

Como ficou provado em qualquer uma das duas decisões, os planos que abrangiam a parcela em causa e que, como tal, estariam em vigor no momento do licenciamento (deliberação de 24 de Outubro de 2000), eram o PROT Algarve, aprovado pelo Decreto – Regulamentar nº 11/91, de 21 de Março e o POOC Burgau-Vilamoura, aprovado pela Resolução do Conselho de Ministros nº 33/99, publicada no Diário da República, Série I – B, nº 98/99, de 27 de Abril de 1999. Ora é à data da entrada em vigor deste POOC que deve, em nosso entender, ser aferido o quadro legal que haveria de disciplinar e dirimir eventuais problemas relativos à concorrência de normas planificatórias sobre uma mesma área de incidência, ou seja, que devem ser definidos os termos que pautariam as relações entre os instrumentos de gestão territorial em crise, dado que não obstante os mesmos incidirem sobre uma mesma área, teriam entrado em vigor em momentos temporalmente diferenciados (PROT--Algarve ➤ POOC Burgau-Vilamoura) e com opções planificatórias distintas.

Ora a essa data o que verificamos é que de facto não se encontrava ainda em vigor o RJIGT (Decreto-Lei nº 380/99, de 22 de Setembro), estando sim em causa quer a aplicação do disposto no Decreto-Lei nº 69/90, de 2 de Março, quer o disposto no Decreto-Lei nº 151/95, de 24 de Junho quer, ainda, mas não menos importante, o disposto no Decreto-Lei nº 176-A/88 de 18 de Maio (relativo aos PROT).

PARTE III – § 2º JURISPRUDÊNCIA ADMINISTRATIVA – BREVE ANÁLISE CRÍTICA

Acrescia que já estava também em vigor a LBPOTU.

Ora qualquer um destes diplomas legais foi, pura e simplesmente, arredado da fundamentação de ambas as decisões, com isso originando más decisões judiciais em qualquer um dos dois acórdãos.

Se bem atentarmos nas decisões em análise, facilmente se percepcionará que é até o próprio relator do acórdão do Pleno a argumentar que *"...também não se vê como é que o POOC podia revogar, ou alterar, inexistentes normas do PROT para se dar cumprimento, como pretendia a recorrente, ao que se dispõe no artº 25, nº 2, do DL 380/99, de 22.9, (posterior a qualquer daqueles planos de ordenamento)..."* (sublinhado nosso).

A questão da aplicação do correcto quadro legal teria sido especialmente importante neste caso, não só porque condicionaria a decisão de mérito que sobre o acto administrativo sindicado viesse a ser produzida (como aliás condicionou, mas de forma errada) como porque, simultaneamente, acaso o quadro legal tivesse sido o correcto, teria essa circunstância impelido o tribunal a colocar as questões no seu devido lugar, equacionando, em primeiro, as questões das relações entre planos e, só depois, partindo para a análise da validade do acto. Ora nada disto lamentavelmente se passou em qualquer uma das decisões.

Na primeira decisão descrita, o relator Pais Borges convoca um errado quadro legal, uma vez que começa por assentar a sua fundamentação na leitura combinada do disposto no nº 2 do artigo 23º e do nº 2 do artigo 25º, ambos do RJIGT quando este diploma ainda não se encontrava em vigor à data em que se iniciara o procedimento de elaboração do POOC-Burgau-Vilamoura.

Não se vê pois como podia o autor do POOC-Burgau-Vilamoura considerar os referidos *indirizzos* se os mesmos ainda não tinham qualquer existência legal. Para além de um errado quadro legal, o relator omite qualquer referência à LBPOTU, (note-se, de 1998), quando esta, em nosso entender, poderia eventualmente fornecer um importante contributo para a resolução da questão de relacionamento entre planos. Ora da eleição de um errado quadro legal resulta um errado enquadramento jurídico do problema. Na realidade, o relator afirma a existência de uma superioridade hierárquica do PEOT sobre o PROT, atento o facto de ambos os planos disporem de *"...níveis de incidência e objectivos próprios e distintos, sem prejuízo de dever ser assegurada a necessária compatibilização entre eles, a concretizar, no que aos planos especiais respeita, pelo dever de «indicar expressamente quais as normas daqueles (planos) que revogam ou alteram» (arts. 23º, nº 2 e 25º, nº 2 citados), decorrendo deste último normativo, contrariamente ao sustentado pela recorrente, a prevalência normativa dos planos especiais, sem que do eventual incumprimento da recomendação de indicação expressa das normas revogadas se possa concluir pela invalidação das normas inovatórias...".*

Não deixa de ser curioso que o relator tenha entendido que a circunstância do PROT não conter qualquer disciplina específica sobre a protecção do espaço natural das arribas equivaleria ao entendimento de que *"...a referida construção não era formalmente permitida pelo PROTAL, mas apenas (o que é coisa algo diversa) que não era por ele proibida apenas por ausência de regulamentação específica da matéria naquele plano regional, dados o âmbito e os objectivos distintos que presidem a um e outro dos instrumentos de planeamento territorial...".* Ou seja, para além do errado quadro legal convocado para dirimir a questão, o relator advoga uma suposta prevalência do PEOT sobre o PROT com recurso a um critério[1039] que em lado algum a lei autoriza, a saber o distinto âmbito e os diferentes objectivos que estariam na base de cada um dos «instrumentos de planeamento territorial» (na expressão do relator)[1040]. Na realidade, admitindo-se, o que não se concede, a aplicação do RJIGT como advoga o relator, a solução teria que passar necessariamente pela demonstração de que o PEOT, posteriormente entrado em vigor, podendo embora dispor contrariamente ao PROT preexistente, teria que indicar quais as normas que pretendia revogar ou alterar.

Não concordamos assim, num quadro que, reitera-se, apenas se ficciona por mero exercício de reflexão, que o *indirizzo* legal que impõe aos PEOT que procedam à identificação expressa das normas que revogam ou alteram, tenha a natureza de mera recomendação ou ordenação, a tal ponto do seu incumprimento não ser suficiente para originar o desvalor de nulidade das normas

---

[1039] Neste sentido, FERNANDA PAULA OLIVEIRA. A autora e ilustre Professora da Universidade de Coimbra advoga que a prevalência do POOC sobre o PROT não pode em nada justificar-se pela incidência e objectivos próprios de cada um dos planos em causa, até porque, como refere, podem os referidos planos ter opções com o mesmo âmbito de incidência e aquelas estarem em contradição como pode suceder que os planos tenham funções e objectivos próprios, e por isso diferentes e, ainda assim, terem um idêntico âmbito de incidência. Ver FERNANDA PAULA OLIVEIRA, "Quem dá, pode voltar a tirar....? Novas regras de ordenamento e direitos adquiridos", Anotação ao...", p. 154.

[1040] Note-se que a falta de rigor imprimida no Acórdão não se fica pelo errado quadro legal convocado para apreciar o litígio em causa. Na realidade, vai mesmo ao ponto de chamar «instrumentos de planeamento territorial» ao PROT e ao POOC em análise quando, nos termos da LBPOTU, essa qualificação se encontra reservada para o PDM, PU e PP (artigo 9º, nº 2, alíneas a), b) e c), do referido diploma legal) sendo o PROT um «instrumento de desenvolvimento territorial» (artigo 9º, nº 1, alínea b) e o POOC um «instrumento de natureza especial» (artigo 9º, nº 4).

inovatórias do PEOT superveniente. Defendemos, por razões de segurança jurídica que, havendo normas do PROT alteradas ou revogadas pelo PEOT, deve este proceder à sua expressa indicação para que as mesmas sejam do conhecimento das respectivas entidades públicas destinatárias do plano em causa[1041]. Ou seja, para nós ocorrerá invalidade do plano não apenas quando o PEOT não identifica e não pondera as opções do PROT preexistente como, ainda, quando tendo essa identificação e ponderação ocorrido pelo PEOT, não haja este último procedido à concreta identificação das normas que devam ser revogadas ou alteradas em função nas novas opções assumidas. Na base desta nossa posição está a já sinalizada necessidade de segurança jurídica que é tanto mais importante se tivermos em conta, no caso em análise, a natureza plurisubjectiva que encerra o PEOT.

Em nosso entender, a concreta indicação das normas a que se refere o nº 2 do artigo 25º do RJIGT assume-se como uma condição essencial para a cognoscibilidade, pelos múltiplos destinatários públicos e privados do plano, das opções planificatórias do novo instrumento de gestão territorial. Na realidade, a alegada superioridade hierárquica de que o PEOT formalmente dispõe nos termos da lei só terá efectiva relevância material no sistema de gestão territorial se forem respeitadas as três condições legalmente exigidas. Por um lado que o PEOT tenha, no curso do respectivo procedimento de dinâmica, identificado e ponderado o PROT que lhe pré-exista com incidência na mesma área. Em segundo lugar que após essa identificação e ponderação seja promovida a necessária compatibilização[1042]. Em terceiro lugar, e procedendo o PEOT à alteração ou revogação de normas de um PROT preexistente, deve ainda cumprir com a obrigação de indicação expressa de quais as normas daquele

---

[1041] Neste ponto vamos pois um pouco mais longe que a posição de FERNANDA PAULA OLIVEIRA, uma vez que, como esta autora refere *"...até podemos aceitar que não seja a mera ausência de referência, pelo PEOT, da revogação ou alteração das normas do PROT, que determina a sua invalidade, mas já será causa da sua invalidade a falta de conhecimento e de ponderação das opções constantes do PROT e a ausência de um motivo forte, do ponto de vista do interesse que lhe compete garantir, que fundamente uma opção diferente para a área em causa..."* até porque, prossegue a sobredita autora, *"...mesmo tratando-se de planos preexistentes de hierarquia inferior e que, por isso, não têm de ser respeitados pelo PEOT (como acontece claramente com os planos municipais de ordenamento do território), devem as suas opções, por força do princípio da contra-corrente, ser devidamente ponderadas e apenas afastadas quando o interesse público subjacente ao plano especial o justifique devendo, naturalmente, esta opção ser devidamente explicitada"*. Ver FERNANDA PAULA OLIVEIRA, "Quem dá, pode voltar a tirar....? Novas regras de ordenamento e direitos adquiridos", Anotação ao..., p. 155.

[1042] Cfr. artigo 10º, nº 5 da LBPOTU e artigo 20º, nº 2 do RJIGT.

que altera ou revoga. Trata-se, salvo melhor opinião, de **condições de verifica-ção cumulativa**, pelo que a preterição de qualquer uma delas gera, em nosso entender, a invalidade na modalidade de nulidade das opções planificatórias inovatórias contidas no novo instrumento de gestão territorial, *in casu* o PEOT.

O plano será pois nulo se tiver identificado e ponderado mas não tiver compatibilizado ou se, tendo identificado, ponderado e compatibilizado, não tiverem expressamente sido indicadas as normas alteradas ou revogadas do plano pré-existente (no caso o PROT).

A indicação das normas torna pois o plano inteligível para quem tem que o aplicar, permitindo saber que normas de um determinado plano pré-existente foram, em razão das novas opções planificatórias, alteradas ou revogadas.

A decisão do Pleno da Secção do Contencioso Administrativo, na sequência do qual veio então a ser proferido o Acórdão de 6 de Março de 2007 mantém a decisão recorrida mas mantém, também, o errado enquadramento jurídico dado à questão.

Um primeiro aspecto a que já aludimos é o que se relaciona com a constatação, ainda que implícita, pelo relator Rui Botelho quanto ao quadro legal a convocar para os autos. Na realidade, intui-se da passagem do acórdão em que refere "...*também não se vê como é que o POOC podia revogar, ou alterar, inexistentes normas do PROT para se dar cumprimento, como pretendia a recorrente, ao que se dispõe no artº 25, nº 2, do DL 380/99, de 22.9, (posterior a qualquer daqueles planos de ordenamento)*..." (sublinhado nosso) que as normas e o quadro legal invocado pela decisão recorrida não seriam aquelas mas o relator daí não retira quaisquer consequências. De facto, se as normas e o quadro legal em que se fundamentara a decisão recorrida no que se relaciona com as relações entre planos eram posteriores a esses mesmos planos, qual era então o quadro legal aplicável?

O relator Rui Botelho, convenientemente refira-se, não esclarece.

Rui Botelho entende, diversamente do que expendera a decisão recorrida que, para que existisse ou fosse necessário o estabelecimento de uma hierarquia entre o PROT e o POOC, imperioso era que entre eles, naquele estrito ponto em crise na decisão recorrida, "...*ocorresse alguma incompatibilidade que brigasse com a sua aplicação simultânea*", facto que, no seu entendimento não terá ocorrido. Deste modo, e contrariamente à decisão recorrida, para o relator Rui Botelho não haveria sequer necessidade de proceder à hierarquização dos planos em causa, uma vez que o POOC se teria limitado a emitir normas específicas relativas a matéria que não estava até aí regulada e que, como tal, se encontraria aberta a esse vazio normativo.

PARTE III – § 2º JURISPRUDÊNCIA ADMINISTRATIVA – BREVE ANÁLISE CRÍTICA

Ou seja, ao passo que no âmbito da decisão recorrida o relator se serve do critério (já por nós criticado) da ausência de regulamentação no âmbito do PROT sobre a matéria depois disciplinada pelo PEOT como fundamentação para uma superioridade/prevalência do PEOT sobre o PROT, Rui Botelho serve-se precisamente desse mesmo critério para fundamentar a desnecessidade de hierarquização entre ambos os planos (no caso do PEOT sobre o PROT) dado que o PEOT, ao ter-se limitado a preencher um vazio normativo dentro daquele que é o seu âmbito e de acordo com aqueles que são os seus objectivos, nenhuma incompatibilidade haveria que ser equacionada entre ambos.

Desta forma, o relator Rui Botelho, ficcionando a ausência de uma situação de concurso de normas entre o PROT e o POOC, por recurso ao mesmo critério da decisão recorrida, exime-se por completo a análise das obrigações que sobre os diversos planos a lei faz impender no âmbito das relações entre eles estabelecidas.

Temos pois, a um tempo, não só a aplicação de um errado quadro legal, como a apresentação de uma indevida fundamentação para a desnecessidade de proceder à hierarquização dos planos (PEOT sobre o PROT) como, ainda, por via deste expediente hermenêutico, o aniquilamento da dimensão de análise mais importante do acórdão e que era, em nosso entender, o das relações entre planos.

O relator vai mesmo ao ponto de afirmar que a ausência de incompatibilidade entre os planos em causa seria o único aspecto a relevar no contexto de recurso, pelo que, inexistindo tal situação de incompatibilidade, se deveria passar de imediato à análise de validade do acto de gestão urbanística sindicado.

Uma vez mais se alcança aqui a dificuldade dos juízes administrativos em lidar com a problemática juridicamente complexa das relações entre planos e dos deveres e obrigações que sobre os mesmos a lei faz impender nesse mesmo domínio. Compreende-se (ainda que dela se discorde) que essa seja a via mais fácil, não só para fugir ao enfrentamento da questão mais delicada da possível invalidação das normas inovatórias do plano hierarquicamente superior como, também, para chegar mais depressa ao que se afigura mais fácil e mais linear, ou seja a análise da validade do acto face ao plano e a sua eventual invalidação por nulidade. O que aliás sucedeu nos autos em análise.

Finalmente, também não deixa de ser interessante que o relator tenha tido o cuidado de referir que o PROT em causa havia sido emitido na vigência do Decreto-Lei nº 176-A/88, de 18 de Maio e não tenha, seguidamente, retirado as

379

conclusões que necessariamente se lhe impunham acaso tivesse também tido o cuidado de verificar que era esse mesmo diploma legal que se encontrava em vigor aquando da emissão do POOC (e, como tal, o diploma legal a convocar, juntamente com a LBPOTU, para enquadrar e dirimir eventuais problemas associados às relações entre planos), facto que, em nosso entender, poderia ter levado a conclusões bem diversas, em especial ao equacionamento (pelo menos à sua abordagem com vista, caso se justificasse, ao seu afastamento) da aplicação do regime de nulidade[1043] das disposições inovatórias do POOC por violação quer do disposto no número 1[1044] do artigo 12º desse diploma quer por inobservância do disposto no nº 5 do artigo 10º da LBPOTU, diploma este que se encontrava já em vigor em Abril de 1999 (data de emissão do POOC), quer, ainda, do disposto no nº 2[1045] do artigo 3º do Decreto-Lei nº 151/95, de 24 de Junho mas que, lamentavelmente, ambos os arestos omitiram na fundamentação que alicerçaram.

[1043] Cfr. nº 2 do artigo 12º do Decreto-Lei nº 176-A/88, de 18 de Maio:

«Artigo 12º

(...)

2 – A desconformidade de quaisquer planos, programas ou projectos enunciados no número anterior relativamente ao PROT acarreta a respectiva nulidade.»

[1044] Cfr. nº 1 do artigo 12º do Decreto-Lei nº 176-A/88, de 18 de Maio:

«Artigo 12º

1 – As normas e princípios constantes dos PROT são vinculativos para todas as entidades públicas e privadas, devendo com eles ser compatibilizados quaisquer outros planos, programas ou projectos de carácter nacional, regional ou local.

(...).»

[1045] Cfr. nº 2 do artigo 3º do Decreto-Lei nº 151/95, de 24 de Junho:

«Artigo 3º

(...)

2 – Os planos especiais de ordenamento do território e os planos regionais de ordenamento do território devem estar compatibilizados entre si.»

PARTE IV

As Relações de Compatibilidade e de Conformidade dos Planos no Contexto da «Neue Verwaltungsrechtswissenschaft»

Esboço de um novo princípio da legalidade administrativa...?

§ 1º O DIREITO DO URBANISMO COMO MANIFESTAÇÃO DA «NEUE VERWALTUNGSRECHTSWISSENSCHAFT» – IMPERATIVO DE UMA NOVA DOGMÁTICA?

1.1. A «Neue Verwaltungsrechtswissenschaft» – uma breve aproximação
Chegados que somos a esta fase da nossa investigação, há que extrair as pertinentes conclusões e formular as propostas que, sobre tudo o que já antes ficou escrito, nos parecem dever ser, efectivamente, relevadas, começando precisamente por propor, fundamentadamente, o enquadramento do direito do urbanismo na nova ciência do direito administrativo (a denominada «Neue Verwaltungsrechtswissenschaft»)[1046].

[1046] Utilizando, pela primeira vez, a expressão «Neue Verwaltungsrechtswissenschaft», ver WOLFGANG HOFFMANN-RIEM, *in* Methoden der Verwaltungsrechtswissenschaft, eds. EBERHARD SCHMIDT-AßMANN & WOLFGANG HOFFMANN-RIEM, 2004, pp. 9-13. FRITZ OSSENBÜHL refere-se a WOLFGANG HOFFMANN-RIEM como o "espírito rector" de toda a matéria relativa à «Verwaltungsrechtswissenschaft», ver FRITZ OSSENBÜHL, *in* Die Verwaltung, 40, 2007, pp. 125-132. ANDREAS VOßKUHLE, *in* Rechtswissenschaft und Rechtsliteratur im 20. Jahrhundert, Edições Willoweit, 2007, pp. 935-ss. CHRISTIAN BUMKE, "Die Entwicklung der Verwaltungsrechtswissenschaftlichen Methodik in der Bundesrepublik Deutschland", *in* Methoden der Verwaltungsrechtswissenschaft, Eds. EBERHARD SCHMIDT-AßMANN & WOLFGANG HOFFMANN-RIEM, Nomos Verlagsgesellschaft, Baden-Baden, 2004, pp. 73-130. MARTIN EIFERT, "Veröffentlichungen der Vereinigung der Deutschen Staatsrechtslehrer", 67, 2008, pp. 293-ss/314-ss. CLAUDIO FRANZIUS, "Funktionen des Verwaltungsrechts im "Steuerungsparadigma" der Neuen Rechtswissenschaft", *in* Die Verwaltung, 39, 2006, pp. 335-372. GUNNAR FOLKE SCHUPPERT, "Verwaltungsrecht und Verwaltungsrechtswissenschaft im Wandel, Von Planung über Steuerung zu Governance?" *in* Archiv des öffentlichen Rechts, Edições J.C.B. MOHR (PAUL SIEBECK) Tübingen, nº 133, 2008, pp. 79-106. RAINER SCHRÖDER, "Verwaltungsrechtdogmatic im Wandel"

A NULIDADE DO PLANO URBANÍSTICO

Em nosso entender, a compreensão dos actuais problemas colocados pelo direito do urbanismo e, concretamente, a falta de efectividade ou, porque não dizê-lo mesmo, a falência do regime de nulidade do plano urbanístico por incompatibilidade ou desconformidade com outro plano com o qual devesse ser compatível ou conforme passa, necessariamente, pela pré-compreensão de que o direito do urbanismo e uma significativa parte dos seus institutos comunga de muitas, senão mesmo da totalidade, dos traços identificadores da «Neue Verwaltungsrechtswissenschaft» que, refira-se, apesar do interesse que tem suscitado entre a doutrina alemã, têm também nela encontrado uma forte resistência[1047].

MOHR SIEBECK, Tübingen, 2007. ANDREAS VOßKUHLE, "Neue Verwaltungsrechtswissenschaft", *in* WOLFGANG HOFFMANN-RIEM, EBERHARD SCHMIDT-AßMANN & ANDREAS VOßKUHLE Grundlagen des Verwaltungsrechts, Volume I, Edições C.H. BECK, München, 2006, pp. 1-62, §1.
[1047] Para uma "overview" sobre a "resistência" oferecida por alguns autores alemães à «Neue Verwaltungsrechtswissenschaft», ver RAINER WAHL, "Herausforderungen und Antworten, Das Öffentliche Recht der letzten fünf Jahrzehnte, De Gruyter Rechtswissenschaften", Verlags, GmbH, Berlin, 2006, pp. 87-ss. FRIEDRICH SCHOCH, "Gemeinsamkeiten und Unterschiede von Verwaltungsrechtslehre und Staatsrechtslehre, *in* H. Schulze-Fielitz (Hrsg.), Staatsrechtslehre als Wissenschaft", *in* Die Verwaltung, 7, Suplemento, pp. 177-210. MICHAEL KLOEPFER, "Natur und Recht", 2007, p. 438. FRANK ROTTMANN, "Bemerkungen zu den neuen Methoden der Neuen Verwaltungsrechtswissenschaft", *in* Rechtstheorie in rechtspraktisher Absicht, Schriften zur Rechtstheorie, Heft 235, Freundesgabe zum 70. Geburtstag von FRIEDRICH MÜLLER, Herausgegeben von RALPH CHRISTENSEN und BODO PIEROTH, Edições Duncker & Humblot, GmbH, Berlin, 2008, pp. 207-216. Também a discussão que se seguiu aos relatórios de IVO APPEL e MARTIN EIFERT sobre a "Das Verwaltungsrecht zwischen klassischem dogmatischen Verständnis und Steuerungswissenschaftlichem Anspruch" (direito administrativo entre o entendimento clássico e aproximação ao conceito de direito administrativo como ciência de direcção) no Congresso da Associação dos Professores de Direito Público (Vereinigung der Deutschen Staatsrechtslehrer, VDStRL), em 2007, em Freiburg, contém algumas e interessantes perspectivas críticas relativamente à nova abordagem. Ver, por exemplo, STARCK (pp.334-ss)/ ISENSEE (pp.338-ss)/PERNICE (pp.341-ss)/LEGE (pp.344-ss)/WAECHTER (pp.345-ss)/LEPSIUS (pp.349-ss) e MATTHIAS JESTAEDT (pp.352-ss), todos em "Veröffentlichungen der Vereinigung der Deutschen Staatsrechtslehrer", 67, 2008, pp. 334-ss. Segundo WOLFGANG KAHL, o número e a veemência das objecções dirigidas à «Neue Verwaltungsrechtswissenschaft» revelam que a aceitação da mesma ainda não terá ocorrido entre um significativo número de académicos na área do direito público. Pelo contrário, as opiniões continuam a divergir de modo bastante significativo. Ver WOLFGANG KAHL, "What is 'new` about the 'New Administrative Law Science` in Germany?", *in* European Public Law, Edições Wolters Kluwer, Law & Business, Kluwer Law International, Volume 16, nº 1, Março, 2010, p. 107.

PARTE IV – §1º O DIREITO DO URBANISMO COMO MANIFESTAÇÃO...

Perceber a natureza e o sentido da denominada «Neue Verwaltungsrechts-wissenschaft» é, em certa medida, introduzir um *up-grade* hermenêutico nos tradicionais cânones interpretativos de que se reveste o velho direito adminis-trativo[1048], permitindo, a um tempo, não só a descodificação de um significativo universo de problemas com os quais a actual dogmática se defronta como, a outro, abrir ao intérprete, de forma desassombrada, novas vias de reflexão.

Pelo que a primeira opção que tomaríamos no contexto desta parte final da nossa tese seria exactamente a de reconduzir o problema da nossa inves-tigação à nova ciência do direito administrativo. Sobre a «Neue Verwaltungs-rechtswissenschaft» muito se tem escrito entre os autores alemães, ainda que haja alguns momentos mais marcantes que outros como o que resultou das rondas de reflexão e de discussão que tiveram lugar entre 1992 e 2003, em Heidelberg e em Hamburg e de que viriam depois a ser publicados dez volumes entre 1993 e 2004 com o sugestivo título «Schriften zur Reform des Verwaltungsrechts» (Estudos sobre a reforma do direito administrativo) e que culminou, em termos de categorização, desenvolvimento e clareza, com a obra «Grundlagen des Verwaltungsrechts», editada em três volumes por WOLFGANG HOFFMANN-RIEM, EBERHARD SCHMIDT-AßMANN & ANDREAS VOßKUHLE[1049].

Desde então, são muitos e qualificados os contributos que nos chegam. WOLFGANG KAHL, por exemplo, reflecte em particular, na necessidade de substituição do «método jurídico» («juristische Methode») por um outro mais aberto, interdisciplinar e em que o direito administrativo seja conce-bido como uma «ciência de direcção» («Steuerungswissenschaft»), capaz de guiar eficazmente os processos sociais. Para WOLFGANG KAHL as actuais mudanças na dogmática e no método do direito administrativo alemão mos-tram, acima de tudo, que o «steering model» não traduz um conceito tábua--rasa tendendo, pelo contrário, a reflectir, a longo prazo, um significativo

---

[1048] Afirmando que lhe parece ser indiscutível que uma grande parte das transformações da dogmática do Direito Administrativo, em particular no interior da organização e do procedi-mento da Administração Pública, têm lugar no âmbito do Direito do Urbanismo, podendo mesmo, segundo o autor, perguntar-se se os sinais de "velhice" do Direito Administrativo não serão afinal sinais de "nascimento" do Direito do Urbanismo; Ver PEDRO LOMBA, "Dilemas existenciais" do Direito do Urbanismo...; pp. 395-402.

[1049] WOLFGANG HOFFMANN-RIEM, EBERHARD SCHMIDT-AßMANN & ANDREAS VOßKUHLE Grundlagen des Verwaltungsrechts, Volumes I, II e III, Edições C.H. BECK, München, 2006/2008/2009.

A NULIDADE DO PLANO URBANÍSTICO

melhoramento do tradicional «juristic method» e da sua ideia rectora de «Ordnungsidee» (do ordenamento como sistema)[1050]. Também para ARNO SCHERZBERG a «Neue Verwaltungsrechtswissenschaft» assenta numa «ciência de direcção» («Steuerungswissenschaft») interdisciplinar, pelo que, nessa exacta medida, as abordagens empíricas, normativas e extra-legais fazem parte da "arquitectura" da «Neue Verwaltungsrechtswissenschaft»[1051]. EBERHARD SCHMIDT-AßMANN alude mesmo à necessidade de reforma[1052] da teoria geral

---

[1050] WOLFGANG KAHL, "What is 'new` about the 'New Administrative Law Science` in Germany?", *in* European Public Law, Edições Wolters Kluwer, Law & Business, Kluwer Law International, Volume 16, nº 1, Março, 2010, pp. 105-121. WOLFGANG KAHL, "Über einige Pfade und Tendenzen in Verwaltungsrecht und Verwaltungsrechtswissenschaft – ein Zwischenbericht", *in* Die Verwaltung, Band 42, 2009, pp. 463-501.

[1051] Ver ARNO SCHERZBERG, "Das Allgemeine Verwaltungsrecht zwischen Praxis und Reflexion", *in* HANS-CHRISTIAN RÖHL/HANS-HEINRICH TRUTE/CHRISTOPH MÖLLERS/THOMAS GROß (Hrsg.): Allgemeines Verwaltungsrecht – zur Tragfähigkeit eines Konzepts, Tübingen, Edições Trute, 2008, pp. 837-868.

[1052] Sobre as recentes (e muitas delas ainda em curso) alterações na teoria geral do direito administrativo e numa perspectiva de direito comparado, ver o interessante estudo de EBERHARD SCHMIDT-AßMANN e de STÉPHANIE DRAGON, "Les fondements compares des systèmes de droit administratif français et allemand, *in* Revue Française d'administration publique, nº 127, 2008, pp. 525-541. Questionando, provocatoriamente, o "fim do Estado", VOLKER BOEHME-NEßLER sinaliza a existência de alguns desenvolvimentos importantes que, progressivamente, tem vindo a mudar o papel dos Estados modernos, sinalizando muitos dos aspectos da «Neue Verwaltungsrechtswissenschaft». Advoga que, até agora, o Estado Moderno se tem baseado nas ideias de território e na existência de fronteiras físicas, sendo que estas ideias têm, no entanto, perdido progressivamente importância, facto a que não é estranho a era de tecnologia digital que presentemente vivemos e que permite ir para lá das fronteiras físicas. Refere ainda que os Estados enfrentam novos concorrentes, verificando-se mesmo que organizações privadas são chamadas a preencher as funções do Estado em cada nível da actividade política. Conclui, sugerindo que o Estado Moderno terá que reponderar, profundamente, o seu papel, procurando, quiçá, o exercício de novas funções; ver VOLKER BOEHME-NEßLER, "Das Ende des Staates?" Zu den Auswirkungen der Digitalisierung auf den Staat", *in* Zeitschrift für öffentliches Recht (ZFOR), Austrian Journal of Public and International Law, Edições Springer Wien New York, Band 64, Heft 2, 2009, pp. 145-199. Outros escritos ainda podem ser referidos no contexto das mudanças profundas na teoria geral do direito administrativo. Assim, na doutrina espanhola, e situando parte do seu artigo no contexto das novas alterações entre o público e o privado, resultam impressivas as palavras de LUIS ORTEGA quando refere que a "*...eficiência e a eficácia, como regras da acção administrativa, tornam-se regras racionais que, como tal, devem ser usadas não apenas no sentido de reforçar as garantias dos cidadãos com vista a potenciar a concretização de um determinado benefício ou de alcançar os resultados colectivos sociais que se revelem necessários ...como*

PARTE IV – § 1º O DIREITO DO URBANISMO COMO MANIFESTAÇÃO...

também no sentido de nos permitir compreender que a concepção moderna da actuação pública se projecta para lá da mera regra administrativa, pressupondo também a consideração de uma pluralidade de interesses públicos, na maior parte dos casos opostos...". O autor conclui então, quanto a este aparente bloqueio que, a solução terá que ser encontrada através da concepção do procedimento administrativo como uma fórmula complexa de identificar o melhor interesse que, em cada situação concreta, deve então ser protegido. Ver LUIS ORTEGA, "Main Changes in Administrative Law in the Last Decades", *in* European Review of Public Law (ERPL), Edições Esperia Publications, Vol. 22, nº 1, Spring/Printemps, 2010, pp. 199-218. Entre nós, VASCO PEREIRA DA SILVA, "Eine Reise durch das Europa des Verwaltungsrechts, Hannover 2006, pp. 41-56, tr. franc. "En Route!" Un nouveau Voyage à Travers L'Europe du Droit Administratif", Rouen 2008, ambos *in* International Legal Studies, European Scholars of the ELPIS Network, Edição de Bernd H. Oppermann, Universidade Halle-Wittenberg, 2009, respectivamente, pp. 41-56 e pp. 57-74. Ainda do mesmo autor, e rememorando o célebre filme de Stanley Kubrik, intitulado "2001: Odisseia no espaço", ver "2001: Odisseia no espaço conceptual do acto administrativo", *in* Cadernos de Justiça Administrativa, nº 28, Julho/Agosto, 2001, pp. 7-15. Luís FILIPE COLAÇO ANTUNES, "O Direito Administrativo sem Estado, Crise ou fim de um paradigma?" Coimbra Editora, Outubro, 2008, p. 19 e ss. MARIA DA GLÓRIA GARCIA, "Direito das Políticas...", pp. 167-196. Ainda de MARIA GLÓRIA GARCIA, e aludindo à importância da psicologia cognitiva e da neurobiologia para desenvolver a capacidade de prever e de antecipar os cenários de incerteza com que os decisores políticos se deparam, a autora refere que os seres humanos têm, ao longo do curso da história, aperfeiçoado as suas capacidades intelectuais quanto à memória e à compreensão do passado. No entanto, esclarece a autora que, em contrapartida, não formaram quaisquer capacidades de previsão, de trabalhar sobre quadros de incerteza e com cenários de probabilidades, de modo a que pudessem estar habilitados a prever o futuro e a visualizar as potenciais consequências dos fenómenos nas suas sinergias, donde, conclui, a parte do cérebro que a essas capacidades se refere está, comparativamente, atrofiada, não constituindo pois novidade alguma que o homem revele hoje as dificuldades que lhe conhecemos em lidar com o futuro. Cfr. MARIA DA GLÓRIA GARCIA, "What kind of future for public law is being prepared today?", *in* ERPL, 2009, pp. 93-107 e, ainda, a intervenção sob o título de "Constituição e Ordenamento do Território", apresentada no Encontro Anual da AD URBEM..., pp. 23-32. Aludindo a um fenómeno de "corrosão interna" do direito administrativo geral e apresentando um conjunto de manifestações do novo direito administrativo, ver SUZANA TAVARES DA SILVA, "Um Novo Direito..." pp. 59-93. Advogando ainda que o próprio direito administrativo tem de se adaptar à nova realidade a partir do instrumentário que utiliza, ver SUZANA TAVARES DA SILVA, "A nova dogmática do Direito Administrativo: o caso da administração por compromissos", *in* Estudos da Contratação Pública – I (número especial), Organização PEDRO GONÇALVESA, Centro de Estudos de Direito Público e Regulação (CEDIPRE), FDUC, Edições Coimbra Editora, Dezembro, 2008, pp. 893-942. Também da mesma autora, veja-se a excelente anotação ao Acórdão do TCA Sul (1ª Secção), de 5 de Março de 2009 (Processo nº 4493/08), relativo à apreciação, no âmbito de uma providência cautelar respeitante a um procedimento de formação de um contrato (artigo 132º do CPTA), da legalidade das normas do programa de concurso elaborado pelo Ministério do Ambiente, do Ordenamento do Território e do Desenvolvimento Regional (MAOTDR) e destinado à atribuição de concessão para captação de água no Rio Vouga para a produção de energia hidroeléctrica e implantação de infra-estruturas hidráulicas necessárias. Nesta anotação, a autora considera que a decisão judicial tomada, não obstante ter pressupostas importantes dimensões problemáticas do que hoje se rotula como nova ciência do direito administrativo, não lhes atribuiu qualquer relevância autónoma, pelo que não pode obviamente deixar de ser uma «infeliz coincidência», ver SUZANA TAVARES DA SILVA, "Manifestação da nova ciência do direito administrativo ou "infeliz coincidência"?", *in* Cadernos de Justiça Administrativa, nº 77, Setembro/Outubro, 2009, pp. 29-44. Na doutrina italiana, SABINO CASSESE, partindo do *mosaico di contraddizioni* que, na sua opinião, é a expressão que melhor caracteriza o actual direito administrativo, advoga a necessidade da ciência jurídica do direito administrativo se dever perspectivar, de forma integrada, com outras disciplinas, potenciando-se, desse modo, o surgimento de um novo método de estudo que permita, a longo prazo, identificar as razões para os actuais paradoxos do direito administrativo, ver SABINO CASSESE, "Le droit tout puissant et unique de la societé. Paradossi del diritto amministrativo", *in* Rivista trimestrale di diritto pubblico (RTDP), Giuffrè Editore, nº 4, 2009, pp. 879-902, artigo igualmente publicado, sob o título "Le droit tout puissant et unique de la société. Paradoxes of administrative law" *in* ERPL, Edições Esperia Publications, Vol. 22, nº 1, Spring/Printemps, 2010, pp. 171-198. SABINO CASSESE aludindo, presentemente, a um direito administrativo pleno de ambiguidades, refere que se ele é, um tempo, um corpo estável de regras e de funcionários, a outro tempo consente a gestão a funcionários eleitos. Trata-se, segundo o autor, de um direito administrativo fundado na decisão mas precedido de um procedimento. Apresenta-se como unilateral mas procura o acordo, impõe-se pela força mas submete-se ao controlo dos tribunais, obedece à política mas também a regras técnicas e critérios jurídicos. É legitimado pelo consenso mas, principalmente, pelo direito. É, como SABINO CASSESE faz questão de notar, um direito administrativo pautado pelo *gubernaculum* (atento o seu poder discricionário e a sua insindicabilidade) mas é, também, jurídico, porque o poder é exercido sempre segundo a lei. Ver SABINO CASSESE, "Tendenze e Problemi del Diritto Amministrativo", *in* Rivista trimestrale di diritto pubblico (RTDP), Giuffrè Editore, nº 4, 2004, pp. 901-912. GIACINTO DELLA CANANEA, "Al di là dei confini statuali. Principi generali del diritto pubblico globale", Il Mulino, 2009. GIULIO NAPOLITANO, "Sul futuro delle scienze del diritto pubblico: variazioni su una lezione tedesca in terra americana", *in* Rivista trimestrale di diritto pubblico (RTDP), Giuffrè Editore, Ano LX, 2010, pp. 1-20. Advogando que o direito administrativo não escapa ao "vento reformista", estando exposto, como tal, às inovações estruturais, procedimentais e substanciais, ver FLORENCE ZAMPINI, "Italie: quelques mutations em matière de droit administratif", *in* RFDA, 17º Ano, nº 1, Janeiro/ Fevereiro, 2001, pp. 135-145. STEWART RICHARD B., "Il diritto amministrativo nel XXI secolo" *in* RTDP..., nº 1, 2004, pp. 1-29. Na doutrina francesa ver, com especial interesse sobre a transformação do direito administrativo, JEAN-BERNARD AUBY, "La bataille de San Romano, Réflexions sur les évolutions récentes du droit administratif", *in* AJDA, Edições Dalloz, nº 11, Novembro, 2001, pp. 912-926. Também do mesmo autor, e abordando as principais consequências que o fenómeno da globalização tem gerado no direito público em geral e, em especial, no

PARTE IV – § 1º O DIREITO DO URBANISMO COMO MANIFESTAÇÃO...

direito administrativo, Jean-Bernard Auby evidencia que a já denominada teoria do direito administrativo global se assume como um instrumento central na reflexão a desenvolver sobre os actuais e incontornáveis problemas jurídicos suscitados pela «multilevel governance», ver Jean-Bernard Auby, "La globalisation, le droit et l' État", Edições LGDJ, Lextenso Éditions, Paris, 2ª Edição, 2010, pp. 240-247. Considerando que assistimos, em resultado da globalização, a um progressivo desenvolvimento de uma espécie de «património comum internacional do direito administrativo», caracterizado por um certo número de princípios e de modelos que não só propendem a tornar-se no alicerce comum dos direitos administrativos dos diversos Estados de Direito como, igualmente, têm sido objecto de uma aceitação internacional traduzida, nalguns casos, pela existência de normas obrigatórias; Ver Jacques Chevallier, "La mondialisation de l' État de droit", in Mélanges Ardant, Edições LGDJ, Lextenso Éditions, Paris, 1999, p. 325. Stefano Battini, Gaetano D'auria, Giacinto Della Cananea, Claudio Franchini, Alberto Massera, Bernardo Giorgio Mattarella, Giulio Napolitano, Aldo Sandulli, Luisa Torchia, Giulio Vesperini, "Il diritto amministrativo oltre i confini", Omaggio degli allievi a Sabino Cassese, Giuffrè Editore, 2008. Reflectindo sobre a evolução contemporânea do direito administrativo, François Béroujon refere que a modernidade do direito administrativo se traduz, na perspectiva de uma "destruição criativa", numa unidade reencontrada do direito através da noção de poder público e de uma multiplicidade de regras que são produzidas na sua periferia. Para o autor, ao passo que o conceito de «destruição criativa» coloca o acento tónico sobre os benefícios obtidos por força da transformação de estruturas antigas por estruturas modernas, o conceito de «recomposição destrutiva» reenvia exactamente o direito administrativo para os esquemas conceptuais utilizados no século XIX, no momento em que entramos precisamente no século XXI. Para o autor, o facto de se revisitar determinadas lógicas do século XIX não implica, necessariamente, uma negação da modernidade, ver François Béroujon, "Evolution du droit administratif: avancée vers la modernité ou retour aux Temps modernes", in RFDA, 24º Ano, nº 3, Maio/Junho, 2008, pp. 449-455. Prosper Weil e Dominique Pouyaud, referindo-se a um novo direito administrativo ou a um direito administrativo em mutação, sinalizam a existência de um «novo ambiente normativo» e de uma «nova paisagem institucional», ver Prosper Weil e Dominique Pouyaud, "Que sais-je?...", pp. 23-25. Jean-Marie Pontier, "Qu`est-ce que le droit administratif?", in AJDA, Edições Dalloz, nº 23, Outubro, 2006, pp. 1937-1940. Jacques Cailosse, "La Constitution imaginaire de l' administration. Recherche sur la politique du droit administratif", Colecção "Les voies du droit", Edições PUF, 2008. Na doutrina espanhola, Oriol Mir Puigpelat, partindo do entendimento do direito administrativo como direito exorbitante da administração pública dirigido a conciliar o interesse geral e os interesses particulares, advoga que uma redefinição do conceito de direito administrativo só cobrará verdadeiro sentido se se fizer acompanhar de uma redefinição dos restantes sectores do ordenamento jurídico. No seu entendimento, os distintos sectores do ordenamento jurídico não são fruto de uma divisão estritamente racional, realizada num determinado momento e com base num determinado critério (*ou mesmo de múltiplos critérios compatíveis entre si*), antes correspondendo a sectores que se foram "decantando" ao longo do curso da história a partir de uma multiplicidade de critérios, na maior parte

do direito administrativo, avançando com algumas ideias chave num desafiante e brilhantemente escrito publicado em duas partes[1053]. Para EBERHARD SCHMIDT-Aßmann a «Neue Verwaltungsrechtswissenschaft» relaciona-se com o processo de implementação da lei na sua globalidade permitindo, por essa razão, que sejam tomados em consideração uma pluralidade de factores na criação do próprio sistema jurídico[1054]. Na construção que nos oferece, EBERHARD SCHMIDT-Aßmann considera que no processo de procura do equilíbrio entre a estabilidade e a mudança, o problema fundamental a resolver passará pela determinação das forças motrizes que concretizam as adaptações ou as transformações necessárias na esfera do direito administrativo, sendo que essas forças são, no seu entender, a jurisprudência, o legislador, a doutrina e o poder executivo[1055]. No que se refere por exemplo ao papel da jurisprudência, o autor ilustra precisamente com o caso do controlo de ponderação, em matéria de procedimentos de elaboração de planos, facto que terá permitido, após a aprovação da Constituição de Bona em 1949, enquadrar de forma adequada a actividade administrativa de planificação de acordo com as exigências do Estado de Direito[1056]. Também a doutrina científica assume um papel decisivo, o que não significa de modo algum que tenha que existir,

---

dos casos incompatíveis. ORIOL MIR PUIGPELAT conclui então que o ordenamento jurídico actual não é um jardim francês bem tratado e aprazível, antes sim uma selva frondosa de normas criadas muitas vezes de forma inexplicável. Não é, como faz questão de enfatizar, um mapa de fronteiras nítidas, mas sim um conjunto de círculos de amplitude distinta que se atravessam e sobrepõem em múltiplos pontos, ver ORIOL MIR PUIGPELAT, "El concepto de derecho administrativo desde una perspectiva lingüística y constitucional", *in* Revista de Administración Pública (RAP), nº 162, Madrid, Setembro/Dezembro, 2003, pp. 47-87.

[1053] Assim temos uma primeira parte, EBERHARD SCHMIDT-Aßmann, "Cuestiones fundamentales sobre la reforma de la Teoría General del Derecho Administrativo. Necessidad de la innovación y presupuestos metodológicos", pp. 15-132 e, a segunda, EBERHARD SCHMIDT-Aßmann, "El método de la ciencia del Derecho Administrativo", pp. 133-175) inicialmente, em 2006, na obra colectiva "Innovación y reforma en el Derecho Administrativo", sob a égide do Professor JAVIER BARNÉS, edições Global Law Press, Editorial Derecho Global, Sevilha e, mais recentemente, em 2008, em dois números da Revue Française de Droit Administratif (RFDA), a saber, "Droit administratif et justice administrative, Permanence et renouveau – Principes de base d'une reforme du droit administratif" (primeira parte), in RFDA, 24º Ano nº 3, Maio/Junho, 2008, pp. 427-448 e, a segunda parte, in RFDA, 24º Ano nº 4, Julho/Agosto, 2008, pp. 667-687.

[1054] EBERHARD SCHMIDT-Aßmann, "Ordnungsidee und Steuerungsfunktion des Allgemeinen Verwaltungsrechts", *in* Festschrift für GÜNTER PÜTTNER, 2007, pp. 3-9.

[1055] EBERHARD SCHMIDT-Aßmann, "Droit administratif et justice...", pp. 427-429.

[1056] EBERHARD SCHMIDT-Aßmann, "Droit administratif et justice...", p. 428.

PARTE IV – §1º O DIREITO DO URBANISMO COMO MANIFESTAÇÃO...

constantemente, mudanças de paradigma, até porque se existe alguma característica que distingue o direito face às outras ciências sociais é precisamente o grau de estabilidade que lhe assiste. O que interessa à ciência do direito administrativo é, antes, o desenvolvimento de um trabalho em paralelo ou conjugadamente com a dogmática e não apenas no seio desta última, tarefa que exige sólidos conhecimentos da parte geral e da parte especial do direito administrativo[1057]. A procura não pode ficar prisioneira do estado actual da dogmática, antes devendo ir sim mais além, em particular observando o exterior com uma melhor perspectiva, a fim de aferir da solidez da sua articulação ou mesmo de identificar os pontos de fricção em que podem e devem desejavelmente ser operadas as mudanças[1058]. Na concepção tradicional de direito administrativo, a administração é definida de maneira residual ou negativa, aparecendo como um bloco fechado, hierarquicamente ordenado e articulado no plano interno, de acordo aliás com o dogma da unidade da administração e traduzindo, como tal, um conglomerado de carácter unitário[1059]. A lei dirige a administração numa perspectiva de programas materiais que comportam o maior detalhe possível[1060]. Simultaneamente, o conteúdo da lei traz consigo a pré-determinação da conduta da administração para cada hipótese, sendo que a administração executa a lei através de actos formalizados e com o apoio de determinadas técnicas de integração nas categorias jurídicas existentes[1061]. Para EBERHARD SCHMIDT-AßMANN, o procedimento desempenha nesse contexto apenas um papel secundário, em que o essencial não é tanto a observação das regras formais mas sim a legalidade material das decisões adoptadas[1062]. Os tribunais, por seu turno, controlam a conformidade das decisões administrativas face ao direito e sob o olhar atento de um programa completamente estabelecido pela lei[1063]. Na opinião de EBERHARD SCHMIDT-AßMANN, é esta tríade de presunções – a unidade da administração, a formalização da sua acção e a aplicação do direito compreendido como simples execução- que consubstancia um modelo muito compacto e fechado sobre si próprio, facto

---

[1057] EBERHARD SCHMIDT-AßMANN, "Droit administratif et justice...", p. 428.

[1058] EBERHARD SCHMIDT-AßMANN, "Droit administratif et justice...", pp. 428-429.

[1059] EBERHARD SCHMIDT-AßMANN, "Droit administratif et justice...", p. 429.

[1060] EBERHARD SCHMIDT-AßMANN, "Droit administratif et justice...", p. 429.

[1061] EBERHARD SCHMIDT-AßMANN, "Droit administratif et justice...", p. 429.

[1062] EBERHARD SCHMIDT-AßMANN, "Droit administratif et justice...", p. 429.

[1063] EBERHARD SCHMIDT-AßMANN, "Droit administratif et justice...", p. 429.

que ajuda a explicar a simplicidade que o caracteriza e o fascínio que essa mesma simplicidade despoleta à doutrina e à jurisprudência[1064].

EBERHARD SCHMIDT-AßMANN advoga neste contexto a insuficiência do modelo explicativo de direcção pela lei, pugnando pela necessidade de estabelecer novas coordenadas segundo as quais se desenvolverão os estudos sobre a reforma do direito administrativo, coordenadas essas que passam, no seu entender, por três conceitos chave: a perspectiva de ciência de direcção, a constitucionalização e os quadros de referência[1065]. Relativamente ao postulado da ciência de direcção, o autor começa por referir que o direito, por definição, é orientado pela eficácia, pelo que a ciência jurídica deve preocupar-se com a realização deste objectivo na vida real, não podendo confinar-se à construção dogmática de cada instituição ou regra[1066]. O direito administrativo preocupa-se, igualmente, com as condições e os pressupostos que permitem a uma determinada entidade ser eficaz, o que implica não apenas que cada entidade seja inserida num contexto mais amplo, como que as suas relações recíprocas e as suas infracções sejam analisadas de modo a que o cumprimento da sua função de ordenamento possa também ele ser assegurado[1067]. Ao ser concebida como ciência de direcção, a ciência do direito administrativo estará em condições de guiar eficazmente os processos sociais, tarefa que exigirá um certo distanciamento e um certo espírito de inovação relativamente ao pensamento jurídico tradicional e, em particular, no que à sua concepção dogmática e metodológica se refere[1068]. O autor fala, a este propósito, numa nova vista sobre o sistema dogmático e sobre o método utilizado para o construir[1069]. Não se trata, como explica EBERHARD SCHMIDT-AßMANN, de abandonar os pressupostos e os postulados sobre os quais se fundou o direito administrativo tradicional, mas sim de completar o sistema clássico com a ajuda de outros modelos com os quais ele deva coexistir[1070]. Neste sentido, as instituições da teoria geral, tal qual elas foram tradicionalmente concebidas, perdem, em certa medida, o seu protagonismo, deixando de ocupar a posição dominante que até então vinham ocupando para se tornarem em modelos de base, funda-

---

[1064] EBERHARD SCHMIDT-AßMANN, "Droit administratif et justice...", pp. 429-430.

[1065] EBERHARD SCHMIDT-AßMANN, "Droit administratif et justice...", p. 431.

[1066] EBERHARD SCHMIDT-AßMANN, "Droit administratif et justice...", p. 431.

[1067] EBERHARD SCHMIDT-AßMANN, "Droit administratif et justice...", p. 431.

[1068] EBERHARD SCHMIDT-AßMANN, "Droit administratif et justice...", p. 431.

[1069] EBERHARD SCHMIDT-AßMANN, "Droit administratif et justice...", p. 431.

[1070] EBERHARD SCHMIDT-AßMANN, "Droit administratif et justice...", p. 431.

PARTE IV – § 1º O DIREITO DO URBANISMO COMO MANIFESTAÇÃO...

mentais que, ao lado dos novos modelos que se delineiam, devem formar um complexo normativo, também ele muito mais intrincado e poliédrico[1071]. Também a submissão da acção da Administração à lei e a legitimidade democrática do próprio executivo não podem, doravante, ser compreendidas como simples relações lineares ou de causalidade, numa lógica *top-down*, mas sim como um processo muito mais complexo no qual se produzem igualmente efeitos inversos de carácter horizontal[1072]. EBERHARD SCHMIDT-AßMANN refere que a organização administrativa não pode ser concebida como uma simples unidade fechada sobre si própria, sem se abrir ao exterior e sem se articular hierarquicamente no seu interior[1073]. Ela deve sim apresentar-se como um conjunto de diferentes fórmulas de organização. Por outro lado, e quanto à determinação da conformidade da acção administrativa à lei, a perspectiva tradicional de controlo não se lhe afigura suficiente, sendo antes necessário situar o controlo na perspectiva da acção administrativa[1074]. Por fim, refere ainda o autor que a actividade administrativa dotada de autoridade coabita hoje com a actividade sujeita ao direito privado, em que a decisão unilateral coexiste com o acordo/consenso e, a actividade formalizada, com as acções administrativas de natureza informal[1075]. A construção sistemática do direito administrativo de hoje deve tomar em consideração, simultaneamente, as duas dimensões – a tradicional e a nova-[1076]. Todavia, não se trata de uma simples justaposição de uma e outra porquanto, no interior de todo o sistema, a renovação e os contributos ou complementos trazidos para um dos elementos afecta, inevitavelmente, a posição relativa que os outros elementos ocupam até aqui[1077]. No conceito de «direcção» das ciências sociais de que nos fala EBERHARD SCHMIDT-AßMANN, é possível divisarmos algumas ideias nucleares. Trata-se de um quadro teórico capaz de analisar os factores determinantes dos processos sociais e de investigar as suas próprias dinâmicas e as condições relativas ao ambiente em que se manifestam[1078]. Pretende-se que esse quadro teórico seja capaz, após a referida análise, de fornecer uma base para a identificação da influência do direito na

---

[1071] EBERHARD SCHMIDT-AßMANN, "Droit administratif et justice...", pp. 431-432.

[1072] EBERHARD SCHMIDT-AßMANN, "Droit administratif et justice...", p. 432.

[1073] EBERHARD SCHMIDT-AßMANN, "Droit administratif et justice...", p. 432.

[1074] EBERHARD SCHMIDT-AßMANN, "Droit administratif et justice...", p. 432.

[1075] EBERHARD SCHMIDT-AßMANN, "Droit administratif et justice...", p. 432.

[1076] EBERHARD SCHMIDT-AßMANN, "Droit administratif et justice...", p. 432.

[1077] EBERHARD SCHMIDT-AßMANN, "Droit administratif et justice...", p. 432.

[1078] EBERHARD SCHMIDT-AßMANN, "Droit administratif et justice...", p. 432.

sociedade e da forma mais adequada para aquele se poder desenvolver eficazmente[1079]. Para EBERHARD SCHMIDT-AßMANN, é fundamental ter-se presente que a perspectiva de direcção tem também os seus limites, desde logo porque não se pode reduzir tudo a um enunciado puramente mecânico[1080]. De facto, para o autor, teremos muito pouco a ganhar se às concepções tradicionais do direito administrativo (às vezes um pouco simplistas, tais como as que resultam, por exemplo, de uma administração organizada de forma hierarquizada que não tem outra função que não seja a de executar a lei segundo o modo dedutivo) sobrepusermos um modelo igualmente simples do ponto de vista das ciências sociais[1081]. A direcção pelo direito não se pode resumir aos próprios meios de autoridade e de restrição com a finalidade de execução imperativa da lei[1082]. Uma visão moderna da direcção obriga a que nela se inclua todas as modalidades do direito, circunstância a que se associa também o facto dos diversos programas terem carácter materialmente legislativo, convocando uma aplicação simples e directa dos instrumentos financeiros, organizacionais e procedimentais[1083]. Importante também na construção proposta por EBERHARD SCHMIDT-AßMANN é a valorização que o mesmo advoga no recurso à parte especial do direito administrativo, uma vez que será nela que se poderão encontrar os campos de referência[1084]. Dada a elevada abstracção da parte geral do direito administrativo, o autor considera que ela apenas permite divisar o direito administrativo como um sistema, como uma construção[1085]. Ora isso não é de todo suficiente. É preciso conhecer, de forma muito precisa e com elevada profundidade, o urbanismo, o regime local, a segurança pública e ordem pública para construir de forma consistente o sistema de direito administrativo[1086]. Do direito administrativo especial, espera-se que seja capaz de preencher duas importantes funções na perspectiva de actualizar os seus institutos[1087]. Por um lado, uma função heurística que nos impelirá para a procura, no seu interior, dos sectores mais representativos no actual domínio

---

[1079] EBERHARD SCHMIDT-AßMANN, "Droit administratif et justice...", p. 432.

[1080] EBERHARD SCHMIDT-AßMANN, "Droit administratif et justice...", p. 432.

[1081] EBERHARD SCHMIDT-AßMANN, "Droit administratif et justice...", p. 432.

[1082] EBERHARD SCHMIDT-AßMANN, "Droit administratif et justice...", p. 432.

[1083] EBERHARD SCHMIDT-AßMANN, "Droit administratif et justice...", pp. 432-433.

[1084] EBERHARD SCHMIDT-AßMANN, "Droit administratif et justice...", p. 441.

[1085] EBERHARD SCHMIDT-AßMANN, "Droit administratif et justice...", p. 441.

[1086] EBERHARD SCHMIDT-AßMANN, "Droit administratif et justice...", p. 441.

[1087] EBERHARD SCHMIDT-AßMANN, "Droit administratif et justice...", p. 441.

PARTE IV – § 1º O DIREITO DO URBANISMO COMO MANIFESTAÇÃO...

da administração pública, ou seja, os tais campos de referência[1088]. Por outro lado, espera-se que seja capaz de exercer uma função metodológica, em que o objecto se traduza precisamente na necessidade de disciplinar a própria prática[1089]. Como faz questão de enfatizar o autor, os diferentes sectores do direito administrativo especial constituem um repositório de soluções que a Administração adoptou durante o exercício da sua actividade simbolizando, simultaneamente, o espelho no qual se reflectem as necessidades de regulação contemporâneas[1090]. Na exigente tarefa de selecção dos campos de referência, o direito do urbanismo constitui um sector que ilustra, de forma muito clara, as profundas transformações que se produziram e têm produzido no interior dessa política pública, depois das primeiras intervenções pontuais de outrora até ao actual modelo de planificação urbana[1091].

EBERHARD SCHMIDT-AßMANN apresenta-nos então alguns exemplos possíveis das mudanças de perspectiva do direito administrativo[1092]. Em primeiro lugar, passa-se de uma perspectiva de controlo jurisdicional a uma perspectiva centrada na própria acção administrativa[1093]. Em segundo lugar, passa-se de uma dogmática de execução para a administração dirigida pela lei e, por fim, de um direito administrativo de prestação para um direito administrativo de garantia[1094].

Na nova ciência do direito administrativo, o autor considera serem decisivos estes três aspectos, ainda que reconheça que eles não constituem o *cânon* de normalidade, uma vez que não sintetizam o estado da questão, não traduzindo, por conseguinte, a situação dogmática normal[1095]. Sobre este ponto são algumas e muito preciosas as reflexões de EBERHARD SCHMIDT-AßMANN.

Para o autor, é importante antes de tudo que se tenha bem presente que mesmo nas situações em que se revele um elemento indispensável e de uma indiscutível pertinência, o controlo judicial não se assume, de forma alguma, como a única forma de controlo da administração pública, uma vez que, como

---

[1088] EBERHARD SCHMIDT-AßMANN, "Droit administratif et justice...", p. 441.
[1089] EBERHARD SCHMIDT-AßMANN, "Droit administratif et justice...", p. 441.
[1090] EBERHARD SCHMIDT-AßMANN, "Droit administratif et justice...", p. 441.
[1091] EBERHARD SCHMIDT-AßMANN, "Droit administratif et justice...", p. 441.
[1092] EBERHARD SCHMIDT-AßMANN, "Droit administratif et justice...", p. 443.
[1093] EBERHARD SCHMIDT-AßMANN, "Droit administratif et justice...", p. 443.
[1094] EBERHARD SCHMIDT-AßMANN, "Droit administratif et justice...", p. 443.
[1095] EBERHARD SCHMIDT-AßMANN, "Droit administratif et justice...", p. 443.

A NULIDADE DO PLANO URBANÍSTICO

faz questão de salientar, a própria ideia de controlo não é a única que conta[1096]. O direito administrativo interessa-se da mesma maneira por outras perspectivas e por outras dimensões. As Constituições alemã e espanhola apontam claramente para a existência de um conjunto de controlos (de natureza parlamentar, judicial e administrativa) que operam como um todo e em interação constante[1097]. No "coração desse sistema", encontramos juízes e tribunais aos quais compete exercer o controlo com grande rigor, em termos estritamente jurídicos[1098]. Da mesma maneira que a acção administrativa não é apenas legal ou conforme ao direito, deve também procurar-se, segundo o autor, responder segundo outros critérios de correcção, fazendo, se necessário, intervir paralelamente outros mecanismos de controlo capazes de proceder à identificação de medidas e respectivas avaliações correspondentes a esses outros critérios ou parâmetros da acção administrativa[1099]. Para o autor, a teoria dos controlos deve pois ser concebida de forma mais ampla, de modo a integrar a análise económica da acção administrativa, o controlo financeiro, o controlo exercido pela opinião pública e pelos cidadãos no âmbito da sua participação nos procedimentos e, ainda, o controlo a que a Comissão Europeia submete as diversas administrações nacionais[1100]. Deve pois, no seu entendimento, evitar-se uma concepção estrita do controlo que se reconduza apenas e tão só ao controlo jurisdicional[1101]. Por outro lado, o exercício do controlo não deve realizar-se necessariamente por intermédio de orgãos e de procedimentos próprios e específicos, podendo sim, em função das circunstâncias, ser suficiente instituir um controlo concreto sobre um determinado elemento do procedimento administrativo[1102]. Não obstante ser frequente que os controlos se situem no quadro de relações de superioridade e de subordinação que os órgãos e as instituições conservam entre eles, existem também controlos (doravante até com maior intensidade) que se inserem no quadro das relações de colaboração entre o público e o privado[1103].

[1096] EBERHARD SCHMIDT-AßMANN, "Droit administratif et justice...", p. 443.

[1097] EBERHARD SCHMIDT-AßMANN, "Droit administratif et justice...", p. 444.

[1098] EBERHARD SCHMIDT-AßMANN, "Droit administratif et justice...", p. 444.

[1099] EBERHARD SCHMIDT-AßMANN, "Droit administratif et justice...", p. 444.

[1100] EBERHARD SCHMIDT-AßMANN, "Droit administratif et justice...", p. 444.

[1101] EBERHARD SCHMIDT-AßMANN, "Droit administratif et justice...", p. 444.

[1102] EBERHARD SCHMIDT-AßMANN, "Droit administratif et justice...", p. 444.

[1103] EBERHARD SCHMIDT-AßMANN, "Droit administratif et justice...", p. 444.

PARTE IV – §1º O DIREITO DO URBANISMO COMO MANIFESTAÇÃO...

Como explica Eberhard Schmidt-Aßmann, servindo-se da brihante reflexão de Wolfgang Hoffmann-Riem[1104], o «controlo e a cooperação não são conceitos necessariamente contraditórios»[1105]. Com efeito, o que é decisivo é que se assegure, no plano dos sujeitos, da organização e do procedimento, a distância específica que reclama o exercício do controlo[1106]. No entanto, para a mudança efectiva de perspectiva, não será apenas suficiente completar o controlo judicial por uma concepção mais ampla da teoria dos controlos[1107]. Na realidade, admite-se que o direito administrativo deva prosseguir uma dupla função, qual seja a de enquadrar ou de racionalizar a acção administrativa por um lado e, por outro, garantir a efectividade dessa acção[1108].

Na reflexão que Eberhard Schmidt-Aßmann ensaia quanto à dogmática da execução da lei dirigida pela administração, o autor advoga a necessidade de transição de uma posição clássica do problema da submissão da Administração à lei (*no seu entender não apenas à lei parlamentar mas também às normas europeias e internacionais e do direito emanado do próprio executivo*), porquanto insuficiente e incapaz de fornecer uma resposta para explicar e tratar outras hipóteses igualmente importantes, para aquilo que ele designa como a posição neces-sária do problema, traduzida no seu entender na construção de um modelo complexo para estruturar e explicar a aplicação da lei pela Administração[1109]. Na posição clássica do problema, a legalidade da acção da Administração era entendida como aplicação da lei, cujas bases assentavam, essencialmente, em três linhas rectoras. A submissão à lei exprime-se através do enunciado da norma[1110]. O enunciado da norma é visto como uma soma de conceitos legais, em que se distingue a situação de facto e as consequências jurídicas e em que a respectiva conexão se assegura através da determinação dos efeitos ou con-sequências[1111]. Finalmente, a lei é aplicada segundo o método das três escalas, interpretação, identificação dos factos e das categorias jurídicas nas quais se

---

[1104] Wolfgang Hoffmann-Riem, "Verwaltungskontrolle-Perspektiven", *in* Verwaltungskon-trolle, Eberhard Schmidt-Aßmann/Wolfgang Hoffmann-Riem (Hrsg.) Nomos Verlagsge-sellschaft, Baden-Baden, 2001, pp. 325-366.

[1105] Eberhard Schmidt-Aßmann, "Droit administratif et justice...", p. 444.

[1106] Eberhard Schmidt-Aßmann, "Droit administratif et justice...", p. 444.

[1107] Eberhard Schmidt-Aßmann, "Droit administratif et justice...", p. 444.

[1108] Eberhard Schmidt-Aßmann, "Droit administratif et justice...", p. 444.

[1109] Eberhard Schmidt-Aßmann, "Droit administratif et justice...", pp. 445-447.

[1110] Eberhard Schmidt-Aßmann, "Droit administratif et justice...", p. 445.

[1111] Eberhard Schmidt-Aßmann, "Droit administratif et justice...", p. 445.

procurarão depois subsumir[1112]. Este último mecanismo é a pedra angular da submissão da Administração à lei, assente num modelo estratificado mas em que não inclui a realidade da sua aplicação[1113].

Perante o cenário de insuficiência do modelo tradicional, EBERHARD SCHMIDT-AßMANN propõe um reposicionamento (ou o necessário posicionamento) do problema, assente na construção de um modelo complexo que se revele, simultaneamente, capaz de estruturar e de explicar a aplicação da lei pela Administração[1114]. Um modelo mais completo e, simultaneamente, mais flexível que possa tomar em consideração e enquadrar a entrada em jogo de "outras formas de legislar" e que, por essa mesma razão, seja capaz de ir mais longe do que uma estrutura simplista e omnicompreensiva, à qual apenas se liga uma consequência jurídica. Ilustra a sua ideia, avançando com alguns exemplos que a própria lei prevê e dirige à Administração[1115]. O caso das cláusulas e ordens de ponderação de valores e dos bens em presença, característicos de uma tomada em consideração de natureza territorial dos problemas[1116]. A fixação exclusiva de objectivos e de fins, de garantias de resultado ou mesmo a habilitação legal concedendo à Administração margens de apreciação e de avaliação de carácter técnico[1117].

Já WOLFGANG HOFFMANN-RIEM parte, por sua vez, de uma análise do impacto das ciências sociais no direito administrativo perspectivado como uma nova ciência de direcção[1118]. Num entusiasmante artigo, WOLFGANG HOFFMANN-RIEM que é, antes de mais, um dos mais importantes protagonistas, juntamente com ANDREAS VOßKUHLE, da «Neue Verwaltungsrechtswissenschaft», coloca a tónica na necessidade de repensar a própria aplicação do direito administrativo, fazendo também uma clara aproximação às ideias chave de "steering", "governance" e existência de um insuficiente conhecimento perante a emergência de novos riscos.

[1112] EBERHARD SCHMIDT-AßMANN, "Droit administratif et justice...", p. 445.

[1113] EBERHARD SCHMIDT-AßMANN, "Droit administratif et justice...", p. 445.

[1114] EBERHARD SCHMIDT-AßMANN, "Droit administratif et justice...", p. 445.

[1115] EBERHARD SCHMIDT-AßMANN, "Droit administratif et justice...", p. 445.

[1116] EBERHARD SCHMIDT-AßMANN, "Droit administratif et justice...", p. 445.

[1117] EBERHARD SCHMIDT-AßMANN, "Droit administratif et justice...", p. 445.

[1118] Ver WOLFGANG HOFFMANN-RIEM, "The potencial impact of social sciences on administrative law", *in* MATTHIAS RUFFERT, "The transformation of administrative law in Europe", European Law Publishers, München, 2007, pp. 203-242.

Segundo Wolfgang Hoffmann-Riem, a questão é a de que se até agora a procura da norma aplicável para um caso concreto («Normprogrammbereich»), consistia numa análise das condições legais contidas na própria norma («Rechtsstoffbereich»), dos factos que a norma pretendia regulamentar («Realbereich»), dos possíveis efeitos da sua aplicação («Folgeneröffnungsbereich») e da própria opção («Optionenwahlbereich«)[1119], com a «Neue Verwaltungsrechtswissenschaft» tudo mudou, uma vez que outros factores passam a dever ser considerados no processo de implementação da lei, tais como a solução do problema, o processo de decisão, a procura da melhor forma para conseguir os efeitos que se desejam, o controlo e, bem mais importante, a própria aprendizagem com os resultados alcançados[1120].

Wolfgang Hoffmann-Riem fornece-nos alguns elementos decisivos na compreensão da «Neue Verwaltungsrechtswissenschaft»[1121]. Assim e mais do que uma perspectiva de pura protecção legal caminha-se, agora, no sentido da lei se apresentar mais orientada para a acção[1122]. Um segundo aspecto tem que ver com a passagem de um quadro de excessiva focalização nas proibições legais (*em particular as limitações resultantes do princípio da legalidade ou seja, da exclusiva submissão da acção administrativa à lei*), para uma situação de crescimento dos *standards* da acção administrativa reconhecidos pela lei, ao mesmo tempo que se tem em consideração uma acção administrativa que cumpre a lei mas que, simultaneamente, prossegue outros objectivos obrigatórios de natureza legal e outros que não decorrem de qualquer norma legal[1123]. Esta ideia traduz pois a necessidade da nova ciência do direito administrativo incorporar novos cânones e parâmetros juridicamente reconhecidos e aos quais a acção da administração se deve submeter. Estes parâmetros devem pois permitir à Administração submeter-se a novas incitações e a novas referências de carácter prescritivo. Wolfgang Hoffmann-Riem refere-se também à passagem de uma concepção primária da ciência legal como ciência assente na interpreta-

---

[1119] Wolfgang Kahl, "What is 'new' about the 'New Administrative Law Science'...", p. 112.

[1120] Wolfgang Hoffmann-Riem, *in* "Methoden der Verwaltungsrechtswissenschaft...", pp. 31-ss.

[1121] Wolfgang Hoffmann-Riem, "Eigenständigkeit der Verwaltung", *in* Wolfgang Hoffmann-Riem, Eberhard Schmidt-Aßmann & Andreas Voßkuhle, "Grundlagen des Verwaltungsrechts", Volume I, Edições C.H. Beck, München, 2006, pp. 623-716, §10.

[1122] Wolfgang Hoffmann-Riem, "Eigenständigkeit der Verwaltung", *in* Wolfgang Hoffmann-Riem, Eberhard Schmidt-Aßmann & Andreas Voßkuhle, "Grundlagen...", pp. 623-716, §10.

[1123] Wolfgang Hoffmann-Riem, "Eigenständigkeit der Verwaltung", *in* Wolfgang Hoffmann-Riem, Eberhard Schmidt-Aßmann & Andreas Voßkuhle, "Grundlagen...", pp. 623-716, §10.

ção do texto legal para uma ciência que procura orientar o problema e a sua resolução com base na acção administrativa e nos próprios termos do processo de decisão. Ou seja, uma ciência do direito que ofereça critérios e soluções para a adopção das decisões que se imponham e para a escolha das acções a realizar. Importante também é a defesa que o autor faz de que, em lugar de uma excessiva concentração no acto administrativo, se imporá doravente uma nova focalização no procedimento como quadro de procura da melhor solução, na perspectiva de uma Administração Pública dotada de elevada capacidade de resolução dos problemas e bem mais preocupada em procurar uma resposta eficaz que os mesmos permanentemente reclamam[1124]. Uma outra importante nota dada por Wolfgang Hoffmann-Riem é a que sinaliza a passagem de uma concepção da lei como limite da acção do Estado para uma concepção e um sentido mais alargado da lei, ou seja, para uma concepção em que o objectivo mais importante é o de procurar garantir elevados níveis de performance da acção do Estado[1125] (as ideias de eficácia e de eficiência estão aqui claramente presentes[1126]).

Para Wolfgang Hoffmann-Riem, a própria legitimidade da acção administrativa apela não apenas a *standards* de legalidade mas, também, a ideias de optimização, eficácia, aceitabilidade, implementabilidade e mesmo de viabilidade futura[1127], num diálogo que se pretende, essencialmente, multidisciplinar[1128].

[1124] Wolfgang Hoffmann-Riem, "Eigenständigkeit der Verwaltung", *in* Wolfgang Hoffmann-Riem, Eberhard Schmidt-Aßmann & Andreas Voßkuhle, "Grundlagen...", pp. 623-716, §10.

[1125] Wolfgang Hoffmann-Riem, "Eigenständigkeit der Verwaltung", *in* Wolfgang Hoffmann-Riem, Eberhard Schmidt-Aßmann & Andreas Voßkuhle, "Grundlagen...", pp. 623-716, §10.

[1126] Horst Eidenmüller, "Effizienz als Rechtsprinzip – Möglichkeiten und Grenzen der ökonomischen Analyse des Rechts", Edições J.C.B. Mohr (Paul Siebeck), Tübingen, 1995. Sobre os princípios da eficácia e da eficiência relativamente à organização da administração, ver Klaus Gärditz, "Hochschulorganisation und verwaltungsrechtliche Systembildung", Edições J.C.B. Mohr (Paul Siebeck), Tübingen, 2009, pp. 200-ss.

[1127] Reflectindo sobre os elementos característicos de que se deve revestir a decisão administrativa certa, ver Wolfgang Hoffmann-Riem, *in* "Methoden der Verwaltungsrechtswissenschaft...", pp. 46-ss. Também com grande profundidade, ver Rainer Pitschas, "Maßstäbe des Verwaltungshandelns", *in* Wolfgang Hoffmann-Riem, Eberhard Schmidt-Aßmann & Andreas Voßkuhle, "Grundlagen des Verwaltungsrechts", Volume II, Edições C.H. Beck, München, 2008, pp. 1567-1682, §42.

[1128] Andreas Voßkuhle, "Neue Verwaltungsrechtswissenschaft", *in* Wolfgang Hoffmann-Riem, Eberhard Schmidt-Aßmann & Andreas Voßkuhle "Grundlagen...", pp. 1-62.

PARTE IV - §1º O DIREITO DO URBANISMO COMO MANIFESTAÇÃO...

O autor evidencia ainda a passagem de um papel essencialmente descritivo (passivo) para um papel mais criativo e activo da Administração[1129]. Também, e disso se ocupará o ponto seguinte da nossa exposição, a passagem de um conceito de legitimidade fundado exclusivamente na legalidade para a necessidade de se tomar agora em consideração um universo significativo e diversificado de factores/estruturas normativas de legitimação de toda a acção administrativa[1130]. Neste concreto ponto que evidencia WOLFGANG HOFFMANN-RIEM, o autor sinaliza dois importantes aspectos[1131]. Em primeiro lugar a consideração de que a Administração Pública assume uma «posição constitucional própria» («Eigenständigkeit») quando opera em âmbitos confiados à sua decisão[1132]. Como consequência dessa posição, a legitimação normativa democrática não se pode alcançar, apenas e tão só, mediante a observância da legalidade (entendida esta como a ausência de vícios jurídicos) devendo, simultaneamente, complementar-se com outros factores de legitimação, em especial as garantias procedimentais[1133]. Para WOLFGANG HOFFMANN-RIEM, a lei não só impõe limites à intervenção administrativa, como também programa o cumprimento de tarefas dessa mesma administração com uma determinada qualidade, o que, por si só, reveste duas importantes consequências[1134].

Por um lado, a necessidade de rever o método de aplicação do Direito e, por outro, a exigência de uma abertura,[1135] vigilante e crítica, a outras disciplinas (tais como a ciência política ou mesmo a ciência económica)[1136].

[1129] WOLFGANG HOFFMANN-RIEM, "Eigenständigkeit der Verwaltung", in WOLFGANG HOFFMANN-RIEM, EBERHARD SCHMIDT-AßMANN & ANDREAS VOßKUHLE, "Grundlagen...", pp. 623-716, §10.

[1130] WOLFGANG HOFFMANN-RIEM, "Eigenständigkeit der Verwaltung", in WOLFGANG HOFFMANN-RIEM, EBERHARD SCHMIDT-AßMANN & ANDREAS VOßKUHLE, "Grundlagen...", pp. 623-716, §10.

[1131] WOLFGANG HOFFMANN-RIEM, "Eigenständigkeit der Verwaltung", in WOLFGANG HOFFMANN-RIEM, EBERHARD SCHMIDT-AßMANN & ANDREAS VOßKUHLE, "Grundlagen...", pp. 623-716, §10.

[1132] WOLFGANG HOFFMANN-RIEM, "Eigenständigkeit der Verwaltung", in WOLFGANG HOFFMANN-RIEM, EBERHARD SCHMIDT-AßMANN & ANDREAS VOßKUHLE, "Grundlagen...", pp. 623-716, §10.

[1133] WOLFGANG HOFFMANN-RIEM, "Eigenständigkeit der Verwaltung", in WOLFGANG HOFFMANN-RIEM, EBERHARD SCHMIDT-AßMANN & ANDREAS VOßKUHLE, "Grundlagen...", pp. 623-716, §10.

[1134] WOLFGANG HOFFMANN-RIEM, "Eigenständigkeit der Verwaltung", in WOLFGANG HOFFMANN-RIEM, EBERHARD SCHMIDT-AßMANN & ANDREAS VOßKUHLE, "Grundlagen...", pp. 623-716, §10.

[1135] A recepção de categorias e técnicas de tais disciplinas e a sua integração no próprio sistema dogmático constitui um dos mais importantes desafios lançados ao direito administrativo. Sobre esta importante problemática JÖRN LÜDEMANN distingue entre a «incorporação de conceitos» («Begriffsrezeption»), a a «recepção de teorias normativas» («Rezeption normativer Theorie») e, por fim, a «recepção da teoria positiva e empirismo» («Rezeption positiver Theorie

A NULIDADE DO PLANO URBANÍSTICO

Os dois últimos aspectos de que nos dá ainda nota Wolfgang Hoffmann-
-Riem têm que ver, o primeiro, com a passagem de uma excessiva atenção
conferida à análise jurídica da organização hierárquica das competências para
uma maior atenção aos fenómenos de exercício descentralizado de competências, com mais ou menos autonomia, e a instituição de mecanismos de
auto-administração regulada.

O último aspecto tem que ver com a passagem de um modelo em que se
considerava autonomamente a lei nacional para um modelo aberto e em que
essa mesma lei se encontre em interação permanente com os processos de
globalização e de integração europeia[1137].

Segundo Wolfgang Hoffmann-Riem, o direito deve seguir o seu caminho construindo a necessária confiança através da previsibilidade, pelo que
quando não o consiga, deve reorientar-se, preferencialmente, enfrentando
a incerteza que se lhe depara, trabalhando-a mediante uma maior flexibilidade e mostrando capacidade de aprender com todo o processo, de modo a
conseguir, a final, que se produzam inovações da mais variada natureza[1138].
Por outro lado, a lei, ainda que se continue a entender como limite da acção
estatal, concebe-se a si mesma como uma exigência de configuração e de

und Empirie»). O autor defende que em toda e qualquer recepção tem lugar uma fase de
preparação, de avaliação e de elaboração. Pela «Begriffsrezeption», cada conceito adquire
sentido no interior de uma dada teoria, pelo que em cada caso se deverá exigir que o conceito
em causa não permaneça um corpo estranho, o que apenas poderá ser conseguido com a sua
elaboração teorética no seio do próprio Direito Administrativo. Já quanto à «Rezeption normativer Theorie», o autor refere-se à utilização ou incorporação de teorias normativas alheias,
facto que exige uma elaboração avaliativa própria pelo Direito Administrativo. Por fim, e pela
«Rezeption positiver Theorie und Empirie», evidencia-se que as teorias e análises de casos
na ciências sociais, essencialmente descritivos, explicativos e preditivos da realidade são de
grande utilidade para a ampliação do campo de visão da ciência jurídico-administrativa. Ver
Jörn Lüdemann, Netzwerke, "Öffentliches Recht und Rezeptionstheorie", Preprints, Max
Planck Institute for Research on Collective Goods, Bonn, Maio, 2007 (acessível on-
-line em http://www.coll.mpg.de/pdf_dat/2007_07online.pdf).

[1136] Wolfgang Hoffmann-Riem, "Eigenständigkeit der Verwaltung", in Wolfgang Hoffmann-
-Riem, Eberhard Schmidt-Aßmann & Andreas Voßkuhle, "Grundlagen...", pp. 623-716, §10.

[1137] Wolfgang Hoffmann-Riem, "Eigenständigkeit der Verwaltung", in Wolfgang Hoffmann-Riem, Eberhard Schmidt-Aßmann & Andreas Voßkuhle, "Grundlagen...", pp. 623-
-716, §10.

[1138] Wolfgang Hoffmann-Riem, "Recht als Instrument der Innovationsoffenheit und der Innovationsverantwortung", in H. Hof./U. Wengenroth (Eds.), Innovationsforschung. Ansätze,
Methoden, Grenzen und Perspektiven, Eds. Lit, Münster, 2007, pp. 387-ss.

PARTE IV – § 1º O DIREITO DO URBANISMO COMO MANIFESTAÇÃO...

optimização da vida social num «corredor do juridicamente permissível» e, como tal, instrumento normativo para garantia de qualidade da actuação do Estado (a ideia de direcção e de controlo sociais)[1139].

CLAUDIO FRANZIUS refere que se se parte da premissa de que a realidade é o resultado da acção reconstrutiva do conhecimento científico, a ligação com essa mesma realidade torna-se algo de problemático, reclamando a aplicação de um método consciente que permita obter as respostas que a ciência jurídica nem sempre está em condições de dar mas que, ainda assim, se esforça por conseguir dar[1140]. De acordo com CLAUDIO FRANZIUS, a «Neue Verwaltungs-rechtswissenschaft» em desenvolvimento na Alemanha critica fortemente a tripla ideia básica, mas bastante redutora, de que é a lei que dirige a Administração, limitando-se esta última a operar a transposição da sua vontade e os tribunais a controlar este último processo[1141]. Para o autor, a conversão do Direito Administrativo em ciência de direcção social assenta numa perspectiva que permite superar o horizonte da própria acção administrativa para alcançar os efeitos e as consequências dessa mesma acção[1142]. Existindo, pois, uma clara preocupação das próprias normas funcionarem como base de programação de condutas e de actuações assentes, primacialmente, em critérios de correcção e de certeza mas assumindo, também, o objectivo de produzir efeitos na realidade segundo uma lógica que associe à dimensão do legal/ilegal, a dimensão do seguro/inseguro ou mesmo do desejável/indesejável[1143]. A ampliação do campo científico possibilita a plena incorporação das fórmulas necessárias para tratar a crise de capacidade de controlo social e, em particular, adaptar o Direito Administrativo de modo a que ele possa seguir dirigindo, efectivamente, a actuação administrativa, desejavelmente bem mais para além do estrito e tradicional princípio da legalidade[1144]. O autor reconhece, no entanto, que este passo não é imune de riscos, pelo que a única solução possível para o problema de como o Direito pode cumprir com as expectativas sociais, assegurando com eficácia as suas funções directivas e de controlo reside, pre-

---

[1139] WOLFGANG HOFFMANN-RIEM, "Recht als Instrument der Innovationsoffenheit und der Innovationsverantwortung", *in* H. HOF./U. WENGENROTH (Eds.), Innovationsforschung. Ansätze, Methoden, Grenzen und Perspektiven, Eds. Lit, Münster, 2007, pp. 387-ss.

[1140] CLAUDIO FRANZIUS, "Funktionen des Verwaltungsrechts...", pp. 335-372.

[1141] CLAUDIO FRANZIUS, "Funktionen des Verwaltungsrechts...", pp. 335-372.

[1142] CLAUDIO FRANZIUS, "Funktionen des Verwaltungsrechts...", pp. 335-372.

[1143] CLAUDIO FRANZIUS, "Funktionen des Verwaltungsrechts...", pp. 335-372.

[1144] CLAUDIO FRANZIUS, "Funktionen des Verwaltungsrechts...", pp. 335-372.

cisamente, na compreensão da legalidade como resultado de uma pluralidade de factores juridicamente relevantes e que incidam em especial na sua efectividade[1145]. Factores cuja reprodução pelo Direito exigirá, segundo CLAUDIO FRANZIUS, a superação do código binário legalidade-ilegalidade, optando por uma matriz pluridimensional em que também possam ter lugar critérios não jurídicos, tais como os relativos à optimização, eficácia e correcção da própria acção administrativa[1146]. Para CLAUDIO FRANZIUS, o Direito Administrativo apresenta-se não tanto como uma promessa estatal de resultados mas, antes, como uma estruturação dos espaços sociais de possibilidades em que a actuação dos diferentes actores (*fundamentalmente os sujeitos públicos mas também agora os privados*) se desenvolverá guiada por prescrições jurídicas. Por outro lado, o autor propõe uma revalorização das categorias abstractas e, em especial, do interesse geral, de modo a que possa aí o Direito articular o âmbito não estatal relevante para alcançar os fins pretendidos, precisamente porque o Estado não pode nem deve fazer tudo[1147]. Com efeito, a relativização da posição e do papel do Estado não significa um qualquer desentendimento ou desnorte quanto às formas dele operar e de cumprir as suas tarefas e responsabilidades num cenário em que progressivamente se dilui a diferenciação entre o Estado e a própria sociedade, entre o público e o privado na sua acepção tradicional[1148].

No que se relaciona com o processo de aplicação concreta do direito, o autor fornece também importantes notas de reflexão.

Segundo CLAUDIO FRANZIUS, a tradução da múltipla funcionalidade do Direito na programação da actuação da administração tem lugar, essencialmente, em dois distintos planos: num plano organizativo-procedimental e no plano substantivo-material[1149]. Ora o efeito programador do Direito consegue--se precisamente pelo jogo combinado de ambos, sem que se possa descurar qualquer um deles[1150]. A complexidade da programação questiona, por si só, a bondade do modelo estabelecido enquanto suportado numa alegada capacidade da programação normativa substantiva para determinar (prefiguração antecipada) o processo de execução e a sua consequente redução a uma

---

[1145] CLAUDIO FRANZIUS, "Funktionen des Verwaltungsrechts...", pp. 335-372.
[1146] CLAUDIO FRANZIUS, "Funktionen des Verwaltungsrechts...", pp. 335-372.
[1147] CLAUDIO FRANZIUS, "Funktionen des Verwaltungsrechts...", pp. 335-372.
[1148] CLAUDIO FRANZIUS, "Funktionen des Verwaltungsrechts...", pp. 335-372.
[1149] CLAUDIO FRANZIUS, "Funktionen des Verwaltungsrechts...", pp. 335-372.
[1150] CLAUDIO FRANZIUS, "Funktionen des Verwaltungsrechts...", pp. 335-372.

PARTE IV – §1º O DIREITO DO URBANISMO COMO MANIFESTAÇÃO...

aplicação realizada mediante subsunção (imputação de todo o resultado, se correcto, à norma substantiva aplicada)[1151].

Ou seja, o modelo explicativo da actuação da administração como máquina[1152] é desmentido pela realidade, pois as operações da Administração apresentam agora, por regra, uma complexidade bem maior, a que a simples e automática aplicação do modelo subsuntivo[1153] não é, na maior parte dos casos, capaz de responder. É então aqui que de acordo com CLAUDIO FRANZIUS surge a já referida posição própria da Administração no emaranhado de poderes públicos pois que, como explica, ela diferencia-se precisamente dos Tribunais por utilizar para além do Direito, outros critérios de actuação e diferencia-se, por outro lado, do legislador, por não poder dispor de forma absoluta de tais critérios[1154].

Do que se alcança da posição de CLAUDIO FRANZIUS, o modelo subsuntivo permanece um modelo necessário, uma vez que a simplificação que encerra o torna indispensável para a racionalização e estandardização dos processos de trabalho no interior da Administração. O que sucede é que o seu raio de acção se deve confinar, apenas e tão só, à completa programção normativa de tarefas cujo objecto seja adequadamente prefigurável o que, por exemplo, não sucede no caso especial do direito do urbanismo, área em que as normas empregam conceitos que dificultam significativamente ou resultam inidóneos para a operação de subsunção, como, por exemplo, as tais áreas de incerteza que a norma definitivamente não consegue prefigurar.

Também ANDREAS VOßKUHLE advoga uma reorientação metodológica, assente na ideia de «steering» e de relação inter e multidisciplinar com outras ciências, capaz de complementar, mas não substituir, o «Juristic Method»[1155]. Para ANDREAS VOßKUHLE, a ideia de «steering» funciona pois como uma

---

[1151] CLAUDIO FRANZIUS, "Funktionen des Verwaltungsrechts...", pp. 335-372.

[1152] Máquina em cujo funcionamento o *input* é a norma, o funcionamento correcto e adequado traduz o modelo subsuntivo dos factos concretos no abstracto da norma aplicável e, por fim, o *output* é o acto. Ver CLAUDIO FRANZIUS, "Funktionen des Verwaltungsrechts...", pp. 335-372.

[1153] PAULO OTERO vai ainda mais longe advogando que "...*a ideia tradicional de uma metodologia subsuntiva ou silogística na aplicação da lei pelos órgãos administrativos carece hoje de qualquer valor científico...*". Ver PAULO OTERO, "Legalidade e Administração...", p. 960.

[1154] CLAUDIO FRANZIUS, "Funktionen des Verwaltungsrechts...", pp. 335-372.

[1155] Ver ANDREAS VOßKUHLE, "The reform approach in the German Science of Administrative Law: the "Neue Verwaltungsrechtswissenschaft", *in* MATTHIAS RUFFERT, "The transformation of administrative law in Europe", European Law...", pp. 89-145.

ferramenta de análise[1156] da função disciplinadora da lei[1157], em particular por causa da legitimidade que lhe deve assistir na sua própria aplicação e execução. Pensamos, no entanto, que os valiosos contributos dados pelos mais diversos autores se podem sintetizar em algumas ideias de força. Em primeiro lugar, a necessidade de perspectivar a organização, o procedimento, o pessoal, o orçamento, o público e os próprios mercados com o significado de direcção[1158].

Em segundo lugar, a existência de uma pluralidade de factores/estruturas normativas de legitimação da acção administrativa que não apenas e exclusivamente a lei[1159]. Em terceiro lugar, a ideia do próprio Estado Social centrada, com particular atenção, nos assuntos da regulação[1160]. Por outro lado, o crescente fenómeno de multipolarização[1161] das relações desenvolvidas sob o manto do direito administrativo e com um forte influxo dos sistemas de informação e de conhecimento[1162]. Importante é também o surgimento de

---

[1156] ANDREAS VOßKUHLE, "Neue Verwaltungsrechtswissenschaft", *in* WOLFGANG HOFFMANN- -RIEM, EBERHARD SCHMIDT-Aßmann & ANDREAS VOßKUHLE "Grundlagen...", pp. 1-62.

[1157] Para utilizar uma expressão de EBERHARD SCHMIDT-Aßmann, "La Teoría General del Derecho Administrativo como sistema", Instituto Nacional de Administración Pública (INAP), Marcial Pons, Ediciones Jurídicas y Sociales, S.A., Madrid, 2003, (traducción española da edição alemã "Das Allgemeine Verwaltungsrecht als Ordnungsidee", Heidelberg, Springer, Verlag, 1998), pp. 1-50.

[1158] GUNNAR FOLKE SCHUPPERT, "Verwaltungswissenschaft: Verwaltung, Verwaltungsrecht, Verwaltungslehre" (Hardback), Edições Nomos Baden-Baden, 2000, pp. 917-ss.

[1159] Ver sobre este ponto com especial interesse, HANS-HEINRICH TRUTE, "Die Demokratische Legitimation der Verwaltung", *in* WOLFGANG HOFFMANN-RIEM, EBERHARD SCHMIDT-Aßmann & ANDREAS VOßKUHLE, "Grundlagen...", pp. 307-391, §6. ECKHARD PACHE/THOMAS GROß, "Verantwortung und Effizienz in der Mehrebenenverwaltung", *in* Veröffentlichungen der Vereinigung der Deutschen Staatsrechtslehrer (VVDStLR), nº 66, 2007, pp. 106-215 (em especial pp. 137 e ss.).

[1160] WOLFGANG KAHL, "What is 'new` about the 'New Administrative Law Science`...", p. 114.

[1161] Ver MATTHIAS SCHMIDT-PREUß, "Kollidierende Privatinteressen im Verwaltungsrecht: Das subjektive offentliche Recht im multipolaren Verwaltungsrechtsverhaltnis", 2ª Edição, 2005.

[1162] WOLFGANG HOFFMANN-RIEM & EBERHARD SCHMIDT-Aßmann (Eds.), "Verwaltungsrecht in der Informationsgesellschaft", 2000. MICHAEL KLOEPFER, "Informationsrecht", C.H. BECK, 2002. RAINER PITSCHAS, *in* Reform des Allgemeinen Verwaltungsrechts, WOLFGANG HOFF- MANN-RIEM, EBERHARD SCHMIDT-Aßmann & GUNNAR FOLKE SCHUPPERT (Eds.), Grundfragen, 1993. THOMAS VESTING, *in* Methoden der Verwaltungsrechtswissenschaft, (Eds.) EBERHARD SCHMIDT-Aßmann & WOLFGANG HOFFMANN-RIEM, 2004. THOMAS VESTING, "Die Bedeutung von Information und Kommunikation für die verwaltungsrechtliche Systembildung", *in*

PARTE IV – § 1º O DIREITO DO URBANISMO COMO MANIFESTAÇÃO...

uma dimensão mais operativa[1163] que passa, muito em particular, pela consideração e valorização dos princípios da eficácia e da eficiência nos processos de decisão das entidades públicas[1164]. Um outro aspecto é a complementariedade recíproca de funções entre o direito público e o direito civil[1165]. Finalmente, evidencia-se, por um lado, a existência de produção de normas consensuais e de natureza informal e, ainda, de normas produzidas pelos próprios sujeitos privados e, por outro, uma clara diferenciação nos modos de organização administrativa da competência, traduzindo uma administração autoritária/cooperativa na relação com o público/privado, respectivamente[1166].

1.2. O direito do urbanismo no contexto da nova «verwaltungsrechtswissenschaft»

Ora não se nos suscitam quaisquer dúvidas quanto à recondução do direito do urbanismo e da grande maioria dos seus institutos, incluindo o que intersecta com as relações de compatibilidade e de conformidade, à nova «Verwaltungsrechtswissenschaft».

WOLFGANG HOFFMANN-RIEM, EBERHARD SCHMIDT-AßMANN & ANDREAS VOßKUHLE, "Grundlagen des Verwaltungsrechts", Volume II, Edições C.H. BECK, München, 2008, pp. 1-36, §20. GABRIELE BRITZ, "Elektronische Verwaltung", in WOLFGANG HOFFMANN-RIEM, EBERHARD SCHMIDT-AßMANN & ANDREAS VOßKUHLE, "Grundlagen des Verwaltungsrechts", Volume II, Edições C.H. BECK, München, 2008, pp. 405-460, §26.

[1163] Segundo CHRISTIAN HILLGRUBER, o que está em causa é o nível a que se interpreta e aplica a norma bem como a extensão ou o âmbito em que os efeitos (de facto) decorrentes da acção administrativa do Estado devem passar a ser considerados. O autor explica que a novidade da «Neue Verwaltungsrechtswissenschaft» está precisamente no reforço da importância que assume a tarefa de extrair consequências da acção administrativa. CHRISTIAN HILLGRUBER, "Die Leistungsfähigkeit der Wissenschaft des Öffentlichen Rechts", in Veröffentlichungen der Vereinigung der Deutschen Staatsrechtslehrer (VVDStLR), nº 67, 2008, pp. 599-ss.

[1164] HORST EIDENMÜLLER, "Effizienz als Rechtsprinzip – Möglichkeiten und Grenzen der ökonomischen Analyse des Rechts", Edições J.C.B. MOHR (PAUL SIEBECK), Tübingen, 1995. Sobre os princípios da eficácia e da eficiência relativamente à organização da administração, ver KLAUS GÄRDITZ, "Hochschulorganisation und verwaltungsrechtliche Systembildung", Edições J.C.B. MOHR (PAUL SIEBECK), Tübingen, 2009, pp. 200-ss.

[1165] HOFFMANN-RIEM & EBERHARD SCHMIDT-AßMANN (Eds.), "Öffentliches Recht und Privatrecht als wechselseitige Auffangordnungen", 1996.

[1166] HELMUTH SCHULZE-FIELITZ, "Grundmodi der Aufgabenwahrnehmung", in WOLFGANG HOFFMANN-RIEM, EBERHARD SCHMIDT-AßMANN & ANDREAS VOßKUHLE, "Grundlagen des Verwaltungsrechts", Volume I, Edições C.H. BECK, München, 2006, pp. 761-840, §12.

A NULIDADE DO PLANO URBANÍSTICO

Pense-se, por exemplo, na já por nós supra sinalizada insuficiência[1167] da lei formal, geral e abstracta[1168], capaz de tudo prever e de tudo regulamentar, evidenciando uma clara perda de centralidade nos próprios procedimentos de dinâmica dos planos em todas as suas dimensões e, em especial, nas que se relacionam com a necessidade de garantir a compatibilidade e a conformidade entre os diversos instrumentos de gestão territorial.

Ora no contexto de uma significativa diluição da força motriz do princípio da legalidade, a reinvenção de fontes de direito assume-se como uma alternativa dogmaticamente capaz de explicar e de fornecer novos enquadramentos para os novos problemas colocados ao direito do urbanismo, compensando assim as insuficiências de uma dogmática definitivamente incapaz de o fazer.

A reinvenção de novas fontes de direito que passa, em nosso entender, pela valorização de um modelo pericial, de representação de interesses e de participação directa[1169].

O modelo pericial assume uma importância decisiva, ao deferir para um sistema de indicadores a criar no âmbito do Observatório do Ordenamento do Território e do Urbanismo (OOTU)[1170] a responsabilidade pela avaliação

---

[1167] Como ensina MARIA DA GLÓRIA GARCIA "...se a norma jurídica formalizada camufla a incerteza inerente ao campo de actuação das políticas públicas e permite a instrumentalização do direito; se a norma jurídica formalizada se adapta mal à falta de conhecimentos sobre a realidade factual na qual as políticas públicas são definidas e concretizadas; se a norma jurídica formalizada tem dificuldades em lidar com as consequências não previstas das acções desenvolvidas no âmbito das políticas públicas; se a norma jurídica formalizada não é capaz de legitimar uma acção diversificada e adequada à garantia da possibilidade de futuro que subjaz às políticas públicas, então é necessário encontrar outro meio de garantir a concretização pelo Estado dos direitos fundamentais da pessoa humana e assegurar a possibilidade de futuro que as políticas públicas permitem". Ver MARIA DA GLÓRIA GARCIA, "Direito das Políticas...", pp. 167-174.

[1168] A lei geral e abstracta e o aparelho político tradicional incumbido da missão de prosseguir o interesse geral encontram-se ultrapassados, MARIA EDUARDA GONÇALVES/PIERRE GUIBENTIF, "Novos Territórios, modos de regulação e desafios para uma agenda de investigação sobre o Direito", in "Novos Territórios do Direito – Europeização, Globalização e Transformação da Regulação Jurídica", ISCTE, Edições Princípia, Estoril, 1ª edição, Setembro, 2008, p. 15.

[1169] Sobre a reinvenção das fontes de direito como via para a concretização do direito fundamental a um correcto ordenamento do território, ver o nosso "Relatório de Mestrado em Direitos Fundamentais (Vertente de Ciências Jurídico-Políticas), intitulado...", pp. 52-66.

[1170] A par das importantes tarefas cometidas ao OOTU, destaca-se, com igual importância, a necessidade de elaboração de «Relatórios sobre o Estado do Ordenamento do Território» (REOT), figura aliás prevista no artigo 28º da LBPOTU e no artigo 146º do RJIGT. Trata-se de uma obrigação que impende sobre o Governo de apresentar, de dois em dois anos, à Assembleia da República, um relatório sobre o estado do ordenamento do território, por via do qual

PARTE IV – § 1º O DIREITO DO URBANISMO COMO MANIFESTAÇÃO...

não só da execução do PNPOT[1171] como da articulação da política pública de ordenamento do território com as demais políticas públicas sectoriais com incidência territorial, sendo por conseguinte expectável e desejável que o OOTU se articule com as demais entidades nacionais e internacionais e que seja capaz de criar um sistema de indicadores compaginável com os sistemas de indicadores da Estratégia Nacional de Desenvolvimento Sustentável (ENDS[1172]), do Quadro de Referência Estratégico Nacional (QREN) e do Programa Nacional para as Alterações Climáticas (PNAC[1173]).

Os resultados que venham a ser obtidos da acção de acompanhamento e de avaliação[1174] desenvolvidos pelo OOTU[1175] e, em especial, os resultados

---

é produzido um balanço relativo à execução do PNPOT e em que se discutem os princípios orientadores e as formas de articulação das políticas sectoriais com incidência territorial. Tal obrigação impende ainda sobre a Comissão de Coordenação e Desenvolvimento Regional (CCDR), relativamente a essa mesma matéria, mas agora na perspectiva regional pela qual ela é, aliás, em primeira linha, a principal responsável (art.146º, nº 2 do RJIGT). Finalmente, também sobre as Câmaras Municipais faz o legislador impender tal obrigação, agora numa perspectiva local, devendo tal relatório ser submetido à apreciação da assembleia municipal (nº3 do artigo 28º da LBPOTU e nº 3 do art.146º do RJIGT). Esses relatórios traduzem o balanço da execução dos instrumentos de gestão territorial objecto de avaliação, bem como dos níveis de coordenação interna e externa obtidos, podendo daí emergir a necessidade de uma eventual revisão dos instrumentos de gestão territorial em causa. Uma nota final igualmente importante para destacar que também em sede de elaboração de REOT se prever a sujeição dos mesmos a um período de discussão pública de duração não inferior a 30 dias (artigo 146º, nº 5).

[1171] O OOTU configura a entidade responsável pela recolha e tratamento da informação de carácter estatístico, técnico e científico relevante, competindo-lhe elaborar relatórios periódicos de avaliação incidindo, em especial, sobre o desenvolvimento das orientações fundamentais do PNPOT e sobre a articulação entre as acções sectoriais, recomendando, quando tal se revele necessário, a respectiva revisão ou alteração (artigo 144º, nº 2 do RJIGT).

[1172] Aprovada pela Resolução do Conselho de Ministros nº 109/2007, de 20 de Agosto.

[1173] Aprovado pela Resolução do Conselho de Ministros nº 104/2006, de 23 de Agosto.

[1174] Para SUZANA TAVARES DA SILVA, a monitorização das medidas de implementação e de revisão periódica no âmbito do controlo das opções do plano, configura uma via alternativa de garantir a *accountability* das medidas adoptadas pelas entidades públicas cujo poder não advém de uma legitimidade democrática directa, como sucede, acrescentamos nós, com a OOTU. Ver SUZANA TAVARES DA SILVA, "Um Novo Direito..." p. 88.

[1175] Como sinalizava oportunamente JOÃO FERRÃO, um "...*Estado que não conhece as dinâmicas de evolução e ignora os efeitos e impactes das políticas públicas não pode alcançar um bom desempenho nem tem legitimidade para exigir que outros o garantam. Ora, em Portugal não há a tradição de se monitorizar e avaliar, de forma sistemática, tanto as dinâmicas de evolução como os impactes das políticas públicas. Importa, por isso, garantir o conhecimento rigoroso das formas de uso, ocupação e transformação do solo do ponto de*

obtidos no âmbito da avaliação da execução do PNPOT revelam-se decisivos, uma vez que podem determinar a necessidade de alteração ou revisão do PNPOT (*em particular quando se verificar um desajustamento do modelo territorial ou das opções estratégicas de desenvolvimento preconizados para o país*) ou dos demais instrumentos de gestão territorial ou, ainda, simplesmente, a formulação de recomendações sobre a necessidade de melhorar a coordenação e concertação entre políticas territoriais e sectoriais.

Em nosso entendimento, a valorização dos sistemas de indicadores e a necessária monitorização a ela acoplada com vista à referida formulação de recomendações sobre a necessidade de melhorar a coordenação e concertação entre políticas territoriais e sectoriais, sinaliza bem a existência de um forte influxo dos sistemas de informação e de conhecimento, apontando simultaneamente para a necessidade de pautar a acção administrativa já não exclusivamente nas estreitas baias do insuficiente princípio da legalidade, mas sim de forma complementar com a introdução de "pautas" de eficácia e de eficiência, aspectos que se revelam incontestavelmente próximos da gramática da «Neue Verwaltungsrechtswissenschaft» de que nos fala WOLFGANG HOFFMANN--RIEM. Recorde-se que é WOLFGANG HOFFMANN-RIEM que, no âmbito dessa «Neue Verwaltungsrechtswissenschaft» se refere a uma concepção e a um sentido mais alargado da lei em que o objectivo mais importante seja o de procurar garantir elevados níveis de performance da acção do Estado[1176] num contexto em que as ideias de eficácia e de eficiência ganham uma significativa, e até aqui não tida, relevância. É também WOLFGANG HOFFMANN-RIEM a sinalizar na «Neue Verwaltungsrechtswissenschaft» a importância que assume, no processo de implementação da lei, factores como o controlo dos efeitos da própria acção e a própria aprendizagem com os resultados alcançados[1177], predicados que podemos facilmente encontrar quer no sistema de indicadores

---

vista das suas causas e das suas consequências. Este objectivo será alcançado por duas vias complementares. Por um lado, através do Observatório do Ordenamento do Território e do Urbanismo..." e por "*...outro lado, através da produção bienal, com a participação decisiva dos Municípios, dos Relatórios do Estado do Ordenamento do Território e sua submissão à Assembleia da República para aprovação. Trata-se, uma vez mais, de concretizar os princípios da co-responsabilização, neste caso no que se refere à disponibilização de informação com interesse público, e da prestação de contas.*", Intervenção de Sua Excelência o Secretário de Estado do Ordenamento do Território e das Cidades, II Conferência "Ordenamento do território e revisão dos PDM'S", Covilhã, 25 de Outubro, 2006, acessível on-line.

[1176] WOLFGANG HOFFMANN-RIEM, "Eigenständigkeit der Verwaltung", *in* WOLFGANG HOFFMANN--RIEM, EBERHARD SCHMIDT-AßMANN & ANDREAS VOßKUHLE, "Grundlagen...", pp. 623-716, §10.

[1177] WOLFGANG HOFFMANN-RIEM, *in* "Methoden der Verwaltungsrechtswissenschaft...", pp. 31-ss.

PARTE IV – §1º O DIREITO DO URBANISMO COMO MANIFESTAÇÃO...

supra identificado quer na valorização dos resultados que venham a ser obtidos em resultado da acção de acompanhamento e de avaliação desenvolvidos pelo OOTU.

De mesma forma, também os pareceres dos peritos e o contributo dos especialistas das mais diversas áreas traduz um contributo especializado de todos aqueles que, directa ou indirectamente, dominam o discurso argumentativo de um concreto domínio de acção[1178]. O contributo pericial evidencia a necessidade de legitimidade da própria acção administrativa facto que, e recuperando aqui as notas de WOLFGANG HOFFMANN-RIEM, apela não apenas a standards de legalidade, mas também a ideias de optimização, eficácia, aceitabilidade, implementabilidade e mesmo de viabilidade futura. Ora a intervenção pericial que ocorre no domínio do direito do urbanismo é precisamente a tradução real, e desejável refira-se, de uma participação alargada a todos os que, pelos conhecimentos especializados de que são portadores nesta ou naquela concreta área do saber podem, com o sua intervenção qualificada, constituir uma mais-valia nas opções que irão ser inscritas nos diversos instrumentos de gestão territorial permitindo, a final, que se definam linhas de legitimação da acção administrativa que não as que resultam expressamente da lei. Ora esta circunstância também é, por essa mesma razão, uma visível marca da «Neue Verwaltungsrechtswissenschaft».

Também as comissões pluri-representativas[1179], em especial pelo papel que assumem nos procedimentos de dinâmica dos planos e na tarefa específica de assegurar, entre eles, a necessária compatibilidade e conformidade,

---

[1178] A par do modelo pericial cresce igualmente a procura da participação pela sociedade civil, através de fóruns profissionais e de outros fóruns colectivos mais informais, em que se discutem os fenómenos urbanos e regionais de forma minimamente ponderada e integrada. Também as organizações não governamentais de vocação ambiental são reconhecidas como um dos actores chave nos complexos processos de ordenamento.

[1179] Segundo FERNANDO ALVES CORREIA, as comissões traduzem, no âmbito específico do direito do ordenamento do território e do urbanismo uma «*manifestação do princípio da colaboração entre vários sujeitos de direito público no procedimento de elaboração dos planos*». Refere ainda o mesmo autor que «*a criação de organismos de acompanhamento da elaboração dos diferentes tipos de planos, constituídos, quase sempre, por representantes de uma pluralidade de entes públicos, os quais testemunham que a elaboração dos planos não é uma tarefa exclusiva da pessoa colectiva pública a quem incumbe especificamente a sua elaboração, mas um trabalho conjunto de vários sujeitos de direito público*». Ver FERNANDO ALVES CORREIA, "Manual de Direito...", p. 396. No domínio dos procedimentos de dinâmica dos planos, devemos referir, quanto aos PMOT e PEOT, a existência de comissões de acompanhamento e quanto ao PNPOT, PROT e PIOT, a existência de comissões consultivas.

A NULIDADE DO PLANO URBANÍSTICO

constituem mais uma excelente e paradigmática marca de água da «Neue Verwaltungsrechtswissenschaft».

Em nosso entendimento, as comissões pluri-representativas reforçam, pelo importante papel de veículos de interesses (públicos) de natureza essencial-mente sectorial, a legitimidade da própria acção administrativa (traduzida, a final, no próprio resultado dessa acção em que se materializa o plano), optimi-zando as soluções consagradas no plano, tornando-as o mais aceitável possível e dando-lhes, precisamente pela elevada aceitabilidade que encerram as suas opções, condições para uma serena implementabilidade junto da comunidade de destinatários a que se dirigem[1180].

Também a discussão pública[1181] se configura como o momento crítico[1182] de todo o procedimento de elaboração de planos, assumindo actualmente formas

---

[1180] Temos uma vez mais aqui presentes as notas dadas por WOLFGANG HOFFMANN-RIEM quando aponta, como linhas marcantes da «Neue Verwaltungsrechtswissenschaft», as ideias de opti-mização, eficácia, aceitabilidade, implementabilidade e mesmo de viabilidade futura. Ver WOLFGANG HOFFMANN-RIEM, *in* "Methoden der Verwaltungsrechtswissenschaft...", pp. 46-ss.

[1181] Cfr. nº 3 do art.77º do RJIGT para os PMOT e nº 1 do art.21º da LBPOTU.

[1182] Desde 2007 que, na Alemanha, qualquer pessoa que não tenha feito qualquer observa-ção durante o período de participação pública fica impedida de impugnar o plano com base nos fundamentos que poderia ter apresentado no decurso desse trâmite procedimental. É a denominada preclusão («Präklusion»), prevista no nº 2 do artigo 3º do BauGB e o artigo 47 do VwGO. Esta medida poderia contribuir, se adoptada no quadro do direito português, para a responsabilização de todos (Estado e particulares) os intervenientes nos processos decisórios com relevância no domínio do ordenamento do território. É pois necessário criar condições (*por exemplo, destacaria o alargamento dos prazos dos períodos de discussão pública em razão do impacte das decisões sobre o ordenamento do território, a realização de campanhas informativas e de esclarecimentos, a promoção de debates temáticos nos media, a criação de fóruns de discussão de acesso livre*) no nosso ordenamento jurídico que permitam não só discussões públicas com elevados graus de participação (*critério quantitativo*) como assegurar que essa participação ocorra num quadro de absoluta transparência e de acessibilidade da informação a todos os interessados, de modo a potenciar a formulação de sugestões, a apresentação de opiniões e de contributos de outra natureza, substancial e qualitativamente interessantes para o *iter* ponderativo da Administração e que traduzam, simultaneamente, o exercício de uma cidadania esclarecida e responsável. O exercício das faculdades conferidas a todos os interessados de participarem na discussão pública funciona pois, em nosso entender, de acordo com três ideias nucleares e que, necessariamente, se complementam: por um lado, faz impender sobre a Administração o dever de ouvir antes de decidir. Por outro, onera simultaneamente todos os interessados com o dever de nessa sede se fazerem ouvir, pressupondo necessariamente uma participação em tempo. Finalmente, constitui factor de legitimação das decisões que venham a ser tomadas, podendo estas considerar uns interesses em detrimento de outros, desde que o *iter* pondera-

mais eficientes e sofisticadas de comunicação entre os diversos interessados. O carácter predominantemente dialéctico e comunicacional que se estabelece nessa fase entre os diversos *stakeholders* presentes revela-se absolutamente decisivo. A participação[1183] de todos eles é pois uma condição constitucionalmente estruturante[1184] que perpassa todo o modelo de decisão legalmente previsto nos procedimentos de dinâmica dos diversos instrumentos de gestão territorial e, em especial, no modelo decisional municipal[1185].

Em nosso entender, o modelo de participação e de discussão pública será tanto mais democrático consoante haja larga aceitabilidade do plano e possibilidade da sua efectiva implementação com o mínimo de probabilidades de contestação social, apelando aqui à sinalizada revalorização das ideias de «aceitabilidade» e «implementabilidade» de que nos fala Wolfgang Hoffmann-Riem no contexto da «Neue Verwaltungsrechtswissenschaft». Simultaneamente, o modelo de participação e de discussão pública evidencia em nosso entender, de forma bem notória, a importância do crescente fenómeno de multipolarização das relações jurídicas desenvolvidas sob o manto do direito administrativo a que se refere Schmidt-Preuß e em que o principal objectivo a alcançar é o de que todos os interesses possam vir a terreiro justificar as razões pelas quais, no seu entender, devam prevalecer sobre outros com os quais conflituem[1186].

Também em resultado das alterações sofridas pelo RJIGT por força do Decreto-Lei nº 316/2007, de 19 de Setembro, destacamos ainda, no perímetro de hipóteses enquadráveis no modelo de democracia directa, os contratos para planeamento.

---

tivo e a fundamentação identificados se afigurem claramente cumpridas aos olhos de todos os destinatários.

[1183] Cfr. Artigo 5, alínea f) da LBPOTU e artigo 6º do RJIGT.

[1184] Recorde-se aliás o que este respeito dispõe a Lei Fundamental quando, no nº 5 do art.65º, prevê a garantia de *«participação dos interessados na elaboração dos instrumentos de planeamento urbanístico e de quaisquer outros instrumentos de planeamento físico do território»*.

[1185] Trata-se, tão-só, de permitir a definição de uma solução que se revele o mais consensual possível entre os múltiplos *stakeholders* envolvidos ou, ainda, de permitir que tais *stakeholders* contribuam para a construção de alternativas sobre as quais recairá, a final, a decisão do poder político legitimamente eleito (quer estejamos a um nível de governo nacional quer de governo local). Ver o nosso "Relatório de Mestrado em Direitos Fundamentais (Vertente de Ciências Juridico-Políticas), intitulado...", pp. 52-66.

[1186] Matthias Schmidt-Preuß, Kollidierende Privatinteressen im Verwaltungsrecht..., ob. cit.

Os contratos para planeamento constituem a tradução prática do princípio da contratualização[1187], convocando os múltiplos *stakeholders* para o procedimento de planeamento e concedendo-lhes a possibilidade de apresentar propostas de contratos que tenham por objecto a elaboração, revisão ou alteração de PU ou de PP e a respectiva execução. Tal possibilidade não implica nunca a irrenunciabilidade e a indisponibilidade[1188] dos poderes públicos de planeamento, transparência e publicidade[1189].

A importância conferida a este tipo de instrumentos contratuais assenta na necessidade de envolver os particulares interessados numa determinada proposta de ocupação, uso ou transformação do território, num momento em que ainda não há plano, permitindo por este modo à administração municipal decidir positivamente (ou não) qual, de entre as soluções que lhe sejam apresentadas, a que melhor satisfaz o interesse público a prosseguir[1190].

Está aqui bem patente a ideia de produção de normas pelos próprios sujeitos privados, por via da proposta de plano que apresentam e, por outro, uma clara manifestação da ideia de cooperação entre o público e os privados a que

---

[1187] Artigo 5º, alínea h) da LBPOTU e artigo 6º-A e 6º- B do RJIGT.

[1188] A contratualização não equivale a delegação de poderes de decisão quanto à solução que, a final, venha a ser adoptada. Trata-se, tão só, de aproveitar os recursos financeiros e o *know how* dos privados ou, ainda, do interesse desta ou daquela específica entidade pública para concretizar algumas soluções que os decisores locais possam ter já em mente mas que, em razão de constrangimentos financeiros, não conseguem, por si só, levar a "bom porto". Existe pois um encontro de vontades entre uma determinada proposta de plano apresentada por um particular ou por outra entidade pública e a vontade de aproveitamento dessa proposta de plano para a satisfação de determinados objectivos a que os decisores locais se propõem, em regra, nas suas agendas eleitorais. A bondade, utilidade e importância destes instrumentos contratuais variará de acordo com o entendimento que os decisores locais revelem ter dos processos relativos ao planeamento e ao ordenamento do território. Simultaneamente, divisamos ainda neste domínio que a decisão de elaboração, revisão ou alteração do PU e PP é sempre da responsabilidade da câmara municipal, que a deve fundamentar em critérios de oportunidade e juízos de interesse público.

[1189] Cfr. Artigo 6º-A, números 2 a 6 do RJIGT.

[1190] A contratualização constitui pois uma nova abordagem no âmbito da procura de soluções concertadas e consensualizadas por todos os intervenientes nos processos de planeamento, co-responsabilizando não só a entidade que detém a competência para a aprovação do plano (*in casu, e porque estamos no domínio dos PMOT, da assembleia municipal*) como também os particulares que com ela se envolvem.

PARTE IV – § 1º O DIREITO DO URBANISMO COMO MANIFESTAÇÃO...

alude HELMUTH SCHULZE-FIELITZ no contexto da «Neue Verwaltungsrech tswissenschaft»[1191].

[1191] HELMUTH SCHULZE-FIELITZ, "Grundmodi der Aufgabenwahrnehmung", *in* WOLFGANG HOFFMANN-RIEM, EBERHARD SCHMIDT-AßMANN & ANDREAS VOßKUHLE, "Grundlagen des Verwaltungsrechts", Volume I, Edições C.H. BECK, München, 2006, pp. 761-840, §12.

§ 2º CRISE DO PRINCÍPIO DA LEGALIDADE – QUIMERA OU REALIDADE?

Em segundo lugar, e depois de na parte I deste trabalho termos viajado desde a construção jurídica de CHARLES EISENMANN relativa à temática mais alargada da submissão da acção administrativa à lei e que, recorde-se, se traduziu no contributo mais significativo para enquadrar doutrinariamente o princípio da legalidade administrativa no direito francês, ficamos com a firme convicção de que o modelo por ele teorizado e que, posteriormente, foi sendo apropriado pela doutrina com um ou outro (e, em alguns casos, significativo) ajustamento, não serve actualmente para responder, de modo satisfatório, aos novos problemas e desafios que nos colocam as ainda relativamente jovens áreas do direito administrativo especial, como sucede com o direito do urbanismo e, em especial, com os complexos problemas associados às relações entre planos.

A sofisticada e dogmaticamente arrojada construção do princípio da legalidade proposta por CHARLES EISENMANN deve, como qualquer outra construção, ser enquadrada num contexto histórico e jurídico diverso e num ambiente dogmaticamente distinto daquele que hoje enfrentamos.

A sua teorização e bem todas as outras que se lhe seguiram na doutrina francesa partem, em maior ou menor medida, tal como aliás a grande maioria das construções que igualmente foram sendo trabalhadas entre a nossa doutrina[1192], de uma premissa que hoje se revela desadequada e, como tal,

---

[1192] Como assertivamente sintetiza ANDRÉ SALGADO DE MATOS, a problemática da adstrição da administração pública à lei tem sido estudada quase sempre apenas de um ponto de vista meramente negativo ou proibitivo; ou seja, a legalidade é entendida fundamentalmente como interdição de acções administrativas contrárias à lei (preferência de lei) ou que nela não tenham fundamento (reserva de lei, no sentido restrito de precedência de lei). Ver ANDRÉ SALGADO

impotente para responder aos problemas colocados pelo novo direito administrativo, razão que em nosso entender determina, por si só, a necessidade de efectuar o necessário reajustamento ou a apresentação de um novo modelo.

Actualmente, e contrariamente ao que sucedia quando CHARLES EISENMANN escreveu as brilhantes reflexões sobre o princípio da legalidade administrativa, a lei perdeu a centralidade de que dispunha no processo de legitimação da acção administrativa.

A lei deixou de figurar como único factor de legitimação da acção administrativa para passar a apresentar-se, ela própria, como resultado de múltiplos factores de legitimação[1193].

DE MATOS, "Princípio da Legalidade e Omissão Regulamentar", in Estudos em Homenagem ao Professor Doutor MARCELLO CAETANO, no Centenário do seu nascimento, Volume I, Faculdade de Direito da Universidade de Lisboa, Edição Coimbra Editora, Novembro, 2006, pp-193-217.

[1193] Na doutrina alemã e evidenciando a necessidade de repensar o conceito de legitimidade, exclusivamente focado na legalidade, para uma legitimidade assente numa vasta plêiade de factores normativos de legitimação, ver WOLFGANG HOFFMANN-RIEM, "Eigenständigkeit der Verwaltung", in WOLFGANG HOFFMANN-RIEM, EBERHARD SCHMIDT-AßMANN & ANDREAS VOßKUHLE, "Grundlagen...", pp. 623-716, §10. Referindo-se, também, à existência de uma pluralidade de factores normativos de legitimação no contexto do novo direito administrativo como ciência de direcção, ver WOLFGANG KAHL, "What is 'new` about the 'New Administrative Law Science`...", p. 114. Referindo-se à necessidade de um conceito de legitimação democrática centrado numa legalidade que tome em consideração uma pluralidade de estruturas normativas de legitimação, ver EBERHARD SCHMIDT-AßMANN, "Droit administratif et justice administrative, Permanence et renouveau, Principes de base d'une reforme du droit administratif" (primeira parte), in RFDA, 24º Ano, nº 3, Maio/Junho, 2008, pp. 445-447. Num excelente artigo publicado em 2005, no Archiv des öffentlichen Rechts WOLFGANG HOFFMANN-RIEM advoga que o sentimento crítico existente relativamente ao número e à qualidade das leis faz emergir a necessidade de compreender a razão de ser para a exigência de que toda a acção do Estado seja autorizada pela lei. Para WOLFGANG HOFFMANN-RIEM, muitas das premissas que sustentavam essa exigência de subordinação de toda a acção do Estado à lei mudaram e continuarão a mudar cada vez mais face ao crescendo da privatização da actividade administrativa, aos próprios fenómenos regulatórios e, ainda, à internacionalização do próprio direito administrativo. Para o autor, a eliminação de uma variedade de limites territoriais e de um conjunto de restrições culturais, económicas e sociais e, simultaneamente, o desenvolvimento de novos tipos de redes devem ser tomadas em consideração. Nalgumas áreas, as regras privadas substituíram as regras estaduais e noutras ambas estão interconexionadas. Numa complexidade crescente dos problemas e das leis que foram criadas para os resolver, o autor sinaliza que não será apenas a lei escrita a ter o poder de direcção. Estruturas que foram criadas pela própria lei relativas à organização, ao pessoal e mesmo à gestão orçamental ganham acrescida visibilidade. O legislador, quando legisla, deve ter presente a provável necessidade de estabe-

PARTE IV – § 2º CRISE DO PRINCÍPIO DA LEGALIDADE – QUIMERA OU REALIDADE?

Esta "amputação" do estatuto de referencial único de legitimação da acção administrativa que o princípio da legalidade sofre em áreas como o urbanismo

lecer compromissos. Sobretudo, quando as limitações do conhecimento e, por vezes, também os limites impostos às possibilidades de regular as matérias através da lei, se atravessam no caminho da própria resolução do problema. Uma consequência óbvia para este cenário é que a resolução do problema é relegada para o nível da própria aplicação da lei, com um cabaz de opções a ser disponibilizado à Administração. Neste contexto, WOLFGANG HOFFMANN-RIEM entende que as garantias para um Estado actuando sob a égide do princípio da legalidade, podem ser mais eficazmente asseguradas através do próprio procedimento. O Estado legislador deve pois assegurar-se através das garantias procedimentais que o establecimento de regras privadas não irá por em risco a liberdade das pessoas e a igualdade de oportunidades para todas elas. O autor termina ainda por advogar que tudo isto só fará sentido se existir coerência entre a normação nacional e europeia. Finalmente, WOLFGANG HOFFMANN-RIEM conclui que as mudanças operadas na capacidade de direcção da lei tornam imprescindível a realização de mudanças no conceito de legitimação democrática, de tal sorte que a legalidade não constitui mais uma base suficientemente sólida para suportar essa legitimação, devendo, em seu lugar, recorrer-se a uma pluralidade de elementos normativos de legitimação, Ver WOLFGANG HOFFMANN-RIEM, "Gesetz und Gesetzesvorbehalt im Umbruch. Zur Qualitäts--Gewährleistung durch Normen", *in* Archiv des öffentlichen Rechts, Edições J.C.B. MOHR (PAUL SIEBECK) Tübingen, 130. Band, Heft 1, 2005, pp. 5-70. Também JAECKEL ao longo da sua obra "Gefahrenabwehrrecht und Risikodogmatik", aludindo ao direito administrativo do risco em que se inclui também, como aliás tivemos logo no início desta tese oportunidade de demonstrar, o direito do urbanismo, refere que a construção de um novo método para a solução jurídica implicará, em primeiro lugar, o reconhecimento de uma margem de ponderação e livre apreciação na concretização de normas, facto que, inevitavelmente, criará uma progressiva libertação do princípio da legalidade da acção administrativa e a consequente necessidade de conferir mais atenção à função governativa de implementação de políticas públicas; num segundo plano, trará para o mesmo palco todos os "actores" públicos e privados com responsabilidades no âmbito dos procedimentos administrativos democratizados e jurigénicos e, finalmente, potenciará a adopção de medidas proporcionais e sustentáveis, devendo essa ponderação combinar, de forma harmoniosa, a observância dos direitos fundamentais que possam eventualmente estar em causa e a necessidade de prossecução de soluções capazes de resolver os problemas de modo eficiente. JAECKEL, "Gefahrenabwehrrecht und Risikodogmatik"..., *passim*. Aludindo igualmente à necessidade de reconstruir o esquema clássico de legitimação da decisão, substituindo-o por um novo modelo em que o princípio da legalidade já não terá lugar, o que se logrará conseguir, em larga medida, pela revalorização e reposicionamento dos procedimentos administrativos complexos e participados, ver THORSTEN SIEGEL, "Entscheidungsfindung im Verwaltungsverbund", MOHR SIEBECK, Tübingen, 2009. SABINO CASSESE refere que "...*o legislativo aprova leis estabelecendo objectivos, prevendo tarefas, desenvolvendo procedi-*

A NULIDADE DO PLANO URBANÍSTICO

e o ambiente leva alguns autores, em escritos mais recentes, a falar numa alegada (e para nós bem real) crise do princípio da legalidade[1194].

Na doutrina nacional, SUZANA TAVARES DA SILVA refere que a perda de centralidade do princípio da legalidade formal, sobretudo após a profunda transformação na dinâmica das fontes de direito em resultado da interposição do direito europeu teria, segundo alguma doutrina, desencadeado um fenómeno de desconstrução do direito administrativo, visível no facto de já não ser possível afirmar-se hoje que todos os institutos jurídicos de direito administrativo são uma decorrência do princípio da legalidade[1195].

---

mentos. A máquina administrativa é chamada a implementar..." de tal sorte que "*...a legitimidade das entidades públicas resulta da implementação das leis. Legalidade significa também legitimidade...*". SABINO CASSESE, "State and Administration in Europe (the past and the future)", outline da apresentação do autor na conferência "Ius Publicum Europaeum Volume III, National Administrative Law in the European Legal Area (Part I e II), 9/10 de Outubro, 2008, pp. 15-16 (acessível on-line).

[1194] Na doutrina estrangeira, PIERRE MOOR refere que o que existe agora é um «discours abstrait aux contours vagues et flottants», de tal forma que «o princípio da legalidade», tal como o conceberamos, se terá mesmo desvanecido. Ver PIERRE MOOR (HEINZ AEMISEGGER/ ALFRED KUTTLER/PIERRE MOOR/ALEXANDER RUCH), "Kommentar zum Bundesgesetz über die Raumplannung – Commentaire de la Loi Fédérale sur l'aménagement du territoire", edições Zurich, nº 101, 1999. Em Itália, e divisando também uma crise do princípio da legalidade, ver, por todos, FABIO MERUSI, "Sentieri interroti della legalità", Bolonha, 2007, pp. 27-36. Sobre a transformação em curso do princípio da legalidade e advogando a necessidade de o reinterpretar à luz de uma exigência de eficácia da acção administrativa, LUCIA CIMELLARO elege o «resultado» como novo parâmetro da legalidade, ver LUCIA CIMELLARO, "Il Principio di Legalità in trasformazione", *in* Diritto e Societá, nº 1, nuova serie, Cedam Padova, 2006, pp. 107-169. Ainda no contexto do ordenamento jurídico italiano, GUIDO CORSO advoga que o princípio da legalidade se apresenta também hoje como princípio da legalidade comunitário. Para este autor, à pergunta porque deve a lei prevalecer, deve responder-se porque ela é deliberada por representantes do povo que estão no parlamento e que foram eleitos por esse mesmo povo. De tal sorte que a supremacia da lei é uma directa implicação da soberania popular, estando, como tal, intimamente conexionada com o princípio democrático. Não são eleitos do povo nem os juízes nem os que ocupam e desempenham funções na Administração. Ver GUIDO CORSO, "Il Principio di Legalità nell'ordinamento italiano", *in* Studium Iuris, Rivista per la formazione nelle professioni giuridiche, Edições Cedam, nº 10, Outubro, 2010, pp. 1009-1013. EBERHARD SCHMIDT-AßMANN, "Droit administratif et justice administrative, Permanence et renouveau, Principes de base d'une reforme du droit administratif" (primeira parte), *in* RFDA, 24º Ano, nº 3, Maio/Junho, 2008, pp. 445-447.

[1195] SUZANA TAVARES DA SILVA, "A nova dogmática do...", pp. 895-896. A autora refere, como possíveis exemplos de institutos jurídicos que não constituem uma decorrência do princípio da legalidade: 1) a localização dos interesses no procedimento administrativo não como ele-

PARTE IV - § 2º CRISE DO PRINCÍPIO DA LEGALIDADE - QUIMERA OU REALIDADE?

Para a autora, a perda de centralidade da lei resulta de uma crise do legislador parlamentar nas Constituições dos Estados democráticos que, por um lado, se deve ao facto da democracia dos partidos ter fundeado o equilíbrio de poderes de uma forma desmedida a favor dos governos e, por outro, à incapacidade do legislador parlamentar em oferecer uma resposta, em tempo útil, aos novos desafios da sociedade[1196].

De igual modo, PEDRO GONÇALVES, reflectindo no contexto do direito administrativo da regulação, advoga a existência de um fenómeno de retracção do princípio da legalidade, sustentando que a doutrina, de há algum tempo a esta parte, vem assistindo ao retrocesso do princípio da legalidade, enquanto predeterminação legislativa da acção administrativa e, simultaneamente, à sua substituição por um princípio de autonomia funcional da administração. Para o autor a situação terá mesmo encontrado uma cobertura legitimadora no conceito de "administração de resultados" e, por essa via, na ideia de que os critérios fundamentais para aferir do bom funcionamento da máquina administrativa se devem reconduzir à eficácia e à eficiência e já não tanto ao cumprimento pontual e estrito das prescrições legislativas[1197].

Também PAULO OTERO desmistifica o sentido tradicional do princípio da legalidade, demonstrando, por essa via, que em amplos sectores de actuação administrativa, a vinculação da Administração Pública à legalidade se apresenta como uma pura ficção[1198].

Com tivemos já oportunidade de analisar quando percorremos, entre nós, as diferentes concepções para o princípio da legalidade, PAULO OTERO defende que a ideia de que o sentido de toda a legalidade se assume como unívoco e claro, habilitando sempre a Administração a decidir qual o caminho a seguir num propósito de actuação administrativa conforme ao estatuído pelas normas apresenta-se, num cada vez maior número de sectores, como

---

mentos da instrução mas sim como elementos da decisão; 2) a existência de um contratualismo generalizado das decisões administrativas; 3) a desconstrução da organização administrativa como fuga ao princípio da legalidade (administração em forma privada); 4) o exercício de poderes administrativos «inatos» sem interposição normativa; 5) a «fuga para os ordenamentos jurídicos mais eficientes», de acordo com a possibilidade de «escolha do direito» no âmbito da concorrência entre os ordenamentos jurídicos, sobretudo, entre os que integram o ordenamento europeu.

[1196] SUZANA TAVARES DA SILVA, "A nova dogmática do...", p. 896.

[1197] Ver PEDRO GONÇALVES, "Direito Administrativo da Regulação", *in* «Estudos em Homenagem ao Professor MARCELLO CAETANO», 2006, FDUL, pp. 535-573.

[1198] Ver a interessante e completa obra de PAULO OTERO, "Legalidade e Administração...".

pura ilusão ou mito[1199], pelo que a tarefa de traçar uma fronteira clara entre o que é devido e o que é proibido, entre o que é permitido e o que o não é, não é empreitada fácil[1200].

MARCELO REBELO DE SOUSA e ANDRÉ SALGADO DE MATOS referem-se também a um fenómeno de eventual mudança ou esvaziamento do princípio da legalidade da administração alegando que, em *"...tese, todas as pré-compreensões são aceitáveis; ponto é que se apure qual melhor se molda à principiologia consagrada na CRP..."*. Para os dois autores a perspectiva de *"...mudança e ajustamento do princípio da legalidade no quadro do Estado de direito democrático substancial zelador da relação entre a democracia e a primazia do papel político e legislativo do Parlamento e da lei sobre a administração..."* é a que melhor se coaduna com a principiologia constitucional[1201]. JOSÉ JOAQUIM GOMES CANOTILHO e SUZANA TAVARES DA SILVA referem, como consequências da europeização dos ordenamentos jurídicos e de desenvolvimento de um modelo multinível, não só o aparecimento de novas fórmulas de governação à margem dos órgãos representativos do poder democrático dos Estados, como também um visível enfraquecimento do princípio da legalidade como, ainda, a governamentalização da forma de governo dos Estados[1202].

LUIS CABRAL DE MONCADA afirma que o conteúdo da própria legalidade se alterou profundamente, dado que ao *"...pretender dominar matérias para as quais não está particularmente preparado, o legislador deixou e deixa amplas aberturas normativas por onde reentram os poderes discricionários e as liberdades afins da Administração..."*[1203]. Tal é o caso, prossegue o mesmo autor, da defesa do ambiente e da intervenção pública na economia, reveladores de que a legalidade terá, de facto, aumentado em extensão, número e natureza de fontes donde dimana mas terá, correlativamente, diminuído em intensidade[1204]. O autor refere também que o novo conteúdo da legalidade provoca consequências ao nível do controlo jurisdicional da actividade administrativa, num quadro em que a tec-

---

[1199] PAULO OTERO, "Legalidade e Administração...", p. 960.

[1200] PAULO OTERO, "Legalidade e Administração...", pp. 960-961.

[1201] MARCELO DE REBELO DE SOUSA e ANDRÉ SALGADO DE MATOS, "Direito Administrativo Geral, Introdução e Princípios Fundamentais", Tomo I...", p. 172.

[1202] Ver JOSÉ JOAQUIM GOMES CANOTILHO/SUZANA TAVARES DA SILVA, "Metódica Multinível: "Spill-over effects" e interpretação conforme o direito da União Europeia", *in* Revista de Legislação e de Jurisprudência, Ano 138º, nº 3955, Março/Abril, 2009, pp. 182-199.

[1203] LUIS CABRAL DE MONCADA, "Introdução. Os princípios gerais...", p. 695.

[1204] LUIS CABRAL DE MONCADA, "Introdução. Os princípios gerais...", p. 695.

PARTE IV – § 2º CRISE DO PRINCÍPIO DA LEGALIDADE – QUIMERA OU REALIDADE?

nicização da lei dificulta o trabalho ao juiz[1205]. Na realidade, e como o próprio faz questão de sinalizar, "...*a substância das noções pela lei utilizadas não permite uma leitura sem margem para hesitações. É o caso das noções retiradas da vida económica e social, vulgares na intervenção do Estado na economia, <u>no urbanismo</u> (sublinhado nosso) e no ambiente, quais sejam a de empresa economicamente viável, de abuso de posição dominante, de área crítica de reconversão e recuperação urbanística, de melhores técnicas no combate à poluição, etc...*"[1206]. Nestas situações, "...*a Administração continua a ser convocada para aplicar a lei de acordo com o dever de decidir da melhor maneira no caso concreto embora suceda que, sendo certas noções muito imprecisas, a margem de livre apreciação administrativa acaba por se assemelhar à de que dispõe no caso do poder discricionário propriamente dito*"[1207], a tal ponto de se poder afirmar segundo avança o autor que "...*o poder discricionário e a liberdade de aplicação dos conceitos indeterminados se aproximaram...*" sendo que o primeiro se objectivou e a "...*segunda desligou-se de uma visão meramente subsuntiva e lógico-formal da respectiva natureza...*"[1208]. Também JOSÉ CARLOS VIEIRA DE ANDRADE, no contexto das dificuldades e compressões ao princípio da legalidade no âmbito da concretização actual das políticas públicas num contexto transnacional, alude a uma crise da legalidade estrita como resultado de alguns factores: a) a relevância primacial das normas constitucionais, das normas internacionais e das normas comunitárias directamente aplicáveis; b) a importância acrescida e decisiva dos princípios jurídicos, na interpretação, aplicação e fiscalização das leis; c) a proliferação de directivas político-estratégicas de conteúdo aberto, ainda que sob forma legal (de decreto-lei) e regulamentar (resoluções do Conselho de Ministros) e, ainda, de *standards* científicos e técnicos, por vezes de proveniência privada, europeia e internacional; d) o desenvolvimento da regulamentação independente por parte das autoridades reguladoras e, ainda, e) as actuações informais com relevo jurídico atenuado[1209].

No domínio da actividade urbanística, e numa recente e bem refrescante intervenção, LUÍS FILIPE COLAÇO ANTUNES/JULIANA COUTINHO referem que a legalidade do Direito Urbanístico é uma legalidade essencialmente secundária, de geometria variável, com indeterminações significativas. É uma

---

[1205] LUIS CABRAL DE MONCADA, "Introdução. Os princípios gerais...", p. 696.

[1206] LUIS CABRAL DE MONCADA, "Introdução. Os princípios gerais...", p. 699.

[1207] LUIS CABRAL DE MONCADA, "Introdução. Os princípios gerais...", pp. 699-700.

[1208] LUIS CABRAL DE MONCADA, "Introdução. Os princípios gerais...", p. 700.

[1209] Ver JOSÉ CARLOS VIEIRA DE ANDRADE, "Introdução ao Direito Administrativo", Sumários das..., p. 34.

legalidade que reconhece à Administração Pública com competências planificatórias uma margem de discricionariedade considerável, em desarmonia com os princípios da igualdade e da proporcionalidade. Os referidos autores advogam, ainda, que a legalidade urbanística deve saber tratar da contenção desta discricionariedade anormal, por vezes ablativa, definindo os pressupostos, condições e modalidades do exercício de uma actividade administrativa que se pretende especialmente fundamentada e sujeita a um controlo judicial intenso.

Ainda segundo os mesmos autores, a qualidade do Direito Urbanístico passa, actualmente, tanto pela qualidade subjectiva do "legislador", como pela qualidade da relação jurídico-administrativa. A dificuldade de distinguir o interesse público primário dos interesses secundários (públicos e privados) tem conduzido a um Direito Urbanístico de ponderação, com efeitos nefastos ao nível do princípio da juridicidade[1210].

Lendo as múltiplas posições expendidas pela doutrina nacional e estrangeira sobre uma crise efectiva e bem real do princípio da legalidade da acção administrativa, depressa intuímos que o direito do urbanismo é, seguramente, um dos seus principais co-responsáveis, quer porque como sinalizámos, alberga no seu âmbito muitos dos institutos que não constituem uma emanação do princípio da legalidade, quer porque suporta nesses institutos a legitimação do próprio plano enquanto resultado da actividade de planificação da Administração.

[1210] Ver Luís FILIPE COLAÇO ANTUNES/JULIANA COUTINHO (documentação final), «O princípio da legalidade faz parte do direito urbanístico?», *in* Encontro anual/Avaliação das políticas de ordenamento do território e de urbanismo no espaço europeu e nos âmbitos nacional, regional e municipal, dias 26 e 27 de Novembro 2010, organização do encontro anual da AD URBEM, p. 12 (acessível on-line: www.adurbem.pt).

§ 3º O PLANO URBANÍSTICO NO INTERFACE DA POLÍTICA PÚBLICA

3.1. O plano urbanístico na dogmática tradicional – a insuficiência do modelo explicativo de natureza regulamentar

A questão da natureza jurídica do plano urbanístico tem sido objecto de relativo consenso na doutrina e na jurusprudência que opta, na sua grande maioria, pela sua recondução à "gramática"[1211] dos regulamentos administrativos. FERNANDO ALVES CORREIA dedica significativas páginas da sua obra ao problema da natureza jurídica dos planos[1212], pelo que aqui não as vamos replicar, antes sim sintetizar em traços gerais atentos os propósitos que nos movem.

O autor começa por separar os planos sem eficácia plurisubjectiva dos planos dotados dessa mesma eficácia. Os primeiros comungariam, por via de regra, sob o ponto de vista material, das características da generalidade, abstração e de pretensão de durabilidade, próprias das normas jurídicas[1213]. Os segundos (PMOT e PEOT) consubstanciariam instrumentos de natureza regulamentar[1214].

[1211] Ver SUZANA TAVARES DA SILVA, "Um Novo Direito..." p. 40.

[1212] FERNANDO ALVES CORREIA, "Manual de Direito...", pp. 602-644.

[1213] FERNANDO ALVES CORREIA, "Manual de Direito...", pp. 602-603.

[1214] Cfr. artigo 8º, alínea b) da LBPOTU e artigos 42º, nº 1 e 69º, nº 1, ambos do RJIGT. FERNANDO ALVES CORREIA considera que não obstante a qualificação expressamente atribuída pelo legislador aos planos dotados de eficácia plurisubjectiva como regulamentos administrativos, a questão não fica de forma alguma resolvida, uma vez que, primeiro, não cabe ao legislador resolver um problema que é de natureza essencialmente teórica e doutrinária e, segundo, a qualificação da natureza jurídica do plano urbanístico depende do conteúdo e não da forma, pelo que apenas de uma análise das disposições dos planos, poderá o intérprete e aplicador

A NULIDADE DO PLANO URBANÍSTICO

Nestes pressupostos, o autor passa depois em revista as principais teorizações doutrinárias relativas à natureza jurídica do plano urbanístico, passando pela construção proposta por ALDO SANDULLI[1215] que sugere, com base no «piano regolatore generale» a classificação do plano urbanístico como um acto administrativo individual e concreto ou, ainda, pela construção de FILIPPO SALVIA[1216] que encara o plano como um acto administrativo geral.

Na doutrina e jurisprudência de direito comparado[1217], FERNANDO ALVES CORREIA refere que a posição dominante é a do plano como regulamento administrativo, dadas as suas notas características de generalidade e de abstracção, próprias das normas jurídicas e que visam a prossecução de funções de integração da lei e de fixação do ordenamento jurídico aplicável a um

desses actos jurídicos concluir quanto a essa qualificação. O autor advoga no entanto que a principal vantagem dessa qualificação expressa feita pelo legislador, permite, do ponto de vista processual e do contencioso dos planos, saber exactamente que é de um contencioso de normas jurídicas que se trata. FERNANDO ALVES CORREIA, "Manual de Direito...", pp. 604-606. ANTÓNIO DUARTE ALMEIDA refere, por seu turno, que a qualificação ensaiada pelo legislador dos "planos territoriais" e dos "planos urbanísticos" (expressão do autor) como regulamentos administrativos "...*tem pretensões bastante modestas...*", uma vez que não permite retirar quaisquer "...*ilações nem procedimentais nem substantivas mas, quase exclusivamente, processuais...*" pelo que, consequentemente, terá pelo menos a virtude de sinalizar que "...*a tutela judicial dos cidadãos perante as agressões emergentes do planeamento segue o regime da reacção contenciosa contra normas administrativas.*" Neste escrito, o autor considera ainda a que "... *aplicação rígida do regime geral da impugnação de normas administrativas ao contencioso dos planos urbanísticos afigura-se desadequada e incongruente...*", uma vez que, por um lado, "...*não reflecte a especificidade do regime da invalidade dos planos...*" e, por outro, "...*porque quebra a ligação entre legitimidade para intervir no procedimento administrativo e a consequente legitimidade para aceder ao contencioso*". Sobre estes pontos em especial e, em geral, sobre o contencioso dos planos, ver intervenção de ANTÓNIO DUARTE ALMEIDA, sob o título de "A garantia da impugnação directa de planos territoriais e urbanísticos", apresentada no Encontro Anual da AD URBEM..., pp. 51-56.

[1215] ALDO SANDULLI, "Sugli atti amministrativi generali a contenuto non normativo", *in* Il Foro Italiano, nº 77, 1954, Volume IV, pp. 217-221.

[1216] Ver FILIPPO SALVIA, "Manuale di Diritto Urbanistico...", pp. 84-85. Nestas páginas pode, aliás, ler-se que não obstante a posição que considera o «piano regolatore generale» como integrando a categoria de actos administrativos gerais de conteúdo preceptivo e conformativo ser hoje a posição maioritária na doutrina e na jurisprudência italianas, a verdade é que o «piano regolatore generale» tende a assumir cada vez mais carácter variado, traduzido na possibilidade de nele próprio poderem coexistir prescrições concretas conformativas da propriedade, normas relativas à própria actividade construtiva, previsões imediatamente operativas e disposições essencialmente programáticas.

[1217] FERNANDO ALVES CORREIA, "Manual de Direito...", pp. 618-639.

determinado território[1218]. Sinaliza, depois, o autor que vimos acompanhando duas últimas posições. A primeira que vê o plano como um acto misto, combinando disposições concretas (afigurando-se estas muito próximas do acto administrativo geral) e disposições de conteúdo regulamentar[1219]. A última posição a que alude o autor é a que perspectiva o plano como um instituto "*sui generis*" e, como tal, insusceptível de ser enquadrado nas formas típicas de actuação administrativa[1220].

FERNANDO ALVES CORREIA, após reconhecer uma clara dificuldade de enquadramento do plano nas formas tradicionais dos actos jurídicos da Administração Pública e de perspectivar os planos dotados de eficácia plurisubjectiva como actos de conteúdo variado e heterogéneo, considera, no que às disposições do denominado "regulamento" do plano diz respeito, que estas assumem carácter normativo[1221].

Para FERNANDO ALVES CORREIA é então perfeitamente aceitável como apta a traduzir a natureza jurisgénica dos PEOT e dos PMOT quer a tese que atribui natureza materialmente regulamentar às disposições daqueles dois tipos de planos quer a que as considera como actos administrativos gerais de conteúdo normativo, preceptivo ou conformativo[1222].

Reflectindo igualmente sobre alguns problemas jurídicos do planeamento em geral, MARCELO REBELO DE SOUSA e ANDRÉ SALGADO DE MATOS referem não ser possível antecipar "...*as repercussões que a evolução do enquadramento dogmático do plano pode vir a assumir na teoria das formas de actuação administrativa ou mesmo no esquema expositivo da parte geral do direito administrativo...*"[1223].

JOSÉ CARLOS VIEIRA DE ANDRADE refere, por seu turno, que existem formas de actuação administrativa que, embora possam ser integradas nas categorias tradicionais, de algum modo as forçam nos seus limites, acrescentando, depois, que estão nessa situação, por exemplo, os planos administrativos, enquanto formas específicas de actuação jurídica, contendo normas finais e que se afiguram então ser de tipo misto, ou seja de natureza simultanea-

---

[1218] FERNANDO ALVES CORREIA, "Manual de Direito...", pp. 609-614.

[1219] FERNANDO ALVES CORREIA, "Manual de Direito...", pp. 614-616.

[1220] É, por exemplo a posição de ERNST FORSTHOFF, "Traité de Droit Administratif Allemand", trad. franc., Bruxelles, Edições Bruylant, 1969, pp. 318-322.

[1221] FERNANDO ALVES CORREIA, "Manual de Direito...", pp. 618-639.

[1222] FERNANDO ALVES CORREIA, "Manual de Direito...", p. 643.

[1223] MARCELO REBELO DE SOUSA e ANDRÉ SALGADO DE MATOS, "Direito Administrativo Geral, Actividade Administrativa", Tomo III, Publicações Dom Quixote, Fevereiro, 2007, p. 375.

A NULIDADE DO PLANO URBANÍSTICO

mente regulamentar e concreta, desempenhando funções de harmonização de interesses públicos e de racionalização estabilizadora de situações ou da utilização de espaços, sendo muito heterogéneos quanto à forma (*regulamento, acto ou contrato*) e quanto à força vinculativa (*uns são indicativos, como sucede, por exemplo, com o plano rodoviário nacional ou com o plano de reestruturação hospitalar e, outros, são de natureza imperativa, portadores de alcances diversos e de graus diferentes de vinculatividade, como sudece, por exemplo, com os planos urbanísticos*)[1224].

Na realidade, e não obstante a existência de divergências doutrinárias que inicialmente se fizeram sentir quanto à qualificação jurídica dos planos urbanísticos (e reconhecendo, simultaneamente, as dificuldades que ainda subjazem relativamente à recondução a uma categoria jurídica unitária de instrumentos tão diferentes como o PNPOT e um PU), Suzana Tavares da Silva advoga que a doutrina e a jurisprudência defendem hoje a sua qualificação como instrumentos especiais de matriz normativa, aproximando-os, nessa medida, da "gramática" dos regulamentos administrativos, embora tenda, no fim, para os conceber como indivíduos autónomos[1225].

Em Espanha, por exemplo, com excepção dos planos territoriais estatais ou dos planos das próprias Comunidades Autónomas que são aprovados com força de lei, a doutrina maioritária outorga carácter normativo aos planos de iniciativa municipal, dado que contém prescrições vinculativas quer para a Administração quer para os particulares. Essa concepção do plano como norma domina também a jurisprudência[1226]. Segundo Ramón Parada trata-se, no entanto, de uma posição altamente discutível, uma vez que nas suas escalas inferiores, sobretudo com o aparecimento do «Plan Parcial», tende a desconsiderar-se a natureza regulamentar e geral e a aflorar a concreção e o particularismo próprio dos actos administrativos[1227]. De acordo com José María Baño León a jurisprudência terá progressivamente assimiliado o regime dos planos urbanísticos ao regime dos regulamentos o que terá tido, aliás, importantes consequências do ponto de vista do contencioso dos planos[1228].

[1224] José Carlos Vieira de Andrade, "Introdução ao Direito Administrativo", Sumários das..., p. 104.

[1225] Ver Suzana Tavares da Silva, "Um Novo Direito..." p. 40.

[1226] Ver, por exemplo, as sentenças do Supremo Tribunal de 22 de Maio de 1974, 2 de Outubro de 1979, 29 de Setembro de 1980 e 11 de Fevereiro de 1991.

[1227] Ramón Parada, "Derecho Administrativo III, Bienes públicos. Derecho Urbanístico...", pp. 346-347.

[1228] José María Baño León, "Derecho Urbanístico...", pp. 129-130.

MARC PUCHALT RUIZ advoga, por seu turno, que o "...*Urbanismo já não é somente um mero plano -em sentido tradicional- mas sim um conjunto de acções, actores e protagonistas...*"[1229].

Na Alemanha, por exemplo, com o largo espectro de formas de acção administrativa, os planos legais ambientais são planos administrativos legais (planos sectoriais)[1230]. Contudo os planos não constituem o principal tipo de regras administrativas, devendo o plano ser encarado como uma noção compreensiva incluindo instrumentos de diferente natureza[1231]. Ora isso implica que deva ser especificamente separado de cada plano a sua respectiva classificação legal[1232]. Segundo os autores alemães, os planos estão bastante mais próximos da legislação de aplicação geral mas, no caso específico do planeamento territorial, essa opção não tem produzido resultados satisfatórios[1233].

WOLFGANG KÖCK, numa reflexão que desenvolve sobre a importância dos planos administrativos refere, de forma desafiante, que "...*a partir do momento em que os planos não constituem fenómenos pré-ordenados pela natureza ou por Deus, mas sim construções criadas pelos humanos através da prática de actos de natureza legal, a sua classificação é, acima de tudo, uma questão de interpretação e de julgamento pragmático que, como tal, deve ser orientada considerando os objectivos dos planos bem como o que resulta dos princípios constitucionais de direito administrativo*[1234].

Já EBERHARD SCHMIDT-Aßmann refere que aquilo que verdadeiramente distingue o plano é o seu condicionamento por circunstâncias concretas. Ou seja, segundo ele, a planificação e o plano caracterizam-se precisamente pela

---

[1229] Ver MARC PUCHALT RUIZ, "Los nuevos paradigmas...", pp. 49-66.

[1230] Ver WOLFGANG KÖCK, "Pläne", *in* WOLFGANG HOFFMANN-RIEM, EBERHARD SCHMIDT--Aßmann e ANDREAS VOßKUHLE, (Hrsg) "Grundlagen des Verwaltungsrecht", Volume II, Edições BECK, München, 2008, §37 (em particular a nota 18) pp. 1275-1339.

[1231] Ver HARTMUT MAURER, Haldusõigus. Üldosa (Administrative Law. General Part), Tallinn: Juura, 2004, §16 (tradução inglesa).

[1232] Ver HARTMUT MAURER, Haldusõigus. Üldosa (Administrative Law. General Part), Tallinn: Juura, 2004, §16, nota 25 (tradução inglesa).

[1233] Ver WOLFGANG KÖCK, "Pläne", *in* WOLFGANG HOFFMANN-RIEM, EBERHARD SCHMIDT--Aßmann e ANDREAS VOßKUHLE, (Hrsg) "Grundlagen des Verwaltungsrecht", Volume II, Edições BECK, München, 2008, §37 (em particular a nota 19) pp. 1275-1339.

[1234] Ver WOLFGANG KÖCK, "Pläne", *in* WOLFGANG HOFFMANN-RIEM, EBERHARD SCHMIDT--Aßmann e ANDREAS VOßKUHLE, (Hrsg) "Grundlagen des Verwaltungsrecht", Volume II, Edições BECK, München, 2008, §37 (em particular a nota 18) pp. 1275-1339. No que se relaciona com a importância dos planos administrativos na construção do direito administrativo europeu, ver KLAUS GÄRDITZ, "Europäisches Planungsrecht", Tübingen, 2009.

complexidade, pela conexão entre distintos elementos e, ainda, por um elemento de configuração criativa da realidade. A disciplina de ordenamento contida num determinado plano não traduz algo de abstracto. Pelo contrário, parte de uma dada situação e está inexoravelmente condicionada pelo seu ulterior desenvolvimento. Daí a impossibilidade de uma norma geral e abstracta como sucede com a lei poder cobrir todas as necessidades do plano[1235].

Este aspecto que EBERHARD SCHMIDT-AßMANN refere traduz, em nosso entender, mais uma importante razão pela qual a reserva de lei, tradicionalmente associada, segundo nos ensina RUI MACHETE, à dimensão da conformidade do princípio da legalidade, tal qual este princípio foi delineado por CHARLES EISENMANN, se revela desadequada e manifestamente insuficiente[1236], facto que, em nosso entender, sinaliza, no domínio do planeamento, um claro enfraquecimento constitucional do princípio da reserva de lei.

3.2. A concepção do plano urbanístico como instrumento de implementação e de prossecução de políticas públicas

Relativamente às várias posições aqui sinalizadas e tomando agora a nossa posição diria antes de mais que, o plano urbanístico, como todo e qualquer plano, é um documento complexo que, para a consecução de determinados fins, articula um conjunto de meios. Conceptualmente, a noção de plano é para nós mais ampla que a de norma, porquanto se num plano urbanístico a relação que conseguimos divisar é uma relação de meios alocados a determinados fins, na norma o que temos é uma relação de subsunção em que a um determinado facto se faz corresponder uma determinada consequência jurídica. Não obstante esta nossa percepção, reconhecemos que a distinção referida se tem progressivamente esvanecido, sobretudo a partir do momento em que se procedeu à ampliação considerável do conceito de norma, passando esta a encerrar não apenas regras de subsunção mas também princípios de vária gradação, ou seja, mandatos de optimização que por sua vez, traduzem

---

[1235] EBERHARD SCHMIDT-AßMANN, "La Teoría General del Derecho Administrativo como sistema", Instituto Nacional de Administración Pública (INAP), Marcial Pons, Ediciones Jurídicas y Sociales, S.A., Madrid, 2003, (traducción española da edição alemã "Das Allgemeine Verwaltungsrecht als Ordnungsidee", Heidelberg, Springer, Verlag, 1998), pp. 344-347.

[1236] Recorde-se, a este propósito, a posição de RUI MACHETE tratada na parte I deste trabalho, dado que este autor entende que o que CHARLES EISENMANN designa como correspondendo ao princípio da compatibilidade mais não é, afinal, do que um corolário da preferência de lei ao passo que a ideia de conformidade equivaleria a uma reserva de lei generalizada.

também os fins a atingir. Podemos então dizer que o plano é um complexo sistemático de regras, princípios, fins e projectos concretos num determinado âmbito territorial. Nele encontramos pois quer regras clássicas, quer princípios que são mandatos de optimização[1237] e que devem ser cumpridos da forma mais optimizada possível (por exemplo a erradicação de zonas de habitação clandestina), quer, ainda, projectos concretos como, por exemplo, a erradicação de uma avenida ou mesmo a construção de um estabelecimento hospitalar.

Razão pela qual entendemos que o plano é algo mais do que um conjunto de normas, uma vez que no seu conteúdo podem existir partes que não revistam natureza regulamentar e, como tal, natureza normativa, ainda que possam, frequentemente, servir de ferramenta preciosa na interpretação do próprio plano. O relatório ambiental que, por exemplo, acompanha[1238] o PDM constitui, inegavelmente, uma parte importante do plano mas não tem valor qualquer valor normativo. Para que tenha valor normativo, é necessário que se trate de regras jurídicas, princípios escritos ou mesmo de planos com valor normativo que possuam conteúdo capaz de complementar as normas do próprio plano. Por exemplo, a inclusão de um terreno dentro da superfície cartografada do plano tem valor normativo porquanto implica a aplicação de um concreto regime jurídico.

Mas aqui chegados, a questão que nos move, para lá da concepção de plano enquanto regulamento administrativo, com a qual estamos de acordo na exacta medida em que na mesma se divisem as particularidades que lhe entendemos assinalar, é algo de mais profundo e que nenhuma das concepções sinaliza de forma directa ou indirecta.

De facto, e se é verdade que a doutrina e a jurisprudência continuam a enquadrar juridicamente o plano urbanístico na gramática dos regulamentos, a verdade é que esquece a doutrina um aspecto verdadeiramente distintivo do plano e que, em nosso entender, pode ter importantes refrações no modo como os diversos institutos do novo direito administrativo respondem aos desafios desta também "nova" e dogmaticamente peculiar forma de agir administrativo.

Estamos a pensar, concretamente, na forte componente de política pública de ordenamento do território e de urbanismo que o legislador de bases, através das credenciais inscritas na LBPOTU, associou a cada um dos planos. Esses

---

[1237] Ver ROBERT ALEXI, "Teoría de los derechos fundamentales", Centro de Estudios Constitucionales, Madrid, 1997, p. 99.

[1238] Cfr. artigo 86º, nº 2, alínea c), do RJIGT.

planos, independentemente da escala em que se movem, foram desde logo designados pelo legislador sob um mesmo qualificativo jurídico, ou seja, como instrumentos de gestão territorial[1239].

Posto isto e se ousarmos partir do *"...diploma fundante do poder político no seu exercício diário..."*[1240] ou, se se preferir, do diploma âncora de um Estado de Direito como é aquele em que vivemos, a nossa Constituição (*cuja importância tivemos já oportunidade de enfatizar quando procedemos à análise do sistema português*) depressa nos levará a percepcionar que, na realidade, do que falamos é de uma política pública de ordenamento do território e do urbanismo[1241].

Conforme aliás tivemos oportunidade de demonstrar no comentário que produzimos ao Acórdão do STA (Processo nº 047310), tirado por CÂNDIDO DE PINHO, a LBPOTU faz assentar a política pública de ordenamento do território e de urbanismo no sistema de gestão territorial[1242] sendo que este, por sua vez, se organiza segundo um quadro de interação coordenada em três distintos

---

[1239] Cfr. artigo 8º, alínea a), b), c) e d) da LBPOTU e artigo 2º do RJIGT.

[1240] MARIA DA GLÓRIA GARCIA, "Constituição e Ordenamento do Território", apresentada no Encontro Anual da AD URBEM..., p. 27.

[1241] A começar desde logo pela designação da própria LBPOTU, elaborada e aprovada pela Assembleia da República nos termos da credencial constitucional sedeada na alínea z) do nº 1 do artigo 165º da CRP. Segundo MARIA DA GLÓRIA GARCIA, *"...a própria "designação – Lei de Bases da Política de Ordenamento do Território e de Urbanismo – pretende abrir espaço para a reflexão e a definição de programas e estratégias de acção, alternativas de concretização com expressão territorial. É uma lei de bases da política, de uma concreta política pública, a do ordenamento do território e do urbanismo..."* donde, neste sentido, prossegue a autora, alimenta-se *"...muito mais do espírito da lei constitucional que a conforma, na sua inerente liberdade de adaptação ao diferente, do que do espírito de uma lei ordinária, cuja característica reside no reconhecimento de que o seu normativo exige execução ou reprodução quotidiana de condutas, condutas que se repetem e, logo, se estabilizam, «contendo» ou espartilhando a capacidade de evolução da comunidade"*. Ver MARIA DA GLÓRIA GARCIA, "Constituição e Ordenamento do Território", apresentada no Encontro Anual da AD URBEM..., pp. 27-28. Recorde-se, também a este propósito, o que então dizia o Ministro do Equipamento, Planeamento e Administração do Território, Eng. JOÃO CRAVINHO, na sessão da Assembleia da República em que se realizou a discussão na generalidade da proposta da actual LBPOTU, em que a definia como a *«lei ordenadora de todas as políticas com incidência territorial»*. Ver Excerto da intervenção inicial do Ministro do Equipamento, Planeamento e Administração do Território, *in* Diário da Assembleia da República, I Série – nº 45, de 6 de Março de 1998, pp. 20-21. Em nosso entender, o ordenamento do território surge-nos como o espaço privilegiado para onde confluem todas as demais políticas sectoriais, evidenciando-se como uma *"política federadora"* ou uma *"política das políticas"*, pensando as diversas opções com expressão territorial de forma coerente e integrada.

[1242] Cfr. artigo 7º, nº 1 da LBPOTU.

PARTE IV - §3º O PLANO URBANÍSTICO NO INTERFACE DA POLÍTICA PÚBLICA

âmbitos (nacional, regional e municipal)[1243]. O legislador da LBPOTU cria depois um conjunto de instrumentos de gestão territorial que, prosseguido funções diferenciadas, se subdividem em instrumentos de desenvolvimento territorial, instrumentos de planeamento territorial, instrumentos de política sectorial e, ainda instrumentos de natureza especial[1244]. Também no RJIGT, o legislador prevê, no âmbito de uma exigência de coordenação interna[1245], que as *"...entidades responsáveis pela elaboração, aprovação, alteração, revisão, execução e avaliação dos instrumentos de gestão territorial devem assegurar, nos respectivos âmbitos de intervenção, a necessária coordenação entre as diversas políticas com incidência territorial e a política de ordenamento do território e urbanismo, mantendo uma estrutura orgânica e funcional apta a prosseguir uma efectiva articulação no exercício das várias competências..."*[1246], dispondo logo de seguida que, por um lado, a *"...coordenação das políticas nacionais consagradas..."* no PNPOT, nos PS e nos PEOT *"...incumbe ao Governo..."*[1247], por outro que a *"...coordenação das políticas regionais consagradas..."* nos PROT incumbe às CCDR[1248] e, por fim, que a *"...coordenação das políticas municipais consagradas..."* nos PIOT e PMOT *"...incumbe às associações de municípios e às câmaras municipais..."*[1249]. Também ao nível da coordenação externa, o legislador sinalizou por um lado que a *"...elaboração, a aprovação, a alteração, a revisão, a execução e a avaliação dos instrumentos de gestão territorial requerem uma adequada coordenação das políticas nacionais, regionais e municipais com incidência territorial..."*[1250] e, por outro, que o *"...Estado e as autarquias locais têm o dever de promover, de forma articulada entre si, a política de ordenamento do território..."*[1251]. Esta ideia é depois reforçada quando o legislador prevê que os PMOT *"... definem a política municipal de gestão territorial..."* de acordo com as directrizes estabelecidas pelo PNPOT, pelos PROT e, sempre que existam, pelos PIOT[1252].

Em nosso entendimento, resulta pois de forma muito clara que os planos ou instrumentos de gestão territorial como a LBPOTU e o RJIGT preferem

---

[1243] Cfr. artigo 7º, nº 2, alíneas a), b) e c) da LBPOTU.
[1244] Cfr. artigo 8º, alíneas a), b) c) e d) da LBPOTU.
[1245] Cfr. artigo 21º do RJIGT.
[1246] Cfr. artigo 21º, nº 1 do RJIGT.
[1247] Cfr. artigo 21º, nº 2 do RJIGT.
[1248] Cfr. artigo 21º, nº 3 do RJIGT.
[1249] Cfr. artigo 21º, nº 4 do RJIGT.
[1250] Cfr. artigo 22º, nº 1 do RJIGT.
[1251] Cfr. artigo 22º, nº 2 do RJIGT.
[1252] Cfr. artigo 24º, nº 2 do RJIGT.

chamar podem constituir, para lá de regulamentos administrativos[1253], instrumentos de implementação e de prossecução de uma concreta política pública, no caso da política pública de ordenamento do território e de urbanismo.

Esta necessidade de percepcionar o plano como não estando exclusivamente ancorado no catálogo regulamentar revela-se um elemento absolutamente decisivo na forma como possamos entender quer a total inutilidade do regime de nulidade do plano objecto desta investigação quer a forma como possamos eventualmente fornecer uma alternativa dogmaticamente sustentada e que melhor se compatibilize com o próprio sistema de gestão territorial, no contexto de uma governação multinível.

Entre nós, por exemplo, SUZANA TAVARES DA SILVA propõe *"...uma compreensão mais ampla do que deva ser o novo direito do urbanismo, procurando enquadrá-lo na dinâmica típica dos novos esquemas jurídicos de concretização de políticas públicas e do que a nova doutrina alemã designa como "novo direito administrativo..."*[1254].

Ainda a mesma autora, na anotação que produz ao Acórdão do TCA Sul (1ª Secção), de 5 de Março de 2009 (Processo nº 4493/08) conclui que, por exemplo, o Programa Nacional de Barragens com Elevado Potencial Hidroeléctrico (PNBEPH)[1255] não se reconduzirá a *"...um plano-regulamento, como é típico dos planos urbanísticos, e também não se identifica, atentando no carácter concreto e pormenorizado das medidas que visa implementar, com o carácter meramente programático atribuído aos planos económicos das décadas de 1970/1980..."*[1256]. No entender da autora, deve antes ser reconduzido *"...a um verdadeiro plano administrativo de implementação de uma política pública em colaboração com privados, por compreender um conjunto de parâmetros limitadores e orientadores da actuação administrativa e incentivadores da actividade económica privada, particularmente útil na implementação de soluções que visam a prossecução do interesse público a partir de actuações dos privados, sob orientação e supervisão das autoridades públicas (o que*

[1253] No caso dos PMOT trata-se de regulamentos autorizados nos termos do nº 4 do artigo 65º da CRP. Concordamos pois, neste ponto, com a posição de FERNANDO ALVES CORREIA pelo que também nós entendemos inaceitável, em especial pela complexidade subjectiva e material que caracteriza os assuntos relacionados com o ordenamento do território e urbanismo, a concepção que perspective os PMOT como simples regulamentos autónomos ancorados na credencial constitucional prevista no artigo 241º da CRP. Ver posição do autor e respectivos fundamentos, em FERNANDO ALVES CORREIA, "Manual de Direito...", pp. 643-644, nota 333.

[1254] SUZANA TAVARES DA SILVA, "O novo direito do urbanismo: o despontar...", p. 112.

[1255] Acessível em http://pnbeph.inag.pt.

[1256] SUZANA TAVARES DA SILVA, "Manifestação da nova ciência...", p. 41.

constitui paradigma de actuação do Estado garantidor)..." pelo que, prossegue a autora, no âmbito da "*...intervenção do Estado na economia, o plano administrativo surge como um instrumento privilegiado do novo direito administrativo, permitindo à Administração captar e orientar o interesse dos privados para a concretização de tarefas de utilidade pública, constituindo simultaneamente para os destinatários um instrumento de protecção de confiança*"[1257].

Maria da Glória Garcia na brilhante reflexão que ensaia no seu Direito das Políticas Públicas[1258] fala no "*...plano enquanto instrumento político e jurídico e a importância política e jurídica do planeamento...*", aludindo ainda, no âmbito da importância que assume no contexto do ordenamento do território e do urbanismo o contributo dos peritos, a um "*...plano enquanto instrumento técnico...*"[1259]. Ao aludir precisamente a esta tripla qualidade do plano num Estado que, é acima de tudo, um «Estado de planeamento e ordenamento territorial»[1260], a autora pretende, claramente, distinguir o plano enquanto instrumento jurídico de execução de um quadro jurídico-constitucional prévio do plano enquanto instrumento de implementação e de prossecução de uma política pública e, ainda do plano enquanto produto técnico resultado dos contributos dos diversos peritos nas diversas áreas do saber com que, por regra, o plano intersecta.

Não concordamos pois com autores como Cláudio Monteiro quando, reflectindo sobre as relações existentes entre planos no âmbito do sistema de gestão territorial, advoga que «*ao nível nacional apenas o PNPOT é um instrumento de política de ordenamento do território, de acordo com a definição dessa política pública que perfilhamos, não podendo como tal serem qualificados os planos sectoriais e os planos especiais*». Acrescenta ainda o mesmo autor que os «*instrumentos de política sectorial não podem ser qualificados como instrumentos de política de ordenamento do território porque, como a sua própria designação evidencia, visam dar expressão geográfica ou espacial apenas a uma política pública sectorial da Administração Central do Estado, sem necessariamente cuidar de a integrar no contexto mais amplo*

[1257] Suzana Tavares da Silva, "Manifestação da nova ciência...", p. 41.

[1258] Maria da Glória Garcia, "Direito das Políticas...", pp. 181-201.

[1259] Maria da Glória Garcia, "Direito das Políticas...", pp. 186-187.

[1260] Refere o autor, num parecer relativo às inconstitucionalidades de que foi arguido jurisdicionalmente o Decreto-Lei nº 351/93, de 7 de Outubro, que o "*...que é determinante é que vivemos num Estado, num país, de planeamento e ordenamento territorial constitucionalmente assumido.*" Ver Mário Esteves de Oliveira, "*O direito de propriedade e o jus aedificandi no direito português*", in RJUA, Livraria Almedina, Coimbra, nº 3, Junho, 1995, p. 194.

A NULIDADE DO PLANO URBANÍSTICO

do conjunto das políticas públicas sectoriais com incidência territorial». Finalmente e quanto aos planos especiais de ordenamento do território afirma que os mesmos *«não podem ser qualificados como instrumentos de política de ordenamento do território porque aqueles planos são, na realidade, instrumentos de política sectorial de valor jurídico reforçado»*[1261].

Na nossa opinião, a opção de recondução dos planos à gramática dos regulamentos administrativos tem, como atrás se referiu, *"...pretensões bastante modestas..."*, uma vez que não permite retirar quaisquer *"...ilações nem procedimentais nem substantivas mas, quase exclusivamente, processuais..."*[1262].

Ora a assunção do plano como instrumento de implementação e de prossecução de políticas públicas permitirá, seguramente, retirar as ilações procedimentais e substantivas que a excessiva colagem ao estereótipo regulamentar não tem possibilitado quer à doutrina quer à própria jurisprudência.

Ao redirecionar o plano para a esfera da política pública não só alcançamos uma maior valorização dogmática da figura face aos desafios que coloca a «nova ciência do direito administrativo» como se potencia uma significativa revalorização de toda a componente material e procedimental do plano.

[1261] Ver CLÁUDIO MONTEIRO, "A lei do mais próximo....", pp. 151-165.

[1262] ANTÓNIO DUARTE ALMEIDA, "A garantia da impugnação directa de planos territoriais e urbanísticos", apresentado no Encontro Anual da AD URBEM..., p. 51.

§ 4º AS RELACÇÕES DE COMPATIBILIDADE E DE CONFORMIDADE – PROPOSTA DE UMA NOVA COMPREENSÃO

4.1. A insuficiência do princípio da hierarquia

Como tivemos oportunidade de ver nos antecedentes §1, §2 e §3, são três as primeiras conclusões de âmbito geral que se nos afiguraram relevantes.

- Inserção do direito do urbanismo no contexto da «Neue Verwaltungsrechtswissenschaft».
- Demonstração de que o princípio da legalidade, enquanto instituto da teoria geral do direito administrativo vive uma real crise, com refracções muito significativas no domínio do direito do urbanismo.
- Num terceiro ponto, procurámos demonstrar que o plano urbanístico deve, para lá da recondução à gramática dos regulamentos administrativos como, aliás, doutrinariamente tem sucedido sem grande contestação, ser reconduzido à categoria de instrumento de implementação e de prossecução de políticas públicas.

Urge agora, em sede de especialidade, fazer o tão desejado *scoping*, percebendo então de que modo é que podem as relações de compatibilidade e conformidade ser enquadradas e de que forma é que o regime de invalidade legalmente previsto pode ser repensado de forma mais ajustada às conclusões supra referidas.

A principal ideia que se nos afigura importante registar é a de que o princípio da hierarquia, do qual a doutrina e a jurisprudência têm feito derivar os subprincípios da compatibilidade e da conformidade, revela múltiplas e significativas fragilidades que se manifestam, sobretudo, em três cenários distintos.

4.1.1. O nível das tensões existentes entre os próprios instrumentos de gestão territorial

Em primeiro lugar, a incapacidade de resolver, de forma adequada, as tensões surgidas entre os instrumentos de política sectorial e instrumentos de planeamento territorial.

Essa incapacidade projecta-se depois, em nosso entender e como aliás já se procurou demonstrar na Parte III desta investigação, nas dificuldades de aplicação prática pela própria jurisdição administrativa.

Desde logo, basta lembrar que, para lá das dificuldades sinalizadas na Parte III, a dificuldade existente, face ao quadro legal, em reconduzir muitos dos instrumentos que o legislador cria de forma *ad hoc* à tipologia de instrumentos de política sectorial tem consequências absolutamente desastrosas, uma vez que não sendo tal recondução efectuada (*quando a isso legalmente deveria haver lugar*) ocorre automaticamente uma "subtração" à aplicação dos mecanismos relacionais ditados pelo princípio da hierarquia, pervertendo por completo a sua aplicação. Neste domínio o próprio «planeador sectorial» não fica isento de críticas, uma vez que na escolha das figuras para disciplinar ou estabeler quadros de orientação e de acção (*planos, programas, projectos ou mesmo estratégias só para exemplificar algumas das figuras mais recorrentemente utilizadas*) o legislador procura, não raras vezes, a escolha de um qualificativo em função dos propósitos que pretende alcançar, ou seja sujeitar ou não o documento em causa aos esquemas relacionais previstos no âmbito do sistema de gestão territorial.

Ilustrando o que vimos dizendo, recorde-se uma vez mais que no caso do Acórdão do TCA Sul (1ª Secção), de 5 de Março de 2009 (Processo nº 4493/08) a que já antes nos referimos, Suzana Tavares da Silva na anotação que lhe faz, conclui que o Programa Nacional de Barragens com Elevado Potencial Hidroeléctrico (PNBEPH) não se reconduzirá a "*...um plano-regulamento, como é típico dos planos urbanísticos, e também não se identifica, atentando no carácter concreto e pormenorizado das medidas que visa implementar, com o carácter meramente programático atribuído aos planos económicos das décadas de 1970/1980...*"[1263]. No entender da autora, deve antes ser reconduzido "*...a um verdadeiro plano administrativo de implementação de uma política pública em colaboração com privados, por compreender um conjunto de parâmetros limitadores e orientadores da actuação administrativa e incentivadores da actividade económica privada, particularmente útil na implementação de soluções que visam a prossecução do interesse público a partir de actuações dos priva-*

[1263] Suzana Tavares da Silva, "Manifestação da nova ciência...", p. 41.

PARTE IV - §4º AS RELACÇÕES DE CONFORMIDADE E DE COMPATIBILIDADE

dos, sob orientação e supervisão das autoridades públicas (o que constitui paradigma de actuação do Estado garantidor)..." pelo que, prossegue no âmbito da *"...intervenção do Estado na economia, o plano administrativo surge como um instrumento privilegiado do novo direito administrativo, permitindo à Administração captar e orientar o interesse dos privados para a concretização de tarefas de utilidade pública, constituindo simultaneamente para os destinatários um instrumento de protecção de confiança"*[1264]. A autora, suportada nos ensinamentos da doutrina alemã, avança mesmo que o PNBEPH se apresenta como uma categoria aberta no quadro dos instrumentos de direito administrativo[1265] podendo, como tal, ensaiar uma aproximação às formas típicas da Administração (acto, regulamento e contrato) ou atípicas de actuações administrativas ou, ainda, simplesmente *"...conformar-se como simples instrumento político de orientação de comportamentos..."*[1266].

Ora se estamos de acordo com relação à não recondução do PNBEPH a *"...um plano-regulamento*[1267]*, como é típico dos planos urbanísticos..."* e com a recondução do mesmo *"...a um verdadeiro plano administrativo de implementação de uma política pública em colaboração com privados..."*, entendemos que a anotação da autora esquece, com efeitos imediatos na solução do caso concreto, uma dimensão importante do problema que, curiosamente, não terá sido também suscitada pelo tribunal: a recondução do PNBEPH à tipologia aberta dos PS, atento o disposto na alínea a) do nº 2 do artigo 35º do RJIGT.

Ou seja, o PNBEPH não se reconduz aos instrumentos de planeamento territorial. Deve sim perspectivar-se como um instrumento de implementação e de prossecução da política pública de ordenamento do território e de urbanismo[1268] e, ainda, no quadro da tipicidade dos instrumentos de gestão territorial, como um instrumento de política sectorial.

[1264] SUZANA TAVARES DA SILVA, "Manifestação da nova ciência...", p. 41

[1265] HANS JULIUS WOLFF/OTTO BACHOF/ROLF STOBER/KLUTH, "Verwaltungsrecht", Vol. I (Direito Administrativo, Vol. I), 12ª München, 2007, pp. 706-ss.

[1266] Ver WOLFGANG KÖCK, "Pläne", *in* WOLFGANG HOFFMANN-RIEM, EBERHARD SCHMIDT--AßMANN e ANDREAS VOßKUHLE, (Hrsg) "Grundlagen des Verwaltungsrecht", Volume II, Edições BECK, München, 2008, §37 (em particular a nota 18) pp. 1275-1339.

[1267] Com a expressão «plano-regulamento» pensamos que a autora (ainda que ela não o esclareça) se pretende referir, apenas e tão só, aos instrumentos de planeamento territorial (PMOT), uma vez que apenas estes terão, nos termos da lei, natureza regulamentar. Cfr. Alínea b) do artigo 8º e alíneas a), b) e c) do nº 2 do artigo 9º, ambos da LBPOTU.

[1268] Note-se que é a própria autora que na anotação que faz ao Acórdão refere que *"...consultando o site do PNBEPH (alojado na página do INAG), facilmente concluímos que o aproveitamento em questão não fazia parte do leque de localizações estudadas e seleccionadas pelo PNBEPH para a implementação de*

Faltou este último ponto na anotação que a autora, brilhantemente refira-
-se, fez.

Percebe-se que o não tenha feito porque, como a autora faz questão de explicar, o PNBEPH não teria *"...sido objecto de aprovação por nenhum instrumento legal ou mesmo por um instrumento normativo atípico, resultando antes de um projecto idealizado pelo Ministério da Economia, através da Direcção-Geral de Energia e Geologia, em diálogo com a empresa Redes Energéticas Nacionais, SA, e com o INAG, para estudo da expansão da capacidade de produção hidroeléctrica nacional..."*[1269], fazendo--nos intuir que na opção que toma, tenham sido decisivas para a autora as razões formais no processo de elaboração e aprovação do PNBEPH.

Só que, como a própria autora reconhece, *"...consultando o site do PNBEPH (alojado na página do INAG), facilmente concluímos que o aproveitamento em questão não fazia parte do leque de localizações estudadas e seleccionadas pelo PNBEPH para a implementação de aproveitamentos hidroeléctricos que deveriam fortalecer este tipo de produção de energia eléctrica entre nós..."*[1270]. Ou seja, ainda que formalmente o PNBEPH tivesse sido o resultado de um *"...projecto idealizado pelo Ministério da Economia, através da Direcção-Geral de Energia e Geologia, em diálogo com a empresa Redes Energéticas Nacionais, SA, e com o INAG..."*, a verdade é que nem a autora nem o tribunal cujo aresto a mesma comenta, foram sensíveis à materialidade das opções contidas no PNBEPH, traduzidas, *in casu*, na previsão de um *"...leque de localizações estudadas e seleccionadas* (sublinhado nosso) *pelo PNBEPH para a implementação de aproveitamentos hidroeléctricos que deveriam fortalecer este tipo de produção de energia eléctrica entre nós..."*, as quais, acaso tivessem sido sopesadas, teriam ditado a necessidade de recondução material do PNBEPH ao universo aberto dos PS e, com isso, aos esquemas relacionais entre instrumentos de gestão territorial.

---

aproveitamentos hidroeléctricos que deveriam fortalecer este tipo de produção de energia eléctrica entre nós. Por outro lado, teria sido também importante, atendendo ao facto de este programa não ter sido objecto de aprovação por nenhum instrumento legal ou mesmo por um instrumento normativo atípico, resultando antes de um projecto idealizado pelo Ministério da Economia, através da Direcção-Geral de Energia e Geologia, em diálogo com a empresa Redes Energéticas Nacionais, SA, e com o INAG, para estudo da expansão da capacidade de produção hidroeléctrica nacional, que o tribunal se tivesse debruçado sobre a qualificação jurídica do PNBEPH. Acresce, por último, que não existe sequer no ordenamento jurídico-administrativo nacional, nem na jurisprudência, tradição na utilização de um tipo de instrumentos jurídicos com esta configuração jurídica...".

[1269] SUZANA TAVARES DA SILVA, "Manifestação da nova ciência...", p. 41.
[1270] SUZANA TAVARES DA SILVA, "Manifestação da nova ciência...", p. 41.

Esta frequente opção do planeador sectorial pela fuga da tipicidade do sistema de gestão territorial prossegue, em nosso entender, objectivos claros.

Por um lado, condicionar materialmente as opções dos instrumentos típicos, sem que os "instrumentos condicionadores" tenham, formalmente, a natureza exigida pelo sistema para o fazerem. Por outro lado, lançar o anátema sobre o próprio sistema, pervertendo o funcionamento dos seus princípios regentes, em particular do princípio da hierarquia de que aqui nos vimos ocupando, com isso criando a final, dificuldades na sua aplicação prática pelos tribunais, com decisões verdadeiramente tiradas ao arrepio do sistema.

4.1.2. O nível das tensões entre os instrumentos de gestão territorial e os instrumentos nacionais situados fora do sistema

Em segundo lugar, o princípio da hierarquia não resolve tão-pouco os problemas que emergem das relações entre os instrumentos de gestão territorial com outro tipo de *instrumentarium* de que a administração pública dispõe para além dos instrumentos típicos do sistema.

Quanto a esta segunda ordem de dificuldades, verificamos, da simples leitura da LBPOTU e do RJIGT, que o legislador introduziu no complexo esquema relacional previsto para guiar os procedimentos de dinâmica associados aos diversos instrumentos de gestão territorial, outros instrumentos tais como, por exemplo, *"...planos, programas, projectos...".*

No nº 5 do artigo 10º da LBPOTU, prevê-se, por exemplo que na *"...elaboração de novos instrumentos de gestão territorial devem ser identificados e ponderados os planos, programas e projectos com incidência na área a que respeitam, já existentes ou em preparação, e asseguradas as necessárias compatibilizações...".*

Ou o que dispõe o legislador no nº 2 do artigo 20º do RJIGT quando refere que na *"...elaboração, aprovação, alteração, revisão, execução e avaliação dos instrumentos de gestão territorial obriga a identificar e a ponderar, nos diversos âmbitos, os planos, programas e projectos, designadamente da iniciativa da Administração Pública, com incidência na área a que respeitam, considerando os que já existam e os que se encontrem em preparação, por forma a assegurar as necessárias compatibilizações...".*

Ou seja, o legislador prevê de forma muito clara que, no âmbito de um determinado procedimento de dinâmica que esteja em curso, sejam *identificados e ponderados* os planos, programas e projectos na área de incidência do plano, possibilitando, por este modo, que sejam efectuadas as necessárias compatibilizações.

A NULIDADE DO PLANO URBANÍSTICO

O propósito do legislador é claro mas suscita equívocos numa aplicação linear do princípio da hierarquia, em particular no que respeita às relações de compatibilidade.

O legislador limita-se a referir apenas que deve identificar e ponderar para depois compatibilizar.

Omite, no entanto, os termos em que essa compatibilização deva ter lugar e qual a consequência jurídica que associa a uma eventual inobservância desse dever de compatibilização, dado que se tratam de instrumentos localizados fora do sistema.

Ora esta opção do legislador enfrenta um duplo problema.

Por um lado, o legislador pretende que, acaso haja necessidade, deva existir compatibilização relativamente a outros instrumentos criados fora do sistema de gestão territorial, o que até não seria grave se acaso o legislador tivesse previsto, com as necessárias adaptações, uma solução similar à que consagrou nos artigos 23º a 25º do RJIGT, ou seja, prever, para lá das normas relacionais entre os instrumentos de gestão territorial, outro bloco de normas que permitisse disciplinar, de forma minimamente transparente, as relações entre os instrumentos de gestão territorial e os tais instrumentos criados à margem do sistema mas que (*sem que no entanto refira como*) o legislador pretende que o sistema e os instrumentos que o corporizam, considerem.

A segunda ordem de problemas resulta de que ao ter previsto um dever de compatibilização a observar pelos instrumentos inseridos no sistema com os instrumentos criados à margem do sistema, ter o legislador permitido que estes últimos beneficiem da compatibilização por parte daqueles sem que, correlativa e paralelamente, se imponha sobre o universo dos instrumentos criados fora do sistema qualquer obrigação de identificarem e ponderarem os instrumentos de gestão territorial que eventualmente possam ser postos em causa pela sua adopção.

Ora num sistema em que o legislador opta, de forma clara, por uma rede complexa mas fechada de planos[1271] e depois permite que outros instrumentos, situados fora do sistema, beneficiem do dever de compatibilização a exercer pelos instrumentos típicos sem que nada seja previsto sobre os termos em que a mesma deva ocorrer e sem que nada seja dito sobre quais as obrigações que recaem sobre esses instrumentos situados fora do sistema para com os instrumentos típicos do sistema é, em nosso entender, no mínimo, uma solução

---

[1271] FERNANDA PAULA OLIVEIRA, "Direito do Urbanismo e do Ambiente", Estudos compilados, Edições Quid Juris, Sociedade Editora, Lisboa, 2010, p. 81.

PARTE IV - §4º AS RELACÇÕES DE CONFORMIDADE E DE COMPATIBILIDADE

perversa e que compromote o eficaz funcionamento do sistema e dos seus princípios rectores, em especial o da hierarquia que aqui vimos analisando.

É certo que o facto dos instrumentos de gestão territorial serem todos eles vinculativos para a Administração Pública poderia, numa reflexão mais imediatista, parecer resolver o problema atento o facto das entidades públicas autoras dos tais planos, programas e projectos deverem observar todos os instrumentos de gestão territorial que se encontrem na respectiva área de incidência.

Só que esse argumento, que obviamente não se contesta, sofre um pequeno revés.

Por um lado, em resultado da própria textura aberta e exemplificativa da norma do RJIGT[1272] que refere "...*designadamente da iniciativa da Administração Pública...*". Na realidade, esta redacção leva-nos a ficar com a convicção de que possam também existir planos, programas e projectos da inciativa de privados que "forcem", se necessário, os instrumentos de gestão territorial inseridos no sistema a com eles se compatibilizarem. Ou seja instrumentos típicos a deverem compatibilizar-se com instrumentos situados fora do sistema e elaborados na sequência de propostas suportadas em iniciativa de privados.

Por outro lado, o facto de tais instrumentos situados fora do sistema poderem ser quase tudo, com isso provocando uma forte erosão no princípio da legalidade, em particular na sua dimensão de reserva de lei, já para não falar dos "falsos" planos[1273], programas[1274] e projectos (*e porque não dizê-lo das múltiplas estratégias[1275] que gravitam em redor do sistema condicionando-o mas sem que*

[1272] Cfr. nº 2 do artigo 20º do RJIGT.

[1273] O Plano Estratégico Nacional para o Desenvolvimento Rural 2007/2013, aprovado pela pela Resolução do Conselho de Ministros nº 147/2006, de 2 de Novembro que materialmente é, no nosso entendimento, um PS.

[1274] Veja-se o caso do Programa de Acção Nacional de Combate à Desertificação, aprovado pela Resolução do Conselho de Ministros nº 69/1999, de 9 de Julho.

[1275] Veja-se a Estratégia Nacional para as Florestas, aprovada pela Resolução do Conselho de Ministros nº 114/2006, de 17 de Agosto, a Estratégia Nacional para o Mar, aprovada pela Resolução do Conselho de Ministros nº 163/2006, de 12 de Dezembro, a Estratégia Nacional para a Energia, aprovada pela Resolução do Conselho de Ministros nº 169/2005, de 24 de Outubro ou mesmo a Estratégia Nacional de Desenvolvimento Sustentável (ENDS), aprovada pela Resolução do Conselho de Ministros nº 109/2007, de 20 de Agosto. Em nosso entender, todas estas estratégias condicionam materialmente e de forma significativa os instrumentos típicos do sistema de gestão territorial. Ou seja, não assumindo formalmente a qualidade de PS, ainda que o devessem ser em muitos dos casos (note-se que é o próprio legislador a prever na alínea

por ele possam ser condicionadas) que apenas assim são designados por quem os elabora, com o claro intuito de se subtraírem, de forma por vezes muito conveniente refira-se, às obrigações procedimentais e substanciais previstas para a dinâmica dos instrumentos típicos do sistema de gestão territorial. Aliás, as próprias realidades e matérias que possam ser objecto de planos, programas e projectos não se encontram previstas em instrumento legislativo prévio, sendo que é o próprio legislador que, algo imaginativamente refira-se, vai urdindo aqui e ali planos, programas e projectos que, frequentemente, não são *"...objecto de aprovação por nenhum instrumento legal ou mesmo por um instrumento normativo atípico..."*[1276], revelando esta situação uma significativa e preocupante compressão da dimensão da reserva de lei.

A situação é tanto mais preocupante porque o legislador não só não prevê que planos, programas ou projectos estão em causa, como ainda pelo facto de tais instrumentos poderem depois, potencialmente, forçar a uma compatilização de instrumentos de gestão territorial típicos.

A este propósito são aliás oportunas as palavras de SUZANA TAVARES DA SILVA quando refere que no actual contexto, *"...os "Governos" procuram autonomizar-se dos "Parlamentos", camuflando sob a alegada crise da legalidade a sua actuação política na adopção de novas formas de actuação que "prescindem" de acto legislativo habilitador, e quando ganha popularidade a substituição do direito previamente ditado pelos representantes do povo por um direito reflexivo e legitimado por novas formas de participação democrática directa, o plano emerge como um instrumento jurídico primordial por ser dotado de suficiente formalidade, capaz de garantir segurança, e, simultaneamente, de adequada flexibilidade, apta à construção de consensos e de diálogos com os potenciais destinatários..."*[1277].

---

a) do nº 2 do artigo 35º do RJIGT que as estratégias de desenvolvimento possam constituir PS), essas estratégias dispõem de uma inegável capacidade de influenciar materialmente o conteúdo e as opções tomadas nos diversos níveis de gestão territorial, incluindo o próprio PNPOT que com elas se deve encontrar articulado. Uma vez mais, temos instrumentos situados fora do catálogo do sistema (com a particularidade de alguns deles poderem potencialmente ser recoduzidos a PS), a influenciar decisivamente os instrumentos típicos, subtraindo-se, no entanto, quer às imposições procedimentais e substanciais previstas para os instrumentos típicos quer ao próprio regime ditado pelo princípio da hierarquia na disciplina prevista para as diferentes relações entre os instrumentos de gestão territorial.

[1276] Fazendo aqui uso da expressão a que recorre SUZANA TAVARES DA SILVA, "Manifestação da nova ciência...", p. 41.

[1277] SUZANA TAVARES DA SILVA, "Manifestação da nova ciência...", p. 42.

PARTE IV – § 4º AS RELACÇÕES DE CONFORMIDADE E DE COMPATIBILIDADE

A posição da autora parece-nos globalmente adequada, ainda que não estejamos de acordo quanto à ideia de que tais formas de actuação, (*no caso concreto de que nos ocupamos de planos, programas e projectos criados fora do sistema mas que o sistema deve considerar*) porque não ancoradas em acto legislativo prévio, possam, no domínio específico das relações com os instrumentos de gestão territorial e num quadro em que a tipicidade foi erigida pelo legislador como "regra sagrada", induzir segurança no funcionamento geral do sistema e, em particular, criar condições para uma aplicação efectiva e juridicamente útil do princípio da hierarquia.

4.1.3. O nível das tensões entre os instrumentos de gestão territorial e a normação produzida a uma escala *multinível*

Finalmente, uma última razão para a insuficiência do princípio da hierarquia e dos dois subprincípios que encerra radica, em larga medida, na articulação com uma complexa e crescente normatividade à escala europeia.

Na realidade, e como já tivemos antes oportunidade de referir, o sistema de gestão territorial está estruturado em três distintos âmbitos: nacional, regional e municipal[1278].

Ora num regime europeu multinível como aquele em que a administração pública desenvolve a sua actividade, aquilo que seria desejável face à complexa e crescente normação europeia de natureza originária e secundária era que os princípios regentes, em particular o da hierarquia, fossem capazes de responder, de forma eficaz, aos novos desafios colocados para lá dos limites territoriais do Estado.

Na realidade, não é actualmente possível tratar as questões emergentes das complexas relações entre instrumentos de gestão territorial numa perspectiva exclusivamente nacional e assente num esquema piramidal em que todos os planos, de forma mais ou menos intensa, contrariam os demais, sem que daí advenham quaisquer consequências.

Nesse quadro de complexidade relacional que pauta o sistema de gestão territorial, SUZANA TAVARES DA SILVA refere que "*...os actos de boa governação do território assentam agora na elaboração de estratégias abertas destinadas à posterior concretização aplicativa...*"[1279]. Estratégias que são "*...formadas a partir de esquemas de multilevel governance entre os diversos níveis públicos de decisão, e entre estes e as entidades privadas, que respondem a um entramado de exigências ambientais, sociais*

[1278] Cfr. artigo 2º do RJIGT.
[1279] SUZANA TAVARES DA SILVA, "O novo direito do urbanismo: o despontar...", p. 112.

A NULIDADE DO PLANO URBANÍSTICO

e económicas...", esperando-se "*...dos "novos instrumentos de gestão territorial"...*" que incorporem não apenas "*...a compreensão do território-recurso, como ainda que revelem a absorção por este ramo do direito dos princípios informadores do "novo direito administrativo"*[1280].

Na realidade, muitos dos influxos recebidos e depois incorporados nos diversos tipos de instrumentos de gestão territorial resultam de direito internacional convencional[1281] e directivas comunitárias em matéria ambiental[1282], o que revela desde logo não só uma significativa redução do âmbito da discricionariedade de planeamento[1283] nos níveis de "transposição" nacional (veja-se o caso paradigmático do Plano Sectorial da Rede Natura 2000), como uma compressão ou enfraquecimento substancial do princípio da legalidade[1284]

[1280] SUZANA TAVARES DA SILVA, "O novo direito do urbanismo: o despontar...", pp. 112-113.

[1281] Veja-se, por exemplo, a Convenção de Aahrus, de 25 de Junho de 1998, que estabelece a participação do público na elaboração de certos planos e programas relativos ao ambiente, aprovada para ratificação pela Resolução da Assembleia da República nº 11/2003, de 25 de Fevereiro, e ratificada pelo Decreto do Presidente da República nº 9/2003, de 25 de Fevereiro ou, ainda, o Protocolo de Kiev e a avaliação estratégica ambiental num contexto transfronteiriço.

[1282] Veja-se, por exemplo, a Directiva nº 2003/35/CE, do Parlamento Europeu e do Conselho, de 26 de Maio, que estabelece a participação do público na elaboração de programas, planos e políticas relativas ao ambiente, a Directiva nº 2001/42/CE, do Parlamento Europeu e do Conselho, de 27 de Junho, que prevê a avaliação dos efeitos ambientais prévia à aprovação de programas, planos e políticas de expressão territorial e, ainda, a Directiva nº 2003/4/CE, do Parlamento Europeu e do Conselho, de 28 de Janeiro, relativo ao acesso do público às informações sobre ambiente.

[1283] Como assertivamente refere SUZANA TAVARES DA SILVA, "*...a compreensão do âmbito da discricionariedade de planeamento surge intimamente associada à governamentalização do vértice da Administração, decorrente dos fenómenos da colocação da Administração em rede com as instâncias europeias e internacionais, no desenvolvimento em conjunto de várias políticas (ex. ambiente, energia) que não passam pela mediação legislativa parlamentar, como acontece com as políticas definidas em regulamentos europeus, ou que radicam em normação aberta...*". Para a autora, ao permitir-se ao juiz "*...um acesso generalizado, através das passereles jurídicas, a outros ordenamentos, amplia-se o seu poder de controlo e reduz-se o espaço de livre decisão da Administração...*" Ver SUZANA TAVARES DA SILVA, "Um Novo Direito..." pp. 88-92.

[1284] Ganha significado neste contexto a defesa que uma significativa parte da doutrina vem fazendo do princípio da legalidade comunitária («europäische Legalitätsprinzip»). Ver, sobre esse ponto, o excelente ensaio relativo ao «europäische Legalitätsprinzip», em que HARALD EBERHARD explica que o princípio da legalidade comunitária assume uma importante função de ligar os diferentes níveis do Direito Comunitário com o Direito Nacional, fornecendo um valioso contributo para a construção do sistema multinível europeu na sua dimensão de produção legal multinível. Ver HARALD EBERHARD, Das Legalitätsprinzip im Spannungsfeld von Gemeinschaftsrecht und nationalem Recht, Stand und Perspektiven eines "europäischen

PARTE IV - §4º AS RELACÇÕES DE CONFORMIDADE E DE COMPATIBILIDADE

como, ainda, uma crise da centralidade do próprio Estado em resultado da afirmação de organismos supranacionais que produzem normas que interferem de forma vigorosa com a disciplina nacional[1285].

O fenómeno da europeização do ordenamento jurídico estadual[1286] sob a batuta do modelo de governação multinível implica, necessariamente, um *déficit* democrático, uma vez que a proliferação das normas comunitárias e supranacionais protagoniza, por assim dizer, um novo modo de disciplina do poder público, de tal sorte que em importantes sectores o centro do poder se identifica com uma fonte externa não derivada do órgão representativo do poder soberano[1287]. Tal facto determina, por si só, a necessidade de arquitectar novas fórmulas de governação à margem dos órgãos representativos do poder democrático dos Estados[1288].

Num espaço global[1289] como aquele em que vivemos e em que a informação e as decisões são tomadas à distância de um clique, as grandes questões da governação do território demandam a superação dos arquétipos tradicionais de uma planificação em cascata, em que os planos, em regra, se contradizem uns aos outros, descurando a pauta comum de princípios, objectivos e medidas desenhada no instrumento maior (PNPOT) e sem que dessa possibilidade resultem quaisquer consequências jurídicas.

No domínio das grandes infra-estruturas, como sucede, por exemplo, com o projecto de alta velocidade (TGV), que exige aliás soluções à escala supra

---

Legalitätsprinzips", *in* Zeitschrift für öffentliches Recht (ZFOR), Austrian Journal of Public and International Law, Edições Springer Wien New York, Band 63, Heft 1, 2008, pp. 49-116. Entre nós, e a título meramente exemplificativo, ANTÓNIO FRANCISCO DE SOUSA, "Paradigmas Fundamentais...", p. 157.

[1285] Ver FABIO MERUSI, "Sentieri interroti...", p. 29. LUCIA CIMELLARO, "Il Principio di Legalità in trasformazione...", p. 120.

[1286] Veja-se, aflorando muitos dos problemas da europeização da administração pública, no caso concreto do Istituto Nazionale di Statistica, o brilhante ensaio de DARIO BEVILACQUA, "L'Europeizzazione dell'Istat", *in* Rivista Trimestrale di Diritto Pubblico (RTDP), Giuffrè Editore, Volume 60, nº 1, Ano LX, 2010, pp. 91-123. Também MICHAEL STOLLEIS, "Ein Staat ohne Staatsrecht, eine Verwaltung ohne Verwaltungsrecht? – Zum öffentlichen Recht in der Rechtswissenschaft der DDR", Akademievorlesung am 5, März, 2009, acessível on-line.

[1287] Ver LUCIA CIMELLARO, "Il Principio di Legalità in trasformazione...", p. 121.

[1288] Ver FFABIO MERUSI, "Sentieri interroti...", p. 29.

[1289] Referindo-se, sugestivamente, à "macdonalização" do ordenamento jurídico, ver o interessante artigo de ANDRÉS BOIX PALOP, «La macdonalización del ordenamiento jurídico», *in* Revista Jurídica de la Comunidad Valenciana, nº 0, 2001, pp. 61-71.

nacional, verificamos que o princípio da hierarquia, limitado que se encontra no seu raio de acção a uma constelação de instrumentos de âmbito nacional, regional e municipal, não revela ser capaz de responder eficazmente aos novos desafios da territorialização de grandes infraestruturas, exigindo antes, em seu lugar, técnicas de programação e de concertação entre os diversos Estados co-envolvidos e apelando a soluções negociadas em que a ponderação de todos os interesses co-envolvidos assumirá lugar de destaque na procura da optimização, eficácia, aceitabilidade, implementabilidade e mesmo de viabilidade futura[1290] da opção escolhida, num diálogo que se pretende, essencialmente, multidisciplinar[1291].

[1290] Wolfgang Hoffmann-Riem, *in* "Methoden der Verwaltungsrechtswissenschaft...", pp. 46-ss. Rainer Pitschas, "Maßstäbe des Verwaltungshandelns", *in* Wolfgang Hoffmann-Riem, Eberhard Schmidt-Aßmann & Andreas Voßkuhle, "Grundlagen...", pp. 1567-1682, §42.

[1291] Andreas Voßkuhle, "Neue Verwaltungsrechtswissenschaft", *in* Wolfgang Hoffmann-Riem, Eberhard Schmidt-Aßmann & Andreas Voßkuhle "Grundlagen...", pp. 1-62.

§ 5º A NECESSIDADE DE UMA NOVA ABORDAGEM DA COMPATIBILIDADE E DA CONFORMIDADE ENTRE OS PLANOS COMO VIA PARA A PROSSECUÇÃO DE IMPERATIVOS DE EFICÁCIA E DE ACEITABILIDADE DAS OPÇÕES DO PLANO

Como procurámos demonstrar no decurso do trabalho, existem diversas e fortes razões que nos impelem, de forma premente, para a necessidade de realizar uma releitura da natureza das relações de compatibilidade e de conformidade e, correlativamente, para reposicionar o respectivo controlo que daí possa emergir.

No domínio das relações entre os instrumentos de gestão territorial, o legislador assenta o respectivo regime de nulidade num modelo binário traduzindo as seguintes correspondências:

Por um lado, conformidade/desconformidade – validade/invalidade (na modalidade de nulidade).

Por outro, compatibilidade/incompatibilidade – validade/invalidade (na modalidade de nulidade).

Este modelo binário, que se limita a traduzir globalmente a oposição legal/ilegal, demonstrou não ser capaz de garantir, de forma eficaz, o controlo das relações estabelecidas entre os diversos instrumentos de gestão territorial, muito em particular, pelas diversas e substancialmente significativas razões que, ao longo deste trabalho, fomos evidenciando.

A releitura dogmática que traçamos do direito do urbanismo como manifestação da «Neue Verwaltungsrechtswissenschaft» e do plano urbanístico como instrumento de implementação e de prossecução de políticas públicas, associado a uma inegável «crise do princípio da legalidade» em que o aspecto mais significativo passa, em particular, pela existência de novas e incontornáveis fontes de legitimação da acção administrativa que não exclusivamente a legalidade tal qual ela tem sido dogmaticamente entendida, permite-nos perceber que os propósitos de flexibilização que norteiam os princípios regentes das relações entre planos, em especial o da hierarquia de que aqui nos vimos ocupando, não se mostram suficientemente aptos para resolver o verdadeiro e decisivo problema que continua a divisar-se no planeamento urbanístico, e que se prende necessariamente com uma rigorosa identificação de quais devam então ser os critérios materiais aptos a suportar a árdua tarefa de controlo da discricionariedade de planeamento.

É que, em nosso entender, por muito elegantes e sofisticadas que sejam as construções arquitectadas pelo legislador para resolver os problemas da compatibilidade e de conformidade entre os diversos instrumentos de gestão territorial, aquilo que verdadeiramente aqui está em causa é, sobretudo e na sua mais pura essência, um problema de discricionariedade do planeamento.

5.1. A compatibilidade e a conformidade como critérios materiais qualificados no exercício do controlo da discricionariedade de planeamento

Numa primeira e intuitiva percepção, parece claro que se o legislador sinaliza a necessidade de compatibilização está, por essa via, a permitir uma mais ampla discricionariedade ao autor do plano sobre o qual impende essa obrigação. Ao invés, se o legislador prevê uma obrigação de conformidade, o que na realidade ele se encontra correlativamente a sinalizar ao autor do plano quando lhe impõe a necessidade de observância dessa conformidade é que a margem de discricionariedade de que dispõe é substancialmente mais limitada nas opções que pretenda vir a inscrever no plano.

Ora em nosso entender, a releitura dos princípios da compatibilidade e da conformidade como critérios materiais (de intensidade necessariamente variável) de controlo da discricionariedade de planeamento e, consequentemente, a necessidade de proceder ao reposicionamento do seu controlo judicial no próprio *iter* de ponderação é a que melhor responde quer às exigências ditadas pela necessidade de compensar o enfraquecimento do princípio da legalidade tal qual ele vem sendo entendido (em especial no domínio da reserva de lei, no sentido restrito de precedência de lei), quer à qualificação do plano enquanto instrumento de implementação e de prossecução de políticas públicas quer, ainda, a que melhor se coaduna com os traços marcantes de uma «nova ciência do direito administrativo» de acordo com a qual, como tivemos oportunidade de referir, a acção administrativa "bebe" agora a sua legitimação em múltiplos factores que não exclusivamente o que emerge do estrito princípio da legalidade.

PARTE IV – §5º A NECESSIDADE DE UMA NOVA ABORDAGEM DA COMPATIBILIDADE...

Um sistema em que a opção do legislador foi a de colocar nas mãos dos juízes administrativos a avaliação das compatibilidades e conformidades entre os instrumentos de gestão territorial (se e quando a isso estivessem obrigados) é, objectivamente, um sistema que, inapelavelmente, condena à partida a possibilidade de ser decidida qualquer invalidação de um instrumento de gestão territorial com base nesse fundamento.

Ora isso sucede precisamente porque o modelo binário legal/ilegal em que assenta o sistema e as relações entre planos descura, em absoluto, o que verdadeiramente importa e que é, em nosso entender, a tarefa de aferir se no procedimento de dinâmica relativo ao mesmo, a metódica de ponderação foi escrupulosamente cumprida, sopesando todos os elementos que, de forma directa ou indirecta, possam ter condicionado materialmente as opções do plano.

Ora o controlo de todos os elementos que possam influir na definição das opções materiais inscritas no plano pode mais eficazmente ser prosseguido se perspectivarmos as exigências de compatibilidade e de conformidade não como derivações doutrinariamente apelativas do princípio da hierarquia mas se as perspectivarmos, antes, como critérios materiais (de intensidade distinta) de controlo da discricionariedade de planeamento.

Esta nossa posição encontra aliás eco no próprio texto legal[1292], no quadro do qual o legislador teve o cuidado de marcar nos diferentes procedimentos de dinâmica uma obrigação de identificação, ponderação e, se necessário se revelasse, de compatibilização dos diferentes interesses e instrumentos de gestão territorial em presença.

Ou seja, a opção do legislador aponta no sentido da aferição da observância das compatibilidades e das conformidades a que eventualmente haja lugar, deverem, preferencialmente, ter lugar nos momentos procedimentais em que

---

[1292] Em termos globais, refira-se o disposto no nº 5 do artigo 10º da LBPOTU e nº 2 do artigo 20º do RJIGT, sendo que na primeira se prevê que *"...na elaboração de novos instrumentos de gestão territorial devem ser identificados e ponderados os planos, programas e projectos com incidencia na área a que respeitam, já existentes ou em preparação, e asseguradas as necessárias compatibilizações"* ao passo que pela segunda norma, o legislador prevê que a *"... elaboração, aprovação, alteração, revisão, execução e avaliação dos instrumentos de gestão territorial obriga a identificar e a ponderar, nos diversos âmbitos, os planos, programas e projectos, designadamente da iniciativa da Administração Pública, com incidência na área a que respeitam, considerando os que já existam e os que se encontrem em preparação, por forma a assegurar as necessárias compatibilizações.".* Na especialidade, refira-se o disposto no nº 2 do artigo 32º (PNPOT), nº 3 do artigo 38º (PS), nº 7 do artigo 47º e alíneas a) e b) do nº 5 do artigo 48º (PEOT), artigos 57º e 58º (PROT), artigo 65º (PIOT), alínea b) do nº 1 do artigo 75º (PMOT), alínea b) do nº 4 do artigo 75º-A, alínea a) do nº 5 do artigo 77º.

se manifesta a metódica de ponderação, traduzida numa prévia identificação dos interesses em presença (que se encontram, na sua maioria, corporizados em outros instrumentos de gestão territorial), na sua valoração face aos demais interesses em presença e, mais importante que tudo, na fundamentação, que o próprio autor do plano apresenta para justificar a decisão de prevalência de uns sobre os outros.

Deste ponto de vista, o que se nos afigura absolutamente decisivo é não tanto a existência de imposições "cegas" de compatibilidade e de conformidade que, na prática judicial, se revelam depois verdadeiros "quebra-cabeças" de complexa e mesmo inexistente aplicação, mas sim a recolocação legal da tónica no controlo na discricionariedade de que o autor do plano dispõe e das opções que, de modo fundamentado, venha depois a inscrever no plano.

Esta nossa opção permitirá que o juiz administrativo possa controlar não apenas a dimensão procedimental associada ao exercício dos direitos de participação dos vários titulares dos interesses co-envolvidos no plano (incluindo, necessariamente, os interesses consagrados noutros instrumentos de gestão territorial com os quais aquele deva ser compatível ou conforme) como, ainda, que possa controlar, por via da ponderação da vasta panóplia de interesses e contributos trazidos ao procedimento pelos múltiplos interessados, a precisa dimensão material associada às opções a inscrever no plano.

Partimos necessariamente do pressuposto (que obviamente não está aqui em causa) de que a adopção de uma certa opção num determinado plano só terá sentido depois de identificar os interesses em jogo, de lhes atribuir a importância que lhes corresponde e de estabelecer as prevalências (*o que pressuporá que se façam os necessários juízos de compatibilidade e de conformidade entre todos eles*) entre as diversas opções contidas no plano em elaboração com todos os interesses conflituantes (*o que inclui necessariamente os interesses contidos e já sedimentados noutros planos, já existentes ou em elaboração*) com a finalidade de prosseguir de forma mais optimizada possível os objectivos e os fins cometidos à LBPOTU.

Esta nossa proposta permite também impor a desejada racionalidade no exercício da liberdade de que a Administração dispõe no âmbito da sua discricionariedade de planeamento e, simultaneamente, a via mais adequada para garantir a compatibilidade do exercício da actividade de planeamento com a necessidade do seu eficaz controlo judicial e com a necessária e sempre presente necessidade de protecção jurídica do cidadão[1293].

[1293] FRITZ OSSENBÜHL, «Abwägung im Verfassungsrecht», *in* Deutsches Verwaltungsblatt, 1995, p. 904.

PARTE IV – § 5º A NECESSIDADE DE UMA NOVA ABORDAGEM DA COMPATIBILIDADE...

Se é verdade que numa administração de tipo executivo, a norma directiva associada à elaboração de programas condicionais faz apelo a um método de natureza essencialmente subsuntiva, já no domínio da administração conformadora de que a planificação urbanística é apenas um dos mais representativos exemplos, o método de aplicação mais adequado à natureza de programas fundamentalmente de natureza finalística[1294] é o método de ponderação.

Espera-se do controlo judicial, ante a impugnação de um plano por incompatibilidade ou desconformidade com outro plano com o qual devesse ser compatível ou conforme, que seja capaz de identificar suficientemente todos os interesses relevantes em jogo, que se lhes confira o peso ou a importância que lhes corresponde tendo particular atenção as concretas circunstâncias concorrentes (uma circunstância concorrente pode, por exemplo, consubstanciar-se na existência de um outro plano ou mesmo da necessidade de considerar imperativos de aceitabilidade do plano ou razões de eficácia ou ainda de avaliações de custo benefício) e que se tenham adoptado justificadas decisões de prevalência[1295]. É a Administração que deve deixar marca de que seguiu um procedimento de ponderação convincente que legitima a sua decisão, sendo que se esse procedimento não resultar observado de forma clara aos olhos do juiz, deve o plano ser considerado inválido e devolvido à Administração para que aquela proceda corretamente.

Tal encerra, em nosso entender, múltiplas vantagens.

Em primeiro lugar, permite responder de modo muito satisfatório à figura do plano enquanto instrumento de implementação e de prossecução de políticas públicas que advogamos na Parte IV. De facto, num contexto de enfraquecimento do princípio da legalidade e de proliferação, para além da lei, de múltiplos factores de legitimação que concorrem nos procedimentos de dinâmica dos planos e que influenciam, de forma mais ou menos intensa, as suas opções materiais, a recondução que ensaiamos do plano urbanístico a instrumento de implementação e de prossecução de políticas públicas permite que no procedimento de ponderação que tenha lugar, se considere uma constelação de influxos de natureza principiológica e de outros critérios e standards pelos quais a ação da Administração se deve orientar.

[1294] No mesmo sentido, SUZANA TAVARES DA SILVA refere que a discricionariedade de planeamento, em que inscreve também a urbanística, se reconduz a um tipo de actuação administrativa finalística ou de resultados. Ver SUZANA TAVARES DA SILVA, "Um Novo Direito..." p. 88.
[1295] EKKEHARD HOFMANN, "Abwägung im Recht. Chancen und Grenzen numerischer Verfahren im öffentlichen Recht", Jus Publicum, 158, MOHR SIEBECK, Tübingen, 2007, p. 176.

A NULIDADE DO PLANO URBANÍSTICO

Ora a ponderação de todos esses influxos num contexto que é, como procurámos demonstrar, multinível, trará ganhos acrescidos de eficácia na ação administrativa, permitindo que o controlo judicial do plano se faça mais por apelo aos novos princípios fundamentais (por exemplo o da sustentabilidade ambiental que deve perpassar de forma incisiva em todos os níveis de planificação) que a abertura à internormatividade potenciou do que, propriamente, por recurso ao quadro legal que, como bem sabemos, se limita à fixação de princípios fundamentais de planificação e regras organizacionais e procedimentais, nada referindo quanto ao modo de programação do seu conteúdo, confiado que se encontra este último à discricionariedade de planeamento.

O redireccionamento do controlo da compatibilidade e da conformidade para o momento procedimentalmente relevante da ponderação e o enquadramento dessas exigências como critérios materiais qualificados de controlo da discricionariedade de planeamento é, também, a solução que, de forma mais fidedigna, concretiza os desígnios de uma «Neue Verwaltungsrechtswissenschaft» porquanto, o que agora se pretende é que o juiz interprete o mandato de ponderação conferido ao autor do plano de acordo não só com os referidos critérios materiais de controlo da discricionariedade de planeamento como, ainda, de acordo com outros critérios que passam pela otimização, eficácia, aceitabilidade, implementabilidade e mesmo viabilidade futura das soluções que esses mesmos planos consagram e que, ao fim e ao resto, mais não são também eles do que critérios materiais de controlo dessa mesma discricionariedade de planeamento.

§ 6º E AFINAL... UM NOVO PRINCÍPIO DA LEGALIDADE?

Chegados que aqui somos, não podemos deixar de terminar a nossa investigação por onde a começámos, ou seja, pelo princípio da legalidade administrativa e pela crise bem real que o mesmo atualmente vivencia.

A esta crise do princípio da legalidade da atuação da Administração não é indiferente o despontar de uma nova forma de legitimação das decisões, por apelo aos igualmente novos e plúrimos fatores de que o direito do urbanismo e os contributos trazidos pelos seus múltiplos institutos é apenas um dos mais inquietantes exemplos.

Não restam hoje dúvidas que as fortes e amplas compressões do princípio da legalidade, em particular as que ocorrem ao nível do princípio da precedência de lei provocaram um progressivo enfraquecimento das faculdades directoras que a lei até aqui vinha assumindo na condução dos múltiplos processos sociais, impondo doravante que essa condução se faça também por apelo a outros fatores de legitimação

Não obstante o princípio da legalidade continuar a ser hoje o mais importante referencial de legitimação da ação administrativa, a verdade é que a sua aplicação se faz em clara concorrência com outros fatores de legitimação.

A doutrina nacional maioritária fala numa mudança e num ajustamento do princípio da legalidade no quadro do Estado de direito democrático substancial zelador da relação entre a democracia e a primazia do papel político e legislativo do Parlamento e da lei sobre a Administração[1296] ao passo que uma

---

[1296] Por todos, MARCELO DE REBELO DE SOUSA e ANDRÉ SALGADO DE MATOS, "Direito Administrativo Geral, Introdução e Princípios Fundamentais", Tomo I...", pp. 153-176.

posição minoritária, em que se insere Paulo Otero prefere a ideia de esvaziamento do princípio da legalidade, largamente administrativizado, no contexto de um Estado de direito formal, atenuador da relação entre a democracia e a primazia do papel político e legislativo do Parlamento e da lei, reduzida à posição de um mero «jus cogens administrativo» sobre a administração[1297].

Ora perante estas duas posições parece-nos útil colocar a questão nos seus devidos termos.

Deste modo, ao passo que a corrente maioritária se aproxima mais da principiologia constitucional[1298] também é verdade que é a que mais se afasta das considerações que ao longo deste trabalho fomos, fundamentadamente, tecendo sobre uma crise real, e não apenas quimérica, do princípio da legalidade.

Contrariamente, a segunda posição indicada é a que mais se aproxima de todas as considerações que fizemos mas é, simultaneamente, a que mais se afasta da pauta principiológica constitucional.

No entanto e não obstante as diferenças existentes na forma de perspectivar o problema, parece-nos claro que as duas pré-compreensões expendidas não se revelam, na sua essência, antagónicas, antes sim complementares, uma vez que ao esvaziamento do princípio da legalidade se deve seguir, inevitavelmente, o seu ajustamento à pauta de princípios constitucionais. O principal desafio que se coloca à nova dogmática do direito administrativo é pois o de reconduzir aos cânones constitucionais o extenso e complexo arsenal dogmático trazido pela «Neue Verwaltungsrechtswissenschaft», tal qual a procurámos caracterizar na **Parte IV** desta investigação. A Constituição adquire pois papel decisivo neste processo, funcionando não apenas como repositório estático de normas mas sim como programa de acção, o que certamente impelirá todos os operadores legais a sentirem a necessidade de trazerem as próprias normas constitucionais para o centro do debate e, consequentemente, a terem de realizar escolhas constitucionais. No que concerne à própria configuração do princípio da legalidade, não podemos deixar aqui de reconhecer que o modelo inicialmente construído por Charles Eisenmann e por toda a doutrina que depois, mais ou menos proximamente, o seguiu, se

---

[1297] Paulo Otero, "Legalidade e Administração...", pp. 1101-1102.

[1298] Neste ponto estamos pois de acordo com Marcelo de Rebelo de Sousa e André Salgado de Matos, "Direito Administrativo Geral, Introdução e Princípios Fundamentais", Tomo I...", pp. 153-176.

revela hoje francamente desadequado dos novos cânones exigidos pelo direito administrativo em geral e, em especial, pelo direito do urbanismo.

A legalidade de que nos fala CHARLES EISENMANN não satisfaz, precisamente porque não responde à multitude e complexidade das normas contidas nos planos urbanísticos, não se compaginando com um modelo binário legal-ilegal. A legalidade dos planos é pois uma legalidade de natureza multiforme, em que as normas são determinadas por apelo à sua própria substância, convocando latitudes interpretativas variadas que podem, necessariamente, não passar pela invalidade (no caso da nulidade) do plano urbanístico. Provavelmente, será essa uma das mais importantes razões pelas quais o sistema alemão protege, de forma "sagrada", o princípio da conservação do plano, procurando que a tarefa de planeamento possa constituir um bom motivo para a não aplicação de um regime tão severo como o da nulidade.

A nulidade do plano urbanístico por incompatibilidade e desconformidade é pois um instituto velho num direito administrativo que se apresenta agora rejuvenescido, justificando, em parte, o desinteresse com que é olhada pelos tribunais.

Ao repensarmos a legalidade dos planos nos termos em que o fizemos ao longo deste trabalho, em especial à luz da nova ciência do direito administrativo e de tudo o que de inovador ela representa, estaremos seguramente a dar mais um pequeno passo para uma nova legalidade administrativa.

Se esse passo tiver sido conseguido, então já terão valido a pena estas páginas que agora deixo.

BIBLIOGRAFIA

AFONSO QUEIRÓ, "Lições de Direito Administrativo", lições policopiadas, Volume I, Coimbra, 1976.

A.-G. CHLOROS, "Essai sur l' origine et la fonction de la légalité", Mélanges en l'honneur de PAUL ROUBIER, Paris, Edições Librairies Dalloz et Sirey, Tomo I, 1961.

ALBERTO ROCCELLA, "L'évolution du droit de l'urbanisme en Italie en 2003 et 2004", Groupement de recherche sur les institutions et le droit de l'aménagement, de l'urbanisme et de l'habitat (GRIDAUH), Droit Comparé.

ALDO SANDULLI, "Sugli atti amministrativi generali a contenuto non normativo", *in* Il Foro Italiano, nº 77, 1954, Volume IV.

ALEXANDRE FLÜCKIGER, "Droit à l'information environnementale et participation du public en matière d'urbanisme en Europe: vers une démocratie administrative", *in* Environnement dans le droit de l'urbanisme en Europe: colloque biennal de l'Association internationale de droit de l'urbanisme (AIDRU), Paris, GRIDAUH, 2008, documento acedido em 24.10.2010, em Archive ouverte, Université de Genève, UNIGE (http://archive-ouverte.unige.ch).

ALEXANDRE OLIVEIRA TAVARES, "A gestão territorial dos riscos naturais e tecnológicos e o ordenamento do território. A perspectiva a partir do Plano Regional de Ordenamento do Território – Centro", *in* Revista CEDOUA, Edições CEDOUA, Faculdade de Direito da Universidade de Coimbra (FDUC), nº 22, Ano XI, 2.08, 2008.

ANA CRISTINA CATITA/ISABEL MORAES CARDOSO/MARIA JOSÉ MORGADO/SANDRA GUERREIRO/VIRGÍNIA FERREIRA DE ALMEIDA, Guia das Alterações ao Regime Jurídico dos Instrumentos de Gestão Territorial, introduzidas pela Lei nº 56/2007, de 31 de Agosto, e pelo Decreto-Lei nº 316/2007, de 16 de Setembro, Colecção Documentos de Orientação 03/2007, Edição DGOTDU, Outubro, 2007.

ANDRÉS BOIX PALOP, «La macdonalización del ordenamiento jurídico», *in* Revista Jurídica de la Comunidad Valenciana, nº 0, 2001.

ANDRÉ DE LAUBADÈRE/JEAN-CLAUDE VENEZIA/YVES GAUDEMET, Traité de Droit Administratif, 9ª Edição, I, Paris, 1984.

ANDRÉ FOLQUE, "O Regime Jurídico da Urbanização e da Edificação e sua articulação com os planos municipais de ordenamento do território", *in* XXVIII Congresso Nacional da Associação dos Técnicos de Administração Autárquica (ATAM), Torres Vedras, 2008 (acedido, *on-line*, via site da ATAM, www.atam.pt, em 1 de Dezembro de 2010).

ANDRÉ GONÇALVES PEREIRA, "Erro e ilegalidade no acto administrativo", Edições Ática, 22, Colecção Jurídica Portuguesa, Abril, 1962.

ANDRÉS MOLINA GIMÉNEZ, "La disciplina territorial del riesgo de inundaciones en el ordenamiento jurídico español", *in* Revista Aranzadi de derecho ambiental, nº 18, 2010.

ANDRÉ SALGADO DE MATOS, "Algumas observações críticas acerca dos actuais quadros legais e doutrinais da invalidade do acto administrativo", *in* Cadernos de Justiça Administrativa, nº 82, Julho/Agosto, 2010.

ANDRÉ SALGADO DE MATOS, "Princípio da Legalidade e Omissão Regulamentar", *in* Estudos em Homenagem ao Professor Doutor MARCELLO CAETANO, no Centenário do seu nascimento, Volume I, Faculdade de Direito da Universidade de Lisboa, Edição Coimbra Editora, Novembro, 2006.

ANDREAS VOßKUHLE, *in* Rechtswissenschaft und Rechtsliteratur im 20. Jahrhundert, Edições Willoweit, 2007.

ANDREAS VOßKUHLE, "Neue Verwaltungsrechtswissenschaft", *in* WOLFGANG HOFFMANN-RIEM, EBERHARD SCHMIDT-AßMANN & ANDREAS VOßKUHLE Grundlagen des Verwaltungsrechts, Volume I, Edições C.H. BECK, München, 2006.

ANJA BOTHE, na intervenção intitulada "Flexibilização e privatização no planeamento urbanístico alemão: da lei de bases à lei federal do ordenamento do território (1965-2008)", *in* FERNANDO GONÇALVES, JOÃO FERREIRA BENTO & ZÉLIA PINHEIRO (coordenação), ACTAS DO ENCONTRO ANUAL DA AD URBEM, 12 Dez. 2008, Os Dez Anos da Lei de Bases da Política de Ordenamento do Território e de Urbanismo, Génese e Evolução do Sistema de Gestão Territorial, 1998-2008, Edição da Direcção-Geral do Ordenamento do Território e Desenvolvimento Urbano e AD URBEM, 2010.

ANTONIO ALFONSO PÉREZ ANDRÉS, "La ordenación del territorio, una encrucijada de competencias planificadoras", *in* Revista de Administración Pública (RAP), nº 147, Madrid, Setembro/Dezembro, 1998.

BIBLIOGRAFIA

António Cordeiro, Urbanismo (Direito do), *in* Dicionário Jurídico da Administração Pública, Direcção de José Pedro Fernandes, Edição Gráfica do Areeiro, Maio, 1996.

António Cordeiro, "Protecção de terceiros em face de decisões urbanísticas", Edições Almedina, Coimbra, 1995.

António Duarte Almeida/Cláudio Monteiro/Gonçalo Capitão/Jorge Gonçalves/ Luciano Marcos/Manuel Jorge Goes/Pedro Siza Vieira, "Legislação Fundamental de Direito do Urbanismo", Anotada e Comentada, Volume I, Edições Lex, 1994.

António Duarte Almeida, "A garantia da impugnação directa de planos territoriais e urbanísticos", *in* Fernando Gonçalves, João Ferreira Bento & Zélia Pinheiro (coordenação), Actas do Encontro Anual aa AD Urbem, 12 Dez. 2008, Os Dez Anos da Lei de Bases da Política de Ordenamento do Território e de Urbanismo, Génese e Evolução do Sistema de Gestão Territorial, 1998-2008, Edição da Direcção-Geral do Ordenamento do Território e Desenvolvimento Urbano e AD URBEM, 2010.

António Fonseca Ferreira, "Paradoxos do planeamento urbanístico em Portugal", *in* Revista de Estudos Urbanos e Regionais "Sociedade e Território", Edições Afrontamento, Porto, números 37/38, Junho, 2004.

António José dos Santos Lopes de Brito, "A protecção do ambiente e os planos regionais de ordenamento do território", Edições Almedina, Coimbra, 1997.

António Francisco de Sousa, Direito Administrativo, Edições Prefácio (Edição de Livros e Revistas, Lda.), Fevereiro, 2009.

António Francisco de Sousa, "Paradigmas Fundamentais da Administração Pública", *in* Revista da Faculdade de Direito da Universidade do Porto, Edições Coimbra Editora, Ano III, 2006.

António Francisco de Sousa, *in tradução* do original alemão Hans Julius Wolff/ Otto Bachof/Rolf Stober, "Verwaltungsrecht", Vol. I (Direito Administrativo, Vol. I), Edição da Fundação Calouste Gulbenkian, Serviço de Educação e Bolsas, 11ª Edição, revista (1999), Impressão, 2006.

Arnauld Noury, "Le plan de déplacements urbains de l'Ile-de-France devant le Conseil d'État", *in* RFDA, nº 2, Março/Abril, 2005.

Arno Scherzberg, "Das Allgemeine Verwaltungsrecht zwischen Praxis und Reflexion", *in* Hans-Christian Röhl/Hans-Heinrich Trute/Christoph Möllers/ Thomas Groß (Hrsg.): Allgemeines Verwaltungsrecht – zur Tragfähigkeit eines Konzepts, Tübingen, Edições Trute, 2008.

Barbara Giuliani, "New Public Governance e diritto amministrativo nel governo del territorio", Bari, 2006.

BÉNÉDICTE DELAUNAY/NICOLE LEROUSSEAU/CORINNE MANSON, "Administration et acteurs de l'aménagement et de l'urbanisme", Laboratoire d'étude des reformes administratives et de la décentralisation (EA 2108) Université François Rabelais de Tours, *in* «Droit de L'Aménagement, de l'Urbanisme, de l'Habitat», Groupement de recherche sur les institutions et le droit de l'aménagement, de l'urbanisme et de l'habitat (GRIDAUH), Textes, Jurisprudence, Doctrine et pratiques, Edições Le Moniteur, Paris, 2010.

BERNARDO DINIZ DE AYALA, "O (défice de) controlo judicial da margem de livre decisão administrativa (Considerações sobre a reserva de administração, as componentes, os limites e os vícios típicos da margem de livre decisão administrativa)", Edições Lex, Lisboa, 1995.

BERNARD DROBENKO, "Droit de l'Urbanisme – Les conditions de l'occupation du sol et de l'espace/L'aménagement/Le contrôle/Le financement /Le contentieux", Gualino Editor, Lextenso Edições, 5ª Edição, Mémentos LMD, Paris, 2009.

BERNARD LAMORLETTE/JEAN PIERRE DEMOUVEAUX, "L'erreur manifeste d'urbanisme", *in* Études foncières, nº 62, Março, 1994.

BERNHARD STÜER, "Der Bebauungsplan", 3ª Edição, München, 2006.

BERNHARD STÜER, "Städtebaurecht 1998. Vom Grundsatz der Planerhaltung zum Grundsatz der Normerhaltung", *in* Deutsches Verwaltungsblatt, 1997.

BERTRAND FAURE, "Le rapport du comité Balladur sur la réforme des collectivités territoriales: bonnes raisons, fausses solutions?", *in* AJDA, Edições Dalloz, nº 16, Maio, 2009.

BLANCA LOZANO CUTANDA, "Urbanismo y Corrupción: algunas reflexiones desde el Derecho Administrativo", *in* Revista de Administración Pública (RAP), nº 172, Madrid, Janeiro/Abril, 2007.

BORRAJO INIESTA, "Comentario al artigo 149.3", *in* Mª E. CASAS BAHAMONDE e M. RODRÍGUEZ-PIÑERO e BRAVO-FERRER (dir.), Comentarios à la Constitución española, La Ley, Madrid, 2009.

CAMILE BROYELLE, "Le risque en droit administratif «classique» (fin du XIXe, milieu du XXe siècle)", *in* Revue du Droit Public, Edições LGDJ, Paris, nº 6, Novembro/ Dezembro, 2008.

CARLA AMADO GOMES/HELOÍSA OLIVEIRA, "E um dia a falésia veio abaixo...Risco de erosão da orla costeira, prevenção e responsabilização" (artigo escrito em Novembro de 2010) *in* Revista CEDOUA, Edições CEDOUA, Faculdade de Direito da Universidade de Coimbra (FDUC), nº 24, Ano XII, 2.09, 2009.

CARLA AMADO GOMES, "Risco e modificação do acto autorizativo concretizador de deveres de protecção do ambiente", Coimbra Editora, 2007.

CARLA AMADO GOMES, "Estado Social e concretização de direitos fundamentais na era tecnológica: algumas verdades inconvenientes", *in Scientia Iuridica*, Revista de Direito Comparado, Português e Brasileiro, Edições Universidade do Minho/ Livraria Cruz (Braga), Tomo LVII, nº 315, Julho/Setembro 2008.

CARLA AMADO GOMES, "Le Risque, cet inconnu", *in* Revista da Faculdade de Direito da Universidade de Lisboa, Edições Coimbra Editora, Volume XLIII, nº 1, 2002.

CARL-HEINZ DAVID, "Le droit de l'urbanisme en Allemagne", *in* Annuaire français du droit de l'urbanisme et de l'habitat (AFDUH), Edições Dalloz-Sirey, 1998.

CARMEN DE GUERRERO MANSO, "Las situaciones básicas y la clasificación urbanística del suelo. Las adaptaciones autonómicas al nuevo contexto normativo", *in* Civitas, Revista Española de Derecho Administrativo (REDA), nº 140, Outubro/ Dezembro, 2008.

CEDOUA (Dossier), "A "Tirania" do Território", *in* Revista CEDOUA, Edições CEDOUA, Faculdade de Direito da Universidade de Coimbra (FDUC), nº 22, Ano XI, 2.08, 2008.

CEDOUA (Dossier), "O risco de inundação em Portugal", *in* Revista CEDOUA, Edições CEDOUA, Faculdade de Direito da Universidade de Coimbra (FDUC), nº 20, Ano X, 2.07, 2007.

CHARLES-BERNARD, "Pratique des contentieux de l'urbanisme", 2ª Edição, Le Moniteur, Paris, 2001.

CHARLES EISENMANN, "Le Droit Administratif et le principe de legalité", *in* Études et Documents – Conseil d' État (EDCE), Paris, Imprimerie Nationale, fasc.11, 1957.

CHARLES EISENMANN, "Cours de Droit Administratif", Tomo II, Edições LGDJ, Paris, 1983.

CHRISTIAN CALLIESS, "Gewährleistung von Freiheit und Sicherheit im Lichte unterschiedlicher Staats-und Verfassungsverständnisse", *in* Deutsches Verwaltungsblatt, 2003.

CLAUDIO FRANZIUS, "Funktionen des Verwaltungsrechts im "Steuerungsparadigma" der Neuen Rechtswissenschaft", *in* Die Verwaltung, 39, 2006.

CLÁUDIO MONTEIRO, "A lei do mais próximo. As relações entre planos no sistema de gestão territorial", *in* GeoINova, nº 7, 2003.

CLÁUDIO MONTEIRO, "O Embargo e a Demolição no Direito do Urbanismo", policopiado, Faculdade de Direito da Universidade de Lisboa, 1995.

CONCEPCIÓN BARRERO RODRÍGUEZ, "Algunas reflexiones sobre los efectos de la STC 61/1997 en las regulaciones del planeamiento establecidas en Leyes sectoriales; en particular, su incidência sobre los artículos 20 y 21 de la Ley del Patrimonio Histórico Español", *in* «El Derecho Administrativo en el umbral del siglo XXI»,

Homenaje al Profesor Dr. D. RAMÓN MARTÍN MATEO, Coordinador: FRANCISCO SOSA WAGNER, Edições Tirant Lo Blanch, Tomo III, Valencia, 2000.

CRISTINA QUEIROZ, "O plano na ordem jurídica", *in* Revista da Faculdade de Direito da Universidade de Lisboa, Edições Coimbra Editora, Volume XXX, 1989 (Capítulo I) e Revista da Faculdade de Direito da Universidade de Lisboa, Edições Coimbra Editora, Volume XXXI, 1990 (Capítulo II).

CHRISTIAN BUMKE, "Die Entwicklung der "Verwaltungsrechtswissenschaftlichen Methodik in der Bundesrepublik Deutschland", *in* Methoden der Verwaltungsrechtswissenschaft, Eds. EBERHARD SCHMIDT-AßMANN & WOLFGANG HOFFMANN-RIEM, Nomos Verlagsgesellshaft, Baden-Baden, 2004.

CHRISTIAN HILLGRUBER, "Die Leistungsfähigkeit der Wissenschaft des Öffentlichen Rechts", *in* Veröffentlichungen der Vereinigung der Deutschen Staatsrechtslehrer (VVDStLR), nº 67, 2008.

CRISTOPH DEGENHART, "Die Neuordnung der Gesetzgebungskompetenzen durch die Föderalismusreform", *in* Neue Zeitschrift für Verwaltungsrecht (NVwZ), 2006.

CHRISTOPHE GUETTIER, "L'administration départementale de l'État", *in* AJDA, Edições Dalloz, nº 15, Abril, 2010.

DANIEL LABETOULLE, "Principe de légalité et principe de sécurité", L'État de Droit, Mélanges en l'honneur de GUY BRAIBANT, Edições Dalloz, 1997.

DANIÈLE LOSCHAK, "Le principe de légalité: mythes et mystifications", *in* AJDA, Edições Dalloz, nº 9, Setembro, 1981.

DARIO BEVILACQUA, "L'Europeizzazione dell'Istat", *in* Rivista Trimestrale di Diritto Pubblico (RTDP), Giuffrè Editore, Volume 60, nº 1, Ano LX, 2010.

DI LORENZO, "Urbanistica – Tutela Giurisdizionale", *in* Italia V. (a cura di), Urbanistica Edilizia Espropriazione, Giuffrè, Milano, 2007.

DIDIER TRUCHET, "Droit Administratif", Thémis Droit, sous la direction de CATHERINE LABRUSSE-RIOU et DIDIER TRUCHET, Edições PUF, Paris, 2ª Edição, Agosto, 2009.

DIOGO FREITAS DO AMARAL, Versão escrita da intervenção oral efectuada, na Faculdade de Direito da Universidade de Coimbra, em 5 de Novembro de 1990, publicada na Revista da Faculdade de Direito da Universidade de Lisboa, Volume XXXII, 1991.

DIOGO FREITAS DO AMARAL, "Direito do Urbanismo (Sumários)", 1993.

DIOGO FREITAS DO AMARAL, "Legalidade (Princípio da)", Polis, III, 1985, col. 987-ss.

DIOGO FREITAS DO AMARAL, "Curso de Direito Administrativo", colaboração de LINO TORGAL, Volume II, Reimpressão, Edições Almedina, Abril, 2002.

Diogo Freitas do Amaral, "Ordenamento do Território, Urbanismo e Ambiente: Objecto, Autonomia e Distinções", *in* Revista Jurídica do Urbanismo e do Ambiente (RJUA), Livraria Almedina, Coimbra, nº 1, Junho, 1994.

Diogo Freitas do Amaral, "O princípio da legalidade", *in* Estudos de Direito Público e Matérias Afins, Volume I, Edições Almedina, Julho, 2004 (artigo originariamente publicado na Enciclopédia Polis, nº 3, 1985).

Diogo Freitas do Amaral, "Direito do Urbanismo", Instituto Nacional de Administração, 1989, 1ª Edição.

Dominique Schuffenecker, "L'accompagnement ressources humaines de la reforme de l'administration territoriale de l'État", *in* AJDA, Edições Dalloz, nº 15, volume 66, Abril, 2010.

Dulce Lopes, "Planos especiais de ordenamento do território – regime e experiência portugueses em matéria de coordenação, execução e perequação", *in* Revista CEDOUA, Edições CEDOUA, Faculdade de Direito da Universidade de Coimbra (FDUC), nº 17, Ano IX, 1.06, Março, 2007.

Dulce Lopes, "Regime Jurídico dos Instrumentos de Gestão Territorial: evoluções recentes e desafios futuros", *in* Direito do Urbanismo e do Ambiente, Estudos Compilados (Coordenação: Cátia Marques Cebola/Jorge Barros Mendes/ Marisa Caetano Ferrão/Susana Almeida, Edições Quid Juris, Sociedade Editora, Lisboa, 2010.

Eberhard Schmidt-Aßmann, "La Teoría General del Derecho Administrativo como sistema", Instituto Nacional de Administración Pública (INAP), Marcial Pons, Ediciones Jurídicas y Sociales, S.A., Madrid, 2003, (traducción española da edição alemã "Das Allgemeine Verwaltungsrecht als Ordnungsidee", Heidelberg, Springer, Verlag, 1998).

Eberhard Schmidt-Aßmann, "Cuestiones fundamentales sobre la reforma de la Teoría General del Derecho Administrativo. Necessidade de la innovación y presupuestos metodológicos", *in* Innovación y reforma en el Derecho Administrativo", Coord. Javier Barnés, Edições Global Law Press, Editorial Derecho Global, Sevilha, 2006.

Eberhard Schmidt-Aßmann, "El método de la ciencia del Derecho Administrativo", *in* Innovación y reforma en el Derecho Administrativo", Coord. Javier Barnés, Edições Global Law Press, Editorial Derecho Global, Sevilha, 2006.

Eberhard Schmidt-Aßmann, "Droit administratif et justice administrative, Permanence et renouveau – Principes de base d'une reforme du droit administratif" (primeira parte), *in* RFDA, 24º Ano nº 3, Maio/Junho, 2008.

EBERHARD SCHMIDT-AßMANN, "Droit administratif et justice administrative, Permanence et renouveau – Principes de base d'une reforme du droit administratif" (segunda parte), *in* RFDA, 24º Ano nº 4, Julho/Agosto, 2008.

EBERHARD SCHMIDT-AßMANN, "Ordnungsidee und Steuerungsfunktion des Allgemeinen Verwaltungsrechts", *in* Festschrift für GÜNTER PÜTTNER, 2007.

EBERHARD SCHMIDT-AßMANN, "L'evoluzione del principio di conformità ai piani nel diritto urbanístico tedesco", *in* Presente e futuro della pianificazione urbanistica, Milano, 1999.

EBERHARD SCHMIDT-AßMANN/STÉPHANIE DRAGON, "Les fondements compares des systèmes de droit administratif français et allemand", *in* Revue Française d'administration publique, nº 127, 2008.

EKKEHARD HOFMANN, "Abwägung im Recht. Chancen und Grenzen numerischer Verfahren im öffentlichen Recht", Jus Publicum, 158, MOHR SIEBECK, Tübingen, 2007.

ECKHARD PACHE/THOMAS GROß, "Verantwortung und Effizienz in der Mehrebenenverwaltung", *in* Veröffentlichungen der Vereinigung der Deutschen Staatsrechtslehrer (VVDStLR), nº 66, 2007.

EDUARDO GARCÍA DE ENTERRÍA, "El Derecho Urbanístico español a la vista del siglo XXI", *in* Civitas, Revista Española de Derecho Administrativo (REDA), nº 99, Julho/Setembro, 1998.

EDUARDO GARCÍA DE ENTERRÍA, "Justicia y seguridad jurídica en un mundo de leyes desbocadas", Cuadernos Civitas, Thomson Civitas, Reimpressão, 2006.

EMANUELE BOSCOLO, "Il superamento del modello pianificatorio tradizionale", *in* Amministrare, nº 3, 2008.

EMANUELE BOSCOLO, "L'évolution du droit de l'urbanisme en Italie en 2005 et 2006", Groupement de recherche sur les institutions et le droit de l'aménagement, de l'urbanisme et de l'habitat (GRIDAUH), Droit Comparé, 2007.

EMMANUEL BREEN, "Le Doyen Vedel et CHARLES EISENMANN: une controverse sur les fondements du droit administratif", *in* RFDA, 24ºAno, nº 2, Março/Abril, 2002.

EMMANUEL DROZ, "Risques technologiques: comment concilier rigueur scientifique et concertation?", *in* AJDA, Edições Dalloz, nº 12, Março, 2006.

ÉRIC NAIM-GESBERT, "Droit, expertise et société du risque", *in* Revue du Droit Public, Edições LGDJ, Paris, nº 1, Janeiro/Fevereiro, 2007.

ERNST FORSTHOFF, "Traité de Droit Administratif Allemand", trad. franc., Bruxelles, Edições Bruylant, 1969.

FFABIO MERUSI, "Sentieri interroti della legalità", Bolonha, 2007.

FACULDADE DE DIREITO DA UNIVERSIDADE DE COIMBRA (Equipa jurídica), Relatório intitulado "Constatação das principais implicações da Política de Ordenamento

BIBLIOGRAFIA

do Território na organização jurídico-administrativa nacional e comunitária", produzido para a DGOTDU, em 2003.

FARIA COSTA, "Perigo em Direito Penal", Coimbra Editora, 1992.

FAUSTO DE QUADROS, "Princípios fundamentais de Direito Constitucional e de Direito Administrativo em matéria de Direito do Urbanismo", *in* Direito do Urbanismo, Instituto Nacional de Administração, 1989, 1ª Edição.

FERNANDA PAULA OLIVEIRA, "Os princípios da nova Lei do Ordenamento do Território: da hierarquia à coordenação", *in* Revista CEDOUA, Edições CEDOUA, Faculdade de Direito da Universidade de Coimbra (FDUC), nº 5, Ano III, 1.00, Junho, 2000

FERNANDA PAULA OLIVEIRA/DULCE LOPES, "O papel dos privados no planeamento: que formas de intervenção?", *in* RJUA, Livraria Almedina, Coimbra, nº 20, Dezembro, 2003.

FERNANDA PAULA OLIVEIRA, Direito do Urbanismo, Edições do Centro de Estudos de Formação Autárquica (CEFA), 2ª Edição, reimpressão, Coimbra, 2004.

FERNANDA PAULA OLIVEIRA, "Protecção Civil e Ordenamento do Território – A necessária consideração dos riscos no planeamento territorial", *in* Cadernos Municipais Electrónicos, Edição Fundação Res Publica, nº 3, Abril, 2010.

FERNANDA PAULA OLIVEIRA, recensão à obra de SCIRA MENONI, "Pianificazione e Incerteza. Elementi per la valutazione e la gestione dei rischi territoriali", Edições Franco Angeli, Itália, Milão, 1997, *in* Revista CEDOUA, Edições CEDOUA, Faculdade de Direito da Universidade de Coimbra (FDUC), nº 11, Ano VI, 1.03, Julho, 2003.

FERNANDA PAULA OLIVEIRA, "Sistema de Gestão Territorial", *in* FERNANDO GONÇALVES, JOÃO FERREIRA BENTO & ZÉLIA PINHEIRO (coordenação), ACTAS DO ENCONTRO ANUAL DA AD URBEM, 12 Dez. 2008, Os Dez Anos da Lei de Bases da Política de Ordenamento do Território e de Urbanismo, Génese e Evolução do Sistema de Gestão Territorial, 1998-2008, Edição da Direcção-Geral do Ordenamento do Território e Desenvolvimento Urbano e AD URBEM, 2010.

FERNANDA PAULA OLIVEIRA, "Direito do Urbanismo. Do planeamento à gestão", Centro de Estudos Jurídicos do Minho (CEJUR), Colecção Estudos Regionais e Locais, Coimbra Editora, Março, 2010

FERNANDA PAULA OLIVEIRA, "Direito do Urbanismo e do Ambiente", Estudos compilados, Edições Quid Juris, Sociedade Editora, Lisboa, 2010.

FERNANDA PAULA OLIVEIRA, "Direito do Ordenamento do Território", Cadernos do CEDOUA, Coimbra Almedina, 2002.

FERNANDA PAULA OLIVEIRA, "Portugal: Território e Ordenamento", Almedina, Fevereiro, 2009.

FERNANDA PAULA OLIVEIRA, "O Programa Nacional da Política de Ordenamento do Território (PNPOT), o processo de urbanização e o sistema urbano em Portugal", *in* "O PNPOT e os novos desafios do ordenamento do território – ciclo de colóquios: o Direito do Urbanismo do Séc. XXI", Edições Almedina, Janeiro, 2009.

FERNANDA PAULA OLIVEIRA, "Leis, decretos e afins urbanísticos no contexto europeu", *in* Revista de Estudos Urbanos e Regionais "Sociedade e Território", Edições Afrontamento, Porto, números 37/38, Junho, 2004.

FERNANDA PAULA OLIVEIRA, "Planos especiais de ordenamento do território: tipicidade e estado da arte", *in* Revista CEDOUA, Edições CEDOUA, Faculdade de Direito da Universidade de Coimbra (FDUC), nº 17, Ano IX, 1.06, Março, 2007, pp. 71-81.

FERNANDA PAULA OLIVEIRA, recensão à obra de NICOLAS CHAUVIN, "L'Illégalité du Plan d'Occupation des Sols", Edição LITEC, Paris, 1996, *in* Revista CEDOUA, Edições CEDOUA, Faculdade de Direito da Universidade de Coimbra (FDUC), nº 7, Ano IV, 1.01, Março, 2001.

FERNANDA PAULA OLIVEIRA, "Quem dá, pode voltar a tirar....? Novas regras de ordenamento e direitos adquiridos", Anotação ao Acórdão do Supremo Tribunal Administrativo de 11 de Novembro de 2004, Processo nº 873/03, *in* Revista CEDOUA, Edições CEDOUA, Faculdade de Direito da Universidade de Coimbra (FDUC), nº 13, Ano VII, 1.04, Julho, 2004.

FERNANDA PAULA OLIVEIRA, "O planeamento de nível municipal: a reforma de 2007", *in* Actas das I Jornadas Luso-Espanholas de Urbanismo, co-organizado por CEDOUA/FDUC/APDU (Associação Portuguesa de Direito do Urbanismo)/ AEDU (Asociación Española de Derecho Urbanístico/REDU (Revista Española de Derecho Urbanístico), coordenação FERNANDO ALVES CORREIA, Edições Almedina, Maio, 2009.

FERNANDA PAULA OLIVEIRA, "Direito do Urbanismo", 2ª Edição, reimpressão, Coimbra, 2004.

FERNANDO ALVES CORREIA, "Manual de Direito do Urbanismo", Volume I, Edições Almedina, Julho, 4ª Edição, 2008.

FERNANDO ALVES CORREIA, "O Contencioso dos Planos Municipais de Ordenamento do Território", *in* RJUA, Livraria Almedina, Coimbra, nº 1, Junho, 1994.

FERNANDO ALVES CORREIA (em colaboração com DULCE LOPES), "Le contenu des instruments de gestion territoriale au Portugal", Rapport National, Portugal, *in* "Le contenu des plans d'urbanisme et d'aménagement dans les pays d'Europe de l'Ouest", Colloque biennal de l'Association Internationale de Droit de l'urbanisme, 23/24 de Setembro de 2005, Genève-Lausanne, Les Cahiers du Groupement de recherche sur les institutions et le droit de l'aménagement, de l'urbanisme et de l'habitat (GRIDAUH), Série Droit Comparé, nº 15, 2006.

FERNANDO ALVES CORREIA, "Risco e Direito do Urbanismo", *in* Revista de Legislação e de Jurisprudência, Ano 138º, nº 3955, Março/Abril, 2009.

FERNANDO ALVES CORREIA, "Linhas Gerais do Ordenamento e Gestão da Zona Costeira em Portugal", *in* Revista de Legislação e de Jurisprudência, Ano 138º, nº 3956, Maio/Junho, 2009.

FERNANDO ALVES CORREIA, "Manual de Direito do Urbanismo", Volume I, Edições Almedina, Outubro, 2004, 2ª Edição (revista e aumentada).

FERNANDO ALVES CORREIA, "O Direito do Ordenamento do Território e o Direito do Urbanismo em Portugal: Os grandes desafios do futuro", *in Scientia Iuridica*, Revista de Direito Comparado, Português e Brasileiro, Edições Universidade do Minho/ Livraria Cruz (Braga), Tomo LVI, nº 309, Janeiro/Março 2007.

FERNANDO ALVES CORREIA "Estudos de Direito do Urbanismo", Livraria Almedina, Coimbra, Maio, 1997.

FERNANDO ALVES CORREIA, "O Plano Urbanístico e o Princípio da Igualdade", Livraria Almedina, Coimbra, 1989.

FERNANDO ALVES CORREIA, "As grandes linhas da recente reforma do Direito do Urbanismo Português", Edições Almedina, Coimbra, Outubro, 1993.

FERNANDO ALVES CORREIA, "Table ronde. Le contenu des plans et documents d'urbanisme: convergences et divergences nationales", *in* "Le contenu des plans d'urbanisme et d'aménagement dans les pays d'Europe de l'Ouest", Colloque biennal de l'Association Internationale de Droit de l'urbanisme, 23/24 de Setembro de 2005, Genève-Lausanne, Les Cahiers du Groupement de recherche sur les institutions et le droit de l'aménagement, de l'urbanisme et de l'habitat (GRIDAUH), Série Droit Comparé, nº 15, 2006.

FERNANDO ALVES CORREIA, "O Direito do Urbanismo em Portugal", *in* Revista de Legislação e de Jurisprudência, Ano 135º, nº 3937, Março/Abril, 2006.

FERNANDO ALVES CORREIA, "Problemas actuais do Direito do Urbanismo em Portugal", *in* Revista CEDOUA, Edições CEDOUA, Faculdade de Direito da Universidade de Coimbra (FDUC), nº 2, Ano I, 2.98, 1998.

FERNANDO ALVES CORREIA, "Evolução do Direito do Urbanismo em Portugal em 2001, 2002 e 2003", *in* Revista CEDOUA, Edições CEDOUA, Faculdade de Direito da Universidade de Coimbra (FDUC), nº 12, Ano VI, 2.03, Dezembro, 2003.

FERNANDO CONDESSO, "Direito do Urbanismo (Noções Fundamentais)", Edições Quid Juris, Lisboa, 1999.

FERNANDO LÓPEZ RAMÓN, "Introducción al Derecho Urbanístico", Edições Marcial Pons, Ediciones Jurídicas Y Sociales, S.A., San Sotero, Madrid, 3ª Edição, 2009.

FERNANDO LÓPEZ RAMÓN, "Crisis y renovación del urbanismo español en la última década del siglo XX", *in* Civitas, Revista Española de Derecho Administrativo (REDA), nº 104, Outubro/Dezembro, 1999.

FERNANDO PAU-PRETO, "Planos de ordenamento de parque arqueológico, o parente pobre dos planos especiais de ordenamento do território", *in* FERNANDO GONÇALVES, JOÃO FERREIRA BENTO & ZÉLIA PINHEIRO (coordenação), ACTAS DO ENCONTRO ANUAL DA AD URBEM, 12 Dez. 2008, Os Dez Anos da Lei de Bases da Política de Ordenamento do Território e de Urbanismo, Génese e Evolução do Sistema de Gestão Territorial, 1998-2008, Edição da Direcção-Geral do Ordenamento do Território e Desenvolvimento Urbano e AD URBEM, 2010.

FERREIRA MENDES, "O Ordenamento do Território e a Construção da Sociedade do Futuro", Discurso proferido na Sessão de abertura do 2º Curso de Pós-Graduação em Ordenamento do Território e Planeamento Ambiental, Faculdade de Ciências e Tecnologia (FCT), Monte da Caparica, Outubro, 1991.

FILIPPO SALVIA, "Manuale di Diritto Urbanistico", Casa Editrice Dott. Antonio Milani, Cedam, 2008.

FLORENCE NICOUD, "Du Contentieux administratif de l'urbanisme – Étude visant à preciser la fonction du contentieux de l'urbanisme dans l'évolution du droit du contentieux administratif général", Edições Collection du Centre de Recherches Administratives, Université Paul Cézanne-Aix Marseille III – Faculté de Droit et de Science Politique, Aix-en-Provence Cedex 1, 2006.

FLORENCE ZAMPINI, "Italie: quelques mutations em matière de droit administratif", *in* RFDA, 17º Ano, nº 1, Janeiro/Fevereiro, 2001.

FLORIANE BOULAY/ROBIN DEGRON, "Les périmètres de l'intercommunalité: entre simplicité juridique et cohérence administrative", *in* AJDA, Edições Dalloz, nº 37, Novembro, 2009.

FRANCESCO CARINGELLA /GIUSEPPE DE MARZO/ROSANNA DE NICTOLIS, "L'espropriazione per pubblica utilità", Edições Giuffrè, Milano, 2002.

FRANCESCO PALERMO, "La coincidenza degli opposti: L'ordinamento tedesco e il federalismo asimmetrico", *in* Rivista di diritto pubblico italiano, comunitario e comparato, nº 3, 2007 (acessível on-line: www.federalismi.it).

FRANCESCO PALERMO, "Il Ruolo delle Assemblee legislative dei Länder nel sistema di governo tedesco: dall'e emarginazione strutturale ai nouvi scenari della stagione delle riforme", *in* Revista Brasileira de Direito Constitucional, RBDC, nº 10, Julho/Dezembro, 2007.

FRANCISCO DE COMINGES CÁCERES, "Los planes urbanísticos generales en la jurisprudência del Tribunal Superior de Justicia de Galicia", *in* Revista Xurídica Galega, nº 56, 2007.

BIBLIOGRAFIA

FRANCISCO JAVIER ENÉRIZ OLAECHEA, "Algo en qué pensar, por un urbanismo más simplificado y de calidad", *in* Revista de Derecho Urbanístico y Medio Ambiente, Ano nº 44, nº 259, Julho/Agosto, 2010.

FRANCIS CHAUVIN, "La nouvelle administration régionale de l'État", *in* AJDA, Edições Dalloz, nº 15, Abril, 2010.

FRANCIS HAUMONT, "Droit Européen de l' Aménagement du Territoire et de l' Urbanisme", Edições Bruylant, Bruxelas, 2007.

FRANCIS HAUMONT, Urbanisme-Région Wallonne, Bruxelas, Edições Larcier, 1996.

FRANCIS HAUMONT/NATHALIE BOTON/DOMINIQUE GOETRY, Le Droit de l'urbanisme en Belgique en 2006, 2007 et 2008, Groupement de recherche sur les institutions et le droit de l'aménagement, de l'urbanisme et de l'habitat (GRIDAUH), 2009, Droit Comparé.

FRANÇOIS BÉROUJON, "Evolution du droit administratif: avancée vers la modernité ou retour aux Temps modernes", *in* RFDA, 24º Ano, nº 3, Maio/Junho, 2008.

FRANÇOIS PRIET, "FRANCE, Rapport National", *in* "Le contenu des plans d'urbanisme et d'aménagement dans les pays d'Europe de l'Ouest", Colloque biennal de l'Association Internationale de Droit de l'urbanisme, 23/24 de Setembro de 2005, Genève-Lausanne, Les Cahiers du Groupement de recherche sur les institutions et le droit de l'aménagement, de l'urbanisme et de l'habitat (GRIDAUH), Série Droit Comparé, nº 15, 2006.

FRANK ROTTMANN, "Bemerkungen zu den neuen Methoden der Neuen Verwaltungsrechtswissenschaft", *in* Rechtstheorie in rechtspraktisher Absicht, Schriften zur Rechtstheorie, Heft 235, Freundesgabe zum 70. Geburtstag von FRIEDRICH MÜLLER, Herausgegeben von RALPH CHRISTENSEN und BODO PIEROTH, Edições Duncker & Humblot, GmbH, Berlin, 2008.

FRIEDRICH SCHOCH, "Gemeinsamkeiten und Unterschiede von Verwaltungsrechtslehre und Staatsrechtslehre", *in* H. Schulze-Fielitz (Hrsg.), Staatsrechtslehre als Wissenschaft, *in* Die Verwaltung, 7, Suplemento.

FRITZ OSSENBÜHL, "Abwägung im Verfassungsrecht", *in* Deutsches Verwaltungsblatt, 1995.

FRITZ OSSENBÜHL, *in* Die Verwaltung, 40, 2007.

GABRIELE BRITZ, Elektronische Verwaltung, *in* WOLFGANG HOFFMANN-RIEM, EBERHARD SCHMIDT-AßMANN & ANDREAS VOßKUHLE, "Grundlagen des Verwaltungsrechts", Volume II, Edições C.H. BECK, München, 2008.

G. D'ANGELO, "Cento anni di legislazione urbanística", *in* Rivista Giuridica dell'Edilizia, 1965, II.

GEORG HERMES, "The German Law of Planning: An Overview", *in* European Public Law, Edições Wolters Kluwer, Law & Business, Kluwer Law International, Volume 8, nº 3, Setembro, 2002.

GEORGES VEDEL, "Les bases constitutionnelles du droit administratif", *in* PAUL AMSELEK (dir.) "La Pensée de CHARLES EISENMANN", Paris, Economica, Aix-en--Provence, PUAM, 1986.

GEORGES VEDEL, «La soumission de l'Administration à la loi», *in* Revista Egípcia "Al Ouanoun Wal Iqtisad", 22º ano, Cairo.

GEORGES VEDEL, "Droit Administratif", Paris, PUF, 3ª edição, colecção «Thémis», 1968.

GÉRARD MARCOU, "Les cadres institutionnels de l`aménagement du territoire et des politiques de développement spatial", *in* Akademie für Raumforschung und Landesplanung/DATAR, Conditions institutionnelles d'une politique européenne de développement spatial, sobre a direcção de GÉRARD MARCOU et SIEDENTOPF, Hanovre, 1994.

GÉRARD MARCOU/HENRI JACQUOT, "Présentation – Le droit de l'aménagement du territoire et de l'urbanisme en Allemagne, Loi sur l'aménagement du territoire et Code de Urbanisme", *in* Les Cahiers du Groupement de recherche sur les institutions et le droit de l'aménagement, de l'urbanisme et de l'habitat (GRIDAUH), Série Droit Comparé, nº 8, 2003.

GÉRARD MARCOU, "L'Urbanisme dans les systèmes de planification spatiale en Europe: diversités nationales", Rapport Introductif, *in* "Le contenu des plans d'urbanisme et d'aménagement dans les pays d'Europe de l'Ouest", Colloque biennal de l'Association Internationale de Droit de l'urbanisme, 23/24 de Setembro de 2005, Genève-Lausanne, Les Cahiers du Groupement de recherche sur les institutions et le droit de l'aménagement, de l'urbanisme et de l'habitat (GRIDAUH), Série Droit Comparé, nº 15, 2006.

GÉRARD MARCOU, "Le schéma directeur de la région Ile-de-France entre aménagement du territoire et urbanisme", *in* AJDA, Edições Dalloz, nº 26, Julho, 2004.

GÉRARD MONÉDIAIRE, "La prise en compte du paysage dans les instruments de planification en droit français", *in* Revue Européenne de droit de l'environnement, Centre de Recherches Interdisciplinaires en Droit de l'Environnement, de l'Aménagement et de l'Urbanisme, CRIDEAU, nº 3, Outubro, 2003.

GERD TUROWSKI, "Raumplanung (Gesamtplanung)", *in* "Handwörterbuch der Raumordnung", hrsg, Akademie Für Raumordnung und Landesplanung, 4ª Edição, Hannover, 2005.

GIAN CARLO MENGOLI, "Manuale di Diritto Urbanistico", Edições Giuffrè, Milano--Dott, 5ª Edição, 2003.

BIBLIOGRAFIA

GIACINTO DELLA CANANEA, "Al di là dei confini statuali. Principi generali del diritto pubblico globale", Il Mulino, 2009.

GIAN LUCA CONTI, "Le dimensioni costituzionali del governo del territorio", Milano, 2007.

GIORGIO PAGLIARI, «Corso di Diritto Urbanistico», *In Appendice* "Il Piano Regolatore Generale dal punto di vista tecnico" a cura di Ingegnere-Architetto ALFREDO ROSSI, 3ª Edição, Giuffrè Editore, Milano, 2002.

GIOVANNI MARTINI, "Il potere di governo del territorio", *in* La Repubblica delle autonomie nella giurisprudenza costituzionale, (a cura) di ALESSANDRA PIOGGIA e LUCIANO VANDELLI, Bologna, 2007.

GUIDO CORSO, "Il Principio di Legalità nell'ordinamento italiano", *in* Studium Iuris, Rivista per la formazione nelle professioni giuridiche, Edições Cedam, nº 10, Outubro, 2010.

GIULIA MILO, "Il potere di governo del territorio", Milano, 2005.

GIULIO NAPOLITANO, "Sul futuro delle scienze del diritto pubblico: variazioni su una lezione tedesca in terra americana", *in* Rivista trimestrale di diritto pubblico (RTDP), Giuffrè Editore, Ano LX, 2010.

GORDON WALKER, "Risk, Land Use Planning and Major Accident Hazards", *in* Planning and Environmental Protection – a review of law and policy, Chris Miller (edited by), Edições Hart Publishing, Oxford, Portland Oregon, 2001.

GUNNAR FOLKE SCHUPPERT, "Verwaltungswissenschaft: Verwaltung, Verwaltungsrecht, Verwaltungslehre" (Hardback), Edições Nomos Baden-Baden, 2000.

GUNNAR FOLKE SCHUPPERT, "Verwaltungsrecht und Verwaltungsrechtswissenschaft im Wandel, Von Planung über Steuerung zu Governance?" *in* Archiv des öffentlichen Rechts, Edições J.C.B. MOHR (PAUL SIEBECK) Tübingen, nº 133, 2008.

GUSTAVE PEISER, "Le développement de l' application du principe de légalité dans la jurisprudence du Conseil d'État", Mélanges RENÉ CHAPUS, 1992.

GUY BRAIBANT/BERNARD STIRN, "Le droit administratif français", Edições Presses de Sciences Politiques et Dalloz, 7ª edição revista e actualizada, 2005.

HANS-JOACHIM KOCH/REINHARD HENDLER, "Baurecht, Raumordnungs-und Landesplanungsrecht", Edições Richard Boorberg Verlag, 5ª Edição, 2009.

HANS JULIUS WOLFF/OTTO BACHOF/ROLF STOBER /KLUTH, "Verwaltungsrecht", Vol. I (Direito Administrativo, Vol. I), 12ª München, 2007.

HANS KELSEN, "La justice constitutionnelle et la Haute cour constitutionnelle d'Autriche", «Prefácio», LGDJ, Paris, 1928, reeditada, Paris, Economica, Aix-en--Provence, PUAM, 1986, p. XI.

HARALD EBERHARD, "Das Legalitätsprinzip im Spannungsfeld von Gemeinschaftsrecht und nationalem Recht, Stand und Perspektiven eines "europäischen Legalitätsprinzips", *in* Zeitschrift für öffentliches Recht (ZFOR), Austrian Journal of Public and International Law, Edições Springer Wien New York, Band 63, Heft 1, 2008.

HARTMUT BAUER, "Die Bundestreue, zugleich ein Beitrag zur Dogmatik des Bundesstaatsrechts und zur Rechtsverhältnislehre", Edições J.C.B. MOHR (PAUL SIEBECK), Tübingen, 1992.

HARTMUT MAURER, Haldusõigus. Üldosa (Administrative Law. General Part), Tallinn: Juura, 2004 (tradução inglesa).

HELMUTH SCHULZE-FIELITZ, "Grundmodi der Aufgabenwahrnehmung", *in* WOLFGANG HOFFMANN-RIEM, EBERHARD SCHMIDT-AßMANN & ANDREAS VOßKUHLE, Grundlagen des Verwaltungsrechts, Volume I, Edições C.H. BECK, München, 2006.

HENNING JÄDE/FRANZ DIRNBERGER/JOSEF WEIß, "Baugesetzbuch (BauGB), Baunutzungsverordnung (BauNVO), Context Kommentar", Edições Richard Boorberg Verlag, 6ª Edição, 2010.

HENRI JACQUOT/FRANÇOIS PRIET, "Précis de droit de l'urbanisme", Paris, Edições Dalloz, 5ª Edição, 2004.

HENRI JACQUOT, "La règle de la compatibilité limitée oubliée?", anotação à decisão do Conseil d'État de 15.10.2004 (Commune de La Rochette), Processo nº 227506, *in* AJDA, Edições Dalloz, nº 10, Março, 2005.

HENRI JACQUOT, "Droit de l'Urbanisme", 5ª Edição, Edições Dalloz, nº 786, 2004.

HENRI JACQUOT/JEAN-PIERRE LEBRETON, La Loi Grenelle II (primeira parte), "La réforme du plan local d'urbanisme", *in* AJDA, Edições Dalloz, nº 30, Setembro, 2010.

HENRI JACQUOT, "La hiérarchie des normes d'urbanisme en droit français", *in* Boletim da Faculdade de Direito da Universidade de Coimbra, Vol. LXIX, 1993.

HENRI JACQUOT, "La notion de prise en compte d'un document de planification spatial: enfin une définition jurisprudentielle", *in* DAUH, Paris, Le Moniteur, 2005.

HENRI SAVOIE/LAURENT TOUVET, "L'Urbanisme: pour un droit plus efficace. Commentaire libre du rapport du Conseil d'État", *in* RFDA, nº 4, Julho/Agosto, 1992.

HERBERT POSSER/H. AMADEUS WOLFF, "Verwaltungsgerichtsordnung (VwGO) Kommentar", Edições Verlag C.H. Beck München, 2008.

HORST EIDENMÜLLER, "Effizienz als Rechtsprinzip – Möglichkeiten und Grenzen der ökonomischen Analyse des Rechts", Edições J.C.B. MOHR (PAUL SIEBECK), Tübingen, 1995.

ISABEL SOARES DE ALMEIDA, "Dois anos sobre o Decreto-Lei nº 316/2007, de 19 de Setembro: breve diagnóstico", *in* Direito Regional e Local, nº 09, Janeiro/Março, 2010.

ISABELLE SAVARIT-BOURGEOIS, "L'essentiel du Droit de l'Urbanisme", Gualino Editor, Lextenso Edições, 7ª Edição, Les Carrés, Paris, 2010.

JACQUELINE MORAND-DEVILLER, "Droit Administratif – Cours, Thèmes de Réflexion, Commentaires d'Arrêts Avec Corrigés", Montchrestien, Edições LGDJ, Lextenso Éditions, Paris, 11ª Edição, 2009.

JACQUELINE MORAND-DEVILLER, "Droit de l'Urbanisme", Mémentos Dalloz, Série Droit Public, Science politique, sous la direction de YVES JÉGOUZO, 8ª Edição, 2008.

JACQUES CAILOSSE, "La Constitution imaginaire de l' administration. Recherche sur la politique du droit administratif", Colecção "Les voies du droit", Edições PUF, 2008.

JACQUES CHEVALLIER, "La mondialisation de l' État de droit", *in* Mélanges ARDANT, Edições LGDJ, Lextenso Éditions, Paris, 1999.

JACQUES CHEVALLIER, "La dimension symbolique du principe de légalité", *in* "Figures de la légalité", Coordenação CHARLES-ALBERT MORAND, Éditions Publisud, Paris, 1992.

JACQUES CHEVALLIER, "Science Administrative", Thémis Droit et Science Politique, sous la direction de CATHERINE LABRUSSE-RIOU et DIDIER TRUCHET, Edições PUF, Paris, 4ª Edição, Outubro, 2007.

JAVIER GARCÍA LUENGO, "Los supuestos de nulidad de pleno derecho establecidos al margen de la Ley de Procedimiento Común", *in* Revista de Administración Pública (RAP), nº 159, Madrid, Setembro/Dezembro, 2002.

JEAN-BERNARD AUBY, "La bataille de San Romano, Réflexions sur les évolutions récentes du droit administratif", *in* AJDA, Edições Dalloz, nº 11, Novembro, 2001.

JEAN-BERNARD AUBY, "La globalisation, le droit et l' État", Edições LGDJ, Lextenso Éditions, Paris, 2ª Edição, 2010.

JEAN-FRANÇOIS NEURAY/MICHEL PÂQUES/MARC BOES, Belgique, Rapport National, Belgique, *in* "Le contenu des plans d'urbanisme et d'aménagement dans les pays d'Europe de l'Ouest", Colloque biennal de l'Association Internationale de Droit de l'urbanisme, 23/24 de Setembro de 2005, Genève-Lausanne, Les Cahiers du Groupement de recherche sur les institutions et le droit de l'aménagement, de l'urbanisme et de l'habitat (GRIDAUH), Série Droit Comparé, nº 15, 2006.

JEAN-MARC FAVRET, "Le rapport de compatibilité entre le droit national et le droit communautaire", *in* AJDA, Edições Dalloz, 2001.

JEAN-MARIE PONTIER, "La puissance publique et la prévention des risques" *in* AJDA, Edições Dalloz, nº 33, Outubro, 2003.

JEAN- MARIE PONTIER, "Le nouveau préfet", *in* AJDA, Edições Dalloz, nº 15, Abril, 2010.

JEAN-MARIE PONTIER, "Qu` est-ce que le droit administratif?", *in* AJDA, Edições Dalloz, nº 23, Outubro, 2006.

JEAN-MICHEL DE FORGES, "Droit Administratif", Collection Premier Cycle, Edições PUF, 4ª Edição, Julho, 1998.

JEAN-PHILIPPE BROUANT/HENRI JACQUOT/JEAN-PIERRE LEBRETON, "Développement durable, urbanisme et droit", *in* RFDA, nº 4, Julho/Agosto, 2006.

JEAN-PIERRE LEBRETON, "La compatibilité en droit de l'urbanisme", *in* AJDA, Edições Dalloz, Ano 47, nº s 7-8, Julho/Agosto, 1991.

JEAN-PIERRE LEBRETON, "Des degrés de normativité en urbanisme", AA Douai 25 septembre 2003, Association SAVE", *in* AJDA, Edições Dalloz, Volume 60, nº 15, Abril, 2004.

JEAN-PIERRE LEBRETON, "La Hiérarchie des normes françaises d'urbanisme vues des Grands Lacs", *in* Revista da Faculdade de Direito da Universidade do Porto, Edições Coimbra Editora, Ano II, 2005.

JEAN-PIERRE LEBRETON, "La planification spatiale en Europe", texto apresentado ao Colégio de Ordenamento, Urbanismo, Habitação e Mobilidade, em 05.02.2009, acessível no site do GRIDAUH (www.gridauh.fr).

JEAN-PIERRE LEBRETON, "Le désolant statut du schéma directeur de Ile-de-France", *in* AJDA, Edições Dalloz, nº 31, 2008.

JEAN-PIERRE LEBRETON, "Réformes législatives de 2009 et flexibilité de la règle locale d'urbanisme", *in* «Droit de L'Aménagement, de l'Urbanisme, de l'Habitat», Groupement de recherche sur les institutions et le droit de l'aménagement, de l'urbanisme et de l'habitat (GRIDAUH), Textes, Jurisprudence, Doctrine et pratiques, Edições Le Moniteur, Paris, 2010.

JEAN-PIERRE LEBRETON, "Le contenu des plans réglementant les modes d'occupation des sols (plans d'affectation)", *in* "Le contenu des plans d'urbanisme et d'aménagement dans les pays d'Europe de l'Ouest", Colloque biennal de l'Association Internationale de Droit de l'urbanisme, 23/24 de Setembro de 2005, Genève-Lausanne, Les Cahiers du Groupement de recherche sur les institutions et le droit de l'aménagement, de l'urbanisme et de l'habitat (GRIDAUH), Série Droit Comparé, nº 15, 2006.

JEAN RIVERO, "Le juge administratif: gardien de la légalité administrative ou gardien administratif de la légalité?", *in* Mélanges offerts à MARCEL WALINE, Tomo II, 1974.

JENS WOELK, "Eppur si muove: la riforma del sistema federale tedesco", *in* Le Istituzioni del Federalismo, nº 2, 2007.

JÉRÔME TREMEAU, L'État et le logement, "L'urbanisme au service du logement", *in* AJDA, Edições Dalloz, nº 24, Julho, 2009.

BIBLIOGRAFIA

Jesús Del Olmo Alonso, "Urbanismo y medio ambiente en España: panorama actual", *in* Revista de Derecho Urbanístico y Medio Ambiente, Año nº 42, nº 244, Setembro, 2008.

Jesús García Del Prado, "Impugnación del planteamiento general y consecuencias", *in* Revista de Derecho Urbanístico y Medio Ambiente, Año nº 43, nº 253, Outubro, 2009.

João Caupers, "Estado de Direito, ordenamento do território e direito de propriedade", *in* RJUA, Livraria Almedina, Coimbra, nº 3, Junho, 1995.

João Caupers, "Introdução ao Direito Administrativo", 6ª Edição, Âncora Editora, Outubro, 2001.

João Cravinho, "Génese da Lei de Bases da Política de Ordenamento do Território e de Urbanismo", *in* Fernando Gonçalves, João Ferreira Bento & Zélia Pinheiro (coordenação), Actas do Encontro Anual da AD Urbem, 12 Dez. 2008, Os Dez Anos da Lei de Bases da Política de Ordenamento do Território e de Urbanismo, Génese e Evolução do Sistema de Gestão Territorial, 1998-2008, Edição da Direcção-Geral do Ordenamento do Território e Desenvolvimento Urbano e AD URBEM, 2010.

João Ferrão, Intervenção de abertura do Secretário de Estado do Ordenamento do Território e das Cidades, *in* Direito Regional e Local, nº 2, Abril/Junho, 2008.

João Ferrão, "As condições sociais de funcionamento da Política Pública de Ordenamento do Território", Programa de Investigação apresentado no âmbito das Provas de Habilitação para o exercício de funções de coordenação científica na Faculdade de Letras da Universidade de Lisboa (policopiado), 2010.

João Ferrão, "Uma visão política da evolução da Política de Ordenamento do Território", *in* Socialismo no Século XXI, Lisboa, Esfera do Caos, 2010.

João Ferrão, intervenção na II Conferência "Ordenamento do território e revisão dos PDM'S", Covilhã, 25 de Outubro, 2006, acessível on-line.

João Fraústo da Silva, "Direito do Urbanismo", Instituto Nacional de Administração, 1989, 1ª Edição.

João Loureiro, "Da sociedade técnica de massas à sociedade de risco: prevenção, precaução e tecnociência – algumas questões juspublicísticas", *in* Estudos em Homenagem ao Professor Doutor Rogério Ehrhardt Soares, Boletim da FDUC, *Studia Iuridica*, nº 61, Ad Honorem – 1, Universidade de Coimbra, Edições Coimbra Editora, 2001.

João Miranda, "As relações entre planos territoriais – alguns problemas", *in* Revista Jurídica (separata), dedicada ao tema "Ordenamento do Território", Edições da Associação Académica da Faculdade de Direito de Lisboa, Nova Série, nº 22, Março, 1998.

João Miranda, "A dinâmica jurídica do planeamento territorial (a alteração, a revisão e a suspensão dos planos)", Edições Coimbra Editora, Setembro, 2002.

Joaquim Freitas Rocha, "Direito Pós-Moderno, patologias normativas e protecção da confiança", texto apresentado ao III Encontro de Professores de Direito Público, Faculdade de Direito da Universidade do Porto, dias 29/30 de Janeiro de 2010, acessível on-line em http://encontrosdireitopublico.blogspot.com.

Jorge André Alves Correia, "Contratos Urbanísticos – Concertação, Contratação e Neocontratualismo no Direito do Urbanismo", Edições Livraria Almedina, Setembro, 2009.

Jorge Gaspar, "Âmbito Nacional: o território", *in* Fernando Gonçalves, João Ferreira Bento & Zélia Pinheiro (coordenação), Actas do Encontro Anual da AD Urbem, 12 Dez. 2008, Os Dez Anos da Lei de Bases da Política de Ordenamento do Território e de Urbanismo, Génese e Evolução do Sistema de Gestão Territorial, 1998-2008, Edição da Direcção-Geral do Ordenamento do Território e Desenvolvimento Urbano e AD URBEM, 2010.

Jörn Ipsen, "Die Kompetenzverteilung zwischen Bund und Ländern nach der Föderalismusnovelle", *in* Neue Juristische Wochenschrift (NJW), nº 39, 2006.

Jörn Lüdemann, Netzwerke, Öffentliches Recht und Rezeptionstheorie, Preprints, Max Planck Institute for Research on Collective Goods, Bonn, Maio, 2007 (acessível on-line em http://www.coll.mpg.de/pdf_dat/2007_07online.pdf).

José Alfredo dos Santos Júnior, "Entre as Metáforas Espaciais e a Realidade: a União Europeia possui competência em matéria de Ordenamento?", *in* O Urbanismo, o Ordenamento do Território e os Tribunais, Edições Almedina, Coimbra, Dezembro, 2010.

José Antonio Razquin Lizarraga, "La impugnación directa de los planes de urbanismo", *in* Revista Aranzadi Doctrinal, nº 6, 2010.

José Carlos Moreira, "O Princípio da Legalidade na Administração", Coimbra Editora Limitada, 1950.

José Carlos Vieira de Andrade, "Introdução ao Direito Administrativo", Sumários das lições de Direito Administrativo I (1ª turma), policopiadas, Coimbra, 2009/2010.

José Fariña Tojo, "Las nuevas bases ambientales de la sostenibilidad en la ordenación y utilización del suelo", *in* Ciudad y Territorio – Estudios Territoriales, Vol. XXXIX, nº 152/153, Verão/Outono, Edição do Ministério da Habitação, 2007.

José Fernando Nunes Barata, *in* Dicionário Jurídico da Administração Pública, Direcção de José Pedro Fernandes, Edição Gráfica do Areeiro, Outubro, 1998.

BIBLIOGRAFIA

José Fernando dos Reis Condesso, "Ordenamento do Território, Administração e Políticas Públicas, Direito Administrativo e Desenvolvimento Regional", Edições do Instituto Superior de Ciências Sociais e Políticas (ISCSP), Universidade Técnica de Lisboa, 2004.

José Figueiredo Dias/Fernanda Paula Oliveira, "Direito Administrativo", Edições do Centro de Estudos de Formação Autárquica (CEFA), 2ª Edição, reimpressão, Coimbra, 2004.

José Joaquim Gomes Canotilho, "Relações Jurídicas Poligonais, Ponderação Ecológica de Bens e controlo judicial preventivo", *in* RJUA, Livraria Almedina, Coimbra, nº 1, Junho, 1994.

José Joaquim Gomes Canotilho/Suzana Tavares da Silva, "Metódica Multinível: "Spill-over effects" e interpretação conforme o direito da União Europeia", *in* Revista de Legislação e de Jurisprudência, Ano 138º, nº 3955, Março/Abril, 2009.

José Joaquim Gomes Canotilho/Vital Moreira, Constituição da República Portuguesa – Anotada, 4ª Edição revista, volume I, Coimbra Editora, Janeiro, 2007.

José Joaquim Gomes Canotilho, "Direito Constitucional e Teoria da Constituição", Edições Almedina, 7ª Edição (4ª reimpressão), 2003.

José Luis Cunha, "Planos sectoriais ou políticas marginais? A integração das políticas sectoriais no sistema de gestão territorial", *in* Fernando Gonçalves, João Ferreira Bento & Zélia Pinheiro (coordenação), Actas do Encontro Anual da AD Urbem, 12 Dez. 2008, Os Dez Anos da Lei de Bases da Política de Ordenamento do Território e de Urbanismo, Génese e Evolução do Sistema de Gestão Territorial, 1998-2008, Edição da Direcção-Geral do Ordenamento do Território e Desenvolvimento Urbano e AD URBEM, 2010.

José Luis Meilán Gil, "Planeamiento de nivel supramunicipal", *in* Actas das I Jornadas Luso-Espanholas de Urbanismo, co-organizado por CEDOUA/FDUC/ APDU (Associação Portuguesa de Direito do Urbanismo)/AEDU (Asociación Española de Derecho Urbanístico/REDU (Revista Española de Derecho Urbanístico), coordenação Fernando Alves Correia, Edições Almedina, Maio, 2009.

José Luis Meilán Gil, "La nueva regulación legal del Suelo en España", *in* Revista CEDOUA, Edições CEDOUA, Faculdade de Direito da Universidade de Coimbra (FDUC), nº 20, Ano X, 2.07, 2007.

José Luis Meilán Gil, "Cuestiones fundamentales de la Ley 8/2007 de suelo", *in* Revista Aragonesa de Administración Pública, nº 32, 2008.

José María Baño León, "Derecho Urbanístico Común", Edições Iustel, Portal Derecho, S.A., 1ª Edição, Madrid, 2009.

José María Baño León, "El objeto de la Ley y el orden de las competencias legislativas. La depuración del ordenamiento en la matéria", *in* Ciudad y Territorio – Estudios Territoriales, Vol.XXXIX, nº 152/153, Verão/Outono, Edição do Ministério da Habitação, 2007.

Juan Cano Bueso, "Die Bedeutung der Konsultativen Organe Spaniens für die Qualität der Rechtssetzung – Verfassungsrechtliche Probleme, die die Qualität der Normen beeinflussen", *in* Zeitschrift für öffentliches Recht (ZFOR), Austrian Journal of Public and International Law, Edições Springer Wien New York, Band 63, Heft 1, 2008.

Juan José Rastrollo Suárez, "Zona Costera: ordenación del territorio, urbanismo y medio ambiente en España. Una perspectiva general", *in* Revista CEDOUA, Edições CEDOUA, Faculdade de Direito da Universidade de Coimbra (FDUC), nº 23, Ano XII, 1.09, 2009.

Julia Ortega Bernardo, "Los Planes de residuos autonómicos ante los nuevos requerimentos del derecho comunitario", *in* Civitas, Thomson Reuters, Revista Española de Derecho Administrativo (REDA), nº 145, Janeiro/Março, 2010.

Julio Tejedor Bielsa, "Reflexiones sobre el estado de lo urbanístico – entre la anomalía y la excepción", *in* Revista de Administración Pública (RAP), nº 181, Madrid, Janeiro/Abril, 2010.

Klaus Gärditz, "Hochschulorganisation und verwaltungsrechtliche Systembildung", Edições J.C.B. Mohr (Paul Siebeck), Tübingen, 2009.

Klaus Gärditz, "Europäisches Planungsrecht", Tübingen, 2009.

Liv Jaeckel, "Gefahrenabwehrrecht und Risikodogmatik", Edições Mohr Siebeck, Tübingen, 2010.

Livio Paladin, "Le fonti del diritto italiano", Bologna, 1996.

Lorenza Carlassare, "Regolamenti dell'Esecutivo e Principio di Legalitá", Pádua, 1966.

Lorenzo Casini, "L'equilibrio degli interessi nel governo del territorio", Milano, 2005.

Lorenzo Mellado Ruiz/Fátima Pérez Ferrer, "Algunas reflexiones sobre el "nuevo" derecho urbanístico en el proyecto de Ley Estatal del Suelo: desarrollo urbanístico sostenible y protección penal", *in* Revista de Derecho Urbanístico y Medio Ambiente, Ano nº 41, nº 232, Março, 2007.

Lothar Michael, "Der experimentelle Bundesstaat", *in* JZ,2006, volume 61, nº 18.

Lucia Cimellaro, "Il Principio di Legalità in trasformazione", *in* Diritto e Societá, nº 1, nuova serie, Cedam Padova, 2006.

Luciano Parejo Alfonso, "Condiciones básicas de igualdad de los ciudadanos y régimen básico del suelo en la Ley de Suelo", *in* Ciudad y Territorio – Estudios Territoriales, Vol. XXXIX, nº 152/153, Verão/Outono, 2007, Edição do Ministério da Habitação.

BIBLIOGRAFIA

Luis Cabral de Moncada, "«Rule of law», procedimento normativo e legalidade; uma perspectiva comparada", Edições da "SPB, Editores e Livreiros, Lda.", 1996.

Luis Cabral de Moncada, "Ensaio sobre a Lei", Edições Coimbra Editora, Setembro, 2002.

Luis Cabral de Moncada, "Introdução. Os princípios gerais de direito administrativo. Seu conteúdo, Tipologia e Alcance", *in* Estudos em Homenagem ao Professor Doutor Diogo Freitas do Amaral, Comissão Organizadora Augusto de Athayde/João Caupers/Maria da Glória Garcia, Edições Almedina, Coimbra, Novembro, 2010.

Luis Cabral de Moncada, "A relação jurídica administrativa – para um novo paradigma de compreensão da actividade, da organização e do contencioso administrativos", Coimbra Editora, Novembro, 2009.

Luís Filipe Colaço Antunes, "Direito Urbanístico – Um outro paradigma: a planificação modesto – situacional", Edições Almedina, Coimbra, Abril, 2002.

Luís Filipe Colaço Antunes, "O Direito Administrativo sem Estado, Crise ou fim de um paradigma?" Coimbra Editora, Outubro, 2008.

Luís Filipe Colaço Antunes, "A Fragmentação do Direito Administrativo: do mito da caverna à utopia da vivenda", *in* RJUA, Livraria Almedina, Coimbra, nº 5/6, Junho/Dezembro, 1996.

Luís Filipe Colaço Antunes/Juliana Coutinho (documentação final), «O princípio da legalidade faz parte do direito urbanístico?», *in* Encontro anual/Avaliação das políticas de ordenamento do território e de urbanismo no espaço europeu e nos âmbitos nacional, regional e municipal, dias 26 e 27 de Novembro 2010, organização do encontro anual da AD URBEM, (acessível on-line: www.adurbem.pt).

Luis Maeso Seco, "Administrative Law/Droit Administratif, 2008, Spain/Espagne", *in* European Review of Public Law (ERPL), Edições Esperia Publications, Vol. 20, nº 4, Winter/Hiver, 2008.

Luis Martín Rebollo, "Situación actual del Derecho Urbanístico Español: de la Ley del Suelo de 1956 a la Ley de 13 de Abril de 1998", *in* RJUA, Livraria Almedina, Coimbra, nº 10, Dezembro, 1998.

Luis Ortega, "Main Changes in Administrative Law in the Last Decades", *in* European Review of Public Law (ERPL), Edições Esperia Publications, Vol. 22, nº 1, Spring/Printemps, 2010.

Luís Pedro Pereira Coutinho, "O problema das atribuições e das competências das autarquias locais (e do seu possível esvaziamento...)", exposição proferida no V Curso de Pós-Graduação em Direito das Autarquias Locais, organizado pelo Instituto de Ciências Jurídico-Políticas da Faculdade de Direito da Universidade de Lisboa (coordenação: Jorge Miranda/José de Melo Alexandrino), acessível no site do ICJP http://www.icjp.pt/system/files/papers/Autarquias Locais.pdf.

Luís Perestrelo Oliveira, "Planos Municipais de Ordenamento do Território", Decreto-Lei nº 69/90, de 2 de Março, Anotado, Edições Livraria Almedina, 1991.

Malicia Donniou/Michèle Raunet, "Comment introduire des critères de développement durable dans les procédures contractuelles des opérations d'aménagement urbain?", *in* RFDA, nº 4, Julho/Agosto, 2006.

Manuel da Costa Lobo, "Administração Urbanística – Evolução Legal e sua prática", Edições do Instituto Superior Técnico (IST) Press, 2ª Edição, Dezembro, 2005.

Manuel Lopes Porto, "O Ordenamento do Território num mundo de exigência crescente – das ambições do PNPOT à contradição de investimentos em vias de concretização", Edições Almedina, Outubro, 2008.

Marc Puchalt Ruiz, "Los nuevos paradigmas del urbanismo europeo", *in* Revista de Derecho Urbanístico y Medio Ambiente, Ano nº 43, nº 247, Janeiro, 2009.

Marcelo de Rebelo de Sousa/André Salgado de Matos, "Direito Administrativo Geral, Introdução e Princípios Fundamentais", Tomo I, Publicações Dom Quixote, 1ª Edição, Outubro, 2004.

Marcelo Rebelo de Sousa, "Lições de Direito Administrativo", Vol. I, Edições Lex, Lisboa, Abril, 1999.

Marcelo Rebelo de Sousa/André Salgado de Matos, "Direito Administrativo Geral, Actividade Administrativa", Tomo III, Publicações Dom Quixote, Fevereiro, 2007.

Marco Calabrò, "Il principio di flessibilità nel rapporto tra pianificazione comunale e sovracomunale: uno sguardo alla legislazione regionale", *in* Rivista Giuridica dell'Edilizia, Ano LI, Fasc. 6, Edições Milano – Dott. A. Giuffrè Editore, Novembro/Dezembro, 2008.

Maria da Glória Garcia, "What kind of future for public law is being prepared today?", *in* ERPL, 2009.

Maria da Glória Garcia, "Com um passo à frente: Estado de Direito, Direitos do Ordenamento do Território, do Urbanismo e da Habitação e Direito do Ambiente", *in* Estudos em Homenagem ao Professor Doutor Diogo Freitas do Amaral, Comissão Organizadora Augusto de Athayde/João Caupers/Maria da Glória Garcia, Edições Almedina, Coimbra, Novembro, 2010.

Maria da Glória Garcia, "Governança local, política e direito. Em especial, a acção sobre o ambiente, ordenamento do território e do urbanismo", *in* Revista do Ministério Público, Ano nº 28, nº 112, Outubro/Dezembro, 2007.

Maria da Glória Garcia, "Da Justiça Administrativa em Portugal, Sua origem e evolução", Universidade Católica Editora, Lisboa, 1994.

BIBLIOGRAFIA

MARIA DA GLÓRIA GARCIA, "Direito das Políticas Públicas", Edições Almedina, Março, 2009.

MARIA DA GLÓRIA GARCIA, "Sociedade de risco, política e direito", *in* DIOGO FREITAS DO AMARAL, CARLOS FERREIRA DE ALMEIDA e MARTA TAVARES DE ALMEIDA (Coordenação), "Estudos Comemorativos dos 10 Anos da Faculdade de Direito da Universidade Nova de Lisboa", Volume I, Edições Almedina, Julho, 2008.

MARIA DA GLÓRIA GARCIA, "Reflexões sobre o Direito do Ordenamento do Território, do Urbanismo e do Ambiente", *in* Território e Ambiente Urbano, nº 44, Junho, 2010.

MARIA DA GLÓRIA GARCIA, "Constituição e Ordenamento do Território", *in* FERNANDO GONÇALVES, JOÃO FERREIRA BENTO & ZÉLIA PINHEIRO (coordenação), ACTAS DO ENCONTRO ANUAL DA AD URBEM, 12 Dez. 2008, Os Dez Anos da Lei de Bases da Política de Ordenamento do Território e de Urbanismo, Génese e Evolução do Sistema de Gestão Territorial, 1998-2008, Edição da Direcção-Geral do Ordenamento do Território e Desenvolvimento Urbano e AD URBEM, 2010.

MARIA DA GLÓRIA GARCIA, "O Direito do Urbanismo entre a liberdade individual e a política urbana", *in* RJUA, Livraria Almedina, Coimbra, nº 13, Junho, 2000.

MARIA DA GLÓRIA GARCIA, "Direito do Urbanismo", Relatório, Edições Lex, Lisboa, 1999.

MARIA EDUARDA GONÇALVES/PIERRE GUIBENTIF, "Novos Territórios, modos de regulação e desafios para uma agenda de investigação sobre o Direito", *in* Novos Territórios do Direito – Europeização, Globalização e Transformação da Regulação Jurídica, ISCTE, Edições Princípia, Estoril, 1ª edição, Setembro, 2008.

MARIA JOÃO ESTORNINHO, "A Fuga para o Direito Privado, Contributo para o Estudo da Actividade de Direito Privado da Administração Pública", Colecção Teses, Edições Almedina, Agosto, 1999.

MARIA JOÃO ESTORNINHO, "Princípio da legalidade e contratos da administração", *in* Boletim do Ministério da Justiça, nº 368, Julho, 1987.

MARIA LUISA DUARTE, "A discricionariedade administrativa e os conceitos jurídicos indeterminados (contributo para uma análise da extensão do princípio da legalidade)", *in* Boletim do Ministério da Justiça, nº 370, Novembro, 1987.

MARIE-CHRISTINE ROUAULT, "Droit Administratif", Gualino Éditeur, EJA, Paris, 2005.

MARIO ALBERTO QUAGLIA, "Il governo del territorio", Milano, 2006.

MÁRIO ESTEVES DE OLIVEIRA, "O direito de propriedade e o jus aedificandi no direito português", *in* RJUA, Livraria Almedina, Coimbra, nº 3, Junho, 1995.

MÁRIO ESTEVES DE OLIVEIRA, "Direito Administrativo", Volume I, Coimbra, 1980.

Mario Gorlani, "Urbanistica in Generale", (a cura di) Italia V., Edições Giuffrè, Milano, 2007.

Mário Lameiras Marques, "Legalidade e conformidade dos planos urbanísticos (Ensaio sobre a relação institucional dos planos urbanísticos)", tese de dissertação de mestrado, sob a orientação de Paulo Otero, Abril, 1999.

Mário Tavares da Silva, Relatório de Mestrado em Direitos Fundamentais (Vertente de Ciências Juridico-Políticas), intitulado «Direitos Fundamentais e Política Pública de Ordenamento do Território», orientado por Maria da Glória Garcia, no ano lectivo 2008/2009, sob o sugestivo tema de seminário «Direito das Políticas Públicas. Em especial, o Direito da Política Pública do Ordenamento do Território e do Urbanismo» (relatório de Mestrado disponível, para consulta, na Biblioteca da Faculdade de Direito da Universidade de Lisboa, sob a cota T-6172). Este artigo foi entretanto publicado na Revista Jurídica do Urbanismo e do Ambiente, nºs 31/34, pp. 189-302, janeiro/dezembro – 2009/2010.

Martin Bassols Coma, "Espagne, Rapport National", in "Le contenu des plans d'urbanisme et d'aménagement dans les pays d'Europe de l'Ouest", Colloque biennal de l'Association Internationale de Droit de l'urbanisme, 23/24 de Setembro de 2005, Genève-Lausanne, Les Cahiers du Groupement de recherche sur les institutions et le droit de l'aménagement, de l'urbanisme et de l'habitat (GRIDAUH), Série Droit Comparé, nº 15, 2006.

Martín Bassols Coma, "La problemática de los riesgos en el derecho urbanístico", in Revista de Derecho Urbanístico y Medio Ambiente, Ano nº 44, nº 255, Janeiro/ Fevereiro, 2010.

Martin Bassols Coma, "Panorama del Derecho Urbanistico Español: balance y perspectivas", in RJUA, Livraria Almedina, Coimbra, nº 9, Junho, 1998.

Martin Bassols Coma, "Les principes de la nouvelle loi espagnole d'urbanisme: la loi étatique du sol 2/2008 du 20 Juin 2008", Groupement de recherche sur les institutions et le droit de l'aménagement, de l'urbanisme et de l'habitat (GRIDAUH), 2009, Droit Comparé.

Martin Eifert, "Veröffentlichungen der Vereinigung der Deutschen Staatsrechtslehrer", 67, 2008.

Martin Kment, "Zur Europarechtskonformität der neuen baurechtlichen Planerhaltungsregeln", in Archiv des öffentlichen Rechts, Edições J.C.B. Mohr (Paul Siebeck) Tübingen, 130. Band, Heft 4, Dezembro, 2005.

Martin Stock, "Konkurrierende Gesetzgebung postmodern: Aufweichung durch "Abweichung", in Zeitschrift für Gesetzgebung, ZG (21), nº 3/2006.

Massimo Carlin, Regolamento Edilizio, in Italia V (a cura di), Urbanistica Edilizia Espropriazione, Edições Giuffrè, Milano, 2007.

MASSIMO OCCHIENA, "Italie, Rapport National", *in* "Le contenu des plans d'urbanisme et d'aménagement dans les pays d'Europe de l'Ouest", Colloque biennal de l'Association Internationale de Droit de l'urbanisme, 23/24 de Setembro de 2005, Genève-Lausanne, Les Cahiers du Groupement de recherche sur les institutions et le droit de l'aménagement, de l'urbanisme et de l'habitat (GRIDAUH), Série Droit Comparé, nº 15, 2006.

MASSIMO OCCHIENA, "Table ronde. Le contenu des plans et documents d'urbanisme: convergences et divergences nationales", *in* "Le contenu des plans d'urbanisme et d'aménagement dans les pays d'Europe de l'Ouest", Colloque biennal de l'Association Internationale de Droit de l'urbanisme, 23/24 de Setembro de 2005, Genève-Lausanne, Les Cahiers du Groupement de recherche sur les institutions et le droit de l'aménagement, de l'urbanisme et de l'habitat (GRIDAUH), Série Droit Comparé, nº 15, 2006.

MATTHIAS ROSSI, "Vue d'ensemble du droit de l'urbanisme allemand", Groupement de recherche sur les institutions et le droit de l'aménagement, de l'urbanisme et de l'habitat (GRIDAUH), 2009, Droit Comparé.

MATTHIAS ROSSI, "Allemagne, Vue d'ensemble sur la planification spatiale", Rapport National, Allemagne, *in* "Le contenu des plans d'urbanisme et d'aménagement dans les pays d'Europe de l'Ouest", Colloque biennal de l'Association Internationale de Droit de l'urbanisme, 23/24 de Setembro de 2005, Genève-Lausanne, Les Cahiers du Groupement de recherche sur les institutions et le droit de l'aménagement, de l'urbanisme et de l'habitat (GRIDAUH), Série Droit Comparé, nº 15, 2006.

MATTHIAS SCHMIDT-PREUß, "Kollidierende Privatinteressen im Verwaltungsrecht: Das subjektive offentliche Recht im multipolaren Verwaltungsrechtsverhaltnis", 2ª Edição, 2005.

MAURICE HAURIOU, "Précis de Droit Administratif et de Droit Public", Paris, 1924.

MICHAEL KLOEPFER, "Natur und Recht", C.H. BECK, 2007.

MICHAEL KLOEPFER, "Informationsrecht", C.H. BECK, 2002.

MICHAEL KRAUTZBERGER, *in* WERNER ERNST/WILLY ZINKAHN/WALTER BIELENBERG/MICHAEL KRAUTZBERGER, "Baugesetzbuch, Kommentar", Loseblatt, München, Outubro, 2008.

MICHAEL KRAUTZBERGER/BERNHARD STÜER, "Das neue Raumordnungsgesetz des Bundes", *in* BauR. 2009, Heft 2, acessível on-line: http://www.stueer.business.t--online.de/aufsatz/baur0209.pdf.

MICHAEL NIERHAUS/SONJA RADEMACHER, "Die große Staatsreform als Ausweg aus der Föderalismusfalle?", *in* Landes-und Kommunalverwaltung (LKV), 2006.

MICHAEL STOLLEIS, "Ein Staat ohne Staatsrecht, eine Verwaltung ohne Verwaltungsrecht?" – Zum öffentlichen Recht in der Rechtswissenschaft der DDR, Akademievorlesung am 5, März, 2009, (acessível on-line).

MICHEL DEGOFFE, "Les nouvelles libertés et responsabilités locales (II), "L'intercommunalité après la loi du 13 août 2004 relative aux libertes et responsabilités locales", *in* AJDA, Edições Dalloz, nº 3, Janeiro, 2005.

MICHEL DELNOY, "La participation du public en droit de l' urbanisme et de l'environnement", De Boeck & Larcier, Éditions Larcier, Bruxelles, 2007, p. 47, documento acedido em 27.10.2010, em Archive ouverte, Université de Genève, UNIGE (http://archive-ouverte.unige.ch).

MICHEL PÂQUES, "Le mirmillon et le rétiaire ou Comment concilier la domanialité publique et l'urbanisme?", *in* Revue de la Faculté de droit de l'Université de Liège, 50 ans, nº 1-2, De Boeck & Larcier, Éditions Larcier, Bruxelas, 2006.

MICHEL SCHOLASSE/JULIEN GUILLAUME, "La performance énergétique en Belgique", *in* Aménagement-Environnement, nº 1, 2008.

MICHEL TABET, "Le juge administratif et la légalité", *in* La Revue Administrative, (R.A.), numéro spécial, 5 ("Les juridictions administratives dans le monde"), 1999.

MUÑOZ MACHADO, "Derecho Público de las Comunidades Autónomas", Vol. I, Edições Iustel, 2ª Edição, Madrid, 2008.

NATHALIE LAVAL MADER, "Le couple communes/communauté: vers un nouvel équilibre territorial des pouvoirs", *in* Droit Administratif (Sous la direction de JEAN-BERNARD AUBY), Editions du Juris-Classeur, 46 Année, nº 10, Outubro, 2007.

NICOLA CENTOFANTI, "Diritto Urbanistico" (Legislazione nazionale e regionale, piani regolatori, Procedimento ablatorio, Tutela giurisdizionale), Casa Editrice Dott. Antonio Milani, Cedam, 2008.

NICOLAS CHAUVIN, "L'Illégalité du Plan d'Occupation des Sols", Edição LITEC, Paris, 1996.

NICOLAS CHIFFLOT, "Le droit administratif de CHARLES EISENMANN", Nouvelle Bibliothèque de Thèses, Edições DALLOZ, Paris, 2009.

NICOLAS PORTIER, Les nouvelles libertés et responsabilités locales (II), "Loi du 13 août 2004: un bilan en demi-teinte pour l' intercommunalité", *in* AJDA, Edições Dalloz, nº 3, Janeiro, 2005.

NICOLE LEROUSSEAU, "La réorganisation des services régionaux et départementaux de l'État dans les domaines de l'aménagement, de l' urbanisme, du logement et de l' environnement", *in* «Droit de L'Aménagement, de l'Urbanisme, de l'Habitat», Groupement de recherche sur les institutions et le droit de l'aménagement, de l'urbanisme et de l'habitat (GRIDAUH), Textes, Jurisprudence, Doctrine et pratiques, Edições Le Moniteur, Paris, 2010.

NIGEL FOSTER/SATISH SULE, *in* German Legal System and Laws, 4ª Edição, Oxford University Press 2010.

NIKLAS LUHMANN, "Sociologia del riesgo", Universidad Iberoamericana y Triana Editores, México, 1998.

NORBERT FOULQUIER, "Le droit au logement, la naissance d'un nouveau type de contentieux?, *in* «Droit de L'Aménagement, de l'Urbanisme, de l'Habitat», Groupement de recherche sur les institutions et le droit de l'aménagement, de l'urbanisme et de l'habitat (GRIDAUH), Textes, Jurisprudence, Doctrine et pratiques, Edições Le Moniteur, Paris, 2010.

NUNO SALGADO, "Ordenamento do Território e Urbanismo", *in* Textos de Direito do Ambiente, Centro de Estudos Judiciários, Escola Tipográfica do Instituto Padre António de Oliveira, 1994.

NUNO SALGADO, "Vantagens e inconvenientes da codificação global da legislação do urbanismo", *in* "Actas do Ciclo de Colóquios: O Direito do Urbanismo do Século XXI – Um Código de Urbanismo para Portugal?", Edições Livraria Almedina, Coimbra, Março, 2003.

OLIVIER JOUANJAN, "La modulation des effets des décisions des juridictions constitutionnelle et administratives en droit allemande", *in* RFDA, Julho/Agosto, 2004.

ORIOL MIR PUIGPELAT, "El concepto de derecho administrativo desde una perspectiva linguística y constitucional", *in* Revista de Administración Pública (RAP), nº 162, Madrid, Setembro/Dezembro, 2003.

OSVALDO DE CASTRO, "Legislação no Século XXI". Uma perspectiva parlamentar, *in* Legislação, Cadernos de Ciência e de Legislação, Edições do INA, nº 50, Outubro/Dezembro, 2009.

OSVALDO GOMES, "Direito do Urbanismo (Alguns apontamentos)", *in* Direito Administrativo, Revista de Actualidade e Crítica, Edições Centelha Promoção do Livro – S.A.R.L., Janeiro/Fevereiro, 1980.

PAOLO URBANI, "Territorio e poteri emergenti", Torino, 2007.

PAOLO URBANI/STEFANO CIVITARESE, "Diritto Urbanistico, Organizzazione e Rapporti", Edições G. GIAPPICHELLI EDITORE, Torino, 1994.

PATRICK HOCREITÈRE, "Sécurité et insécurité juridiques après le loi solidarité et renouvellement urbains", *in* RFDA, nº 1, Janeiro/Fevereiro, 2003.

PATRICK HOCREITÈRE, "La Loi SRU, la hiérarchie et la substance des normes d'urbanisme", *in* Droit Administratif (Sous la direction de JEAN-BERNARD AUBY), Editions du Juris-Classeur, 40 Annee, nº 2, Fevereiro, 2001.

PAULA MORAIS, "Planificação sem planos", Colecção Estudos do CEDOUA, Coimbra, Almedina, 2006.

Paulo Otero, "Legalidade e Administração Pública, (o Sentido da Vinculação Administrativa à Juridicidade)", Edições Almedina, Maio, 2003.

Pedro Gonçalves, "Direito Administrativo da Regulação", *in* «Estudos em Homenagem ao Professor Marcello Caetano», 2006, FDUL.

Pedro Lomba, "Dilemas existenciais" do Direito do Urbanismo (Comentário ao Acórdão do Supremo Tribunal Administrativo de 19 de Março de 1998)", *in* Revista Jurídica, Edições da Associação Académica da Faculdade de Direito de Lisboa, Nova Série, nº 23, Novembro, 1999.

Pedro Machete, "Estado de Direito Democrático e Administração Paritária", Colecção Teses, Edições Almedina, Maio, 2007.

Pedro Machete, "A subordinação da Administração Pública ao Direito e a Dogmática do Direito Administrativo no âmbito do Estado de Direito Democrático", *in* Estudos em Homenagem ao Professor Doutor Diogo Freitas do Amaral, Comissão Organizadora Augusto De Athayde/João Caupers/Maria da Glória Garcia, Edições Almedina, Coimbra, Novembro, 2010.

Pérez Moreno, "Un terramoto jurídico en la Ley del Suelo y en el Estado de las autonomias. Sobre a Sentencia del Tribunal Constitucional de 20 de marzo de 1997", *in* La Toga, nº 87, 1997.

Peter Häberle, "Föderalismus-Modelle im Kulturellen Verfassungsvergleich", *in* Zeitschrift für Öffentliches Recht (ZFOR), Austrian Journal of Public and International Law, Edições Springer Wien New York, Band 62, número 1, 2007.

Peter Huber, "Deutschland in der Föderalismusfalle?", Heidelberg, C.F. Müller, 2003.

Peter Runkel, "Das Gebot der Entwicklung der Bebauungspläne aus dem Flächennutzungsplan", *in* Zeitschrift für deutsches und internationales Baurecht (ZfBR), 1999.

Philippe Baffert, La Loi Grenelle II (primeira parte), "La planification stratégique", *in* AJDA, Edições Dalloz, nº 30, Setembro, 2010.

Philippe Castiaux/Benoit Havet/Vanessa Pauwels/Benjamin Reuliaux/Annabelle Vanhuffel, (coord. de Benoit Havet), "Urbanisme en Région Wallonne", Mémento 2011, Edições Wolters Kluwer Belgium, 2010.

Pierre Delvolvé, "L' Apport du Doyen Vedel au droit administratif", *in* RFDA, 2002.

Pierre Moor, "Introduction à la théorie de la légalité", *in* "Figures de la légalité", Coordenação Charles-Albert Morand, Éditions Publisud, Paris, 1992.

Pierre Moor, "La mise en oeuvre du droit de l'aménagement du territoire", *in* (Heinz Aemisegger/Alfred Kuttler/Pierre Moor/Alexander Ruch), Kommentar zum Bundesgesetz über die Raumplannung – Commentaire de la Loi Fédérale sur l'aménagement du territoire, edições Zurich, nº 101, 1999.

BIBLIOGRAFIA

PIERRE-PAUL DANNA, "Légalité d' une directive territoriale d' aménagement", *in* AJDA, Edições Dalloz, 2006.

PIERRE PAUL DANNA, "Vers une évolution du contrôle de la légalité interne des documents d' urbanisme?", *in* RFDA, Ano 16, nº 2, Março/Abril, 2000.

PROSPER WEIL/DOMINIQUE POUYAUD, "Que sais-je? Le droit administratif", Edições da Presses Universitaires de France (PUF), 22ª Edição, 2ª tiragem, Outubro, 2009.

RAINER ARNOLD, "The federalism reform in Germany", *in* Revista General de Derecho Público Comparado, nº 1, Setembro, 2007 acessivel on-line: www.iustel.com

RAINER ARNOLD/THOMAS SCHREINER, "La réforme du contentieux administratif en Allemagne – une nouvelle étape", *in* Droit Administratif (Sous la direction de JEAN-BERNARD AUBY), Editions du Juris-Classeur, 46 Année, nº 10, Outubro, 2007.

RAINER PITSCHAS, "Maßstäbe des Verwaltungshandelns", *in* WOLFGANG HOFFMANN--RIEM, EBERHARD SCHMIDT-AßMANN & ANDREAS VOßKUHLE, Grundlagen des Verwaltungsrechts, Volume II, Edições C.H. BECK, München, 2008.

RAINER PITSCHAS, *in* Reform des Allgemeinen Verwaltungsrechts, WOLFGANG HOFFMANN-RIEM, EBERHARD SCHMIDT-AßMANN & GUNNAR FOLKE SCHUPPERT (Eds.), Grundfragen, 1993.

RAINER SCHRÖDER, "Verwaltungsrechtdogmatic im Wandel", MOHR SIEBECK, Tübingen, 2007.

RAINER WAHL, "Herausforderungen und Antworten, Das Öffentliche Recht der letzten fünf Jahrzehnte, De Gruyter Rechtswissenschaften", Verlags, GmbH, Berlin, 2006.

RAMÓN PARADA, "Derecho Administrativo III, Bienes públicos. Derecho Urbanístico, Edições Marcial Pons, Madrid/Barcelona/Buenos Aires, 12ª Edição, 2010.

RENÉ CHAPUS, "Droit administratif général", Edições Montchrestien, Tomo I, 15ª Edição, 2001.

RENÉ CRISTINI, "Contentieux de l'urbanisme", Enciclopédia Dalloz, Contentieux administratif, nº 294, 2004.

ROBERT ALEXI, "Teoría de los derechos fundamentales", Centro de Estudios Constitucionales, Madrid, 1997.

ROBERTO CHIEPPA, "Governo del Territorio", *in* AA.VV., Il diritto amministrativo dopo le riforme costituzionali, (a cura) di GUIDO CORSO e V. LOPILATO, Volume I, Milano, 2006. ROBERTO CHIEPPA/VINCENZO LOPILATO, Studi di diritto amministrativo, Milano, 2007.

ROGÉRIO EHRHARDT SOARES, "Interesse público, legalidade e mérito", Coimbra MCMLV.

ROGÉRIO EHRHARDT SOARES, "Princípio da legalidade e administração constitutiva", *in* Boletim da Faculdade de Direito da Universidade de Coimbra, Vol. LVII, 1981.

Rogério Ehrhardt Soares, "Direito público e sociedade técnica", Edições Tenacitas, Coimbra, Janeiro, 2008.

Roselyne Allemand, "Les modalités du contrôle administratif des actes locaux dans six Etats de l'Union européenne", *in* «Les contrôles de l' État sur les collectivités territoriales aujourd' hui», Direcção de Pascal Combeau, Edicções L' Harmattan, Collection. Logiques Juridiques, 2008 (artigo também publicado *in* RFDA nº2, Março/Abril, 2008).

Rudolf Steinberg, "Komplexe Verwaltungsverfahren zwischen Verwaltungseffizienz und Rechtsschutzauftrag", *in* Die öffentliche Verwaltung, 1982.

Rudolf Hrbek, "Ein neuer Anlauf zur Föderalismus-Reform: Das Kompromisspaket der Großen Koalition", *in* Europäisches Zentrum für Föderalismus-Forschung (Hrsg.): Jahrbuch des Föderalismus 2006. Föderalismus, Subsidiarität und Regionen in Europa, Baden-Baden: Nomos Verlagsgesellschaft.

Rui Machete, "Contencioso Administrativo", *in* Dicionário Jurídico da Administração Pública, Volume II, Coimbra Editora, 1990 (também publicado *in* Estudos de Direito Público e Ciência Política, Edições Minerva, Fundação Oliveira Martins, Centro de Estudos Administrativos, Lisboa, 1991).

Rui Manuel Amaro Alves, "Políticas de Planeamento e Ordenamento do Território no Estado Português", Edição da Fundação Calouste Gulbenkian, Fundação para a Ciência e a Tecnologia do Ministério da Ciência, Tecnologia e Ensino Superior, Setembro, 2007.

Sabino Cassese, "Le droit tout puissant et unique de la société. Paradossi del diritto amministrativo", *in* Rivista trimestrale di diritto pubblico (RTDP), Giuffrè Editore, nº 4, 2009 (artigo igualmente publicado, sob o título "Le droit tout puissant et unique de la société. Paradoxes of administrative law" *in* ERPL, Edições Esperia Publications, Vol. 22, nº 1, Spring/Printemps, 2010).

Sabino Cassese, "State and Administration in Europe (the past and the future)", outline da apresentação do autor na conferência "Ius Publicum Europaeum Volume III, National Administrative Law in the European Legal Area (Part I e II), 9/10 de Outubro, 2008, (acessível on-line).

Sabino Cassese, "Tendenze e Problemi del Diritto Amministrativo", *in* Rivista trimestrale di diritto pubblico (RTDP), Giuffrè Editore, nº 4, 2004.

Sabino Cassese, "I Tribunale di Babele. I giudici alla ricerca di un nuovo ordine globale", Saggine, Donzelli Editore, Roma, 2009.

Sandro Amorosino, "Il Governo dei Sistemi Territoriali, Il Nuovo Diritto Urbanistico", Casa Editrice Dott. Antonio Milani, Cedam, 2008.

Santiago González-Varas Ibañez, "Hacia un modelo contencioso-administrativo preventivo. El ejemplo de la «ejecución» de las sentencias anulatorias de un plan

BIBLIOGRAFIA

urbanístico", *in* Revista de Administración Pública (RAP), nº 163, Madrid, Janeiro/ Abril, 2004.

SERGE VELLEY, "Les origines du principe de légalité en droit public français", Thèse, Paris X Nanterre, 1988.

SÉRVULO CORREIA, "Legalidade e autonomia contratual nos contratos administrativos", Colecção Teses, Edições Almedina, Coimbra, 1987.

SIMONE GOYARD-FABRE, "Les fondements de la légalité", *in* "Figures de la légalité", Coordenação CHARLES-ALBERT MORAND, Éditions Publisud, Paris, 1992.

SOFIA DE SEQUEIRA GALVÃO, "Sobre o objecto e o sentido do Direito do Urbanismo", *in* RJUA, Livraria Almedina, Coimbra, nº 17, Junho, 2002.

STEFANO BATTINI, GAETANO D'AURIA, GIACINTO DELLA CANANEA, CLAUDIO FRANCHINI, ALBERTO MASSERA, BERNARDO GIORGIO MATTARELLA, GIULIO NAPOLITANO, ALDO SANDULLI, LUISA TORCHIA, GIULIO VESPERINI, "Il diritto amministrativo oltre i confini", Omaggio degli allievi a SABINO CASSESE, Giuffrè Editore, 2008.

STELLA RICHTER, "I principi del diritto urbanístico", 2ª Edição, Edições Giuffrè, Milão, 2006.

SUZANA TAVARES DA SILVA, "Um Novo Direito Administrativo?", Imprensa da Universidade de Coimbra, Maio, 2010.

SUZANA TAVARES DA SILVA, "A "linha maginot" da sustentabilidade financeira. Perigo, risco, responsabilidade e compensação de sacrifícios: uma revisão da dogmática a pretexto da gestão do litoral", *in* Revista CEDOUA, Edições CEDOUA, Faculdade de Direito da Universidade de Coimbra (FDUC), nº 23, Ano XII, 1.09, Setembro, 2010.

SUZANA TAVARES DA SILVA, "O novo direito do urbanismo: o despontar do "urbanismo pós-vinculístico" no domínio da reabilitação urbana, *in* Revista de Direito Público e Regulação, Edições do Centro de Estudos de Direito Público e Regulação (CEDIPRE), FDUC, nº 1, Maio, 2009.

SUZANA TAVARES DA SILVA, "A nova dogmática do Direito Administrativo: o caso da administração por compromissos", *in* Estudos da Contratação Pública – I (número especial), Organização PEDRO GONÇALVESA, Centro de Estudos de Direito Público e Regulação (CEDIPRE), FDUC, Edições Coimbra Editora, Dezembro, 2008.

SUZANA TAVARES DA SILVA, "Manifestação da nova ciência do direito administrativo ou "infeliz coincidência"?", *in* Cadernos de Justiça Administrativa, nº 77, Setembro/ Outubro, 2009.

TEMISTOCLE MARTINES/ANTONIO RUGGERI, "Lineamenti di diritto regionale", IV Edições Milano, 1997.

TERESA SÁ MARQUES, "Planos Regionais de Ordenamento do Território: um balanço preliminar", *in* FERNANDO GONÇALVES, JOÃO FERREIRA BENTO & ZÉLIA PINHEIRO (coordenação), Actas do Encontro Anual da AD Urbem, 12 Dez. 2008, Os Dez Anos da Lei de Bases da Política de Ordenamento do Território e de Urbanismo, Génese e Evolução do Sistema de Gestão Territorial, 1998-2008, Edição da Direcção-Geral do Ordenamento do Território e Desenvolvimento Urbano e AD URBEM, 2010.

Thibaut De Villenfagne, "Les plans de secteur à l'épreuve des dérogations en Région Wallonne", *in* Aménagement-Environnement, nº 2, 2007.

Thierry Tanquerel, "Le contenu des plans d'orientation", Rapport de synthèse, *in* "Le contenu des plans d'urbanisme et d'aménagement dans les pays d'Europe de l'Ouest", Colloque biennal de l'Association Internationale de Droit de l'urbanisme, 23/24 de Setembro de 2005, Genève-Lausanne, Les Cahiers du Groupement de recherche sur les institutions et le droit de l'aménagement, de l'urbanisme et de l'habitat (GRIDAUH), Série Droit Comparé, nº 15, 2006.

Thomas Vesting, *in* Methoden der Verwaltungsrechtswissenschaft, (Eds.) Eberhard Schmidt-Aßmann & Wolfgang Hoffmann-Riem, 2004.

Thomas Vesting, "Die Bedeutung von Information und Kommunikation für die verwaltungsrechtliche Systembildung", *in* Wolfgang Hoffmann-Riem, Eberhard Schmidt-Aßmann & Andreas Voßkuhle, "Grundlagen des Verwaltungsrechts", Volume II, Edições C.H. Beck, München, 2008.

Thomas Von Danwitz, "Abhandlungen – Vertikale Kompetenzkontrolle in föderalen Systemen *in* Archiv des Öffentlichen Rechts", Edições J.C.B. Mohr (Paul Siebeck) Tübingen, 131. Band 4, 2007.

Thorsten Siegel, "Entscheidungsfindung im Verwaltungsverbund", Mohr Siebeck, Tübingen, 2009.

Tomás-Ramón Fernández, "El desconcertante presente y el imprevisible y preocupante futuro del Derecho Urbanístico español", *in* Civitas, Revista Española de Derecho Administrativo (REDA), nº 94, Abril/Junho, 1997.

Ulrich Battis, "Die Deutschen Erfahrungen mit der Kodifizierung des Baurechts", *in* "Actas do Ciclo de Colóquios: O Direito do Urbanismo do Século XXI – Um Código de Urbanismo para Portugal?", Edições Livraria Almedina, Coimbra, Março, 2003.

Ulrich Beck, "Risk Society, Towards a New Modernity", tradução do alemão "Risikogesellschaft: Auf dem Weg in eine andere Moderne", Edição SAGE Publications, Ltd., reprinted, 2009.

Ulrich Häde, "Zür Föderalismusreform in Deutschland", *in* Juristenzeitung (JZ), 2006.

Ulrich Kuschnerus, "Der sachgerechte Bebauungsplan", VHW-Verlag, 3ª Edição, Agosto, 2004.

BIBLIOGRAFIA

Vasco Pereira da Silva, "Direito salpicado de azul e verde", *in* Estudos em Homenagem ao Prof. Doutor Armando M. Marques Guedes, Coordenação do Prof. Doutor Jorge Miranda, Edição da Faculdade de Direito da Universidade de Lisboa, Coimbra Editora, Setembro, 2004.

Vasco Pereira da Silva, "Em busca do acto administrativo perdido", Colecção Teses, Edições Almedina, Fevereiro, 2003.

Vasco Pereira da Silva, "O Contencioso Administrativo no Divã da Psicanálise – Ensaio sobre as acções no novo processo administrativo", Edições Almedina, 2ª Edição, Março, 2009.

Vasco Pereira da Silva, "Verde cor de direito", Lições de Direito do Ambiente, Livraria Almedina, Fevereiro, 2002.

Vasco Pereira da Silva, "Eine Reise durch das Europa des Verwaltungsrechts, Hannover 2006 (tr. franc. "En Route!" Un nouveau Voyage à Travers L'Europe du Droit Administratif", Rouen 2008), ambos *in* International Legal Studies, European Scholars of the ELPIS Network, Edição de Bernd H. OpperMANN, Universidade Halle-Wittenberg, 2009.

Vasco Pereira da Silva, "2001: Odisseia no espaço conceptual do acto administrativo", *in* Cadernos de Justiça Administrativa, nº 28, Julho/Agosto, 2001.

Vincenzo Colonna, "Nuovo modello di pianificazione e perequazione urbanistica nella legislazione regionale dell'ultimo decennio", *in* Rivista Giuridica dell'edilizia, (RGE) III, Edições Giuffrè, 2007.

Vinício Ribeiro, "O Estado de Direito e o Princípio da Legalidade na Administração", Coimbra Editora, 2ª Edição, 1981.

Vittorio Italia/Guido Landi/Giuseppe Potenza, "Manuale di Diritto Amministrativo", Edições Giuffrè, Milano-Dott, 13ª Edição, /actualizada a Janeiro de 2002.

Volker Boehme-Neßler, "Das Ende des Staates?" Zu den Auswirkungen der Digitalisierung auf den Staat", *in* Zeitschrift für öffentliches Recht (ZFOR), Austrian Journal of Public and International Law, Edições Springer Wien New York, Band 64, Heft 2, 2009.

Werner Hoppe/Christian Bönker/Susan Grotefels, "Studium und Praxis, Öffentliches Baurecht, Raumordnungsrecht, Städtebaurecht, Bauordnungsrecht", Edições Verlag C.H. Beck München, 4ª Edição, 2010.

William Coulet, "La notion de compatibilité dans le droit de l' urbanisme", *in* AJDA, Edições Dalloz, nº 6, Junho, 1976.

Willy Spannowsky, "Der Vertrag im Raumordnungsrecht", *in* Ulrich Battis/ Wilhelm Söfker/Bernard Stüer (Hrsg.), Nachhaltige Stadt-und Raumentwicklung, Festschrift, Michael Krautzberger, München, 2008.

WINFRIED KLUTH, "La Reforma del Federalismo Alemán: razones, objetivos y modificaciones" (originalmente publicado em alemão sob o título "Die deutsche Föderalismusreform: Gründe, Zielsetzungen und Veränderungen"), *in* Revista de Derecho Político, nº 70, 2007.

WOLFGANG HOFFMANN-RIEM, "Verwaltungskontrolle-Perspektiven", *in* Verwaltungskontrolle, EBERHARD SCHMIDT-AßMANN/WOLFGANG HOFFMANN-RIEM (Hrsg.) Nomos Verlagsgesellschaft, Baden-Baden, 2001.

WOLFGANG HOFFMANN-RIEM & EBERHARD SCHMIDT-AßMANN (Eds.), "Öffentliches Recht und Privatrecht als wechselseitige Auffangordnungen", 1996.

WOLFGANG HOFFMANN-RIEM, "The potencial impact of social sciences on administrative law", *in* MATTHIAS RUFFERT, "The transformation of administrative law in Europe", European Law Publishers, München, 2007.

WOLFGANG HOFFMANN-RIEM, "Eigenständigkeit der Verwaltung", *in* WOLFGANG HOFFMANN-RIEM, EBERHARD SCHMIDT-AßMANN & ANDREAS VOßKUHLE, Grundlagen des Verwaltungsrechts, Volume I, Edições C.H. BECK, München, 2006.

WOLFGANG HOFFMANN-RIEM, *in* "Methoden der Verwaltungsrechtswissenschaft", eds. EBERHARD SCHMIDT-AßMANN & WOLFGANG HOFFMANN-RIEM, 2004.

WOLFGANG HOFFMANN-RIEM, "Ökologisch orientiertes Verwaltungsverfahrensrecht – Vorklärungen", *in* Archiv des öffentlichen Rechts, Edições J.C.B. MOHR (PAUL SIEBECK) Tübingen, 119. Band, Heft 4, Dezembro, 1994.

WOLFGANG HOFFMANN-RIEM, EBERHARD SCHMIDT-AßMANN & ANDREAS VOßKUHLE "Grundlagen des Verwaltungsrechts", Volumes I, II e III, Edições C.H. BECK, München, 2006/2008/2009.

WOLFGANG HOFFMANN-RIEM, "Recht als Instrument der Innovationsoffenheit und der Innovationsverantwortung", *in* H. HOF./U. WENGENROTH (Eds.), Innovationsforschung. Ansätze, Methoden, Grenzen und Perspektiven, Eds. Lit, Münster, 2007.

WOLFGANG HOFFMANN-RIEM & EBERHARD SCHMIDT-AßMANN (Eds.), "Verwaltungsrecht in der Informationsgesellschaft", 2000.

WOLFGANG HOFFMANN-RIEM, "Gesetz und Gesetzesvorbehalt im Umbruch. Zur Qualitäts-Gewährleistung durch Normen", *in* Archiv des öffentlichen Rechts, Edições J.C.B. MOHR (PAUL SIEBECK) Tübingen, 130. Band, Heft 1, 2005.

WOLFGANG KAHL, "What is 'new` about the 'New Administrative Law Science` in Germany?", *in* European Public Law, Edições Wolters Kluwer, Law & Business, Kluwer Law International, Volume 16, nº 1, Março, 2010.

WOLFGANG KAHL, "Über einige Pfade und Tendenzen in Verwaltungsrecht und Verwaltungsrechtswissenschaft – ein Zwischenbericht", *in* Die Verwaltung, Band 42, 2009.

WOLFGANG KÖCK, "Pläne", *in* WOLFGANG HOFFMANN-RIEM, EBERHARD SCHMIDT--AßMANN e ANDREAS VOßKUHLE, (Hrsg) "Grundlagen des Verwaltungsrecht", Volume II, Edições BECK, München, 2008.

WOLFGANG KÖCK, "Risikovorsorge als Staatsaufgabe", *in* Archiv des öffentlichen Rechts, Edições J.C.B. MOHR (PAUL SIEBECK) Tübingen, 121. Band, Heft 1, Março, 1996.

YVES JÉGOUZO, L'État et le logement, "La loi du 25 mars 2009 sur le logement et la réaffirmation du rôle de l'État", *in* AJDA, Edições Dalloz, nº 24, Julho, 2009.

YVES JÉGOUZO, "Risque naturel: l'impuissance du droit", *in* L' Actualité Juridique Droit Administratif (AJDA), Edições Dalloz, nº 10, Março, 2010.

YVES GAUDEMET, "Le désordre normatif, Propos introductifs", *in* Revue du Droit Public, Edições Librairie Générale de Droit et de Jurisprudence (LGDJ), Paris, nº 1, Janeiro/Fevereiro, 2006.

YVES GAUDEMET, "La loi administrative", *in* Revue du Droit Public, Edições LGDJ, Paris, nº 1, Janeiro/Fevereiro, 2006.

YVES GAUDEMET, "Droit Administratif", Edições LGDJ, Lextenso Éditions, Paris, 19ª Edição, 2010.

YVES MADIOT, "L'aménagement du territoire et le droit", *in* RFDA, nº 5, Setembro/ Outubro, 1994.

YVES MADIOT, "Urbanisme et aménagement du territoire", *in* "Droit de L'Urbanisme – Bilan et Perspectives, Des principes fondamentaux aux réalités locales: les enjeux d'une reforme", AJDA, Publicações Du Moniteur, Número Especial, Maio, 1993.

ÍNDICE

INTRODUÇÃO	15
§1º PRELIMINARES	15
1.1. A Escolha do tema – razões de natureza geral	15
1.2. A Escolha do tema – razões de natureza específica	30
§2º DELIMITAÇÃO DO OBJECTO DA INVESTIGAÇÃO	41
2.1. Delimitação positiva	41
2.1.1. Instrumentos de gestão territorial	44
2.1.2. Relações de compatibilidade e de conformidade	54
2.1.3. Nulidade	58
2.2. Delimitação negativa	59
§3º SEQUÊNCIA	61

PARTE I – DA COMPATIBILIDADE E DA CONFORMIDADE NO CONTEXTO DA TEORIA GERAL DO DIREITO ADMINISTRATIVO

§1º A PROPOSTA DOGMÁTICA DE CHARLES EISENMANN	69
1.1. A compatibilidade e a conformidade no contexto específico do princípio da legalidade	69
1.2. As relações de compatibilidade e de conformidade depois de CHARLES EISENMANN – enquadramento no princípio da legalidade	83
1.2.1. A doutrina francesa	83
1.2.2. A compatibilidade e a conformidade na doutrina administrativa portuguesa	106

PARTE II – DA COMPATIBILIDADE E DA CONFORMIDADE NO CONTEXTO DO DIREITO DO URBANISMO

§1º ASPECTOS PRELIMINARES   125

§2º DIREITOS ESTRANGEIROS   127
2.1. Direito Alemão   127
2.2. Direito Francês   141
2.3. Direito Espanhol   210
2.4. Direito Italiano   240
2.5. A singularidade do modelo da «Région Wallone»   267
2.6. Direito Português   290

PARTE III – A COMPATIBILIDADE E A CONFORMIDADE DOS PLANOS NA JURISPRUDÊNCIA DOS TRIBUNAIS ADMINISTRATIVOS

§1º ASPECTOS PRELIMINARES   337

§2º JURISPRUDÊNCIA ADMINISTRATIVA – Breve análise crítica   339
2.1. Acórdão do STA – Processo nº 047310/05   339
   2.1.1. Breve análise crítica   344
2.2. Acórdão do STA – Processo nº 047545/06   352
   2.2.1. Breve análise crítica   357
2.3. Acórdão do TCA – Norte – Processo nº 00188/05.4BEPNF/08   363
   2.3.1. Breve análise crítica   364
2.4. Acórdão do STA – Processo nº 0873/03   368
   2.4.1. Breve análise crítica   373

PARTE IV – AS RELAÇÕES DE COMPATIBILIDADE E DE CONFORMIDADE DOS PLANOS NO CONTEXTO DA «NEUE VERWALTUNGSRECHTSWISSENSCHAFT»
– Esboço de um novo princípio da legalidade administrativa...?

§1º O DIREITO DO URBANISMO COMO MANIFESTAÇÃO DA «NEUE VERWALTUNGSRECHTSWISSENSCHAFT» – IMPERATIVO DE UMA NOVA DOGMÁTICA?   383

BIBLIOGRAFIA

1.1. A «Neue Verwaltungsrechtswissenschaft» – Uma breve aproximação   383

1.2. O direito do urbanismo no contexto da nova
«verwaltungsrechtswissenschaft»   407

§2º CRISE DO PRINCÍPIO DA LEGALIDADE – quimera ou realidade?   417

§3º O PLANO URBANÍSTICO NO INTERFACE DA POLÍTICA PÚBLICA   425

3.1. O plano urbanístico na dogmática tradicional – a insuficiência
do modelo explicativo de natureza regulamentar   425

3.2. A concepção do plano urbanístico como instrumento de implementação
e de prossecução de políticas públicas   430

§4º AS RELACÇÕES DE COMPATIBILIDADE E DE CONFORMIDADE
– proposta de uma nova compreensão   437

4.1. A insuficiência do princípio da hierarquia

    4.1.1. O nível das tensões existentes entre os próprios instrumentos
de gestão territorial   438

    4.1.2. O nível das tensões entre os instrumentos de gestão territorial
e os instrumentos nacionais situados fora do sistema   441

    4.1.3. O nível das tensões entre os instrumentos de gestão territorial
e a normação produzida a uma escala *multinível*   445

§5º A NECESSIDADE DE UMA NOVA ABORDAGEM
DA COMPATIBILIDADE E DA CONFORMIDADE ENTRE OS PLANOS
COMO VIA PARA A PROSSECUÇÃO DE IMPERATIVOS DE EFICÁCIA
E DE ACEITABILIDADE DAS OPÇÕES DO PLANO   449

5.1. A compatibilidade e a conformidade como critérios materiais
qualificados no exercício do controlo da discricionariedade
de planeamento   450

§6º E AFINAL... UM NOVO PRINCÍPIO DA LEGALIDADE   451

BIBLIOGRAFIA   459